現代企業法の新潮流

福原紀彦先生古稀記念論文集編集委員会

文眞堂

本書に関する情報はこちらをご参照ください。
（正誤表等もこちらに掲載いたします）

URL: https://www.bunshin-do.co.jp/catalogue/book5284.html

福原紀彦先生近影

序　文

　福原紀彦先生は、2024年2月22日にめでたく古稀を迎えられました。福原先生とともに研究・教育等に携わり、そして、先生より薫陶を賜った私たちは、ここに先生の古稀をお祝いし、本論文集をまとめ、謹んで福原先生に捧げることとなりました。

　福原先生の研究者としての人生は、まさしく中央大学の建学の精神「實地應用ノ素ヲ養フ」を体現するものです。福原先生は、学問的探究を通して創造的批判精神を養い、社会の課題に応える知性を磨き、その知性を社会のために発揮する力を養うという伝統を探求しておられます。

　まず、本書に収められたご業績一覧をご覧いただけると分かりますとおり、福原先生はご自身の研究を、商取引法・手形小切手法・海商法・保険法などの伝統的な法分野から開始され、そこで得られた理論的素地を発展させ、電子商取引・決済法などの最新の法律問題をも射程範囲に収め、我が国における電子商取引・決済法制の立法にも結実させておられます。そして、福原先生は、商法・会社法の分野の研究については、協同組合・学校法人などの各種法人ガバナンス論にも応用し、そのことは、文部科学省学校法人制度改革特別委員会委員・主査としてのご活躍を通じて、学校法人のガバナンス強化等を目的とした2023年の私立学校法改正に繋がりました。

　また、福原先生はそのご研究により得られた成果を、積極的に広く発信され続けておられます。日本比較法研究所内に設置された「電子商取引・決済法研究会」、そして私的に主催された「現代企業法制研究会」における研究成果は、『現代企業法のエッセンス』をはじめとするいくつかの書籍により公表されています。また、一般社団法人日本資金決済業協会代表理事・会長を務められ、資金決済法に基づく資金決済業の適切な実施を確保するよう努められていることも、ご自身の研究の社会発信の一環です。

　本書へは、福原先生からのご学恩に報いるべく34編のご寄稿がありました。

ご多用中にもかかわらず、ご執筆いただいた皆様に心より御礼申し上げます。本書の目次は、福原先生のご研究の集大成ともいえる『企業法要綱』シリーズの目次に対応しています。

近年の出版をめぐる環境は厳しくなる一方ですが、そのようななかで福原先生と縁の深い株式会社文眞堂が出版を引き受けてくださいました。本書の刊行のためにご配慮いただきました前野眞司様には心より御礼申し上げます。

福原先生はすでに2022年6月に中央大学を退職され、同7月より日本私立学校振興・共済事業団理事長に就任され、更なる重責を担われておりますが、今後もご健康でますますご活躍されることを祈念申し上げます。

2025年1月

福原紀彦先生古稀記念論文集『現代企業法の新潮流』編集委員会

山本爲三郎　鳥山恭一　松嶋隆弘　酒井克彦　武田典浩

目　　次

序文……………………… 福原紀彦先生古稀記念論文集編集委員会　*i*

執筆者紹介 ………………………………………………………… *vii*

第1編　企業法総論・総則

営業廃止後の名板貸責任
　　──平成17年商法改正後の動向を踏まえて── ……… 平泉　貴士　*3*

「法人格否認の法理」の現代的展開 …………………… 福原　玲央　*24*

第2編　企業組織法

第1章　株式会社の機関 ……………………………………………… *45*

環境リスクと取締役の責任
　　──東京電力福島第一原発事故株主代表訴訟を題材に──
　　………………………………………………………… 菅澤　紀生　*46*

株式会社における取締役会議事録の株主による閲覧
謄写請求………………………………………………… 鳥山　恭一　*62*

取締役が負う責任の範囲の明確化
　　──近時の裁判例の分析・検討を中心に── ………… 野上　誠一　*83*

株式会社法における議決権から派生する株主の権利
　　──会社法310条7項括弧書を端緒として──………… 福島　洋尚　*101*

株主総会決議の確定に係る近時の動向 ………………… 藤嶋　肇　*122*

会社法と倒産法・事業再生法の接点に関する一考察

　　——取締役の債権者に対する義務を中心に——………松嶋　隆弘　*139*

会社法における評価規範への着眼の意義　…………三浦　　治　*157*

取締役のサイバーセキュリティに関する義務について

の考察　……………………………………………………山岡　裕明　*171*

第2章　株式会社の資金調達・計算・企業再編………………… *193*

財源規制違反の自己株式取得と会社の損害に関する

一考察　………………………………………………………飯田　匡一　*194*

会社分割制度から見た中国会社法の立法理念………朱　　大明　*212*

企業再編行為における企業価値、事業価値、株主価値、

債権者価値の関係について

　　——事業資産の移転を伴う会社分割および事業譲渡を中心

　　として——　………………………………………仲宗根京子　*227*

株券発行前の株式譲渡の効力　………………………山本爲三郎　*244*

複数議決権株式を発行する会社の上場をめぐる英国

の状況　…………………………………………………吉川　信將　*263*

第3編　企業取引法

第1章　企業取引と商法 ………………………………………… *281*

定期傭船者と船舶衝突責任

　　——平成30年改正商法と最高裁平成4年4月28日判決——

　　………………………………………………………新里　慶一　*282*

第2章　企業取引法の現代的諸相 ……………………………… *301*

中国電子商取引法における消費者保護の実践………韓　　　露　*302*

メタバース・ワールドのアバターは死亡するか？
　　──メタバースにおける保険契約の在り方の法的可能性
　　を探って── ………………………………… 肥塚　肇雄　*320*

企業価値担保権の将来性と課題
　　──乗り越えるべき課題と最適な利用方法を考える──
　　…………………………………………………… 杉浦　宣彦　*341*

わが国における企業のサステナビリティ情報開示規制
　　…………………………………………………… 髙木　康衣　*356*

再保険契約における受再者の運命共同体原則・追随義務
　　──メキシコ湾原油流出事件を参照して──
　　…………………………………………………… 武田　典浩　*373*

大量保有報告義務違反と議決権行使の可否
　　──令和 6 年金商法改正で見送られた論点──………… 中曽根玲子　*390*

人権情報の法定開示とデュー・ディリジェンスの
法制化 ……………………………………………… 原　　郁代　*409*

「問題のない」金融機関による「問題のある」
金融商品の販売と組織的対応の必要性 ……………… 宮下　修一　*425*

生命共済契約における共済金受取人の変更 ………… 山下　典孝　*447*

第 4 編　関　連　法

企業法務としての ELSI 対応
　　──人権法と情報法の視点から──………………… 岩隈　道洋　*467*

企業の持続的発展と職務発明保護について
　　──近時の改正法と諸判例の動向も含めて──………… 小川　晶露　*484*

非上場中小会社の計算書類への信頼性付加 ………… 越智　信仁　*510*

学校法人への寄付についての小論……………………小宮　靖毅　*526*

法人税法にいう公正処理基準と会社法・会計公準
　　──商法19条や会社法431条、614条にいう「慣行」と
　　会計公準──　………………………………………酒井　克彦　*538*

司法権の正当性についての一試論……………………佐藤修一郎　*551*

企業統治における「ビジネスと人権」と「宮本から
君へ」事件…………………………………………………平　　裕介　*568*

国際私法における累積適用説の疑問　………………吉田　　愛　*584*

システム開発関係訴訟における責任割合の提言
　　──ベンダーとユーザーのリスクマネジメントの向上に
　　向けて──　……………………………………………吉田　祈代　*609*

福原紀彦教授　履歴・業績目録　………………………………………… *627*

執筆者紹介

(掲載順)

第1編　企業法総論・総則

平 泉 貴 士　（中央大学法学部教授）

福 原 玲 央　（虎ノ門法律経済事務所・弁護士）

第2編　企業組織法／第1章　株式会社の機関

菅 澤 紀 生　（すがさわ法律事務所・弁護士）

鳥 山 恭 一　（早稲田大学法学学術院教授）

野 上 誠 一　（大阪地方裁判所・判事）

福 島 洋 尚　（早稲田大学法学学術院教授）

藤 嶋　　肇　（近畿大学法学部教授）

松 嶋 隆 弘　（日本大学法学部教授、弁護士〔桜川協和法律事務所・
　　　　　　　　イノハラ外国法事務弁護士事務所（外国法共同事業）〕）

三 浦　　治　（中央大学法学部教授）

山 岡 裕 明　（八雲法律事務所・弁護士）

第2編　企業組織法／第2章　株式会社の資金調達・計算・企業再編

飯 田 匡 一　（慶應義塾大学大学院法務研究科研究員、弁護士）

朱　　大 明　（東京大学大学院法学政治学研究科特任教授）

仲宗根京子　（摂南大学法学部教授）

山 本 爲三郎　（慶應義塾大学名誉教授）

吉 川 信 將　（獨協大学法学部教授）

第3編　企業取引法／第1章　企業取引と商法

新 里 慶 一　（中京大学法学部教授）

第3編　企業取引法／第2章　企業取引法の現代的諸相

韓　　　　露　（中国済寧学院経済管理学院准教授）

肥 塚 肇 雄　（早稲田大学法学学術院教授）

杉 浦 宣 彦　（中央大学大学院戦略経営研究科教授）

髙 木 康 衣　（熊本大学大学院人文社会科学研究部(法学系)教授）

武 田 典 浩　（国士舘大学法学部教授）

中曽根玲子　（國學院大學法学部教授）

原　　郁 代　（横浜商科大学商学部教授、公認会計士）

宮 下 修 一　（中央大学大学院法務研究科教授）

山 下 典 孝　（青山学院大学法学部教授）

第4編　関連法

岩 隈 道 洋　（中央大学国際情報学部教授）

小 川 晶 露　（あきつゆ国際特許法律事務所・弁護士・弁理士）

越 智 信 仁　（関東学院大学経営学部教授）

小 宮 靖 毅　（中央大学法学部教授）

酒 井 克 彦　（中央大学大学院法務研究科教授）

佐藤修一郎　（中央大学理工学部教授）

平　　裕 介　（AND総合法律事務所・弁護士）

吉 田　　愛　（中央大学特任准教授、弁護士）

吉 田 祈 代　（新潟地裁高田支部・判事）

第1編

企業法総論・総則

営業廃止後の名板貸責任
──平成17年商法改正後の動向を踏まえて──

平 泉 貴 士

Ⅰ．はじめに

　一般に、自己の氏・氏名・商号などの名称を使用して営業をなすことを他人に許諾することを、名板貸（看板貸・名義貸）という。これは、取引所の取引員がその営業名義を非取引員に賃貸するという商慣習から生じて、各種の免許営業についてもみられるようになったものである。やがて、これが他人に名義を貸与し、営業上の名声や信用を利用させて営業を有利に行わせること全般を指すようになった。昭和13年商法改正において、名板貸についての商法23条（以下、旧商法23条）（現行商14条・会9条）が新設された。

　これにより、一定の名板貸関係に基づいて、名板貸人は、名板借人と取引をした第三者に対し、名板借人と連帯して責任を負うとの法理、いわゆる名板貸責任法理が商法上に明文化された[1]。

　ところで、商人の営業廃止後に他人が廃業前の商号を使用して、新たに営業をはじめた場合に、廃業した商人の名板貸責任は生じ得るのであろうか。商人がその営業を廃止した場合には、商人たる資格を失うとともに、その商号も廃止されたことになることから問題となる[2]。

　この問題に関して、Ⅱ．にて取り上げる平成17年商法改正前の2つの判例[3]は、名板貸責任を肯定したものと位置づけられている[4]。旧商法23条

---

(1)　福原紀彦「名板貸責任の基礎とその外延」杏林社会科学研究2巻2号（1985年）49頁、同『企業法総論・総則〔第2版〕』（文眞堂、2020年）93-94頁。
(2)　近藤龍司「商人の営業廃止後の名板貸について」桐蔭論叢7号（2000年）14頁。
(3)　最判昭和42年2月9日判時483号60頁、最判昭和43年6月13日民集22巻6号1171頁。

4 第1編 企業法総論・総則

は、明文上「氏、氏名の使用許諾者」を含んでおり、名板貸人は商人である必要はなかった[5]。

平成17年改正商法14条（以下、新商法14条）により、明文上は、名板貸主が商人であることが要件とされた[6]。Ⅲ．にて見るように、学説の多くは商法改正後においても廃業後の名板貸責任規定の類推適用を肯定している。一方で、判例がどのような立場にたつかは今後の動向を見守る必要があることも指摘されている[7]。

本稿は、平成17年商法改正前の判例・学説の状況および平成17年商法改正後の学説の動向を分析することによって、営業廃止後の名板貸責任が認められるか否かを検討するものである。

Ⅱ．平成17年商法改正前の判例・学説

1．判例

(1) 序

ここでは営業廃止後に廃業前の商号使用を他人に黙認した者に対して旧商法23条の責任を認めた2つの最高裁判決を確認する。

昭和42年最判の原審（昭和39年広島高裁松江支判）での控訴理由および昭和43年最判での上告理由において、被告（名板貸人）側から、営業廃止により商号は消滅したので旧商法23条の責任を負わない旨の主張が行われていることが注目される[8]。

---

(4) 小倉顕「判批」最高裁判所判例解説民事編昭和43年度（上）431頁、米沢明『名板貸責任の法理』（有斐閣、1982年）79頁、90頁。

(5) 大隅健一郎『商法総則〔新版〕』（有斐閣、1978年）205頁、服部栄三『商法総則〔第3版〕』（青林書院、1983年）213頁、米沢・前掲（注4）32頁。

(6) 江頭憲治郎編『会社法コンメンタール1』〔行澤一人〕（商事法務、2008年）146頁。

(7) 於保不二雄＝奥田昌道編『新版注釈民法（4）』〔椿寿夫＝三林宏〕（有斐閣、2015年）143頁。商法14条の類推適用が否定される場合には、民法109条が問題となる（椿＝三林・同上書143頁）。商法上の名板貸責任と民法109条との関係については、椿＝林・同上書143頁、米沢・前掲（注4）62頁以下参照。

営業廃止後の名板貸責任　　5

(2)　**最判昭和 42 年 2 月 9 日判時 483 号 60 頁**

1)　事実の概要　　昭和 28 年 6 月頃 Y（被告・控訴人・上告人）は、自動車修理販売業を始めたが、具体的な業務一切をほとんど使用人である訴外 A に一任していた。そのうち A が Y の信頼に背き、営業成績があがらないなどのため、Y は昭和 30 年 10 月当該自動車修理販売業を廃業することにした。しかし、A は当該工場を賃借りして自動車修理販売業を自己が独立して経営したいと申し出たので、Y はこれを許すことにした。Y は工場の建物工具等一切を A に貸与した。同年 10 月 A は Y が経営していたと同じ場所建物で、中断することなく全く同種の事業を始めた。A は Y の明示の承諾なく従前の商号「双葉自動車修理工場」を使用し、Y に無断で「双葉自動車修理工場」および「林春雄」のゴム印、「林」の印章を作成し、銀行に「双葉自動車修理工場林春雄」の名義で当座預金口座を開設して小切手取引をはじめ、また手形取引にもこの名義を使用した。A は Y 経営当時の修理行員の約半数および事務員を引継いだ。

X（原告・被控訴人・被上告人）は、Y が経営していたときからの取引先であるが、同年 12 月 A が Y の指図により営業資金を借り入れたいと申し入れたのに対して、これを信頼し、A の偽造した約束手形の交付を受け、金 20 万円の手形貸付けをした。ところが、A が行方をくらましてしまったので、X が Y に対し旧商法 23 条に基づき手形金の支払を請求したのが本件である。

第 1 審（鳥取地判・判決年月日不明）は、X の請求を認容。

2)　第 2 審（広島高裁松江支判昭和 39 年 7 月 29 日高民集 17 巻 5 号 331 頁）
判旨　　控訴棄却。「自己が営業主であると誤認されるような状況をつくり出したものは、積極的に誤認を阻止すべき義務があり、これをしないで放置する限り、黙示的に自己の氏名又は商号の使用を他に許諾したものとして、営業主を誤認したものに対し商法 23 条による責任を負わなければならない。Y は……自己が営業をなしていた建物を A に貸与し、その工具も貸与し、これらによって全く同種の事業を経営することを同人に許したものであり、その間事業は中断することなく続行され、又従業員の約半数は引継がれ、従前より Y

───────────────

(8)　広島高裁松江支判昭和 39 年 7 月 29 日高民集 17 巻 5 号 333 頁、最判昭和 43 年 6 月 13 日民集 22 巻 6 号 1177 頁。

は工場に顔を出さず A が責任者として振舞っていたので、人的関係にもさして異動がない状況にあり、第三者からみれば引継ぎ Y が経営しているとみるのが当然な状態がつくり出されておりながら、Y は営業主交替の広告、通知をするとか、看板を他の商号に積極的に書き改めさす等、第三者が誤認することを阻止する手段を採らないで放置し、時には……当座預金口座を利用させ自動車を貸与し、むしろ営業主の誤認を招く挙動に及んだものであるから（氏名又は商号が使用されていることを明らかに知っていて放置したという関係でないが）、その氏名又は商号が引続いて使用されることを黙示的に許諾したものといわざるを得ない。」

「<u>自己の営業を廃止したものは、もはや名板貸人の責任を負うべき余地はないとすることもできない</u>（下線、筆者）」。Y が上告。

3) 上告審判旨　　上告棄却。「Y は A に対し自己の氏名および商号……の使用を黙示的に承認していたものであり、Y は営業の廃止を一般に知らせる方法をとることもなく、知れたる得意先等に対してもその旨を周知徹底させなかったというのであるから、Y は、<u>自己の営業を廃止したにせよ A のした取引行為について Y をその営業者であると誤認した X に対し、商法 23 条の規定にもとづく責任を免れ得ない</u>」（下線、筆者）。

(3)　最判昭和 43 年 6 月 13 日民集 22 巻 6 号 1171 頁

1) 事実の概要　　Y（被告・被控訴人・上告人）は昭和 36 年 6 月からその借家を店舗とし訴外 A を使用人として「現金屋」の商号で電気器具商を経営していたが、経営不振のため昭和 37 年 5 月頃これを廃業して他所に引越した。A は同一店舗で同一商号のもとに自ら食料品店を経営するため、同年 8 月頃 Y の義兄に当たる訴外 B に依頼して、B の知合である食料品卸商である X 会社（原告・控訴人・被上告人）代表者に自己を紹介して貰い、その際、B を介して「B の義弟 Y が『現金屋』の商号で電気器具商を経営しているが、食料品を販売するようになったので品物を卸して貰いたい」旨商品の取引方を依頼した。これを信用した X は、取引の相手方が「現金屋」こと Y であると信じて、「現金屋」および Y の氏名を用いる A に対し食料品を継続販売したところ、その間の未払代金が合計 51 万余円となった。X は、Y に対して、主位的請求と

して、当該取引の買主としてＹが負う代金支払債務の履行を、予備的請求として、名板貸にかかる商法 23 条に基づくＹの弁済責任の履行を請求した。第 1 審（福岡地判昭和 41 年 3 月 18 日民集 22 巻 6 号 1178 頁）は、Ｘの請求をいずれも棄却。第 2 審（福岡高判昭和 41 年 12 月 15 日民集 22 巻 6 号 1179 頁）では、ＹはＡが食料品店経営中、Ｙの従前の商号およびＹの氏名を使用することを少なくとも暗黙に許諾したものであると判断されて、原判決を取り消して予備的請求が認容された。Ｙが上告。

　2）　判旨　　上告棄却。原審「認定の事実関係に照らせば、ＹがＡに対し、その食料品店の経営につき、『現金屋』なる自己の従前の商号および自己の氏名を使用することを少なくとも暗黙に許諾していた旨の原審の判断は、正当として是認することができる。」

　「商号は、法律上は特定の営業につき特定の商人を表わす名称であり、社会的には当該営業の同一性を表示し、その信用の標的となる機能をいとなむものである。商法 23 条は、このような事実に基づいて、自己の商号を使用して営業をなすことを他人に許諾した者は、自己を営業主と誤認して取引した者に対し、同条所定の責任を負うべきものとしているのである。したがって、現に一定の商号をもって営業を営んでいるか、または、従来一定の商号をもって営業を営んでいた者（下線、筆者）が、その商号を使用して営業を営むことを他人に許諾した場合に右の責任を負うのは、特段の事情のないかぎり、商号使用の許諾を受けた者の営業がその許諾をした者の営業と同種の営業であることを要するものと解するのが相当である。

　ところで、本件において……Ｙは、その営んでいた電気器具商をやめるに際し、従前店舗に掲げていた『現金屋』という看板をそのままにするとともに、Ｙ名義のゴム印、印鑑、小切手帳等を店舗においたままにしておき、Ａが『現金屋』の商号で食料品店を経営することおよびその後経営していたことを了知していたこと、Ａは、本件売買取引の当時、右ゴム印および印鑑を用いてＹ名義でＸにあてて約束手形を振り出していたこと、Ｙは、自己の営業当時、売上金を『現金屋』およびＹ名義で銀行に普通預金にし、その預金の出し入れについてＹ名義の印鑑を使用していたが、Ａが食料品店を始めるに当たって、Ａに対して自己の右預金口座を利用することを承諾し、Ａもこれを利用して預金の

8 第1編 企業法総論・総則

出し入れをしていたこと、AはYの営業当時の使用人であり、かつYの営業当時の店舗を使用した関係にあったというのである。このような事実関係のもとにおいては、Aが、Yの廃業後に、Yの商号および氏名を使用してYの従前の営業とは別種の営業を始めたとしても、Aと取引をしたXがその取引をもってYとの取引と誤認するおそれが十分あった（下線、筆者）ものというべきであり、したがって、Yの営業とAの営業とが業種を異にするにかかわらず、なおYにおいてAの右取引につき商法23条所定の責任を負うべき特段の事情がある場合に当たるものと解するのが相当である。」

2．学説

(1) 序

営業廃止後の名板貸責任の問題を正面から取り上げた研究は、近藤龍司教授の論文[9]を除くと、前掲昭和43年最判の評釈に登場するものなどに限られている。もっとも、商号が譲渡された場合（商15条）の名板貸責任については、多くの概説書などで論じられている。営業廃止後の名板貸責任に関する研究のなかで、営業廃止時の商号譲渡と名板貸との関係に触れるものが多い。ここでは、まず、営業廃止時の商号譲渡の場合の名板貸責任についての議論を、次いで、営業廃止後の旧商号使用許諾と名板貸責任についての議論を確認する。

(2) 営業廃止時の商号譲渡の場合

1) 商号の譲渡と名板貸　　商号権は財産的性質を有する権利であるから、商号登記の前後を問わず譲渡性を有する。しかし、商号は社会的・経済的には営業の名称たる機能を有し、その信用の標的となるものであるから、営業をはなれて商号のみの単独譲渡を認めるときは、一般公衆を誤解におとし入れることとなり、商号真実の要請からも好ましくない。それゆえ、商法は、営業とともにする場合ならびに営業を廃止する場合に限り、商号の譲渡を認めている（商15条1項）[10][11]。他方で、商号のみの賃貸借は認められる[12]。

---

(9) 近藤・前掲（注2）14頁、同「商号と商人の営業の廃止」奥島孝康＝宮島司編『商法の歴史と論理』（新青出版、2005年）309頁。

本条は、昭和13年商法改正により、旧商法23条とともに設けられた規定（平成17年改正前商24条1項）である。旧商法23条の改正要綱の段階では、名板貸責任の対象から商号を譲渡した場合は除外されていた（要綱第六）[13]。商法改正法案の段階で、この除外部分は削除された。鳥賀陽教授は、当該削除に賛成する[14]。解釈上はなお、名板貸責任から商号譲渡の場合を除外できる可能性はあるが[15]、立法時の衆議院委員会での政府委員説明では商号譲渡の場合にも旧商法23条の適用があることが確認されている[16]。

なお、商人は営業廃止により商人資格を喪失するが、商人資格の喪失時期は、営業目的行為の終了時ではなく、残務処理の終了時である。残務処理行為も附属的商行為となる[17]。商法15条1項にいう「営業を廃止する場合」の商号譲渡とは、いまだ譲渡人に商人資格が残っている段階であり、譲渡人は当該商号について商号権を有している[18]。

　2）名板貸責任肯定説　　多数説[19]は、商号の譲渡の場合にも名板貸責任が成立することを前提にしつつ[20]、商号中に譲渡人の氏または氏名が使用さ

---

(10) 大隅・前掲（注5）200-201頁。営業を廃止する場合の商号の単独譲渡が認められた趣旨は、次のとおりである。「商号譲渡人が営業を継続する場合には、一般公衆がその譲渡人の営業と商号譲受人の営業とを混同するおそれがあるのに反して、商号譲渡人がその営業を廃止する場合には、かかる危険がないのみならず、廃止する商人をして商号に附着する財産的価値を処分換価することをえしめるのを適当と認めた」。

(11) 会社の商号について、それを事業譲渡とともに譲渡する場合（会22条1項参照）、または事業を廃止する場合に限り譲渡することができると解されている（岡田豊基『現代商法総則・商行為法』（中央経済社、2018年）56頁）。

(12) 商号の譲渡（商15条1項）とは異なり、自己の商号を使用して営業または事業を行うことを他人に許諾できる場合については、商法上制限はなく、商法14条・会社法9条が名板貸人の責任を定めるにすぎない。商号の真実に対する要請と商号のもつ価値の利用に対する要請とを調整した結果である（森本滋編『商法総則講義〔第3版〕』〔早川徹〕（成文堂、2007年）67頁、大塚英明ほか『商法総則・商行為法〔第3版〕』〔川島いづみ〕（有斐閣、2019年）146頁）。

(13) 松本烝治『私法論文集続編』（有斐閣、1938年）34頁、36頁。

(14) 鳥賀陽然良「商法改正法案を評す（二）」法学論叢34巻2号（1936年）283頁。

(15) 梶田年『注釈叢書改正商法総則会社法』（法文社、1939年）17頁。

(16) 第73回帝国議会衆議院商法中改正法律案外二件委員会議録（速記）第5回（昭和13年3月9日25頁）。当該政府委員答弁内容は当然の回答とされている（品谷篤哉「名板貸責任――ルール形成期の議論――」立命館法学411・412号（2024年）134頁）。

(17) 落合誠一ほか『商法Ⅰ〔第6版〕』〔大塚龍児〕（有斐閣、2019年）38頁、福原・前掲書（注1）77頁。

(18) 近藤・前掲（注2）16頁。

10　第1編　企業法総論・総則

れていない場合（第1類型）と使用されている場合（第2類型）に分けて考察する。

　第1類型については、商号譲渡の登記がある限り、旧商法12条（現行商9条1項）の適用によって、「商号譲渡の事実」につき確保的効力が与えられ、譲渡人は善意の第三者に対しても、名板貸責任を負うことはないものとする。

　第2類型については、譲渡人はその氏または氏名の貸与者としての責任を免れず、これを免れるためには誤認を防ぐべき文字を譲受人の商号に附加させなければならないものとする[21]。

　3）名板貸責任否定説　　服部教授[22]は、上記第2類型の場合については、多数説と同じ立場をとるが、第1類型の場合には、名板貸責任の成立を否定する。その理由は、譲渡人が当然に名板貸主としての責任を負わねばならないとするのは、きわめて酷であり、譲渡人が譲渡以後営業を行っていないときは、自己の商号の使用を許諾したことに該当しないというものである。

(3)　営業廃止後の旧商号使用許諾の場合

　1）名板貸責任肯定説　　多数説は名板貸責任を肯定する。理論構成としては、廃業した商人の商号権そのものを根拠にするものと、廃業した商人の商号権は失われることを前提にしつつ残存する名称に対する信頼ないしは経済的価値を根拠にするものとに分類し得る。

　米沢教授は、論文のなかで、旧商法24条（現行商15条）の商号の譲渡には商号の賃貸借も含まれることを前提に、営業廃止の場合における商号の賃貸借

---

(19)　實方正雄「名板貸契約──主として判例を中心として──」法律時報24巻5号（1952年）16頁、大隅・前掲（注5）205頁、石井照久「名板貸の責任」鈴木竹雄＝大隅健一郎編『商法演習Ⅱ』（有斐閣、1960年）15頁、古瀬村邦夫「商号」石井照久ほか編『経営法学全集7』（ダイヤモンド社、1966年）406頁、田中誠二『全訂商法総則詳論』（勁草書房、1976年）291頁、田中誠二＝喜多了祐『全訂コンメンタール商法総則』（勁草書房、1975年）274頁。米沢・前掲（注4）78頁は、旧商法23条が、商法改正要綱六の「其商号ヲ譲渡シタル場合ノ外」の字句を削って立法されたのは、この多数説の趣旨に基づくものとする。

(20)　西原寛一『日本商法論第1巻』（日本評論社、1943年）497頁は、名板貸責任に「除外例は存しない」とする。

(21)　西原・前掲（注20）497頁では、前甲某商店・甲某商店承継乙某商店が例示されている。

(22)　服部・前掲（注5）223頁。

の場合には、商号賃貸人は依然として商号権者であり、本来の名板貸に当るとしていた[23]。そして、昭和43年最判の評釈では、次のように述べる。「本判決は、営業廃止後における商号の使用許諾につき商法23条の責任を認めている。……商号権の帰属主体が名板貸人であれば、名板貸人が営業主であるという外観が存在しうるので、商法23条の責任が成立しうるのは当然であろう。」[24]

昭和43年最判の小倉調査官解説は、米沢論文に依拠して、「廃業の事実があったとしても、当該取引の相手方に対して廃業を通知するか、一般的に廃業の事実を了知する機会を与えたのならばともかく、そうでなければ、商号借用人と取引する第三者は、その取引をもって商号貸与者の取引と誤認するおそれは、いぜんとして消滅していない」とする。同調査官は、大隅教授の著書の記述「商人が営業を廃止するときはその商号も消滅する」[25]を引用しつつ、「いまだ対外的に続用されているかぎりは、商法23条にいう『自己ノ商号』にあたる」とする[26]。

営業廃止後の商号に残存する財産的価値を根拠にする松尾弁護士の見解がある。昭和43年最判の評釈において、松尾弁護士は、次のように述べる[27]。「営業を廃止しても、商号に化体された信用・名声は残存する……から、客観的に財産的価値があり、従って、当事者にとっては、商号の許諾ないし使用の実益があり……取引者からみれば、営業表示の継続があるのである。よって、……営業廃止後の商号を許諾した名板貸人も営業を営んでいるばあいと同様に商法23条の責任を負担しなければならない」。

昭和43年最判の評釈における、村田教授の見解も松尾弁護士の見解に近い[28]。「『現金屋』の名称が商号であった期間中に、それに付着した経済的価値とか、それを標的として寄せられた社会的信用は、『現金屋』の名称が商号

---

(23) 米沢明「名板貸（三）」民商55巻6号（1967年）916頁（前掲〔注4〕78頁も同旨）。
(24) 米沢明「判批」鴻常夫＝竹内昭夫編『商法（総則・商行為）判例百選』（有斐閣、1975年）55頁。
(25) 大隅健一郎『商法総則』（有斐閣、1957年）184頁。
(26) 小倉・前掲（注4）431頁、435頁、米沢・前掲（注23）916頁を引用。
(27) 松尾和子「判批」判時528号（1968年）132頁、米沢・前掲（注23）916頁を引用。
(28) 村田治美「判批」ジュリスト433号（1969年）75頁。

でなくなっても、つまり商号性を失っても、それとともには消滅せず、その後もなお当分の間は存続する（下線、筆者）。……Y〔被告〕はその廃業後も、……『現金屋』の名称を譲渡（商法24条1項によれば、この名称の譲渡も商号譲渡といいうる）したり、譲渡しないで他人にこれを利用させたりすることなど、各種の利用をなしうるのである。……Yの廃業後における『現金屋』という名称は、なおYの所有に属する名称であるというべきである」。

　村田教授が、廃業した商人が旧商号の経済的価値・社会的信用を永続的にではなく、「当分の間」保有し続けるとしていることが注目される。

　近藤教授の見解[29]も廃止商号に残存する名称に対する信頼ないしは事実上の経済的価値を重視する。ただし、次に見る名板貸責任を否定する江頭教授の見解の影響を受けていることがうかがえる。「廃止商号が、商号としての法的保護の対象とはならなくなり、単なる名称となったにすぎないとしても、その名称に対する信頼ないしは事実上の経済的価値は、それぞれの商号に照応して残りうるし、したがってまた、その法的外観も相応の期間内は残存し、商号が廃止されたからといって、直ちにその実際上の商号としての価値が消滅するものではないことも否定しがたい」。「他の者が、その廃止商号を自己の商号として選定することは自由であるとしても、なおその商号を選定・使用するにつき、……その許諾を求めてきて、許諾したような場合には、許諾者は、自己の営業を廃止したにせよ、なおその廃止商号の使用を許諾したことによって、自己がその営業主であるかのような外観を創出したものというべく、そのことにより第三者が営業主を誤認した場合には、なおその許諾を帰責原因として、その廃止商号の使用者との連帯責任が問われることもあることを容認していたものというべきであろう。」

　2）名板貸責任否定説　江頭教授は、営業廃止後の名板貸責任を否定する[30]。「『旧商号』について『使用許諾』するということが、法的意味をもちうるのだろうか。商人は、商号を廃止した時点で、商号専用権を喪失する（商

（29）近藤・前掲（注2）17頁。
（30）江頭憲治郎「判批」ジュリスト740号（1981年）144頁。商号を変更した会社が旧商号を使用して営業をなすことを許諾したものとして旧商法23条による責任を認めた裁判例（名古屋高判昭和53年9月12日判時925号109頁）の評釈である。

号単一の原則)。したがって、商人は、他人から自己の旧商号の使用許諾を求められた場合、それを拒絶できないのではないか。もし第三者による営業主に関する誤認混同のおそれのあるときはそれを拒絶できるとすれば、周知な旧商号についても専用権があることになってしまい、他人の商号選定の自由を保障するために認められた商号単一の原則と衝突する。少なくとも現行法の商号に関する解釈論としては、商人は、他人が自己の旧商号を使用することを制限することはできないと解さざるをえず、したがって、他人がそれを使用することについて同意をあたえ、または、他人による使用を黙認していた場合でも、第三者を誤認させることにつき他人との間に共謀がある場合に不法行為責任を問われることは格別、名板貸人としての責任を負うことは、ないのではないか」。そして、すでに廃止した商号の使用許諾について名板貸人としての責任が肯定されたものと位置づけられている昭和42年最判・昭和43年最判についても、両判決は、「被告である個人商人が、廃止した商号のみでなく、自己の『氏名』の使用も黙認していたことが認定されており、……商法23条が適用されたのは当然」であるとする。

　江頭教授の見解によれば、仮に昭和42年最判および昭和43年最判の事案が、廃業した個人商人が自己の「氏名」ではなく、廃止した(氏、氏名の含まれていない)商号のみの使用を黙認していた場合には、名板貸責任が否定され得ることも示唆される。

3．まとめ
(1)　営業廃止時の商号譲渡の場合
　商号が営業とともに、あるいは営業の廃止に際して他人に譲渡された場合には、譲渡人は自己の従来の商号の使用を譲受人に許したことになるとみて、旧商法23条が適用されるとの見解が多数説である。ただし、多数説は、譲渡した商号の中に譲渡人の氏または氏名が用いられているか否かによって理論構成を変えている。

　譲渡人の氏または氏名が用いられていないとき(第1類型)は、商号譲渡の登記があれば、譲渡人は名板貸主としての責任を負わないのが原則とする。これは商業登記の一般的効力(旧商12条・現行商9条1項)に基づくものである

14 第1編 企業法総論・総則

（最判昭和49年3月22日民集28巻2号368頁参照）[31]。

　譲渡人の氏または氏名が用いられているとき（第2類型）は、譲渡人はその氏または氏名の貸与者としての責任を免れず、これを免れるためには誤認を防ぐべき文字を譲受人の商号に附加させなければならないとする。旧商法23条が明文上「氏、氏名の使用許諾者」を含んでおり、名板貸人は商人である必要はなかった。自然人たる個人商人が、その氏、氏名を商号として使用していた場合においては、その使用が廃止されたとしても、それはその者の全人格を表現するものとして存続する。依然として、その氏、氏名は名板貸の対象となり得る。したがって、その氏、氏名について、使用の許諾を求められて許諾したという場合においては、新たな名板貸が成立する[32]。

　服部教授は、第1類型について、原則として名板貸責任を否定する。その理由は、譲渡人は、自己の商号の使用を許諾したことに該当しないというものである。しかし、営業廃止時の商号譲渡人も商人資格を有しているのであり、当該商号について商号権がある。商人が明示の許諾をもって商号を譲渡しているのであるから、商号使用の許諾そのものを否定することはむずかしい。むしろ、営業廃止時の商号譲渡が認められている趣旨、すなわち、商号譲渡人がその営業を廃止する場合には、譲渡人の営業と譲受人の営業を混同誤認することがない[33]ことを理由に名板貸責任を否定することは可能なようにも思われる。もっとも、この場合にも第三者の誤認のおそれは少ないながらも存在する[34]。名板貸責任を肯定する多数説が妥当である。

　服部教授は、「この場合に譲渡人が当然に名板貸責任を負わなければならないとするのはきわめて酷」とされる。多数説によれば、商号譲渡の登記があれ

---

(31) ただし、登記当事者が登記と異なる事実や外観を存在させている場合には登記の効力を主張できない（米沢・前掲〔注4〕81頁）。また、最判昭和42年4月28日民集21巻3号796頁、最判昭和43年12月24日民集22巻13号3349頁参照。

(32) 近藤・前掲（注2）17頁。

(33) 伊澤孝平『注解商法総則』（法文社、1949年）87頁、大隅・前掲（注5）201頁、関俊彦『商法総論総則〔第2版〕』（有斐閣、2006年）148頁。

(34) 鴻常夫『商法総則〔全訂第4版補正版〕』（弘文堂、1991年）201頁、岡田・前掲（注11）56頁、青竹正一『商法総則・商行為法〔第4版〕』（信山社、2024年）77頁、北居功＝高田晴仁編著『民法とつながる商法総則・商行為法〔第2版〕』〔諏訪野大〕（商事法務、2018年）69頁。

ば、譲渡人は名板貸主としての責任を負わないことになるのであり、譲渡人に
それほど酷とはいえない。譲渡人は譲受人との間の商号譲渡契約のなかで、譲
受人に商号譲渡の登記を義務付けることは可能であろう[35]。もっとも、譲渡
人は、商号譲渡の登記がなされないかぎりは永久に名板貸責任を負うことにも
なりかねない。もともと第三者の誤認のおそれは少ないことに鑑みれば、相当
の期間が経過すれば名板貸責任は消滅するものと考えたい[36]。

第2類型については、服部教授も、多数説と同様の見解である。営業廃止後
の名板貸責任を否定する江頭教授も、自己の「氏名」の使用を黙認していたこ
とが認定された昭和42年最判および昭和43年最判について、旧商法23条が
適用されたのは当然であるとする。旧商法23条の解釈として、名板貸人は商
人である必要はなく、氏・氏名の使用許諾者についても名板貸責任は成立する
との立場が前提になっている。新商法14条は、明文上は氏・氏名の使用許諾
者を含んでいないので、同条の解釈から第2類型についての結論が維持され得
るか否かが新たな問題となる。

⑵　営業廃止後の旧商号使用許諾の場合

江頭教授は、営業廃止後の名板貸責任を否定する。商人は、商号を廃止した
時点で、商号専用権を喪失するので、商人は、他人が自己の旧商号を使用する
ことを制限することはできないからである。鳥賀陽教授の見解、すなわち、
「営業の廃止があれば商号権は消滅する。斯る商号権を譲受する必要は毫も存
しない。譲受けるまでもなく他人が新に自ら選定し登記すればよい」[37]と共
通の理解である。

---

(35) 商号譲渡の登記は譲受人の申請によって行い、申請書には、譲渡人の承諾書および商法15条1
項の規定に該当することを証する書面を添付しなければならない（商登30条1項）。なお、商号
譲渡の法律事実が、商号権主張の問題として取り扱われる場合は商法15条2項適用の問題とな
り、責任関係確定の問題として処理される場合には商法9条1項の問題となる（實方・前掲〔注
19〕16頁）。

(36) 平成17年改正前商法30条「商号ノ登記ヲ為シタル者ガ正当ノ事由ナクシテ二年間其ノ商号ヲ
使用セザルトキハ商号ヲ廃止シタルモノト看做ス」を参考にして相当の期間を2年間と解したい
（同条は、未登記商号にも類推適用される〔服部・前掲（注5）194頁〕）。また、商法17条3項も
参照。

(37) 鳥賀陽・前掲（注14）285頁。

16 第1編 企業法総論・総則

米沢教授は、商号権の帰属主体が名板貸人であれば、名板貸人が営業主であるという外観が存在しうるので、名板貸責任が成立しうるのは当然とされる[38]。営業廃止時の商号譲渡についての前提を営業廃止後の旧商号使用許諾の場合にもそのまま当てはめている点で疑問がある。商法15条1項の商号の譲渡は、営業を廃止するに際しての清算の終了までに（すなわち、商人資格を失うまでに）なされるべきことを意味しており[39]、商号譲渡人（賃貸人）には商号権がある。しかし、営業廃止後には商号権は消滅する。小倉調査官が、商号権が消滅した旧商号についても、対外的に続用されているかぎりは、旧商法23条にいう「自己ノ商号」にあたる[40]とする法的根拠は明らかでない。

商号権が消滅した旧商号について、名板貸責任成立の有無、仮に成立を肯定する場合には、その理論構成が問われている。

III. 平成17年商法改正後の学説の動向と考察

1. 学説の動向

(1) 序

立法担当者の説明によれば、平成17年改正商法では、商人の営業や商行為というような商事に関する法律であることを明らかにするために、商法1条1項に趣旨に相当する規定が設けられた。そして、名板貸に関する規定について、旧商法23条では、責任を負う主体について商人以外の者にも適用されるような規定とされているが、商法の趣旨にかんがみ、新商法14条では、責任を負う主体について「商人」と規定された[41]。

この改正を受けて、行澤教授は、旧商法23条の適用が認められていた非商人による名義使用許諾事例は、現行法の枠組みでは名板貸責任から排除される

---

(38) 米沢・前掲（注24）55頁。
(39) 近藤・前掲（注2）16頁。
(40) 小倉・前掲（注4）435頁。
(41) 郡谷大輔・細川充「会社法の施行に伴う商法および民法等の一部改正」相沢哲編著『立法担当者による新・会社法の解説（別冊商事法務 No.295）』（商事法務、2006年）259頁。

ので、結局、その場合の善意の第三者保護は、民法 109 条もしくは民法 715 条によって図られるほかないとする[42]。

しかし、以下に見るように、商法改正後も非商人が商号以外の名称の使用を許諾する場合について商法 14 条の類推適用を肯定する見解が存在する。また、営業廃止後の商人の名板貸責任については肯定する見解が多数である。

(2) 非商人が商号以外の名称使用を許諾する場合

1) 名板貸責任否定説　　多数説は名板貸責任を否定する[43]。多数説の前提は、現行法で削除された商人・会社以外の者に、商法 14 条や会社法 9 条を類推適用して名板貸責任を負わせることは、立法趣旨を没却し認められないというものである[44]。関教授は、旧商法 23 条では認められていた政治家、タレント、スポーツ選手、芸術家などの氏名を借用して取引が行われたときの名板貸責任は、新商法 14 条・会社法 9 条からは成立しないものとする[45]。多数説は、著名な「東京地方裁判所厚生部」事件（最判昭和 35 年 10 月 21 日民集 14 巻 12 号 2661 頁）についても、名板貸責任から排除する[46]。

多数説においても、商人が、自己の氏・氏名の使用を許諾した場合の商法 14 条の類推適用を認める見解がある[47]。

2) 名板貸責任肯定説　　青竹教授は、そもそも新商法が、許諾の対象を「商号」として、氏、氏名の許諾を対象外とし、使用許諾者を商人に限定した理由は妥当ではないとする。そして、非商人が商号以外の名称の使用を許諾する場合にも、商法 14 条の類推適用を肯定する[48]。青竹教授は、氏名等の使用許諾は、当然に民法 109 条の代理権授与表示に当たると解しうるわけではな

---

(42) 行澤・前掲（注 6）146 頁、結果同旨、関・前掲（注 33）156 頁、田邊光政『商法総則・商行為法〔第 4 版〕』（新世社、2016 年）95 頁。

(43) 行澤・前掲（注 6）146 頁、関・前掲（注 33）156 頁、淺木慎一「商法教授方法に関する研究手帖（5）」名城法学 60 巻 1・2 号（2010 年）141 頁、諏訪野・前掲（注 34）73 頁、田邊・前掲（注 42）94 頁、弥永真生『リーガルマインド商法総則・商行為法〔第 3 版〕』（有斐閣、2019 年）41 頁。

(44) 諏訪野・前掲（注 34）73 頁。

(45) 関・前掲（注 33）156 頁。

(46) 行澤・前掲（注 6）146 頁、関・前掲（注 33）156 頁、淺木・前掲（注 43）141 頁。

(47) 弥永・前掲（注 43）42 頁、淺木・前掲（注 43）140 頁。

18 第1編 企業法総論・総則

いとして、昭和35年最判「東京地方裁判所厚生部」事件についても名板貸責任（商法14条類推適用）を肯定する[49]。

(3) 営業廃止後の名板貸責任

新商法14条においても、学説の多くは営業廃止後の名板貸責任を肯定する[50]。もっとも、理論的根拠を明らかにするものは少ない。

酒井教授は、次のように述べる。「商人が営業を廃止してもその営業主としての外観は残存し得るから、そのような外観を排除することなく従前の商号の使用を他人に黙示に許諾した者は、名板貸責任を負う（前掲昭和42年最判引用）」（商法14条類推適用）[51]。

2. 考察
(1) 非商人が商号以外の名称使用を許諾する場合

名板貸責任を肯定する少数説を支持したい。

名板貸責任を否定する多数説のなかにも、商人が自己の氏・氏名の使用を許諾した場合の商法14条の類推適用を認める見解がある[52]。

淺木教授は、「立志伝中の人物に該当するがごとき個人商人が、自己の氏・氏名の使用許諾を認めたような場合」とする。商人ではない立志伝中の政治家、タレント、スポーツ選手、芸術家でも問題状況は同じではないであろうか。弥永教授は、根拠条文として、商法537条・会社法613条をあげる。商法

---

(48) 青竹・前掲（注34）85頁。早川教授も「改正の理由は明らかでない」として、商人でない者が自己の名称の使用許諾をした場合および商人が商号以外の名称の使用を許諾した場合の商法14条類推適用を肯定する。ただし、この場合、相手方の善意・無過失が要求されるとする（早川・前掲〔注12〕67頁、72頁）。

(49) 青竹・前掲（注34）85頁。結果同旨、早川・前掲（注12）67頁、永井和之ほか『基本テキスト企業法総論商法総則』〔三浦治〕（中央経済社、2022年）126頁。

(50) 青竹・前掲（注34）85頁、大塚・前掲（注17）66頁、淺木・前掲（注43）140頁、弥永・前掲（注43）42頁、酒井太郎「判批」神作裕之＝藤田友敬編『商法判例百選』（有斐閣、2019年）29頁、早川・前掲（注12）67頁、三浦・前掲（注49）126頁、北村雅史編『スタンダード商法Ⅰ商法総則・商行為法（第2版）』〔岡田昌浩〕（法律文化社、2022年）62頁。

(51) 酒井・前掲（注50）29頁。

(52) 淺木・前掲（注43）140頁、弥永・前掲（注43）42頁。

537条は非商人である匿名組合員が自己の氏・氏名の使用許諾をした場合を含んでいる。会社法613条は自称社員の責任（会589条）に対応した規定であるが、自称社員の責任には、社員が社名に自己の氏・氏名の使用許諾した場合を含んでいる。

　非商人が、自己の氏・氏名の使用を許諾した場合も名板貸責任の対象から排除する理由はないように思われる。もっとも、旧商法23条のもとでも、使用許諾の客体が氏・氏名など商号以外の名称の場合には、その名称の使用によって直ちに使用許諾者が営業主であるという外観が構成される場合は少ないことが認められていた。実際に非商人が商号以外の名称使用を許諾する場合に名板貸責任が認められる状況というのは、その名称の使用許諾のほかに、使用許諾者が営業主であるという外観を構成するような客観的事情（附加的事情）が同時に存在しているのが常態である[53][54]。

(2)　営業廃止後の名板貸責任

　名板貸責任を肯定する多数説を支持したい。

　前述のⅡ．にて確認したように、平成17年商法改正前においても、営業廃止後の名板貸責任を否定する有力な学説が存在した。商号権を喪失した旧商号について名板貸責任は問われないというのである[55]。

　平成17年商法改正前の名板貸責任を肯定する学説の根拠は、廃業によって商号性を失った旧商号に残存する商号に化体された信用・名声という客観的財産的価値というものであった。

　村田教授は、この客観的財産的価値を、商号の譲渡についての旧商法24条1項（現行商15条1項）から説明する[56]。しかし、商法15条1項は「営業を

---

(53)　米沢・前掲（注4）73頁。最判昭和34年6月11日民集13巻6号692頁「金森木材」事件は、氏の使用許諾のほかに名板貸人が営業主であるという外観を構成するような附加的事情が存在している事例である。

(54)　少数説からは、営業廃止時の商号譲渡について、商号譲渡の登記があっても、商号中に譲渡人の氏または氏名が使用されている場合についての名板貸責任は肯定される。多数説からの結論は明らかでない。

(55)　江頭・前掲（注30）146頁。

(56)　村田・前掲（注28）75頁。松尾・前掲（注27）132頁も同旨。

廃止した場合」ではなく「営業を廃止する場合」を定めた規定である。清算終了までの営業廃止時には存在した商号権も営業廃止後には失われている。廃業した商人は、他人から自己の旧商号を求められれば、それを拒絶できない[57]。旧商号に何らかの財産的価値を見出すことはできない。

近藤教授は、旧商号は法律上の保護の対象外であり、他人が勝手に旧商号を使用して第三者が営業主を誤認して取引したとしても、その債務について名板貸人としての責任を負ういわれはないとする。それにもかかわらず、結論としては名板貸責任を肯定する。他の者に廃止商号の使用を許諾した場合には、「許諾者は、自己の営業を廃止したにせよ、なおその廃止商号の使用を許諾したことによって、自己がその営業主であるかのような外観を創出したもの」とするのである[58]。名板貸責任はないとの前提をとりつつ、廃業した商人の表見的営業主としての責任を名板貸責任と構成しているところに矛盾はある。しかし、自己が営業主であるかのような外観を創出したことに基づく表見責任を問うべきという価値判断は多数説に共通しているものであり、支持される。

江頭教授は、旧商号について使用許諾するということが法的意味を持ち得ないとの前提で、第三者を誤認させることにつき他人との間に共謀がある場合の不法行為責任は格別、名板貸責任はないとの結論をとる[59]。理論的には大変明解であるが、表見的営業主の責任を成文法上の根拠がないことから不法行為責任のみに追いやるという趣旨であるのならば疑問である[60]。

庄子教授によるドイツにおける表見商人についての研究がある[61]。営業を廃止した後に商号を登記簿上抹消することを怠った者が、善意の第三者に対し

---

(57) 江頭・前掲（注30）146頁、鳥賀陽・前掲（注14）285頁、近藤・前掲（注2）16頁参照。
(58) 近藤・前掲（注2）16-17頁。
(59) 江頭・前掲（注30）146頁。
(60) 大竹縁「我商法における表見商人（一）」法学志林39巻1号（1937年）13頁参照。
(61) 庄子良男「ドイツにおける表見商人の理論（一）」東北学院大学論集（法律学）4号（1972年）135頁、150頁、153頁。表見商人の制度とは、商号の登記をなした者はその登記の存続する間は商人たるものとするドイツ商法5条に基づく制度である。表見商人については、野津務「商法改正要綱」法政研究2巻2号（1932年）32頁、同『商法総則第二部（営業論）』（有斐閣、1934年）49頁、大竹・前掲（注60）6頁、鈴木竹雄「商人概念の再検討（二・完）」法学協会雑誌57巻12号（1939年）45頁、喜多了祐「ユリウス・フォン・ギイルケ『商法および航海法』」商学討究2巻4号（1952年）671頁以下参照。

て商人資格の喪失を主張することが許されないというドイツ法の状況が紹介されている。これはドイツにおける表見商人の1つの場合とされる[62]。

わが国において個人商人は商号登記を強制されておらず（商11条2項）、ドイツのような表見商人の制度はない[63]ので、同列には論じ得ない。しかし、商人資格を喪失した非商人に対しても表見責任を負わせて商法を適用することを可能にしているドイツ法の立場は、わが国における営業廃止後の名板貸責任の問題を考察するうえでも参考になる[64]。

名板貸責任の法理は、旧商法23条が新設される以前から既に判例法として存在していた。それらの判例において、先例として引用される2つの大審院判決のうちの1つが大判昭和5年10月30日[65]である。本判決は、民法109条および会社法589条（昭和13年改正前商65条・平成17年改正前商83条）を援用してこれに禁反言的意義を附して、その精神に基づいて名義貸与者の責任を認めている[66]。

会社法589条は自称社員（疑似社員）の責任についての規定である。本来、社員でない者は、社員としての責任を負うべきいわれはない。本条は、社員と誤認させる行為があったときに、それを誤信して会社と取引をなした善意者の保護のため、その自称社員（疑似社員）にも、社員としての責任を負わせる。自称行為の例としては、社員たることを装い会社の名をもって契約をなすこ

---

(62) 鈴木教授は、取引において商人として現れる者は、これを信頼した第三者に対しては信義則に従い、自分が商人である場合と同様の責に任ずるとのドイツの学説および判例が表見商人の制度に関連して発達させた理論を紹介する（前掲〔注61〕45頁）。

(63) 鳥賀陽然良「商法改正要綱概評（一）」法学論叢34巻1号（1936年）141頁、149頁参照。すべて商号は登記すべきものとし、登記により商号専用権を認めるのが適当とする立法論がある（大隅・前掲〔注5〕189頁、田中＝喜多・前掲〔注19〕200頁）。

(64) 鳥賀陽教授は、ドイツにおいては名称使用許諾者が表見的商人の一種となることを示唆していた（前掲〔注14〕282頁）。また、喜多教授は、名板貸人を「表見商人の亜種」と位置づける（喜多了祐『外観優越の法理』（千倉書房、1976年）674頁）。

(65) 民集9巻999頁。本件は、頼母子講の表見管理人の責任に関する判例である。伊澤教授は、本判決を自己の名義の使用を許諾した者の責任を認め、これを禁反言則に依拠して解決した禁反言則上の画期的判決と高く評価する（伊澤孝平「判例に現れたる禁反言の原則」法律時報8巻12号（1936年）11頁）。ただし、米沢教授は、本件は表見的営業主の責任に関する判例ではないとして、旧商法23条の要件を満たさないとする（前掲〔注4〕41頁）。

(66) 米沢・前掲（注4）12頁。

と、会社の業務に干与すること、社名に自己の氏名を使うのを承諾することなどがあげられる[67]。

会社法589条（旧商83条）の精神からは、わが国においても、商人資格を喪失した非商人に対しても自称行為による表見責任を負わせて商法を適用することを認めるべきである[68]。廃業して商人資格を喪失した者が、旧商号の使用を許諾する行為も自称行為として、表見的商人（表見的営業主）の責任が肯定される。この場合の成文法上の根拠を会社法589条の精神とするのが精確であるが、商法14条類推適用と構成することも可能であると考える。名板貸責任の法理を確立した先例が自称社員の責任についての商法規定（現行会589条）の精神にも基づいているからである。

Ⅳ．むすび

旧商法23条の解釈として、判例および多数説は営業廃止後の名板貸責任を肯定してきた。学説の多くは、廃業によって商号性を失った旧商号に残存する商号に化体された信用・名声という客観的財産の価値から結論を導く。しかし、商号権を喪失した旧商号に財産的価値は見出せない。他方で、廃業後当分の間は、廃業した商人（元商人）の信用・名声が旧商号に残存することも否定できない。旧商号を使用する者と取引する第三者が、その取引を元商人の取引と誤認するおそれは、依然として消滅していない。元商人が旧商号の使用を他人に許諾することは、自己が営業主であるかのような外観を創出した行為とみて、元商人に表見責任を問うべきと考える多数説の結論は妥当である。問題となるのは、その法的構成である。

新商法14条は、名板貸責任主体を「自己の商号を使用して営業又は事業を行うことを他人に許諾した商人」としているので同条の直接適用はできない。

---

(67) 上柳克郎ほか編『新版注釈会社法(1)』〔大塚龍児〕（有斐閣、1985年）300頁、神田秀樹編『会社法コンメンタール14』〔今泉邦子〕（商事法務、2014年）128頁。
(68) 大竹・前掲（注60）19頁参照。

本稿では、会社法589条（旧商83条）の精神に基づいたうえでの商法14条類推適用という考え方を提示した。廃業して商人資格を喪失した者が、旧商号の使用を他人に許諾する行為も自称行為として、表見的商人（表見的営業主）の責任が肯定されるべきと考えるからである[69]。

---

[69] 新商法14条の解釈として、酒井教授の見解に賛同する（前掲〔注50〕29頁）。ただし、元商人の「外観排除」についてはなお検討の余地がある。

酒井教授も依拠される昭和42年最判も外観排除方法として、一般的または知れたる得意先等に対する営業廃止の周知徹底を示している。もちろん旧商号使用者と取引した相手方に対して廃業の通知がなされていれば誤認は生じない。しかし、一般的な営業廃止の周知徹底方法としてどのような手段が想定されているのかは必ずしも明らかではない。一般的には、名板貸責任を免れるための外観排除方法としては次のようにまとめられている。「単に名板借人に対して商号の使用許諾の撤回または使用禁止の申入をするだけでなく、現実にその商号の使用を差止め、また、予想される得意先関係に対しては自己がその営業主でないことを明確に通知し、そして、一般的には新聞広告などによりその旨を公示することが必要」（米沢・前掲〔注4〕194頁）。

廃業した商人が、商法12条2項に基づいて当然に商号の使用差止請求ができるかどうかには疑問がある（商号単一の原則）。同人が、得意先に対する廃業の通知、ひいては新聞広告までも求められることは、きわめて酷である（近藤・前掲〔注2〕17頁参照）。商号廃止の登記（商登29条2項）により、原則として名板貸責任が生じないとの効力が認められれば明解であるが、わが国においては個人商人の商号登記は義務付けられていない（商11条2項）。

この点に関しては、次のように考えたい。

第1に、廃業した商人の旧商号による名板貸責任は、廃業後相当の期間に限って存続する。旧商号に残存する元商人の信用・名声は永続するものではないからである。相当の期間は2年間と考えたい（平成17年改正前商法30条参照。近藤教授は、平成17年改正前商法29条〔現行商17条3項〕の類推適用を根拠とする〔前掲（注9）323頁〕）。もっとも、旧商号に氏・氏名が用いられているときには、非商人が商号以外の名称使用を許諾する場合に準じて、名板貸責任は存続するものと解する。

第2に、廃業した商人が他人により自己の旧商号が使用されていることを知りながら放置していたという状況のみでは、「黙示の許諾」は認められない。したがって、この場合には外観排除は必要ではない。一般第三者による誤認の可能性との関連において不作為に放置することが社会通念上妥当でないと考えられるような状況のもとにおける不作為につき、黙示の許諾が認められる。単なる沈黙傍観で直ちに名板貸責任が生ずるものではなく、具体的事情により判断される（石井・前掲〔注19〕15頁、米沢・前掲〔注4〕108頁）。

具体的事情は次のように分類されている（米沢・前掲〔注4〕109-110頁）。①作為による「許諾」が推認できる場合、②同一の営業場所において営業活動をさせている場合、③同一の営業主体と誤認されるような状態を放置している場合、④同一の企業体に属する営業活動と誤認されるような状態を放置している場合である。昭和42年最判の事案は③に分類されている。昭和43年最判の事案も同様に解される。

「法人格否認の法理」の現代的展開

福 原 玲 央

Ⅰ．はじめに

　本稿では、いわゆる「法人格否認の法理」に関して、これまで多くの文献で議論ないし研究されてきた昭和44年判例から平成17年判例までを、伝統的展開と評すると共に主要な議論を判例解釈や学説を通じて概観し、その後の企業法制の展開や同法理の活用を、現代的展開と評すると共に裁判実務の観点から検討を加えたい。

Ⅱ．伝統的展開

1．昭和44年判例（総論）

(1)　昭和44年判例

　法人格否認の法理のリーディングケースとして、最判昭和44年2月27日民集23巻2号511頁（以下「昭和44年判例」という。）が存在する。

　原告XがY会社に対して建物明渡し請求を行ったところ、Y会社を個人企業としていた代表取締役Aとの間で訴訟上の和解が成立した。しかし、後にAが和解対象はAであってY社でない旨主張したため、XがYを被告として建物明渡し訴訟を提起した、事案である。

　最高裁は、一般論として法人格否認の法理を肯定した上で、「Yは株式会社形態を採るにせよ、その実体は背後に存するA個人に外ならない」として、代表取締役Aとの間でなされた訴訟上の和解を、XとY会社との間でなされた和解とみなし、Xの請求を認めた。

当判例で「法人格の付与は社会的に存在する団体についてその価値を評価してなされる立法政策によるものであって、これを権利主体として表現せしめるに値すると認めるときに、法的技術に基づいて行われるものなのである。従って、法人格が全くの形骸にすぎない場合、またはそれが法律の適用を回避するために濫用されるが如き場合においては、法人格を認めることは、法人格なるものの本来の目的に照らして許すべからざるものというべきであり、法人格を否認すべきことが要請される場合を生じる」との法人格否認の法理の根拠及び趣旨が示され、以降、裁判所が同法理について判断を下す際には当判例が引用されるようになり、学説も形骸事例と濫用事例に区分した検討を試みるようになった。同法理の要件論については、後述する。

なお、当判例は、傍論で同法理による訴訟法上の既判力の拡張を「別個の考察を要」すとした上で否定している。この傍論を裁判所は後述昭和53年判例以降で本文に引用し、訴訟法上の法理の適用を否定するようになる。

(2) 根拠及び趣旨

そもそも会社は法人であり、会社と社員は法律上別個の人格となる（会3条）。この法人格の付与は、社会的に存在する団体についてその価値を評価してなされるという立法政策・法目的によるものであり、権利主体として表現・実在させるに値すると認められる場合に法的技術・法要件に基づいて行われる。

そうだとすれば、この法の目的を超えて法人格が不法に利用されている場合、すなわち法人格が法の適用を回避するために濫用されている場合及び法人格が全く形骸化している場合には、その限度で法人格を否認することが妥当と考えられる。

そこで、法人たる会社の形式的独立性を貫くと正義・衡平に反する結果となる場合に、特定の事案に限って会社の独立性を否定し、会社とその関係者との同一視を試みる、これがすなわち「法人格否認の法理」である。実体法的に言えば、法人を実質的に支配している者が自らへの責任帰属を否定することが正義・衡平の原理に反する場合に、その主張を信義則上許さない或いは権利の濫用として許さない法理、とも定義できる。

判例法理として、アメリカの判例上の流れを受け理論を構築し、正義衡平の理念実現をするための最終手段とも思えるし、法人や会社という法制度を設ける以上は当初から想定され得る悪用・不都合を処置する当然の対応策とも言えよう。

同法理の実体法上の根拠としては、信義則（民1条2項）、権利濫用（同条3項）または会社の法人性の規定（会3条）の各趣旨や解釈に求められ、或いはこれらを併せて用いられる。

(3)　主張権者

裁判例や学説の多数は、同法理の目的は会社と取引をした相手方の保護にあるとして、会社側からの主張を否定する。たしかに、会社側に自己に有利な同法理の主張を認めるということは、会社側に新しい法人格を利用して旧会社の債務免除・倒産隔離などの利益を享受させつつ他方でいったん何か事が起きると自ら法人格を否認して責任回避を図れる途を与えることになりかねず債権者等の保護にも失するのであろう[1]。

ただ私見としては、同法理が法人制度の趣旨を基礎に正義衡平の理念から導かれる一般条項的法理であることや、後述の同法理の変容や活用可能性を含めた現代的展開を踏まえれば、同法理が最終手段であることを強調して会社・株主側に有利な同法理の援用を認める見解[2]に、同意したい。

2．昭和48年判例（当事者確定等）

(1)　昭和48年判例

次に、最判昭和48年10月26日民集27巻9号1240頁（以下、「昭和48年判例」という。）が、同法理への訴訟法律関係への適用を検討する際に当事者確定を巡る項目に記載されることが多い。その事案の概要は次のとおりである。

A社（商号N社・代表取締役B）はXから居室を賃借していたが、賃料不払いを理由に解約通知を受けた。BはA会社の商号をI社に変更し、かつN社と

---

(1)　田村陽子「「法人格否認の法理」に関する訴訟法的考察」立命館法学314号（2007年）142頁。

(2)　江頭憲治郎『株式会社法〔第9版〕』（有斐閣、2024年）45頁。

いう同名商号の新会社Ｙを設立した。Ｘが事情を知らぬまま被告を「Ｎ社」と表示して訴えを提起したところ、審理途中でＢに旧会社に対する賃貸借解除の事実につき擬制自白が成立し、口頭弁論も終結した。ところが、後になってＢが、弁論の再開を申し立て、会社設立・商号変更等の事情を明らかにして、Ｙの代表者としてＹ会社はＡ会社とは別法人であるから従前の自白は撤回する旨を主張した。

原審は、Ｙの設立の目的・経緯および訴訟の経過に照らして法人格否認の法理の適用によりＡとＹは同一の会社とみなすことができるとして、自白の撤回を許さなかったため、Ｙが上告した。

最高裁は、前提とすべく昭和44年判例を引用して同法理の規範を示しつつ、Ｙは「前記のような目的、経緯のもとに設立され、形式上は旧会社と別異の株式会社の形態をとってはいるけれども、新旧両会社は商号のみならずその実質が前後同一であり、新会社の設立は、Ｘに対する旧会社の債務の免脱を目的としてなされた会社制度の濫用であるというべきであるから、Ｙは、取引の相手方であるＸに対し、信義則上、Ｙが旧会社と別異の法人格であることを主張しえない筋合にあり、したがって、Ｙは前記自白が事実に反するものとして、これを撤回することができず、かつ、旧会社のＸに対する……債務につき旧会社とならんで責任を負わなければならない」として、Ｙの上告を棄却した。

当判例は、新旧両会社が実質的には同一であると認定できる事案において、新会社側からの旧会社とは別人格であるとの主張につき信義則を根拠に実体法上否定し、旧会社の債務について新会社にも責任を負わせ原告を勝訴させたものとされる[3]。

(2) 当事者確定

まず、当事者確定について、実質的表示説からすれば、請求原因の記載等を総合して把握して「Ｎ社」の記載は旧会社を表示するものとして使用されているため、被告は旧会社たるＡ社となる。それでも当判例で被告が新会社となっている結論に理由をつけるとすれば、恐らく（黙示の）任意的当事者変更

---

(3)　堀野出『民事訴訟法判例百選〔第5版〕』（有斐閣、2015年）18頁。

によって控訴審段階で旧会社から背後者の新会社に当事者が交替したと考えることになる。

その上で、当判例は、新会社Yは旧会社Aがした自白を「撤回できない」としている。任意的当事者変更の性質について新訴提起と旧訴取下げという2つの行為を同時に行うものとする複合行為説によれば、手続結果を利用するには新訴における相手方の旧訴の結果の援用と新当事者の同意が必要だが、事情により同意の拒絶が許されない場合もあるとされる[4]。当判例も、自白を撤回できないとして、原則は撤回できるものを本件では信義則上できないとした点が、同意拒絶の可否を判断する複合行為説に近く、その根拠として法人格否認の法理を用いたと考えられる。

(3) 既判力

次に、当判例が結論として被告の変更を認め新被告の自白の撤回を許さなかった点を、後述の同法理による既判力拡張の根拠とすることもできる。

そもそも控訴審での任意的当事者変更は、実質的審級の利益を損なわない限りで許されるべきとされる。しかし、当判例では、控訴審段階で被告の変更を認め、その同意拒絶を法人格否認の法理を理由として排斥している。

そうすると、当判例の処理は、審級の利益を奪い去る点で既判力拡張よりも被告に厳しい対処であった。なぜならば、既判力の拡張ならば、それが問題となる後訴において、新会社は法人格否認の要件の存否につき2回の事実審が保証されるからである[5]。すなわち、当判例により、新会社は、旧会社が被告として手続に関与した結果形成された「生成中の既判力」とも評される訴訟状態に拘束された、と評される[6]。

したがって、実は昭和48年判決において、法人格否認の法理よる既判力の拡張と類似した効果を自ら認めていたと考えることもできる。

---

(4) 福永有利「法人格否認の法理に関する訴訟法上の諸問題」福永有利『民事訴訟当事者論』（有斐閣、2004年）446頁以下。

(5) 山本弘「法人格否認の法理による既判力・執行力の拡張」法学教室369号（2011年）147頁以下。

(6) 兼子一『実体法と訴訟法』（有斐閣、1957年）118頁。

⑷　執行段階

　さらに、当判例について、通説に沿って原告が強制執行をする段階まで考えると残された問題点があるため、やはり当事者確定の問題として法理の適用を用いる旨の指摘もなされる。すなわち、債務名義は新会社に対してのみであるため、強制執行に際し旧会社は第三者異議の訴え（民執38条）を提起でき、これを封ずるには同訴えの中で再び同法理を使うことにならざるを得ず、実体法上の同法理の適用の有無の審理も改めて行うことになる。そこで、訴訟法的に当事者確定の問題として同法理を使い、訴訟当事者を旧・新両会社を包み込んだ一つの法人として確定して債務名義の当事者とすれば、第三者異議の訴えを提起させずに封じられるとする考え方である[7]。

　後述の平成17年判例によっても、実体法上の同法理が適用された結果で第三者異議の訴えが請求棄却になるにすぎず、訴訟上はAへの執行力の拡張はなくX・Y間の債務名義にAに対する執行文の付与はなされえないから、たとえばA・Y側の財産の一部である不動産がAの登記名義のままにされているような場合には、Yの債権者であるXはその差押え自体をなしえない。

　このような点から、当判例と以後の判決とを踏まえてもなお、今後も類似事例において訴訟手続における法人格否認の可否が課題として残ることになると整理されている[8]。

3．昭和53年判例（既判力拡張、執行力拡張）

⑴　昭和53年判例

　続いて、最判昭和53年9月14日判時906号88頁（以下、「昭和53年判例」という。）が、同法理による既判力及び執行力の拡張について判断を下した。

　A会社がXに対して負担する債務を事実上免れる目的で、A会社の代表取締役がY会社を設立してY会社がA会社の資産を譲り受けて事業を継続した。そこで、A会社に対する請求認容判決を得たXがYを相手として執行文付与の訴えを提起した、という事案である。

⑺　高橋宏志『重点講義民事訴訟法（上）〔第2版補訂版〕』（有斐閣、2013年）167頁。
⑻　堀野・前掲（注3）19頁。

30 第1編 企業法総論・総則

　最高裁は、「Y 会社の設立が訴外会社の債務の支払を免れる意図の下にされ
たものであり、法人格の濫用と認められる場合には、いわゆる法人格否認の法
理により X は自己と A 会社間の前記確定判決の内容である損害賠償請求を Y
会社に対しすることができるものと解するのが相当である。しかし、この場合
においても、権利関係の公権的な確定及びその迅速確実な実現をはかるために
手続の明確、安定を重んずる訴訟手続ないし強制執行手続においては、その手
続の性格上訴外 A 会社に対する判決の既判力及び執行力の範囲を Y 会社にま
で拡張することは許されないものというべきである（最高裁昭和四四年二月二七
日第一小法廷判決参照）」と判示した。

　つまり当判例は、前述昭和 44 年判決の傍論を引用した上で、「権利関係の公
権的な確定及びその迅速確実な実現をはかるために手続の明確、安定を重んず
る」と簡潔な理由を付し、既判力及び執行力の拡張について明確に否定した。

(2) 既判力拡張

　学説上、当判例による拡張否定の理由付けである「手続の明確・安定」に対
し、重視されるべき指針として尊重しつつも具体的な事件解決における妥当性
を図ると共に判決の機能確保の要請も同様であるとして、法理適用を全否定す
る理由とはならないとの指摘がなされる[9]。

　そこで、同法理による既判力拡張を肯定する場合、主観的範囲について定め
た 115 条 1 項の各号に該当させるというアプローチが多くの学説より提唱され
ており[10]、当判例の理由付けである手続の形式性・明確性や制定法主義にも
正面からは反さないようにも思われる。或いは、判例が紛争解決の実効性を確
保するべく信義則（民訴 2 条）を適用して判決効の客観的拡張・縮小を認めて
いることに着目し、主観的範囲の場面でも信義則を直接の根拠条文として判決
効の拡張を認めるべきとの見解もある[11]。

　ただし、同法理の適用により既判力拡張を認めたとしても影響や効果は大き

---

(9)　三木浩一『民事訴訟法判例百選〔第 5 版〕』（有斐閣、2015 年）187 頁。
(10)　伊藤眞『民事訴訟法〔第 7 版〕』（有斐閣、2020 年）611 頁。
(11)　原強「判例における信義則による判決効の拡張化現象（2・完）」札幌学院法学 8 巻 1 号（1991
　　年）31 頁以下。

くない旨の指摘があり、本議論の核心を突いている。すなわち、既判力拡張は、当判例の事案であれば、A会社に対して損害賠償を命じた判決における判断内容が後訴を拘束することを意味し、既判力が生ずる判断としてはXのA会社に対する損害賠償請求権が存在することであり、後訴においてY社がこれと矛盾する主張をすることは許されない意義を有する。つまり、判決手続において法人格否認の法理の適用の可否が審理・判断されることになり、既判力が作用する後訴は、法人格否認の法理が実体法上適用される場合の訴訟と比較して、特段手続の明確や安定を考慮する必要がない、との指摘である[12]。

(3) 執行力拡張

確定給付判決の執行力の主観的範囲は、既判力の主観的範囲を定める民事訴訟法115条と内容的には重なる。もっとも、執行力においては、債務名義に表示された当事者以外の者のために又はその者に対して強制執行をするには、そうした執行が許される旨の文言を債務名義の正本の末尾に付記する必要がある（民執26条2項、承継執行文）。

執行力拡張とは、裁判所書記官に対し承継執行文の付与を求めこれが付与された結果、又は証明文書の提出が適わないために執行分付与の訴えが提起され原告の請求を認容する判決が確定し裁判所書記官が承継執行文を付与した結果、以後強制執行手続きにおける債務者となることをいう。

執行力拡張につき、既判力の拡張とパラレルに考えられて、執行手続の実効性の確保と承継人たる新会社の手続保障との調和をどこで図るかという観点から、前述の既判力拡張論と同様の理論と反論が展開されているが、近年では、形骸化事例と濫用事例を分け前者に判決効拡張を認める説が有力とされる[13]。

もっとも、執行力については、承継執行文の付与が執行文付与機関の専権であるところ（民執27条2項）、その執行文付与機関は裁判所書記官である点か

---

(12) 中島弘雅＝松嶋隆弘編著『ケース別　一般条項による主張立証の手法』〔吉田純平〕（ぎょうせい、2024年）130頁。

(13) 高橋宏志『民事執行・保全判例百選〔第2版〕』（有斐閣、2012年）23頁。

ら（同 26 条 1 項）、既判力とは異なる視点で拡張を否定する見解も有力である。複雑かつ実質的な判断を要する同法理の要件審査を裁判所書記官に委ねるのは、消極にならざるをえず、民主主義の前提である国民の納得という社会的要請を満たさないと考えるわけである[14]。

ただし、執行力に関しても、拡張の影響や効果からの分析が本質を捉えている。法人格否認の法理の適用による当事者以外の者への執行文付与の判断については、法理の要件には複雑さ・不安定さがあることから、執行文付与機関がなすことはできないと解すると、背後者に対する執行文付与が問題となる場合には、執行文付与の訴え（民執 33 条 1 項）において、審理・判断されることになる。そこでは、判決手続において法人格否認の法理の可否が審理・判断されることになり、やはり既判力の拡張の場合と同様に、実体法上の法人格否認の法理が適用される訴訟と比較して、不確実性や不安定性が格別高いわけではない、との分析である[15]。

4．平成 17 年判例（第三者異議の訴え）

(1)　平成 17 年判例

さらに、第三者異議の訴えにおいて「原告は執行債務者とは別法人格である」との原告の主張を封ずるために法人格否認の法理を適用できるかどうかについて、最判平成 17 年 7 月 15 日民集 59 巻 6 号 1742 頁（以下「平成 17 年判例」という。）が判断を下している。

Ｙ らは、Ａ 社が開場した本件ゴルフ場に設けられた本件ゴルフクラブに入会し、それぞれ会員資格保証金を預託していた。Ｙ らは、本件ゴルフクラブを退会した後に預託金の返還を求める訴えを提起し、勝訴判決を得て、これを債務名義として動産執行を申し立てた。執行官は、Ｙ らの申立に基づき、本件ゴルフ場において、現金、芝刈り機等の動産を差し押さえた。そこで、Ｘ が、差し押さえられた動産は、Ａ 社の関連会社である Ｂ 社との間の運営業務委託契

---

(14)　星野雅紀「法人格否認と訴訟法および執行法上の問題点」判例タイムズ 412 号（1980 年）36 頁。

(15)　中島＝松嶋編著・前掲（注 12）〔吉田純平〕130 頁。

約によってＸが本件ゴルフ場において所有または占有している旨を主張して、Ｙらに対し、強制執行の不許を求める第三者異議の訴えを提起した、との事案である。

最高裁は、「第三者異議の訴えは、債務名義の執行力が原告に及ばないことを異議事由として強制執行の排除を求めるものではなく、執行債務者に対して適法に開始された強制執行の目的物について原告が所有権その他目的物の譲渡又は引渡しを妨げる権利を有するなど強制執行による侵害を受忍すべき地位にないことを異議事由として強制執行の排除を求めるものである。」「そうすると、第三者異議の訴えについて、法人格否認の法理の適用を排除すべき理由はなく、原告の法人格が執行債務者に対する強制執行を回避するために濫用されている場合には、原告は、執行債務者と別個の法人格であることを主張して強制執行の不許を求めることは許されない」と判示して、Ｘの請求を棄却した。

つまり当判例は、第三者異議の訴えにおける法人格否認の法理の適用を肯定し、第三者異議訴訟の原告の法人格が執行債務者に対する強制執行を回避するために濫用されている場合には、その原告には、執行債務者と別個の法人格であることを主張して強制執行の不許を求めることを許さなかった。

(2) 分析

当判例は、前提として昭和48年判決及び昭和51年判決を引用し、既判力及び執行力の拡張を改めて否定したが、続く判旨で第三者異議請求の性質を述べた上で、執行力の拡張とは関係なくＸの請求を棄却している。

まず、強制執行において債務名義上の請求権の実現のためにどの財産を対象とすることができるかは実体法上の問題である。しかし、債務名義作出の段階ではどの財産が責任財産かについては審理されず、執行開始の段階でも執行機関は占有や登記という外観に基づいて責任財産性を判断している。

そこで、その強制執行が第三者との関係でも実体法的に適法かどうかは、第三者の側から自己の所有権等の権利を主張して強制執行の不許を求める第三者異議訴訟で判断されることとされている[16]。

---

(16) 松下淳一『会社法判例百選〔第3版〕』(有斐閣、2016年) 13頁。

34 第1編　企業法総論・総則

　その所有権が原告第三者に帰属するということは典型的な第三者異議事由であるが、当判例は原告第三者Xと債務名義に表示された債務者Aとの間に法人格否認の法理が適用される関係があるときは、第三者は自身が債務者から独立した責任財産の主体であることを主張できないとした。すなわち、法人格否認の法理の実体上の効果を示したに過ぎない[17]。

　したがって、本件はAを債務者と表示する債務名義の執行力をXに拡張した事案ではなく、これまでの判決と矛盾するものではない。

Ⅲ．現代的展開

1．現代社会と企業法制の展開

　近年、国際的に企業間の組織・契約の多様化のなかで契約形式よりも実態に応じた責任追及をする試みが広がっていることや、平成17年の会社法制定により最低資本金制度が廃止され簡易な会社が制定される恐れが高まったことなどから、法人格否認の法理を用いて債権者の救済を図る期待が増している旨の指摘を受けていた[18]。

　令和の現在では、コロナ禍を経てオンライン需要が増えたことを契機に、バーチャルオフィスが普及しただけではなく、メタバース市場に参入する企業が増え始め、個人がインフルエンサーマーケティングで多額の収益を得て法人成りを検討することも日常的なものとなり、或いは大手企業を中心に副業・兼業の解禁などが追い風となり隙間時間に起業するパートタイム起業家や個人投資家も増えることなどで、続々と会社設立や法人化がなされている。その結果、令和5年の新設法人数は過去最多を記録した[19]。

---

(17)　青木哲「第三者異議の訴えにおける法人格否認の法理の適用について」青山善充先生古稀祝賀論文集『民事手続法学の新たな地平』（有斐閣、2009年）556頁。

(18)　特に形骸化事例での積極的活用を期待したものとして水町勇一郎『詳解　労働法〔第3版〕』（東京大学出版会、2023年）85頁、平成17年の会社法制定時に同法理の活用を期待したものとして田村・前掲（注1）160頁。

(19)　帝国データバンク情報統括部「「新設法人」調査（2023年）」（帝国データバンク、2024年）4頁。

また、生成 AI やメタバース等の新しい技術やサービスの進展・普及により、デジタル空間が更に拡大・深化していることで、デジタル空間におけるステークホルダーが多様化しつつある中で、実空間に影響を及ぼす新たな課題が多数発生しており[20]、その一つとして、より簡易に実体のない会社が設立される恐れ・きっかけが高まっていることも挙げられよう。

さらに、会社法の近時の傾向として、令和元年の法改正に色濃く表されるようにガバナンスを重視して企業組織法を先導する側面と、同改正やバーチャルオンリー型株主総会を可能とする令和 3 年の産業競争力強化法改正からも見て取れるように会社法制が DX（デジタルトランスフォーメーション）法制を牽引する側面がある[21][22]。

これらの新しい動きに対応するならば、法人格否認の法理も実体法制の隙間を埋める一つのツールとして柔軟かつ積極的に活用すべきである。

2．法人格否認の法理の展開

⑴　子会社解散

労働法分野でも、近年、使用者概念を拡張する手段として法人格否認の法理が用いられてきた。特に親子会社において子会社が解散した場合、子会社の法人格を否認することで、子会社従業員が親会社に対して責任追及できないか試みる場面である。

この場面について、同法理を適用したとして、子会社従業員の親会社に対する賃金又は退職金請求のような一時的限定的な請求を可能とする効果に争いは無いとしても、親会社に対する継続的包括的な雇用責任（地位確認請求）をも認めさせるかは、子会社の真実解散か偽装解散かの区別を含め、争いがあった[23]。

---

(20) デジタル空間における情報流通の健全性確保の在り方に関する検討会ワーキンググループ「資料 WG31-1 中間とりまとめ（案）」（総務省、2024 年）7 頁。

(21) 福原紀彦『企業組織法　会社法等』（文眞堂、2021 年）追補はしがき。

(22) DX 法制と現代企業法の新潮流を整理したものとして、福原紀彦編著『現代企業法のエッセンス』〔福原紀彦〕（文眞堂、2022 年）346 頁以下。

(23) 水町・前掲（注 18）87 頁。

36 第1編 企業法総論・総則

しかし、近年、親会社が子会社の組合を排除する目的で子会社の解散を行いつつ解散子会社の事業を別の子会社に譲渡した事案において、偽装解散されたと認められる場合には「親会社による法人格の濫用の程度が顕著かつ明白である」ことから，子会社従業員から親会社に対して継続的包括的な雇用契約上の責任を追及できるとされた裁判例が登場し（大阪高判平成19年10月26日労判975号50頁）、同法理の新たな拡大として注目された。当裁判例は，本法理に基づく解散子会社の法人格否認により，同社従業員（被解雇者）と親会社とを直線的に結びつけ，原則として親会社を帰責の相手方とし，別子会社への帰責可能性は，あくまでも例外的に付加されたに留めたわけである[24]。ただし、偽装解散の場合のみならず、真実解散の場合でも、当該会社の解散は親会社等の一部門の閉鎖にすぎないから、親会社等に対し労働契約上の権利を有する地位にあると解すべきとの指摘は残る[25]。

その後、事実上倒産したA社がその事業をB社とC社に譲渡し解散したという事案において、これら3法人はいずれもY及びその家族が出資者・役員となっていたもので、取締役会・総会の開催はなく、Yが専行して管理運営していたところ、上記の事業譲渡・解散はA社の累積した未払賃金債務を免れるために行ったものであって法人格の濫用となるとして、A社から解雇された従業員からB社に対する地位確認請求及び賃金支払請求並びにC社及びYらに対する損害賠償請求とがいずれも認容された裁判例も現れ（東京地判平21年12月10日労判1000号35頁）、同法理の新たな拡大は定着しつつあると整理されている[26]。

(2) 濫用的会社分割

一方で同法理が実体法制の隙間を埋めた場面として、近年、濫用的会社分割の事案について同法理の適用により解決が行われた裁判例が、適用上の問題点はありつつも着目されていた（福岡地判平成23年2月17日判タ1349号177頁）。

---

(24) 中内哲『労働法判例百選〔第9版〕』（有斐閣、2016年）134頁。
(25) 川口美貴『労働法〔第8版〕』（信山社、2024年）626頁。
(26) 菅野和夫＝山川隆一『労働法〔第13版〕』（弘文堂、2024年）215頁以下、727頁以下。

旧会社法における会社分割では、分割会社に残された債務の債権者について債権者保護の定めがないこともあり、優良資産や採算部門ばかりを承継させる一方で分割会社に負債を残して一部の債権者の債権回収を阻害する、濫用的会社分割の事例が増えていた。そのような状況下で、分割会社の会社債権者が行える主たる対応策として、取締役への責任追及（会429条1項）、商号続用時の責任追及（同法22条1項類推）、債権者申立による会社更生手続の利用が考えられる中、敢えて法人格否認の法理の適用により解決を図り保護を図ったものである。

もっとも、その後に最判平成24年10月12日民集66巻10号3311頁で、最高裁は濫用的会社分割の事案において詐害行為取消権（民424条）の適用による解決を図ることを明示した[27]。それを受け、平成26年会社法改正では、直接履行請求権が条文化され手段に加わっている（会759条4項、761条4項、764条4項、766条4項）。そうすると、法人格否認の法理は、詐害行為取消権と併存して用いられるものの[28]、明確さや柔軟さから選択肢としては劣り、主張されることが少なくなるであろう。

したがって、濫用的会社分割の場面における同法理は、他の対応策の判例法理が確立し立法がなされるまでの過渡期に活用され隙間を埋めつつ、現在では一応の選択肢として残る程度となり役目を終えたと評される[29]。

3．裁判実務上の展開（争点設定、要件事実）

(1) 争点設定

現在の民事裁判実務では、昭和40年代以降に支配的であった在来様式判決から、平成2年の民事判決書の新しい様式に関する共同提言を経て、平成8年の民訴法改正からも約30年が経過し、いわゆる新様式判決が完全に実務に定着した。新様式判決は、書証等の証拠にも目配りをしながら要件事実的思考に基づく争点整理を行って中心的争点を浮き彫りにし、これを踏まえて中心的争

---

(27) 小出篤『会社法判例百選〔第3版〕』（有斐閣、2016年）190頁。
(28) 高橋英治『平成23年度重要判例解説』（有斐閣、2012年）106頁。
(29) 小賀野晶一＝浦木厚利＝松嶋隆弘編著『一般条項の理論・実務・判例　第1巻　基礎編』〔松嶋隆弘〕（勁草書房、2023年）51頁。

点に光をあてた証拠調べを行い、争点中心型の審理を前提に裁判所の判断過程を分かりやすく示すことを目指すものとされる(30)。

　現時点の司法研修所の民事裁判教官室でも、まず、主要な争点（中心的争点や実質的争点）の検討が必要であり、適切な主張分析なくして適切な事実認定もあり得ず、主張分析と事実認定とは車の両輪とされる。その上で結論の分かれ目となるような重要な間接事実を的確に指摘して、その間接事実の意味合いについて妥当な評価をすることを重視している。事実認定を行う際には、「動かし難い事実」と信用性が高い供述証拠から確実に認定できる間接事実を重視して、当該事実が、要証事実をめぐる当事者のストーリー（供述等）と整合するかという観点で検討することが求められている(31)。

　なお、これらの更に前提となる法科大学院や法学部での教育・研究が、実務から逆算して共通的な到達目標を設け各々理論と実践の学習・習得を日々試みていることも、言うまでもない。

　また、現代的展開を除いても、裁判において、弁論主義はもとより裁判所に検討素材を与えない結果で有利な判断を得られないことは自己責任であり、釈明に期待するのは望ましくなく、争点として同法理の存在と効果を掲げ、主張立証として同法理の要件と該当事実を明示することは重要である。さらに、同法理は、他の法的論点に比して、より効果の重要性が高いように思われる。乱暴な言い方をすれば、法人格否認の法理を巡る争いの中では、一方当事者からすれば同法理が適用され法人格が否認されれば良く、他方当事者からすれば同法理の不適用となり法人格が否認されなければ良い、と言えなくもない。

　このように現在の新様式判決及びその前提となる法曹養成が争点中心型の審理と判断を基盤として進んでいることを踏まえれば、まずは法人格否認の法理を、事案により請求原因又は抗弁以降のどこに位置付けるかは異なるが、争点として設定をすることがより肝要となってきていると言えよう（なお、もちろ

---

(30) 司法研修所編『民事第一審訴訟における判決書に関する研究』〔村上正敏〕（法曹会、2022年）23頁。

(31) 司法研修所民事裁判教官室「民事裁判科目における主張分析の指導について」（司法研修所、2022年）3頁、同「民事裁判起案の留意点（令和6年2月版）」（司法研修所、2024年）3頁以下、司法研修所編『改訂　事例で考える民事事実認定』（法曹会、2023年）7頁以下。

ん事実の存否に争いがある場合には、事実自体が争点として設定されることになる。)。

(2) 要件事実

では、同法理を適用するために相当な要件は、どのように設定すべきか。

伝統的学説は、昭和44年判例の「法人格が法の適用を回避するために濫用されている場合、及び法人格が全く形骸化している場合」との判示を活かし、形骸事例と濫用事例に類型化し、法人格の濫用は、会社を支配している背後者が違法・不当な目的を有している場合に認められるのに対し、法人格の形骸化は、株主等による会社の完全な支配の存在に加えて、株主総会・取締役会の不開催や株券不発行等の法定手続の不遵守、役員の兼任、会社と社員の財産・業務の混同等の形式的徴表がいくつか存在する場合を意味すると解してきた[32]。

これに対し、形骸と濫用にとらわれず、法人格を否認すべく実質的理由から、一般私法法理の延長である「個別的利益調整型」と過少資本に代表されるような有限責任の例外を認めるべき場合である「制度的利益調整型」という2つに大別する、新たな類型・再構成が有力説となった[33]。

さらに、新たな類型・再構成を活かし、有力説が批判の念頭に置いた従来の形骸事例について、実際の裁判例で考慮されてきた要素を通じ、形骸と濫用は2つの別個独立の類型ではなく、故意(積極的な主観的要素)がない場合とある場合を指しているに過ぎないという仮説を提示して、最終的に法理を認めるか否かの判断は、一般私法法理の延長を認めるべきか否かという判断に依存し、それはもととなる一般私法法理の解釈の問題であることを示す試みがあり[34]、的を射ていると思われる。

他方で、裁判実務は基本的には最高裁の形骸と濫用類型に依拠しているとされており、同法理は個別事案ごとの法律や契約の解釈によったのでは妥当な結論を導き出せない場合に、なおも妥当な結論を導くことを保障するための法的

---

(32) 後藤元『会社法判例百選〔第3版〕』(有斐閣、2016年) 10頁。

(33) 江頭・前掲(注2) 48頁。

(34) 得津晶「法人格否認の法理の原構成」黒沼悦郎=藤田友敬編、江頭憲治郎先生古稀記念『企業法の進路』(有斐閣、2017年) 3頁。

40　第1編　企業法総論・総則

表現であることから、要件の明確化には限界があるということになろう(35)。

　令和の現在における裁判例でも、たとえば社労士が強制執行を免れるために社労士法人を設立した事案について、昭和44年判例及び昭和48年判例の判示を踏まえ，両方の実質が同一である事実及び法人の設立に係る目的を認定した上で，法人の設立が法人格の濫用に該当すると判断し、社労士法人の法人格を否認している(36)。

　或いは、旧会社に対する貸金債権を譲り受けた者が、新会社に対し、旧会社と新会社は実質的に一体の法人であることなどから法人格否認の法理の適用を主張し、支払を求めた事案においても、やはり判断枠組みは変えず、種々の間接事実を認定した上これらを総合的に考慮して、新会社は実質的に旧会社と一体の法人であり、かつ、本件貸付を含む債務の履行を免れる目的で設立されたものであると認め、同法理の適用を肯定し、新会社が旧会社と別法人であることを理由に上記貸金債務の弁済を拒むことは信義則上許されないとしている(37)。

　一方で、濫用事例の類型に属しつつも、従来重視されていた事業譲渡や資本関係又は会社の解散等を伴わない点に特徴がある事例も現れている(38)。

　以上を踏まえた私見としては、裁判実務は、漫然と昭和44年判例を引用し続けているというわけではく、各事案における制約の中での主張・立証と判断・事実認定を完結させるため又は当事者間の衡平を図るため、余白を残し未知の事案に対応できるよう、敢えて形骸と濫用の枠組みを残していると捉えている。そのように解釈すれば、現代的展開においてもなお新たな判例による要件の明確化がなされないことにも一応の納得ができ、上記の要件論再考や類型区別は、決して無駄ではなく、むしろ同法理適用の端緒や効果の差異を考える上で特に有益となる。

　したがって、同法理について、あくまで要件は形骸・濫用を基礎づける事実であるが(39)、その一般的な理解に囚われることなく、いかなる場合に法人格

---

(35) 中島＝松嶋編著・前掲（注12）〔大久保拓也〕119頁。
(36) 東京地判令和元年11月27日判タ1476号227頁。
(37) 東京地判令和3年2月12日金法2168号72頁。
(38) 大阪高判令和5年1月19日労判1289号10頁。

を否認すべきかを裁判例等から類型ごとに検討し、あわよくば実質的には形骸・濫用を超えた判断を裁判所に促すべく多角的な視点で事実を適示することが、当事者ないし代理人としての裁判実務上の向き合い方と考える。なお、同法理が一般条項的色彩を有する概念であることを踏まえ、同法理を基礎づける事実が何か解明するという作業もなおざりにすることはできない、と指摘されるところである[40]。

その結果として、裁判所が、最終的な判決或いは和解を試みる上で、やはり判断枠組としては形骸・濫用に引き直したとしても、提示された類型を考慮して事実を評価したならば、当事者ないし代理人としては、実務上の主張立証に成功したと言えないか。

Ⅳ．おわりに

法人格否認の法理に関し、研究上は、昭和44年判例を引用するだけではない、より実質的な理由をもった最高裁判例による法理適用の可否の判断又は学説による法理の要件の明確化が、待たれるところである。

しかしながら、裁判実務における当事者ないし代理人としては、現代社会と企業法制の展開により高まる同法理の活用に応じるべく、敢えて形骸と濫用の枠組みが残され続けていると捉え、果敢に同法理の争点設定をして要件論再考や類型区別を活かした多角的な視点での事実適示を行いたい。

---

(39) 岡口基一『要件事実マニュアル〔第7版〕第1巻　総論・民法1』（ぎょうせい、2024年）182頁。

(40) 同法理を通じて理論と実務の「架橋」を図るものとして、中島＝松嶋編著・前掲（注12）〔松嶋隆弘〕137頁以下。

第2編
企業組織法

第1章

株式会社の機関

環境リスクと取締役の責任

——東京電力福島第一原発事故株主代表訴訟を題材に——

菅　澤　紀　生

Ⅰ．はじめに

　近時、企業経営において環境リスク対応の重要性が頻繁に指摘されているところであるが[1]、環境リスクは将来的な地球温暖化に限るものではなく、その対応もイメージ戦略に留まるものではない。現時点で発生しうる環境汚染、生態系損壊の方がより切実であり、環境負荷が現に生じた場合に企業が受けるダメージはより大きい。そして、これらは単に行政法規を遵守していればこのリスクを避けられる、法的責任から免れるというものでもない。Ⅳ．で述べるとおり、不法行為に基づく損害賠償請求における受任限度の判断要素のうち、行政法規の順守は重要な要素ではあるものの、他の事情によっては不法行為責任が生じる。人格権に基づく差止請求においても同様である。

　平成23年3月11日に起きた東京電力福島第一原発事故は、日本の歴史上最も広範かつ深刻な環境汚染を及ぼした事象といえるだろう。東京電力は、被害者に対し原賠法に基づく賠償を行うだけでなく、多額の除染費用を負担してきた。原子力発電事業は、原子力の利用を推進し将来のエネルギー資源を確保するという原子力基本法に基づく国策であり、東京電力は国と言わば二人三脚で行政法規とすり合わせながら発電事業を行ってきた。この点は、福島第一原発事故後、国会事故調により「規制の虜」として強く非難された点である[2]。各種の調査報告書や裁判資料からすると、東京電力の歴代の経営者は、国（行

---

(1)　坂野俊哉＝磯貝友紀『SX の時代　究極の生き残り戦略としてのサステナビリティ経営』（日経
　　BP、2021 年）など参照。

政）から否定をされない限り、原子力発電事業の継続にはリスクはない、あるいは無視できると考えてきたように見受けられる。

　福島第一原発事故は決して不可抗力により生じたものではなく、巨大津波への対策を怠った東京電力の取締役らに責任があるのではないかということは、各方面から主張されてきた[3]。取締役らの民事上の責任については、株主代表訴訟により問われ、東京地裁令和4年7月13日判決[4]（以下「本件判決」という。）は、取締役らに約13兆円の支払を命じた。13兆円という日本の裁判ではそう目にすることがない多額の賠償額であるが故、大きな注目を集める判決となった。本件は東京高裁で控訴審が係属中であり、本稿執筆中の時点では、令和6年11月27日結審し、令和7年6月6日判決が予定されている[5]。

　本稿では、本件判決の判旨を紹介した上で（Ⅱ.）、取締役の善管注意義務におけるいわゆる経営判断の原則に照らして検討する（Ⅲ.）。また、関連して行政法規の遵守と民事法上の責任について述べる（Ⅳ.）。これにより企業経営において環境リスクがいかに重要なものかが広く認識される一助となればと願う。

---

(2)　「規制及び指針類の検討過程の実態は、安全確保に必要な規制を策定するための健全なプロセスとは懸け離れたものであり、規制側も事業者側も、『既設の炉を停止しない』という条件を大前提に、体制が整うような形で規制の落としどころを探り合うものであった。」「日本の原子力業界における電気事業社と規制当局との関係は、必要な独立性及び透明性が確保されることなく、まさに『虜（とりこ）』の構造といえる状態であり、安全文化とは相いれない実態が明らかとなった。」東京電力福島原子力発電所事故調査委員会『国会事故調　報告書』（徳間書店、2012年）464頁。

(3)　取締役らの刑事責任については、検察審査会制度を通じた強制起訴まで至ったが、第1審の東京地裁（東京地判平成31年9月19日）及び控訴審の東京高裁（東京高判令和5年1月18日）は刑事責任を否定した。指定弁護士が上告し、最高裁の決定を待っている状況である（死亡した被告Dについては、最高裁は令和6年11月14日公訴棄却として刑事事件を打ち切った。）。

(4)　判決文は裁判所の以下のサイトにアップロードされている。https://www.courts.go.jp/app/files/hanrei_jp/689/089689_hanrei.pdf（令和6年6月19日閲覧）。判旨は、複雑な事案であるため正確を帰すべく東京地裁交付の判決骨子に依拠した。
　　判例評釈としては、伊藤雄司『東京電力原発事故株主代表訴訟』法学教室508号（2023年）、130頁がある。伊藤は「取締役の経営上の判断について裁判例が示してきた枠組みに則ったオーソドックスな判示」と評している。原告側が主として立証の過程を詳述したものとして、河合弘之ほか編『東電役員に13兆円の支払いを命ず！　東電株主代表訴訟判決』（旬報社、2022年）があり、裁判経過がよくわかる。

(5)　https://tepcodaihyososho.jimdosite.com/（令和6年12月9日アクセス）。

48   第2編　企業組織法　第1章　株式会社の機関

Ⅱ．東京地裁令和4年7月13日判決概要

1．事案の概要

　本件は、東京電力の株主である原告らが、取締役であった被告らにおいて、福島県沖で大規模地震が発生し、福島第一原発に津波が遡上して過酷事故が発生することを予見し得たから、その防止に必要な対策を速やかに講ずべきであったのに、これを怠った取締役としての善管注意義務等の任務懈怠があるとし、これにより、東京電力福島第一原発事故が発生し、東京電力に損害を被らせたとして、会社法847条3項に基づき、同法423条1項の損害賠償請求として、被告らに対し、東京電力が被害賠償や復旧に要した費用等を支払うように求めた株主代表訴訟である。

2．判旨の概要
(1)　東京電力に対する取締役の善管注意義務について

　原子力発電所において、一たび炉心損傷ないし炉心溶融に至り、周辺環境に大量の放射性物質を拡散させる過酷事故が発生すると、当該原子力発電所の従業員、周辺住民等の生命及び身体に重大な危害を及ぼし、放射性物質により周辺環境を汚染することはもとより、国土の広範な地域及び社会的・経済的コミュニティの崩壊ないし喪失を生じさせ、ひいては我が国そのものの崩壊にもつながりかねないから、原子力発電所を設置、運転する原子力事業者には、最新の科学的、専門技術的知見に基づいて、過酷事故を万が一にも防止すべき社会的ないし公益的義務がある（a）。

　法令の定めを見ても[6]、原子炉施設を設置する者において、その安全性を確保すべき一次的責任を負うことを前提とすることは明らかである（b）。

---

(6)　原子力災害対策特別措置法3条、核原料物質、核燃料物質及び原子炉の規制に関する法律1条、24条1項4号及び35条1項並びに電気事業法39条1項及び省令62号4条1項の定め。原子力損害の賠償に関する法律（原賠法）が、原子力損害について原子力事業者の無過失責任を定めていること。

したがって、原子力発電所を設置、運転する会社は、最新の科学的、専門技術的知見に基づいて想定される津波により原子力発電所の安全性が損なわれ、炉心損傷ないし炉心溶融に至り、過酷事故が発生するおそれがある場合には、これにより生命、身体及び財産等に被害を受け得る者に対し、当該想定される津波による過酷事故を防止するために必要な措置を講ずべき義務を負う (c)。

また、原子力発電所において過酷事故が生じた場合には、原子力事業者は、莫大な賠償責任等を負い、その存続の危機に陥ることになるから、原子力事業を営む会社の取締役は、最新の科学的、専門技術的知見に基づいて想定される津波により過酷事故が発生するおそれがある場合には、会社にそのような賠償責任等を負わせないよう、当該想定される津波による過酷事故を防止するために必要な措置を講ずるよう指示等をすべき善管注意義務を負う (d)。

そうすると、東京電力の取締役であった被告らが、最新の科学的、専門技術的知見に基づく予見対象津波により福島第一原発の安全性が損なわれ、これにより過酷事故が発生するおそれがあることを認識し、又は認識し得た場合において、当該過酷事故を防止するために必要な措置を講ずるよう指示等をしなかったときには、東京電力に対し、取締役としての善管注意義務に違反する任務懈怠があったといえる (e)。

(2) 予見可能性の有無について

福島第一原発1～4号機において、10m盤（主要建屋の配置された敷地）を1m超える程度の高さの津波が襲来した場合には、主要建屋に浸水して非常用電源設備等が被水し、全交流電源喪失（SBO）及び主な直流電源喪失により原子炉冷却機能を失い、過酷事故が発生する可能性が高かったから、上記の規模の津波の予見可能性が認められる場合には、東京電力の取締役であった被告らに対し、過酷事故の回避義務を負わせる根拠となり得る (f)。

原子力発電所を設置、運転する会社の取締役において、対策を講ずることを義務付けられる津波の予測に関する科学的知見というには、特定の研究者の論文等において示されたというだけでは足りないものの、例えば、津波の予測に関する検討をする公的な機関や会議体において、その分野における研究実績を相当程度有している研究者や専門家の相当数によって、真摯な検討がされて、

50　第2編　企業組織法　第1章　株式会社の機関

取りまとめが行われた場合など、一定のオーソライズがされた、相応の科学的信頼性を有する知見である必要があり、それで足りる（g）。

　地震本部の長期評価は、一定のオーソライズされた相応の科学的信頼性を有する知見であったから、取締役において、当該知見に基づく津波対策を義務付けられるものであった。長期評価の見解に従い、津波評価技術の手法に実施された明治三陸試計算結果（約15mの高さの津波）及び延宝房総沖試計算結果（約13mの高さの津波）は、津波の予見可能性を認めるに足りる相応の科学的信頼性を有するものであった。貞観津波に係る知見は、遅くとも平成21年7月の時点では相応の科学的信頼性を有する知見であって、貞観津波に係る貞観試計算結果は、この計算結果以上の津波の予見可能性を認めるに足りる相応の科学的信頼性を有していた（h）。

(3)　任務懈怠の有無について

　原子力発電所の安全性や健全性に関する評価及び判断は、自然事象に関する評価及び判断も含め、極めて高度の専門的かつ技術的事項にわたる点が多いから、原子力発電所を設置、運転する会社の取締役としては、会社内外の専門家や専門機関の評価ないし判断が著しく不合理でない限り、これに依拠でき、また、そうすることが相当であり、逆に、特段の事情もないのに、これと異なる評価ないし判断を行った場合には、その判断の過程、内容は著しく不合理と評価される（i）。

　被告Aは、①相応の科学的信頼性が認められる長期評価の見解及び明治三陸試計算結果について、信頼性及び成熟性が不明であると評価ないし判断した上、②長期評価の見解も踏まえた福島県沖日本海溝沿い領域における地震の取扱いについて土木学会に検討を委託し、その見解が提示されれば、速やかに津波対策を実施するとの手順をとる判断をしたが（A決定）、③土木学会の見解が提示されるまでの間、明治三陸試計算結果と同様の津波により福島第一原発1〜4号機の全電源が喪失して過酷事故が発生することを防止するための津波対策を速やかに講ずるよう指示等をしておらず（本件不作為）、その他の被告らも、A決定及び本件不作為に係る判断を是認し、上記③のような指示等をしなかった（j）。

被告Aの上記①の判断は、社内の専門部署である東電土木調査グループの説明及び意見に依拠したものではなく、これに反する独自の判断であったから、著しく不合理であって、福島第一原発において明治三陸試計算結果を前提としてドライサイトコンセプトに基づく防波堤や防潮堤等の津波対策工事に着手することが必要であり、かつ可能であった（k）。

一方、大規模構造物を設置するための社内外における説明等を容易にするとの観点や、そのような大がかりな工事における手戻りを防ぐといった観点から、土木学会に長期評価の見解を踏まえた波源等の検討を委託することは、当該検討の間、過酷事故を防止し得る措置が講じられるのであれば、その限度で、一定の合理性を有するから、A決定（上記②）自体は経営判断として著しく不合理とまではいえない（l）。

A決定には、経営判断としての一定の合理性があるとしても、その間、何らの津波対策に着手することもなく放置する本件不作為（上記③）の判断は、相応の科学的信頼性を有する長期評価の見解及び明治三陸試計算結果を踏まえた津波への安全対策を何ら行わず、津波対策の先送りをしたものと評価すべきであり、著しく不合理であって、許されるものではない（m）。

被告Aには、A決定を前提として、その間、明治三陸試計算結果と同様の津波が来襲した場合であっても福島第一原発においてSBO及び主な直流電源喪失といった過酷事故に至る事態が生じないための最低限の津波対策を速やかに実施するよう指示等をすべき取締役としての善管注意義務があったのに、これをしなかった任務懈怠があった。

被告Bは、A決定及び本件不作為を認識するとともに、長期評価の見解及び明治三陸試計算結果の概略を認識し、その内容を容易に認識し得たから、明治三陸試計算結果と同様の津波による過酷事故の発生可能性を認識し得たところ、被告Aと同様の任務懈怠があった。

被告Cは、長期評価の見解及び明治三陸試計算結果を認識し、これと同様の津波による過酷事故の発生可能性を認識し得たところ、被告Aと同様の任務懈怠があった。

被告D及びEは、御前会議と呼ばれる東京電力内部の会議に出席したところ、そこでの議論では、14m程度の津波が来る可能性があるというのが相応

の権威のある機関の見解であること、他の原子力事業者もこれに対応するための改造を検討していること、津波対策が新たに実施されない限り、かかる津波が福島第一原発に来襲した場合に過酷事故が発生する可能性があることを認識したのであるから、津波対策が新たに実施されない限り、かかる津波が福島第一原発に来襲した場合に過酷事故が発生する可能性があることを認識したのであるから、いずれも、津波の来襲可能性があるとする見解の信頼性や成熟性が不明であるとして速やかな津波対策を講じない原子力・立地本部の判断に著しく不合理な点がないかを確認すべき義務があり、そのような確認をしていれば、明治三陸試計算結果と同様の津波が福島第一原発に来襲し、SBO 及び主な直流電源喪失により過酷事故が発生する可能性があること、A 決定によって土木学会において波源等の検討を行う相当の長期間、防波堤や防潮堤等の工事に着手されないままとなることを容易に認識し得たのであるから、その間、当該津波によって過酷事故に至る事態が生じないための最低限の津波対策を速やかに実施するよう指示等をすべき取締役としての善管注意義務があったのに、これをしなかった任務懈怠があった。

⑷　任務懈怠と本件事故発生との因果関係について

　ドライサイトコンセプト以外の津波対策措置を発想することは十分に可能であり、被告らから過酷事故が生じないための最低限の津波対策を速やかに実施するよう指示等がされれば、東京電力の担当部署としては、津波が遡上してもSBO 及び主な直流電源喪失といった事態が生じないために速やかに実施できる津波対策を検討することになった可能性が高かった。

　東京電力の担当部署は、主要建屋や重要器機室の水密化を容易に着想して実施し得た。

　水密化措置について、計画、設計から工事の完了までに要する期間は、2 年程度と認められる。被告 A、B、D、E の任務懈怠は事故から 2 年以上前であり、本件事故との間に因果関係が認められる。これに対し、被告 C の任務懈怠は事故から 2 年以内であるので、本件事故との間に因果関係は認められない。

⑸　損害の有無及びその額について

　東京電力は、①廃炉について約 1 兆 6150 億円を支出し、②被災者に対する損害賠償費用について合計 7 兆 0834 億円の賠償金支払の合意をし、また、③除染・中間貯蔵対策費用について、環境省が平成 31 年度までに要する類型金額は 4 兆 6226 億円となり、これは最終的に東京電力の負担となる。

　したがって、その合計額である 132 兆 3210 億円が、被告ら 4 名の各任務懈怠による東京電力の損害である。

Ⅲ．経営判断の原則

1．経営判断の原則とは

　取締役の忠実義務、善管注意義務違反の判断にあたり、取締役に広い裁量を認め、責任を制限する考えが一般的に認められており、いわゆる経営判断の原則と言われている。取締役は、会社の業務執行にあたり、予想できない社会・経済環境の下、様々な決定を行っていく必要があり、その決定には多少の冒険とそれに伴う危険がつきまとう。取締役の決定の帰結として、結果として会社に損害を生じさせた場合に、当然に取締役に善管注意義務の違反があったとしてその責任を問うとすると、会社の業務執行における取締役の行動を委縮させることになり、結果として会社の事業機会を失わせることになる。そのため、取締役の業務執行に係る決定については、会社の業務執行の在り方に鑑み、その決定が慎重に行われ、かつ、決定内容が特に不相当と認められるものでないときは、取締役に善管注意義務違反の責任を問わないものとすることが妥当である。このようなことを一般に経営判断の原則という[7]。

　最高裁は、事業再編計画の一環として子会社の株主から同社の株式を買い取

---

(7)　神崎克郎「経営判断の原則」森本滋ほか編『企業の健全性確保と取締役の責任』（有斐閣、1997年）194 頁。かつては、経営判断原則を取締役の注意義務を軽減するものとする説が存在したが、現在の多数説は、取締役の行為が善管注意義務に違反するかどうかを審査するための方法として捉える。新井修司「取締役の経営上の判断と対会社責任」家近正直編『現代裁判法大系 17〔会社法〕』（新日本法規出版、2009 年）188 頁参照。

54 　第2編　企業組織法　第1章　株式会社の機関

るにあたり、その価格決定について親会社の取締役の善管注意義務違反が問われた事案において、「このような事業再編計画の策定は、完全子会社とすることのメリットの評価を含め、将来予測にわたる経営上の専門的判断にゆだねられていると解される。そして、この場合における株式取得の方法や価格についても、取締役において、株式の評価額のほか、取得の必要性、参加人の財務上の負担、株式の取得を円滑に進める必要性の程度等を総合考慮して決定することができ、その決定の過程、内容に著しく不合理な点がない限り、取締役としての善管注意義務に違反するものではないと解すべきである」と経営判断の原則と位置付けられる考えを示し、善管注意義務違反を認めた原審を破棄した（最判平成22年7月15日、アパマンショップ株主代表訴訟上告審判決）[8]。

　一般的に論じられている経営判断の原則は、あくまでも会社に利益を生じさせるか、損害を生じさせるか、事業機会を逃さないために取締役に広く裁量を認めようというものであり、裁判例では会社の合併の判断や銀行の融資決定など、まさに取締役がプロフェッショナルとして判断するに適した事情について判断されているものが多い。本件では、原発という広く公衆に危険を及ぼす設備を保有、稼働させる電力会社の取締役が、その安全対策についてどう判断すべきだったかという点が争点となり、同社取締役らの専門分野ではない地震や津波という自然事象についての予見可能性をどう評価するかが問題となる点で、一般的な経営判断の原則の事案とは事情が異なる。本判決は、この点の判断について特別に別の規範を定立することはなく、取締役らに広い裁量を認めつつも、原発の危険性故にその裁量を限定し、注意義務違反を認定した。

2. 裁量逸脱の判断（行政裁量論を参考に）

　では取締役にそのような裁量を認めた上で、裁判所は取締役の注意義務違反についてどのように審査すべきとされているのか。この点、神崎は、経営判断の原則について、行政裁量の適法性について判例が定立している法理と軌を一にするものであると位置づけるとする[9]。行政裁量論における判断過程審査

---

(8)　判時2091号90頁、判タ1332号50頁。
(9)　神崎・前掲（注7）215頁。

について、最高裁は、「法が処分を行政庁の裁量に任せる趣旨、目的、範囲は各種の処分によって一様ではなく、これに応じて裁量権の範囲をこえ又はその濫用があったものとして違法とされる場合もそれぞれ異なるものであり、各種の処分ごとにこれを検討しなければならない」とし、外国人の在留期間の更新について、法務大臣の「判断が全く事実の基礎を欠き又は社会通念上著しく妥当性を欠くことが明らかである場合に限り、裁量権の範囲をこえ又はその濫用があったものとして違法となる」とした（最判昭和 53 年 10 月 4 日、マクリーン事件）[10]。また、原子力発電所の安全性の判断については、最高裁は、原子力法制の趣旨は、「基準の適合性については、各専門分野の学識経験者等を擁する原子力委員会の科学的、専門技術的知見に基づく意見を尊重して行う内閣総理大臣の合理的な判断にゆだねる趣旨と解するのが相当である」とし、裁判所の審理、判断は、「行政庁の判断に不合理な点があるか否かという観点から行われるべきであるとした。具体的には、現在の科学技術水準に照らし、具体的審査基準に不合理な点があるか、調査審議及び判断の過程に看過し難い過誤、欠落があり、行政庁の判断がこれに依拠してされた場合には違法と解すべきと基準を示した（最判平成 4 年 10 月 29 日、伊方原発最高裁判決）[11]。

　行政裁量論は権力分立の観点や各種の法律の規定に基づくものであり、取締役の裁量をこれと同視することはできないが、たしかに専門性への配慮や裁判所の判断能力という点において共通して考えられる部分はあり、司法審査における判断方法に類似性を見出すことができる。この観点は、以下に述べる経営判断の内容と過程を分けて検討する見解に結び付きやすいと考えられる。

---

(10) 民集 32 巻 7 号 1223 頁、判時 903 号 3 頁、判タ 368 号 196 頁。

(11) 民集 46 巻 7 号 1174 頁、判時 1441 号 37 頁、判タ 804 号 51 頁。ただし、同判決は、立証責任について、資料を全て行政庁側が保持している点を考慮して、まず、行政庁側が具体的審査基準、審議及び判断の過程等、行政庁の判断に不合理な点がないことを相当の根拠、資料に基づき主張、立証する必要があり、そうでない場合は、不合理な点があることが事実上推認されるとし、原発の安全性審査に対する司法判断の特殊性を示した。この伊方判決の示した判断方法は、民事事件でも広く転用されている（交告尚史「伊方の定式の射程」森嶋昭夫＝塩野宏編『変動する日本社会と法』（有斐閣、2011 年）245 頁、淡路剛久「原発規制と環境民事訴訟」環境法研究 5 号（2016 年）66 頁）。

3．経営判断の内容と過程

　上記平成22年判決のように最高裁は、「総合考慮」するとして特に区別はしていないが、経営判断の内容と過程を以下のように分けて考える見解が学説上有力に主張されている。業務執行の決定に関しては、リスク（損失が生じる可能性）の大きいものの方が大きな期待利益を伴うことがあることから、リスクの少ないものより株主の利益によりよく合致することがあるため、その判断内容について、企業経営の専門家でない裁判官が事後的にこれを厳格に審理することは望ましくないとする[12]。一方、経営判断の前提としての情報収集、それに基づく慎重な検討、熟慮がなされたか否かといった判断過程は、取締役の広範な経営上の裁量、経営判断のための専門的な判断能力とは直接に係るものでなく、企業経営の専門家でない裁判官もよく判断できる事柄であるとする[13]。

　裁判所が各種の事情を総合考慮して注意義務違反の有無を判断するにあたっても、このように分析的に考える観点は取り入れることは可能であり、本件判決を検討するにあたっても有効であると思われる。

4．原子力事業者における高度の注意義務

　ただし、原子力事業者の場合、上記で述べたような取締役の判断内容の尊重はそのまま当てはまるとはいえない。冒険的取引のリスクはあくまでも会社ひいては株主が損失を被る可能性を意味するが、原子力事業者の経営判断の誤りにより生じる損害は、会社の資産あるいは株主の出資の範囲に留まるものではなく、国や地球規模の生命の存続に関わる事態であるからである。行政裁量の判断においても、行政決定により影響を受ける権利・利益の性質は、行政裁量の存否やその範囲を判断するうえで重視される。例えば、基本的人権を制約する処分の場合には、当該人権の憲法保障を前提に実体法解釈が行われるため、裁量審査の方法は厳格になる[14]。

---

(12)　神崎・前掲（注7）218頁。

(13)　神崎・前掲（注7）219頁。

(14)　大橋洋一『行政法①〔第5版〕』（有斐閣、2023年）221頁参照。

また、取締役の注意義務の判断にあたっても、最高裁は、銀行業について、その高い公益性から経営判断原則が適用される余地は限定的なものに留まると判示している（最決平成 21 年 11 月 9 日、旧拓銀事件）[15]。

本件判決も、「過酷事故が発生すると、当該原子力発電所の従業員、周辺住民等の生命及び身体に重大な危害を及ぼし、放射性物質により周辺環境を汚染することはもとより、国土の広範な地域及び社会的・経済的コミュニティの崩壊ないし喪失を生じさせ、ひいては我が国そのものの崩壊にもつながりかねない」ため、原子力事業者には、「最新の科学的、専門技術的知見に基づいて、過酷事故を万が一にも防止すべき社会的ないし公益的義務がある」(a) とする。そして取締役には、「会社にそのような賠償責任等を負わせないよう、当該想定される津波による過酷事故を防止するために必要な措置を講ずるよう指示等をすべき会社に対する善管注意義務を負う」(b) とする。本件判決は経営破断の原則に言及してはいないが、原子力発電事業における取締役には、通常の株式会社の株主に対するものよりも高度の注意義務を負い、一般的に経営判断の原則により広く認められる裁量が一定程度狭まるものと考えていることが読み取れる。

5．経営判断の過程

経営判断の過程の分析として、① どのような情報が収集されたのかという「情報の質・量」の問題と、② どのような組織（支店、本店担当部署、専属チーム、経営会議、取締役会等）によって情報が分析・検討されたか、外部の専門家（弁護士等）の意見を聴取したのかという「手続」の問題の双方が検討されるべきとされている[16]。

本件判決は、原発の安全性の評価は、極めて高度の専門的かつ技術的事項に

---

[15] 刑集 63 巻 9 号 1117 頁。銀行の取締役の善管注意義務が一般の株式会社の取締役より高い水準にある点につき、岡本智英子＝畑山正克「銀行の取締役の善管注意義務と経営判断原則——日本振興銀行事件（東京高判平成 29 年 9 月 27 日）——」ビジネス＆アカウンティングレビュー 25 号（2020 年）187 頁以下参照。

[16] 齋藤毅「関連会社の救済・整理と取締役の善管注意義務・忠実義務」判タ 1176 号 77 頁、新井・前掲（注 7）192 頁。

58　第2編　企業組織法　第1章　株式会社の機関

わたる点が多く、取締役としては、「会社内外の専門家や専門機関の評価ない
し判断が著しく不合理でない限り、これに依拠でき、また、そうすることが相
当であり、逆に、特段の事情もないのに、これと異なる評価ないし判断を行っ
た場合には、その判断の過程、内容は著しく不合理と評価される」(i) とする。

　その前提として、専門家の意見の取捨選択について、裁量の幅を狭めてい
る。すなわち、「対策を講ずることを義務付けられる津波の予測に関する科学
的知見というには、特定の研究者の論文等において示されたというだけでは足
りないものの、例えば、津波の予測に関する検討をする公的な機関や会議体に
おいて、その分野における研究実績を相当程度有している研究者や専門家の相
当数によって、真摯な検討がされて、取りまとめが行われた場合など、一定の
オーソライズがされた、相応の科学的信頼性を有する知見である必要があり、
それで足りる」(g)。つまり、ある特定の研究者の論文があったというだけで
はそれに縛られることはないが、一定のオーソライズされた相応の科学的信頼
性を有する知見がある場合には、それに基本的に依拠しなければならないとい
うこととなる。

　本件では、長期評価の見解及び明治三陸試計算はこれに該当し、取締役の判
断は基本的にこれに依拠しなければならないとされた (h)。

6. 経営判断の内容

　本件判決は、経営判断の内容の評価については一定の裁量的判断を許してい
る。すなわち、取締役 A が長期評価の見解及び明治三陸試計算の信頼性及び
成熟性が不明であると評価ないし判断したこと (A 決定 ①) は、社内の専門部
署である東電土木調査グループの説明及び意見に依拠したものではなく、これ
に反する独自の判断であったから、著しく不合理であったとする (k)。もっ
とも、それだけでは裁量逸脱としない。土木学会に検討を委託し、その見解を
待ってから工事に着手するという判断 (A 決定 ②) は一定の合理性があると評
価するのである (l)。

　しかしながら、③ 土木学会の見解が提示されるまでの間、津波対策を速や
かに講ずるよう指示等をしていない (本件不作為) という点は、「津波対策の先
送りをしたものと評価すべきであり、著しく不合理」であるとして (m)、結

果として取締役Aらの任務懈怠を認定した。

7．本件判決の位置づけ

　本件判決は、経営判断の原則を明示しているわけではないが、従前の裁判例と同様に取締役の経営判断の裁量を認めている。しかし、原子力事業の特殊性故に、高度の注意義務を課し、その裁量の幅を狭めている。銀行業務においても同様な傾向が認められること、また、行政訴訟や民事訴訟による原発裁判での判断枠組みを参照すれば、本件判決の論理や認定は、従前の裁判例が示してきた枠組みに則った判示と評価できる[17]。

Ⅳ．行政法規の遵守と民事上の責任

1．行政法規の遵守の位置づけ

　取締役の行為が法令に違反している場合には、経営判断の原則の適用はされない（すなわち、広い裁量は認められず注意義務違反とされる。）[18]。もっとも仮に、ある取締役が、その反対解釈により、法令や行政基準さえ守っている限り注意義務違反を問われることがないという認識を持っているとすれば、それは改めなければならない。取締役の判断、その帰結としての会社の行為が行政基準を遵守していても、会社が民事上不法行為責任を負うことになったり、差止の対象となることがある。会社がそのような責任を負うに至ったという場合には、その判断を行った取締役の責任も生じ得る。

　行政上の規制基準と受任限度（違法性）との関係について、学説上は一般に規制基準は最低基準にすぎないから、不法行為責任の有無を考えるについては、規制基準を超える騒音等は原則として違法性ありとされるが、基準を遵守しているからといって違法性なしとはいえないと解されている[19]。判例もそのような傾向にあるとされている[20]。

---

(17) 伊藤・前掲（注4）参照。
(18) 新井・前掲（注7）182頁参照。

60 第2編 企業組織法 第1章 株式会社の機関

2．本件判決の事情

　本件判決の事実認定によると[21]、平成20年7月31日、東電土木調査グループは、取締役Aに対し、長期評価の見解を取り入れて津波対策を実施するための資料を説明したが、取締役Aは、長期評価等の信頼性・成熟性が不明であると独自に判断し（A決定①）、その信頼性等について土木学会に検討を委託し、その見解を待ってから工事に着手するという判断（A決定②）をした。東電土木調査グループは平成20年2月26日、原子力保安院による耐震バックチェックの審査に携わるI教授を訪問し、長期評価に基づき波源を考慮すべきと同教授から意見が出されたことを社内グループで共有しており[22]、検討をしていたらバックチェックに間に合わなくなる懸念がある旨取締役Aに述べた[23]。これに対し、取締役Aは、I教授等の専門家に対し、未来永劫対策を講じないわけではなく、「想定すべき波源について土木学会できちんと議論してもらって、その結果に基づき確実に対策を実施するが、当面のバックチェックは、現在の津波評価技術に基づく評価で行うという話を丁寧に説明して、何か感触を調べたらどうだと述べた」[24]。東電土木調査グループは、A決定②を受け、同年10月、土木学会・津波評価部会委員でもあるI教授らに今回のバックチェックには長期評価を取り入れないが、3年程度かけて、津波

---

(19) 加藤一郎編『公害法の生成と展開』（岩波書店、1968年）35頁。「民事訴訟は、個別的ケースにおける利害調整である。行政法的基準の遵守は、人格権侵害を受忍させる理由にはならない。」北村喜宣『環境法〔第5版〕』（弘文堂、2020年）221頁。

(20) 大塚直『環境法〔第4版〕』（有斐閣、2020年）278頁。もっとも、現実の裁判例においては、行政上の基準を超えた場合には違法性を認め、他方で超えていない場合には違法性を否定しているものが少なくない（長瀬有三郎「公害騒音」塩崎勉＝安藤一郎編『裁判実務大系（24）相隣関係訴訟法』（青林書院、1995年）479頁）。
　　　東京高判昭和62年12月24日（二酸化窒素環境基準告示取消し請求事件、判タ668号140頁）は、環境基準は法律上の許容限度・受忍限度を設定するものではないとした。その他、行政基準と受任限度を分けて検討すべきとした裁判例として、最判平成6年3月24日（判タ862号260頁）、名古屋地判平成9年2月21日（名古屋スーパー銭湯事件、判タ954号267頁）、大阪高判平成14年11月15日（判時1843号81頁）、東京地判平成14年12月18日（国立マンション事件第1審判決、判タ1129号100頁）などがあげられる。北村・前掲（注19）参照。

(21) 本件判決211-229頁。

(22) 本件判決187-188頁。

(23) 本件判決217頁。

(24) 本件判決217頁。

評価部会で検討を進め、3年後には改めてバックチェックを行う方針であることを説明した[25]。本件判決は、こうした専門家への打診について、「専門家に真摯な意見を求めることに目的があったのではなく」、A決定の「方針をとることによって、福島第一原発のバックチェックにおいて審査に関与するこれらの専門家からの指摘により長期評価の見解に基づく対応が求められ、それにより福島第一原発の運転継続に支障が生じることがないようにするための、いわゆる根回しに目的があったものと認めるのが相当である」[26]と厳しい認定をしている。

　取締役Aらが、真摯に安全性や住民に対する危険性を考慮することなく、原子力保安院（当時）という行政に目を向け、そこに関連する専門家に根回しをすることで、津波対策を先送りにしたという点は、取締役らが行政さえ相手にしておけば足りる、行政基準に照らし違法と判断されない限り自らの決定の違法性が問われることはないという認識、態度が表れているものと評価し得る。

Ⅴ．企業経営と環境リスク

　福島第一原発事故は、日本の歴史上最大級の汚染事故ではあるが、本件判決が示した論理は、一般的な企業経営と環境リスクに示唆を与えている。環境問題は日々進展し、知見の発展も早い。そのため環境リスク回避については、行政法規がこれらに追いついていけないという面がある。取締役としては、経営のプロフェッショナルとして一定の裁量が認められているとはいえ、経営判断において、法令、行政基準だけではなく、いわゆるソフトローも含めた様々な規範、知見を判断過程に取り込むこと、さらには株主や従業員だけではなく公衆の安全への配慮が求められているということができる。

---

(25) 本件判決 227-229 頁。
(26) 本件判決 325-326 頁。なお、河合ほか・前掲（注4）154 頁参照。

株式会社における取締役会議事録の
株主による閲覧謄写請求

鳥　山　恭　一

Ⅰ. はじめに

　株式会社のうち取締役会設置会社において株主は、その権利を行使するために必要があるときは、裁判所の許可を得て取締役会議事録の閲覧または謄写を会社に対して請求することができる（会371条3項、2項）。ただし、取締役会設置会社であっても、（取締役会以外の）業務監査機関の設置がない会社の株主は、裁判所の許可を得る必要はなく、取締役会議事録の閲覧または謄写を直接に会社に対して請求することができる（会371条2項）。

　取締役会を株式会社の機関としてはじめて法定したのは、1950（昭和25）年の商法改正である。そこでは、株主および債権者が取締役会議事録の閲覧謄写を請求するために裁判所の許可を得る必要はなかった。株主および債権者は裁判所の許可を得て取締役会議事録の閲覧謄写を請求すると定めたのは、1981（昭和56）年の改正である。2005（平成17）年に制定された現行の会社法は、株式会社のなかでも業務監査機関の設置がない取締役会設置会社の株主に、その権利を行使するために必要があるときに、取締役会議事録の閲覧謄写を裁判所の許可を得ることなく直接に会社に対して請求することをふたたび認めたのである。

　本稿は、そうした取締役会議事録の閲覧謄写請求の制度の変遷を確認し（Ⅱ.）、そのうえで、裁判所がどのような場合に取締役会議事録の閲覧謄写を認めるのかを確認する（Ⅲ.）ことを目的にする。

II. 取締役会議事録閲覧謄写請求の制度

取締役会を株式会社の機関として法定した1950（昭和25）年の商法改正は、同時に、取締役会の議事について議事録を作成することを義務づけた（昭和25年改正後商260条ノ3）。そして、定款および株主総会の議事録ととともに取締役会の議事録も本店および支店に備え置くことを取締役に義務づけており（同263条1項）、株主および会社の債権者に、営業時間内にいつでもそれらの書類の閲覧または謄写を請求することを認めていた（同条2項）。

1. 1981（昭和56）年の商法改正

1950（昭和25）年の改正後の制度のもとでは、以上のように、株式会社において取締役会の議事録は、定款および株主総会の議事録と同様に、株主および債権者にひろく開示されていた[1]。そのような制度のもとでは、取締役会において企業秘密にかかわる事項を審議して、それを議事録に記載すると、企業秘密が開示されてしまい、会社の利益が損なわれることになる。そのために、当時の実務では、企業秘密にかかわる重要な事項は取締役会ではなく常務会その他の非公式な機関において審議するようになり、取締役会の審議は形式的なものになり取締役会が形骸化することになった。

そうした事態を阻止するために、1981（昭和56）年の改正は、商法260条ノ4（1974〔昭和49〕年改正前の商260条ノ3）に、つぎの第3項ないし第5項の規定を追加して、取締役会議事録について10年の備置期間を法定するとともに、株主および債権者は、裁判所の許可を得てはじめて取締役会議事録の閲覧謄写を請求できるものとし、また、株主または債権者が取締役会議事録の閲覧謄写を請求できる場合について一定の制限を定めている。同時に、裁判所の許可を得る手続きを定める規定を非訟事件手続法の第三編「商事非訟事件」に新設した。

64　第 2 編　企業組織法　第 1 章　株式会社の機関

1981（昭和 56）年改正後商法
第 260 条ノ 4
① 取締役会ノ議事ニ付テハ議事録ヲ作ルコトヲ要ス
② 議事録ニハ議事ノ経過ノ要領及其ノ結果ヲ記載シ出席シタル取締役及監査役之ニ署名スルコトヲ要ス
③ 取締役ハ第一項ノ議事録ヲ十年間本店ニ備置クコトヲ要ス
④ 株主ハ其ノ権利ヲ行使スル為必要アルトキハ裁判所ノ許可ヲ得テ前項ニ掲グル議事録ノ閲覧又ハ謄写ヲ求ムルコトヲ得会社ノ債権者ガ取締役又ハ監査役ノ責任ヲ追及スル為必要アルトキ亦同ジ
⑤ 閲覧又ハ謄写ニ因リ会社又ハ其ノ親会社若ハ子会社ニ著シキ損害ヲ生ズル虞アルトキハ裁判所前項ノ許可ヲ為スコトヲ得ズ

1981（昭和 56）年改正後非訟事件手続法
第 132 条ノ 8
① 商法第 260 条ノ 4 第 4 項ノ規定ニ依ル許可ヲ申請スル場合ニ於テハ其事由ヲ疎明スルコトヲ要ス
② 裁判所ハ裁判ヲ為ス前取締役及ビ申請ヲ為シタル株主又ハ債権者ノ陳述ヲ聴クベシ
③ 申請ヲ許可シタル裁判ハ之ヲ会社ニ告知スベシ
④ 第 131 条第 2 項ノ規定ハ第 1 項ノ申請ニ付キ、第 129 条第 1 項、第 129 条ノ 4 及ビ第 132 条ノ 5 第 3 項ノ規定ハ第 1 項ノ申請ニ対スル裁判ニ付キ之ヲ準用ス

---

(1)　ただし、1950（昭和 25）年改正後の制度のもとでも、株主による取締役会議事録の閲覧謄写の請求は権利濫用にあたるとして、その請求を認めなかった裁判例はある。

　すなわち、東京地判 1974（昭和 49）年 10 月 1 日判時 772 号 91 頁［日本エヌ・シーアール株式会社事件］は、株主が東南アジアからの留学生の援助活動に対する賛助金を会社から獲得する目的で会社の代表取締役に執拗に面会を求めた後に、商法 263 条 2 項にもとづき会社の定款ならびに株主総会および取締役会の議事録の閲覧謄写を求めた事案について、株主の請求は代表取締役への面会を求める方法の一環としてとられたものであり権利の濫用に該当するとして、株主の請求を棄却した。この判決について、前田重行・ジュリ 650 号（1977 年）102 頁以下。

　また、福岡地決 1976（昭和 51）年 2 月 4 日判時 818 号 91 頁［株式会社正金相互銀行事件］は、株主が会社に対して、「過去六期分の 1 株主総会議事録、並びにこれに伴う 2 取締役会議事録の謄写、及び 3 同招集通知書 4 同営業報告書、それに 5 定款、各一部を郵送するよう請求した」にもかかわらず会社がこれに応じなかったために商法 263 条 2 項の違反があるとして、その代表取締役に対する商法 498 条 1 項 3 号の罰則規定の適用を求める申立てを株主がした事案について、商法 263 条 2 項は株主に対し同条 1 項に掲げる書類（定款、株主総会および取締役会の議事録、株主名簿ならびに社債原簿）の閲覧謄写請求権を認めるが、右各書類の謄本請求権までは認めておらず、会社が株主からのうえの書類の謄本請求に応じなくても同条項の違反はないとした（営業報告書については、商法 282 条 2 項が株主に謄本交付請求権を認めているが、その謄本交付請求が不当の目的に出でその他権利の濫用と認められるときは会社は右請求を当然に拒絶できるとし、本件の謄本交付請求がとうてい正当な権利の行使とは目されないことは請求書の形式およびその記載文言自体に徴し推認できるとして、会社が本件の謄本交付請求に応じなかったことには正当な理由があるとした）。この判決について、加藤勝郎・ジュリ 710 号（1980 年）152 頁以下。

すなわち、1981（昭和56）年の改正は、第1に、株主はその権利行使のために必要がある場合に、および、債権者は取締役または監査役の責任を追及するために必要がある場合に、取締役会議事録の閲覧謄写を請求できる場合を限定し（商260条ノ4第4項）、第2に、事前に裁判所の許可を得ることを要件とし（同項）、第3に、その閲覧謄写により会社またはその親会社もしくは子会社に著しい損害が生じるおそれがある場合には裁判所は許可することができないとして（同条5項）、取締役会議事録の閲覧謄写を制限して取締役会の形骸化を阻止することを期待した。

(1) 株主の権利行使のための必要性

そのうちの第1の株主の権利行使のための必要性の要件は、株主による会計帳簿閲覧請求の拒絶事由である「株主ガ株主ノ権利ノ確保若ハ行使ニ関シ調査ヲ為ス為ニ非ズシテ請求ヲ為シタルトキ」（商旧293条ノ7第1号、会433条2項1号）とほぼ同旨であり、それを積極的要件として裏返して規定したものとされている。そして、株主は取締役会議事録を閲覧してはじめて権利行使をするか否かを判断できる場合もあるので、この要件は制限としては緩いものであり、「実際は状況上株主の権利行使のためでないと認められる場合に、その請求を排斥することができるという効果が生ずるだけであろう」[2]とされ、「むしろ実際には、株主としての権利行使のためでないと認められるときを除くというネガティブな形で考えるほかあるまい」[3]と指摘されていた。

それに対して、この権利行使のための必要性の要件を以上のように消極的な要件としてみることには疑問をもつとして、この要件は株主の閲覧請求権の要件であり、許可申請を受けた裁判所は、論理的にはまずこの必要性を審理する

---

(2)　稲葉威雄『改正会社法』（金融財政事情研究会、1982年）244頁が、そのように指摘する。大隅健一郎＝今井宏『会社法論中巻〔第三版〕』（有斐閣、1992年）199頁注3も、同じ趣旨を述べる。
(3)　竹内昭夫『改正会社法解説〔新版〕』（有斐閣、1983年）162頁が、そのように指摘する。
　　蓮井良憲「取締役会議事録の閲覧制限」商事919号（1981年）36頁以下、39頁も、（株主の権利行使のための必要性の要件について）「実際上は、旧商法のもとでの前述の判例におけると同じく、信義誠実の原則に反し、権利濫用的なものを除去するものとしていわば消極的な面で機能するものとなると思う」と指摘する（ただし、「結局、この要件は、請求者側に請求の目的・理由を示さしめるところに重点があるといえるのであって」とその直前に指摘する）。

66 第2編 企業組織法 第1章 株式会社の機関

ことになると指摘される場合もあった[4]。法文上は、株主の権利行使のための必要性の要件は閲覧謄写請求権の積極的要件として定められており、許可申請の非訟事件手続きにおいて、(つぎの(2)にみるように) 閲覧謄写の許可を申請する株主が「其事由」を疎明する必要があるとされていた[5]。

(2) 事前に裁判所の許可を得る非訟事件手続き

第2の取締役会議事録の閲覧謄写を許可する裁判は非訟事件であり、裁判所の許可を申請する株主または債権者は、会社の本店所在地を管轄する地方裁判所において (非訟旧126条1項)、書面により申請し (非訟旧132条ノ8第4項、131条2項)、その申請において「其事由」を疎明する必要があるとされた (非訟旧132条ノ8第1項)。

(3) 会社または親会社もしくは子会社に著しい損害が生じるおそれ

第3に、株主または債権者が取締役会議事録を閲覧謄写することにより会社または親会社もしくは子会社に著しい損害が生じるおそれがある場合には、裁判所は、株主または債権者による取締役会議事録の閲覧謄写を許可することはできない。ここで損害として考えられるのは、企業秘密の漏洩である。著しい損害が生じるおそれがある場合かどうかの判断は相対的なものであり、閲覧謄写により株主に得られる利益に比して会社により多大な損害が生じるおそれが

---

(4) 小橋一郎「取締役会の議事録」民商86巻1号 (1982年) 34頁以下、46頁。そこでは、「このように考えると、取締役会の議事録についての閲覧請求権は、定款・株主名簿・総会議事録についてよりはもちろん、会計の帳簿・書類についてよりも厳格な要件に服していることになる」とされていた。

(5) 「(商旧260条ノ4は)『其ノ権利ヲ行使スル為必要アルトキ』という要件を、株主の閲覧請求権の発生要件 (権利根拠規定) としており、裁判所の許可を申請する株主に疎明の義務がある『事由』に含まれると考えられる (平成16年改正前非訟132条ノ8第1項)」と、岩原・後掲 (注15) 242頁は指摘する。そこではつづけて、株主の権利行使のための必要性の要件が、会計帳簿閲覧謄写請求権では消極的要件 (拒絶事由〔商旧293条ノ7第1号、会433条2項1号〕) であるのとは反対に、取締役会議事録閲覧謄写請求権では積極的要件 (請求権の発生要件〔商旧260条ノ4第6項、会371条2項〕) として定められた理由として、「取締役会議事録閲覧請求権が帳簿閲覧請求権のような少数株主権ではなく単独株主権とされ、その行使に慎重さが求められること、会計帳簿等に比べると取締役会議事録は株主にも特定しやすいこと、等があげられよう」と指摘されている。

ある場合がその場合にあたるとされ[6]、その点の疎明は会社側の負担になる[7]。

(4) その後の改正

その後、1999（平成11）年の改正が、取締役会議事録の閲覧謄写請求権を親会社の株主にも認めている（平成11年改正後商260条ノ4第4項）。さらに、2001（平成13）年6月の改正が、取締役会議事録も電磁的記録により作成することを認めており、それにともない商法260条ノ4の規定は整備されている。

2．2005（平成17）年の会社法

2005（平成17）年に制定された現行の会社法は、従前の有限会社を株式会社に統合して規定し、有限会社の制度は廃止した。そこではそれまでの株式会社と有限会社との機関構成を株式会社のなかにそのまま残したために、現行の会社法が定める株式会社の機関構成はきわめて多様になった。

(1) 業務監査機関の設置がない取締役会設置会社の株主

現行の会社法が認めるそのように多様な株式会社の組織のなかには、業務監査機関の設置がない組織も含まれる。現行の会社法は、「中小企業におけるコーポレート・ガバナンスの強化を図る目的から」[8]、業務監査機関の設置がない場合には、会社の業務執行を直接に監督するための株主の権利をいくつかの点において強化した（会357条1項、360条1項、367条、371条2項、426条1項）。

そのうちの一つとして、株式会社のうち取締役会設置会社であっても、（取締役会以外の）業務監査機関の設置がない場合には、株主が事前に裁判所の許可を得ることなく直接に会社に対して取締役会議事録の閲覧謄写を請求するこ

---

(6) 稲葉・前掲書（注2）244頁が、そのように指摘する。

(7) 元木伸『改正商法逐条解説〔改訂増補版〕』（商事法務研究会、1983年）132頁が、そのことを指摘する。

(8) 相澤哲＝石井裕介「株主総会以外の機関〔下〕」商事1745号（2005年）13頁以下、18頁の記述による。

とが認められた（会 371 条 2 項）。そこでは、議事録の閲覧謄写により会社または
はその親会社もしくは子会社に著しい損害をおよぼすおそれがあると認めると
きは会社は閲覧謄写の請求を拒むことができるとする規定もおかれていない
（会 371 条 6 項参照）。

　ただし、業務監査機関の設置がない取締役会設置会社の場合でも、その取締
役会議事録の閲覧謄写の請求は、株主の権利行使のために必要なものでなけれ
ばならないことに変わりはない。それゆえ、そこでは、株主による取締役会議
事録の閲覧謄写の請求を会社が拒む場合に、株主が訴えを提起する訴訟事件の
手続きにおいて、その株主による請求が、株主の権利行使のための必要性の要
件を満たすものかどうかを裁判所は判断することになる。

　取締役会設置会社は、原則として監査役の設置が義務づけられており（会
327 条 2 項本文）、（監査等委員会設置会社および指名委員会等設置会社を除いた）取締
役会設置会社のうち、[1] 監査役の権限を会計監査に限定する会社（会 389 条）、
および、[2]（例外的に監査役を設置しないことが認められる）会計参与設置会社で
監査役を設置しない会社（会 327 条 2 項但書）が、うえの場合にあたる。双方の
会社とも、大会社でなく公開会社でなくかつ会計監査人設置会社でない会社に
限られる（会 327 条 2 項但書、3 項、328 条 2 項、389 条 1 項）。

　ただし、それらの会社でも、債権者または親会社社員は、やはり事前に裁判
所の許可を得なければ取締役会議事録の閲覧謄写を会社に請求することはでき
ない（会 371 条 4 項、5 項）。

(2)　事前に裁判所の許可を得て行なう閲覧謄写請求

　それらの会社以外の取締役会設置会社、すなわち、監査役設置会社（監査役
の権限を会計監査に限定する会社は「監査役設置会社」にあたらない〔会 2 条 9 号〕）、
監査等委員会設置会社および指名委員会等設置会社では、債権者または親会社
社員だけでなく、株主が取締役会議事録の閲覧謄写を請求する場合にも、2005
（平成 17）年の会社法が施行される前と同様に、事前に裁判所の許可を得るこ
とが必要である（会 371 条 3 項）。

　さらに、非訟事件手続法の旧第三編「商事非訟事件」の規定は、準用関係が
複雑で内容に不整合な点があったために現行の会社法の制定と同時に削除され

ており（整備法119条）、それに代えて、会社法第七編の第三章「非訟」に、事件の種別ではなく手続きの種別ごとに整理した規定をおいて、そのほかに必要な事項は同章の規定（876条）にもとづく最高裁判所規則（会社非訟事件等手続規則）が定めている[9]。そこではやはり、裁判所の許可の申立てをする株主または債権者は、会社の本店所在地を管轄する地方裁判所において（会868条1項）、書面により申立てをして（会社非訟規1条）、その申立てにおいてその原因となる事実を疎明する必要があるとされている（会869条、会社非訟規2条）[10]。

監査役会（会394条）、監査等委員会（会399条の11）、指名委員会等（会413条）、および、清算人会（会490条5項）にもおなじ議事録の閲覧謄写請求の制度の定めがある。

Ⅲ. 取締役会議事録閲覧謄写請求の裁判例

事前に裁判所の許可を得て取締役会議事録の閲覧謄写を請求する制度は、以上のように1981（昭和56）年の改正により定められた。しかし、実際には、取締役会議事録の閲覧謄写を株主が請求する場合には、会社が任意に閲覧謄写に応じる場合が多いとされ[11]、閲覧謄写の許可にかかわる裁判所の決定が公表されることは、1981（昭和56）年の改正の後しばらくはなかった[12]。

その点にかかわる最初に公表された裁判例は、大阪地裁の2000（平成12）年4月28日の決定[13]（判時1738号116頁）［朝日放送株式会社事件］である。その事案では、株主は、取締役の任務懈怠による損害賠償責任を追及する株主代表訴訟を提起するにあたり、退任した取締役については退職慰労金相当額の限度で賠償を請求する予定であり、そのために1999（平成11）年6月29日以降にそ

---

(9) 相澤哲ほか「雑則〔下〕」商事1755号（2006年）4頁以下、7頁を参照。

(10) 東京地裁民事第8部（商事部）の取扱いにおける「取締役会議事録閲覧謄写許可申立書」の書式には、「申立ての理由」として株主の権利行使のための必要性を記載するものとされている。大竹昭彦ほか編『新・類型別会社非訟』（判例タイムズ社、2020年）13頁以下を参照。

(11) 木村・後掲（注17）247頁の指摘による。中山誠一「取締役会の議事録の閲覧申請」門口正人編『〔新・裁判実務大系11〕会社訴訟・商事仮処分・商事非訟』（青林書院、2001年）324頁以下、334頁以下を参照。

れらの取締役の退職慰労金について討議した取締役会議事録を閲覧謄写する必要があると主張し、それ以外の取締役に対しては最低でも 3000 万円の賠償を請求すべきと考えており、ただし 3000 万円を上回る役員報酬または賞与の減額がなされていれば株主代表訴訟を提起する必要はなくなるので、1999（平成 11）年 6 月 29 日から同年 12 月末日までのあいだに取締役の報酬、賞与等の減額について討議した取締役会議事録の閲覧謄写をする必要があると主張した（会社は、本件申立ては労働組合運動の一環として労使交渉の資料を得ることを目的にすると主張した）。しかし、大阪地裁は、取締役が会社に支払うべき賠償額を退職慰労金相当額または 3000 万円にする法的根拠はないとし、株主が主張する事由は対象とされる取締役会議事録の閲覧謄写をする必要性を基礎づけるものではないとして、株主の申立てを却下した。

　そのつぎに公表された裁判例が、つぎにみる東京地裁の 2006（平成 18）年の決定であり、東京地裁はその決定において、取締役会議事録の閲覧謄写を許可する際の株主の権利行使のための必要性の要件の判断基準を示している[14]。

1．東京地裁の 2006（平成 18）年の決定が判示する判断基準

　東京地裁の 2006（平成 18）年 2 月 10 日の決定[15]（判時 1923 号 130 頁）の事案では、被申請人である Y 株式会社は、訴外 A 会社の 41％の株式を有しており、A 社は再生手続開始の申立てをした。Y 社の A 社に対する取立て不能見込額

---

(12) ただし、大阪高判 1984（昭和 59）年 3 月 29 日金判 704 号 12 頁［近畿日本鉄道株式会社事件］は、1981（昭和 56）年の改正商法の施行前に株主が提起した取締役会議事録の閲覧謄写を求める訴えについて、「この法律による改正後の商法…の規定（…）は、特別の定めがある場合を除いては、この法律の施行前に生じた事項にも適用する」と定める改正法附則 2 条本文にもとづき改正後の商法 260 条の 4 第 4 項を適用して（「ただし、改正前のこれらの法律によって生じた効力を妨げない」と定める改正法附則 2 条但書の適用はないと解して）、裁判所の許可がないことを理由にして株主の請求を却下した原判決に対する控訴を棄却している。この判決について、石田宣孝・税経通信 40 巻 6 号（1985 年）247 頁以下。

(13) この決定について、山田知司・判タ 1096 号（2002 年）126 頁以下、米山毅一郎・流通科学研究 2 巻 1 号（2002 年）117 頁以下、小出篤・ジュリ 1236 号（2002 年）114 頁以下。

(14) 裁判例について、米山毅一郎「取締役会議事録閲覧請求に関する一考察」中村学園研究紀要 35 号（2003 年）148 頁以下、千手崇史「株主による会社に対する取締役会議事録の閲覧・謄写請求について」九大法学 102 号（2011 年）159 頁以下、木俣由美「取締役会議事録閲覧・謄写権の『必要性』の要件の検討」『企業法の現在（青竹正一先生古稀記念）』（信山社、2014 年）297 頁以下。

は、直接融資および債務保証の履行にともなう求償債権等の 347 億円であった。Y 社の株主 X は、株主総会における質問を準備するためおよび株主代表訴訟の提起の要否を検討するために必要であるとして、Y 社の取締役会議事録のうちつぎの一項ないし八項の決定または承認もしくは了承およびその審議の経過が記録された部分の閲覧謄写の許可を申請した。すなわち、一項：(1) A 社を設立し、その発行株式を引き受けて出資すること、(2) A 社が 1988（昭和 63）年 11 月に発行した株式を引き受けて出資すること、(3) A 社が 1989（平成 1）年 11 月に発行した株式を引き受けて出資すること、(4) A 社の株式を他の株主から譲り受け、または他の株主に譲渡すること、二項：Y 社が A 社の債務 328 億円につき債務保証またはそれに類似する契約をする決定およびそれらの契約を更新しまたは延長する決定、三項：Y 社が A 社に 19 億円を融資する決定およびその融資を更新しまたは延長する決定、四項：上記二項の債務保証またはそれに類似する契約による債務 328 億円につき債務保証損失等引当金を計上する決定、五項：上記三項の融資 19 億円の全額につき貸倒引当金を計上する決定、六項：上記二項の債務保証またはこれに類似する契約による債務 328 億円の全額の債務履行（金融機関への弁済）をする決定、七項：A 社の再生計画案に賛同する決定、八項：上記のいずれかの決定の理由または前提となる事項の承認または了承、である。

　本件申請について東京地裁は、つぎの 4 点が争点であるとした。第一に、本件申請の趣旨の八項は、閲覧謄写の対象の特定として十分であるか否か、本件申請の趣旨の一項(2)から(4)までの取締役会議事録は存在するか否か。第二に、本件申請に、権利行使のための必要性の疎明はあるといえるか否か、第三に、備置期間経過後の取締役会議事録は、閲覧謄写の許可の対象になるか否か。第四に、本件申請は権利濫用であるか否か、また、本件取締役会議事録の閲覧謄写により Y 社に著しい損害を生ずるおそれがあるか否か。

　第一の閲覧謄写の対象の特定の有無について、東京地裁は、取締役会議事録

---

(15) この決定について、藤原俊雄・判評 573 号（2006 年）31 頁以下、加藤修・法研 79 巻 12 号（2006 年）105 頁以下、小出篤・商事 1807 号（2007 年）51 頁以下、飯塚素直・判タ 1245 号（2007 年）194 頁以下、岩原紳作・ジュリ 1348 号（2008 年）240 頁以下、清水円香・商事 1929 号（2011 年）64 頁以下。

閲覧謄写の許可の申請は、許可の要件の有無を判断するのに必要な程度に閲覧謄写を求める取締役会議事録が特定されている必要があり、しかし、許可を申請する者は取締役会議事録の作成および所持に関与していないので、閲覧謄写を求める取締役会議事録を具体的に特定することは困難であることから、「取締役会議事録の閲覧・謄写の許可を申請する場合には、申請の趣旨において、閲覧・謄写の対象となる取締役会議事録を特定する必要があるものの、その程度は、当該申請に係る取締役会議事録の閲覧・謄写の範囲をその外の部分と識別することが可能な程度で足りるというべきである」とした。

　そのうえで、東京地裁は、本件申請の趣旨の八項は、その記載から、その申請にかかる取締役会議事録をその外の部分と識別することが可能な程度に特定されているということはできないとした。また、取締役会議事録の閲覧謄写の許可を申請する場合には、申請人において申請にかかる取締役会議事録が存在することの疎明をする必要があるとして、本件申請の趣旨の一項の(2)ないし(4)の取締役会議事録は、Ｙ社が存在しないと主張しており、一件記録上当該議事録が存在することをうかがわせるものはないから、当該取締役会議事録が存在することの疎明があるとはいえないとした。

　第二の株主の権利行使のための必要性の有無について、東京地裁はつぎのように判示した。

　　「株主の権利を行使するため必要があるときについては、権利行使の蓋然性がないといえる場合（抽象的に質問権の行使や株主代表訴訟の提起をするためということを理由とするだけでは、権利行使の蓋然性がないといえる。）や、権利行使に関係のない取締役会議事録の閲覧・謄写を求める場合には、許可の対象とならないというべきであるが、当該権利行使をするか否か、また、申請に係る取締役会議事録が当該権利行使に関係のあるか否かについては、当該取締役会議事録の閲覧・謄写をし、その内容を検討して初めて判明する事柄であるといえる。そのため、株主において取締役会議事録の閲覧・謄写をすることがその権利行使を準備し、又はその権利行使の要否を検討するため必要であると主張した場合において、同項前段所定の権利を行使するため必要があるといえるためには、権利行使の対象となり得、又は権利行使の要否を検討するに値する特定の事実関係が存在し、閲覧・謄写の結果によっては、権利行使をすると想定することができる場合であって、かつ、当該権利行使に関係のない取締役会議事録の閲覧・謄写を求めているということができないときであれば足りると考えられる。」

以上のように判示して、東京地裁は、取締役会議事録の閲覧謄写が権利行使のために必要であるといえるためには、「権利行使の対象となり得、又は権利行使の要否を検討するに値する特定の事実関係が存在し、閲覧・謄写の結果によっては、権利行使をすると想定することができる場合であって、かつ、当該権利行使に関係のない取締役会議事録の閲覧・謄写を求めているということができないときであれば足りる」とする判断基準を示した。

　そのうえで、東京地裁は、Y社がA社のための保証債務の履行およびA社に対する融資にともなう多額の債権を放棄することになるから、Xによる質問権の行使の対象になり得る、かつ、株主代表訴訟を提起すべきか否かを検討するに値する特定の事実関係が存在し、本件申請の趣旨の一項(1)および二項から七項までの取締役会議事録が、当該質問権の行使および当該代表訴訟の提起の要否を検討するのに関係のないものということもできないから、本件申請は、Xが株主総会でA社に関する事項について質問を準備するため、および、株主代表訴訟の提起の要否を検討するために必要であると一応認めることができるとした。

　さらに、第三の備置期間経過後の取締役会議事録の閲覧謄写の許可の可否について、東京地裁は、2001（平成13）年11月改正後商法260条ノ4第6項1号の「前項ノ議事録」は同条5項の10年間本店に備え置かなければならない取締役会議事録を指しているとして、備置期間経過後の取締役会議事録は閲覧謄写の許可の対象にはならないとした。

　第四の権利の濫用および著しい損害を生ずるおそれの有無について、東京地裁は、本件取締役会議事録に「Y社の企業秘密等が含まれているとはうかがわれない」として、その閲覧謄写によりY社に著しい損害を生ずるおそれがあるということはできないとした。

　そのうえで東京地裁は、本件申請にかかるY社の取締役会議事録のうち、取締役会の日から10年を経過したものを除き、本件申請の趣旨の一項(1)および二項から七項までの決定ならびにその審議の経過が記録された部分の閲覧謄写を許可した。

74 第2編 企業組織法 第1章 株式会社の機関

2．その後の裁判例

　以上のように、東京地裁の 2006（平成 18）年の決定は、取締役会議事録の閲覧謄写請求の要件である「株主の権利を行使するため必要があるとき」について、「権利行使の対象となり得、又は権利行使の要否を検討するに値する特定の事実関係が存在し、閲覧・謄写の結果によっては、権利行使をすると想定することができる場合であって、かつ、当該権利行使に関係のない取締役会議事録の閲覧・謄写を求めているということができないときであれば足りる」とする判断基準を示した。

　その後は、取締役会議事録閲覧謄写の許可の申請において株主の権利行使のための必要性の要件は、（少なくとも東京地裁民事第 8 部〔商事部〕においては）うえの判断基準により判断されていると考えられる[16]。

⑴　株式会社佐賀銀行事件

　つぎに公表された佐賀地裁の 2008（平成 20）年 12 月 26 日の決定[17]（金判 1312 号 62 頁）も、同じ判断基準を判示したうえで、権利行使のための必要性の要件を満たしているとした。

　すなわち、その事案では、被申請人である Y 社（佐賀銀行）は、訴外 A 会社の 90％以上の株式を有しているが、A 社につき M&A を行うことが決定され、経営コンサルタントを業とする X に対して、本件 M&A に関する情報提供等を依頼した。その後、本件 M&A については、B 銀行からの情報提供により、C 社が買い手になることが決定されて、本件 M&A は成立した。X は Y 社に

---

(16) 東京地裁民事第 8 部（商事部）の取扱いにおける取締役会議事録閲覧謄写許可申立事件の「決定例」の書式には、つぎの記載がある。「会社法 371 条 3 項、2 項は、株主が、その権利を行使するため必要があるときは、裁判所の許可を得て、取締役会議事録の閲覧又は謄写を請求することができる旨を定めている。そして、『権利を行使するため必要があるとき』というためには、少なくとも、権利行使の対象となり得る、又は権利行使の要否を検討するに値する特定の事実関係が存在し、閲覧謄写の結果によっては権利行使をすると想定できる場合であることを要すると解される。」大竹ほか編・前掲書（注 10）16 頁を参照。

(17) この決定について、後藤元・商事 1872 号（2009 年）11 頁、弥永真夫・ジュリ 1383 号（2009 年）122 頁以下、酒巻俊之・Monthly Report（MJS 税経システム研究所）12 号（2010 年）9 頁以下、矢崎淳司・ビジネス法務 10 巻 2 号（2010 年）114 頁以下、福島洋尚・金判 1339 号（2010 年）20 頁以下、木村真生子・ジュリ 1414 号（2011 年）246 頁以下。

対して、B 銀行が本件 M&A に関与した経緯、事情についての質問を記載した書面を送付し、さらに、X を排除して本件 M&A を成功させた旨、不正競争防止法等にもとづく手続きに訴える前提として書面を送付した旨の記載がある書面を送付した。その後、X は Y 社の株式 1000 株を取得し、本件 M&A に関する取締役会議事録の閲覧謄写の許可を求める申請をした。

佐賀地裁は、株主の権利行使のための必要性の有無について、2006（平成18）年の東京地裁の決定と同様に、「権利行使の対象となり得、又は権利行使の要否を検討するに値する特定事実の関係が存在し、取締役会議事録の閲覧・謄写の結果によっては、権利行使をすると想定することができる場合であって、かつ、当該権利行使に関係のない取締役会議事録の閲覧・謄写を求めているということができないというときであれば、上記必要性の要件を肯定すべきであると解するのが相当である」と判示した。そのうえで、本件 M&A 当時、Y 社の A 社に対する貸付額は相当高額であり、本件 M&A の前に（A 社の側で）特別清算手続きがとられていたという一連の経緯からすると、本件 M&A の成立が Y 社に及ぼす影響は小さくはなく、取締役に対する責任追及等の権利行使の要否を判断するに値する特定の事実関係が存在し、かつ、取締役会議事録の検討の結果によっては、X が取締役に対する責任追及等の権利行使をすることを想定することができると一応認められ、そして、本件申請は、本件 M&A に関する取締役会議事録の謄写の許可を求めるものであり、上記の権利行使の要否を判断するために関係のないものともいえないとして、株主の権利行使のための必要性の要件を満たすとした。また、X は、もっぱら本件 M&A の経緯等に関する情報収集のために本件申請を行なったとみる余地もないではないが、情報収集の目的があるからといって、株主としての権利行使の目的が排斥される関係にはないとした[18]。

ただし、佐賀地裁は、Y 社に著しい損害を及ぼすおそれの有無について、Y 社に対し本件申請の対象になる取締役会議事録の提示を求め（職権探知主義）、職権によりその内容を取り調べた。そして、本件申請の対象になる取締役会議事録には、Y 社の企業秘密である事項および本件 M&A に関係した各社の企業秘密である事項である記載部分が含まれており、それらの記載部分が閲覧謄写されると、X が得られる利益と比較考量しても、Y 社により多大の損害が生

じると認められ、著しい損害を及ぼすおそれがあるとして、佐賀地裁は、本件申請の対象になる取締役会議事録のうちそれらの記載部分を除く部分の謄写を許可した。

そのために、当事者双方が即時抗告しており、抗告審である福岡高裁の2009（平成21）年6月1日の決定[19]（金判1332号54頁）は、本件M&Aに関する質問をY社が拒絶した後にXはY社の株式を取得したという一連のXの行動をみると、Xは株主の地位に仮託して個人的な利益をはかり、本件M&Aをめぐる訴訟の証拠を収集する目的で本件申請をしたと認めるのが相当であり、「そうすると、本件申請は、会社法371条2項にいう『株主の権利を行使するため必要であるとき』という要件を欠くか、或いは権利の濫用に当たるというべきであって、これを許可することはできない」として、Y社の抗告にもとづき原決定を変更し、Xの申請を却下した。

その後に公表された裁判例は、いずれも、株主の権利行使のための必要性の要件について判断基準を示すことなく、事実を指摘して具体的判断を示すものである[20]。

---

(18) 佐賀地裁がそのように、株主の（情報収集という）個人的な利益をはかる目的があっても株主としての権利行使の目的は排斥されないと判示した点については、むしろ双方の目的の主従または軽重を考慮して株主の権利行使のための必要性の要件は判断すべきであると指摘されている（福島・前掲〔注17〕23頁、千手・前掲〔注14〕189頁）。それに対して、双方の目的を量的に衡量すべきでなく、株主権の行使のための必要性の要件は客観的に判断すべきであり、株主に株主権行使に藉口する目的があったか否かは権利濫用の問題として別個に吟味すべきであるとする見解もある（木俣・後掲〔注19〕113頁、木俣・前掲〔注14〕317頁以下）。双方の目的の優劣により株主の権利行使のための必要性の有無が判断されるものではないが、株主としての権利行使の目的が実質的には認められない場合には、株主の権利行使のための必要性が否定されるべきであり、株主としての権利行使の目的が実質的に認められる場合でも権利の濫用が認定できれば、請求はやはり却下されると解される。

(19) この決定について、北川徹・商事1905号（2010年）10頁以下、木村・前掲（注17）、池島真策・法研85巻8号（2012年）23頁以下、木俣由美・商事2011号（2013年）110頁以下。

(20) 本文に掲げる裁判例のほかに、東京地決2009（平成21）年9月25日資料版商事308号294頁〔株式会社NowLoading事件〕は、株主が会社の業績および資金繰りの悪化につき取締役の責任を追及するために取締役会議事録の閲覧謄写の許可を求めた事案について、申立ての趣旨の取締役会議事録のうちの一部については存在することの疎明があるとはいえないとし、申立ての趣旨の他の議事録については、会社が提出した疎明資料がそれらの部分に該当するので、さらに閲覧謄写をすることに株主の権利行使のための必要性は認められないとして、株主の申立てを却下している。

(2) 関西電力株式会社事件

Y 株式会社（関西電力）の約 8.9％の株式を有する地方公共団体である株主 X（大阪市）は、株主提案の内容を検討し、株主総会の場において株主提案の理由を説明し、さらに、事前質問を提出するために必要であるとして、Y 社の取締役会議事録のうち第 85 期から第 89 期事業年度における Y 社が保有する原子力発電の 2011（平成 23）年 3 月 11 日以降の再稼働について協議した部分について閲覧謄写の許可を申請した。大阪地裁の 2013（平成 25）年 6 月 19 日の決定（判時 2214 号 109 頁）は、X は株主の権利を行使するために本件申立てにかかる取締役会議事録を閲覧謄写する必要があるとして株主の権利行使のための必要性を認め、X は取締役会議事録を X が述べる方法以外の方法で利用するとまでは認められず、本件の閲覧謄写により Y 社に著しい損害を及ぼすおそれがあるとは認められないとして、X が求める Y 社の取締役会議事録の閲覧謄写を許可した。

Y 社の抗告による大阪高裁の 2013（平成 25）年 11 月 8 日の決定[21]（判時 2214 号 105 頁）は、まず、第一に、Y 社は公共的性格がつよい電力事業者であり、X は地方公共団体として市民の生命・安全を確保する責務を有しており、X が本件原発関連各事項に関する株主提案、理由説明および事前質問を行なうことが株主の権利行使の必要性にもとづくことは明白であるとし、第二に、X が閲覧謄写を求める議事録は本件原発関連各事項に関連性を有する部分に限定されており、X には株主の権利行使のために本件議事録各部分を閲覧謄写する必要性があり、第三に、X が主張する権利行使のための必要性は十分具体的なものであり、第四に、X が株主として権利行使をする際に地方公共団体の立場からの政策的または行政的配慮をしても、そのことにより株主としての権利行使が否定されるものではなく、第五に、Y 社の取締役会における議論内容がす

---

(21) この決定について、酒巻俊之・Monthly Report（MJS 税経システム研究所）71 号（2014 年）1 頁以下、高橋英治・リマークス 50 号（2015 年）82 頁以下、島田志帆・法研 88 巻 2 号（2015 年）41 頁以下、伊藤雄司・法教 414 号（2015 年）別冊附録 17 頁、木下崇・金判 1462 号（2015 年）2 頁以下、木村真生子・ジュリ 1479 号（2015 年）103 頁以下、山下徹哉・商事 2074 号（2015 年）11 頁以下、野田耕志・ジュリ 1484 号（2015 年）119 頁以下、松元暢子・会社法判例百選〔第 3 版〕（2016 年）221 頁、木原彩夏・商事 2155 号（2018 年）122 頁以下、松元暢子・会社法判例百選〔第 4 版〕（2021 年）219 頁。

でに公表または開示されていても、本件議事録各部分を閲覧謄写する必要性は認められるとして、Xには株主の権利行使のためにY社取締役会の本件議事録各部分を閲覧謄写する必要性が認められるとした。さらに、大阪高裁は、本件議事録各部分をXが目的外使用するとは認められず、本件議事録各部分をXが公表することによりY社に著しい損害を及ぼすおそれがあるとは認められないとして、Y社による抗告を棄却した。

(3) メック株式会社事件

Y株式会社（メック）は、2016（平成28）年6月21日に監査役会設置会社から監査等委員会設置会社に移行した。Y社の元役職員であり合計して約0.6％のY社株式をもつXら5名の株主は、Y社が2019（令和1）年5月に発刊した社史に誤りがあり、Y社の次期株主総会において、定款の変更および社史の客観的歴史的適合性の担保を議案とする株主提案をすることを検討しており、そのためには本件社史を発刊した決定過程を把握する必要があるとして、Y社の取締役会議事録のうち本件社史について協議または監督した部分、ならびに、Y社の監査役会および監査等委員会の議事録のうち本件社史について監査協議または監督した部分の閲覧謄写の許可の申立てをした。

神戸地裁尼崎支部の2021（令和3）年1月13日の決定（金判1627号33頁）は、本件社史に誤った記載または妥当性を欠く記載があるとY社の取引先および社会に対する信頼を害することがないとはいえないので、本件各申立てがXらの株主の地位を離れた個人的利益の追求のみを目的としてなされたということはできないとして、株主の権利行使のための必要性の要件は充足しているとした。また、本件社史は約1年10か月間の歳月をかけて相当の労力を要して作成されており、Y社の取締役が編集委員長を務めているので、Y社の取締役会ならびに監査役会および監査等委員会の議事録に本件社史について協議または監督した部分があるという疎明はあるとして、Y社の2016（平成28）年1月1日から2020（令和2）年11月30日までの取締役会議事録のうち本件社史について協議または監督した部分、ならびに、2016（平成28）年1月1日から同年6月21日までの監査役会議事録および同日から2020（令和2）年11月30日までの監査等委員会議事録のうち本件社史について監査協議または監督した部

分のXらによる閲覧謄写を許可した。

Y社の即時抗告による大阪高裁の2021（令和3）年5月28日の決定[22]（金判1627号28頁）は、原決定の後にY社が2021（令和3）年3月24日に開催した定時株主総会においてXらが提案した議案が反対多数で否決されたという事実を認定した。そして、大阪高裁は、Xらが定款変更を株主提案するにあたり取締役会等の議事録の閲覧謄写までを必要とする理由は具体的に明らかではなく、2021（令和3）年3月の株主総会においてXらが取締役会等の議事録部分の閲覧謄写を経ることなく必要と考える定款変更の株主提案を現にしていることを考慮すると、本件申立てにかかる取締役会等の議事録部分の閲覧謄写が株主の権利行使のために必要であるという疎明があるとは認められないとした。さらに、社外取締役が過半数を占めるY社の取締役会において本件社史について協議または監督した可能性は高いとはいえず、監査役会および監査等委員会が本件社史について監査協議または監督することは想定し難いとしたほかに、Y社は裁判所限りで議事録を閲覧に供する用意があるとの態度を示すなどして本件申立てにかかる議事録部分は存在しないと強く主張していることも考慮すると、本件申立てにかかる議事録部分が存在することの疎明があるとは認められないとして、原決定を取り消してXらの申立てを却下した。

以上のように、原決定の後に、取締役会等の議事録の閲覧謄写を経ることなくXらが必要と考える定款変更の株主提案をY社の株主総会において現に行なったこと、および、Y社が裁判所限りで議事録を閲覧に供する用意があるという態度を示したことが、大阪高裁が原決定とは反対にXらの申立てを却下したことに大きく作用したと推測される。

3．業務監査機関の設置がない取締役会設置会社の場合

取締役会議事録の閲覧謄写を株主が直接に会社に請求する事案にかかわる公表された裁判例は、東京地裁の2010（平成22）年12月3月の判決（判タ1373

---

(22) この決定について、高橋均・ジュリ1574号（2022年）115頁以下、仲卓真・商事2302号（2022年）93頁以下、石毛和夫・銀法892号（2022年）70頁、同・銀法896号（2023年）100頁、坂東洋行・リマークス67号（2023年）98頁以下。

号 231 頁）［株式会社 Y ビルド事件］のみである。

　その 2010（平成 22）年の東京地裁の判決の事案では、取締役会設置会社であり公開会社でない Y 株式会社は、旧商法特例法 1 条の 2 第 2 項に規定する小会社に該当し、その定款には監査役の権限を会計監査に限定する定め（会 389 条 1 項）があるものとみなされていた（整備法 53 条）。

　X は、1996（平成 8）年の Y 社設立時に Y 社株式（本件株式）を取得した。その後、Y 社は、「X は平成 11 年 11 月末ころに本件株式を Y 社に譲渡した」として、X の株主権を認めない態度をとるようになった。そこで、X は、X が本件株式を有することの確認を求める訴えを提起し、X が本件株式を有することを確認する第一審判決が、2009（平成 21）年 7 月 16 日に Y 社の控訴を控訴審判決が棄却したことにより確定した。その後、X は Y 社に対し、株主名簿、計算書類、株主総会議事録および取締役会議事録の閲覧謄写（または謄本交付）を請求したのであるが、Y 社がこれに応じなかったため、Y 社の株主名簿、平成 12 年度から平成 21 年度までの間に開催された株主総会および取締役会の議事録の閲覧謄写、平成 16 年度から平成 20 年度までの計算書類の閲覧および謄本交付、慰謝料の支払いを請求する訴えを提起した。東京地裁は、X の請求を（慰謝料を減額したほかは）すべて認容しており、取締役会議事録の閲覧謄写請求についてつぎの判示をした。

　　「前記……の事実によれば、X は、約 10 年間もの長期にわたって株主たる地位自体を否定され、株主たる地位に基づいて会社に関する情報提供を受ける機会そのものが実質的に与えられてこなかったものであり、このような特殊な経緯を踏まえれば、本件における X の取締役会議事録閲覧謄写請求については、その必要性又は相当性を否定すべき特段の事情のない限り、『その権利を行使するため必要がある』（会社法 371 条 2 項）というべきである。
　　Y 社は、X の上記請求について、Y 社等に言いがかりをつけて本件株式を高値で買い取らせようという不当な目的の下、会社を困惑させて業務を妨害するような悪質な態様で行われている旨主張するが、本件全証拠によってもそのような事実は認めるに足りない。平成 12 年度から平成 21 年度までの間に開催された Y 社の取締役会の議事録について、重要な営業秘密が記載されているなど、その閲覧謄写によって Y 社に具体的な不利益を生じるおそれがある旨の主張立証もない。その他、上記特段の事情を認めるに足りる証拠はない。」

　以上のように、東京地裁の 2010（平成 22）年の判決は、X は約 10 年間にわ

たり株主の地位を否定されてきたという「特殊な経緯」を前提にしてはいるが、Xの取締役会議事録閲覧謄写の請求は、その必要性または相当性を否定すべき特段の事情のないかぎり株主の権利行使のための必要性はあると判示しており、(Ⅱ.の1.⑴にみた) 1981 (昭和56) 年の改正の当時の多数説が主張したように、株主の権利行使のための必要性の要件を、必要性または相当性がない請求を排除するという消極的 (ネガティブ) な要件として扱っている。

そのような「特殊な経緯」がない場合に裁判所がどのように判示するのかは、今後の裁判例の公表をまつほかない。業務監査機関の設置がない取締役会設置会社の株主は、その権利行使のための必要性があれば直接に会社に対して取締役会議事録の閲覧謄写を請求できる立場にある。それにもかかわらず、会社がその請求を拒むために株主が訴えを提起する訴訟事件の手続きにおいて、株主の権利行使のための必要性の要件は、より柔軟に解釈される余地があることをこの東京地裁の 2010 (平成22) 年の判決は示唆しているとみることもできる。

Ⅳ. おわりに

株主は、「その権利を行使するため必要があるとき」(会371条2項) に、取締役会議事録の閲覧謄写を請求することができる。

ただし、株主は、取締役会議事録を閲覧してはじめて権利行使をするか否かを判断できることがある。そのために、この株主の権利行使のための必要性の要件において、権利行使の具体的な内容の証明 (疎明) まで要求することはできない。しかし、漠然とした権利行使 (抽象的な質問権の行使、株主代表訴訟の提起など) の主張で足りるとすれば、結局は、閲覧謄写の請求は株主の意向にもっぱらゆだねられてしまう。

そこで、取締役会議事録の閲覧謄写を請求するための事前の許可申立ての非訟事件手続きにおいて (Ⅲ.の1.にみた) 東京地裁の 2006 (平成18) 年の決定は、「権利行使の対象となり得、又は権利行使の要否を検討するに値する特定の事実関係が存在し、閲覧・謄写の結果によっては、権利行使をすると想定す

ることができる場合であって、かつ、当該権利行使に関係のない取締役会議事録の閲覧・謄写を求めているということができないときであれば足りる」とするこの要件の判断基準を示している。その後は、許可申立ての非訟事件手続きにおいて株主の権利行使のための必要性の要件は、およそこの判断基準にしたがい判断されていると考えられる。

それに対して、業務監査機関の設置がない取締役会設置会社の株主は、その権利行使のための必要性があれば、事前に裁判所の許可を得ることなく直接に会社に対して取締役会議事録の閲覧謄写を請求できる立場にある。それにもかかわらず、会社がその請求を拒む場合に、株主が訴えを提起する訴訟事件の手続きにおいて、その株主の請求が、株主の権利行使のための必要性の要件を満たすものかどうかを裁判所は判断することになる。

そうした訴訟事件の手続きにおいて、(Ⅲ. の3. にみた)東京地裁の2010（平成22）年の判決は、その事案における「特殊な経緯」を前提にしてはいるが、株主の権利行使のための必要性の要件を、「その必要性又は相当性を否定すべき特段の事情」がある閲覧謄写請求を排除するという消極的な要件として扱っている。業務監査機関の設置がない取締役会設置会社の株主による閲覧謄写請求の場合には、株主の権利行使のための必要性の要件は、訴訟事件の手続きにおいてより柔軟に解釈される余地があることをこの判決は示唆しているとみることもできる。

取締役が負う責任の範囲の明確化
——近時の裁判例の分析・検討を中心に——

野　上　誠　一

Ⅰ．はじめに

　私は、大学3・4年生のときに福原紀彦先生のゼミ生であった。「福原ゼミ」は大人気のゼミであり、ゼミでの発表、夏合宿などたくさんの思い出がある。裁判官・弁護士・裁判所書記官等になったゼミ生とは今でもつながりがあり、そのような関係性を持つことができているのも先生のお陰である。私が先生のゼミ生であった時間はかけがえのないものであり、感謝の念に堪えない。

　ところで、私は、数年前に滝澤孝臣弁護士監修の下『判例法理から読み解く裁判実務　取締役の責任』第一法規、2022年（以下「拙著」という。）を執筆・出版し、取締役の責任全般について分析・検討することができた。しかし、文献という性質上、掘り下げて論じることができなかった点もあったほか、出版後に公開されている裁判例だけでも、注目すべきものが少なくない。そこで、近時の裁判例を中心に分析・検討しつつ、取締役が負う責任の範囲をより明確にすることを試みてみたい。

　なお、本稿では、会社法の規定については法律名を記載していない。

Ⅱ．取締役が負う責任の範囲明確化の必要性

1．検討の視点

　取締役は会社経営に携わる立場にあり、会社経営に当たっては、ときに機動的かつ迅速な判断・行動が求められることがある。その際に、責任追及を懸念

84 第2編 企業組織法 第1章 株式会社の機関

するあまり、機動的かつ迅速な判断・行動が妨げられることがあってはならない。これは責任発生の有無・範囲について予測可能性がなければならず、後知恵によって取締役に責任を負わせることがあってはならないという意味でもあり、いわゆる経営判断の原則との関係で指摘されることが多い。

他方で、取締役はときに、その行為（不作為を含む。）によって、会社又は第三者に損害を被らせてしまうことがあり、その際には、会社又は第三者が取締役に対して責任追及することが考えられる（423条1項、429条1項等[1]）。その際に、取締役の責任が成立するにもかかわらず、責任の成否・範囲が不明確であることを理由に、会社又は第三者による責任追及が躊躇われることがあってはならない。取締役が法令を遵守し（355条）、会社が社会にとって有益な存在であるためには、問題のある取締役の責任は追及される必要があり、将来的な違法行為ないし任務懈怠行為の防止という観点からも、責任の所在を明確にする必要がある。

2. 責任の成立要件の検討の重要性

取締役が負う責任の範囲を画するに当たっては、条文に規定されている責任の成立（発生）要件の解釈とそれへのあてはめが重要である[2]。取締役の責任を認める場合には、責任の成立要件をすべて満たす必要があるのは当然であるが、その前提として、責任を負う主体である取締役のいかなる「行為」（不作為を含む。）について責任が問われるのかも明確にされる必要がある。これは責任を追及する者が主張として明示すべきであり、これがあいまいなまま取締役の責任が認められることがあってはならない。

以下では、法的に取締役が負う可能性のある責任ごとに分けて、責任の範囲について分析・検討していきたい。

---

(1) なお、損害を被ったのが第三者である場合には、取締役の行為の責任を会社に対して追及するということも考えられる（350条、民709条等）。

(2) 裁判実務上は、要件を基礎付ける具体的な事実の有無・内容が争われることが多く、証拠等によってどこまで事実を証明（認定）できるかも重要である。

Ⅲ．取締役の不法行為責任

1．責任の成立要件

　429条1項の責任は、不法行為責任（民709条）とは別の、第三者保護の立場から取締役の責任を加重するため特に認められた責任（法定責任）と位置付けられるのが一般的であるが[3]、そうであるならば、まず取締役の不法行為責任の範囲が明確にされる必要がある。また、会社に対して350条の責任や民法の使用者責任が追及される事例においては、（代表）取締役が不法行為責任を負うことが責任の成立要件となるから、その範囲を明確にすることは上記各責任の範囲を明確にすることにもつながる。

　不法行為責任との関係でも、（代表）取締役のいかなる行為について不法行為の成立が問題となるのかが明らかにされる必要があるし、その行為との関係で違法性や故意・過失があるのか等が問題となる。そして、責任の対象行為については、後述する429条1項に基づく責任との対比が重要である。会社に対する任務懈怠行為の有無が問題となる同項と異なり、不法行為責任との関係では、（会社の行為とは別の）取締役の被害者に対する違法行為の有無が問題となることを意識することが重要である[4]。

　また、不作為の不法行為について違法性を認めるためには、不法行為法上の作為義務（取締役の被害者に対する義務）に違反したと認められる必要がある。

　以下、近時の裁判例を分析・検討する。

2．近時の裁判例の分析・検討

⑴　取締役の不法行為責任を肯定した裁判例

　近時、（代表）取締役の不法行為責任を認めた裁判例が相当数みられ、例え

---

[3]　最大判昭和44年11月26日民集23巻11号2150頁。
[4]　近時は取締役が直接的な行為をしなくても、共同不法行為や幇助の責任（民719条）が追及されることもある。

ば、代表取締役によるパワハラや過労死につき不法行為責任を認めた事例（福岡地判令和4年3月1日判タ1506号165頁、大阪地判令和2年2月21日判タ1472号173頁）、会社による無効な解雇につき代表取締役の不法行為責任を認めた事例（札幌高判令和3年4月28日労判1254号28頁）等がある。

また、福岡高判令和4年12月27日判タ1510号208頁は、代表取締役が退任取締役に対する役員退職慰労金支給決議案を株主総会に付議しなかったことが不法行為に当たるとして、退任取締役による損害賠償請求を認容した。代表取締役の任務懈怠にとどまらず、不法行為の成立が認められている点が特徴的である。

(2) 取締役の不法行為責任を否定した裁判例

無資力となった法人の代表者について詐欺の不法行為の成立が認められなかった事例（大阪地判令和3年8月24日判タ1503号130頁）や、外国為替証拠金取引の自動売買プログラムのソフトウェアの売却に当たって他の代表取締役（不法行為責任が肯定されている。）による説明内容を認識していなかった代表取締役の不法行為責任が否定された事例（新潟地判令和5年4月27日金判1680号26頁）等がある。また、最判令和6年7月8日民集78巻3号839頁は、代表取締役を退任した者が現在の代表取締役に対し、株主総会から退職慰労金について決定することの委任を受けた取締役会で委任の範囲を超える減額をする旨の決議がされたなどと主張して、不法行為に基づく損害賠償を請求した事例である。判決では、内規の定める基準額から大幅に減額する旨の決議に裁量権の範囲の逸脱又はその濫用があるとはいえないと判断されたが、その前提として、内規の内容等を踏まえ、取締役会は判断に当たり広い裁量権を有すると判示されている点が注目される。

(3) 分析・検討

上記(1)の各裁判例は、代表取締役の被害者に対する具体的行為を認定し、それについて違法性や故意・過失を認めたものと理解できる。裁判実務では、ときに会社の行為との区別がされないまま取締役個人の不法行為責任が追及されることもあるが、会社の違法行為に関与（加担）していない取締役が不法行

為責任を負うかは慎重に検討する必要があり(5)、取締役ごとにいかなる行為を問題にするのか明確にされる必要がある。

　また、上で触れた裁判例の中には会社と代表取締役との共同不法行為責任が認められたものが含まれている。会社が固有の不法行為責任を負う場合も(6)、会社の行為と取締役の行為とは併存し得るから、当然に取締役の個人責任が否定されるべきではない。確かに、これを広く認め過ぎると、取締役の経営判断についての萎縮効果が懸念されるところであり（429条1項の存在意義も不明確になってしまう。）、取締役の行為は内部的なものにすぎないなどとして取締役の被害者に向けられた行為の存在を否定することも考えられるが、常にそのようにいうことはできず、個別具体的な事実関係を踏まえ、取締役個人の被害者に向けられた行為（不作為については作為義務）の有無・内容を検討していくべきである。

　これに関しては、（代表）取締役の責任を介在させなくても会社の責任を認める余地があるかという観点からの検討も必要であり、350条の責任については困難と考えられるが（拙著473頁）、法人固有の不法行為責任については、学説上「組織（的）過失」をめぐる議論がされており、注目される。

Ⅳ．取締役の第三者に対する責任（429条1項）

1．責任の成立要件

　429条1項は、①取締役が会社に対する任務を懈怠し、②任務懈怠について悪意又は重大な過失があった場合に、③任務懈怠行為によって第三者に生じた損害の賠償責任を定めたものと解されるのが一般的である（法定責任説)(7)。

---

(5)　このような取締役も会社法上、監視・監督義務違反や内部統制システム構築・運用義務違反の責任を負う余地があるが、これらについて直ちに不法行為が成立するわけではない。

(6)　そもそも会社が固有の不法行為責任を負うか、負うとしてそれはどのような場合かについては議論がある（拙著524頁）。

(7)　前掲（注3）最大判昭和44年11月26日参照。

88　第2編　企業組織法　第1章　株式会社の機関

このうち①の任務懈怠としては、個別法令[8]の違反、定款・株主総会決議違反、一般の善管注意義務[9]（忠実義務）違反が問題となる。そして、二元説（最判平成12年7月7日民集54巻6号1767頁等。拙著56頁参照）を前提にすると、個別法令違反や定款・株主総会決議違反の場合には、直ちに任務懈怠が基礎付けられる（善管注意義務に違反したかの検討は要しない）し[10]、いわゆる経営判断の原則は適用されないと解すべきであるから（拙著70頁参照）、どの類型の任務懈怠に該当するかを意識することが重要である[11]。

そして、①の要件は423条1項の責任との関係でも問題となり、429条1項の責任と共通する事項については、両者の整合性を意識しつつ、議論・整理される必要がある。

以下、近時の裁判例を分析・検討する（必要に応じ423条1項の責任に関する裁判例にも触れる。）。

2．近時の裁判例の分析・検討

(1)　個別法令違反

前述の二元説によれば、取締役が自ら個別法令の違反行為に関与した場合、直ちに任務懈怠が認められる。取締役が自ら当該行為に関与したかどうかは事実認定の問題であるが、裁判例では、「法令」の意義（前掲最判平成12年7月7日、拙著62頁以下参照）が完全に明確になっていないこともあって、法令違反による任務懈怠を認めたのかが判然としないことも少なくない。

例えば、名古屋高金沢支判令和5年2月22日労判1294号39頁は、解散し

---

(8)　330条によって準用される民644条や、355条のうち忠実義務を規定する部分も「法令」に含まれるところ、これらを除く意味で「個別」という言葉を付している。

(9)　個別法令違反や定款・株主総会決議違反も善管注意義務違反に当たるところ、これらを除く意味で「一般の」という言葉を付している。

(10)　東京地方裁判所民事第8部（商事部）作成の会社訴訟チェックリスト（特に、「取締役の任務懈怠責任に関するフローチャートの説明と訴状等の参考書式」）参照。

(11)　訴訟事件において、これが不明確なまま主張・立証がされ、判決文においてもこれが明確にされていないことが少なくない。しかし、どの類型の任務懈怠に該当するかによって攻撃防御や判断枠組みが異なってくるから、本文で述べた点を明確にする必要がある。なお、個別法令違反に該当しなくても、一般の善管注意義務違反の責任が問われる事例があることにも留意が必要である。

た会社の代表取締役に対して残業代相当額等の損害賠償が請求され、代表取締役が従業員を管理監督者と扱って残業代を支払わないことを決めた後の時期については(12)、事実関係を踏まえ任務懈怠を肯定したところ、これは労働基準法37条という個別法令の違反に取締役が関与した事例とみる余地がある（社会保険労務士への相談のことを任務懈怠との関係で検討していないから、いわゆる経営判断の原則を適用していないと思われる。）。

　また、後記(3)以下で触れる裁判例の中にも個別法令違反の事例と位置付ける余地があるものが含まれていないか検討を要する。例えば、民法の不法行為や債務不履行に関する規定を「個別法令」に含めて考えると、取締役が会社の不法行為・債務不履行に関与したと認められれば、取締役による個別法令違反があったとみる余地がある(13)（拙著63頁。ただし、後述するように、別途、悪意・重大な過失の有無も問題となり得る。また、423条1項の責任との整合性にも留意が必要であり、同項では帰責性〔故意・過失〕の不存在が抗弁であるから、広く任務懈怠を認める結果となることは避ける必要があり、どのような事実関係があれば、上記「関与」が認められるか検討を要する。）。

(2)　定款・株主総会決議違反

　前掲最判令和6年7月8日では、取締役会における退任取締役の退職慰労金に関する判断が株主総会の委任の趣旨に照らして不合理であるかが問題とされた。同様のことは429条1項の責任との関係でも問題とされるが、株主総会決議そのものに違反したと評価できないのであれば、一般の善管注意義務違反の

---

(12) これ以前の時期については、給料の計算を社会保険労務士が行い、その確認を別の従業員がしていたこと等が認定されており、いわゆる信頼の原則を適用したようにもみえるが、代表取締役が法令の遵守に関し特段の確認・指示をしていなかったことを理由に任務懈怠を認めた裁判例もある（宇都宮地判令和2年6月5日労判1253号138頁）。

(13) 後記(3)で触れる大阪地判令和3年9月28日は、「経営判断」という文言を用いていることから個別法令違反の事例とはみていないと思われ、特許権侵害の判断の困難性を考慮すると理解し得る。もっとも、取締役の関与の度合い等によっては、取締役が会社の知的財産権侵害行為に関与したとして、個別法令違反の任務懈怠を認めた上で、悪意・重大な過失の有無を検討していく余地もある（知財高判令和元年5月30日平成30年（ネ）第10081・10091号等）。

　　また、大阪地判令和3年7月16日判タ1504号201頁は、事実関係を踏まえると、代表取締役が会社の債務不履行に関与した事例とみる余地がある。

90 第2編 企業組織法 第1章 株式会社の機関

問題として整理することになる。そのように整理した場合にはいわゆる経営判断の原則の適用の有無が問題となるが、本来は株主総会の権限であることから、その適用の有無は慎重に検討する必要があり、株主総会による委任の趣旨や内規の解釈から裁量権を導くことも可能と考えられる。仮に同原則が適用されるとしても、株主総会による委任の趣旨等に照らして取締役（会）の裁量の範囲が狭いものとされるべき事例も想定される[14]。

(3) 一般の善管注意義務違反

最近は取締役の義務の具体的内容を判示する裁判例が多く、取締役の責任の範囲明確化という観点から望ましいことである。例えば、東京高判令和4年3月10日判時2543・2544合併号75頁は、従業員の労働時間や労働内容の把握と是正に関する義務の内容を明示した。大阪地判令和3年9月28日令和元年（ワ）第5444号は、自社の行為が第三者の特許権侵害となる可能性のあることを指摘された取締役としてすべき経営判断について、対応方法がいくつかあることを具体的に明示した。なお、東京地判令和4年7月13日判時2580・2581合併号5頁（以下「東京電力東京地裁判決」という。）は、原発を設置・運営する電力会社の取締役が負う義務について、取締役ごとに義務の具体的内容を明示した。

また、取締役の善管注意義務の内容・程度は、会社の業務（業種）や規模によって異なり得るところ[15]、会社の経営悪化時に取締役がどのような義務を負うかが別途問題となる（拙著83頁）。東京高判令和3年11月18日金判1643号6頁は、倒産の現実的危険性のあった会社の株主であった者が代表取締役に対して責任追及した事例で、代表取締役は会社を自主再建することを優先すべきであって、これに反してまで株主の利益を最大化するよう配慮し、行動すべき義務を負わないと判示した。判決では、株主の利益最大化の要請は会社再建の要請に必然的に劣後せざるを得ないと判示されているが、債権者等の一般の

---

(14) 本文で触れた最高裁判決は取締役会が広い裁量権を有する旨判示するが、その前提として、内規の内容・趣旨、減額に当たっての考慮要素が取締役会の判断に適していること等に触れており、事例判断である点に注意を要する。

(15) 最判平成21年11月9日刑集63巻9号1117頁。

第三者との関係では別の考慮を要するし、この事例では代表取締役と株主との間に実質的な利益相反関係はない旨判断されているから、株主との関係で上記判示をどれだけ一般化してよいかも慎重に検討する必要がある。

さらに、429条1項の責任にもいわゆる経営判断の原則は適用されると解され（拙著88頁）、これについては後記（Ⅴ.）で触れる。

(4) 取締役の悪意・重大な過失

取締役に任務懈怠が認められても、悪意・重大な過失があったかが争われることが少なくない。取締役の第三者に対する責任を合理的な範囲にとどめるという観点から重要な要件であり、「重大な過失」の意義と判断枠組みについてさらに精緻な議論が望まれる（拙著228頁参照）。

裁判実務の判決文では任務懈怠の要件と分けることなく判断されることもあるが、近時はこれを明確に分けて判断する判決も増えており、望ましいことといえる。一例を挙げると、東京高判令和3年1月21日判時2505号74頁は、任務懈怠と過失の存在を認めた後に、過失の重大性について判断しており、分かりやすい。前掲名古屋高金沢支判令和5年2月22日は、当事者の主張を任務懈怠において考慮すべきものと、悪意又は重大な過失の有無において考慮すべきものとに分けて判断しており、要件との関係を意識した主張整理の重要性を認識させられる。

また、上述したように、会社の不法行為や債務不履行に関与した取締役の個別法令違反を認める場合には、取締役の責任が過大なものとならないように、会社を当事者とする事件で判決や仮処分決定等が出される前の時期から取締役に重大な過失があったといえるか、個別具体的な事実関係を踏まえた判断が必要となる。

例えば、前掲大阪地判令和3年9月28日は会社の特許権侵害の不法行為に関し重大な過失を認めたところ、判決文では特許権侵害の判断がときに困難なことを踏まえ、具体的な事実関係を踏まえ慎重に検討を加えたことがうかがわれる。また、前掲名古屋高金沢支判令和5年2月22日は、社会保険労務士に相談していたにもかかわらず重大な過失が認められたが、判決文では理由として、管理監督者とはどのような立場のものか、従業員の業務が管理監督者にふ

さわしいかについては相談していなかったことが指摘されており、単に専門家に相談すれば重大な過失が否定されるわけではないこと[16]に留意が必要である。

(5) 名目的取締役の任務懈怠責任

商法下の裁判例では、名目的（代表）取締役であることが責任（悪意・重大な過失、相当因果関係等）を否定する理由とされることがあったが、機関構成の自由度が増大した会社法の下では、名目的取締役について再び厳しい判断がされる可能性も否定できないと指摘されていた。拙著174・237・254頁等ではより進んで、名目的取締役であることは、基本的に悪意又は重大な過失による任務懈怠（監視・監督義務違反等）を基礎付け、特段の事情のない限り、相当因果関係を否定する理由にもならないと解すべきことを指摘した。

前掲東京高判令和4年3月10日は、レストランの料理長が過重労働により死亡した事例で、代表取締役であった者を名目的な代表取締役であったと認定しつつ、代表取締役が従業員の労働時間等を把握していなかったことは、任務懈怠に係る悪意又は重大な過失を否定する事由とはならず、かえって、これを基礎付ける事情になると判示し、第三者の損害との相当因果関係も認めた。

なお、札幌地判令和3年3月25日金判1622号33頁は、特定目的会社（SPC）が資産の流動化のための器として設立されるペーパーカンパニーであり、その取締役は実質的な業務執行を期待されているわけではないのが実態であるとして、実質的に管理・経営する会社が虚偽情報の提供を行っていることを認識し、又は容易に認識できた場合に限り善管注意義務違反が認められると判示した。確かに、特定目的会社の性質上、設立経緯や取締役の選任状況等を踏まえて任務懈怠の有無を判断する必要はあるが[17]、これを超えて上記のような一般的判示まで必要であったのか、さらに、代表取締役が一般的に軽い義務を負うとすることの当否、任務懈怠との関係で「容易に」認識できた場合に限るこ

---

(16) 任務懈怠との関係で問題とされるいわゆる信頼の原則においても同じことがいえる（拙著108頁）。

(17) 大阪地判平成18年5月30日判タ1250号325頁参照。

との当否につき慎重に検討する必要がある（容易に認識できたかを問題とするのであれば重大な過失を否定するのが自然である。）。

(6) 第三者の損害、相当因果関係等

裁判実務上、相当因果関係のある損害を立証することはときに困難を伴うが、前掲大阪地判令和 3 年 9 月 28 日は、取締役に対し、会社を被告とする訴訟で認定された特許法 102 条 2 項に基づき算定された損害額と同額の損害賠償を命じた。従来から知的財産権関係訴訟では同様の判断がされてきたが、この損害が直接損害か間接損害かなどさらなる議論が期待される。

また、最近では第三者の慰謝料や弁護士費用を任務懈怠による損害と認める裁判例が多く（なお、前掲大阪地判令和 3 年 7 月 16 日は取締役に対する請求につき弁護士費用相当額の賠償を認めていないが疑問がある。）、さらに遺族（近親者）固有の慰謝料請求の余地も指摘されている（前掲東京高判令和 3 年 1 月 21 日。福島地いわき支判令和 3 年 3 月 30 日平成 31 年（ワ）第 30 号はこれを肯定する。）。

取締役の責任の範囲に関しては過失相殺等の対抗主張（抗弁）の可否も重要な問題であり、429 条 1 項の責任追及の事例では過失相殺がされることも珍しいことではない。

V. 取締役の会社に対する責任（423 条 1 項）

1. 責任の成立要件

423 条 1 項は、①取締役が会社に対する任務を懈怠した場合に、②任務懈怠行為によって会社に生じた損害の賠償責任を定めたものであり、民法の債務不履行責任の特則と解されるのが一般的である。

このうち①の任務懈怠の内容は 429 条 1 項の責任と同じであるが、責任追及者が異なることに伴い、問題とされる任務懈怠の内容が異なり得る。また、同項と異なり、取締役に帰責性（故意・過失）がないことが抗弁となる（前掲最判平成 12 年 7 月 7 日等。なお、428 条 1 項参照）。さらに、第三者の保護という 429 条 1 項の趣旨は妥当せず、423 条 1 項の責任については（多数派）株主の意思

94　第2編　企業組織法　第1章　株式会社の機関

が反映された解釈がされることもあるが（拙著 309 頁）、429 条 1 項の責任における解釈との整合性に留意が必要である。

　以下、近時の裁判例を分析・検討する。

2．近時の裁判例の分析・検討

(1)　423 条 1 項の適用範囲

　東京地判令和 4 年 7 月 14 日金判 1659 号 20 頁は、会社の取締役会長を辞任した後も積極的に会社において内部的な行為をした事実上の取締役（主宰者）が、423 条 1 項の類推適用に基づき責任を負うことを認めた。事実上の取締役につき会社法の規定を類推適用することについて、429 条 1 項の責任との関係では肯定的な議論がある一方で（拙著 32 頁）、423 条 1 項の責任との関係では否定されることが多かった（拙著 295 頁）。同族会社や中小企業を中心に、取締役でないオーナーに問題があることによって会社が損害を被る事例もみられることから、事実上の取締役に対する責任追及の余地を認めることには意味があり[18]、どのような者を「事実上の取締役」と認定するかを含め、今後の議論が注目される。

　これに関し、東京地判令和 5 年 3 月 27 日令和元年（ワ）第 29025 号は、責任追及されている者が取締役に適法に選任された事実は認められないとしつつ、訴訟に至るまでの経緯を踏まえ、訴訟で取締役であった事実を否定することは信義則に反するとして、423 条 1 項の適用を認めた。同項の責任との関係でも実態に即した判断をしようとする積極的な姿勢がうかがわれる。

(2)　個別法令違反、定款・株主総会決議違反

　上述したとおり、これらについては直ちに任務懈怠が認められるが、一般の善管注意義務違反の事例との区別が問題となることがある。例えば、大阪地判令和 6 年 1 月 26 日金判 1697 号 21 頁は、法令等で備えるべき品質や性能等が

---

[18]　検討に当たっては株主の利益も考慮する必要があり、仮に株主が 429 条 1 項に基づき間接損害の賠償請求ができないと考える場合には（拙著 45 頁参照）、会社による責任追及の余地を認めるのが合理的と思われる。

定められている製品の出荷停止に係る任務懈怠が問題とされたが、判決文では法令等に反する製品を販売することは許されないとしつつ、製品出荷の可否の判断は一般的には経営判断の問題であることにも触れられ、取締役の判断の実情や各取締役の地位・担当職務等を踏まえつつ任務懈怠の有無が判断された。判決文をみる限り、一般の善管注意義務違反の事例と位置付けたように思われるが、取締役の当時の認識ないし評価に至る過程が合理的なものである場合には、かかる認識ないし評価を前提に判断の当否について検討すべきとする一方で、いわゆる経営判断の原則をストレートに適用したものではないように見える。本件は建物の安全性に関わる法令の違反が問題となり、第三者の生命・身体等に危険が及び得る事例であったところ、そのような事例における判断の在り方についてさらなる議論が期待される。

　また、東京高判令和4年7月13日判タ1507号103頁は、利益相反取引に関与した取締役の責任が追及された事例であり、個別法令違反の事例に属する。

　さらに、前掲東京地判令和4年7月14日は、役員報酬の支払が会社法の定める分配可能額規制を実質的に潜脱するなどとして事実上の取締役の責任を認めた。この事例では株主総会決議がされていたが、分配可能額の存在を仮装して経理がされていたことを踏まえて上記判断がされたものであり、実質的に必要な決議がないとみれば、個別法令違反の事例に当たる（到底経営判断といえるものでもない。）。

　なお、東京電力東京地裁判決では、任務懈怠の内容として法令違反に係る主張と善管注意義務違反に係る主張がされていたが、審理の経過に鑑み、後者を中心に判断された[19]。両者の違いを意識して主張（整理）がされたことは望ましいことである。

(3)　一般の善管注意義務の内容・程度

　東京高判令和4年9月15日金判1673号26頁は、弁護士であり税理士登録

---

(19)　個別法令違反はときに刑事事件や行政処分にもつながり得るから、争いが熾烈なものとなる可能性がある。そのため、裁判実務では、迅速な審理という観点から、一般の善管注意義務違反の余地がある事例では、これを中心に主張（整理）していくということも考えられる。

もしている取締役による企業買収のための株式購入・貸付けに係る判断につき、高度の善管注意義務を負っていたと判断しつつ義務違反を認めた。この判決は、当該取締役を業務執行取締役と認定しており（社外取締役であるとの主張が排斥された。）、就任の経緯も踏まえ高度の義務を課したものと評価でき、弁護士・税理士というだけで重い義務を課したものではない。

また、前掲大阪地判令和 6 年 1 月 26 日は、製品の出荷停止に係る任務懈怠責任を負わない取締役も、国土交通省への報告や一般への公表に係る具体的な注意義務を負うとして、これにつき任務懈怠があったことによって信用が毀損された会社に対する損害賠償責任を認めた。これは、大阪高判平成 18 年 6 月 9 日判タ 1214 号 115 頁と同じく、会社が法令違反をし、第三者の生命・身体等に危険が及び得る事例であったことを踏まえたものと思われる。

(4) いわゆる経営判断の原則の適用範囲、取締役の裁量の範囲

同原則との関係では、「経営判断」の意義や、問題とされている取締役の判断が真に「経営判断」なのかを意識すべきであり、東京地判令和 5 年 3 月 28 日金判 1679 号 2 頁は、会計上の見積りに関する判断について同原則は適用されないと判示した（個別法令違反の事例と位置付ける余地もある。）。

前掲最判令和 6 年 7 月 8 日との関係でも触れ、内部統制システム構築・運用義務との関係でも後述するが、同原則を持ち出さなくても取締役の裁量を導くことが可能であることに留意すべきである。

また、上記(2)・(3)とも関連するが、仮に同原則が適用されるとしても、当然に取締役に広い裁量が認められるわけではないことにも留意が必要である。例えば、会社の法令違反が問題となる事例や、第三者の生命・身体等に危険が及び得る事例等では、取締役の義務は高度なものとなって、その裁量は狭くなり得る。また、会社の業務（業種）や規模、取締役の属性や就任の経緯等に照らし、取締役に求められる一般の善管注意義務の程度が高度なものとなることもあり、その場合も裁量は狭くなる。

これに関し、取締役と会社との間に利益相反・利害衝突がある場合に同原則の適用があるかも検討が必要である。学説上はこの適用がないとされることもあるが、利益相反ないし利害衝突の具体的内容や程度は個別具体的な事件ごと

で異なり得るから、一律に同原則が適用されないというのは相当でない。基本的にこの適用の余地を肯定した上で、利益相反性の高さや利害衝突の程度の大きさに照らし、取締役の裁量の範囲を設定し、著しく不合理な判断かどうかを検討するのが相当である[20]。東京地判令和3年11月25日金判1642号44頁は同原則に触れていないが、会社の海外事業統括の業務担当取締役が海外子会社の代表者で、会社の利益犠牲の下に自己の利益を図ったという事例であり、利益相反性の高さから同原則の適用はないとみたものと思われる。東京高判令和3年9月28日判時2539号66頁も役員報酬増額に係る任務懈怠を認めるに当たり、取締役の背信性に触れており、同旨と思われる[21]。

(5) いわゆる経営判断の原則の判断基準、いわゆる信頼の原則

　最判平成22年7月15日集民234号225頁後も、裁判例では必ずしも一般的な基準（判断枠組み）が統一されていなかったが（拙著97頁参照）、公刊物や判例秘書等に登載されている最近の裁判例を概観すると、上記最高裁判決と異なる基準を定立して判断する裁判例はほとんどみられなくなったように思われる。

　一例を示すと、東京電力東京地裁判決は、善管注意義務違反の判断枠組みについて、判断の過程、内容が著しく不合理と評価されるのはどのような場合かという観点から検討し、義務違反が認められた。前掲東京高判令和4年7月13日も同様の観点から検討し、義務違反を否定した。なお、前掲東京高判令和3年9月28日は、海外進出につき取締役会の了承を得たが、その前提条件が満たされておらず、収益予測が大きく変わり得る重大な事実が発生した以上、改めて取締役会において状況の説明と議論を尽くす必要があったとして、善管注意義務違反を認めたところ、これは判断過程の著しい不合理性を認めた

---

(20) 拙著128頁。この点は松中学「特集・学界回顧2022　会社法・金融商品取引法」法律時報94巻13号（2022年）112頁で「つっこんだ議論」の1つとしてご紹介いただいた。

(21) この判決は、取締役の報酬の決定が株主総会から取締役会を経て代表取締役に再委任されていた事例で、報酬額の決定に当たり、委任の趣旨に従って権限を適切に行使する注意義務がある旨判示した。特に代表取締役が自らの報酬額を決定する場面では利益相反性が高いから、広い裁量を認めるのは相当でない。

ものと思われる。

仮に上記最高裁判決の基準によるとしても、取締役の判断の前提としての事実認識（の過程）を含め審査されると解され（拙著 97 頁）、大阪地判令和 4 年 5 月 20 日判タ 1509 号 189 頁は、第三者による詐欺行為によって会社が不動産の売買代金名下に金銭をだまし取られた取引に関する取締役の判断が問題とされた事例で、判断の推論過程及び内容の著しい不合理性の検討の前に、判断の前提となった事実等の認識ないし評価に至る過程が合理的なものであるかどうかを検討した。

この判決ではいわゆる信頼の原則についても検討され、結論として善管注意義務違反は否定されたが、東京電力東京地裁判決や前掲大阪地判令和 6 年 1 月 26 日では、いわゆる信頼の原則について検討した上で義務違反が認められたところ、次のような判示がされた点が特徴的である。まず、東京電力東京地裁判決では、会社内外の専門家や専門機関の評価ないし判断があるにもかかわらず特段の事情もないのに、これと異なる評価ないし判断を行った場合には、その判断の過程、内容は著しく不合理と評価されると判示された。また、令和 6 年の大阪地裁判決では、製品が備えるべき品質や性能等に係る基準がその安全性に関わるものである場合には、下部組織から提供された事実関係や分析・検討結果につき、より慎重に検討することが求められると判示された。今後、いわゆる信頼の原則がいわゆる経営判断の原則の適用に当たってどのような役割を果たすのかが注目される。

(6) 監視・監督義務違反、内部統制システム構築・運用義務違反

他の取締役や従業員等に任務懈怠行為・違法行為があった場合、これに関与していない取締役は、監視・監督義務違反や内部統制システム構築・運用義務違反の責任を負う余地がある。

監視・監督義務違反について、前掲大阪地判令和 4 年 5 月 20 日は、各取締役の立場・地位や認識に加え、いわゆる信頼の原則も適用し[(22)]、義務違反を否定した。前掲東京地判令和 3 年 11 月 25 日では、会社の海外事業統括の業務担当取締役による海外子会社等の業務執行の監視が問題となった。

また、内部統制システム構築・運用義務については、具体的にどのような事

例で、またどのような取締役についてこれが問題とされるのかに加え、義務違反が認められるための要件が問題となる。前掲大阪地判令和4年5月20日は、最判平成21年7月9日集民231号241頁と同様の事情を検討した上で義務違反を否定した。

これに対し、熊本地判令和3年7月21日判時2535号102頁は、いわゆる経営判断の原則に触れつつ義務違反を否定したが、内部統制システムの性質上、その構築・運用が常に「経営判断」なのかという疑問に加え、上記最高裁判決と同様の要件設定をすれば取締役の裁量にも配慮できるから、いわゆる経営判断の原則の適用はないと解すべきである（拙著206頁。なお、監視義務との関係でも同様に解すべきことにつき拙著156頁参照）[23]。特に、会社の法令違反や第三者の生命・身体等に危険が及び得る事態を防止するための内部統制システム構築・運用の場面では、取締役の裁量は狭いものと解すべきであり、429条1項の責任も見据えた緻密な議論が必要である。

(7) 会社の損害、相当因果関係等

東京電力東京地裁判決が13兆円を超える損害額を認定したことは新聞報道もされたところである。前掲大阪地判令和6年1月26日では会社の信用毀損による損害が認定されたところ、これはいわゆる無形損害と考えられる。前掲東京地判令和3年11月25日では、取締役の任務懈怠によって海外子会社に損害が生じた結果、完全親会社にはその額に相当する資産の減少が生じたとして、完全親会社は子会社と同額の損害を被ったと認定された（ただし、金判1642号47頁の解説では批判されている。）。

従来議論があったところであるが、東京高判令和5年1月26日令和4年（ネ）第2134号では独占禁止法違反行為に係る課徴金相当額の損害賠償請求が

---

(22) 監視・監督義務の重要性に照らせば、どのような場合にいわゆる信頼の原則が妥当するか検討を要するところ（拙著158頁）、本件は大規模で分業された組織形態となっている会社の事例で、代表取締役が組織的に検討した結果を信頼して判断することも合理的なものであったことが考慮されている。

(23) 控訴審判決（福岡高判令和4年3月4日金法2190号94頁）は、原審判決を引用するに当たり「経営判断の問題」であるとの判示部分を削除した。これはいわゆる経営判断の原則の適用を否定する趣旨とも解し得る。

認められた。東京高判令和2年9月16日同年（ネ）第1081号では、会社が調査委員会を設置して支払った調査費用相当額の損害賠償請求も認められた。

　他方で、前掲東京高判令和4年7月13日は、他社の株式を有償で譲り受けたことによる損害の有無が争いとなった事例で、株式の客観的な価値を一義的に評価することが困難であること、取得後に当該他社から多額の経営指導料を収受したことなどを踏まえ、会社に損害が発生したとは認められないと判断した。

Ⅵ．おわりに

　近時の裁判例を中心に分析・検討してきたが、取締役が負う責任の範囲をより明確にするという観点から、当事者の主張・立証や裁判所の判断（判決）の前提となる理論的な整理・検討がさらにされる必要があるように思われる。福原先生から与えられた宿題として、今後さらに取締役の責任について研究を深める努力をしていきたい。

株式会社法における議決権から派生する株主の権利
―会社法 310 条 7 項括弧書を端緒として―

福 島 洋 尚

Ⅰ．問題の所在

　本稿は、株式会社法における株主の権利と議決権との関係を検討するものである。自益権を除く株主の権利のうち、たとえば会社法 303 条 1 項は、株主が取締役に対し一定の事項を株主総会の目的とすることを請求することができるとして、いわゆる株主提案権のうち、議題提案権を認めているが、そこでの一定の事項は、当該株主が議決権を行使することができる事項に限る（同項括弧書）、とされており、議決権の行使が可能であることを前提とした株主の権利であることがわかる。同様に、会社法 304 条に定められる株主の議案提案権は、基準日株主が行使することのできる株主の権利として定められることはない。それは、この権利が株主の議決権行使が可能であり、株主総会において議決権を行使する前段階で行使される権利であると考えられているからである。本稿においては、このような株主の権利を「議決権から派生する株主の権利」と表現することにする。

　株式会社法において株主に認められる権利には、上述の株主提案権のように議決権から派生すると理解することが適切なものがあるのに対し、後述するとおり、議決権の有無とは切り離して理解すべきものがあるほか、議決権から派生していると考えることに疑義があるものもある。またこれも後述するとおり、議決権から派生していることに疑義がある問題と連続性を有するにもかかわらず、必ずしも十分な議論がされないまま実質改正がなされていると思われる株主の権利も存在する。本稿の副題に掲げている会社法 310 条 7 項括弧書は、そのような問題を含んだものであり、当該問題を指摘すること自体にも一

定の意味があるものと考える。本稿の目的は、まずはこの問題を指摘すること
にある。それは、会社法 310 条 7 項括弧書の問題自体があまり認識されていな
い可能性があると考えるからである。本稿のもう一つの目的は、この問題の背
後にある株主総会決議取消訴権の問題を再検討することにある。なぜなら再考
の契機となる裁判例が出現している中、問題の捉え方にずれが生じている可能
性があると感じたからである。

　本稿では、まず、株式会社において株主に認められている権利と議決権との
関連について概観し（Ⅱ.）、その後、本稿で議決権から派生する権利を扱うこ
との端緒となった会社法 310 条 7 項括弧書の問題を取り上げる（Ⅲ.）。その上
で、議決権から派生していることに疑義がある、株主総会決議取消訴権につき
再検討する。その際、議決権を行使することができない株主として従来想定さ
れていた完全無議決権株式の株主の場合ではなく、一定の事項につき、議決権
を排除された株主の場合についての先例が出現しているので、その場合をも併
せて検討の対象とする（Ⅳ.）。最後に検討の結果を振り返ることで、結びに代
えることとする（Ⅴ.）。

Ⅱ. 株主権と議決権との関係についての概観

1. 概要

(1) 株主総会・種類株主総会に関する権利

　議決権から派生する株主の権利は、株主総会ないし種類株主総会における株
主による議決権行使と関連して、株主による監督是正権をより実効的に行使す
ることが念頭に置かれている。そこからは、会社法 303 条ないし 305 条に規定
される株主提案権 [1] が、議決権から派生する株主の権利の典型であるといえ
よう。また、株主提案権は少数株主による総会招集の簡易化と位置付けられる

---

(1)　会社法 304 条に定める議案提出権と同様に、同法 314 条の裏返しといえる株主の質問権なども、
　　株主総会への出席と議決権の行使が前提となるため、議決権から派生する株主の権利であると考
　　えられよう。

が[2]、かかるバランス上、少数株主による招集請求についても株主総会の目的である事項は、当該株主が議決権を行使することができる事項に限られており（会297条1項括弧書）、招集株主による招集請求権・招集権についても議決権から派生する権利であるといえよう。

議決権を行使することの可否という問題と、株主総会に出席すること、あるいは討議に参加することという問題とは別の問題である。仮に議決権を行使することができない株主は株主総会に出席することができない、あるいは討議に参加することができないという考えを採る場合には、株主総会への出席権・討議参加権（総会参与権）という株主の権利が、議決権から派生する株主の権利である、という考えを採ることになる。

この問題については、昭和56年商法改正が理解の転機期となっている。すなわち、昭和56年改正前商法においては、無議決権優先株主に総会に出席して討議に加わる権利を認める見解が有力であったが、同改正後は単位未満（単元未満）株式を有する総会屋を総会から排除する政策とあいまって、総会参与権を一切認めない見解が有力となっている[3]。現行の会社法もこの立場を敷衍しており、議決権を行使することができない株主は、株主総会の招集通知を受けないため（会299条1項、289条2項、325条）、定款で特に規定しない限り[4]、一切の総会参与権はないと解されている[5]。ここからは、株主総会参与権は議決権から派生する権利と理解されることになるだろう。

また、会社法306条1項2項は、株主総会の招集手続等に関する検査役の選

---

(2) 江頭憲治郎『株式会社法〔第9版〕』（有斐閣、2024年）345頁。

(3) 鈴木竹雄＝竹内昭夫『会社法〔第3版〕』（有斐閣、1994年）232頁は、総会に出席し、討議に加わる権利も有せず、したがって招集通知を受けないとし、通説がこれとは異なることを指摘する。また前田庸『会社法入門〔第13版〕』（有斐閣、2018年）404頁は、招集通知を発する必要がない旨の規定（会298条2項括弧書）を総会に出席して発言をする権利もないことの根拠としているが、「自己株式の取得につき議決権を排除される株主は、総会出席権を有し、その者に対して招集通知が必要なことはいうまでもない」と指摘する。

(4) この点につき、議決権制限株式、相互保有株式に総会参与権を認めるかどうかは定款自治の範囲内であると指摘される。江頭・前掲（注2）353頁注5。

(5) 江頭・前掲（注2）351頁。なお、静岡地沼津支決令和4年6月27日金判1652号37頁は、「株主が総会参与権を有するとしても、希望すれば必ず株主総会に出席できる権利であると認めることはできない。」としている。コロナ渦における特殊な状況であったとはいえ、株主の総会参与権そのものを軽んじた判示であり、適切でない。

任請求権についても、当該権利の行使要件として、総株主の議決権の100分の1以上の議決権を有する株主としており、非公開会社では完全無議決権株主は対象とされておらず（同条1項）、公開会社では当該株主総会における議題について議決権を行使することができない株主は対象とされていない（同条2項）。ここからは、総会検査役選任請求権も、議決権から派生する権利と理解されることとなる。

(2) その他の監督是正権

自益権を除く株主権のうち、少数株主権として行使要件に議決権基準と並んで発行済株式における持株割合が採用されているものは、議決権の有無とは無関係であることが明文で示されているといえよう。たとえば監督是正権たる会計帳簿閲覧・謄写請求権を規定する会社法433条1項は、その行使要件として、議決権基準としての持株要件に加え、発行済株式基準としての持株要件（自己株式を除く発行済株式の100分の3以上の数の株式を有する株主で、持株割合は定款で引き下げ可能）を規定していることから、かかる権利については持株要件を充足すれば、議決権の有無にかかわらず、権利を有するということになる。同様に会社法854条1項も議決権基準（同項1号）と発行済株式基準（自己株式および解任の訴えの対象となる役員の有する株式を除く発行済株式の100分の3以上の数の株式を〔6カ月前から引き続き〕有する株主で、持株割合は定款で引き下げ可能）を併用（同項2号）していることから[6]、役員解任訴訟提起権についても、議決権から派生する権利ではない。また、上述のような議決権の有無とは無関係であることが条文の体裁からうかがわれる権利以外でも、たとえば、計算書類等閲覧・謄本交付請求権（会442条3項）のように、単に「株主」とされているものであっても、議決権と結びつける根拠がないため（債権者も請求可能）、これも議決権の有無とは無関係であるといえよう。

---

(6) 株主総会において解任の議案が否決されることが要件とされているものの、当該議案の否決に関わること、換言すれば当該議案の提出や否決することに議決権を行使することが必要とはされていないため、議決権から派生する権利であるとはいえないであろう。

2．単元未満株式と株主権の制限

議決権が認められないことが、定款による権利の制限と結びつく場合がある。定款により、単元未満株主の権利を制限する場合がそれである（会189条2項）。単元未満株主には議決権がなく（会308条1項但書）、定款で自益権を除く単元未満株主の権利の制限がなされることにより、たとえば、議決権のない単元未満株主から代表訴訟提起権を奪うことは可能である。しかし、会社法847条は、「株主（第189条2項の定款の定めによりその権利を行使することができない単元未満株主を除く）」としており、これは議決権がないことから当然に生じる効果ではないため（換言すれば、定款の定めを置かなければ議決権を行使することのできない単元未満株主も代表訴訟提起権を有するのが原則である）、この場合における代表訴訟提起権が、議決権から派生する株主の権利であるとはいえないことになる。単元未満株主が決議取消訴権を有するか否かは、定款による単元未満株主の権利制限とは異なる問題となるため、後述する（Ⅳ. 3.）。

3．株主総会における議決権と種類株主総会の議決権との関係

東京地判平成26年4月17日金判1444号44頁では、全部取得条項付種類株式を利用したスクイーズ・アウトの事案において、基準日設定公告を欠く種類株主総会決議の効力が問題となっているが、その中で、株主総会における議決権と種類株主総会における議決権との関係が問題とされている。すなわち、普通株式のみを発行する種類株式発行会社ではない会社が、株主総会において種類株式発行会社となる定款変更決議が可決されることを条件として株主総会と同日に種類株主総会を招集・開催する場合においては、当該種類株主総会における議決権は、株主総会における議決権から派生する権利と考えられ、そのような種類株主総会における議決権については、株主総会における議決権の基準日に係る定款規定を適用することができるから、基準日設定公告は不要である、との主張がされている。しかし裁判所は、会社法上、種類株主総会は株主総会とは明確に区別して規定されていることを理由として、この主張を斥け、基準日設定公告を欠くことを招集手続の法令違反としての取消事由を認め、種類株主総会決議を取り消し、控訴審である東京高判平成27年3月12日金判1469号58頁もその判断を支持している。

4. 株主総会の権限と株主の議決権・株主の提案権

　一定の要件を満たす会計監査人設置会社では、剰余金の配当（金銭分配請求権を与えない現物配当を除く）について、取締役会が定めることを定款で定めることができる（いわゆる「分配特則規定」会社法459条）。剰余金の配当（自己株式の取得等も同様）の基礎となる計算書類に信頼を置くことができ、かつ（監査等委員会設置会社における監査等委員たる取締役を除き）取締役の任期が1年と短縮され、それが信任投票として機能することが期待される会社にあっては、取締役会での剰余金の配当の決定を認めるとする制度である。かかる分配特則規定に基づき定款規定が置かれた場合には、剰余金の配当について取締役会が定めることができる一方、株主総会においても剰余金の配当に関する決定権限は併存する（会454条1項）。他方、会社法はかかる定款規定を置く場合に、剰余金の配当について株主総会決議では定めない旨を定款で定めることができることとしている（会460条）。会社法460条に基づく定款規定が置かれることになると、株主総会に併存していた剰余金の配当の決定権限が剥奪される。この意味するところは、分配特則規定に基づく定款の定めが置かれた状態で、会社法460条に基づく定款の定めが置かれることにより、株主提案権に基づく剰余金の配当の議案、すなわち、増配の株主提案ができなくなることになる。すなわち、会社法460条に基づく定款の定めを置くことは、実質的に増配に関する株主提案を封じることが目的となっている[7]。これは既述の通り、株主提案権が議決権から派生する株主の権利であることから、そもそも株主総会での決定事項から除外することで、株主から当該事項にかかる議決権を与えないことにより、かかる事項についての議案提案権を剥奪する効果を生ずることに等しいことになる。

---

(7)　森本滋＝弥永真生編『会社法コンメンタール11』〔伊藤靖史〕（2010年、商事法務）160-161頁。

Ⅲ．議決権と株主総会議決権行使関係書面等閲覧・謄写請求権

1．概要

　会社法 310 条は、議決権の代理行使を認め、この場合に代理権を証明する書面の提出を株主または代理人に求める（会 310 条 1 項）。この代理権を証明する書面は一定の要件のもと電磁的方法による提供が認められ（同条 3 項）、会社は株主総会の日から 3 か月間、代理権を証明する書面および同条 3 項の電磁的方法により提供された事項が記録された電磁的記録をその本店に備え置かなければならず（同条 6 項）、株主は会社の開業時間内はいつでも代理権を証明する書面の閲覧または謄写の請求、同条 6 項の電磁的記録に記録された事項法務省令で定める方法により表示したものの閲覧または謄写の請求をすることができ（同条 7 項）、同趣旨の規定は、議決権行使書面の閲覧・謄写（会 311 条 3 項）、電磁的方法による議決権行使記録の閲覧・謄写（会 312 条 4 項）についても設けられている。

2．会社法における実質改正

　もっとも、かかる請求ができる「株主」については、会社法 310 条 7 項括弧書において、「前項の株主総会において決議をした事項の全部につき議決権を行使することができない株主を除く。次条第 4 項および第 312 条第 5 項において同じ。」とされている。ここからは、議決権を行使することができない株主には、会社法 310 条 7 項に定める、議決権の代理行使がなされた場合の代理権を証明する書面の閲覧・謄写、同法 311 条 4 項に定める議決権行使書面の閲覧・謄写、同法 312 条 5 項に定める電磁的方法による議決権行使記録の閲覧・謄写は認められないことになる（以下、これら 3 つの権利を合わせて、「株主総会議決権行使関係書面等閲覧・謄写請求権」と総称することがある）。

　平成 17 年改正前商法（以下「旧商法」という）239 条 7 項には、会社法 310 条 7 項括弧書に相当する規定はなく[(8)]、株主総会議決権行使関係書面等閲覧・謄写請求権を議決権と結び付け、議決権を行使することができない株主にかかる

108　第2編　企業組織法　第1章　株式会社の機関

権利を認めないこととしたのは、会社法の制定においてである。この点につい
て法制審議会での議論はされていないが、内容的には、実質改正であるといえ
る (9)。

　この点について、立案担当者からは、次のように説明されている (10)。すな
わち、「現行商法においては、株主総会において議決権の代理行使または書面
もしくは電磁的方法による議決権行使があった場合における代理権を証明する
書面または議決権行使書面・電磁的記録について、株主であれば誰でも閲覧す
ることが可能とされている。……しかしながら、このような代理権を証明する
書面等の開示制度は、代理行使の際の委任状の真否の調査、記載等のとおりに
議決権が行使されたか否かの確認を可能とするためのものであり、その結果に
よって、株主総会等の決議の方法が法令または定款に違反していないかどうか
等、株主総会の取消事由の有無を調査させることを、その最終的な目的とする
ものである。そこで、会社法においては、株主であっても、株主総会において
議決権を行使することができず、当該株主総会に関与することができない株主
については、前述のような調査・確認手段を与える必要性に乏しいことから、
代理権を証明する書面等を閲覧することができる主体から除外することとして
いる。」というものである。

3．実質改正の当否

　このように、「当該株主総会において決議をした事項の全部につき議決権を
行使することができない株主」が、株主総会議決権行使関係書面等閲覧・謄写
請求権の名宛人から明文で除外されている以上、解釈論としてこれを認めるこ
とは困難であるといわなければならないだろう。しかし、既述の通り、この点
について法制審議会での議論はされていないが、内容的には、実質改正である

---

(8)　旧商法239条7項は「株主ハ営業時間内何時ニテモ左ノ時求ヲ為スコトヲ得」として、「株主」
　　についての限定を置いていなかった。書面投票にかかる旧商法239条ノ二第8項は議決権行使書
　　面につき旧商法239条7項を準用し、電子投票にかかる旧商法239条ノ三第7項も電磁的方法に
　　よる議決権行使記録の閲覧・謄写につき、旧商法239条7項を準用していた。
(9)　江頭憲治郎「新会社法制定の意義」ジュリスト1295号（2005年）3頁参照。
(10)　相澤哲編著『立案担当者による新・会社法の解説』別冊商事法務295号（2006年）85頁。

といえるのであるから、このような扱いについて立法論的にはその当否が問われるべきものと考えられる。

ところで、令和元年会社法改正では、株主総会議決権行使関係書面等閲覧・謄写請求権につき、閲覧拒絶事由にかかる各規定を追加した（会310条8項、311条5項、312条6項）。これは株主名簿閲覧・謄写請求権について定められている閲覧拒絶事由（会125条3項）を、株主総会の議決権行使関係書面の閲覧・謄写についても援用するものであり、かかる改正の理由は、株主総会議決権行使関係書面等閲覧・謄写請求権が、本来の目的を越えて利用されていたという実態に対処するものであったといえよう(11)。会社法制定時の立案担当者の解説には、このようなことは言及されていないものの、あるいはこの当時から株主総会議決権行使関係書面等閲覧・謄写請求権の濫用ないし濫用の兆候が見られていた可能性も推察されるところではある。実のところ、株主総会議決権行使関係書面等閲覧・謄写請求権について閲覧拒絶事由がないことを問題視する見解はその当時から存在していたし(12)、閲覧拒絶事由を設けることまではしなくても、議決権を行使することができない株主からの請求を認めないことで、かかる請求を制限していくことが指向された可能性もあったように思われる。

もっとも、この点は令和元年会社法改正における閲覧拒絶事由の追加により、一定の解決が図られたところであり、会社法310条7項括弧書をはじめとする議決権を行使することのできない株主に株主総会議決権行使関係書面等閲覧・謄写請求権を認めないとする根拠とはならないことになるだろう。

さて、ここで問題としている実質改正に言及している会社法制定後の文献では、会社法310条7項に括弧書が付け加えられたことと立案担当者の説明に触れた後、「なお、無議決権株主が総会決議取消訴訟を提起しうるかについては、

---

(11) 法制審議会会社法制（企業統治等関係）部会「会社法制（企業統治等関係）の見直しに関する中間試案の補足説明」（2018年）66-67頁。

(12) 江頭憲治郎＝中村直人編著『論点体系会社法2』〔松山遙〕（第一法規、2012年）480-481頁。もっともここで指摘されている理由付けは異なっており、「委任状及び議決権行使書面には株主の指名・住所などの個人情報が記載されており、プライバシー保護の観点からすれば株主名簿と差異を設ける理由はないとも考えられる。」と主張されていた。

110　第2編　企業組織法　第1章　株式会社の機関

通説はこれを認めないが、有力説はこれを認めている」としたうえで、会社法
310条7項括弧書が、「後者の解釈を否定していると捉えるべきではないと考
える」として懸念を示すものがある[13]。また、「議決権制限株主が備置され
る委任状を閲覧できないとされることは、株主総会決議取消訴訟を提起し得る
としても、自身が参加できない株主総会の招集方法や決議方法における純粋な
手続瑕疵を主張できるかは難しい点を反映していると考えられる。……会社法
が当該決議につき議決権を行使できない議決権制限株主を閲覧謄写できる株主
から除いていることは、議決権制限株主が株主総会決議取消訴訟の原告適格を
有さないことを示すわけではなかろう……。」とするものもある[14]。

　上記のいずれの指摘も、議決権を行使することのできない株主に株主総会議
決権行使関係書面等閲覧・謄写請求権を認めないとする会社法310条7項括弧
書の実質改正が、株主総会決議取消訴権（ないし原告適格）についての解釈に影
響を与えるおそれがあること、しかしそれは否定すべきことに言及するもので
ある。なぜなら、会社法310条から312条の株主総会議決権行使関係書面等
は、株主総会決議の日から3か月間の備置が義務づけられているところ、これ
は株主総会決議取消しの訴えの提訴期間と連動しており、立案担当者として
は、議決権のない株主に株主決議取消訴権はないとする多数説の見解を前提
に、総会関係書面等の閲覧・謄写請求権を認めないとした可能性があると考え
られるからである。立案担当者による説明の中にある「当該株主総会に関与す
ることができない株主については、前述のような調査・確認手段を与える必要
性に乏しい」との指摘は、「株主総会等の決議の方法が法令または定款に違反
していないかどうか等、株主総会の取消事由の有無を調査させることを、その
最終的な目的とする」としているところからもそのように理解し得る[15]。

　そうであるとすると、この実質改正の当否は、会社法制定後における議決権

---

(13)　酒巻俊雄＝龍田節編集代表『逐条解説会社法第4巻——機関1』〔浜田道代〕（中央経済社、2008
　　年）134頁。
(14)　岩原紳作編『会社法コンメンタール7——機関(1)』〔山田泰弘〕（商事法務、2013年）181頁。
(15)　もっとも、「必要でない」ではなく「必要性に乏しい」という表現ぶりを用いていることから
　　は、提訴そのものは可能でも、出席して議決権を行使することができない株主に、招集手続の瑕
　　疵の主張を許すことが困難であると考えた可能性もあると思われる。岩原編・前掲（注14）〔山
　　田〕181頁参照。

と株主総会決議取消訴権との関係を確認した上で検討されるべきこととなる。その際には、従来からの議論の前提が、無議決権株式の株主を念頭に置いてなされていること、その後会社法の制定によって、制度の変更（議決権制限株式という整理等）や制度の新設（後述する相続人等に対する売渡請求等）によって、当時の議論では念頭に置かれていない「議決権を行使することができない株主」が存在し得ることにも留意する必要があるだろう。

Ⅳ. 議決権と株主総会決議取消訴権

1. 会社法制定前後における学説の状況

この問題について、株主総会決議取消訴権は議決権があることを前提とする共益権であるとの理由で、議決権のない株主には提訴資格を否定するのが通説であるとされている[16]。株主総会議決権行使関係書面等閲覧・謄写を請求することができる株主から議決権のない株主を明文で排除した会社法の立案担当者も、既述の通り、このような立場を前提としている可能性があるものと推察される。

もっとも、議決権を行使することができない株主が会社の株主総会決議事項について少なからぬ利害関係をもっている場合も想定される。そのため、議決権を有しない株主についても、総会決議取消訴権を認めるべきであるとの見解も有力に主張されている。

論者ごとに確認しておくと、洲崎博史教授は、優先株・無議決権株に関するアメリカ法、大陸法の諸制度を検討し、比較法的総括を踏まえたうえで、わが国における無議決権株主の保護について、当時の学説の多くが議決権の行使を前提とする権利は有しないとして、その共益権の範囲に制約を加えていることを指摘したうえで、わが国の会社法が無議決権株主には少数株主保護手段の重

---

(16) 石井照久『株主総会の研究』（有斐閣、1958 年）227 頁、大隅健一郎＝今井宏『株主総会（綜合判例研究叢書　商法)』（有斐閣、1959 年）150 頁の二つの文献でかかる見解が示されて以降、これが定着したようである。江頭・前掲（注 2）386 頁注 2 参照。

112 第2編 企業組織法 第1章 株式会社の機関

要なものがことごとく否定されており、根本的には無議決権株主を保護する方向での立法的な解決が望ましいものの、解釈論としても、少なくとも総会決議取消訴権は認めるべきこと、議決権の有無と、会社の病理的現象たる決議の瑕疵を是正する権利の有無とは区別して考えるべきことを指摘している[17]。また、岩原紳作教授は、ドイツの通説が決議取消訴権は議決権の付属物あるいは要素ではなく、社員権の独立した一部であるとして、議決権を有しない優先株主も決議取消権を有すると解していることを指摘した上で、これと同様に、決議取消権は議決権ではなく社員権の一内容であると考えて、法令・定款に従った会社経営を求める株主の権利の実現のために、無議決権株主も決議内容の瑕疵に対しては決議取消訴訟を提起しうると解すべきではないかと主張している[18]。さらに、弥永真生教授は、他の株主に対する招集手続上の瑕疵についての判例（最判昭和42年9月28日民集21巻7号1970頁）の趣旨と首尾一貫しないこと、特別利害関係人による議決権行使による著しく不当な決議がなされた場合には議決権の有無に関わらず影響を受けること、多数説も決議の時点で株主であったか否かを問わず、訴えの提起時から口頭弁論集決議まで（議決権を行使することができる）株主であれば原告適格を認める解釈をとっており、株主総会において議決権を行使することが不可能であった者にも原告適格を認める解釈をとっていること等を論拠として、株主総会において議決権を行使することができない株主に株主総会決議取消しの訴えの原告適格を認めることが適当であると考えられると指摘している[19]。

このように、多数説が議決権を行使することができない株主に総会決議取消訴権を認めないことの根拠として、総会決議取消訴権は議決権があることを前提とする共益権であることのみを挙げているのに対し、議決権を有しない株主についても、決議取消訴権を認めるべきであるとの説からは、様々な根拠が提

---

(17) 洲崎博史「優先株・無議決権株に関する一考察（2・完）」民商法雑誌91巻4号（1985年）556-557頁。ここでは、特に現行法の下では、特別利害関係人も議決権を行使し得るのであって、たとえば、経営者が同時に支配株主でもある場合、自己の報酬を自ら決定し得ることが指摘されており、かかる場合に特に問題が顕在化すると考えられているようである。

(18) 上柳克郎ほか編『新版注釈会社法(5)』〔岩原紳作〕（有斐閣・1986年）329頁。

(19) 弥永真生「会社の組織に関する訴えと株主の原告適格」慶應法学11号（2008年）193-199頁。

示されてきていることがわかる。

2. 特定の議題についてのみ議決権を排除される株主の株主総会決議取消訴権

　上記の学説が念頭においている議決権を行使することができない株主は、議決権制限株式、とりわけ完全無議決権株式を有する株主である。ところが、このような種類株式の場合ではなく、特定の事項に関する決議につき、議決権を行使することができない株主による株主総会決議取消訴権の有無が争点となった事案が現れている。若干の付言をしておくと、昭和56年商法改正により、原則として株主総会における特別利害関係人の議決権排除の制度は改められ、特別利害関係人にあっても、議決権の行使は認められ、ただ、かかる特別利害関係人による議決権行使により著しく不当な決議がなされた場合に、それを株主総会決議取消事由とする扱い（会831条1項3号）となっているが、現在の会社法においても、140条3項、160条4項、175条2項の3つについて、特別利害関係人の議決権排除が残っている。

　鳥取地判平成29年9月15日金判1528号37頁（以下、「平成29年鳥取地判」という）は、特例有限会社であるY社の株式を相続したXらが、同社の定款に基づく、彼らの相続した株式1800株をY社に売り渡すことを請求する旨の株主総会決議について、特別決議の要件（整備法14条3項）を満たさないものであったと主張して、会社法831条1項1号に基づき、当該株主総会決議の取消しを求めたという事案であるが、原告の決議取消しの訴えの原告適格が争点の一つとなっている[20]。すなわち、被告たる会社が、「株主が決議取消訴訟の原告となるためには、取消訴訟の対象となる決議に関し、当該株主が議決権を行使できなければならない。本件決議に関し、原告Xは議決権を行使することができないから、……原告Xに原告適格はない。」と主張したのに対し、原告たる株主は「原告Xの有する株式は、議決権制限のない株式であり、本

---

(20) この争点については、控訴審である広島高松江支判平成30年1月24日金判1542号22頁においても問題とされてはいるが、裁判所はこの点について、Xが取締役に選任されているから、議決権を行使できない株主として株主総会決議取消訴訟の原告適格を有するかについて判断するまでもなく、取締役として原告適格があることは明らかであるとしており、この点について判断していない。

件決議との関係で議決権行使を制限されていたにすぎない。もとより原告Ｘには被告の株主として被告に対し法令・定款に従った会社経営を求める権利があるから、原告Ｘは、株主総会決議の法令違反を是正するため、……原告適格を有する。」と反論した。

同判決は、「原告Ｘは、被告の株主であるから、被告の株主としての地位に基づき提起した株主総会決議取消しの訴え……について、原告適格を有するものと認められる（会831条1項）。……これに対し、被告は、株主が株主総会決議取消の訴えの原告となるためには、同訴えの対象となる決議に関し、当該株主が議決権を行使できなければならないと主張するが、法的根拠を伴わない独自の見解であって、理由がない。」と判示している[21]。

3．検討

(1)　議決権を行使することができない株主の類型

平成29年鳥取地判は、議決権を行使することができない株主が株主総会決議取消しの訴えを提起することができないとする主張に対して、「法的根拠を伴わない独自の見解であって、理由がない」としている。しかし、1.において確認した学説の状況に照らせば、法的根拠を伴わないものでも独自の見解でもないことは明らかである。しかし、一つの見方ではあるが、平成29年鳥取地判は、1.における議論と、ここで取り上げられている問題が、別の問題であると判断した可能性があるように思われる。というのは、1.における議論は、基本的には、会社法制定以前の無議決権株式の株主を念頭においたものであるのに対し、ここで取り上げられている問題は、会社法で新たな制度化された相続人等一般承継人に対する売渡請求の場面であり、議決権を行使することができないことは同じであるものの、その類型が異なるからである。

---

(21)　弥永真生「判批」ジュリスト1515号（2018年）3頁は、原告が取締役としても訴えを提起していることからは傍論と位置付けられると指摘しつつも、ある株主が議決権を行使することができない場合であっても、その株主は株主総会決議取消しの訴えの原告適格を有すると判示したことは注目に値するとし、議決権を行使することができない株主には株主総会決議取消しの訴えの原告適格が認められないという定めは存在せず、文言解釈としては自然であること、株主は決議の公正について利害関係を有していることからは、同判決の解釈が妥当であるとする。

この点につき、近藤光男教授は、平成 29 年鳥取地判の判断を踏まえた上で、議決権を行使することができない株主の類型を整理し、その類型ごとに決議取消訴権の有無について検討している[22]。すなわち、議決権を行使することができない株主の類型を (1) 種類株式（完全無議決権株式・議決権制限株式）の株主・属人的定め（会 109 条 2 項 3 項）による議決権の制約、(2) 所有状況（自己株式・相互保有株式・単元未満株式）による議決権の否定、(3) 特別利害関係による議決権の否定（会 140 条 3 項、160 条 4 項、175 条 2 項）の 3 つの類型であり、(1) については当該株主も定款の定めを認識していたうえで株式を所有していると考えられ、決議の瑕疵を是正する利害がないとはいえないが、自己の株主としての利益との関係性が薄くなり、当該株主にとってはそのような権利を否定されてもやむを得ないという考え方が成り立ち、(2) については瑕疵ある決議を是正する利害を多分にもっているが、自己株式については決議取消の被告が会社となること、相互保有株式についてもその延長線上にあることから、そのような権利は否定することが考えられるとする。(3) については、相続人等一般承継人に対する株式の売渡請求（会 175 条 2 項）の場面のみ、定款に定めがあるとはいえ、相続人の同意を要することなく、会社が一方的に株式を取得できる場合であり、かかる場合に、相続人である株主が議決に参加できないだけでなく、瑕疵ある決議を争うことができないのは不合理であるとする[23]。近藤教授はその上で会社法 175 条 2 項の株主が決議取消しの訴えを提起できないことは不適切であり、平成 29 年鳥取地判があえてこの点を明確に述べたという理解もできるのではなかろうか、と指摘している[24]。ここでの指摘も、平成 29 年鳥取地判が、1. における議論と、相続人等一般承継人への売渡請求の場面での相続人たる株主の総会決議取消訴権の問題とを、別の問題と判断したものということであろうと考えられる。

---

[22] 近藤光男「議決権のない株主と総会決議取消しの訴え」ビジネス法務 18 巻 11 号（2018 年）147-149 頁。

[23] 近藤・前掲（注 22）150 頁。

[24] 近藤・前掲（注 22）151 頁。

(2) 類型ごとの利害状況

1. における会社法制定前後の学説の状況、2. における平成29年鳥取地判の判断、さらには 3. (1) の議決権を行使することができない株主の類型を踏まえた上、類型ごとの利害状況および類型ごとに異なる扱いをすることの当否を検討する。まず、① 種類株式（完全無議決権株式・議決権制限株式）の株主・属人的定め（会109条2項3項）による議決権の制約という類型につき、確かに、当該株主も定款の定めを認識していたうえで株式を所有していると考えられ、自己の株主としての利益との関係性が薄くなり、当該株主にとってはそのような権利を否定されてもやむを得ないという考え方もあり得るが、この類型の株主が、定款に反する内容の決議や著しく不当な内容の決議がなされることを黙ってみていなければならないのはおかしいといえる[25]。議決権がないことを認識していることと、瑕疵ある決議の是正ができないことは別の問題であるといえよう。② 所有状況（自己株式・相互保有株式・単元未満株式）による議決権の否定という類型については、自己株式については自身が被告となるため、そもそも決議取消訴権を認められないものの、相互保有株式、単元未満株式については慎重な検討を要するものと思われる。すなわち、相互保有株式についても無議決権株式と同様に決議取消訴権を否定する見解が見られる[26]。しかし、ここでは株主が、議決権がないことを認識して株式を所有しているとはいえないし、また、相互保有規制（会308条1項括弧書）の規制法理は自己株式取得規制の延長線上にあるものの、それは同様の弊害が懸念されることに起因するものであり、会社自身が株主である場合と異なり、相互保有規制により議決権を行使することができない株主に、瑕疵ある決議の是正ができない理由は見当たらないといえよう。旧商法下における単元未満株主や端株主は条文上決議取消訴権が否定されていたが、それは立法政策の結果であり[27]、現在の会社法においては、単元未満株式について決議取消訴権が認められているか否かは、それが議決権から派生するものであると解するか否かによることになろう[28]。

---

(25) 上柳ほか編・前掲（注18）〔岩原〕329頁。

(26) 大隅健一郎＝今井宏『会社法論　中巻〔第3版〕』（有斐閣、1992年）121頁、江頭・前掲（注2）353頁注(5)参照。

(27) 上柳ほか編・前掲（注18）〔岩原〕328頁。

③ 特別利害関係による議決権の否定の類型では、譲渡制限株式の会社による取得の場合（会140条3項）、特定の者からの自己株式の取得の場合には（会160条4項）、そもそも議決権を排除される株主が決議の取消しを求めることが考えられず[29]、特別利害関係からの議決権排除のうち、議決権を行使することができない株主から決議の取消しが求められる可能性がある、換言すれば議決権を排除される株主に一方的な不利益が生じ得る場合であって、当該株主から決議の取消しを求める誘因が生じるのは、売渡請求の場面（会175条2項）だけであり[30]、決議の取消しを求めることすらできないというのが不合理であることはすでに指摘されている[31]通りである。

(3) 総会決議取消訴権と議決権

　ところで、株主総会決議取消しの訴えを規定する会社法831条は、原告適格を有する者として「株主等」としており、この株主には、会社法310条7項括弧書のような「議決権を行使することができない株主を除く」といった限定は設けられていない。会社法831条1項の株主等は、会社法828条2項1号括弧書の定義によることになり、会社の組織に関する訴え全般に用いられているもので、総会決議取消しの訴えの場合の株主のみに会社法310条7項括弧書のような限定を付すことが技術的に困難であったというようにも考えられる。しかし、主要な会社の組織に関する訴えを規定する会社法828条の規定に対し、株主総会決議取消しの訴えを規定する会社法831条は別建てになっているので、ここで会社法828条2条1号括弧書の中身を出して、株主のみに議決権を行使することができないものを除くことは立法技術的にも可能であったと思われる。

　しかしながら、会社法の立案担当者があえてそうしなかったのは、完全無議

---

(28) 岩原紳作編『会社法コンメンタール19』〔岩原紳作〕（商事法務、2021年）275頁。
(29) 否決決議が取消しの対象になるのであれば別であるが、最判平成28年3月4日民集70巻3号827頁はそれを認めていない。
(30) 厳密にいえば、会社法140条3項、160条4項の場合にあっても特別利害関係人たる自己株式の譲渡の主体たる株主が、株主総会における承認決議後に決議取消しを求める誘因は皆無ではないものの、かかる請求は認めるべきではなかろう。
(31) 近藤・前掲（注22）150頁。

決権株主は株主総会決議取消訴権を有するか、という問題設定において、既述の通り、決議取消訴権を認めるべきとする有力説が複数存在していたことから、立法的に決着をつけることを回避したということが推測されるほか、種類株主総会の決議取消訴権が、他の種類の種類株主にも認められるかという問題設定において、これを認めるべきとする立案担当者の見解[32]が示されていることにも理由があると思われる。すなわち、種類株主総会において、他の種類の種類株主は議決権を有しない。とすると、種類株主総会決議取消訴権は、議決権から派生する権利ではないことになる。立案担当者はこの場面では、決議取消訴権は議決権があることが前提であるとする通説の論拠は妥当しないと考えたのかもしれない。このように紐解いていくと、立案担当者が決議取消訴権を議決権から派生する権利であることを所与のものとして条文を構成しているわけではないと思われ、また条文上も決議取消訴権が議決権を行使することのできない株主を排除しているわけではない。

　すでに(2)において検討した通り、類型別の利害状況において、① 完全無議決権株主であっても、議決権がないことを認識していることと、瑕疵ある決議の是正ができないことは別の問題であること、② 相互保有規制により議決権を行使することができない株主に、瑕疵ある決議の是正ができない理由は見当たらず、単元未満株式については定款で共益権の制限をすればよく、条文上制約が置かれていないこととも整合しないのであるから、デフォルトでは決議取消訴権を有すると解することが自然であること、③ 特別利害関係により議決権を排除される株主に決議取消訴権を認めないことは不当であること（そのため、平成29年鳥取地判は従来の議論とこの問題を切り離して別の問題と理解した）、種類株主総会決議取消訴権が他の種類株式の株主にも認められるとする解釈は、決議取消訴権が議決権から派生する株主の権利であると理解することと両立しないことからは、株主総会決議（あるいは種類株主総会決議）取消訴権が、議決権から派生する株主の権利と解することは妥当ではなく、議決権を行使するこ

---

(32) 相澤哲＝葉玉匡美＝郡谷大輔『論点解説　新・会社法』（商事法務、2006年）105頁。また、この見解を引用して認められると解すべきとするものとして、江頭・前掲（注2）386頁注(2)参照。

とができない株主も、原則として決議取消訴権を有すると解すべきである。原告適格という形をとって規定されているものの、会社法189条2項に基づく定款の規定で単元未満株主について制限することは可能と解される[33]。すなわち、株主総会決議取消訴権は、議決権から派生する株主の権利ではなく、議決権を行使することができない株主も、定款でその権利を制限された単元未満株主の場合や自己株式を有する会社自身の場合を除き、株主総会決議取消訴権を有すると解すべきである。

(4) 総会決議取消訴権と会社法310条7項括弧書

このように解した場合、株主総会決議取消しの訴えにおいて手続的瑕疵の有無を調査するための株主総会議決権行使関係書類等閲覧・謄写請求権も議決権から派生する権利ではなく、むしろ株主総会決議取消訴権から派生する権利と解すべきこととなる。そして、濫用の防止は令和元年改正で対応可能となったのであり（会310条8項、311条5項、312条6項）、立法論としては、会社法310条7項括弧書は削除すべきである。

V. 結びにかえて

本稿における検討を振り返り、結びにかえることとしたい。会社法310条7項括弧書は、議決権から派生していることに疑義ないし争いがある問題と連続性を有するにもかかわらず、必ずしも十分な議論がされないまま、議決権を行使することができない株主に、株主総会議決権行使関係書面等閲覧・謄写請求権を行使できないものとする実質改正がなされている。本稿ではこれを端緒として、株式会社法における株主の権利と議決権との関係、とりわけ、議決権から派生する株主の権利について検討の対象としている。

株式会社において株主に認められている権利と議決権との関連については、株主総会・種類株主総会に関する権利のうち、株主提案権（議題提案、議案提案、

---

(33) 岩原編・前掲（注28）〔岩原〕275頁。

議案要領通知請求）、株主総会招集請求権（さらには要件を満たした場合の少数株主
による招集権）、検査役選任請求権について、議決権から派生する権利として理
解することができるが、その他の監督是正権については必ずしもそのようには
理解することができず、また定款によって制限されうる単元未満株主の権利に
ついても、議決権から派生するものと構成することは困難であり、さらに株主
総会における議決権から種類株主総会における議決権が派生するという構成が
考えられた事案においても、そのような構成について否定する裁判例が見受け
られるところである。株主提案権が議決権から派生する株主の権利であるとい
うことから、会社法 460 条の定款規定を設けることで株主総会の権限から剰余
金配当の決定権限を取締役会に完全に移譲することにより、増配の株主提案が
塞がれる結果となる。

　会社法 310 条 7 項括弧書の実質改正につき懸念を示す学説の指摘は、いずれ
も議決権を行使することのできない株主に株主総会議決権行使関係書面等閲
覧・謄写請求権を認めないとする会社法 310 条 7 項括弧書の実質改正が、株主
総会決議取消訴権（ないし原告適格）についての解釈に影響を与えるおそれがあ
ること、しかしそれは否定すべきことに言及しており、その理由は、立案担当
者としては、議決権のない株主に株主総会決議取消訴権はないとする多数説の
見解を前提に、総会関係書面等の閲覧・謄写請求権を認めないとした可能性が
あると考えられるからである。そうであるとすると、この実質改正の当否は、
会社法制定後における議決権と株主総会決議取消訴権との関係を確認した上で
検討されるべきこととなる。

　総会決議取消訴権は議決権があることを前提とする共益権であるとの理由
で、議決権のない株主には提訴資格を否定するのが通説であるとされている。
しかし、相続人等一般承継人に対する売渡請求の場面で決議の効力が問題と
なった平成 29 年鳥取地判は、議決権を行使することができない株主が株主総
会決議取消しの訴えを提起することができないとする主張に対して、「法的根
拠を伴わない独自の見解であって、理由がない」としている。会社法で新たな
制度化された相続人等一般承継人に対する売渡請求の場面であり、議決権を行
使することができないことは同じであるものの、その類型が異なることもあ
り、問題自体が異なるものと理解された可能性があると思われる。類型を念頭

に置いて検討してみても、それぞれの類型において議決権を行使することができない株主に株主総会決議取消訴権を認めるべき利害状況がある。会社法831条1項の株主等を規定する同法828条2項1号括弧書の株主に、会社法310条7項括弧書のような限定はなく、議決権を行使することができない株主に、株主総会決議取消訴権を認めない条文上の根拠はない。また、株主総会決議取消訴権を議決権から派生する株主の権利と構成すると、種類株主総会決議取消訴権における解釈問題にも波及することになり、妥当でない。株主総会決議取消訴権は、議決権から派生する株主の権利ではなく、議決権を行使することができない株主も、定款でその権利を制限された単元未満株主の場合や自己株式を有する会社自身の場合を除き、株主総会決議取消訴権を有すると解すべきである。このように解した場合、株主総会決議取消しの訴えにおいて手続的瑕疵の有無を調査するための株主総会議決権行使関係書類等閲覧・謄写請求権も議決権から派生する権利ではなく、むしろ株主総会決議取消訴権から派生する権利と解すべきことになるため、令和元年改正により、濫用への対処が可能となった現在では、会社法310条7項括弧書は、立法論としては削除すべきであると考える。

［2024年8月8日脱稿］

株主総会決議の確定に係る近時の動向

藤 嶋 　 肇

I．はじめに

　従前よりわが国の商法、会社法において、株主総会決議が行われた際、それがいつの時点で確定するかは明文で規定されていない。近時、いわゆる「物言う株主」をはじめとして、株主の積極的かつ自発的な議決権行使が行われるようになり、会社提案に漫然と賛成するのではなく決議の成立に影響を及ぼすほどの反対票が投じられたり、会社提案と対抗する株主提案に一般株主の支持が集まるなど、株主総会の決議要件を満たしているかどうかが争われる事例は増えていくものと思われる。そこで、本稿では当該問題点についての従前からの議論を踏まえたうえで、最近の裁判例をとりあげ、株主総会決議の確定についての近時の動向を明らかにする[1]。

II．従前からの状況

　先述の通り、わが国には株主総会決議の確定につき明文の定めがないため、決議の成立は解釈に委ねられてきた。この点につき先例となる判例として、最判昭和42年7月25日民集21巻6号1669頁がある。同判決はその理由中で「定款に別段の定めをしていないかぎり、総会の討議の過程を通じて、その最

---

(1)　当該問題意識および帰結については既に丸山秀平ほか『全訂株式会社法〔第2版〕』〔藤嶋肇〕（中央経済社、2022年）152-154頁で示唆したところであるが、本稿ではさらに精緻な分析を試みるものである。

終段階にいたつて、議案に対する各株主の確定的な賛否の態度がおのずから明らかとなつて、その議案に対する賛成の議決権数がその総会の決議に必要な議決権数に達したことが明白になつた以上、その時において表決が成立したものと解するのが相当であり、したがつて、議長が改めてその議案について株主に対し挙手・起立・投票など採決の手続をとらなかつたとしても、その総会の決議が成立しないということはいえない。」という[2]。

学説においても、上記判例の趣旨の通り、表決は定款に別段の定めがない限り必ずしも特別な方法を要しないとするのが多数説の考え方である[3]。この点につき、「決議取消の問題として考えると、株主間で議論が戦わされ、その議論を通じて次第に反対・賛成が色分けされたというだけでは、株主に議決権を行使したという意識がなく、「出席株主カ認認シ得ヘキ方法テ為シタ表決」とはいい難いように思われ、場合により決議が著しく不公正な方法によるものとして取消事由に当たることも考えられる」とするというものもある[4]。

前記最判昭和42年7月25日判決の前審では、当該会社の株主が10名ですべての株主が100株ずつを有する閉鎖的な同族会社であることをことさらに強調して、そのような会社であるということを理由に挙手・起立・投票など採決の手段を取らなかつたとして総会決議が成立しなかつたものということはできないとした[5]。この点については「会社形態をとる以上、同族会社と非同族会社とを区別し、その取扱いを異にするということは、現行法の解釈としては、問題であり、当審判決は、少なくとも、この点を区別していないものと（私は）考える」と批判されている[6]。

---

[2]　同趣旨とされる先例としては大判昭和8年3月24日法学2巻1356頁（Westlaw Japan 文献番号 1933WLJPCA03246003）が存する。

[3]　上柳克郎＝鴻常夫＝竹内昭夫編集代表『新版注釈会社法（5）』〔菱田政宏〕（有斐閣、1986年）210頁、江頭憲治郎『株式会社法〔第9版〕』（有斐閣、2024年）375頁、鈴木竹雄＝竹内昭夫『会社法〔第3版〕』（有斐閣、1994年）246頁、龍田節＝前田雅弘『会社法大要〔第3版〕』（有斐閣、2022年）213頁。なお学説の状況については、最高裁判所民事判例解説民事篇昭和42年度〔奈良次郎〕346頁以下を参照。

[4]　矢沢淳「判批」会社判例百選〔新版〕別冊ジュリ29号（1970年）102頁。

[5]　大阪高判昭和40年3月24日民集21巻6号1681頁。

[6]　最高裁判所民事判例解説民事篇昭和42年度・前掲（注3）〔奈良次郎〕346頁以下。

124　第2編　企業組織法　第1章　株式会社の機関

Ⅲ．近時の動向

1．問題の所在

　本稿では、近時の動向をめぐる裁判例として、東京高裁令和元年10月17日判決[7]と、大阪高裁令和3年12月7日決定[8]を取り上げる。ここでは事前に行使の意図があった議決権につき、当日異なる取扱いがなされたもの、議決権行使の方式が定められたときに、そのルールと異なる議決権の行使がなされた際の取扱い、議長の裁量権について問題となっているが、決議がどのように確定する可能性があるかということにつき、それぞれに示唆的な内容を有していると思われる。

2．裁判例の紹介

（1）　事例その①　東京高裁令和元年10月17日判決

【事案の概要】[9]

　Y₁会社（被告・控訴人）は平成30年6月5日、会議の目的事項を「取締役7名選任の件」とする定時株主総会招集通知をし、総会は6月21日に開催された。会場において上記議題に関する会社提案の審議に入った際、Y₁会社の株主である会社（B、C、D、E社）の代表取締役であり、かつY₁会社の取引先持株会Fの理事長であるAが会社提案に対する修正案を提出した。Y₁会社代表取締役Y₂は定款の定めに基づき株主総会議長を務めていたが、本件会社提案と修正案について議場を閉鎖した上で、Aが準備した投票用紙で議決権行使をすることになった。その際Y₂は、会社提案に賛成する株主は修正案には

---

(7)　東京高判令和元年10月17日金判1582号30頁。第1審は東京地判平成31年3月8日金判1574号46頁。なお上告は不受理となった（最決令和2年10月23日判例秘書L07510234）。

(8)　大阪高決令和3年12月7日資料版商事454号115頁、原決定神戸地決令和3年11月22日判例秘書L07651318、（保全異議）神戸地決令和3年11月26日判例秘書L07651078、なお許可抗告審は抗告棄却（最決令和3年12月14日判例秘書L07610169）。

(9)　当該事案の概要につき、第1審についての拙稿「判批」金判1589号（2020年）2頁を参照した。

反対の投票をするように説明した。

　株主による投票が行われた際、Ａは上記Ｂ、Ｃ、Ｄ、Ｅ社の代表者および取引先持株会Ｆの理事長として議決権を会社提案に一部反対、修正案に賛成として投じた。株主であるＧ社の職務代行者Ｈは議決権を会社提案に一部反対、修正案に賛成として投じた。同様に株主であるＩ社職務代行者は議決権につき投票用紙を提出せず、Ｊ社職務代行者は議決権につき、Ｙ₁会社担当者に自分は傍聴に来ているだけである旨を説明した上で白紙の投票用紙を手渡した。なお、取引先持株会Ｆは電子投票により、Ｉ社、Ｊ社は書面投票により事前に会社提案に賛成の議決権を行使している。

　本件総会会場の使用時間中に投票の集計が完了しなかったため、午後６時からＹ₁本社において総会を継続することとなった。議長であるＹ₂が議長席に移動はしたもののまだ再開宣言をしていない時点で、Ｈが、議長不信任、議長交代、定款に定められている候補者も全て否認する旨の動議を提出する旨の発言をした。これに続きＡがＨを新たな議長に指名する旨の発言をした。Ｙ₂は上記発言を動議として取り扱い、自身が議長を続けることの賛否を諮り、動議が可決されたものとした。Ｈは議長として、上記の修正動議が可決されたものと発言した。

　Ｘ（原告・被控訴人）らは、平成30年８月24日に取締役地位確認の訴えおよび取締役選任決議不存在の訴えを提起し、同年９月14日に決議取消しの訴えを追加した。

　第１審は取引先持株会Ｆの理事長であるＡの修正動議に対する賛成の議決権行使は原案に関する特別な指示から合理的に導き出される内容を逸脱し、権限の濫用であるから無効とした上で、出席株主であるＩ社およびＪ社の書面による議決権行使は撤回されたものと解するのが相当であるとし、投票に際し行使されなかった議決権については棄権と扱うのが相当であるとして、決議の取消しを認容した。

【判旨】原判決取り消し・訴え却下

　裁判所は決議の成立は認めた上で、対象となっている取締役らの辞任および任期満了により訴えの利益は失われたとして訴えを却下した。

126 　第2編　企業組織法　第1章　株式会社の機関

「議決権の行使は、議案に対する株主の意見の表明であるから、厳密な意味で意思表示に当たるかどうかはともかくとして、意思表示に準じて考えるべきであって、議決権行使の有効性の判断について意思表示や代理等の民法の原則の適用を一般的に排除する理由はない。」

「書面による議決権行使の制度は、株主の意思をできるだけ決議に反映させるために株主自身が株主総会に出席することなく議決権を行使できるよう設けられた制度であるところ、上記認定事実のとおり、J（社）の担当者は、本件総会会場に入場したが、同銀行から議決権行使の権限を授与されておらず、本件会社提案及び本件修正動議についての投票の際、Y_2に対してその旨を説明しており、Y_2においても同銀行が議決権行使書と異なる内容で議決権を行使する意思を有していないことは明らかであったといえる。このような状況においては、上記のような書面による議決権行使の制度の趣旨に鑑み、会社において確認している株主の意思に従って議決権の行使を認めるべきであるから、投票による本件会社提案及び本件修正動議について欠席として扱い、事前に送付されていた議決権行使書に示されたJ（社）の意思に従って、本件会社提案に賛成、本件修正動議に反対として扱うのが相当である。」

「株主総会の決議は、定款に別段の定めがない限り、その議案に対する賛成の議決権数が決議に必要な数に達したことが明白になった時に成立するものと解すべきであって、必ずしも、挙手・起立・投票などの採決の手続をとることを要するものではない……したがって、投票という表決手続を採った場合も含めて、議長の宣言は決議の成立要件ではなく、決議は、会社が株主の投票を集計し、決議結果を認識し得る状態となった時点で成立すると解すべきである。

なぜなら、そのように解さないと……正しい集計結果によれば可決されるべき場合でありながら議長が否決を宣言した場合には、否決の決議には決議取消訴訟を提起できないため違法な状態を是正する手段がないことになるし、また、本件における本件会社提案と本件修正動議のように二者択一の提案がされている場合において、議長が一方の提案が可決された旨宣言したが、同決議が決議取消訴訟において取り消された場合、他方の決議について、上記訴訟において決議の成立要件を充足していることが確認されているにもかかわらず、議

長の宣言がないから成立していないと解さざるを得ないという不当な結論になるからである。」

(2) 事例その ②　大阪高裁令和3年12月7日決定

【事案の概要】

　X（債権者・抗告人）は、Yの株式231万0100株（保有割合約7.69％）を保有するYの株主である。Y（債務者・被抗告人）は株式会社であり、その令和3年3月31日時点における発行済株式総数（自己株式を除く。）は3002万3954株である。Yは、その発行する株式を東京証券取引所市場第一部に上場している。

　Yは、Cおよびその完全子会社との間で、株式交換、吸収分割を順次実施することにより、CがYを子会社化するとともに、Yが持株会社体制に移行することにより、YとC所属グループの事業を統合することとし、令和3年8月31日開催の取締役会において経営統合を実施することを決議し、同日、C所属グループとの間で経営統合契約を締結した（以下「本件経営統合」という。）。

　Yは、令和3年10月14日、株主に対し、株式交換契約、吸収分割契約の承認等を議題とする本件総会の招集通知を発した。

　本件株主は、議決権行使書及び委任状用紙の両方に設けられた賛否表示欄に、第1号議案から第5号議案まで全て「賛成」に「○」を付け、代表取締役社長Dの署名と社長印を押印した上で、令和3年10月22日付で議決権行使書及び委任状を切り離さない状態でYに返送した。Yの株主名簿管理人は、同月25日にこれを受領した。

　本件株主は、同月27日、Yに対し、事前に委任状を提出するが、本件総会の議事の傍聴を希望する旨連絡し、Yはこれを了解した。

　令和3年10月29日午前9時、Bは、本件総会の開場後開会前に受付に来場し、本件株主の者であると名乗った上で、事前に委任状を提出しているが本件総会に出席したいと述べた。Yは、本件株主を本件総会に出席する株主として受け付け、Bに受付票を交付した。Bは、受付票を受け取り、本件総会会場に入場した。

　Y代表取締役社長Eを議長として本件総会が開会し、議案の説明及び質疑

128　第2編　企業組織法　第1章　株式会社の機関

応答がなされた。午後1時40分頃、議長は、出席株主に対し、本件総会の議案に関する質疑応答を終了し、議案の採決に移ると述べ、議案の採決は本件投票用紙を用いた投票の方法による旨説明した。

　Y従業員が、回収用の箱を持って、株主席を歩いて回り、株主に本件投票用紙を回収箱に入れてもらう形式によって順次回収した。このとき、Bは、本件投票用紙に何も記入しないで回収箱に入れた。

　投票の確認作業が終わった時点での第1号議案に賛成株主の割合は65.71％であった。

　休憩中の午後3時40分頃、Bは自己の投じた白紙の投票用紙の取り扱いについて自発的に申し出て、その中で本件株主は賛成の意思であること、自らは傍聴目的で出席したことが説明された。その後再開された総会で、議長は、本件株主の議決権を賛成に加え全議案について原案どおり承認可決されたと宣言し、本件議案について、賛成株主の割合は66.68パーセントである旨補足説明をした。

　Xは本件株式交換には、株式交換契約承認決議に法令違反、著しく不公正であるという決議の取消事由があるという法令違反があり、かつこれによりXの株式保有割合が低下するという不利益を被るとして株式交換差止めの仮処分命令の申し立てをした。神戸地裁（神戸地決令和3年11月22日）は申し立てを認容し、保全異議（神戸地決令和3年11月26日）は認められなかったため、Yが保全異議抗告を申し立てた。

【決定要旨】

　原決定取り消し、仮処分命令申し立て却下

　「一般に、投票用紙による投票という議決方式は、拍手や挙手といった議決方式と異なり、書面上に各投票者の投票内容を記載し、それを集計して議決結果を得るものとすることにより、予め定められたルールの下で各投票者の投票内容と議決要件の充足の有無を客観的に明確化するとともに、その恣意的な操作を防止し、もって株主意思を正確に反映しつつ議決の公正を確保することをその趣旨とするものであるということができ、特に投票用紙にマークシート方式を採用する場合には、投票者による誤記を極力少なくすることによって、上

記の趣旨がより高度に確保されるものとなる。本件株主総会でも、議長は、採決に当たり、正確性を期するためにマークシート方式の投票用紙による投票を行う旨を告げており、上記と同様の趣旨でその議決方法が採用されたものと認められる。このことからすると、議長は、その採用した議決方法の趣旨に沿って各株主の投票内容を判定する責務があるから、各株主の投票内容については、投票用紙の記載・不記載や提出・不提出により客観的に判定することが第一義的に求められるというべきである。」

「しかしながら、本件のような投票用紙による投票の方法によって株主がその意思を正確に表明し得るためには、投票のルールが予め周知され、そのルールを理解していることが必要であり、本件のように多数の一般の個人や法人が株主として参加する株主総会においては特にそのことが妥当する。そして、株主において、投票のあるルールについての認識が不足し、又は誤解しているために、自らの意思を表明するに当たりいかなる投票行動をとるべきか的確に判断できない状況が生じた場合には、その意思が正確に投票用紙に反映されない事態が生じることとなるから、そのような場合にまで投票用紙のみによって株主の投票内容を判定することは、かえって株主の意思を議決に正確に反映させるという投票制度を採用した趣旨に悖ることとなる。もっとも、そのような場合でも、議決方法として投票用紙による投票を採用した以上、そのもう一つの趣旨、すなわち、恣意的な操作を排除し、予め定められたルールに則ることによって議決の公正を確保するという趣旨は極力確保されるべきものであるといえるが、誤認した投票のルールが予め周知も説明もされておらず、株主の誤認がやむを得ないといえる場合で、投票用紙以外の事情を考慮することにより、その誤認のために投票時の株主の意思が投票用紙のみによる判定と異なっていたことが明確に認められ、恣意的な取扱いとなるおそれがない場合であれば、例外的な取扱いを認めたとしても上記趣旨に係る議決の公正を害するとはいえない。」

「以上を考慮し、また、上記のとおり株主総会における議決権が個々の株主に認められた株主全体の意思決定に関わる最も基本的な権利で、株主による議決権の行使が株主総会に上程された議案に対する株主全体の意思決定に関わる株主の意見表明であることに照らすと、上記のように投票のルールの周知や説

明がされておらず、そのために株主がこれを誤認したことがやむを得ないと認められる場合であって、投票用紙以外の事情をも考慮することにより、その誤認のために投票に込められた投票時の株主の意思が投票用紙と異なっていたことが明確に認められ、恣意的な取扱いとなるおそれがない場合には、株主総会の審議を適法かつ公正に行う職責を有するといえる議長において、これら投票用紙以外の事情をも考慮して認められるところにより株主の投票内容を把握することも許容されると解するのが相当であり、議決権行使によって表明される株主の賛否の意思を適切かつ正確に把握してこれを株主総会の議決に反映させるためには、むしろそうすることが求められているというべきである。」

3．検討

(1) 事前の議決権行使と出席株主の関係

　上記事例その①、その②で示した両事案に類似するのは、株主が書面投票および委任状を通じて事前に議案に対する一定の賛否を示していたところ、法人株主の職務代行者が株主総会に出席した際に棄権ともとれる投票行動を示した点である。事例その①では、事前に会社提案に賛成する旨の書面投票を行っているＪ会社の職務代行者は投票用紙に何も書かずに総会担当者に手渡している。事例その②でも同様に、本件株主は事前に委任状を提出しているが、職務代行者は投票の際に何も記入しない投票用紙を提出した。もっとも、事例その①は職務代行者は議決権行使の代理権を与えられていなかったため「出席」自体を認めないものとして取り扱ったのに対して、判例②は職務代行者には代理権が与えられていたため「出席」していたとの相違がある[10]。

　もっとも、出席概念についてより精緻な取扱いを行うべきとする見解も存在する[11]。入場の際にではなく、決議の際に存在していることが出席というべきであることから、代理権のない職務代行者が臨場していたとしてもそれを

---

(10) 原弘明「判批」ジュリ臨時増刊1583号（令和4年度重要判例解説）（2023年）84頁。
(11) 北村雅史「事前の議決権行使と株主総会への「出席」の意味——東京高判令和元年10月17日を手がかりとして——」商事2231号（2020年）8頁。

出席として扱うべきではないというのである。これにより、複数の議案の議決権行使について、ある議案については職務代行者に議決権を行使させ、別の議案については書面投票・電子投票をすることも可能という。決議の法的安定性への支障に対しては、そのような代理権の制限につき会社が善意無過失であれば、代理人（職務代行者）がその権限の範囲を逸脱したとしてもその議決権行使は無効とならないという[12]。確かに、本人たる株主の意思をよりよく反映するという点からは職務代行者の入場によってすべての議案について書面投票が撤回されたとするのは実務上の便宜に傾きすぎた取扱いといえる[13]。

　事前の書面投票と当日の出席の関係については、実務的には当日の出席によって事前の議決権行使は撤回されると解されていた[14]。書面投票制度の制度趣旨は「株主は総会に出席しなくても、その意思を総会決議に直接に反映することができる」こととされている[15]。しかし、事例その①とその第1審における制度趣旨の理解の違いを強調する見解が主張されている[16]。事例その①は「株主の意思をできるだけ決議に反映させるために株主自身が株主総会に出席することなく議決権を行使できるように設けられた制度」というのに対し、事例その①第1審は「株主自身が株主総会に出席することなく議決権を行使できるための便宜を会社が図る制度」というその違いから、事例その①の立場の方が株主の意思の反映という目的に資する限りで柔軟な取扱いを認めやすいという。

---

(12) 北村・前掲（注11）8頁、白井正和「判批」商事2332号（2023年）47頁。なお弥永真生「書面による議決権行使と代理人等の出席」金判1574号（2019年）1頁参照。

(13) これに対し、行岡睦彦・金村公樹【会社法・ガバナンスの課題（7）】株主総会における議決権行使に関する問題点の検討──書面投票・電子投票と「出席」・委任状勧誘に関する論点整理──」商事2314号（2022年）6頁は、「迅速かつ円滑な集団的処理のためにある程度形式的・画一的な方法で「出席」の有無を判断することも許容すべきである」という。

(14) 事例その①の第1審は株主の出席によって事前の書面投票は撤回されると判示していた。拙稿「判批」・前掲（注9）5頁、中村直人『株主総会ハンドブック〔第5版〕』〔中川雅博〕（商事法務、2023年）369頁。

(15) 酒巻俊雄＝龍田節『逐条解説会社法第4巻機関・1』〔浜田道代〕（中央経済社、2009年）148頁。

(16) 山下徹哉「判批」ジュリ臨増1544号（令和元年度重要判例解説）（2020年）97頁。

条文上は会社法298条1項3号及び4号は「株主総会に出席しない株主が」行使することができると規定されており、その反対解釈として出席した場合に議決権を書面および電磁的に行使できない、つまり事前の議決権行使が撤回されるという反対解釈は成立しうる。また、委任状勧誘に応じた場合には、株主の代理人が出席すると委任状による代理権の授与は撤回されたことになり、それは委任者の任意解除権（民法651条第1項）を適用することによるものと考えられている[17]。

　事例その①は、出席そのものを認定しなかったことにより本問題点については判断をせず、事例その②は出席を認めたうえで、事前に行使された内容を一定の条件のもとに認めた。事例その②も事前の議決権行使が貫徹されたのではなく、出席によって撤回されたとみられる点で従前の解釈に従っているといえる。株主の意思の反映を、代理人の意思表示とは関係なく認めるのか、撤回されたとしたうえで代理人による意思表示の解釈によって実現するのか、さらに検討する。

(2)　議決権行使の法的性質とその瑕疵

　議決権行使の法的性質については、現在では相手方のある一方的な意思表示に準ずるものとして民法の一般原則が適用されると理解されている[18]。事例その①も判旨において「議決権の行使は、議案に対する株主の意見の表明であるから、厳密な意味で意思表示に当たるかどうかはともかくとして、意思表示に準じて考えるべきであって、議決権行使の有効性の判断について意思表示や代理等の民法の原則の適用を一般的に排除する理由はない。」としている[19]。

　それでは、意思表示に準ずるものとしての議決権行使に瑕疵があった場合、どのように処理されるべきか。事例その①の原審では、取引先持株会の理事

---

(17) 梅津昭彦「株主総会の決議方法と議決権行使に係る株主意思の認定――関西スーパーマーケット事件を素材にして」法教504号（2022年）15頁。

(18) 伊藤雄司「判批」ジュリ1571号（2022年）76頁、内田千秋「判批」金判1637号（2022年）4頁、梅津・前掲（注17）17頁、上柳克郎＝鴻常夫＝竹内昭夫編集代表『新版注釈会社法（5）』〔菱田政宏〕（有斐閣、1986年）185頁。

長が構成員の指示に反した議決権行使を行ったことに対し、権限を逸脱（濫用）したものといえ、議決権行使は無効と判示しており、それが踏襲されている。この点につき、これを委任者の指示と異なる形で代理人が議決権を行使した場合と同様に考えると、無効であり株主総会決議取消事由になりうるとする見解[20]と、「一般的には消極的に解さざるを得ない」とする見解[21]が存する[22]。無効であるとする見解も、表見代理等で会社が保護される可能性は認める[23]。

　しかし、ここで再検討しなければならないのは「会社側」とはいかなる者のことを指すのかという点である。この点については決議がいつ、どのような認識が得られたならば成立するかという問題と密接に関係するように思われる。すなわち、先述の最判昭和42年7月25日民集21巻6号1669頁は「その議案に対する賛成の議決権数がその総会の決議に必要な議決権数に達したことが明白になつた」時点、事例その①は「議長の宣言は決議の成立要件ではなく、決議は、会社が株主の投票を集計し、決議結果を認識し得る状態となった」時点と表現するところ、それには議長、会社の代表取締役という人間の介在を必ずしも必要としないからである。株主の人数の少ない会社の場合、株主相互において結果が明白になった場合には決議は成立するというのであるならば、代理人が株主の指示と異なる議決権行使をした場合の悪意とは、原則的には参加している他の株主のことを指すといってよいのではないだろうか。一方、株主

---

(19)　温笑侗「判批」ジュリ1573号（2022年）135頁は「すでに成立した株主総会の安定が害されることを回避する必要があ」り、「多数の者の利益にかかわる行為として、その恣意的な取扱いを完全に排除すべきであることに鑑み、決議終了後相当の期間がたつと、特に公開会社に関しては、たとえ法律関係の安定が害されない場合でも、原則として取り消しを認めるべきではない」という。

(20)　田中亘「株主総会における議決権行使・委任状勧誘」岩原紳作＝小松岳志編『会社法施行5年　理論と実務の現状と課題』（有斐閣、2011年）9頁。

(21)　酒巻＝龍田・前掲（注15）〔浜田〕149頁。

(22)　松尾健一「判批」商事2197号（2019年）22頁。

(23)　私見は取引先持株会の参加者の株式は取引先持株会に共有されているが、議決権は個々の参加者に実質的に帰属し、理事長に信託されていると解し、受託者の権限違反行為についての信託法27条の趣旨を類推して会社側に悪意または重過失ある場合には議決権行使は無効となると解する。拙稿「判批」・前掲（注9）5頁参照。

が多数存在する会社の場合には他の株主の議決権行使の認識は困難であるため、株主総会に参加する株主は議長にその認識の権限を委託しているとみるべきではないかと考える。

(3) 投票の方式による議決権行使

事例その①、その②とも問題となった株主総会決議は投票の方式で行われている。当事者があえてこのような方式を選択することについて、事例その②は「各投票者の投票内容と議決要件の充足の有無を客観的に明確化するとともに、その恣意的な操作を防止し、もって株主意思を正確に反映しつつ議決の公正を確保すること」という。株主総会決議の方法については先述の通り特に法定されていない。一方で、その方式について格別な制約もないのであるから、決議に参加する者の利益を損なうような不公正な方法でなければそれは私的自治の範囲内ということになろう。

投票の方式をとる場合、事例その②は「議長は、その採用した議決方法の趣旨に沿って各株主の投票内容を判定する責務があるから、各株主の投票内容については、投票用紙の記載・不記載や提出・不提出により客観的に判定することが第一義的に求められる」という。この点については議長の裁量を過度に制約するものであるとして疑問が示されている[24]。

一方で、事例その②は株主が投票ルールについての認識不足または誤解によってどのような投票行動をとるべきか的確に判断できない状況が生じた場合には、その意思が正確に投票用紙に反映されない事態が生じることとなるから、そのような場合にまで投票用紙のみによって株主の投票内容を判定することは、かえって株主の意思を議決に正確に反映させるという投票制度を採用した趣旨に悖るといい、投票用紙以外の事情を考慮して認められるところにより株主の投票内容を把握することも許容されると解し、株主の賛否の意思を適切かつ正確に把握してこれを株主総会の議決に反映させるためには、むしろそうすることが求められているという。そして、それが許される要件として① 投票のルールの周知や説明がなされていない、② そのために株主がこれを誤認

---

(24) 得津晶「判批」法教 499 号（2022 年）103 頁。

したことがやむを得ないと認められる場合である、③投票用紙以外の事情をも考慮することにより、その誤認のために投票に込められた投票時の株主の意思が投票用紙と異なっていたことが明確に認められ、④恣意的な取扱いとなる恐れがないことの4点を挙げる。

投票の方式を採用した場合における、投票用紙以外の事情の考慮につきどのように考えるべきか。この点について、上記事例その②の判旨に批判的な見解は、そもそも議長の議決権行使の内容の判定についての裁量の余地を恣意的な判断の可能性があると批判したうえで、事例その②の決定要旨①②の理論的根拠が不分明であること、決定要旨③の明確性が誰にとってのどの時点の明確性なのかが明らかでないという[25]。それにつき、①裁判所にとって投票者の「真意」が確認できればよいという立場と②議長にとって相当程度明確であり、かつ、事後的に当該「真意」の正確性が確認される必要があるという立場の二通りの解釈が示されるが、結局、論理的な整合性を云々すべきでないという。

それでは、投票の方式の際に投票用紙以外の事情を考慮することを意思表示理論から正当化することは可能か。この点につき錯誤取り消しを認めうるという見解[26]もあるが、通常の意思表示の解釈の文脈では動機の錯誤の問題となるにすぎず「出席した職務代表者の白紙の投票用紙を提出したという行為からは賛成の意思と把握することは無理がある」と指摘されている[27]。

やはり、出席したとされる職務代行者の行為から真意を理論的に追求することは困難と考える。しかし、職務代行者は法人株主の代表権を有しているため、議決権行使の権限を与えられておらず欠席したと解するのはあまりにも便宜的に過ぎる。そのため、結論としては認めるが、あくまで今回の事例のようなごく限定された場合のみ対象となるとする見解が多いのは頷ける[28]。とはいえ、株主総会の決議は議決権を有する株主の意思が正確に反映されるのが望ましい。複雑な投票の方式のルールによって、形式的に株主本人の意思と異な

---

(25) 伊藤・前掲（注18）75-78頁。
(26) 温・前掲（注19）135頁。
(27) 伊藤・前掲（注18）75-78頁。
(28) 伊藤・前掲（注18）79頁、梅津・前掲（注17）19頁、温・前掲（注19）135-136頁。

136 第2編 企業組織法 第1章 株式会社の機関

る議決権行使がなされたときにそれを結果として取り扱うのが法の趣旨にかなうのか疑問である。投票の方式によるのも、あくまで議決権行使の拮抗が予測されているときに行使結果の正確な把握が必要なために行われるにすぎないのであるから、投票結果をすなわち決議結果とする必要はない。先述のように株主が議決権行使の結果の認識を議長に委託しているとするならば、投票終了後も株主総会の終結の時点まで、株主の議決権行使内容の探求は許されると解する[29]。その際、事例その①のような4要件は不要である。ただし、議長から特定の株主に対して議決権行使につき翻意を促すような働きかけがなされることは、決議の方法の著しい不公正（会831条1項1号）と評価される場合もあろう。

(4) 決議の成立時期

　上記の事例から、決議の成立時期についていかなることがいえるか[30]。まず、事例その①からは「会社が株主の投票を集計し、決議結果を認識し得る状態となった時点で成立すると解すべきである」とされ、それにより「可決されるべき場合でありながら議長が否決を宣言した場合」や、「二者択一の提案がされている場合において、議長が一方の提案が可決された旨宣言したが、同決議が決議取消訴訟において取り消された場合」、議長の宣言がないから成立していないと解さざるを得ないという不当な結論を回避できるという[31]。事例その②の、「議長において、これら投票用紙以外の事情をも考慮して認められるところにより株主の投票内容を把握することも許容されると解するのが相当」との表現からは、投票結果が形式的に認識された時点ではなく、投票用紙外の事情も考慮して内容が把握された時点に決議が成立すると解される。これは事例その①の立場に沿った上で、「決議結果を認識しうる状態」が生じる時

---

(29) 丸山ほか・前掲（注1）153頁。

(30) 藤田友敬（司会）「【座談会】会社法における会議体とそのあり方（Ⅳ）——株主総会編——」商事2329号（2023年）50頁参照。

(31) 従前の裁判例には投票の方法によった時は、議長の確認宣言を要するとしたものがあった（名古屋高裁昭和38年4月27日下級民集14巻4号854頁）。私見は、「あったはずの決議」の成立を求める訴えを形成訴訟として認め、法律関係の早期安定を図るべきと解する。丸山ほか・前掲（注1）157頁。

点の一場面を明らかにするものであるといえる。これらは最判昭和42年7月25日民集21巻6号1669頁の立場に比べると、決議の成立を緩やかに認めるものであると読める。本来であれば、株主相互間で議決権行使結果を認識することができれば問題はない。しかし、株主が多数存在する場合、それは困難であるから議長に結果の認識の権限を委託しているのである。議長が結果を正しく認識すれば、その時点で決議が成立するのだが、議長の認識が不正確な場合、それは決議の瑕疵を争う訴え、あるいはある決議の成立を前提とした訴えによって是正されていくことになる。議長が決議結果を「認識しうる状態」とは、株主総会終結の時点までに探求された当該決議に対する株主の「真意」ということになろう。これに対し、決議の法的安定性を損なうという批判は考えられる。しかし、ある決議が成立したとされたときに、株主総会終結後、賛成したとされる株主が真意は反対だった旨を決議取消しの訴え等で主張したとしても、議長が認識しえた状態でなかったならば、結果は覆らない。議長が認識しえた状態だったならば、他の決議方法の瑕疵の場合と同様に、決議が取り消されるのは当然である。

4．まとめにかえて

　株主総会決議を「会社が必要な承認を株主らに求める」プロセスと見るか、「株主らが自分たちの意思を集約して形成する」プロセスと見るのかによって、議決権の行使が「誰に」対して行われているとするかは変わりうる。現在のわが国の会社法のルールの下では、株主総会での議論のプロセスを経て実質的な意思形成がなされることが期待されているのであるから、原則として「株主らが自分たちの意思を集約して形成する」プロセスと見ることができ、株主の議決権の行使は実質的には「他の株主」に対する意思の表明と把握しうるように考えられる。株主が多数存在してそれぞれの株主の意思表示を相互に認識することが困難な場合、「議長」という結節点を使って株主間の意思表示を擬制するが、擬制であるから真の意思によって上書きされうる。それに対し、上場会社のように既に株主総会における実質的な意思形成が期待できず、単に株主の同意の多寡のみに焦点が当たる会社の場合、「会社が必要な承認を株主らに求める」プロセスとして見た方が妥当な結論を導きだすことが可能な場合はあり

うる。その場合、株主総会の決議概念、あるいは会議体としての株主総会の存在意義の再検討の契機となろう[32]。

---

(32) 瀧川裕英「【日本私法学会シンポジウム資料】株主による意思決定の意味を問う――不確実な時代における株式会社の意思決定の仕組み――Ⅵ　株主総会の領分――現代民主制論からのアプローチ――」商事2335号（2023年）54頁。なお倉橋勇作（司会）「〈座談会〉株主総会実務の将来展望〔中〕」商事2319号〔高橋直樹発言〕（2023年）45頁では、上場企業でも経営の規律づけとして会議体としての株主総会の存在意義を積極的に評価する。

会社法と倒産法・事業再生法の接点に関する一考察
——取締役の債権者に対する義務を中心に——

松　嶋　隆　弘

Ⅰ．はじめに

　筆者は、近時、手続法的観点を強く意識しつつ、会社法を研究している。本稿は、かような問題意識の下、近時議論がある「取締役の債権者に対する義務」を素材として取り上げ[1]、会社法と倒産法・事業再生法の接点について考えるものである。

　本稿では、まずⅡ．で問題状況を鳥瞰すべく、会社法典中における倒産・事業再生関連規制につき整理を行う。次いで、Ⅲ．では100％減資の事案である国際興業事件（東京高判令和3年11月18日金判1643号6頁）を素材として、同一の問題が、会社法と倒産法・事業再生法で異なった発展をした後、交錯していく姿を素描する。さらにⅣ．で本論として取締役の債権者に対する義務を手続ごとに取り上げ、実体法上の議論が手続の枠組みに画される姿を提示し、この議論の実益を探る。最後にⅤ．で関連論点として、取締役の対第三者責任（会429条1項）の間接損害事例に関する近時の裁判例を素材として検討し、同規定をミニ倒産手続として活用しうる可能性を提示する。

　筆者としては、以上の検討により、会社の倒産処理手続のうち、少なくとも再生型手続については、本来会社法の一分科として取り扱われるべきこと[2]がご理解いただけたらと願っている。

---

(1)　金澤大祐「会社の事業再生と取締役の行為規範——イギリス法からの示唆」私法85号（2024年）125頁、埴原啓正「会社の早急の危機時期における取締役の行為規範」法政論叢60巻1号（2024年）149頁。

140　第 2 編　企業組織法　第 1 章　株式会社の機関

Ⅱ. 会社法典中における倒産・事業再生関連規制

1. はじめに

　検討に先立ち、会社法典中に存在する倒産・事業再生関連規制を、次の 3 つに分けて鳥瞰してみたい。

2. 明示的に倒産・事業再生を意識した会社法の規制

(1)　公開会社における募集株式の割当て等の特則
（会社法 206 条の 2 第 4 項但書）

　公開会社においては、新株発行の決定権限が取締役会に留保されているところ、支配権の異動を伴う新株発行については、合併等に準じる会社の体制の変更であり、これを取締役会のみで決定すべきではないとの判断から、株主総会決議を要求している（会 206 条の 2 第 4 項本文、5 項）。

　同時に、会社の財産の状況が著しく悪化している場合で、会社の事業の継続のため緊急の必要があるときは、上記の例外として、株主総会決議が要求されないとされている（同条 4 項但書）。ここでいう「緊急の必要」とは、事業再生による資金注入等企業救済の場面における緊急性が念頭に置かれている[3]。

---

(2)　会社法上、清算型の倒産手続として特別清算があるが、再生型の手続は存在しない。平成 17 年改正前商法において存在としていた会社整理が、会社法制定時に廃止されてしまったためである。筆者は、事業再生を念頭に、「会社整理」の復活の可能性があるのではないかと考えている。例えば、多数決原理の修正、裁判所の支援等、ピンポイントで規律し、モジュールとして利用するといったことである（かかる発想に親和的な条文として、仲裁法 35 条等参照。）。かかる発想の契機となった論文として、玉井裕貴「事業再生プロセスにおける裁判所関与のあり方──ドイツの裁判外再建手続における「モジュール」構想に示唆を受けて」三木浩一＝中井康之＝田頭章一＝高田賢治＝倉部真由美編『民事手続法と民商法の現代的潮流　中島弘雅先生古稀祝賀論文集』（弘文堂、2024 年）655 頁。

(3)　ただ、実際に事業再生において新株が発行される場合、併せて 100％減資が実施されることが多く、増資時に既存株主がゼロとなっており、そもそも株主総会を開催する必要がないようにも思われる。

⑵　取締役の資格等（会社法 331 条 1 項）

　平成 17 年改正前商法は、役員の欠格事由として「破産手続開始ノ決定ヲ受ケ復権セサル者」を挙げていたが（旧商法 245 条の 2 第 1 項 2 号）、会社法は、これを削除した。DIP 型倒産手続において、従前の役員が引き続き経営に携わる場面を念頭に置き、会社債務につき個人保証をした取締役が、破産手続開始決定を受けることで役員資格を喪失する事態を避けるため、削除されたのである。

⑶　特別清算（会社法 510 条以下）

　会社法は、株式会社についてのみ清算の特則として特別清算の規定を置いているが（会 510 条以下）、特別清算は、実質的にみて清算型倒産処理手続といってよい。なお、平成 17 年改正前商法においては、実質的に再生型倒産処理手続といってよい会社整理という制度を用意していたところ、少ない利用実態に鑑み、会社法はこれを削除した。

3．会社法と倒産・事業再生とが接合する規制

⑴　会社に対する金銭債権をもってする現物出資に関する特例（会社法 207 条 9 項 5 号）

　会社法は、新株発行の場面における現物出資に関し、会社に対する金銭債権をもってする現物出資に関する特例を用意しており（会社法 207 条 9 項 5 号）、かかる手続は、Debt Equity Swap（DES）として用いられる。多くの DES は、倒産・事業再生の場面において用いられる。

　DES においては、その債権の評価をどうするかにつき、券面額説（債権の券面額でよいとする見解）と評価額説（検査役の評価を経た額であることを要するとの見解）との間で対立があった。会社法は、履行期が到来した金銭債権について、検査役の調査を不要とした（会 207 条 9 項 5 号）。履行期が到来した債権につき、かかる処理を認めたのは、履行期到来時における債権の価値は券面額に等しく、それを弁済できない場合（債務超過）における既存株式の価値はゼロであり既存株主の利益を考慮する必要がないとの判断からである。少なくともその限度では、「割り切って」券面額説を追認したわけである。

142 第2編 企業組織法 第1章 株式会社の機関

他方、履行期未到来の債権の場合、両説の間で激しく争われた結果、今日では、立法・運用により問題が解消した。すなわち、法人税法59条1項1号、2項1号が、会社更生、民事再生といった法的倒産手続において利用されるDESにつき、DESにより発生する債務消滅益と期限切れ欠損金との相殺を許容し、債務消滅益の消滅を許容し、実質的に券面学説と同様の取り扱いが認められた。次いで、平成22年2月15日付け「企業再生税制適用場面においてDESが行われた場合の債権等の評価に係る税務上の取扱いについて（照会）」に対する同月22日国税庁回答は、法的整理に準ずる一定の私的整理（私的整理ガイドライン、中小企業再生支援協議会の支援、RCC企業再生スキーム、事業再生ADR手続によるもの等）についても、期限切れ欠損金との相殺を許容する旨の判断を示した。

結局、履行期到来の有無を問わず、倒産・事業再生の場面において券面学説に基づいたDESの処理が認められるという帰結となったわけである。

(2) 社債に関する規制（会社法676条以下）

次いで社債法制のうち、社債権者集会に関する規制についてみてみよう。会社法の社債に関する規制は、全体的に会社の危機時期を意識した規制であるといってよい。倒産法制は、そのことを踏まえつつも、社債権者の決議の成立に関し（会724条）、会社法の特則を置いている。

まず、すでに社債権者集会の決議が成立しているとき、関係人集会での議決権行使については社債管理者が集団的に議決権を行使し、個々の社債権者は議決権を行使することができないとされている（民再169条の2第3項、会更190条3項）。

次いで、社債権者集会の決議が成立していない場合、社債権者は、①当該社債について更生債権等の届出をしたとき、②裁判所に対し、当該社債について議決権を行使する意思がある旨の申出をしたときに限り、当該社債について議決権を行使することができることとされている（民再169条の2第1項、会更190条1項）。

以上の規制は、無関心な社債権者を議決権者から外すことで、倒産手続の円滑な進行を可能にさせようとする観点からの特則である。

(3) 事業譲渡に関する規制（会社法467条以下）

(2)と同様な観点からの特則は、株主総会の特別決議を必要とする事業譲渡についても置かれている（会467条1項1号、309条2項11号）。すなわち、民事再生法は、事業等の譲渡に関する株主総会の決議による承認に代わる許可（民再43条）を、会社更生法は、事業譲渡に関する会社法の規制の不適用（会更46条10項）を、それぞれ規定し、株主価値がゼロである倒産時において、株主総会決議を不要とすることで、事業譲渡による円滑な倒産処理を可能にしようとしている。

(4) 会社分割に関する規制（民事再生法には規定なし、会社更生法のみ）

部分的包括承継という効果を伴う会社分割は、事業譲渡と実質的に同一の機能を営むため、倒産法、ことに会社更生法は、会社分割についても特則を置く。すなわち、会社更生法は、① 更生手続開始後その終了までの間においては、更生計画の定めるところによらなければ、更生会社について会社分割を行うことができない（会更45条1項7号、更生計画の条項につき会社更生法182条、182条の2）とした上、会社分割に関する特例（会更222条、223条）として、会

【不適用一覧】

吸収分割	更生会社（会社更生法222条1項）	・債権者の異議手続の特則（会社法740条） ・事前開示（会社法782条） ・差止請求（会社法784条の2） ・債権者異議（会社法789条）の不適用
	更生会社の債権者（会社更生法222条2項）	・直接履行請求権（会社法759条2項～4項、761条2項～4項）
	承継会社（会社更生法222条3項）	・債権者の異議手続の特則（会社法740条） ・事前開示（会社法794条） ・差止請求（会社法796条の2） ・債権者異議（会社法799条）
新設分割	更生会社（会社更生法223条1項）	・債権者の異議手続の特則（会社法740条） ・事前開示（会社法803条） ・差止請求（会社法805条の2） ・債権者異議（会社法810条）
	更生会社の債権者（会社更生法223条2項）	・直接履行請求権（会社法764条2項～4項、766条2項～4項）

144 第2編 企業組織法 第1章 株式会社の機関

社法の規定の不適用を定める。具体的には、前頁の表のとおりである。なお、民事再生法には相応する規制が置かれていない。

4．会社法と倒産・事業再生との不整合がみられる場合

(1) はじめに

以上に述べたのは、会社法の方からか、倒産法・事業再生法の方からかは別にして、会社法と倒産法・事業再生法の各規制が接合している場合であった。以下では逆に、両者の間で不整合をきたしている場面をいくつか紹介したい。

(2) 社債管理者の責任（会社法710条）

会社法710条は、社債管理者（会702条以下）の責任につき規制するところ、710条2項は、「社債発行会社が社債の償還若しくは利息の支払を怠り、若しくは社債発行会社について支払の停止があった後又はその前3箇月以内」になされた「所定の行為」に関し、社債権者の社債権者に対する損害賠償責任を定める。

同項は、倒産法制における否認権（破160条以下、民再127条以下、会更86条以下）に相応し、否認の要件が強化されたものと解されている。しかしながら否認権と異なり、「個別」の社債権者が社債管理者に対し責任追及をすることが可能な制度設計となっており、否認権との接合は図られていない[4]。

(3) 直接履行請求権

会社法は、いわゆる濫用的会社分割に対処する規制として、詐害行為取消権（民424条）を適用する最高裁判決（最判平成24年10月12日民集66巻10号3311頁）を契機として、「直接履行請求権」の規制を整備した（会759条4項、761条4項、764条4項、766条4項）。すなわち、濫用的会社分割がなされた場合において、残存債権者から、吸収分割承継会社、新設分割設立会社に対し、承継し

---

(4) 社債権者の責任（会710条）と同じく、個別的な責任追及を可能とする詐害行為取消権（民424条）に関しては、倒産時における受継の手続が整備され、倒産法との接合が図られている（破45条2項、民再40条の2第2項、会更52条の2第2項）。

た財産の額を限度として、債務の履行を請求することができるものとする。直接履行請求権は、前掲最判平成24年10月12日を条文化した、いわば「制度化された詐害行為取消の価額賠償」といってよい。ただ厳密には、両者の間には、①直接履行請求権は、詐害行為取消権と異なり、裁判外の請求が可能であること、②法的倒産手続の開始決定により、手続が終了し、破産管財人等による受継がないこと（破45条、民再40条の2、会更52の2）といった違いがある[5]。

　直接履行請求権の立法時に倒産法との関係について、踏み込んだ検討がなされなかったところから、倒産法改正に際し、管財人等が直接履行請求権を受継できる手続の新設、倒産手続開始決定後の管財人等からの直接履行請求権の新設、開始決定前になされた直接履行請求権との権利関係調整期間の新設等が提言されているが、いまだ現実化していない。

　なお、会社更生法では、そもそも会社分割に関する適用排除の規定があることについては前述した。

Ⅲ．会社法と倒産法・事業再生法の別れと再会
──国際興業事件を素材として──

1．問題の所在
　これまで、会社法と倒産法・事業再生法の整合・不整合の全体像を鳥瞰してきた。この問題をより深彫りすべく、100％減資が争点となった近時の裁判例である国際興業事件（東京高判令和3年11月18日金判1643号6頁）[6]を素材として、会社法と倒産法・事業再生法との接合につき考えていきたい。

---

(5)　このため、直接履行請求権と詐害行為取消権とは、救済として併存すると解される。

(6)　評釈として、埴原啓正・判批・月刊税務事例55巻7号78頁。

2. 国際興業事件の概要

(1) 事実の概要

ここで国際興業事件の事案を簡単に説明しておく。一言でいうと平成17年改正前商法の下、対象会社（A株式会社）において100%減資がなされたという事案である。当該スキームにおいて、いわゆる株主責任を取らせるべく旧経営陣の持株につき100%減資がなされたが、その後、スポンサーたるファンドとともに旧経営陣の一部であったYが新たに出資して、A社の役員に就任に就任し、Yの経営の下、A社の経営状態が改善した。

かかる段階において、排除された旧経営陣XがYらに対し、会社法429条1項に基づき、損害賠償をした。

(2) キャッシュアウトの論理と事業再生の論理との交錯

はじめに若干の補足的説明をしておきたい。100%減資は、平成17年改正前商法下において、企業の再生のため活用されたスキームであるところ、会社法は100%減資を、① 資本金の額の減少（会447条以下）及び② 全部取得条項付種類株式の取得（会171条以下）という形で、かつ① と② とを無関係なものとして受け入れた。そしてこのことが、会社法における株主の締め出し（キャッシュアウト）の実務の爆発的普及をもたらした。

他方、100%減資は倒産法の世界では、より早期での企業の救済という視点の下、事業再生という形で変容して受け入れられるにいたった。このようにキャッシュアウトと事業再生とは、100%減資という同根に発しつつ、今日においては全く違うものとして発展している。

国際興業事件が興味を引くのは、当該事案において、キャッシュアウトの論理と事業再生の論理が出合い、交錯するに至っている点にある。ただ、両者間の距離は著しく隔たっているといってよい。すなわちキャッシュアウトにおいては、経営陣・多数派株主によるMBO（Managing Buy Out）を伴うところ、かかるMBOは、構造的な利益相反として意識され、利益相反解消措置が問題とされる。他方、100%減資は、倒産法においても実行可能であるところ、その際の旧経営陣の関与は、DIP（Debtor in Possession）として認識される。

倒産法の早期化・アウトオブコート化は、倒産法を利用しない事業再生であ

り、かかる事業再生においては、会社法が全面的に適用されることが前提とされている。ここにおいて MBO における利益相反のロジックと倒産法における DIP のロジックとが整合するかが問題となり、この点を顕在化させたのが国際興業事件であったのである。

Ⅳ．取締役の債権者に対する義務

1．はじめに
　会社法と倒産法・事業再生法との交錯場面においては、取締役の債権者に対する義務が問題とされることが多い。前記の国際興業事件では、このことが争点とされ、原審と控訴審とで、大きく結論が分かれた。そこで本稿では、前記の国際興業事件の他、近時の破産に関する裁判例である東京地判令和 3 年 3 月 5 日（平成 31 年（ワ）第 9074 号）を取り上げ、① 会社の危機時期には一定の幅がありうること、② 倒産実務家（IP：insolvency practitioner）に対し、取締役に関する規制を及ぼす必要が検討されうること、③ 再生型手続においては、「企業」を再生する場合（Corporate Rescue）と「事業」を再生する場合（Business Rescue）とで事情を分けて検討する必要があることについて、それぞれ指摘・検討をしていきたい。

2．一定の幅がある概念である「会社の危機時期」：国際興業事件を素材として
(1)　国際興業事件における原審と控訴審との対比
　まず国際興業事件の原審と控訴審の各判旨を紹介しておこう。
　① 原審（東京地判令和 3 年 2 月 15 日金判 1643 号 20 頁）
　「Y らは、債務超過の会社にあっては、取締役は、株主ではなく、会社債権者の利益を優先する経営を行うべき義務を負うため、善管注意義務・忠実義務の一環として株主共同の利益を図る義務を負わないと主張する。しかしながら、……A 社は、……当時、債務超過であり、X ら既存株主の保有していた株式は無価値であったものの、本件自主再建案が実現すれば、本件財務リストラや本件融資によって、その経営が改善し債務超過を解消する見込みがなかっ

たわけではない。そうすると、本件においては、破産等の法的整理が不可避になっていた事案とは異なり、Ｘらを含む既存株主が有していた株式価値が将来プラスになる可能性があったことは否定できず、株式価値が確定的に無価値であったとはいえないから、Ｙには、株主共同の利益を図る義務がなかったとはいえず、Ｙらの主張は採用できない。」

②控訴審（前掲東京高判令和3年11月18日）

「本件自主再建案によると、Ａ社の既存株主であるＸら及びＹの保有株式は100％無償減資を受けることになるものの、平成16年当時のＡ社は、グループ全体で見ても、倒産の現実的危険性の高い状況にあり、自主再建ができなければ、実際に年末頃に倒産する危険性が高いものであったから、Ａ社の代表取締役として会社に対して善管注意義務、忠実義務を負うＹとしては、会社の倒産を回避すべく、その再建を最優先事項として行動せざるを得ず、そうすることが要請される（取締役が株主の利益を最大化するよう要請されることがあるとしても、それはあくまでも会社の存続を前提とするものであって、会社の倒産によって株主の有する株式の価値が消滅する以上、株主の利益最大化の要請は会社再建の要請に必然的に劣後せざるを得ない。）。」

なお最高裁は、令和4年10月5日、調書決定により上告不受理・上告棄却を言渡し、控訴審判決が確定している。

(2) 両判決の検討と小括

両判旨を表面的に読む限り、原審（前掲東京地判令和3年2月15日）が株主共同の利益を図る義務がなかったとはいえないとした結果、取締役の債権者に対する義務を否定し、控訴審（前掲東京高判令和3年11月18日）はそれと逆の結論を取っているようにみえなくもない。しかしながら両者を精査すると、両者が前提とする「会社の危機時期」についての理解が異なっていることに気が付く。すなわち、原審（前掲東京地判令和3年2月15日）は、Ａ社が債務超過であったが支払不能ではなかったと理解しているのに対し、控訴審（前掲東京高判令和3年11月18日）は、Ａ社が倒産する危険性（支払不能）に直面していたと理解している。つまり両判決は、前提とするＡ社の財務状況に応じ、取締役の義務につき判断しているにすぎず、こと規範として取り上げる限り、両者

の規範は両立しうるのである。

　判例評釈でない本稿は、これ以上の検討は差し控え、ここでは、「会社の危機時期」が明確な一点として特定できるのではなく、一定の「幅」があることを指摘するにとどめたい。では、その「幅」のある危機時期において取締役は債権者に対しいかなる義務を負うか[7]。そのことを次に東京地判令和3年3月5日（平成31年（ワ）第9074号）を素材として考えていきたい。

3．取締役の債権者に対する義務1：清算型手続の場合

⑴　はじめに：東京地判令和3年3月5日（平成31年（ワ）第9074号）の事案

　まず東京地判令和3年3月5日（平成31年（ワ）第9074号）の事案につき簡単に紹介しておく[8]。これは、対象会社（B株式会社）につき破産手続開始決定が下された後、会社債権者（X）が取締役（Y）に対し会社法429条1項の対第三者責任を追及した事案である。本事件においてXはYにつき、「取締役らは、B社が代金の支払をすることができず、通常の取引を継続することもできない財務状況であったことを知りながら、弁済の具体的手当てを尽くすことなく、また、取引先に対する会社整理の方針の告知や、一刻も早い継続的取引契約の解除等をすることもなく、取り込み詐欺的取引を行った」と主張していた。

⑵　判旨

　「B社の経営陣は、製造コスト等の各種経費が増大する中、金融機関や親族から資金を借入れるなどしながら、これらのコスト削減策に取り組むとともに、取引先に対する単価見直しを試みるなどし、赤字経営とならないように努めていたものと認められるのであり、今から振り返れば、他に経営状態を改善するためのより効果的な方策を執り得る余地があったと認められたとしても、……Yが杜撰かつ放漫な経営を続け、これにより、B社の資金繰りが悪化した

---

[7]　この「幅」がある領域を Twilight Zone と定義し、かかる Zone 内における取締役の債権者に対する義務について検討するものとして、Andrew Keay, Peter Walton, Joseph Curl QC "Corporate Governance and Insolvency" (2022) p.108.

[8]　評釈として、武田典浩・判批・税務事例 56 巻 3 号 56 頁。

150　第2編　企業組織法　第1章　株式会社の機関

ものと認めることはできない。」

「同月（注：10月）26日より以前には、……Yが、B社において支払をすることができないにもかかわらず、それができるかのように装って、その支払債務を負担したり、取引先から商品を取得したりしたものと認めることはできず、同月10日の本件約束手形の振出や、同月26日より以前の納品の指示及び督促は、B社の取締役としての善管注意義務又は忠実義務に違反する行為であるということはできない」

(3)　検討

前掲東京地判令和3年3月5日も国際興業事件と同様、会社の危機時期に一定の幅がある事案である。ここで検討したいのは、その「幅」の中で取締役が何をしたのかということである。以下は、前掲東京地判令和3年3月5日の事実を時系列化したものである。

【前掲東京地判令和3年3月5日における時系列】

	B社	X
平成30年 10月10日	B社：手形を振り出してXに交付	
10月18日19日	Y：経営者向けセミナーに出席	
10月26日	弁護士に相談「破産手続開始の要件は満たしているが、自己破産申立てをするかどうかはよく考えるべき」	
10月31日	X：B社に対し商品①を納品	
10月31日	Yら→弁護士： 自己破産申立てを考えることを提案	
11月5日	X→B社：納品した商品①につき代金請求	
	X→Yら：B社仕様商品（商品②）の船積みがなされ、8日に到着する旨のメール	
11月6日	X→Yら：16日に商品②を納品する旨のメール	
	Y→X：自己破産する旨を告知（ただ本件契約を解除せず）	
11月9日	・事業停止 ・従業員らに対し告知	
	弁護士：破産申立受任通知を発送	

11月11日	X：商品②の船積みを中止	
	X：B社の配送センターから、X納品に係る商品（商品①等）を回収	
平成31年 2月18日	B社：破産手続開始決定	
2月20日頃		回収した商品（商品①等）を他に売却
令和2年 6月8日	B社：破産手続終結決定	

　以上の時系列表をみると、B社、そしてYにとってターニングポイントとなるのは、破産申立代理人（弁護士）が破産申立受任通知発送した時点である。通常の場合、受任通知発送に先立ち、申立代理人との間で委任契約を締結し、受任通知発送とほぼ同時にB社の社印は、申立代理人によって管理される。つまり事実上、B社の管理処分権限は取締役から申立代理人へと移転しているといってよい。そしてB社が破産手続終結決定を受けた時点で、かかる地位は、裁判所により選任された破産管財人の手に移ることとなる。申立代理人と破産管財人は別人物であるが、いずれも倒産実務家（IP: insolvency practitioner）たる弁護士である点で共通する。

　これを取締役（Y）サイドからみると、受任通知発送後は、取締役はIPのいわばマリオネットにすぎないといってよい。仮に取締役の債権者に対する義務を議論するとしたとしても、それはせいぜい前記のターニングポイントの時点までであり、同時点以降のマリオネットたる取締役の義務を議論しても仕方ない。

　清算型倒産手続（破産等）の場合、対象会社の管理処分権はIPたる破産管財人に移転し（管理機構人格説）、以後、管財人が破産手続を主宰する。他方、再生型倒産手続は、DIP型かそうでないかによって手続は大きく異なるが、いずれの場合であっても、手続と会社の管理運営は、実質的にはIPが所掌している。敢えて会社法の平面で取締役の債権者に対する義務を観念するとすれば、むしろIPにつき「影の取締役」性を議論すべきではないかと考える。

4. 取締役の債権者に対する義務2：再生型手続の場合

(1) 「企業」を再生する場合（Corporate Rescue）と
「事業」を再生する場合（Business Rescue）

3. では、清算型手続である破産の場面を前提として、「取締役の債権者に対する義務」を考えた。今度は、再生型手続・事業再生の場面を前提として、「取締役の債権者に対する義務」を考えてみることにしたい。その際、当該倒産・事業再生が「企業」を再生する場合（Corporate Rescue）か「事業」を再生する場合（Business Rescue）がに分けて議論する必要がある。最初にこの点を前提として説明しておこう。Corporate Rescue とは、対象企業自身が事業を営んでいく場合であり、Business Rescue とは、対象企業と対象企業が営む事業を切り分けて、事業のみの再生を図ろうとする場合である。Business Rescue として典型例なのは、第二会社を作り、対象企業が営んでいた事業を事業譲渡や会社分割等の手法を用い、第二会社に承継させ、第二会社の下で事業を継続するというスキームである。かかるスキームの場合、対象会社は、負債を抱えたまま解散することとなる。第二会社は「身ぎれい」になって事業を継続し、会社債権者は、重要なのは、個々の債権の弁済よりも、「第二会社」のキャッシュフローに着目し、「第二会社」の事業活動のキャッシュフローから回収を図っていくこととなる。

このように再生型手続・事業再生のやり方として、2つがあるところ、実務的に良く行われているのは、Business Rescue の方であるといっても過言ではない。そこで Business Rescue を前提として、「取締役の債権者に対する義務」を考えてみたい。

(2) Business Rescue の場合の特色

Business Rescue において、検討対象となる会社は、対象会社（元の会社）と第二会社の2つがあり、双方の会社の取締役につき検討していく必要がある。まず、対象会社についてみてみるに、Business Rescue のスキームの下では、対象会社は解散するので、対象会社の取締役につき「取締役の債権者に対する義務」を議論する意味が乏しい。一見すると3. の場合と同じであるようにも思われるが、多くの場合、スキーム実施前にすでにスポンサーの選定等必要な

手続が終わっているので（プレパッケージ型）、元の会社は、スキーム実施にあたり速やかに解散してしまう。このため、3. で述べたような議論が生じない。

「第二会社」についてみてみるに、身ぎれいになった「第二会社」は、平時・通常の会社なので、その取締役に「取締役の債権者に対する義務」を議論する必要がない。

5．議論のまとめ

以上のところからすると、「取締役の債権者に対する義務」は、対象会社に清算型倒産処理手続が単体で（Business Rescue の一環としてではなく）取られる場合、または Corporate Rescue の形で、再生型倒産処理手続や事業再生がなされる場合においてのみ実益がある議論であるといえそうである。

会社法では、倒産・事業再生のシチュエーションを意識せずに議論がなされることが多いが、実際の適用場面を見ていくと、「取締役の債権者に対する義務」という実体法上の議論は、倒産・事業再生という手続により、大きくその適用範囲が画されていかざるを得ないのである。

V．取締役の対第三者責任（会社法 429 条）の存廃論と　　新たな活用の可能性

1．問題の所在

「取締役の債権者に対する義務」を考えようする場合、取締役の対第三者責任について規定する会社法 429 条 1 項に対する目配りを欠かすわけにはいかない[9]。取締役の対第三者責任は、従前から、会社法上、会社債権者保護のための切り札たるべき規定であり、法人格否認の法理の代替的機能を果たすものと説明されており、法定責任説を取ることを明言する最大判昭和 44 年 11 月 26 日民集 23 巻 11 号 2150 頁は、そのリーディングケースとされてきた。

---

(9)　会社法 429 条 1 項は、直接損害、間接損害を包含すると解するのが通説であるところ、本稿の関心となるのは間接損害の事例である。

154　第2編　企業組織法　第1章　株式会社の機関

　ただ、前掲最大判昭和44年11月26日では、経営不振の対象会社が放置された状態で会社債権者が取締役に責任追求した事例であるが、かかる倒産状態の放置は今日ではまず考えられず、今日とは時代背景が違うのではないかとも思われる。そして対象会社に倒産手続が開始されるのが状態であるとした場合、倒産法における査定手続（会545条、破178条、民再143条、会更100条）と取締役の対第三者責任とは抵触してしまう。ここに、近時、取締役の対第三者責任廃止論が台頭する根拠があるのである。

　しかし、査定手続にも相応の手続的コストがかかるのも事実である。本稿では、近時の裁判例である大阪地判令和3年9月28日（令和元年（ワ）第5444号）を素材として[10]、会社法429条をミニ倒産手続として活用する可能性があるのではないかと提言したい。

2.　大阪地判令和3年9月28日（令和元年（ワ）第5444号）

　まず前掲大阪地判令和3年9月28日の事実関係を説明しておこう。X社は、C社に対し、特許権侵害の不法行為に基づき損害賠償等を求める訴え（大阪地方裁判所平成27年（ワ）第4292号：別件訴訟）を提起したところ、大阪地方裁判所は、平成30年6月28日、C社に対し、金1億1107万7895円余請求を認容する判決（別件判決）を言い渡した。C社は、同判決に対して控訴したが、知的財産高等裁判所は、令和元年6月7日、控訴を棄却する判決をし、別件判決は確定した。

　X社は、前記金員の一部（計700万円）につき、売買代金債権の差押え等により回収をしたが、その後令和2年12月7日にC社は破産手続開始決定を受けた（C社については、令和3年2月28日の時点で、回収済みとして破産管財人が保管している資産の額は124万9370円、届出のあった一般破産債権の総額は1億6969万3683円とされた。）。

　そこでX社は、製品乙の製造販売等を行ったC社代表取締役であったYに対し、特許権が侵害され損害を受けたとして、会社法429条1項に基づく損害

---

(10)　松嶋隆弘「会社法と特許法との交錯に関するケーススタディ～大阪地判令和3年9月28日（令和元年（ワ）第5444号）を素材として」IPジャーナル24号（2023年）40頁。

賠償及び訴状送達による催告の後の遅延損害金の支払を求め、提訴した。

3. 前掲大阪地判令和3年9月28日と倒産法との関わり

会社法429条1項は、倒産法とのかかわりでは抜け駆け回収を許容する可能性を内包する。ただ、こと前掲大阪地判令和3年9月28日の事案に関する限り、会社法429条1項によりXを救済することは一定の妥当性を有しているように思われる。前掲大阪地判令和3年9月28日において、C社に関し、届出があった一般破産債権の総額が1億6969万3683円であったところ、Xが別件判決に基づきC社に対して有している有名義債権は、1億1107万7895円余である。してみると5000万程度の違いがあるものの、主たる債権者はXのみであったといってよい。かかる場合、管財人の報酬等手続運営のコストを勘案すると、役員の責任の査定手続に基づき、債権者に対し追加配当をするよりも、会社法429条1項に基づく本件手続に乗せていった方が手続的にも安価であるといえそうなのである。

以上のところから、前掲大阪地判令和3年9月28日は、会社法429条1項と倒産法とのかかわりにつき、ごく限定的な場面において、前者による解決の有効性を示す一例としても意義があるということができそうである。

4. ミニ倒産手続として会社法429条を活用することはできないか

管見の限り、前掲大阪地判令和3年9月28日の事例において、「他の債権者」が当該手続に対し手続参加できれば、その限度で債権者平等の要請は満たされるように思われる[11]。もしも会社法429条にかような手続参加に関する規定を整備できたとすると、会社法429条は、ミニ倒産手続、ミニ査定手続としての機能を発揮することなる。かような手続は、一見すると屋上屋を架すことになるように見えなくもない。ただ、強制執行における収益執行（民執180条2号）と物上代位（民304条等）とが併存し、後者が「ミニ収益執行」として機能していることを想起すれば、かような制度設計もあながち不可能とまでは言い切れないように思われる。このように解することで、会社法429条の廃止

---

(11) 強制執行に対する配当要求（民執51条）に相当する手続をイメージしている。

論の意図をある程度くみ取りつつ、同条を存置し、相応な機能を発揮させることができるのではないかと考えている。本稿では、マクロな観点からの問題提起のみを行った。細部の検討は、今後詰めていきたいと考えている。

VI. 結びに代えて

本稿の結論は、以上である。本稿を閉じるに際し、今後この問題につき更なる検討を行い、各論を詰めていきたい。

会社法における評価規範への着眼の意義

三 浦 治

Ⅰ．はじめに

　本稿では、会社法の解釈論において行為規範と評価規範との区別を意識すべきと考える論点を、いくつか取り扱いたい[1]。行為規範・評価規範の語は次の定義にしたがう。すなわち、行為規範とは「ある行為のもたらす法的効果についての情報を提供することにより、行為者がある行為をするか否かを決定する際に、規準として働く規範」であり、評価規範とは「規範からの逸脱行為を評価するための規準を提供する」ものである[2]。

　一般的には、法規範は行為規範・裁判（裁決）規範・組織規範に区分されることが多い[3]。会社法には組織規範とも整理される規制も多いと思われるが（たとえば、公開会社は取締役会を置かなければならない〔会327条1項1号〕）、具体的には上記の複数の規範に属する規制も多いとされる[4]。同様に、行為規範と評価規範を区別するとしても、行為規範でもあり評価規範でもあるという規範が基本であろう。私法法規は「評価規範と行為規範とが、分離することは少ない」ともいわれる[5]。しかし、会社法には手続規制（行為規範）あるいは組織規範も多い（裁判所の行為規範もある〔たとえば（会831条2項)〕）。民事訴訟法

---

(1)　これまでの拙稿の繰り返しになる箇所も多いが、平成17年制定会社法のもとでも同様に考えうることを確認する記述などとして、ご容赦いただければ幸いである。

(2)　内田貴「民事訴訟における行為規範と評価規範」新堂幸司編著『特別講義民事訴訟法』（有斐閣、1988年）3頁、13頁。

(3)　たとえば、田中成明『法学入門〔第3版〕』（有斐閣、2023年）34頁。

(4)　たとえば、労働基準法15条1項・16条は、行為規範でも組織規範でも裁決規範でもあるとされる。前注・田中、36頁。

(5)　新堂幸司『新民事訴訟法〔第6版〕』（弘文堂、2019年）62頁。

学において着眼された「手続の安定性」に対する考慮の必要性は、民法規制よりも高いとも思われる。さらに、民事訴訟法とも異なって、一定の行為について利害関係者が多い場合もあり、当該行為の効力の画一的確定を確保すべき必要性が高い場合も多い（手続が積み重なったという場合でなくても両規範が分離することもある）。会社法の分野においても行為規範と評価規範とは一致することが基本であるが、その例外として「行為規範と評価規範の区別、その分離」を意識することも重要ではないかと思われる。

　なお、いわゆるソフト・ローをはじめ、近時の会社法学の議論状況は行為規範の側面が重要視（あるいは政策的考慮が重視）されているように思われるが[6]、本稿での行為規範は、あくまで条文が（直接・間接に）示す行為規範を対象としたい[7]。

Ⅱ．行為規範と評価規範との分離が明らかな論点

1．経営判断の原則

(1)　前提

　平成17年制定会社法は、取締役の会社に対する一般的責任規定（会423条1項）の要件として「その任務を怠ったとき」（以下、「任務懈怠」という）と定めた。取締役は会社と契約（就任契約・任用契約）を締結することによりその地位に就くと解した場合、当該契約内容を解釈すると、その法的性質は委任・準委任契約（民643条以下）であることは明らかであるから、会社法330条がなくとも委任の規定は適用される（同条は確認的・注意的規定である）。

　そして、民法644条の「委任事務を処理する」を、会社法は「その職務を行

---

(6)　ソフト・ローは、裁判規範ではない行為規範である。永井和之ほか『基本テキスト　企業法総論・商法総則』〔永井和之〕（中央経済社、2022年）3頁注1、伊藤靖史ほか『会社法〔第5版〕』〔大杉謙一〕（有斐閣、2021年）182頁、黒沼悦郎『会社法〔第2版〕』（商事法務、2020年）27頁など参照。

(7)　実務的な視点からの行為規範の意味（たとえば「実践的な行為規範」〔倉橋雄作「経営判断原則と信頼の原則を『よき意思決定』に活かす〔上〕」商事法務2369号（2024年）25頁〕といわれる側面）とも異なる。

う」と言い換えているから（会593条1項4項参照）、取締役の負ういわゆる善管注意義務は、「善良な管理者の注意をもって、その職務を行う義務」である(8)。そして「その職務」は、その取締役が負っている全職務を指すから、概括的に整理すると取締役が負う義務は善管注意義務に尽きるといえる（以下、「広義の意味の善管注意義務」という）。職務は取締役ごとにすべて異なるが(9)、義務違反に基づく損害賠償責任の観点から整理すれば、その任務は、善管注意をもって、①具体的法令（以下、いわゆる一般的義務規定を除いて具体的法令という)(10)・定款・株主総会決議を遵守すること、②会社の利益を犠牲にして自己または第三者の利益を図らないこと（いわゆる忠実義務）、③①②を遵守していることを前提として、その職務を行うこと、となる（①②③が職務であり、善管注意をもって①②③を行うことが広義の意味の善管注意義務であり、会423条1項のいう「任務」である）。②も「善管注意をもって、会社の利益を犠牲にして自己または第三者の利益を図らないようにすること」と解すべきである（広義の意味の善管注意義務〔任務〕の一内容である）。③が狭義の意味の善管注意義務である。

---

(8) 同じ会社の取締役であっても個々の取締役ごとに職務は異なるが（次注参照）、民法のように多様な委任契約を念頭に置く必要はないから、会社法においては「委任の本旨に従い」に特にこだわる必要はないのではないかと思う。

(9) たとえば、営業担当の取締役と労務管理担当の取締役の職務が異なるのは明らかである。個々の取締役の職務内容は、就任契約・任用契約によって定まる。ただ、その職務内容の中には法定されている職務（取締役会への出席など、取締役全員に共通の職務）もある。こうした法定の職務についても、善管注意をもって行うことが求められる（法定の職務を行うこと〔法令を遵守すること〕も、就任契約・任用契約の内容に含まれている）。

(10) 最判平成12年7月7日（民集54巻6号1767頁）は、平成17年改正前商法266条1項5号所定の「法令」につき、㋐取締役を名宛人とする民法644条、現会社法355条の規定（本稿では「一般的義務規定」という）、㋑これを具体化する形で取締役がその職務遂行に際して遵守すべき義務を個別的に定める規定、㋒商法その他の法令中の、会社を名宛人とし、会社がその業務を行うに際して遵守すべきすべての規定を含むとした。「具体的法令」は㋑㋒を指す。

なお、最判は、㋐の規定を「一般規定」としている。その取締役が行うすべての職務について（どのような特定の職務を行う際にも）遵守すべき規定だからであろう。㋑㋒も、法令遵守という抽象的な意味では同様だが、特定の職務を行う際に問題となる法令は特定されるから（すべての法令ではないから）、一般規定とはされなかったのであろう。

160　第2編　企業組織法　第1章　株式会社の機関

(2)　経営判断の原則の意義

アパマンショップHD事件（最判平成22年7月15日判時2091号90頁）におい
て、最高裁は、「その決定の過程、内容に著しく不合理な点がない限り、取締
役としての善管注意義務に違反するものではないと解すべきである」と判示し
た。これがいわゆる経営判断の原則を示す定式だとして[11]、この内容は評価
規範（裁判所の判断基準）を示したものであって、行為規範には直結しないとい
うことは明らかであろう。この評価規範から「法令等に違反しない限り、そし
ていわゆる忠実義務違反があると判断されない限りは、著しく不合理でない判
断をすればよい」とか、「著しく不合理でないと評価されない判断をしなけれ
ばならない」という取締役の行為規範を導き出すことは、それこそ著しく不合
理である。

　少なくとも法的に任務懈怠の有無が問題とされるような取締役のいわゆる経
営判断は[12]、一回限りの判断といってよい。たとえば、セメダイン・セメダ
イン通商事件（東京地判平成8年2月8日資料版商事法務144号111頁）では、アメ
リカ企業との合弁会社について、当該アメリカ企業から当該合弁会社の株式を
買い取るという経営判断の是非が問題とされたが、仮に当該合弁会社が倒産す
れば、アメリカでの営業基盤を失い、日本国内においても顧客の信頼を裏切る
結果となり、国内営業においても重大な事態に立ち至る可能性が大きいといっ
たことも、当該経営判断の考慮要素であった。当時のセメダインの事業状況、
合弁会社の状況、アメリカ企業との経緯、より広くはアメリカの経済状況やそ
の後の動向の見込みなども判断材料である。セメダインの取締役は合弁会社の
事業だけを念頭においてよいわけではなく、他の事業も含めたセメダイン自体
およびグループ会社全体を視野に入れた判断が求められる。仮に、後にまた同
様の買い取り事案が出てきたとしても、同一の状況ではありえない。訴訟にお
いては、「原告が問題とした経営判断」についての義務違反の有無が問題とさ

---

(11)　この点については議論もあると思われるが（筆者はこの判示内容に賛成であるが）、本稿での論
　　述には関係しないため、取り扱わない。
(12)　法的に「経営判断」を積極的に定義することは不可能である。経営判断の原則によって義務違
　　反の有無が判断される「経営判断」であっても、積極的な定義はできない。「経営判断」という語
　　自体は日常用語である。

れるわけだが、常に一回限りの経営判断が問題となる[13]。そして「経営」についての判断であるから、唯一絶対の正答があるわけではない。

こうしたケース・バイ・ケースの状況における判断について、裁判所が「その状況においてはこう判断すべきであった（するべきではなかった）」との義務をたてることは事実上も無理であり、法的には不適切である（裁判所が会社の絶対的な代表取締役・代表執行役・取締役であることと同視すること―つまり国家が各株式会社の最高の業務執行権限を有すること―になる）。「著しく不合理」とは、「合理的な判断」「著しくない不合理な判断」「著しく不合理な判断」というように区分したうえで裁判所がそのどれにあてはまる経営判断かを評価する基準ではない。（「合理的な判断であることは明らか」という評価はありうるかもしれないが）「合理的な判断」か「著しくない不合理な判断」かを区別することは―法的には―できないし、裁判所がそのような区別をすることは不適切であるからである（そのためには、その状況における義務をたてないといけない）。「著しく不合理な判断」とは、「不合理であることが明らかな判断」「どう見ても不合理な判断」を指す。経営判断の原則を、「著しくない不合理な判断」の場合も「不合理な判断」であるから本来なら義務違反となるところ、経営判断であるから義務違反と判断しない評価規範であるといった、責任を緩和するための判断基準であるなどと捉えることはできない。

また、経営判断の原則の根拠として、アメリカ法に倣って、経営を萎縮させないための政策的な考慮に基づくものだとしてもよいが、それはあくまで副次的な根拠であり、主たる根拠は、「経営」という職務の性質から取締役に大幅な裁量が認められる「経営の自由」に対して国家（裁判所）が立ち入ってよい範囲を画しているところにあると解される。

このように、経営判断の原則は、狭義の意味の善管注意義務違反の有無についての判断基準でありながら、当該状況における当該取締役が負っていた義務内容をたてることなく義務違反の有無を判断する基準であり、その点に意義が

---

[13] 原告が、賠償されるべき損害を示し、それを導いた（因果関係のある）決定を特定するわけだが（原告の思考の順序を記しているわけではない）、それがその訴訟における「経営判断の内容」である。なお、実行された当該「内容」の決定に至るまでの「過程」も、判断とその実行行為の積み重ねである。

ある。すなわち、① 日常用語としての経営判断の是非の問題であること、② 具体的法令違反等がないこと、③ いわゆる忠実義務違反がないこと、そして ④ 当該状況における当該取締役の善管注意義務の具体的内容を裁判所がたてるべきでない判断であることである。ただし、明らかに不合理と判断される場合は、その明らかに不合理な点を捉えて義務をたてることができるであろうから、結果的には、経営判断の原則の定式が示される場合は義務違反なしと結論されるケースである。このことが、経営判断の原則が義務違反を認定しないための判断基準とか、責任を軽減する判断基準と誤解された原因である。つまり、理論上、経営判断の原則は義務違反かどうかを判断するための判断基準であって、義務違反なしとするためのものではないが、実際上は、この定式が示されるということは、裁判所が義務違反なしと判断した結果であるということである。

　ともかくも、経営判断の原則の内容をどのように解そうとも、行為規範に結びつかない評価規範と位置づけるべきであることには異論がないものと思われる（経営判断の原則の定式は、裁判所が、その状況における取締役の具体的義務〔具体的な行為規範〕を定立できない場合に示されるものである）。そして、ここでの行為規範は法定されているものであるが、その内容は非常に抽象的である。つまり、「その状況において、会社の最善の利益のために、善良な管理者の注意をもって、経営判断を下すべきである」としかいえない。

2．必要な決議のない募集株式の発行等の効力

　行為規範（義務賦課規範）が具体的に明確に法定されている場合の例としては、公開会社において必要な取締役会決議・株主総会特別決議を経なかった募集株式の発行等の効力の問題があげられる[14]。場合に応じてそれらの決議が必要であることは明確に法定されているが（会199条1項2項、201条1項）、この行為規範に反した発行等の効力は有効と解されている（最判昭和36年3月31

---

[14] 種類株式発行会社において譲渡制限株式の発行等に際して種類株主総会決議を欠いた場合（会199条4項参照）、支配株主の異動を伴う場合に一定割合の株主からの反対通知があったにもかかわらず株主総会普通決議を欠いた場合（会206条の2第4項、同項但書にあたる場合を除く）の議論を除いておく。

日民集15巻3号645頁、最判昭和46年7月16日判時641号97頁など)。

　小規模で閉鎖的な会社であれば無効と解してよいのではないかとの解釈論も
ありえたかもしれないが(不公正発行の場合は大いに議論された)、不公正発行の
場合の最判平成6年7月14日(判時1512号178頁)が示したような考慮がここ
でも働いていたと思われる。すなわち、最判平成6年は、「新株の発行が会社
と取引関係に立つ第三者を含めて広い範囲の法律関係に影響を及ぼす可能性が
あることにかんがみれば、その効力を画一的に判断する必要があり、右のよう
な事情(発行された新株がその会社の取締役の地位にあるものによって引き受けられ、
そのものが現に保有していることとか、新株を発行した会社が小規模で閉鎖的な会社で
あることなど─筆者注)の有無によってこれを個々の事案ごとに判断することは
相当でない」とした。ケース・バイ・ケースで判断する評価規範は望ましくな
く、画一性が求められることを示した。つまり、個別の事情に応じて個々の事
案ごとに判断することが否定されたわけである。

　利害関係者の多い株式会社を念頭において議論されており、また、公開会
社・非公開会社の区別がない時代において、個々の事案ごとに効力を違える評
価規範が、新株発行の効力が争われている事案では望ましくない、という考慮
も理解できないわけでもない(現在は、非公開会社については、株主割当て以外の
方法による発行等について最判平成24年4月24日民集66巻6号2908頁参照)。しか
し、これが行為規範になってはならない評価規範であることにも異論はないだ
ろう(利害関係者が多数にのぼることが念頭におかれている)。

3. 招集通知もれがあった取締役会決議の効力

　行為規範の明確性という点では2.の場合と同じだが、ケース・バイ・ケー
スの判断になってもよい点では異なる問題として、最判昭和44年12月2日
(民集23巻12号2396頁)の判示があげられる。「取締役会の開催にあたり、取
締役の一部の者に対する招集通知を欠くことにより、その招集手続に瑕疵があ
るときは、特段の事情のないかぎり、右瑕疵のある招集手続に基づいて開かれ
た取締役会の決議は無効になると解すべきであるが、この場合においても、そ
の取締役が出席してもなお決議の結果に影響がないと認めるべき特段の事情が
あるときは、右の瑕疵は決議の効力に影響がないものとして、決議は有効にな

164 第2編 企業組織法 第1章 株式会社の機関

ると解するのが相当である……。」

　招集通知もれがあっても、取締役会決議の効力に影響を与えない場合があることが判示されたが（特段の事情のひとつとして「その取締役が出席してもなお決議の結果に影響がないと認め」られる場合）、これが、「決議の結果に影響がないと認められる取締役には、取締役会の招集通知を発しなくてよい」という行為規範を示すことにならないことは明らかである。事前に全員の同意がある場合を除き、取締役会開催にあたり出席義務のある者すべてに招集通知を発すべきという行為規範は法定されているものであるが（会368条1項2項、373条2項、なお383条1項、417条3項4項5項）、（この判決がなくとも）この条文の解釈としても上記のような行為規範を示すものと解することは不適切である。本判決も、「たんに名目的に取締役の地位にあるにすぎない者に対しては右通知を発することを要しないと解すべき合理的根拠はない」とする[15]。

　一部の取締役に招集通知もれがあった取締役会で一定の決議が行われた場合に、事後的にその決議の効力を判断するに際しての評価規範は、行為規範に結びつかない。法律関係の安定性確保という考慮がはたらく結果である。しかしここでは、招集通知もれがあった取締役がいかなる者であるかはケース・バイ・ケースで、事例によって異なる。ある取締役が決議の結果に影響があるかないかを事前に取締役会招集権者に判断させることの不適切さもある。

　出席しても決議の結果に影響がないと認めるには慎重な判断が求められると思われるが、仮にそのように判断できる場合や、招集通知を発しても出席しなかった（できなかった）ことが明らかであるといえる（重度の病気・けがなどで入院中など）場合などにおいて、決議の安定性を考慮することには－行為規範にならない評価規範として－賛成できよう（株主総会決議ではなく取締役会決議であることもあり、ケース・バイ・ケースで判断しうる）[16]。

---

(15) 上告理由のひとつ（いわゆる名目的な取締役に対しては招集通知を発しなくてよいと解すべきであるから、これと異なる解釈を採った原判決は破棄されるべき）に対して、その主張を否定した箇所である。

Ⅲ．評価規範を重視すべき論点

1．評価規範が行為規範に反する行為を導く可能性があることを考慮しなければならない論点

　定款に記載がない財産引受契約は無効である（会28条2号、同号について「その効力を生じない」〔同条柱書〕とは、財産引受契約が無効であるとの意味と解される）。ただ、この場合に、成立後の会社が当該契約を追認することができる無効と解すべきか否かが争われている。判例は、追認も認められない無効（絶対的無効）と解している（最判昭和28年12月3日民集7巻12号1299頁、最判昭和42年9月26日民集21巻7号1870頁、最判昭和61年9月11日判時1215号125頁－ただし、会社からの無効主張が信義則に反するとされた事例）。

　追認を認めるとすると（以下、「追認肯定説」という）、成立後の会社は追認するかどうかの自由を与えられる（成立後の会社の行為として必要な要件〔たとえば会467条1項5号、309条2項11号〕は充たす必要がある）。つまり、追認をした方が会社に利益になるときは追認をし、会社に不利益になるときは追認をしないということになる。追認肯定説は、会社からの追認の意思表示のみで、そして財産引受契約時に遡って、当該契約の効力が生じることを可能とするために、この場合の追認は民法119条但書による追認（無効な行為の追認）ではなく、民法116条による追認（無権代理行為の追認）を認めることが必要となり、設立中の会社の実質的権利能力という概念を用いることになる[17][18]。

---

(16) 法の建前からすると、決議の結果に影響がない取締役の存在を認めるわけにはいかないが、他方で、わが国の場合にはそうした取締役が多数存在することも事実であろう。
　　　なお、すべての議題について興味関心のない取締役もいるだろうが、特定の議題については知識や情報に通じている取締役もいるだろうから、ある取締役を一般に「名目的取締役」と決めつけてしまうには慎重である必要がある（最判昭和44年が「名目的」という語を使っているのも、上告理由の記載をとりあげているだけだと思われるし、そもそも裁判所は特定の事案を取り扱うものであるから、ある取締役を一般的に「名目的取締役」と性格づける必要性もない）。
(17) 追認を認めない見解にとっては、設立中の会社の実質的権利能力という概念は（まったく不要ということではないものの）それほど意義の大きな概念ではないのに対して、追認肯定説にとってはその理論構成に不可欠の重要な概念である。

166　第2編　企業組織法　第1章　株式会社の機関

しかし追認を認めることになると、財産引受契約はいっさい定款に記載しないことが、会社にとって最善の方策ということになる[19]。定款記載は会社側の行為であり、取引の相手方が関わることではないため、取引安全や法律関係の安定性などに配慮した解釈論ではないが（追認肯定説は、取引の相手方はいったん契約をしたのだから不利益を被ることはないとして、会社の利益のために解釈する）、純粋に変態設立事項が法定されている趣旨から考えると、法定の行為規範（義務賦課規範）を無視する行為が会社にとって最善の行為となるという解釈は、採られるべきではないだろう[20]。

　この論点は、定款に記載がない場合をさらに細かく場合分けして論じられているわけではないし、（追認肯定説によれば）追認の態様にもいくつかのバリエーションがあるというわけではないので（追認を認めるかどうかの二択しかない）、評価規範が行為規範に直結する論点と考えられる。そうすると、どういう行為を法が求めているかを重視した解釈が採られるべき論点（会社の利益と取引相手方の利益とを衡量して結論すればよいという論点ではない）と位置づけられ、評価規範としても追認は認められないと解されるべきことになろう。

　ちなみに、追認を認めない見解が主たる根拠とする「会社財産の確保」という観点からは、定款に記載がなくとも、会社法33条10項に該当するため検査役の調査は不要であり、しかも事実上同法46条1項1号2号の調査は受けたと解される場合は、定款に記載されていた場合と同視してもよいようにも思われる。しかし、ここでの着眼点からは、やはり追認は否定されるべきであろう。

　なお、追認肯定説のように民法116条を類推適用できるように理論構成をす

---

(18) ただし、同一性説を採らない立場から、民法119条但書の解釈として、会社からの追認の意思表示のみで、財産引受契約時に遡って当該契約の効力が生じることを認めるものと解し、民法119条但書による追認を認める見解もある（山本爲三郎『会社法の考え方〔第13版〕』（八千代出版、2024年）45頁）。

(19) 追認肯定説を採ると制度は空洞化するとする近時の文献として、伊藤ほか・前掲（注6）〔大杉〕。

(20) いずれにしても容易に潜脱はできるから、追認否定説にはあまり意味がないとする見解もあるが（髙橋美加ほか『会社法〔第3版〕』〔笠原武朗〕（弘文堂、2020年）457頁）、立法論としてはともかく、現実には法規制に意味がないということを根拠とする解釈論は、ほかによほどの根拠が付加されない限り、採るべきではないのではないか。

る（設立中の会社の実質的権利能力という概念をたてて、無権代理の構造に類似していると構成する）のではなく、民法119条但書の適用であれば、（民法学における通説にしたがえば）取引の相手方の意思表示も求められることになるので、この追認を否定する必要性はないと思われる。

2. 評価規範への着目が行為規範をめぐる見解の対立を解決すると思われる論点[21]

　役員および会計監査人は、いつでも、株主総会決議・種類株主総会決議によって解任することができる（会339条1項、347条1項2項、なお309条2項7号、324条2項）。また、執行役は、いつでも、取締役会決議によって解任することができる（会403条1項）。そして、解任された者は、その解任について正当な理由がある場合を除き、会社に対し、解任によって生じた損害の賠償を請求することができる（会339条2項、403条2項、以下、「本条」という）。これに関して、「経営判断の失敗」が、取締役の解任の正当な理由にあたると解するかどうかが争われてきた（執行役についても同様の議論があてはまると思われるが、以下、単に「取締役」とする）。

　正当な理由にあたるという見解（以下、「肯定説」という）は、あたらないとすると、取締役は、経営判断の失敗に対する損害賠償責任を負うことはなく、しかも解任による損害賠償を得るという結果になるから、会社側にコストがかかることになり、解任の自由に事実上の歯止めをかけてしまうとする[22]。この論点を提起した見解がこのように解していることから、ここにいう「経営判断の失敗」とは、「広義の意味の善管注意義務違反がない失敗」を対象としていると解される[23]。また、一回限りの判断が議論の対象とされている（その判断が下されるために、より細かな判断が積み重ねられていてもよいが、別の内容の複数の経営判断も含めて議論されているわけではない）と解される[24]。

　それに対して、それは正当な理由にはあたらないとする見解（以下、「否定説」という）は、報酬請求権を喪失するリスクを負わせる形で取締役の経営判断を

---

(21) この項の論述は、従前の拙稿（「取締役の行為に関する行為規準と審査規準——アイゼンバーグ教授の見解を手がかりとして——」戸田修三先生古稀記念図書刊行委員会編『現代企業法学の課題と展開』（青林書院、1998年）253頁）と完全に重なる内容となっているが、議論の対象を明確にした箇所もあり、あらためて論述することにご海容をいただければ幸いである。

168　第2編　企業組織法　第1章　株式会社の機関

制約すべきでないとする[(25)]。

　これらの見解は、議論の対象となる「経営判断の失敗」の意義については共有しながらも、それが正当な理由にあたるかどうかの結論において正反対である。ただし、いずれも、これから利害関係者をどう行動させるべきか・させるのが望ましいかといった、行為規範の次元での議論である。すなわち、肯定説は株主総会における自由な解任の判断に歯止めをかけてしまうことを憂慮し、否定説は取締役の自由な経営判断に歯止めをかけてしまうことを憂慮しているわけである。そうすると、この限りでは理論的にこの対立が解決されることはないのではないかと思われる。当事者をどのように行動させるのが望ましいか

---

(22)　近藤光男「会社経営者の解任」『会社支配と株主の権利』（有斐閣、1993年、初出、1985年）152頁、173頁など。近時の文献として、古川朋雄「取締役解任の正当理由の意義」榊素寛ほか編『近藤光男先生古稀記念　コーポレート・ガバナンスのフロンティア』（商事法務、2024年）137頁、153頁、梅津昭彦・後掲（注24）。

　　なお、広島地判平成6年11月29日（判タ884号230頁）は、「……正当事由には、取締役として不適格であったり、業務執行に支障を生じるような事情があることは勿論、経営判断の誤りによって会社に損害を与えた場合も含まれるものというべきである」とした。ただし、この判決が本事案で正当な理由にあたるとした事情は「経営判断の失敗」だけではないし、そこで「経営判断の誤り」とされたものも複数の判断を指している。いわゆる職務への著しい不適任・経営能力の著しい欠如を正当な理由に含める立場（通説）からは、正当な理由にあたる事案ということもできようし、正当な理由にあたることに争いがないであろう「心身の故障」も認定している。上記判示部分が、本文で後述する意味での「経営判断の失敗」であっても正当な理由にあたると示したものとまでは捉えられないであろう（今井潔「本判決判批」判タ948号（1997年）68頁、72頁など）。

(23)　前注・今井、72頁。経営判断について善管注意義務違反があるとされるのであれば、正当な理由にあたることに争いがないであろう、職務遂行上の著しい法令・定款違反行為にあたることになる。なお、根本伸一「親子会社を兼任する取締役に関する解任の正当な理由——東京高判令和4年9月7日資料版商事法務465号103頁（令和4年（ネ）第1711号　損害賠償請求控訴事件）——」法律論叢96巻1号（2023年）117頁、127頁参照。

(24)　要するに、取締役の対会社責任の事例において、「その経営判断が下され、そのとおりに実行されたことによって会社に損害が生じた、ゆえに会社に対して当該損害を賠償せよ」と主張されるケースと同じ意味での経営判断が念頭に置かれて議論されてきたと思われる。

　　ただし、「経営判断の失敗」を広く捉える見解もある。近時の文献として、梅津昭彦「株主による取締役の解任について——株主の権利と取締役解任理由の正当性の観点から」榊ほか編・前掲（注22）107頁、134頁。

(25)　江頭憲治郎「判批（東京高判昭和58年4月28日判時1081号130頁）」ジュリ865号（1986年）111頁、113頁、同『株式会社法〔第9版〕』（有斐閣、2024年）419頁注7、潘阿憲「取締役の任意解任制」小出篤ほか編『前田重行先生古稀記念　企業法・金融法の新潮流』（商事法務、2013年）79頁、112頁など。

という政策判断にかかっており、理論的な解決は期待できないからである。さらに、解任自体に理由は不要であるが正当な理由がない場合には損害賠償が認められるという本条の意義をめぐる理論的な対立にまで遡るとすれば（この次元での対立は、本条が定める損害賠償責任の法的性質の議論にも結びつく(26)）、なおさら解決の途は遠い。

　では、評価規範の次元で考えてみるとどうなるか。ここで重要なのは、（当然のことのようであるが）本条の適用いかんをめぐって訴訟で争われる場合を想定すべきであることである。そして、肯定説に立つ場合、解任された取締役は、訴訟において、たとえば（会社に損害をもたらした経営判断について）「たしかに会社に損害をもたらした経営判断だったかもしれないが、それは経営判断の失敗によるものではなく、不運によるものだったのだ」などと主張すると考えられる。すなわち、「経営判断の失敗は解任の正当な理由にはあたらない」という主張もするかもしれないが、それより重要なことは、「そもそも当該経営判断は失敗ではない」と主張するだろうということであり、つまり「失敗といえるかどうか」が争点となる。だとすると、裁判所は、広義の意味の善管注意義務違反がない経営判断について、それ自体失敗していたから会社に損害が生じたのか、失敗していたとはいえないが、（たとえば）予見できない不運によって会社に損害が生じたのかを判断しなければならないことになる。しかしこれは、義務違反があるかどうかの判断を超えた経営評論であって、一定の法的効果を生ぜしめる法的判断と解することは不適切ではないか。そうした判断の適否について裁判所が立ち入る資格は認められない領域ではないだろうか。ある経営判断が、日常用語的には失敗かどうかが議論になりうるとしても、本条の解釈論としては訴訟において争われることを念頭におかないわけにはいかず、その局面を視野にいれたときに、裁判所の判断としてどこまでが許容されるのかを考えざるをえない。評価規範の次元で考えてみると、肯定説は採れないということになる。

　この論点は、行為規範の次元では解釈論の対立は解消されないが、評価規範

---

(26) なお、詳論はできないが、この点については特別法定責任説を是と考えており、以下の論述も
　　それを前提としている。

の次元で考えれば対立は解消される論点といえるのではないだろうか。そして、特定の経営判断が会社に損害をもたらしたことに基づく取締役の解任については、広義の意味の善管注意義務違反があれば（著しく不合理と評価される経営判断が問題になる場合も含まれる）正当な理由はある、義務違反がなければ正当な理由はない、と解すべきであろう（厳密に論理的には会社の損害の有無は関係ないが）。なお、この議論の最大の問題点は、「失敗」の語の法的意義が明確にされないまま論じられることが多いことにあると思われる。日常用語としての「失敗」を用いて表現するならば、「広義の意味の善管注意義務違反がある経営判断の失敗」は正当な理由にあたる、「それ以外の経営判断の失敗」はあたらない、ということになる。

　なお、正当事由にあたるかどうかについて争いがある、職務への著しい不適任・経営能力の著しい欠如は、「著しい」かどうかが判断基準とされており、そのように判断しうる場合に限定されているのであるから、裁判所が判断しえないとまで解するのは不適切であろう。もちろん最終的には裁判所の認定にかかるが、理論的には、前述Ⅱ.1.と同じく、「どう見ても不適任・能力の欠如」と評価できる場合に限られるということになろう。

Ⅳ．おわりに

　筆者が行為規範と評価規範の分離論に接したときから、特に会社法学における動きは大きいと思われる。そのひとつは、前述Ⅰ.にもあげたように、ソフト・ローの発展であろう。それに伴い、行為規範の意義も、評価規範の意義も、従来どおりの理解でよいとも思われなくなっている。本質に変化はないとしても、どのように整理していくべきかについて、今後とも考えていきたい。

取締役のサイバーセキュリティに関する
義務についての考察

山 岡 裕 明

Ⅰ．はじめに

　サイバーリスクは昨今大きく変容しており、企業としてサイバーリスクはもはや看過できない重大かつ緊急性の高いリスクになりつつある。

　すなわち、従来のサイバーリスクといえば、2014 年に発生した大手通信教育事業者からの個人情報の漏えい事件に代表されるような個人情報の流出事案であったといえる。個人情報の漏えい事案は、漏えいした個人情報の主体から精神的損害に係る損害賠償請求がなされたり、個人情報保護法上の問題となることはあるものの、事業を中断するほどの深刻度ではなかったといえよう[1]。

　ところが、昨今のサイバーリスクは事業継続を脅かすほどにその深刻度が変容している。すなわち、サイバー攻撃のなかでもランサムウェア攻撃は、電子ファイルの暗号化を引き起こして当該電子ファイルを利用できなくさせる。その結果、電子ファイルによって構成されるアプリケーション、ソフトウェア、システムに依拠する事業は中断に追い込まれることとなる。実際に、2021 年10 月に徳島県つるぎ町の町立半田病院で起きたランサムウェア攻撃事案（以下「半田病院事案」という。）の報告書において[2]、「サイバー攻撃を受け、具体的にはランサムウェアに感染し、電子カルテ等、病院内のデータが暗号化され、

---

(1)　東京高等裁判所令和 2 年 3 月 25 日判決では、賠償額として一人当たり 3300 円が認定されている。

(2)　つるぎ町立半田病院コンピュータウイルス感染事案有識者会議「徳島県つるぎ町立半田病院コンピュータウイルス感染事案　有識者会議調査報告書」（2022 年 6 月 7 日）https://www.handa-hospital.jp/topics/2022/0616/report_01.pdf。

利用不能になり、その後 2 か月間に及んで、治療行為を含む正常な病院業務が滞った」と記載されている。まさにサイバーリスクが顕在化したことにより、医療サービスという事業の継続が中断に追い込まれた例といえよう。

　TrendMicro 社[3]によると、ランサムウェア攻撃による業務停止期間は、国内平均 13 日、海外平均 15.1 日となっており、ランサムウェア被害経験組織の累計被害額の平均は 1 億 7689 万円となっている。

　以上を踏まえると、事業継続を脅かすほどにサイバーリスクの深刻度は増しており、サイバーリスクに備えることは企業経営上の喫緊の課題に他ならない。

　このサイバーリスクを会社法の観点からみると、仮に取締役がサイバーリスクを防止するべき何らかの義務を負っているとして、それにもかかわらず当該義務に違反したために企業がサイバー攻撃を受けて損害が発生した場合には、当該取締役は会社に対して損害賠償責任を負うことになりかねない。そして、当該責任は、主に株主代表訴訟において問われることとなろう。

　サイバー被害は日々発生しているものの、本稿執筆時点において国内における株主代表訴訟は確認できていない。そのため、取締役のサイバーセキュリティに関する責任についての議論は十分とはいえない状況にある。

　本稿においては、今後起こり得る株主代表訴訟を想定して、取締役の義務の内容を考察するものである。

　筆者は、企業のサイバーセキュリティを専門に取り扱っているが、その始まりは 2016 年に執筆した拙稿「情報漏えいと取締役の情報セキュリティ体制整備義務」[4]である。同稿の執筆にあたっては、福原紀彦先生に多大なご指導を頂戴した。本稿を著すことが、些かなりとも福原先生からのご恩に報いるものとなれば幸いである。

---

(3)　TrendMicro 社 =CIO Lounge「サイバー攻撃による法人組織の被害状況調査」(2023 年 11 月 1 日付)。
(4)　中央ロー・ジャーナル　14 巻 3 号 (2017 年)。

Ⅱ．サイバーセキュリティ体制構築義務

　会社法上、取締役のサイバーセキュリティに関する義務はどのように考えられるか。

　取締役は善管注意義務・忠実義務の一内容として、内部統制システム構築義務（会348条3項4号、362条4項6号等）を負うと解されている。内部統制システムとは、裁判例を踏まえると「会社が営む事業の規模、特性等に応じたリスク管理体制」をいい、会社法の文言上は「業務の適正を確保するために必要なものとして法務省令で定める体制」をいうものとされている。この「法務省令」の一つである会社法施行規則の100条1項2号には「損失の危険の管理に関する規程その他の体制」の整備が規定されているところ、サイバーセキュリティに関するリスクが会社に重大な損失をもたらす危険のある場合には、このサイバーセキュリティ体制は「損失の危険の管理に関する体制」に含まれ得る。

　そして、上述のとおりランサムウェア攻撃による業務停止期間は国内平均13日、海外平均15.1日となっており、ランサムウェア被害経験組織の累計被害額の平均は1億7689万円となっている以上、サイバーセキュリティに関するリスクはもはや会社に重大な損失をもたらす危険といえる。

　そのため、サイバーセキュリティ体制の構築は内部統制システム構築義務の一環として取締役の義務とされ、取締役の内部統制システム構築義務には、適切なサイバーセキュリティを講じる義務が含まれ得ると解することができる[5]。

---

[5]　ただし、東京地判令和4年7月13日（いわゆる東電事案）では、自然災害に起因する被害について、認識可能性を踏まえて善管注意義務違反の任務懈怠を認定しており、「被告らには、いずれも、津波対策に係る取締役としての善管注意義務違反の任務懈怠……が認められるから、……内部統制システムとしてのリスク管理体制構築義務違反に係る任務懈怠……について判断する必要はない。」とする。当該裁判例の射程は明らかではないものの、サイバーリスクについてもその認識可能性が高いものについては、端的に善管注意義務の内容となり、内部統制システムとしてのリスク管理体制構築義務の対象にはならず、また、後述のように経営判断原則の対象とはならない可能性があることに留意が必要である。

174 第2編　企業組織法　第1章　株式会社の機関

　そして、サイバーセキュリティ体制の構築および運用が内部統制システム構築義務の一環として取締役の義務であることの帰結として、構築したサイバーセキュリティ体制が当該会社の規模や業務内容に鑑みて適切でなかったり、構築されたサイバーセキュリティ体制自体は適切なものであったとしてもその体制が実際には定められたとおりに運用されておらず、かつ、取締役がそれを知り、または注意すれば知ることができたにも関わらず、長期間放置しているような場合には任務懈怠責任が生じ得る。

　もっとも、サイバー攻撃により損害が発生したことから直ちに取締役の任務懈怠責任が肯定されるわけではないことに留意が必要である。

　すなわち、企業ごとに事業内容や規模、経営状態が異なるため、それぞれの実情に併せて内部統制システムの内容を決定する必要があり、その決定には高度な経営上の知見・経験を必要とする。そのため、取締役に広い裁量が認められるべきであるから、義務違反の審査は経営判断の枠組みによって行うことが適当であるとされる[6]。

　サイバーセキュリティは、まさに充てるべき予算の上限、企業の守るべき情報資産、ネットワークの構成、確保できる人材が企業の事業内容や規模、経営状態に応じて様々であることから、高度な経営上の知見・経験を踏まえた判断が必要となる。そのため、企業のサイバーセキュリティについても経営判断原則が適用されるべきであり、その判断の過程、内容に著しく不合理な点がない限り、取締役としての善管注意義務に違反するものではないとされるべきである[7]。

　なお、取締役のサイバーセキュリティに関する義務は近年認識されつつあり、2022年6月17日サイバーセキュリティ戦略本部「重要インフラのサイバーセキュリティに係る行動計画」では、重要インフラ分野に限ったものであ

---

(6)　田中亘『会社法〔第3版〕』（東京大学出版会、2021年）285頁、東京地判平成21年10月22日判時2064号139頁。

(7)　野村修也「批判」会社法判例百選（2006年）125頁は、リスク管理体制の構築にあたり、最低限の水準を満たすか否かについて経営判断を行う余地はないとして、経営判断の原則の適用を否定する。かかる見解に立つならば、最低限のサイバーセキュリティの構築・運用にあたっては経営判断の原則の適用が否定されることとなる。

るが、「経営層の内部統制システム構築義務には、適切なサイバーセキュリティを講じる義務が含まれ得る」、「組織の意思決定機関が決定したサイバーセキュリティ体制が、当該組織の規模や業務内容に鑑みて適切でなかったため、組織が保有する情報が漏えい、改ざんまたは滅失（消失）若しくは毀損（破壊）されたことにより会社に損害が生じた場合、体制の決定に関与した経営層は、組織に対して、任務懈怠（けたい）に基づく損害賠償責任を問われ得る。」と明記された。

　また、経済産業省及び独立行政法人情報処理推進機構によるによる「サイバーセキュリティ経営ガイドライン Ver 3.0」[8]（以下「経営ガイドライン」という。）においても、「企業活動の多くをデジタル環境に依存する現在、会社法の求める内部統制システムの構築や必要な体制の整備、コーポレートガバナンス・コードに基づく開示と対話等において、サイバーセキュリティに関するリスクを考慮しなければ実態に即したものにはならず、サイバーセキュリティを包含するエンタープライズリスクマネジメントの実践が求められている」とし、「経営者は、組織の意思決定機関が決定したサイバーセキュリティ体制が当該組織の規模業務内容に鑑みて適切でなかったため、組織が保有する情報の漏えいなどにより会社や第三者に損害が生じた場合、善管注意義務違反や任務懈怠（けたい）に基づく損害賠償責任を問われ得るなどの会社法・民法等の規定する法的責任やステークホルダーへの説明責任を負う」と明記されている。

Ⅲ．サイバーセキュリティ体制の構築にあたっての留意点

　上記の通りサイバーセキュリティの構築に係る審査を経営判断原則の枠組みによって行うことを前提とした場合、次に問題となるのは、取締役としてサイバーセキュリティに関する施策として何を実施していれば「判断の過程、内容に著しく不合理な点がない」という評価を受けることができるのか、という点

---

(8)　経済産業省＝独立行政法人情報処理推進機構「サイバーセキュリティ経営ガイドライン Ver 3.0」（2023 年）https://www.meti.go.jp/policy/netsecurity/downloadfiles/guide_v3.0.pdf。

176　第2編　企業組織法　第1章　株式会社の機関

である。

　筆者の実務経験上も、サイバーセキュリティに取り組む企業の経営層から「サイバーセキュリティについて何をどこまですれば経営層の責任を果たしたといえるのか」という質問を受けることが多い。

　この点について、取締役のサイバーセキュリティに関する義務を具体化した法令はなく、かつ同義務の有無及びその内容が争われた裁判例が存在しない以上、その解を用意することは容易ではない。

　解には及ばないものの、一つ参考となるのはガイドラインの存在及びその内容であろう。

　すなわち、例えば株主代表訴訟の手続を考えると、原告である株主は、被告である取締役のサイバーセキュリティに関する具体的な義務を主張する必要がある。説得力を伴った具体的な義務を主張する必要があることから、義務の根拠として法令又はそれに準じるガイドラインを参照することが想定される。そして、上記のとおり取締役のサイバーセキュリティに関する義務を具体化した法令は存在しないことから、ガイドラインの存在及びその内容が重要となる。取締役のサイバーセキュリティに関する義務を具体化したガイドラインが存在するとすれば、サイバー攻撃を受けた時点の被害企業におけるセキュリティレベルと当該ガイドラインで要求されるレベルとを比較の上で、この点について原告である株主は不十分であったと主張し、被告である取締役からは十分であったと主張することが想定される。

　なお、株主代表訴訟において、取締役の義務を具体化するにあたり、ガイドラインに依拠した主張及び当該主張を踏まえた判断は、サイバーセキュリティ以外の分野でも確認されるところである。例えば、デリバティブ取引に関連した発生した損害について取締役らの善管注意義務違反が争われた株主代表訴訟において、東京高判平成20年5月21日[9]は、「デリバティブ取引から生ずるリスク管理の方針及び管理体制をどのようなものにするかについては、当該会社の規模、経営状態、事業内容、デリバティブ取引による資金運用の目的、投入される資金の性質、量等の諸般の事情に左右されるもので、その内容は一義

──────────

(9)　東京高判平成20年5月21日判タ1281号274頁参照。

的に定まるようなものではないのであり、そこには幅広い裁量があるということができる。」としつつ、検討の一要素として「デリバティブ取引に係るリスク管理の方法が模索されていた当時の状況においてみると、このようなリスク管理体制は、確かに金融機関を対象に、大蔵省金融検査部が平成6年11月に発表した『デリバティブのリスク管理体制の主なチェック項目』（別紙1）や日銀が平成7年2月に発表した『金融派生商品の管理に関するガイドライン』（別紙2）には劣るものの、他の事業会社において採られていたリスク管理体制に劣るようなものではなかったということができる」として、ガイドラインを参考としている。

　以上を踏まえると、取締役のサイバーセキュリティに関する具体的な義務の検討にあたって、ガイドラインを参考とすることは一定の合理性があるといえよう。

　そこで、取締役のサイバーセキュリティに関する義務を具体化したガイドラインを検討すると、上述の経営ガイドラインが参考となると思われる。

　経営ガイドラインは、まず「経営者が認識すべき3原則」として、以下の3点を摘示する。

・経営者は、サイバーセキュリティリスクが自社のリスクマネジメントにおける重要課題であることを認識し、自らのリーダーシップのもとで対策を進めることが必要
・サイバーセキュリティ確保に関する責務を全うするには、自社のみならず、国内外の拠点、ビジネスパートナーや委託先等、サプライチェーン全体にわたるサイバーセキュリティ対策への目配りが必要
・平時及び緊急時のいずれにおいても、効果的なサイバーセキュリティ対策を実施するためには、関係者との積極的なコミュニケーションが必要

　その上で、同ガイドラインは、「経営者は、以下の重要10項目について、サイバーセキュリティ対策を実施する上での責任者や担当部署（CISO、サイバーセキュリティ担当者等）への指示を通じて組織に適した形で確実に実施させる必要がある」として、以下のとおり「サイバーセキュリティ経営の重要10項目」を摘示する。

・指示1：サイバーセキュリティリスクの認識、組織全体での対応方針の策定
・指示2：サイバーセキュリティリスク管理体制の構築
・指示3：サイバーセキュリティ対策のための資源（予算、人材等）確保
・指示4：サイバーセキュリティリスクの把握とリスク対応に関する計画の策定
・指示5：サイバーセキュリティリスクに効果的に対応する仕組みの構築
・指示6：PDCAサイクルによるサイバーセキュリティ対策の継続的改善
・指示7：インシデント発生時の緊急対応体制の整備
・指示8：インシデントによる被害に備えた事業継続・復旧体制の整備
・指示9：ビジネスパートナーや委託先等を含めたサプライチェーン全体の状況把握及び対策
・指示10：サイバーセキュリティに関する情報の収集、共有及び開示の促進

Ⅳ．経営ガイドラインを踏まえた実事案の検討

　昨今では、サイバーインシデントが発生した企業において、その原因についての調査内容が公表される事例が少なからず見受けられる。その公表情報においては、サイバーインシデントを招いた直接的・技術的な要因に留まらず、組織的・内部統制的な要因まで言及するものが多い。そして、この組織的・内部統制的な要因については、経営ガイドラインにおける原則又は項目で摘示されている内容と関連するものが多い。換言すれば、経営ガイドラインにおける原則又は項目で摘示されている対策が不十分であったために、実際にサイバーインシデントが生じたともいえる。その意味において、経営ガイドラインにおける3原則及び10項目は、サイバーセキュリティにおいて実際上重要性が高く、取締役の義務を的確に具体化したものといえよう。

　また、サイバーインシデントを引き起こした組織的・内部統制的な要因については、株主代表訴訟において原告である株主が経営ガイドラインと関連させて重点的に主張する結果、審理において争点化しやすいことが想定される。仮に争点化された要因の全て又は一部が原告の主張とおりに認定されたとして

も、経営判断原則のもとでは直ちに取締役の善管注意義務違反に繋がるわけではないものの、同義務違反が認定される可能性は一定程度高まることは想定される。

そうだとすれば、調査報告書における実際のサイバーインシデントにおける組織的・内部統制的な要因を経営ガイドラインの項目事項と関連させて整理することは、適切なサイバーセキュリティ体制を構築してサイバーインシデントを予防するという実際的な価値があることに加え、万が一インシデントが発生したとしても取締役としての義務違反を免れるうえでの重要な指標になるという会社法的な価値があると考える次第である。

そこで、本項では、経営ガイドラインにおける指示事項ごとに、実際にサイバーインシデントが発生した4つの事案における組織的・内部統制的な要因を整理・分類することとする。

1.「指示1　サイバーセキュリティにリスクの認識、組織全体の対応方針の策定」

(1)　経営ガイドラインについて

経営ガイドラインは指示1として「サイバーセキュリティリスクの認識、組織全体での対応方針の策定」を掲げる。

その内容として、「経営者がサイバーセキュリティリスクを経営リスクとして認識していないと、事業の中断など経営判断が求められる場合に必要な意思決定がなされず、結果的に被害の拡大を招くおそれがある」こと及び「サイバーセキュリティリスクへの組織全体での対応方針が策定されないと、組織内での対応が一貫したものとならない」ことをリスクシナリオとして摘示したうえで、「サイバーセキュリティリスクを経営者が責任を負うべき経営リスクとして認識し、組織全体としての対応方針（セキュリティポリシー）を策定させる」ことを推奨する[10]。

これらは、「経営者が認識すべき3原則」の一つである「経営者自らがリーダーシップを発揮して自社の組織や事業におけるリスクを把握した上で、それに応じた対策の推進を主導することが必要である」[11]と相まって経営層の

---

(10) 経済産業省＝独立行政法人情報処理推進機構・前掲（注8）15頁。

180 第2編 企業組織法 第1章 株式会社の機関

リーダーシップの下で組織全体のポリシーを策定することの重要性を摘示しているといえる

　この点について、実際のサイバーインシデントにおいて以下のとおり指摘されている。

(2)　ニップン事案[12]

　2021年7月7日に株式会社ニップン（以下「ニップン」という。）の子会社であるニップンビジネスシステム株式会社（以下「ニップンビジネスシステム」という。）において管理運用するニップングループの情報ネットワークが、外部からのサイバー攻撃を受け、大部分のサーバーが同時多発的に暗号化されることによりシステム障害が発生した（以下「ニップン事案」という。）。なお、ニップンは、当該サイバー攻撃による被害の結果として16億2百万円のシステム障害対応費用を計上している。

　このニップン事案において、「ネットワークシステムに隠れていた脆弱性を生み出した背景にある内部統制に係る原因」として、「IT・サイバーセキュリティに関する経営層のリーダーシップに基づく管理体制や経営資源（人材、投資等）の確保が不十分だった」とし、「経営陣のリーダーシップが不足していました」と摘示されている。

　また、「サイバーセキュリティに関するポリシー群が不十分であった」とし、その内容の一つとして、「サイバーセキュリティリスクの重大性及びこれに対する対策の重要性を全社の基本方針として明確に示したものではありませんでした」とも摘示されている。

(3)　メタップス事案[13]

　2021年10月から2022年1月にわたって株式会社メタップス（以下「MP」と

---

(11) 経済産業省＝独立行政法人情報処理推進機構・前掲（注8）12頁。
(12) 株式会社ニップン第198期有価証券報告書及び内部統制報告書。https://www.nippn.co.jp/ir/announcement/financial_report/pdf/198_4Q_2021.pdf.
(13) 「第三者委員会調査報告書（公表版）」（2022年6月29日）。https://www.metaps-payment.com/company/report_metapspayment_20220701.pdf.

いう。）が運営する「決済データセンターサーバー内に配置された一部のアプリケーションの脆弱性を突いたサイバー攻撃によって複合的な不正アクセスが行われ、最終的に決済情報等が格納されているデータベースから個人情報を含む情報が外部に流出し」[14]た（以下「メタップス事案」という。）。

メタップス事案においては、「MP のシステム関係については、IT 推進部（当時のシステム部）の部長やその部下の担当者に任されており、情報セキュリティに関するシステム部門の判断を無批判に受け入れることが常態化しており、経営陣による踏み込んだ監督はなされていなかった」ことが「間接的な要因（背景要因)」として摘示されている[15]。

また、ポリシーや規程類については一定の整備は進んでいたのもの、「ルールの形骸化」が指摘され、その内容として「規程の適用範囲の不透明」や「基準の形骸化」が摘示されている[16]。

⑷　半田病院事案

半田病院事案は、上述のとおり、2021 年 10 月に徳島県つるぎ町の町立半田病院で起きたランサムウェア攻撃事案であり、「サイバー攻撃を受け、具体的にはランサムウェアに感染し、電子カルテ等、病院内のデータが暗号化され、利用不能になり、その後 2 か月間に及んで、治療行為を含む正常な病院業務が滞った」。

同事案において、「マネジメントシステムへの期待は、トップが責任者として関与することを前提」とするところ、「インシデント発生当時、半田病院にはマネジメントシステムは存在していなかった」ことが「組織的な課題」として摘示されている[17]。

---

(14) 株式会社メタップス「不正アクセスによる情報流出に関する対応状況について」（2022 年 7 月 1 日付）https://www.metaps-payment.com/company/20220701_02.html。
(15) 「第三者委員会調査報告書（公表版)」・前掲（注 13）27 頁。
(16) 「第三者委員会調査報告書（公表版)」・前掲（注 13）11 頁、25-27 頁。
(17) つるぎ町立半田病院コンピュータウイルス感染事案有識者会議・前掲（注 2）26 頁。

182　第2編　企業組織法　第1章　株式会社の機関

2.「指示2　サイバーセキュリティリスク管理体制の構築」

(1)　経営ガイドラインについて

　経営ガイドラインは指示2として「サイバーセキュリティリスク管理体制の構築」を掲げる。

　そして、「サイバーセキュリティリスクの管理体制を整備していない場合、責任の所在があいまいとなり、適切な対策が講じられず、かつ、インシデント発生時の被害が拡大する」ことをリスクシナリオとして摘示したうえで、「サイバーセキュリティリスクの管理に関する各関係者の役割と責任を明確にした上で、リスク管理体制を構築させる」ことが推奨されている[18]。

　この点について、実際のサイバーインシデントにおいて以下のとおり指摘されている。

(2)　ニップン事案[19]

　ニップン事案においては、「ネットワークシステムに隠れていた脆弱性を生み出した背景にある内部統制に係る原因」として「サイバーセキュリティ管理体制における明確な指示系統・責任体制の曖昧さ」があったとし、その内容として「情報システム管掌役員は選任されていたものの、サイバーセキュリティリスク管理体制を構築し遂行する役員レベルの総括責任者としての役割は曖昧でした。本来一元的管理されるべきセキュリティ対策の内容を決定し実施する権限が当社にある筈のところ、実務現場では、ニップンビジネスシステムへ指示責任が不明確なまま同社の担当者の個人の資質に頼った業務遂行がなされていました」と摘示されている。

(3)　名古屋港の事例

　2023年7月4日、「名古屋港の5つのコンテナターミナル及び集中管理ゲートで運用されている名古屋港統一ターミナルシステム（以下「NUTS」という。）が、我が国の港湾施設にとって初めてとなる大規模なサイバー攻撃を受けて停

---

(18)　経済産業省＝独立行政法人情報処理推進機構・前掲（注8）16頁。
(19)　株式会社ニップン・前掲（注12）。

止し、約3日間にわたり名古屋港のコンテナの搬入・搬出が止まる等物流に大きな影響を及ぼすこととなった」[20]（以下「名古屋港事案」という。）。

名古屋港事案においては、不備とまでは指摘されていないものの、「コンテナターミナルの運用に必要な情報セキュリティ体制」として、「情報セキュリティ対策の推進の責任者（役員クラスが相当）として最高情報セキュリティ責任者（CISO）を指定すること。CISOは、情報セキュリティ対策を推進する上での最終決定権及び責任を持つこと。また、情報セキュリティ対策の検討及び実施並びに情報セキュリティ事案発生時における対応を主導する情報セキュリティ担当者を指定すること」が「推奨」されている。

3.「指示3　サイバーセキュリティ対策のための資源（予算、人材等）確保」

(1)　経営ガイドラインについて

経営ガイドラインは指示3として「サイバーセキュリティ対策のための資源（予算、人材等）確保」を掲げる。

その内容として、「適切な予算確保が出来ていない場合、組織内でのサイバーセキュリティ対策の実施や人材の確保が困難となるほか、信頼できる外部のベンダへの委託が困難となるおそれがある」こと及び「適切な処遇の維持、改善ができないと、サイバーセキュリティ対策に関する有用なスキルを備えた人材の確保が困難となり、自社にとどめておくことができない」ことをリスクシナリオとして摘示のうえで、「サイバーセキュリティ対策のための資源（予算、人材等）確保」を推奨し、その対策例として「事業が立脚している全ての基盤の安全性の担保のために必要なサイバーセキュリティ対策を明確にし、それに要する費用を確保する」ことや「従業員向けやセキュリティ担当者向けなどの研修等のための予算を確保し、継続的に役割に応じたセキュリティ教育を実施する」ことが摘示されている。

この点について、実際のサイバーインシデントにおいて以下のとおり指摘さ

---

(20)　国土交通省「コンテナターミナルにおける情報セキュリティ対策等検討委員会取りまとめ　名古屋港のコンテナターミナルにおけるシステム障害を踏まえ緊急に実施すべき対応策及び情報セキュリティ対策等の推進のための制度的措置について」https://www.mlit.go.jp/kowan/content/001719866.pdf。

184　第2編　企業組織法　第1章　株式会社の機関

れている。

(2)　ニップン事案

　ニップン事案において、「ネットワークシステムに隠れていた脆弱性を生み出した背景にある内部統制に係る原因」として、「IT・サイバーセキュリティに関する経営層のリーダーシップに基づく管理体制や経営資源（人材、投資等）の確保が不十分だった」とし、「サイバーセキュリティを担える人材もここ最近毎年新人を採用してきているものの、専門的な知識のある人材が充分に配置されたというには不十分な状態でした。その結果、サイバーセキュリティリスクの把握や検討が困難となり、必要な人的資源の確保、システム関連の物的資源確保の予算措置及び現場から経営陣に対しての現状の充分な報告がされなかった」ことが摘示されている[21]。

(3)　メタップス事案

　メタップス事案において、「セキュリティ意識の低さ・従業員教育の不備」が指摘され、その内容として「役職員に対するヒアリングによれば、情報セキュリティに関する知識の不足及び意識の低さを指摘する声が散見された」ことが確認され、「形式的には規程に従った教育は実施されていたものの、情報セキュリティに関する意識の低さが改善されるような内容ではなく、全社的な情報セキュリティに対する意識の向上は図られなかった」ことが「間接的な要因（背景要因）」として摘示されている[22]。

(4)　半田病院事案

　半田病院事案において、「半田病院のような200床未満（全体の54.1％）は、一般的にIT部門を持っておらず、少しパソコンに詳しい庶務係がIT担当を一人で兼任しているような状況にある」こと等を踏まえ、「半田病院においても医療情報システムの安全管理を実現するリソースを割く余裕は無」かったこ

---

(21)　株式会社ニップン・前掲（注12）。
(22)　株式会社メタップス・前掲（注14）29-30頁。

とが「組織的な課題」として摘示されている[23]。

4.「指示4 サイバーセキュリティリスクの把握とリスク対応に関する計画の策定」

(1) 経営ガイドラインについて

経営ガイドラインは指示4として「サイバーセキュリティリスクの把握とリスク対応に関する計画の策定」を掲げる。

そして、対策例の一つとして「守るべき情報やシステムに対して、発生しうるサイバーセキュリティリスクについて、自社のビジネスモデルや利用している技術に応じたリスクアセスメントにより把握する」ことを摘示する[24]。

この点について、実際のサイバーインシデントにおいて以下のとおり指摘されている。

(2) ニップン事案

ニップン事案において、「サイバーセキュリティに関するリスクの評価が不十分であったこと」が原因で「IT 投資予算の不足、専門性を備えた人材の不足等により、要因別の詳細な分析及び対応方針の策定が行わ」れなかったとし、「サイバーセキュリティに関する全社的な内部統制（リスクの評価と対応）について、重要な不備があった」ことが摘示されている[25]。

(3) メタップス事案

メタップス事案において、リスクアセスメントにおいてルールが制定されていたものの、「リスクアセスメントが適切に実施されていたとは認められなかった」とし、「リスクアセスメントの形骸化・不徹底」[26]が指摘されている。

---

(23) つるぎ町立半田病院コンピュータウイルス感染事案有識者会議・前掲（注2）28 頁。
(24) 経済産業省＝独立行政法人情報処理推進機構・前掲（注8）19 頁、20 頁。
(25) 株式会社ニップン・前掲（注12）。
(26) 株式会社メタップス・前掲（注14）27 頁。

5.「指示5 サイバーセキュリティリスクに効果的に対応する仕組みの構築」

(1) 経営ガイドラインについて

経営ガイドラインは指示5として「サイバーセキュリティリスクに効果的に対応する仕組みの構築」を掲げる。

その内容として、「指示4を通じて明らかにされたサイバーセキュリティリスクに応じた適切な対策が行われていない場合、サイバー攻撃を防げず、発生した場合の事業継続に影響する可能性があるのみならず、個人情報の漏えいや他社に対するサイバー攻撃への発展など社会全体に影響を与え被害が拡大する可能性がある」ことなどをリスクシナリオとして摘示したうえで、「サイバーセキュリティリスクに対応するための保護対策として、防御・検知・分析の各機能を実現する仕組みを構築させる」こと及び「構築した仕組みについて、事業環境やリスクの変化に対応するための見直しを実施させる」こと等が推奨されている[27]。

この点について、実際のサイバーインシデントにおいて以下のとおり指摘されている。

(2) ニップン事案

ニップン事案において、「VPN及び社内認証やアクセス制御を管理するサーバー（以下「ADサーバー」という。）にパッチ処理はなされていたものの最新ではなく、パッチを更新すべきVPNの脆弱性情報が2021年5月に公開された後、まだ当社の機器に最新の状態が適用される前に本件インシデントが発生し」たとあり、脆弱性に対するアップデート（パッチ処理）が遅れたことが原因と指摘されている[28]。

2021年5月に公開された脆弱性についてアップデート（パッチ処理）が未対応であったため同年7月7日にサイバー攻撃を受けていることから、脆弱性というセキュリティリスクに適時に対応する仕組みが十分ではなかった可能性がある。

---

(27) 経済産業省＝独立行政法人情報処理推進機構・前掲（注8）21頁。
(28) 株式会社ニップン・前掲（注12）。

6.「指示6　PDCA サイクルによるサイバーセキュリティ対策の継続的改善」

⑴　経営ガイドラインについて

　経営ガイドラインは指示6として「PDCA サイクルによるサイバーセキュリティ対策の継続的改善」を掲げる。

　そして「PDCA（Plan［計画］、Do［実行］、Check［実施状況の確認・評価］、Act［改善］）を適切に実施する体制が出来ていないと、最初に計画した内容のまま、新たな脅威への対応ができない等、リスクの変化に応じた改善が図られないおそれがある」こと及び「定期的な報告等を受けておらず、経営者自身がリスクや問題を把握できていない場合、適切なセキュリティ対策が実施されず、サイバー攻撃を受けるおそれがある」ことなどをシナリオとして摘示したうえで、「リスクの変化に対応し、組織や事業におけるリスク対応を継続的に改善させるため、サイバーセキュリティリスクの特徴を踏まえた PDCA サイクルを運用させる」こと「経営者は対策の状況を定期的に報告させること等を通じて問題の早期発見に努め、問題の兆候を認識した場合は改善させる」こと等を推奨する[29]。

　この点について、実際のサイバーインシデントにおいて以下のとおり指摘されている。

⑵　メタップス事案

　メタップス事案において、「情報セキュリティ体制においては、情報の取扱いを行う現場で PDCA サイクルを適切に機能させることが必要であるところ、IT 推進部ではセキュリティ意識の不足により PDCA サイクルが十分に機能していなかった」ことが「間接的な要因（背景要因）」として摘示されている[30]。

---

(29)　経済産業省＝独立行政法人情報処理推進機構・前掲（注8）23 頁。
(30)　株式会社メタップス・前掲（注14）22 頁。

188　第2編　企業組織法　第1章　株式会社の機関

7．「指示7　インシデント発生時の緊急対応体制の整備」

(1)　経営ガイドラインについて

経営ガイドラインは指示7として「インシデント発生時の緊急対応体制の整備」を掲げる。

その内容として、「緊急時の対応体制を整備していないと、原因特定のための調査作業において、組織の内外の関係者間のコミュニケーションが取れず、速やかな対処ができない」ことなどがリスクシナリオとして摘示したうえで、「影響範囲や損害の特定、被害拡大防止を図るための初動対応、再発防止策の検討を適時に実施するため、制御系を含むサプライチェーン全体のインシデントに対応可能な体制（CSIRT等）を整備させる」ことなどを推奨する[31]。

この点について、実際のサイバーインシデントにおいて以下のとおり指摘されている。

(2)　ニップン事案

ニップン事案において、「今回のようなインシデントの際の行動指針やフローチャートも明確に規定されていませんでした」と摘示されている[32]。

8．「指示8　インシデントによる被害に備えた事業継続・復旧体制の整備」

(1)　経営ガイドラインについて

経営ガイドラインは指示8として「インシデントによる被害に備えた事業継続・復旧体制の整備」を掲げる。

その内容として、「重要な業務が適切な時間内に復旧できないことで、顧客における重大な被害、さらには自社の経営に致命的な影響を与えるおそれがある」ことなどをリスクシナリオとして摘示したうえで、「インシデントにより業務停止等に至った場合、企業経営への影響を考慮していつまでに復旧すべきかを特定し、復旧に向けた手順書策定や、復旧対応体制の整備をさせ」、「制御系も含めたBCPとの連携等、組織全体として有効かつ整合のとれた復旧目標

---

(31)　経済産業省＝独立行政法人情報処理推進機構・前掲（注8）25頁。
(32)　株式会社ニップン・前掲（注12）。

計画を定めさせる」ことを推奨している[33]。

　この点について、実際のサイバーインシデントにおいて以下のとおり指摘されている。

⑵　ニップン事案

　ニップン事案において、「ネットワークシステムに隠れていた脆弱性を生み出した背景にある内部統制に係る原因」として、サイバーセキュリティに関する「戦略や計画等が中期経営計画及び BCP 等に詳細に盛り込まれては」いなかったことが摘示されている[34]。

⑶　名古屋港事案

　名古屋港事案においては、障害対応体制について「システム障害発生時の対応手順が事前に整備されていなかったこと」が問題点として摘示されており、「災害用の事業継続計画（以下「BCP」という。）は事前に整備されていたものの、システム障害発生時の BCP が事前に整備されていなかった。サイバー攻撃も対象としたシステム障害発生時の BCP を整備すべきである」[35]と摘示されている。

9．「指示9　ビジネスパートナーや委託先等を含めたサプライチェーン全体の状況把握及び対策」

⑴　経営ガイドラインについて

　経営ガイドラインは指示9として「ビジネスパートナーや委託先を含めたサプライチェーン全体の状況把握及び対策」を掲げる。

　そのうえで「ビジネスパートナー等との契約において、サイバーセキュリティリスクへの対応に関して担うべき役割と責任範囲を明確化するとともに、対策の導入支援や共同実施等、サプライチェーン全体での方策の実効性を高め

---

　(33)　経済産業省＝独立行政法人情報処理推進機構・前掲（注8）27頁。
　(34)　株式会社ニップン・前掲（注12）。
　(35)　国土交通省・前掲（注20）9頁、10頁。

190　第2編　企業組織法　第1章　株式会社の機関

るための適切な方策を検討させる」ことを推奨している[36]。

　この点について、実際のサイバーインシデントにおいて以下のとおり指摘されている。

(2)　メタップス事案

　メタップス事案において、アプリケーションの開発やサイバーセキュリティ対応を外部の業者に委託をしていたところ、外注管理規程において外注業者選定基準を定めていたが「外注業者選定基準の形骸化が認められ、事前ないし事後的に外注管理規程に従った外注業者の妥当性の確認なども行われていなかった」ことが指摘されている[37]。

10.「指示10　サイバーセキュリティに関する情報の収集、共有及び開示の促進」

(1)　経営ガイドラインについて

　経営ガイドラインは指示10として「サイバーセキュリティに関する情報の収集、共有及び開示の促進」を掲げる。

　そのうえで「有益な情報を得るには自ら適切な情報提供を行う必要があるとの自覚のもと、サイバー攻撃や対策に関する情報共有を行う関係の構築及び被害の報告・公表への備えをさせる」こと及び「入手した情報を有効活用するための環境整備をさせる」ことを推奨する[38]。

　この点について、実際のサイバーインシデントにおいて以下のとおり指摘されている。

(2)　ニップン事案

　ニップン事案において、上述のとおり「VPN及び社内認証やアクセス制御を管理するサーバー（以下「ADサーバー」という。）にパッチ処理はなされていたものの最新ではなく、パッチを更新すべきVPNの脆弱性情報が2021年5

---

(36) 経済産業省＝独立行政法人情報処理推進機構・前掲（注8）29頁。
(37) 株式会社ニップン・前掲（注12）。
(38) 経済産業省＝独立行政法人情報処理推進機構・前掲（注8）31頁。

月に公開された後、まだ当社の機器に最新の状態が適用される前に本件インシデントが発生し」[39]たとあり、脆弱性に対するアップデート（パッチ処理）が遅れたことが原因と指摘されている。

脆弱性の公表からパッチ処理まで2か月間空いていたことが遅きに失したか否かについては評価は分かれると思われるが、VPNの脆弱性に関する情報を適時に収集し又は入手した情報を有効活用していればインシデントを予防できた余地があったといえる。

⑶　半田病院事案

半田病院事案における、インシデントの原因はニップン事案と同様VPN装置の脆弱性が原因であるところ、「VPN装置の脆弱性……があったにも関わらず、適切な対処を講じなかったために今回の事件発生を防止または緩和ができなかったこと」が「組織的な課題」であったと摘示され[40]、ニップン事案と同様にVPNの脆弱性に関する情報を適時に収集し又は入手した情報を有効活用していればインシデントを予防できた余地があったといえる。

V．結語

本稿においては、取締役のサイバーセキュリティに関する義務について、その内容の具体化を試みた。

同義務に関する論点について、議論自体がほとんどなされておらず、今後の議論及び裁判例の集積が待たれるところである。

その集積の結果によっては、本稿の議論が全く妥当しないことも懸念される。

もっとも、企業におけるサイバーセキュリティの重要性が益々高まるなかで、同義務について一定の方向性を示す必要性があるとの理解のもと、本稿が

---

(39) 株式会社ニップン・前掲（注12）。
(40) つるぎ町立半田病院コンピュータウイルス感染事案有識者会議・前掲（注2）29頁。

取締役のサイバーセキュリティに関して、実務及び会社法上双方の観点から一助となれば幸甚である。

第 2 章

株式会社の資金調達・計算・企業再編

財源規制違反の自己株式取得と
会社の損害に関する一考察

飯　田　匡　一

I．問題の所在

近時、分配可能額を超える自己株式取得がなされた事案[1][2]が相次いでいる。

財源規制に違反して自己株式を取得した場合について、会社法上、剰余金の配当等に関する法定責任（462条1項）が規定されている。同条によると、効力発生日における分配可能額を超過する自己株式取得がなされた場合には、当該行為によって金銭等の交付を受けた者並びに当該行為に関する職務を行った業務執行者（会計規159条2号3号、160条、161条）及び各行為に応じて462条1項各号が定める者は会社に対し連帯して、金銭等の交付を受けた者が交付を受けた金銭等の帳簿価額に相当する金銭を支払う義務を負う。

法定責任が規定されていても、同条対象外の者に対しては423条1項の任務懈怠に基づく責任追及は可能である。財源規制に違反して行われた自己株式取得における423条1項責任に関する損害の範囲が本論稿のテーマである[3]。

---

[1]　第三者委員会が設置された事例としてニデック（2023年）、テイツー（2019年）、HOYA（2016年）等。（弥永真生「分配可能額を超える剰余金の配当および自己の株式の取得」商事 No. 2338（2023年）4頁以下。）

[2]　会社財産の分配として剰余金配当ではなく自己株式取得を選択する理由については、田中亘『会社法〔第4版〕』（東京大学出版会、2023年）441頁が詳しい。

[3]　手続規制に違反して自己株式取得が行われた場合における423条1項責任に関する損害の範囲については、久保田安彦『企業金融と会社法・資本市場規制』（有斐閣、2015年）199頁以下で詳細に検討がなされている。しかしながら、同著では財源規制に違反して行われた自己株式取得は、検討の対象から除外されている。本論稿は同著の問題意識によるところが大きい。

議論の目的は、462条1項ではカバーできない範囲について、423条1項によって負う責任及び「損害」額について明確化する点にある。財源規制違反の自己株式取得[4]に関して会社法上法定責任が規定されていることから従来あまり論じられていなかった[5]テーマであるところ、462条1項と423条1項は趣旨が異なる点及び責任対象者が異なる点から、議論の実益があると考える。周辺領域の学説や裁判例を参考に問題点を明らかにし、「損害」の範囲について本論稿で明らかにしていく。

II. 議論状況の整理

1. 学説

(1) 田中亘

田中は、「462条1項に規定された業務執行者等以外の会社の「役員等」も、財源規制違反の分配がされたことについて任務懈怠がある場合には、423条1項により会社に対して損害賠償責任を負う。たとえば、監査役や会計監査人が善管注意義務に違反したため、取締役による決算の粉飾を見逃し、それによって違法配当が行われたような場合である（会計監査人の責任を認めた事例としてナナボシ事件）」と指摘する。

そして、「この場合、本来生じてはならない会社財産の流出（減少）が生じているのであるから、財源規制違反の分配額全部が会社の損害になると解すべき」と指摘[6]する。また、「会社は保有する自己株式を処分して資金を得ることができるとしてもそれは新たに株式を発行して資金を得るのと同じであるか

---

(4) 自己株式の無償取得（155条13号、会施規27条1号）の他、反対株主の買取請求に応じて行う自己株式の取得（155条13号、会施規27条5号）等は有償取得でも財源規制の適用を受けない。不可避的事情で取得することが理由（田中・前掲〔注2〕446頁）。

(5) 藤田は、「財源規制違反の自己株式取得の場合には、462条によって規律されている者の責任の内容は明確である。しかし、同条でカバーされない者が責任を負う場合にはっきりしない点が残る」と指摘する。（山下友信編『会社法コンメンタール4』〔藤田友敬〕（商事法務、2009年）21頁。）

(6) 田中・前掲（注2）471頁。

ら、自己株式に独自の財産的価値を認めることができない」との見解[7]に基づき、財源規制違反の自己株式取得については「取得対価それ自体が会社の損害である」と指摘[8]する。

(2) 江頭憲治郎

江頭は、財源規制に従った自己株式の取得であっても「経営者と株主の間に会社支配の帰属をめぐる争いがある場合に、後者が過半数議決議を取得することを阻止する目的で前者が会社の名で市場において株式を高値で買い漁る等、当該自己株式等の取得が取締役・執行役の善管注意義務違反・忠実義務違反に当たるときは、取締役等の責任（423条1項）等の原因になり得る」と指摘する[9]。

その上で、手続違反に関して「違法な自己株式取得につき取締役・執行役が会社に対し賠償責任を負う場合の会社の損害額は、実際の取得価額と取得時点における株式時価との差額のみ（大阪地判平成15年3月5日判時1883号146頁）と解すべきではなく、処分差額・評価損（帳簿上表われない）も含む（東京高判平成6年8月29日金判954号14頁）と解すべきである。前者の解釈によったのでは、手続違反の取得に対する私法上の制裁が何もないことになりかねない[10]」と指摘する。この見解は、支払価格から自己株式の処分価格を差し引く、処分されてない場合には法定責任追及時点での株式の価値を差し引くという立場とされる[11]。

(3) 久保田安彦

久保田は、「財源規制違反の場合には、462条1項が特別な責任を定めており、自己株式取得に関与した取締役に対し、自己株式の取得価額の全額を会社

---

(7) 杉田貴洋「自己株式の取得」山本爲三郎編『新会社法の基本問題』（慶應義塾大学出版会、2006年）65頁。

(8) 伊藤靖史ほか『事例で考える会社法〔第2版〕』〔田中亘〕（有斐閣、2015年）318-319頁。

(9) 江頭憲治郎『会社法〔第9版〕』（有斐閣、2024年）253頁。

(10) 江頭・前掲（注9）261-262頁。

(11) 藤田・前掲（注5）20頁。

に支払う責任を負わせている一方で、423条1項の対象となる会社損害は、付随的な損害を別にすると、最大でも自己株式の取得価額全額であるため、462条1項の責任負担者に関する限り、任務懈怠責任を問題にする意義に乏しい」と指摘[12]する。もっとも、その指摘は462条1項責任の対象者に限られ、他の「役員等」に対し423条1項責任及び損害の範囲を検討しない趣旨ではないと考えられる。

(4) その他

他に手続違反に関して、取得時点における公正な価格と実際に取得価格との差額だけを損害と考える立場[13]、処分時点での公正な価格と実際の処分価格との差額も加味する立場[14]がある。

2. 裁判例

(1) 自己株式取得に財源規制違反があった事案

破産株式会社の破産管財人たる原告が、破産株式会社が分配可能額が0円であるにもかかわらず461条1項に違反して被告から自己株式を取得したとして、譲渡人たる被告に対して462条1項に基づき自己株式取得代金相当額の支払を求め、請求を一部認容した事件（東京地判平成27年6月1日 LEX/DB 文献番号25530425）では423条1項に基づく責任追及はなされていない。

(2) 旧商法下の違法配当の事案

財源規制違反の一場面たる違法配当があった事案に関する裁判例を2件確認する。

① ナナボシ事件（大阪地判平成20年4月18日判時2007号104頁）は、再生債務者たる会社の管財人が、会社と監査契約をしていた監査法人に対し、粉飾決算を看過できなかったことにつき監査契約上の注意義務違反の債務不履行があ

---

(12) 久保田・前掲（注3）201頁。
(13) 鈴木千佳子「判批」江頭憲治郎ほか編『会社法判例百選〔第2版〕』（2011年）49頁。
(14) 宮島司「判批」ジュリ887号（1987年）94頁。

り、この不履行により違法配当金の損害が会社に生じたとして民法415条に基づく損害賠償請求をした事件である。判決は違法配当に関して会計監査人（監査法人）の責任を認めた[15]。判決は、「違法配当額全額」について相当因果関係を認め、損害として認定した[16]上で、損害の8割について過失相殺を認めた[17]。

　②　山陽特殊工業事件（神戸地裁姫路支部判決昭和41年4月11日判時441号18頁）は、会社更生手続中会社の管財人が、一定の期間に会社に配当すべき利益がないにもかかわらず違法配当（粉飾決算）をしたとして、会社更生法に基づき損害賠償請求の査定を申し出た事件である。判決は、違法配当（旧商法266条1項1号）に関して取締役、監査役の責任を認めた上で、各役員が関与した「違法配当額全額」を損害として認定した。

(3)　旧商法下の自己株式取得規制違反の事案

　自己株式取得が原則禁止されていた旧商法下で、自己株式取得規制違反が問題になった裁判例を3件確認する。

　①　三井鉱山事件（最判平成5年9月9日民集47巻7号4814頁）は、三井鉱山はAとの合併計画を実施してきたが、約26％の株式を有する大株主が反対の意向を示し高値買取を求めてきたため、100％子会社であるBにその株を買い取らせたところ、他の株主からその買取は旧商法210条違反の行為であり、旧商法266条1項5号にいう法令違反であるとして、取締役に対し損害賠償請求が

---

(15)　監査法人もしくは公認会計士の債務不履行を理由として提起された損害賠償請求を認めなかったものとして、東京地判平成19年11月28日判タ1283号303頁等。

(16)　本判決は、特に上場会社の法定監査において粉飾決算に気づくことができなかった監査法人の過失を認めたものとして画期的なものといえるが、しかし、会計監査の目的自体は肯定しつつも、本件の粉飾決算の手法は架空売り上げを計上するという比較的ありふれたものであり、しかも、監査を担当した会計士が実際に工事現場を見て不自然であると指摘したという点も重視して、粉飾決算を発見することができたはずだと判断し監査法人に過失を認めたものとして、従来のような監査人による粉飾の発見が困難であった事例とは事案を異にするとの評価がある。（「判批」判タ1276号256頁。）

(17)　8割もの過失相殺を認めたのは、財務諸表の作成責任は、取締役・執行役にあり、少なくとも会社との関係で適正な財務諸表を作成する第一次責任を会計監査人は負っていないからであろうとの指摘がある。（弥永真生「判批」監査法人の責任、ジュリ別冊214号158頁。）

なされた事件である。最高裁判決は、「自己株式の取得価額と処分価額の差額」を損害（株主からの自己株式取得価額82億1500万円から、その後の株式処分価額46億6340万を引いた35億5160万）と認定した。

②片倉工業事件（東京高判平成6年8月29日金判954号14頁）は、片倉工業はAから自社の株式を買い取った後、100％子会社であるB社を設立し、B社に当該株式を取得額と同額で譲渡し、B社に第三者へ当該株式の処分をさせたところ、株主から旧商法210条の行為で同法266条に反するとして、取締役に対し損害賠償請求がなされた事件である。高裁判決は、「自己株式の取得価額と処分価額の差額」（評価損を含む）を損害（Bの株式買受額と第三者への処分額との差異たる評価損1億5970万5千円）と認定した。

③大日本徐蟲菊事件（大阪地判平成15年3月5日判時1883号146頁）は、大日本徐蟲菊が関連会社Aから自己株式を10億9794万円で買取り保有していたところ、株主から当該自己株式取得は旧商法210条に違反するとして、取締役に対し損害賠償請求がなされた事件である。判決は、「自己株式の取得価額と取得時の時価の差額」を損害（自己株式取得価額から株式の時価8億3520万を差し引いた、2億6274万円）と認定した。

Ⅲ．自説の検討

1．学説、裁判例を踏まえた争点

(1) 損害の範囲の考え方

学説、裁判例を踏まえると、財源規制違反の自己株式取得が行われた場合の423条1項責任に関する損害の範囲については、8つの考え方に整理できる。

Ⅰ取得価額全額が損害、Ⅱ取得価額のうち分配可能額を超えた部分が損害、Ⅲ取得価額全額から、自己株式取得無効を前提とする株式買取代金回収額を減算したものが損害、Ⅳ取得価額のうち分配可能額を超えた部分から、自己株式取得無効を前提とする株式買取代金回収額を減算したものが損害、Ⅴ取得価額全額から、自己株式の時価を減算したものが損害、Ⅵ取得価額のうち分配可能額を超えた部分から、自己株式の時価を減算したものが損害、Ⅶ取得価額全額

から、自己株式取得無効を前提とする株式買取代金回収額及び無効主張がなされなかった場合の自己株式の時価を減算したものが損害、Ⅷ取得価額のうち分配可能額を超えた部分から、自己株式取得無効を前提とする株式買取代金回収額及び無効主張がなされなかった場合の自己株式の時価を減算したものが損害、である。

(2) 争点

8つの考え方を前提として、どの考え方が妥当かに関して留意すべき争点が3点ある。

1点目は、財源規制違反の自己株式取得の効力である。効力が有効か無効かによって、損害の範囲が変わりうる可能性があるからである。

2点目は、「役員等」のなすべき任務につきどのように考えるかである。「役員等」が「任務を怠った」ことは461条1項違反という法令違反に基づき認められるのに対し、損害がどのような額であったかは、損害及び因果関係との関係で「役員等」がとるべき任務がいかなるものであったかの設定により変わりうるからである。

3点目は、自己株式の財産的価値の有無である。自己株式に財産的価値が認められる場合、財源規制違反の自己株式取得があっても、有効説を前提とすれば取得した自己株式は会社の財産となるため、損害から減算することになるからである。

上記3点に留意しながら、以下で財源規制違反の自己株式取得があった場合の損害について論じる。

2. 財源規制違反の自己株式取得の効力

(1) 分析の視点

財源規制違反の自己株式取得行為を有効と解する場合、会社は自己株式を譲渡人から有効に取得しているのであるから、損害はその自己株式の価値分は減額されるのではないか。財源規制違反の自己株式取得の効力を有効とすると、461条1項に反してなされた自己株式の取得も有効な取引であるから不当利得の問題は生じず、株主が同時履行の抗弁権を主張して交付された財産の帳簿価

格に相当する金銭の返還を拒むことはできなくなる。なお、株主が会社に交付した株式については、株主が462条1項の義務を果たした後で、民法422条（代位弁済）の類推適用によって返還を求めることが可能になる[18]。そのため、会社は譲渡人に代金を支払って自己株式を取得したことになる。この場合、会社が保有する自己株式は会社の資産と考えることも可能なため、Ⅲ.4.で論じるように自己株式の資産価値の有無によって損害の額が変動する。

　これに対して、無効な意思表示・法律行為は特定人の行為を待つことなく最初から当然に効力を生じないとされ、無効は追認により有効とできず、また誰でもいつでも無効主張しうるのが原則[19]である。そのため、財源規制違反の自己株式取得行為を無効と解する場合、自己株式取得行為は最初から効力を生じないため、取得価額の全額が損害になるのではないか。財源規制違反の自己株式取得の効力が無効とすると、当該自己株式の取得行為自体が無効となる。上記を会社は譲渡人に対して主張できることから、譲渡人は株式買取代金全額を会社に返還する義務が生じる一方で、会社は取得した株式を譲渡人に返却する義務が生じる。そうだとすると、会社が自己株式取得に際して支出した全額が損害になるとも思える。しかし、この会社と譲渡人の義務の両義務は同時履行関係にあると解される。そうすると、譲渡人が無資力であって買取代金を会社に返還できない場合には会社は自己株式を譲渡人に返還しなくてよいことになる。以上から、有効説の場合と同様に、この場合には会社が保有する自己株式は会社の資産と考えることも可能なため、Ⅲ.4.で論じるように、自己株式に資産価値を認めるかどうかで損害の額が変動する[20]。なお、有効説と異なり、買取代金のうち、譲渡人から株式と交換に返還を受けた部分に関しては、損害から減算することになる。

(2) 検討

　財源規制違反の自己株式取得の効力に関して、有効説と無効説がある。

---

(18) 高橋美加ほか『会社法〔第3版〕』〔久保大作〕（弘文堂、2020年）408-410頁。
(19) 潮見佳男『民法（全）〔第3版〕』（有斐閣、2022年）65-66頁。
(20) 行為の効力のみを損害論に直結させることは議論を単純化しすぎるので妥当でないと考える。

有効説は、①461条1項は条文上「効力を生ずる日」としており、有効を前提とするかのような文言になっている点、②確かに、一般に無効な取引により交付した対価の原状回復義務については同時履行の抗弁権が認められること（最判昭和28年6月16日民集7巻6号629頁）から、461条1項に違反して取得された自己株式とそれについての対価の原状回復義務はそれぞれ同時履行の抗弁権（民533条類推）が認められるとも思えるが、しかしこの場合に同権を認めることは、違法に流出した財産の取り戻しを妨げ、債権者保護の実効性を弱めることになるから望ましくない点、③無効とすると本来株主としてとりあつかうべき譲渡人に議決権を行使させなかった株主総会の決議に瑕疵が生じて法律関係の安定が害される事等の不都合が生じるという点[21]、端的に有効説に立つ方が簡明という点[22]を論拠とする。

これに対して、無効説は、①条文の文言はそれだけでは決定的理由にはならないとする点、②取得が無効でないとすると、譲渡人がいったんは履行を強制できるのかという点、③法形式的に法令（461条1項）違反の株主総会・取締役会決議が無効であるのに、その決議に基づく会社内部行為がなぜ有効なのかという点、④有効説の言う代位の対象が消滅していた時に問題であるという点[23]、⑤旧商法においても分配可能額規制違反の行為は無効と解するのが通説であった点[24]、⑥有効説と無効説で結論に差異が生じるのは取得した自己株式を会社が処分したときに何を譲渡人に返還すべきかという点としても、無効説に立ったとしても、譲渡人に取得した自己株式または代替物の返還請求と処分価格相当額の返還請求の選択を認めることで譲渡人保護と会社債権者の保護の調整が図れるとする点[25]、を論拠とする。

(3) 自説の展開

確かに、財源規制違反の自己株取得の効力は、法定責任規定により会社債権

---

(21) 相澤哲編著『立案担当者による新・会社法の解説』（商事法務、2006年）135頁。

(22) 田中・前掲（注2）469頁。

(23) 江頭・前掲（注9）263頁。

(24) 伊藤靖史ほか『リーガルクエスト会社法〔第5版〕』〔伊藤靖史〕（有斐閣、2021年）300-301頁。

(25) 江頭憲治郎＝中村直人編著『論点体系　会社法3　株式会社Ⅲ役員等・計算【第329条～第465条】〔第2版〕』〔土田亮〕（第一法規、2021年）823頁。

者及び会社の保護は手当されていることから無効とする必要はないとも思える。

しかしながら、手続規制違反と異なり財源規制違反は会社の存続そのものを困難にする可能性が非常に高い行為であるから、会社債権者等の利害関係人に著しい不利益を及ぼす恐れのある行為である。

また、財源規制違反のような会社の存続に関わる重大な違反とまでは言い難い取得手続違反の自己株式取得ですら原則無効と解されている事[26]との均衡という点、学説のいう無効説の論拠が十分である点、必ずしも462条1項の対象者に資力があるとは限らない点を考え併せると、無効説が妥当と考える。

なお、Ⅲ.4.で後述するが、財源規制違反の自己株式取得の効力につき無効説をとったとしても、自己株式の財産的価値の有無という争点について否定説をとった場合、保有する自己株式に財産的価値がなく損害から減殺されない事との均衡上、株式買取代金のうち、譲渡人から株式と交換に返還を受けた部分も損害から減算されないと考える。

3. 「役員等」のなすべき任務につきどのように考えるか

(1) 分析の視点

財源規制違反の自己株式取得は、行為自体が461条1項の法令違反行為に該当し「任務を怠った」として任務懈怠となるから、「役員等」がなすべきであった任務が何であったかを検討する必要がないとも思える。

しかし、上記任務が何であったかを確定することによって、損害の額及び「任務を怠った」行為と損害発生の間の因果関係の有無・範囲を確定できる。すなわち、債務不履行がなかった状態の回復という原状回復の理念に鑑み、「損害」とは、債務不履行がなければ債権者が置かれたであろう状態と、債務不履行があったために債権者が置かれている状態との差を金額であらわしたもの、とする差額説[27]を前提にすると、債務不履行たる「任務を怠った」行為がどのような行為かという事を確定することで損害が観念され、「任務を怠っ

---

(26) 高橋ほか・前掲（注18）〔久保田安彦〕424頁。

(27) 潮見・前掲（注19）269頁。

た」行為と損害の発生との因果関係（「役員等」の賠償の範囲は、通常の債務不履行に基づく損害賠償と同様に「役員等」の「任務を怠った」行為と相当因果関係がある会社の損害となる）を確定することで初めて「任務を怠った」ことによる損害が確定すること[28]になる。

そして、取締役は、会社と委任関係にあることから、善管注意義務（330条、民644条）を負う。善管注意義務は、取締役に一定の結果の実現を求めるものではなく、あくまでも注意を尽くすことを求める義務に過ぎないから、善管注意義務違反が任務懈怠の内容として主張される場合、任務懈怠の有無の判断はその立場に置かれた者が果たすべき一定の客観的な注意義務違反の存否が問題となる[29]。そして、善管注意義務の一内容としての監視義務違反があれば「任務を怠った」として任務懈怠となる。

会計監査人等の「役員等」[30]も会社との関係は委任関係になるから会社に対して善管注意義務を負うところ、職務に応じた任務が設定される。

(2) 検討

ア 462条1項対象外の取締役のなすべき任務を検討する。

取締役は会社と委任関係にあり、会社に対して善管注意義務及び忠実義務（355条）を負うところ、注意義務の一内容として前述の通り、他の取締役の行為につき監視義務を負う。

そして、財源規制違反の自己株式取得の効力が無効という事を前提とすると、財源規制違反の自己株式取得はそれ自体行わせるべきではないという点から、他の取締役を監視し、財源規制違反の自己株式取得という法令違反行為が行われることを阻止すべきであったというのが当該取締役の任務となる。すなわち、当該取締役の行うべき任務は、財源規制違反の自己株式の取得を全く行

---

(28) 差額説を前提にすると、まずは「取締役の任務懈怠がなかったとした場合の会社の財産状態」を想定して、それと「現実の会社の財産状態」との差額が会社損害になるとみた上で、当該損害のうち取締役の任務懈怠と相当因果関係のあるものについて取締役が任務懈怠責任を負う、ということである。（久保田安彦『会社法の学び方』（日本評論社、2018年）118-119頁。）

(29) 高橋ほか・前掲（注18）〔高橋美加〕223頁。

(30) 紙面の都合上、監査役、会計参与、執行役は検討の対象から除外する。

わせないこと、ということになる。この考えからは、損害の範囲は「自己株式取得全額」ということになる。

これに対して、① 財源規制違反の自己株式取得の効力につき有効という事を前提とする点、また②「分配可能額を超えてはならない」(461条1項) という文言からすると財源規制を超えていない範囲においては自己株式の有償取得は有効と解すべきという点からすると、他の取締役を監視し、財源規制の範囲を超えた自己株式取得が行われることを阻止すべきであったというのが当該取締役の任務となる。すなわち、当該取締役の行うべき任務は、財源規制の範囲を超えて自己株式の取得を行わせないこと (すなわち、財源規制の範囲内での自己株式取得は任務懈怠の対象外ということ)、ということになる。この考えからは、損害の範囲は「自己株式取得額のうち財源規制を超える部分」ということになる。

イ　会計監査人のなすべき任務を検討する。

会計監査人も会社と委任関係にあるから、会社に対して善管注意義務を負う。

会計監査人には、株式会社の計算書類及びその附属明細書、臨時計算書類並びに連結計算書類を監査する職務 (396条1項前段)、その職務を行うに際して取締役の職務の執行に関し不正の行為又は法令若しくは定款に違反する重大な事実があることを発見した時は、遅滞なく、これを監査役 (監査役会設置会社では監査役会) に報告しなければならない (397条1項) 職務[31]がある。会計監査の趣旨は、会計情報の適法性を担保することで、株主、会社債権者、一般投資家の利益を保護する点にある[32]。会計監査は作成された計算書類について、正しい手続で作成されたかを帳簿類の点検や会計帳簿の確認、取引先への照会による取引事実の確認、実査への立ち合い等によりチェックする。このようにして作成された計算書類は、株主総会 (会社によっては取締役会) で承認されることで確定し、この事業年度が「最終事業年度」となる。最終事業年度の計算

---

(31) 計算関係書類に分配可能額を記載することが求められていないことから、会計監査人の任務に会社による分配可能額算定が法令及び定款に適合しているかどうかが含まれるとするのは無理があるとする見解がある。(弥永・前掲〔注1〕11頁。)

(32) 伊藤ほか・前掲 (注24)〔伊藤靖史〕278-279頁。

書類が、剰余金の額や分配可能額を計算する基礎となる。「監査」とは、対象となる書類が会社の状況を適正に表示しているかどうかについて意見を形成し、その意見を監査報告の形で表明する事である。会社が計算書類に架空の売上を計上する等して行われる粉飾決算は、会計監査で発見し、監査報告で指摘する等して、取締役等に是正するよう求める必要がある。財源規制違反の自己株式取得が行われる多くの場合は、粉飾決算がなされた上で行われていると考えられる。

違法配当の事案において、会計監査人の任務懈怠につき問題になったナナボシ事件では「通常実施すべき監査手続」を怠ったことが債務不履行であるとされた。判決では「会計監査の目的は、第一次的には会社の財務諸表が適法かつ適正に作成されているかを審査することにある。粉飾決算の発見は、財務諸表に虚偽の記載があると疑いがもたれる場合には監査の対象となるものであるから、副次的な目的といえる。しかし、監査人としては、被監査会社の監査上の危険を正確に検証し、財務諸表に不自然な兆候が現れた場合には、不正の恐れも視野に入れて、慎重な監査を行うべきである」とされた。

上記からは、会計監査人のなすべき任務は、無効説からは会計監査を行う事で粉飾決算を指摘しその是正をし、取締役に財源規制違反の自己株式取得を全く行わせないこと、これに対して有効説からは財源規制の範囲を超えて自己株式を取得させないこと、となる。前者の損害の範囲は「自己株式取得全額」、後者の損害の範囲は「自己株式取得額のうち財源規制を超える部分」となる。

(3) 自説の展開

財源規制違反の自己株式取得の効力について無効説を前提とすると「役員等」のなすべき任務は、財源規制違反の自己株式の取得を全く行わせないこと、になる。そのため、損害の範囲は「自己株式取得全額」となる。

4．会社法上、自己株式の財産的価値の有無

(1) 分析の視点

平成13年改正前商法では、自己株式は貸借対照表の資産の部に計上されていた（改正前会計規12条1項、22条の2）が、現在では資産（純資産）の部の控除

項目として処理されることになった[33]（会計規76条2項5号）。改正前商法では、会計上自己株式に資産性が認められていたが、現在では資産性が認められていないという事である。このような会計上の扱いと会社法上の自己株式の扱いは合わせる必要があるのか、という点が問題である。会社法上自己株式に資産価値がないとすると、取得した株式の時価を会社の財産とできず、損害から減算することができなくなるからである。

⑵　検討

　会社が取得した自己株式に財産的価値は認められるか。

　肯定説は、①自己株式の取得により会社は資金を失う一方で、会社は資産価値（換価価値）を有する自己株式を取得することになる点[34]、②平成13年商法改正後は自己株式に会計上資産価値は認められないがそれは会計上の事であって、会社法上の損害の算定に関して自己株式の資産価値を認めない事とは直結しない点[35]、③自己株式の取得によって会社から資金が流出する一方、会社は資産価値（換価価値）を有する自己株式を取得する点[36]、④会計学上の損害を観念することはいささか現実離れしている点[37]、を論拠とする。肯定説からすると、会社が取得し保有している自己株式の時価分は損益相殺として取得時の損害から減算する。

　これに対して、否定説は、①会社は保有する自己株式につき剰余金配当も残余財産分配も受けることができない点、②自己株式の取得は、資産の取得ではなく、剰余金配当と同じく会社資産の株主への分配といえるという点[38]、③新会社法の下では保有自己株式は貸借対照表上の純資産の部の控

---

(33) 分配可能額規制に関して、従来は会計的な考え方より商法の分配規制を重視する「商法の優越」「会計学の従属性」という立場だったが、会計基準のグローバル・スタンダード化のなかでそのような立場を貫くことは困難になってきたとの指摘がある。（中村直人『新会社法〔第2版〕』〔商事法務、2006年〕447頁。）

(34) 高橋英治『会社法概説〔第4版〕』（中央経済社、2019年）85頁。

(35) 鈴木・前掲（注13）49頁。

(36) 鈴木・前掲（注13）49頁。

(37) 楠元純一郎「違法な自己株式取得と会社の損害および株主総会招集通知に新株の有利発行に関する議案の記載のない特別決議」久留米大学法学56-57（2007年）37頁。

(38) 久保田・前掲（注28）184-185頁。

208 第2編 企業組織法 第2章 株式会社の資金調達・計算・企業再編

除項目に計上されるため、資産性が認められておらず、自己株式を取得した時点でその資産価値がゼロとなるし、また自己株式がキャッシュフローを生み出さないものであるということから否定する方が理論的一貫性があるという点[39]、④他説に比べて最も難点が少ない点[40]、⑤未発行の新株に資産価値があるとは考えられていない点[41]を論拠とする。否定説からすると、会社が取得し保有している自己株式の時価分は損害から減算せず、取得時の金額全額が損害になる。

(3) 自説の展開

確かに、自己株式は譲渡・売却でき、合併等で対価として用いる側面があることは否定できない。

また、自己株式取得の手続違反の場面において、①自己株式取得の時点における会社の損害は、取締役の「なすべき行為」が何であったかにかかわらず、常に実際の自己株式の取得価額と取得時の差額になる、②取締役の任務懈怠と自己株式取得後の価格下落による損害との間には相当因果関係が認められる、③会社が自己株式を処分した場合における「取得時の時価と処分時の時価の差額」も会社損害として考える、との肯定説の帰結につき、制裁の抑止という点から①が、自己株式を消却する場合と保有・処分する場合で均衡を失するという点から②③が不都合として、自己株式の財産的価値につき否定説をとる見解[42]がある。しかし、ここまで論じてきた通り、財源規制違反の自己株式取得に関しては、取締役の「なすべき行為」により損害の範囲は変わりうるし、たとえ消却した場合でもその分、新株発行を行う事で資金調達が可能であり、生じる手数料等は大きな額にはならず、そもそも取得した自己株式を消却してしまえば当該取締役は損益相殺ができなくなるのであるからそのような行為を行う蓋然性は低いと考えられる。そのため、上記を理由に、財源規制違反の自己株式取得の場面で自己株式の財産的価値を否定することは妥当で

---

(39) 楠元・前掲（注37）37頁。
(40) 藤田・前掲（注5）21頁。
(41) 高橋ほか・前掲（注18）〔久保田安彦〕426頁。
(42) 久保田・前掲（注3）218-222頁。

はないとも思える。

とはいえ、会社が株式発行を行う場合、新たに株主となる者から株の代金が会社に資産として流入する一方で、会社から発行される株式に関しては会社の財産が外部に流出したとはみなされない。そうすると、自己株式の取得は株式発行の裏返しといえる会社法上の行為（会社に株式を戻し、資金を株主に返還する）であるとみることができることと、自己株式取得は株主価値の減少と同時に株式数が減少することになるので一株当たりの株主価値は減少しないことから、配当と並ぶ株主への有力な資本還元手段と考えられる[43]ことを合わせて考えると、自己株式には財産的価値を認めるべきではない。

また、確かに、全ての会社の株式は登録質及び譲渡担保により、株券発行会社及び振替株式の株式は略式質の方法により、株式に担保権の設定が可能である[44]。質権と非典型担保である譲渡担保権は担保物権（物の交換価値を担保とするもの[45]）であるところ、担保物権による株式の交換価値把握が可能であると会社法が規定しており、自己株式に略式質や譲渡担保を設定することも会社法明文上排除されていない以上、自己株式となった時点で株式の財産的価値が失われると解するのは妥当ではないとも思える。しかしながら、自己株式への自由な担保設定を許せば、会社法上自己株式処分に原則株主総会決議が必要である事と矛盾する。また、旧商法時と異なり現在は自己株式は貸借対照表上存在しないものと扱われている以上、自己株式への担保権設定は会社法は想定していないと考える。さらに、担保設定の時点では株主総会や取締役会の決議が不要としても、担保権が実行された場合には結局自己株式を処分した扱いになるためその時点で株主総会決議が必要となってしまい当然に否決される可能性がある。このようなリスクの高い方法を認めるべきではない。以上から、自己株式には担保設定はできないと解すべきである。上記は否定説の根拠となる。

さらに、肯定説から自己株式に財産的価値を認めないとすると、会社は「役

---

(43) 草野耕一『会社法の正義』（商事法務、2011 年）68-69 頁。

(44) 高橋ほか・前掲（注 18）〔久保田安彦〕78 頁。

(45) 潮見・前掲（注 19）181 頁。

員」等から自己株式取得額を回収したことに加えて自己株式を保有しているのだから、無償で自己株式を取得したことになる結果、株式価値が上昇して不当に株主に利益が生じるとの指摘がある[46]。これに対しては、① 当該責任を課すことが望ましいこと、(462条1項責任の場合は会社債権者の保護の必要性がそれを基礎づける)、② 取締役は会社に違法な自己株式取得の無効を主張させて原状回復を実現することで、責任の履行を回避できること、等から特に問題視されていないとの否定説からの反論[47]があるが、この反論は妥当である。① について、会社債権者保護の必要性があることは423条1項の場合も同様であるし、② についても、同様だからである。

以上より、自己株式には財産的価値を認めるべきではないと考える。

5．自説の結論

(1)　Ⅲ．1．(2)で指摘した3つの争点から導かれた帰結[48]を整理したのが下表である。

	① 効力	② 任務の設定	③ 株式価値	④ 帰結（A 自己株式の時価額、B 株式代金回収額）	
1	有効	全く行わせない	有	Ⅴ	全額から A 減算
2	有効	全く行わせない	無	Ⅰ	全額
3	有効	財源規制超えて行わせない	有	Ⅵ	分配可能額を超えた額から A 減算
4	有効	財源規制超えて行わせない	無	Ⅱ	分配可能額を超えた額
5	無効	全く行わせない	有	Ⅶ	全額から A・B 減算
6	無効	全く行わせない	無	Ⅰ	全額
7	無効	財源規制超えて行わせない	有	Ⅷ	分配可能額を超えた額から A・B 減算
8	無効	財源規制超えて行わせない	無	Ⅱ	分配可能額を超えた額

(2)　Ⅲ．2．〜5．で論じてきたことからすると、財源規制違反の自己株式取得に関する423条1項責任の損害につき自説の結論は、Ⅰ取得価額全額を損害

---

(46)　藤田・前掲（注5）21頁。
(47)　久保田・前掲（注3）224–225頁。
(48)　帰結として、Ⅲ、Ⅳの説は導かれなかった。

とする考え方（表中6）となる。そうすると、423条1項責任の損害の範囲は462条1項責任の損害の範囲と同様となる。このように考えると、直接的に自己株式取得に関与していない「役員等」に対する責任としては重すぎるのではないかとも思える。

しかしながら、ナナボシ事件では会計監査人につき、計算書類の作成の第一次責任が取締役、執行役にあることを理由に[49]、損害の8割もの過失相殺を認めたことから、過失相殺（類推）がなされる可能性を考慮すべき[50]である。また、同事件における粉飾決算の手法は、架空売り上げを計上するという比較的ありふれたものであり、しかも、監査を担当した会計士が実際に工事現場を見て不自然であると指摘した点も重視して、粉飾決算を発見することができたはずだと判断し、監査法人に過失を認めたものであり、従来のような監査人による粉飾の発見が困難であった事例とは事案を異にするとの評価がある[51]。上記からすると、「役員等」は、行為と損害の間に相当因果関係が認められず[52]、損害賠償責任を負わない可能性があることも考慮すべきである。

以上から、財源規制違反の自己株式取得に関する423条1項責任の損害の範囲は、Ⅰ取得価額全額を損害とするのが妥当であると考える。

Ⅳ. 結 び

423条1項責任における、財源規制違反の自己株式取得における会社の損害に関する自説の結論は462条1項責任の場合と同様に、「取得価額全額を損害とする」ことになった。もっとも、過失相殺（類推）や法定責任たる462条1項とは異なり因果関係論による調整があることを考慮すれば妥当な結論であると考える。

---

(49) 弥永・前掲（注17）158頁。

(50) 計算書類作成義務を負う取締役は、過失相殺が認められる可能性は低い。

(51) 前掲（注16）256頁。

(52) 田澤元章「粉飾決算を看過した監査法人の債務不履行責任：ナナボシ事件　商事判例研究　平成20年度39」ジュリ1433号（2011年）124頁。

会社分割制度から見た中国会社法の立法理念

朱　　　大　　　明

Ⅰ．はじめに

　2023 年 12 月、中国会社法は大きな改正を迎えた。中国の会社法は 1993 年
に成立した後、2005 年に大きな改正を一度経ており、今回の法改正はその後
初めての全般的な法改正である [1]。

　今回の中国会社法の改正をどのように考察するかは難しい問題である。中国
会社法の立法を考察すれば、多くの法制度について原則的な規定を定めるに留
まったことが特徴の一つである。この立法の方法は「原則的立法」と呼ぶこと
ができる。中国会社法は詳細化する方向に動いていると見られていた [2] が、
今回の中国会社法改正における多くの法制度は、依然として「原則的立法」の
理念のもとに設計されたものであると考えられる。「原則的立法」は中国会社
法の立法方法であり、重要な立法の理念でもあるということができる。

　会社分割は、1993 年中国会社法が成立した時に既に導入されたものであり、
2005 年改正後現在までそのまま維持されている。会社分割制度の規定は極め
て簡素であり、「原則的立法」の立法理念のもとに設計された規定の典型例と
して挙げられる。

　本稿は、会社分割を素材として中国会社法が「原則的立法」を採る理由及び
その意義を検討する。

---

(1)　中国の会社法は、1993 年に成立した後、1999 年、2004 年、2005 年、2013 年、2018 年、2023
　　年に 6 回の改正が行われた。
(2)　例えば、2023 年改正中国会社法 184 条は、取締役等の忠実義務の一つとなる会社の取引機会奪
　　取禁止を具体化するために詳細な規定を設けている。

Ⅱ．中国会社法における会社分割制度の基本構造

1．会社分割制度の歴史沿革

　中国における会社分割の立法は、1988年に制定された全民所有制工業企業法に遡ることができる（全民所有制工業企業法18条・19条・20条）。1993年に成立した中国会社法には、会社分割制度が明示的に定められた（1993年中国会社法185条）。2005年改正中国会社法において会社分割制度について2点の重要な改正がなされた。第1に、株主の利益保護について、反対株主に株式買取請求権が認められた。なお、中国会社法では、株主利益の保護に関連する制度として、支配株主の議決権濫用に関して支配株主の権利濫用禁止が明文で定められている（2005年改正中国会社法20条）。第2に、会社債権者保護について、まず、分割の決議を行った日から10日以内に債権者に通知し、かつ、30日以内に公告を行わなければならないと定められた（2005年改正中国会社法176条2項）。改正前の会社法と比べると、通知の回数は3回から1回に減少した。次に、債権者と会社が債務の弁済について合意した場合を除いて、会社が分割する前の債務については、分割後の会社が連帯責任を負うと定められた（2005年改正中国会社法177条）。改正前の会社法と比べると、会社分割を行う前に債権者の同意を得なければならないという事前の債権者保護から、分割会社と分割の権利義務を譲り受ける者は債権者に対して連帯責任を負うという事後の債権者保護に変更された。2023年12月に中国の会社法が大きく改正されたが、会社分割の規定については条番号が変わった以外に、その内容は全く変わらず、そのまま維持されている。

2．会社分割制度の基本構造

⑴　法律の根拠

①　会社法

　中国の現行会社法においては、会社分割制度は主として222条と223条との2か条を中心に構成される。この2か条は以下のとおりである。

中国会社法 222 条：
【第1項】会社を分割する場合、その財産についても相応に分割する。
【第2項】会社を分割する場合、貸借対照表及び財産リストを作成しなければならない。
会社は、分割の決議を行った日から 10 日以内に債権者に通知し、かつ 30 日以内に新聞
又は国家企業信用情報公示システム上で公告を行わなければならない。
中国会社法 223 条：
　会社分割前の債務については、分割後の会社が連帯して責任を負う。ただし、会社が
分割前に債権者と債務の弁済について合意した書面に別段の約定がある場合はこの限り
でない。

② その他

中国における会社分割に関連する法令としては、上記の会社法のほかに証券法や労働法等がある。外国投資者に関しては、2001 年に対外経貿部と国家工商管理総局により共同で制定・公布された「外国投資者の企業合併と分割に関する規定」、2003 年に対外経貿部、国家工商管理局、国家外貨管理局により共同で制定・公布された「外国投資者が中国企業を合併・買収することに関する暫定規定」が留意されるべきである。

　会社分割の実際の運用においては、日本の府省令に相当する「法規」、「規章」も重要である。そのうち、上場会社に関し重要な法規は、2008 年に中国証券監督管理委員会により制定・公布された「上場会社買収管理方法」と「上場会社重大資産重組管理方法」である。また、1989 年に国家体制改革委員会、国会計画委員会、財務部、国家国有資産管理局により共同で制定・公布された「企業の兼併に関する暫定方法」、2011 年に国家工商管理総局により制定・公布された「会社の合併、分割の登記における登記を行うことによって企業兼併重組を支持する意見」（工商企字〔2011〕）は、登記と税制に係る重要な法規である。

(2) 会社分割の概念とその定義

① 定義

中国の会社法においては、会社を分割する場合、その財産についても相応に分割するものとすると定められている（中国会社法 222 条）。しかし、この規定

は正面から会社分割を定義するものではない。

　会社法の理論において、会社分割の定義に関して、会社分割とは一つの会社がその財産を相応に分けて会社清算の手続きを経ずに二つ以上の会社に分けられる行為をいうと解されている。この主張は現在多数説になっている[3]。

　②　概念

　中国では、日本の「会社分割」と異なり、「会社分立」という概念が設けられている。中国会社法の「会社分立」と日本会社法の「会社分割」は基本的には同じものを意味していると考えられる。日中会社法の資料にも、会社分立は会社分割の訳語として使われている。しかし、よく考えれば、「分立」は行為の効果を強調するニュアンスがあり、「分割」は行為自体を重視するニュアンスがある。その意味では、実際、日中会社法の状況を見ると、逆になっている。中国の会社分立は「財産を分割する」を定義し、行為の効果を重視せず、行為自体を重視することとなり、日本の会社分割は、財産を分割するだけではなく、組織法上の行為としてその行為の詳細を定めるものとなり、行為の効果あるいは行為の全体を重視することとなる。この意味では、中国の会社法では会社分立ではなく、会社分割の概念を使ったほうが分かりやすいかもしれない。日本では、会社分割ではなく、会社分立を使うことはその内容に合致するかもしれないと考える。

(3)　会社分割の類型

　中国会社法においては、会社分割の類型について規定が存在しない。現に、1992年国務院により制定・公布された「株式有限会社の規範意見」においては、会社分割の類型について存続分割と解散分割との二種類に分類されることが明文で規定されていた（91条）。ここでいう存続分割とは、会社が自社が存続する前提のもとで、その財産の一部又は全部を他の会社に承継させるという会社の行為をいう。これに対して、解散分割とは、会社がその財産の全部を2つ又は2つ以上の会社に承継させて自社を解散するという会社の行為をいう。しかし、その後成立した中国会社法（1993年）にはこの条文は採用されな

---

(3)　王保樹『中国商法』（人民法院出版社、2010年）272頁。

かった。

この分類方法は、実務と理論の両方に対して大きな影響を与えた。この分類方法は、現在通説の地位を占めている[4]。

中国の会社分割の分類方法は、ドイツ法や台湾法と類似する面がある。例えば、ドイツの会社分割制度においては解散分割、部分分割、子会社分割の三種類に分類される（ドイツ組織再生法123条）。中国の解散分割はドイツの解散分割と類似する。台湾の会社分割制度は、新設分割と吸収分割の二種類に分類される（台湾会社法316条、台湾組織再編法4条）。台湾の新設分割は日本の制度と似ているが、新設分割はさらに新設存続分割と新設消滅分割との二種類に分類される。新設存続分割は中国の存続分割と類似する。新設消滅分割は中国の解散分割と似ている。これらから、中国の会社法における会社分割の理論はドイツ法、台湾法の影響を受けたと推測できよう。

また、中国においては略式分割と簡易分割は認められていない。そのため全ての会社分割が株主総会決議を経なければならない。

中国の会社法においては定義が存在しないが、会社分割と密接な関係を有する税務機関と会社の登記機関により定められる規定において定義が設けられている。

2011年に国家工商管理総局により制定・公布された「会社の合併、分割の登記における登記を行うことによって企業兼併重組を支持する意見」（工商企字〔2011〕266号）においては、上記の会社法の理論において採用されている分類方法と同じように、会社分割に関して存続分割と解散分割の二種類に分類し、その各類型の定義が明確に定められた（2条）。

これによって、会社分割の類型に関して、中国会社法の理論と税務機関と登記機関による規定はほぼ同様の立場をとることになる。

(4)　会社分割の対象

分割の対象が何かについては、中国会社法において会社分割は会社の財産を分割するものであると定められていることから、会社分割の対象は「会社の財

---

(4)　王保樹・前掲（注3）272頁。

産」となる。「会社の財産」は何かについては、包括的に譲渡することができるものである「営業」であると解されている。

「営業」の概念に関しては、中国会社法においては「営業」の定義は定められていないが、関連する規定として、「重要な財産の譲渡」に関する規定がある。すなわち、中国会社法89条において、会社の合併、分割、主要な財産の譲渡を行う際にその決議に反対した株主は株式買取請求権を有するとされている。また、同法15条は会社法又は会社の定款にしたがって重要な資産を譲渡し、又は対外的に担保提供を行うときには、株主総会又は取締役会の決議が必要であると定めている。さらに、同法135条において、上場会社については、1年以内に重要な資産の購入・売却又は担保提供の金額が会社の総資産の30%を超える場合には、株主総会の特別決議が必要とされている。

また、法律ではなく、国務院により制定された「営業税暫定条例」、「営利性演出の管理条例」、「企業国有資産監督管理暫定条例」等の規定に「営業」に関する定義が定められている[5]。

上記により、中国では、会社法には「営業」の概念は定められていないが、「営業」あるいは営業に相当する活動が実際に多くの分野で行われており、国務院の条例のレベルで「営業」の定義が存在する。会社法上は「営業」の概念は存在しないが、「営業」あるいは営業に相当する活動は契約法に基づいて行われ、重要な財産の譲渡に該当する場合には、会社法に定められた手続（株主総会決議が必要）や株主の保護（株式買取請求権）が適用される。

なお、会社分割において、分割の対象となる「会社の財産」について、一部の財産（1つの営業）かそれとも全部の財産（全ての営業）も含められるかは、不明確である。この問題については、実務上、存続分割と解散分割においては、対象となる「財産」には一部も全部も含むと解されている。会社法条文の文脈からしても「財産」には、財産の一部又は全部を含むと解釈することが自然であると考える。

---

(5) 中国において、法律のレベルでは、企業破産法と独占禁止法において「営業」の概念が使われている。

(5) 会社分割の対価

① 対価の種類

会社分割において、その対価として金銭や株式のような有価証券を認めるか
は重要な論点である。この問題について、中国会社法においては規定がない。
しかし、2009年財務部、国家税務総局により制定・公布された「企業重組業
務の企業所得税の処理に関する若干問題の通知」は、この問題に触れている。
この「通知」においては、分割の対価には株式及び非株式が認められると定め
られている。具体的には、株式とは、自社およびその支配する会社の株式をい
い、非株式とは、自社の現金、預金、金銭債権、会社又はその支配する会社の
株式及び持分以外の有価証券、製造物、固定資産、その他の資産等をいうと定
められた (2条)。この規定によれば、税務の側面からすると、会社分割の対価
の種類はかなり広いと考えられる。また、合併と同じように、独占禁止法、外
国投資者に対する規制等の規定に違反しない限り、中国においては理論上現金
分割及び三角分割が可能であると考えられる[6]。

② 対価の支払対象

対価の支払対象についても法律上の定めがない。「企業重組合併分立業務に
関する所得税に関する問題の通知」においては、分割会社及び分割会社の株主
の獲得の対価に対し課税すると定められている (2条)。これによって、税務の
側面からすると、対価の支払対象には分割会社及び分割会社の株主が認められ
ると考えられる。

上記によって、中国においては物的分割（対価を分割会社に支払うこと）も人
的分割（対価を分割会社の株主に支払うこと）も認められると考えられる。

(6) 分割の手続

中国の会社分割の手続きについては、以下のとおり行うのが一般的である。
① 取締役会が会社分割を承認する。② 当事者が複数ある場合は、当事者間で
分割契約を締結する。③ 株主総会が会社分割を承認する（特別決議）。④ 反対
株主の保護手続きを実施する。⑤ 債権者保護の手続きを実施する。⑥ 会社財

---

(6)　朱大明「会社分割法制の現状と改革」商事法論集23巻 (2013年) 299頁。

産を分割する。⑦ 会社分割の登記を行う[7]。

⑺ 株主と従業員及び債権者の保護

① 株主の保護

中国の会社法において、株式会社であれ、有限会社であれ、会社分割に対しての反対株主に株式買取請求権が認められている（中国会社法89条1項(2)号、162条1項(4)号）。

② 債権者の保護

会社分割における債権者の保護については、分割の決議を行った日から10日以内に債権者に通知し、かつ、30日以内に公告を行わなければならないと定められている（中国会社法222条2項）。債権者と会社が債務の弁済について合意した場合を除いて、会社が分割する前の債務については、分割後の会社が連帯責任を負うと定められている（中国会社法223条）。

③ 従業員の保護

中国会社法においては従業員保護の規定がない。したがって、労働法及び労働契約法の視点から従業員の利益保護を考えるしかない。

3．会社分割の立法モデル

⑴ 「簡略式の会社分割」の立法モデル

中国会社法における会社分割の制度設計の最大な特徴として、その規定が極めて簡素である点がある。いかにして会社分割を行うかについては重要な事項となる会社分割の類型や対価の支払い等が定められていない。但し、中国の会社分割制度においては、債権者の保護に関して手続法の面と実体法の面から厳格的な保護措置が構築されている。

中国会社法における会社分割制度の特徴は、原則的規定を置いてどのように会社分割を行うかを分割会社に委ね、分割会社により自由に設計される会社分割の活動により損害が与えられうる利害関係者の保護に関して厳格的な規制を設けることにより、自由に会社分割を行うことの欠陥を抑制するという制度の

---

(7)　劉俊海『現代会社法〔第二版〕』（法律出版社、2011年）596頁。

設計にある。

　このような立法のモデルは「簡略式の会社分割」と呼ぶことができる。この「簡略式の会社分割」の立法モデルは「原則的立法」の立法理念のもとに形成したものであると考えられる[8]。

　「簡略式の会社分割」の立法モデルのメリットについては、「原則的立法」の立法理念により設計された法制度に多くの解釈空間（逆に言えば不明確なところになる）を残し、当事者に最大限に自由に設計する権利を与えることができることのほか、会社分割制度の設計について詳細な定めを置かないことは、現段階で会社分割に対する理解又は会社分割の実践経験が不足しているとしても、将来の制度整備又は制度の調整に空間と時間を残すことができることがある。

(2)　「簡略式の会社分割」の立法モデルの形成

　中国においては、2005年の会社法改正により会社分割が定められた後、会社分割の規定が極めて簡素であって、実務にその制度の適用に大きな障碍が齎されうると思われたことから、中国国内に批判的な主張が主流となっていた[9]。

　また、2010年に中国の証券市場では初めての上場会社分割事件が起きたために、会社分割の複雑さに鑑みて証券市場の監督機関である中国証券監督管理委員会は上場会社分割の規則を制定する必要があると明確に表明した。この規則が現時点までまだ公布されていないものの、少なくとも、その時に、中国証券監督管理委員会は、会社法における会社分割制度が上場会社の分割に十分対応できないことを認識したと考えられる。

　しかし、中国の法律実務では、会社分割制度において多くの不明確が存在するからこそ、実務では様々な分割の方法が実施され、分割の方式は非常に柔軟であるということができる。中国の新設分割では、厳格的な債権者保護制度が設けられているため、様々な分割の方法が行われているが、会社分割に関する

---

(8)　神田秀樹＝朱大明「日中会社法比較1：事業譲渡、株式交換等、会社分割」法律時報2023年10号、103頁。

(9)　朱大明「会社分割方式の構築とその選択」清華法学2015年5号、30頁。

紛争があまり生じていない。このような実務状況の下で、中国において、会社分割を改正する必要がなく、現行の会社分割制度を維持することは現時点の中国の国情に相応しいと主張する者もいる。

　2023年中国会社法改正の結果からみれば、会社分割の規定がそのまま維持されていることとなっている。ここで、なぜ会社分割の規定を改正しないかを問う必要がある。その理由については、主として以下の三つがある。第一に、2023年中国会社法の改正において、企業の国際競争力を高めることと国内の事業環境の改善といった法政策上の目的のため、できるだけ会社に多くの自治を認めることが望ましいため、「規制緩和」が立法の重要な指導原則とされていた。「規制緩和」の原則からすると、会社分割を詳細に規定することは制度の明確性を引き上げることができる反面、会社分割を行う者が現行法より多くの規制を受けることになる。この意味では、現行の会社分割を詳細化することは会社法改正の指導原則に合わない。第二に、2023年会社法の改正は会社法の内容を大幅に改正したが、その改正後の条文数について改正前の218条から266条に増加したが、会社法に根本的な変動が齎されるほどの条文数の増加ではない。これは、立法者が条文数を抑えた結果である。立法者は会社法の条文数を抑える意図としては、立法者は改正前の会社法の規模（条文数）を維持することにより、今回の法改正は根本的な法改正ではないというイメージを人民代表ないし資本市場に伝えることが考えられる。これは、今回の会社法改正は中国の立法機関である全国人民代表大会常務委員会の審議において順調に採決されることに対し重要である。このような状況のもとに、今回の中国会社法の改正では、何を定めるべきかが重要な問題であったため、紛争が多い法制度や社会に関心が集まっている課題等を優先的に改正することになった（会社分割に関しては多くの紛争が生じていないため、あまり関心されていない法制度となっている）。第三に、中国において、会社分割に関する理論及び実践経験の蓄積は深くないため、会社分割を改正するとしても、どのような方向に改正していくかについて統一の意見が形成されていない。また、立法例からすれば、アメリカ法では会社分割が定められていない[10]。「簡略式の会社分割」の立法モデルは最大限で分割会社に自由に設計する権利を与える点からして、アメリカ法と似ている。このため、アメリカ法を参考にして「簡略式の会社分割」を改正す

る必要がないと指摘されている(11)。

　このように、2023年会社法改正により会社分割の制度を維持することは立法者の遺漏ではなく、意図的なものであった。言い換えれば、たとえ2005年に会社分割を導入するときに、「原則的立法モデル」を選んだことには偶然的な部分があるとしても、18年後の2023年に行われた中国会社法の改正において会社分割の規定をそのまま維持することは、立法者は充分に考慮したうえで選んだ結果である。しかし、注意しなければならないのは、2023年中国会社法の改正では会社分割制度を維持することは、「簡略式の会社分割」が最善の制度であることを意味するというわけではない。上記のような複雑な背景のもとに「簡略式の会社分割」が現段階で立法者に選択されたのである。ある意味では、2023年中国会社法の改正において「簡略式の会社分割」を維持したことは妥協の結果でもある。

(3)　「簡略式の会社分割」の実施効果

　会社分割制度の内容については、概ね、①分割の実施、②分割の実施に伴う利害関係者の保護、の二つの部分に分けられる。①については、会社分割の類型からして、会社分割の行為に関して「会社分割の場合、会社の財産を分割する」のみ定められているため、実務では、契約を中心に会社分割の類型が設計され、新設分割と吸収分割であれ、分社型分割（物的分割）と分割型分割（人的分割）であれ、全て行うことができると解されている。しかも、その分割の対価の支払いは非常に柔軟であるため、三角分割（分割の対価は分割の親会社から支払う）でも認められると見られる。②については、株主、債権者及び従業員の保護について会社分割の規定だけではなく、ほかの会社法の規定も適用しなければならない。株主、特に少数株主の保護に関しては、株主買取請求権以外に、支配株主規制、現金オプション等の救済手段が定められている。債権

---

(10)　例えば、アメリカ模範会社法の第11章は合併と株式交換を対象としており、会社分割については定められていない。また、デラウェア州会社法の第9章は吸収合併と新設合併を対象としており、会社分割は定められていない。実際には、会社分割に相当する行為は、会社法に規定はなくても、行われている。

(11)　彭冰「ゼロから会社法改正を考える」金融法苑107巻（2021年）193頁。

者の保護については会社分割に厳格的な保護制度が定められている[12]。会社法の分野では、会社分割において利害関係者に関する紛争があまり生じていない。

Ⅲ．会社分割から見た中国会社法の立法理念

1．中国会社法の立法が直面している問題

(1) 会社法の属性

中国においては、1979年に改革開放政策が実施され、1992年に資本市場（証券市場）が導入された。それとともに、法律の急速な整備が始まった。会社法の分野においては、会社法という法律が徐々に整備されたが、一気に詳細な制度が整備されたわけではなく、「契約」が会社の運営に極めて重要な役割を果たしていたということができる。その役割は「会社法」を超えるといってもよいかもしれない。また、中国の資本市場の指導者にはアメリカ派が圧倒的に多いと見られ、中国会社法の研究はほとんどアメリカ法の研究に集中している。そのような状況のもとで、中国会社法は、成文法であるにもかかわらず、「外在の需要」（市場体制による要求）であれ、「内在の需要」（実務による要求や会社法理論による需要）であれ、契約の理念を尊重するという信念が極めて強く、中国会社法の規定の適用ないし中国会社法の成文法の属性に大きな影響が及んでいる。

これによって、実務ではあまり紛争が生じていない法制度（会社分割制度が例として挙げられる）であれば、契約法に委ねるという現状を変えて立法するまでの必要はないという見方を有する者が多い。その理由としては、中国会社法の条文数は限られているため、何を定めるべきかについて、契約法に委ねることができる事項であれば、会社法に定める必要はないと考えられている。この問題の本質は、アメリカ法の影響が強く受けている中国において、どのように会

---

(12) 債権者の保護については、分割会社と財産を譲り受ける会社は連帯責任を負わなければならないとの保護措置は厳しすぎるのではないかと主張されている者がいる（朱大明・前掲〔注9〕）。

社法の属性を解するか、或いは中国の会社法は成文法の体系を維持するか、それともアメリカ法化するかという問題である。

(2) 民法と商法の衝突

2020年に中国民法典が成立したことによって、民法が商法を含めてすべての私法を統括して規律するモデル、すなわち、約90年の歴史がある民商統一の立法モデル[13]が一層強化されている。その影響を受けて、中国会社法の適用に多くの不都合が生じている。これにより、中国会社法が1993年に成立してから約30年が経た現在において、民商統一の立法モデル及び成文法の体制を維持する前提のもとに、民法典にではなく、会社法に定める必要がある部分を整理することが重要な課題となっている。さらに、会社法の立法は、会社法の学会だけではなく、民法の学会等と統一な認識に達成することができないと、その立法過程に多くの障碍が現れるかもしれない。しかし、会社法と民法等の学者が統一な意見に達することは容易ではない[14]。

(3) 現実的な条件による制約

中国においては、会社法の立法は政治体制の状況や経済市場の状況等の現実的問題に拘束されるため、理想的な立法を実現することは困難である。会社法は資本市場の基本法であるため、その変動は資本市場に大きな影響を及ぼしうる。このため、会社法の改正は慎重に行わなければならない。また、立法者としては、現実的な問題として会社法の改正案が人民代表及び多くの関連する政府部門に賛成されるかを考慮しなければならない。このため、立法者は、法制

---

(13) 中国においては、1929年中華民国会社法の成立によって民商合一の民商法立法モデルが定着した（朱大明「中国会社法産生源流の考察」財経法学2021年1号111頁）。

(14) 例えば、商法学界においては、会社法に「営業」の概念が存在していない。その問題解決の方法について、主として、① 商事通則を制定すること、② 商法典を制定すること、③ 会社法に総則の内容として定めること、という3つの意見がある。換言すれば、商法学者は商法ないし会社法に「営業」に関する規定を定める必要があることについてはあまり異議がないが、具体的にどのように定めるかについて意見が統一されていない。また、民法の学会において「包括的資産譲渡」が民法典に定められていないため、商法の分野で「営業」を定める必要がないと主張されている者が多い。

度の改正が必要であるかということだけではなく、数多くの要素に基づき、法制度の改正に優先順位を付ける。

(4) 会社法の理論と経験の蓄積不足

中国会社法は、1993年に制定されたものであるため、その実践の期間は浅く、会社法の理論発展と会社法に対する認識及び会社法を実施する経験は成熟した段階に至っていない。このような状況の下に、法制度の制定は詳細に定めようとしても、極めて難しいところがあると思われる。

会社分割を例として考えれば、1993年に会社法が成立する時に当該制度に対する認識等の状況と2023年に会社法が改正されるときに当該制度に対する認識等の状況は大きく異なる。

(5) 各地方の状況が異なること

中国は面積の広い国である。会社法は全国で統一に適用するものであるため、詳細に定めることは、異なる地方で適用するときに不都合が生じる可能性がある。その原因については、各地方の裁判官の質が異なることや各地方の経済発展の状況が異なること等があるため、統一の基準で同様な法律を適用することは難しい面があるからである。

2. 中国会社法の立法理念

近年、中国会社法の立法理念について、「原則的な規定を定めること」から「できるだけ詳細な規定を定めること」に変更する必要があることが多くの学者により指摘されている[15]。その理由として、詳細な法規定を会社に提供することが会社法の重要な機能の一つになる点が指摘され、詳細な法規定の提供は会社経営コストの軽減と利害関係者保護の強化等に有益であると指摘されている。

「できるだけ詳細な規定を定める」ことは、中国において「精細化立法の原則」と呼ばれている[16]。「精細化立法の原則」に移行すること自体に対して

---

(15) 朱大明「会社法の立法指導原則」清華法学 2022 年 2 号 41 頁。

は、あまり異論は存在しない。しかし、具体的にどこまで詳細な規定を設けるべきかについては、上記のように中国の立法が直面している多くの問題があるため、難問となっている。

結局、2023年12月に行われた中国会社法の改正において、立法者は「精細化立法の原則」を採用して行われたところがあるものの、「原則的立法」が最も重要な立法原則として堅持されていると見られる。2023年に会社法改正により導入された新しい法制度が多数存在し、これらの新しい制度は基本的には「原則的立法」の立法理念のもとに設計されたものである。

実際、2023年に中国会社法の改正において、立法の理念を巡って、上記した中国会社法の立法が直面している問題を踏まえて、多くの議論が行われた。多くの問題がある中でバランスを取らなければならない点からして、「原則的立法」を維持することは現時点の中国として妥協する方法であり、現時点の中国の国情に相応しい立法の方法でもあると思われる。

Ⅳ. 終わりに

中国の会社法において、「原則的立法」の理念が存在することは重要な特徴である。しかし、「原則的立法」は現段階に立法者に選ばれたものであり、最善のものであることを意味していない。2023年の中国会社法改正は終わったが、立法の理念及び法理論に関して多くの深刻な問題がまだ解決していないため、今後、各地方の経済発展と各地方の法治程度の格差が縮小するにつれ、中国の会社法立法がどのような方向に発展していくかは注目に値する。

---

(16) 朱大明・前掲（注15）30頁。

企業再編行為における企業価値、事業価値、株主価値、債権者価値の関係について

──事業資産の移転を伴う会社分割および事業譲渡を中心として──

仲宗根　京　子

Ⅰ．はじめに

　平成12年商法改正による会社分割制度の新設は、経営効率化のためのグループ内再編や、不採算事業の切り離し、他企業との共同事業などを叶える法制度として、実務界の強い要望のもとに誕生した。また、これを税制面から支える組織再編税制（平成13年）は、再編行為の前後で経済実態に実質的な変更がない場合には、移転資産の譲渡損益の計上を繰り延べることを認めている。

　しかしながら、当事会社の主要なステイクホルダーである株主や会社債権者の保護が問題となる場面があり、とりわけ事前の手続き保障である異議申述権やそれを前提とした無効の訴えによる保護が得られない残存債権者に関しては、平成26年改正法（会759条4項・761条4項・764条4項・766条4項・23条の2、商18条の2）が誕生したが、責任範囲および要件（吸収分割会社ないし譲受会社の悪意）の点で保護が限定的であり、法人格否認の法理や商号続用責任規定、および信義則と併存して適用され得るものとされている。そこで本稿では、この問題意識を株式を対価とする事業資産の移転を中心に、事業価値の算定方法と会計学のアプローチを学びつつ再考したい。企業会計基準委員会は民間組織ではあるが、その公表する会計基準は、沿革などから「一般に公正妥当と認められる企業会計の慣行」（会431条）に該当するものとされ、わが国会社法上、一定の法規範性を有するものと解されている[1]。企業結合会計基準では、組

---

(1)　江頭憲治郎『株式会社法〔第9版〕』（有斐閣、2024年）669頁。

織再編の形式にかかわらず、事業譲渡と現物出資も含めたうえで、企業結合を4つの会計上の分類（取得、持分の結合、共同支配企業の形成、共同支配下の取引）に区分した上で、それぞれの分類ごとに適用すべき会計処理を定めている。

Ⅱ. 事業価値の算定方法[2]

1. 事業価値、企業価値、株主価値とは何か

(1) 事業価値評価の体系

「企業価値評価」とは、営利目的企業においてはキャッシュを長期的に安定して生み出す力（キャッシュフロー）の測定である。

通常、貸借対照表（時価ベース）では、「資産」を流動資産と固定資産に分けるが、本稿の検討目的からは、事業資産と非事業資産に分ける[3]。

事業資産は、通常は流動資産に配置される在庫・売掛金（運転資金の要素）を含み、製造業では工場などの固定資産を含む。負債は、買掛金などの流動負債（運転資金の要素）と有利子負債（デット）を含む。

図1の左側の、貸借対照表（時価ベース）における事業資産から流動負債を引いたものが「事業価値」に相当する。

また、資産には、それがなくとも事業運営ができる非事業用資産（余剰現預金・有価証券・投資証券など）もある（後掲図1の右側参照）。

(2) 企業価値

(1)の「事業価値」に、非事業用資産の価値を足したものが「企業価値」となる。

(3) 株主価値

(1)の「企業価値」から有利子負債（デット）を引いたものが「株主価値」で

---

(2) Ⅱ. は全面的に岡俊子＝富山和彦「第7章　M&Aと企業価値」別冊商事法務295号『我が国M&Aの課題と展望』（2006年）65-81頁に依拠している。

(3) 岡＝富山・前掲（注2）71頁、図表7-6（後掲図1）。

図 1　貸借対照表と企業価値のフレームワーク

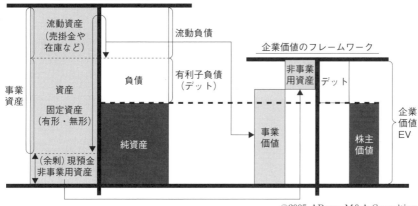

©2005 ABeam M&A Consulting

（出所）岡俊子＝富山和彦「第 7 章　M&A と企業価値」別冊商事法務 295 号『我が国 M&A の課題と展望』（2006 年）71 頁、図表 7-6。

ある。

2．評価のための 3 つのアプローチ[4]

(1)　総論

　企業価値の意義は多義的であり、いずれのステイクホルダーの、いかなる状況下における状態を明らかにしようとして、以下の用語を用いるかでも異なってくる。その算出方法には、主に、将来のキャッシュフローを見積もるインカムアプローチ[2]、同業他社等との比較により見積もるマーケットアプローチ[3]、過去から積み上げた時価を用いるコストアプローチ[4]があり、更に各々にはバリエーションがある。

(2)　インカムアプローチ

① DCF 法（Discounted Cash Flow 法）

　企業買収において最も一般的な評価方法で、継続企業を前提とした収益力に

---

(4)　岡＝富山・前掲（注 2）71-73 頁。

基づく評価方法であり、キャシュフロー全体を適切な割引率により現在価値に還元する手法である。

② 配当還元法

過去の配当実績から、1株当たりの配当金額を一定の割引率で現在価値に還元し、株式の現在価値を求めるもので、少数持分所有者間の売買価格算定に用いられる。

③ APV法（Adjusted Present Value法）

原理は①に近いが、①がデットとエクイティの割合を固定して算定することに比し、APV法は両方の割合を算定期間にわたり変化させることができ、デットを順次減少させてゆく再生企業計画に用いられることが多い。

(3) マーケットアプローチ

市場の取引価格を基準とし、以下の3つがある。

① 市場株価法

② 類似会社批准法

③ 類似業種批准法

(4) コストアプローチ

企業の所有財産を算定評価する方法で、以下の2つがある。

① 簿価純資産法

② 時価純資産法

3．いずれのアプローチに拠るべきか

(1) 複合的な基準による加重平均法

以上、事業価値算定には様々な評価方法があり、企業再編場面で用いるにあたっては、結局、多岐にわたる事象（事業の特性や買収者の意図など）に応じた複数の方法で算定することになり、いずれかに決するか加重平均すべきかを議論することになるようである[5]。

---

(5) 岡＝富山・前掲（注2）73-74頁。

(2) 従来、多く用いられてきた時価純資産法と近時有力な DCF 法

静態的な資産積み上げで客観的に数値が確定するため、評価が容易で説明もしやすいコストアプローチの時価純資産法が、従来は一般的であった[6]。

しかし、企業の含み損益を可及的に顕在化させ可視化することを目指していた「会計ビッグバン」[7]の趣旨からは、将来収益を加味した継続企業価値が評価されていない時価純資産法を、簡便ゆえに多用する運用は問題視されている[8]。

確かに、DCF 手法に対しては将来の見積もりに恣意性が懸念されることや、割引率の設定についても不安定要素が除去できない、との批判もある[9]。

しかし、企業による営利追及を推進する企業再編制度における判断手法としては、継続企業価値による将来収益に着目し、それを現在価値に還元する手法は、合目的性を有するものと解する。また、実際においても、現在、企業買収一般において、最もよく用いられている手法である[10]。

したがって、デメリットを半減する工夫をしながら、基本的にはこのアプローチに拠って立つことが望ましいと考えられている[11]。

また、本稿のテーマが、合理的な経営を志向する企業再編においてステイクホルダーに生じる不利益を除去すべき担い手は誰か、というものであることからすると、責任を負い得る能力（今後も企業活動を通じて最も利得するもの）に沿ったアプローチが望ましく、インカムアプローチの DCF 法に拠って立つことにする。事業の推進者は誰なのか、企業のゴーイング・コンサーン（継続事業体）としての社会的存在意義とは何なのか、このような問題意識を背景とし

---

(6) 岡＝富山・前掲（注2）76 頁。

(7) 岡＝富山・前掲（注2）77 頁、78 頁注 26。1996 年の橋本政権下での金融制度改革（金融ビッグバン）の一端として、2000 年 3 月決算期から開始された会計制度の大改革であり、金融・証券市場における会計基準やディスクロージャー（情報開示）について、このような透明性の確保など、国際基準との調和を目指した。

(8) 岡＝富山・前掲（注2）77 頁。

(9) 岡＝富山・前掲（注2）74 頁、76 頁。

(10) 江頭・前掲書（注1）14-16 頁参照。

(11) 江頭・前掲書（注1）15 頁注2、久保田安彦『会社法の学び方』（日本評論社、2018 年）28 頁、宍戸善一「紛争解決局面における非公開株式の評価」岩原紳作編『現代企業法の展開（竹内昭夫先生還暦記念）』（有斐閣、1990 年）420 頁以下。

て、本稿では、効率的な事業活動を推進するためにキャッシュ・フローを重視するインカムアプローチの DCF 手法を用いる。

Ⅲ．我が国における企業結合会計基準をめぐる審議の経過[12]（世界の潮流をふまえて）

1．平成 9 年の企業再編制度改革に伴う企業会計基準の概要と東京合意

　我が国における会計基準としては、企業会計審議会が平成 9 年 6 月に改訂した「連結財務諸表原則」により、連結財務諸表に関する会計基準が整備され、さらに、平成 15 年会計基準では、企業結合全般に適用される会計基準が整備された。他方、国際的な会計基準では、企業結合の経済的実態に応じて、パーチェス法（被結合企業から受け入れる資産及び負債の取得原価を、対価として交付する現金及び株式等の時価〔公正価値〕とする方法）と持分プーリング法（すべての結合当事企業の資産、負債及び資本を、それぞれの適切な帳簿価額で引き継ぐ方法）の双方を使い分ける取扱いから、持分プーリング法を廃止する取扱いに変更するなど、我が国の取扱いとは異なる点が認められていた。それとの平仄をとるため、委員会では、平成 19 年 8 月に国際会計基準審議会（IASB）と共同で採択した東京合意に基づき、短期コンバージェンス・プロジェクト（平成 20 年まで）として、以下の項目を中心に審議した[13]。

　(1)　持分プーリング法の廃止及び取得企業の決定方法

　(2)　株式の交換の場合における取得原価の算定方法

　(3)　段階取得における取得原価の会計処理

　(4)　負ののれんの会計処理

　(5)　企業結合により受け入れた研究開発の途中段階の成果の会計処理等

---

(12)　企業結合に関する会計基準（企業会計基準第 21 号）平成 15 年 10 月 31 日公開（企業会計基準委員会）最終改正平成 31 年 1 月 16 日。改正企業会計基準第 21 号「企業結合に関する会計基準」等の公表（企業会計基準委員会〔asb-j.jp〕htpps://www.asb-j.jp/jp/accounting_standards/y2019/2019-0116.html）2024 年 10 月 2 日最終確認。

(13)　前掲（注 12）第 64 項。

2．のれんについて

　取得原価が受け入れた資産や負債に配分された純額を超過すれば資産に計上して規則的に償却される（正の）のれんとし、下回れば負ののれんとして処理される[14]。

　平成21年論点整理の公表後、国際的な会計基準に平仄を併せてのれんを非償却とすべきか否かについて審議されたが、連結財務諸表・個別財務諸表ともに、会計基準の改正について、市場関係者の合意形成が十分に図られていない状況であると解された。また、2011年11月には、のれんを非償却とする国際財務報告基準（IFRS）第3号「企業結合」の取扱いに係る適用後レビューの必要性を、IASBに対して提案した。その結果、現行の償却基準を、平成25年改正会計基準においても継続することとなった[15]。

3．企業結合についての基本的な考え方[16]

　同会計基準は、企業結合に該当する取引として、共同支配企業とよばれる企業体を形成する取引、および共通支配下の取引等を適用対象とする。また、現金を対価とする子会社株式の取得の場合についても、連結会計基準に定めのない企業結合に関する事項については、本会計基準の適用対象となる。

　さらに、複数取引が同一の企業結合を構成している場合にも、一体として取り扱う（第5項参照）。通常、複数の取引が同一の事業年度内に完了する場合には同一のものとして取り扱うことが適切と考えられるが、同一の企業結合を構成しているかどうかは状況によって異なるため、取引時における当事者間の意図や当該取引の目的等を斟酌し、実態に応じて判断することとしたものである（第66項）。

　第67項によると、企業結合には「取得」と「持分の結合」という異なる経済実態の2種類あり、各々の実態に適応した会計処理方法を適用する必要があるとの考え方がある。それによると、「取得」に対しては、ある企業が他の企

---

(14)　前掲（注12）第31-33項、第105-111項。
(15)　前掲（注12）第64-3項。
(16)　前掲（注12）第66-72項。

業の支配を獲得するという経済的実態を重視し、パーチェス法により処理することになる。企業結合の大多数が、実質的には一方の結合当事企業による新規の投資と同じであり、交付する現金や株式等の投資額を取得価額として他方の結合当事企業から受け入れる資産や負債を評価することが、現行の標準的な会計処理と整合するからである。

　これに対して、第68項は、いずれの企業も他の当事企業に対する支配を獲得したとは合理的に判断できない「持分の結合」について規定する。「持分の結合」とは、いずれの企業（または事業）の株主（又は持分権者）も他の企業（または事業）を支配したとは認められず、結合後に企業のリスクや便益を相互に共有することを実現するため、それぞれの事業の全てまたは事実上の全てを統合して1つの報告単位となることをいい、これに対する会計処理としては、資産及び負債を帳簿価額で引き継ぐ処理が適用される。いずれの結合当事企業の持分も継続が断たれておらず、かつ支配を獲得していないと判断されている以上、企業結合により投資のリスクが変質しても、それによっては、個々の投資のリターンは実現していないとみるからである（ある種の非貨幣財同士の交換を会計処理する際にも適用されている実現概念に通ずる考え方とされる）。

　平成15年会計基準でも、第67項および第68項のように、「取得」と「持分の結合」という経済的実態が異なる企業結合について、別々の会計処理を適用するという考え方に立っていた。もっとも、持分の継続、非継続という概念は相対的なものであり、明確に観察することは困難なことから、平成15年会計基準では、持分の継続を「対価の種類」と「支配」という2つの視点から判断することとしていた。具体的には、①企業結合に際して支払われた対価のすべてが、原則として、議決権のある株式であること、②結合後企業に対して各結合当事企業の株主が総体として有することになった議決権比率が等しいこと、③議決権比率以外の支配関係を示す一定の事実が存在しないこと、という3つの要件をすべて満たせば持分は継続していると判断して持分プーリング法を適用することとしていた。これは、取得企業を識別できない場合の2次的な方法とは異なり、経済的実態が異なる取得と持分の結合のうち、持分の結合を優先的に識別し、それ以外を取得と判定するアプローチである（第69項）。

　「取得」または「持分の結合」のどちらの経済的実態を有するのかという観

点から、すべての企業結合の会計処理方法を整理した平成15年会計基準は、平成20年改正会計基準においても踏襲されている。

しかしながら、「持分の結合」の会計処理方法の1つである持分プーリング法については、我が国の会計基準と国際的な会計基準との間の象徴的な差異として取り上げられることが多く、我が国の会計基準に対する国際的な評価の面で大きな障害になっているともいわれている。また、我が国の会計基準に対する国際的な評価は、直接海外市場で資金調達をする企業だけでなく、広く我が国の資本市場や日本企業に影響を及ぼすと考えられている。

そこで、平成20年改正会計基準ではそれらの影響も考慮して、会計基準のコンバージェンスを推し進める方針で、「持分の結合」に該当していた企業結合のうち、共同支配企業の形成を除く企業結合については「取得」となるものとして、パーチェス法により会計処理を行うこととし（第17項参照）、持分プーリング法は廃止されることになった（第70項）。

さらに、平成15年会計基準では、共同支配企業の形成の会計処理方法についても定めていたところ、我が国における共同支配企業としては、合弁会社を含め、共同新設分割による新会社の設立、同一事業を専業とする子会社同士の合併など、様々な形式がある。平成20年改正会計基準では、企業結合の会計処理から持分プーリング法を適用除外したものの、持分の結合の考え方は依然として存在し、それに相当する共同支配企業の形成の会計処理までも否定するものではない。さらに、共同支配企業の形成については、国際的な会計処理についても、同様のものが求められている。そのため、共同支配企業の形成における共同支配企業の会計処理方法については、平成20年改正会計基準においても、平成15年会計基準の取扱いを踏襲している（第71項）。

4．取得と持分の結合 [17]

企業結合には「取得」と「持分の結合」があり、各々異なる経済的実態を有するとされてきた。企業結合が取得と判断されれば、取得企業の資産及び負債は、その帳簿価額で企業結合後もそのまま引き継がれるのに対し、被取得企業

---

(17) 前掲（注12）第73-75項参照。

の資産と負債は、時価に評価替えされる。これに対して、企業結合が持分の結合と判断される場合には、すべての結合当事企業の資産と負債は企業結合後もその帳簿価額で引き継がれる。このような違いが生じるのは、持分の継続が断たれると、投資家はいったん投資を清算し、再度その資産と負債に対して投資を行うと考えるのに対して、持分が継続している場合では、これまでの投資が継続していると考えられるからである。取得の場合には、取得した企業の持分は継続しているが、被取得企業の持分は、継続を断たれるとみなされている。他方で、持分の結合の場合には、結合当事企業全ての持分が継続しているとみなされる。このように、取得と持分の結合は持分の継続・非継続で識別され、各々に対して異なる会計処理が用いられてきた。このことを企業の損益計算の観点からいえば、以下のようになる。持分の継続が断たれてしまうと、投資家は、とりあえず投資を清算し、改めて当該資産や負債に対して投資を行い、それは取得企業に対する現物出資と考えられる。そうなると、再投資額が結合後企業にとっての新たな投資原価となるが、それは企業結合時点での資産や負債の時価と同一となる。その投資原価を超えて回収できれば、その超過額が企業にとっての利益となる。これに対し、持分が継続していると判断されるならば、投資の清算と再投資は行われていないこととなるのであるから、結合後企業にとって、結合前の帳簿価額そのものが投資原価となる。この投資原価を超えて回収できれば、超過額が企業にとっての利益となる。

　このように、持分の継続・非継続は、企業にとっては「投資原価の回収計算の違い」を意味している。以上のように取得と持分の結合は、異なる経済的実態を有していると考えられるため、本来、各々に適した会計処理を使い分けることが肝要となる。いずれかの結合当事企業においてはもはや継続しないと判断されれば、資産と負債を時価で引き継ぐ方法が、また、すべての結合当事企業において、未だ持分が継続していると判断されるならば、その資産と負債を帳簿価額で引き継ぐ方法が、企業にとっての「投資原価の回収計算」言いかえると損益計算の観点から優れていると言える。平成20年改正会計基準は、持分プーリング法の採用をやめたものの、このような判断基準は踏襲している。

5. 共同支配企業の形成 [18]

　平成 15 年会計基準においては、共同支配企業の形成を対象から外すことも考慮したが、そうすると共同支配企業か否かという企業形態を個別に観察して対象範囲を画することになり、示威性が生じることになると考え、共同支配企業の形成も企業結合一般の定義に含め、他の企業結合と一貫した考え方とすることとなった。平成 20 年改正会計基準でもこの考え方を踏襲し、持分の結合に該当する共同支配企業の形成については、移転する資産と負債を帳簿価額で引き継ぐこととしている（第 38 項参照）。また、このような会計処理は、国際的な会計基準にも沿うものである。なお、共同支配企業の形成か否かの判断については、共同支配を形成する契約を締結していることなどが必要とされている。したがって、結合当事企業の一方が支配を獲得していると判断されれば、この企業結合は共同支配企業の形成には該当せず「取得」であるとみなし、支配を獲得していると判断された企業を取得企業として、パーチェス法が適用されることになる。

6. 取得企業の決定方法 [19]

　平成 15 年会計基準は、取得と持分の結合とを識別する規準と整合した形で取得企業の決定を行うこととしていた。つまり、対価の種類から取得と判断された場合には、当該対価を支出した企業を取得企業とし、議決権比率による判定で取得と判断された場合には、議決権比率が大きい方の結合当事企業を取得企業とし、その他、議決権比率以外の要件の判定で取得と判断された場合には、当該要件によって「支配」を獲得したとされた結合当事企業を取得企業とするものとされていた。

　しかしながら、今回、持分プーリング法を廃止したことにより、従来の判定規準では取得企業の決定が困難な場合も予想されることから、平成 20 年改正会計基準においては、すでに持分プーリング法が廃止されている国際的な会計基準の考え方を踏まえて、取得企業の決定方法を見直した。取得企業を決定す

---

(18) 前掲（注 12）第 76 項。

(19) 前掲（注 12）第 77-83 項。

るための基準として支配概念を用いることは、連結会計基準における支配概念を用いることと整合的であるので、連結会計基準に従って、他の結合当事企業を支配することとなる結合当事企業が明確である場合には、単に株式交換によって親子関係が形成される、いわゆる逆取得を除き、原則として、当該結合当事企業が取得企業となる。

これに対して、連結会計基準によっても何れの結合当事企業が取得企業となるかが明確でない場合においては、諸要素を考慮して取得企業を決定することになる（18項参照）。まず、連結会計基準によって何れの結合当事企業が取得企業となるのか明確でない場合で、かつ、主な対価の種類が株式のときには、原則として株式を交付する企業が取得企業であるとするが、この場合も逆取得となる場合を除外する必要があるので、結合後の企業における議決権比率の構成、および一定の株主の存在など、複数の要素を総合的に判断して取得企業を決定するものとした（第20項参照）。

また、平成15年会計基準では、議決権ある株式が対価となる企業結合が取得と判断された場合には、議決権比率が大きい結合当事企業を取得企業としていた。しかし、組織再編は様々な形態をとり得ると考えられるので、議決権比率だけではなく、その他の支配関係を示す一定の事実により支配を獲得したと判断することが適切である場合も想定されること、さらに、国際会計基準の考え方と平仄を合わせることも会計基準のコンバージェンスの観点から必要と解されるので、優先順位のある判断規準を用いるのではなく、複数の要素から総合的に勘案する決定方法を、取得企業決定の基準とすることとした。

Ⅳ. アメリカにおける株式評価論と企業会計基準の変遷および国際会計基準について

アメリカにおいては、会社の基本的事項の変更には株主全員の賛同を要求していたコモンロー上の株主の拒否権（veto power）を、各州の制定法が崩壊させ、反対した少数派株主への代償として株式買取請求権が誕生した。そして、その株式買取価格決定のために、株式評価論が発展したのである[20]。

しかし、困難な株式評価方法をめぐっては模索が続いていた。そのような中、目的意識の強い財産評価についてのボンブライトの書籍が影響を与え[21]、さらに、証券取引規制が強化され始める前段階であったこともあり、市場価値法は軽視されていた。もっとも、帳簿価値や解散価値のみではゴーイング・コンサーン（継続企業価値）を評価しつくせず、会社の有形資産（tangible asset）全体の価値にのれん（goodwill）相当分の価値を足して、「会社（株式）の内在的価値（intrinsic value）」を評価する方法が編み出された[22]。

企業会計については、1990年代以降には、連結フリー・キャッシュフローや EBITDA（Earnings before interest, taxes, depreciation, and amortization、損益計算書の税引前利益から支払利息を加算し、キャッシュ・フロー計算書に表示される減価償却費と営業権（のれん）の償却を加算して求める）が投資目標として注目されたが、主流は1株当たり利益（EPS）が重視され、持ち分プーリング法のスキームとの併用が隆盛であった。ところが、FASB（Financial Accounting Standards Board、米財務会計基準審議会）が、産業界からの反対を抑え、最終的にパーチェス法適用を義務付ける財務会計基準書（SFAS141号、2001年6月）とのれんの規則的償却は禁止（毎期のテストを義務付け、減損が生じたときに一括償却）する SFAS142号を制定した[23]。

世界の潮流も、EU諸国を中心に広く採用されている国際財務報告基準（IFRS）が企業買収におけるパーチェス法適用を義務付け、のれんの規則的償却を禁ずる IFRS3号（企業結合会計基準）を制定した。

もっとも、パーチェス法も持分プーリング法もフリー・キャッシュフロー（企業の本来の営業成績）の数値には影響しないはずであり、EBITDA も営業権償却費を加算して標準化した指標に進化して洗練された投資家の間で広く利用されるに至っているようである[24]。

---

(20) 関俊彦『株式評価論』（商事法務研究会、1983年）18-19頁。
(21) 関・前掲書（注20）19頁、J. BONBRIGHT, VALUATION OF PROPERTY, vol. I, II (1937)。
(22) 関・前掲書（注20）27頁。
(23) 太田洋編著『M&A・企業組織再編のスキームと税務〜M&A を巡る戦略的税務プランニングの最先端〜〔第4版〕』〔太田・増田〕（大蔵財務協会、2019年）24-26頁。
(24) 太田編著・前掲書（注23）〔太田・増田〕27-28頁。

V．おわりに

以上、Ⅲ．で概観してきたように、平成31年改正企業会計基準第73〜75項によると、企業結合を「取得」と「持分の結合」に2大別し、取得と判断されれば、取得企業の資産及び負債はその帳簿価額で企業結合後もそのまま引き継がれることに対して、被取得企業の資産及び負債は時価に評価替えされる。他方、企業結合が持分の結合と判断されれば、すべての結合当事企業の資産及び負債はその帳簿価額で企業結合後もそのまま引き継がれた。

持分の継続が断たれた側では、投資家はそこでいったん投資を清算し、改めて当該資産及び負債に対して投資を行ったと考えられていた。

確かに、いかなるタイミングで損益を認識し、譲渡所得課税すべきか、という税法上の目的は理解できる。

しかしながら、このような企業再編会計基準における分類手法は、企業会計が事業価値や株式価値と連動し、これらの評価においては、Ⅱ．で検討してきたように継続企業価値評価を反映するインカムアプローチのとりわけDCF方式が広く支持されていることからすれば、一面的な方法に陥ってはいないだろうか。個別財務諸表上、のれんが生じる典型例は、事業を直接受け入れる組織再編（合併および会社分割）の場合で、交付する株式の時価をもって株主資本を増加させるとき（企業結合が取得または少数株主との取引に該当したとき）である[25]。

この点、大雄智教授は、企業再編は、企業資産の転換過程であるとするアプローチも、株主資本の転換過程であるとするアプローチも可能であるとして、以下のように分析される。前者のアプローチに拠ると、企業資産に対する「支配」（企業資産を自由に使用収益処分できる排他的な力であり、担い手は企業である）の継続があるか否かで投資の継続があるか否かが判断される。それに対して、

---

[25] 布施伸章「組織再編関係全般・取得の会計処理」商事法務1763号（2006年）23-35頁。24頁、34-35頁（注1）（注2）参照。

後者のアプローチでは、継続事業の収益に対する「持分」が清算されたか否か
で、「事業への投資の継続（ないし非継続）」が判断される。企業再編によって、
ある事業への投資の継続性が失われれば、その事業を構成する資産・負債が即
座に時価に評価替えされ、あるいは負債の含み損益が認識される[26]。

　資産の移転を要素とする組織再編的行為（合併、分割、現物出資、事業譲渡な
ど）においては、移転資産の譲渡損益に課税することが原則である。ただし、
資産取得の前後で経済的実態が実質的には変わらないといえる（移転資産への
投資が継続している）場合には、移転資産の譲渡損益の計上繰り延べが認められ
る。資産の部に計上されるのれんに関しては、持分プーリング法は廃止された
とはいえ、原則として企業再編後も 20 年間で償却されること、および、内部
留保が多いわりに株価が安いと評される我が国の企業の現状に鑑みると、企業
の有機的な資産を可視化して、ステイクホルダー間で偏頗性のない企業会計処
理をすることが望まれると考える。

　思うに、企業再編的行為により資産が移転する場合のうち、合併と一部の会
社分割においては、分離元企業の株主には、当該再編行為への承認の議決権、
および反対の意思が反映されなかった場合の株式買取請求権行使により（公正
な株式価値評価によることが志向されることを前提として）離脱の自由が与えられて
いる。

　それに比べ、人的分割など一定の場合を除く会社分割と、単なる資産の譲渡
とは異なり有機的一体となった企業資産を移転する事業譲渡において、再編手
続きにおいて異議申述の機会が保証されていない、いわゆる残存債権者には、
自らの利益を保護する術は事実上ないに等しい（企業再編を企画推進した当事会
社役員の責任への責任追及は可能〔会 429 条〕ではあるが）。

　また、分離元企業側には、投資の継続があるとされる場合（当該資産への支配
を維持するなど）、税法上課税繰り延べの恩典が与えられ得、優良資産の移転で
あれば、収益性の高い投資を継続できるのである。これに対して、残存債権者
は収益性の高い事業資産からの債権回収の機会を失い、代わりに高い市場価値
はない株式（非流通株式など）や移転資産への支配力が薄まった株式を債権の引

---

(26) 大雄智「事業再編会計の準拠枠」横浜経営研究 29（1/2）（2008 年）97-107 頁。98-99 頁より引用。

き当てとすることになるのである。

しかしながら、前述の図1より、下記が導かれる。

　　企業価値＝事業価値＋非事業価値

　　株主価値＝企業価値｛事業価値（DCF法）＋非事業価値｝－

　　　　　　債権者価値（有利子負債）

　DCF法に拠ると、事業価値は、将来のフリー・キャッシュフローを、負債と自己資本の割合により加重平均した資本コスト（WACC）で割り引いたものとされる。この割引に残存債権者などの債権者価値が反映されずに、再編当事者間の取り決め（契約）により、移転事業より廉価な再編対価しか支払われない場合には、「負ののれん」を認識することになる。「負ののれん」についても、連結財務諸表原則改正（1997年）以来、「正ののれん」と同様に20年内の規則的償却が必要とされていた（税務上は5年間の均等償却）が、前述の平成20年改正企業結合会計基準により、IFRS（国際財務報告基準）など会計基準の国際的な潮流に合わせて、資産・負債の公正価値を認識後、損益計算書上で一括して利益認識されるように変更された[27]。

　債権者への支払いが、事業とは別の預貯金や有価証券などの非事業価値から不足なく賄われれば問題ないが、賄いきれず企業再編の対価が実質的には適正なものでない場合には、企業再編の前後で、上記等式が捻じ曲げられている、と評価できるのではないだろうか。

　以上の分析を参考に、冒頭の課題である「本来、残存債権者の引き当てとされていた企業価値を、再編後も把握する利害関係人は誰か」という問いについては、（法律上の債務者の責任は否定しないが）、全ての資産および負債の公正価値把握と、それへの適切な取得原価の配分（企業会計基準第33項(1)）を以て利益として会計処理された上で企業再編により利益が実現されたとみなされ時価相場で譲渡益課税される者を除いて、企業活動の生み出す剰余利益を再編後も掌握し、あるいは再編により移転された資産を支配する存在（譲渡損益計上の繰り

────────────────────

(27)　太田編著・前掲書（注23）〔太田・増田〕31頁。

延べの恩恵がある場合はより強く）が望まれてしかるべきではないか、と考え、それは、のれん部分からの支払いを免れ、以降、事業資産の支配を手にする承継企業そのものである場合も、分離元企業において残余権者として債権者への支払いを経ずに承継企業においても投資を継続する株主である場合もあるのではないかと解される。

参考文献

江頭憲治郎『株式会社法〔第9版〕』（有斐閣、2024年）。

大雄智「事業再編会計の準拠枠」横浜経営研究29（1/2）（2008年）97-107頁。同『事業再編会計資産の評価と利益の認識』（国本書房、2009年）。

太田洋編著『M&A・企業組織再編のスキームと税務～M&Aを巡る戦略的税務プランニングの最先端～〔第4版〕』（大蔵財務協会、2019年）。

岡俊子＝富山和彦「第7章 M&Aと企業価値」別冊商事法務295号『我が国M&Aの課題と展望』（2006年）65-81頁。

企業結合に関する会計基準（企業会計基準第21号）平成15年10月31日公開（企業会計基準委員会）最終改正平成31年1月16日。改正企業会計基準第21号「企業結合に関する会計基準」等の公表（企業会計基準委員会〔asb-j.jp〕）。

久保田安彦『会社法の学び方』（日本評論社、2018年）。

宍戸善一「紛争解決局面における非公開株式の評価」岩原紳作編『現代企業法の展開（竹内昭夫先生 還暦記念）』（有斐閣、1990年）420頁以下。

関俊彦『株式評価論』（商事法務研究会、1983年）。

布施伸章「組織再編関係全般・取得の会計処理」商事法務1763号（2006年）23-35頁。

株券発行前の株式譲渡の効力

山　本　爲三郎

Ⅰ．はじめに

　株券発行会社において株券発行前になされた株式譲渡はどのような効力を有するか。会社との関係では効力を生じないとする法規制（会128条2項、平成17年改正前商法204条2項）に対しては、昭和13年の立法当初から批判がなされている。さらに、関係する法制度の改正[1]等によって、株券発行前の株式譲渡規制の趣旨の捉え方には変遷が見受けられる。

　判例に関しては次の3最判が重要な意味を有する。最（大）判昭和47年11月8日民集26巻9号1489頁（以下、昭和47年最判）はいわゆる緩和説を採用し、いわゆる厳格説を採用する最判昭和33年10月24日民集12巻14号3194頁（以下、昭和33年最判）に対して判例を変更した。さらに、近時、最判令和6年4月19日民集78巻2号267頁（以下、令和6年最判）は、株券発行前の株式譲渡も当事者間では有効であり、株式譲受人は譲渡人の株券発行会社に対する株券発行請求権を代位行使することができる旨を判示する。昭和33年最判および昭和47年最判は株券発行遅滞後の株式譲渡の効力を問題にするのに対して、令和6年最判は株券発行が遅滞していない状況で行われた株式譲渡の効力が問題とされた。

　本稿では、上記3最判（Ⅱ．、Ⅳ．、Ⅴ．4.）および規制制度立法の経緯（Ⅲ．）の分析を通して、現行会社法においてこの問題をどのように把握するべきか（Ⅴ．）、若干の検討を行いたい（Ⅵ．）。

---

(1)　本稿では株式の譲渡方法の変遷につき、山本爲三郎「株券法理」（1996年）『株式譲渡と株主権行使』（慶應義塾大学出版会、2017年）311頁以下を基礎にしている。

Ⅱ. 昭和 33 年最判、昭和 47 年最判、令和 6 年最判

　株券発行前の株式譲渡の会社に対する関係での効力につき、昭和 33 年最判は、「法は、……株式の自由譲渡性を保障（商法二〇四条一項）しながらも、その譲渡方法は、株主たる地位を表彰する要式の株券による（同二〇五条一項、二二五条）べきものとし、株券の発行前にした株式の譲渡は、「会社ニ対シ其ノ効力ヲ生ゼズ」（同二〇四条二項）としているのであつて、その法意は、いわゆる「対抗スルコトヲ得ズ」とある場合と異なり、会社に対する関係においては何等の効力をも生じないとするにあるのであり、従つて、会社からもその効力を認め得ないものと解しなければならない。けだし、このような制限を法定したのは、……技術的理由によることもさることながら、株券発行前の譲渡方式に一定されたものがないことによる法律関係の不安定を除去しようとする考慮によるものであつて、すなわち、会社株主間の権利関係の明確かつ画一的処理による法的安定性を一層重視したるによるものと解すべきだからである。」と判示していた。

　これに対して、昭和 47 年最判は、「本件株式譲渡が行なわれた当時の商法の規定によれば、株式の譲渡は、絶対的に自由で、定款によつてもこれを禁止または制限することができないものとされ（昭和四一年法律第八三号による改正前の二〇四条一項）、また、記名株式の譲渡は、株券の裏書によるかまたは株券および所定の譲渡証書の交付により、これをなすべきものとされていた（右改正前の二〇五条一項）。右改正法においては、株式の譲渡につき定款をもつて取締役会の承認を要する旨を定めることができることとしたとはいえ、いぜん、原則として、株式譲渡の自由を認め（現行の二〇四条一項本文）、その譲渡は株券の交付によりすべきものとする（同じく二〇五条一項）とともに、右改正前と同様、株券の発行前にした株式の譲渡は会社に対しその効力を生じない旨を定めているのである（二〇四条二項）。これによつてみれば、右改正の前後を通じて、同法の趣旨とするところは、株式の譲渡は、自由ではあるが、それは、株券の発行を前提とし、これをまつて行なわれるべきものとするにあるものと解せら

れ、同法が、株式会社はその成立後または新株の払込期日後遅滞なく株券を発行すべきものとしている（二二六条一項、但し、前記改正法により設けられた二二六条ノ二の場合を除く。）のも、右の趣旨に則つたものということができる。したがつて、もし、株式会社が株券の発行を遅滞することにより、事実上、株式譲渡の自由を奪う結果になるとすれば、それは、同法の右趣旨にもとるのみならず、信義則上も容認できないところといわなければならない。

　以上述べたところから商法二〇四条二項の法意を考えてみると、それは、株式会社が株券を遅滞なく発行することを前提とし、その発行が円滑かつ正確に行なわれるようにするために、会社に対する関係において株券発行前における株式譲渡の効力を否定する趣旨と解すべきであつて、右の前提を欠く場合についてまで、一律に株券発行前の株式譲渡の効力を否定することは、かえつて、右立法の趣旨にもとるものといわなければならない。もつとも、安易に右規定の適用を否定することは、株主の地位に関する法律関係を不明確かつ不安定ならしめるおそれがあるから、これを慎しむべきであるが、少なくとも、会社が右規定の趣旨に反して株券の発行を不当に遅滞し、信義則に照らしても株式譲渡の効力を否定するを相当としない状況に立ちいたつた場合においては、株主は、意思表示のみによつて有効に株式を譲渡でき、会社は、もはや、株券発行前であることを理由としてその効力を否定することができず、譲受人を株主として遇しなければならないものと解するのが相当である。この点に関し、最高裁昭和三〇年（オ）第四二六号同三三年一〇月二四日第二小法廷判決・民集一二巻一四号三一九四頁において当裁判所が示した見解は、右の限度において、変更されるべきものである。」と判示した。

　両最判の間には14年の歳月が経過しており、昭和47年最判によって判例変更がなされている。もっとも、検討対象とされた（株券発行前の）株式譲渡は、ともに昭和28年に行われている。

　昭和33年最判のいう「技術的理由によることもさることながら」の「技術的理由」とは、上告理由を受けたものであり、「株券発行事務の渋滞を防ぐという技術的理由」を意味する。昭和47年最判が解する「商法204条2項」の法意と同旨であろう。昭和33年最判は、これに加えて、「株券発行前の譲渡方式に一定されたものがないことによる法律関係の不安定を除去」を重視する。

一方、昭和47年最判は、「株主の地位に関する法律関係を不明確かつ不安定ならしめるおそれがある」と述べるに止まっている。

　令和6年最判は、まず株券発行前の株式譲渡の当事者間における効力につき、「会社法は、株主はその有する株式を譲渡することができると規定するとともに（127条）、株式は意思表示のみによって譲渡することができることを原則とするところ、同法128条は、株券発行会社の株式の譲渡について特則を設け、同条2項は、株券の発行前にした譲渡につき、株券発行会社に対する関係に限ってその効力を否定している。そして、同条1項は、株券発行会社の株式の譲渡は、当該株式に係る株券を交付しなければ、その効力を生じないと規定しているところ、株券の発行前にした譲渡について、仮に同項が適用され、株券の交付がないことをもって、株券発行会社に対する関係のみならず、譲渡当事者間でもその効力を生じないと解すると、同項とは別に株券発行会社に対する関係に限って同条2項の規定を設けた意味が失われることとなる。また、株券の発行前にした譲渡につき、上記原則を修正して譲渡当事者間での効力まで否定すべき合理的必要性があるということもできない。以上によれば、同条1項は、株券の発行後にした譲渡に適用される規定であると解するのが相当であるというべきである。」との理由を示して、「したがって、株券の発行前にした株券発行会社の株式の譲渡は、譲渡当事者間においては、当該株式に係る株券の交付がないことをもってその効力が否定されることはないと解するのが相当である。」とし、続けて、「株券発行会社の株式の譲受人は、株券の発行前に株式を譲り受けたとしても、当該株式に係る株券の交付を受けない限り、株券発行会社に対して株主として権利を行使することができないから（会社法128条2項）、当該株式を譲り受けた目的を実現するため、譲渡人に対して当該株式に係る株券の交付を請求することができると解される。そうすると、株券発行会社の株式の譲受人は、譲渡人に対する株券交付請求権を保全する必要があるときは、民法423条1項本文（平成29年法律第44号による改正前のもの）により、譲渡人の株券発行会社に対する株券発行請求権を代位行使することができると解するのが相当である。

　そして、株券発行会社の株式の譲受人は、譲渡人の株券発行会社に対する株券発行請求権を代位行使する場合、株券発行会社に対し、株券の交付を直接自

248 第2編　企業組織法　第2章　株式会社の資金調達・計算・企業再編

己に対してすることを求めることができるというべきであり（大審院昭和9年
（オ）第2498号同10年3月12日判決・民集14巻482頁、最高裁昭和28年（オ）第
812号同29年9月24日第二小法廷判決・民集8巻9号1658頁参照）、株券発行会社
が、これに応じて会社法216条所定の形式を具備した文書を直接譲受人に対し
て交付したときは、譲渡人に対して株券交付義務を履行したことになる。した
がって、上記文書につき、株券発行会社に対する関係で株主である者に交付さ
れていないことを理由に、株券としての効力を有しないと解することはできな
い。」と判示した。

Ⅲ. 昭和13年改正商法204条2項の沿革と昭和25年改正商法

1. 昭和13年改正法まで

　明治32年商法は立法当初から株券に関する定めを有していた（設立登記[(2)]
前に発行された株券の無効〔147条、昭和13年改正226条〕、株券の記載事項〔148条1
項、昭和13年改正225条1項〕など）。ただし、会社の（遅滞ない）株券発行義務
については昭和25年改正商法（226条1項「会社ハ成立後又ハ新株ノ払込期日後遅
滞ナク株券ヲ発行スルコトヲ要ス」）まで商法に規定は存しなかった。

　株式の譲渡方法の定めも昭和13年改正商法まで設けられていなかった。
もっとも、株主名簿および株券の名義書換が、（記名）株式譲渡の会社その他
の第三者に対する対抗要件とされていた（昭和13年改正前商法150条[(3)]〔明治44
年一部改正〕）。このことから、株券の発行が前提とされているとともに、昭和
13年改正前商法の下では、株式譲渡は意思表示のみでなしうるのか、株券交
付が株式譲渡の効力要件になるのかについて、見解の一致を見なかった。

　一方、いわゆる権利株の譲渡を禁止する趣旨[(4)]で、昭和13年改正前商法は

---

(2)　なお、昭和13年改正までは、会社の成立（発起人が株式総数を引き受けたとき〔123条〕、創
　　　立総会終結時〔139条〕）後に設立登記を要した（141条1項）。設立登記は会社設立の第三者対抗
　　　要件とされていた（45条）。
(3)　「記名株式ノ譲渡ハ譲受人ノ氏名、住所ヲ株主名簿ニ記載シ且其氏名ヲ株券ニ記載スルニ非サレ
　　　ハ之ヲ以テ会社其他ノ第三者ニ対抗スルコトヲ得ス」

設立登記・増資登記の前には株式は譲渡できないと定めていた[5]。そこで、設立登記・増資登記後であれば、株券発行前であっても[6]、株式を意思表示によって譲渡しうると解されていた[7]。株券発行前における対抗要件としては、会社から株券の発行を受けてなす[8]のか、指名債権譲渡の方法による[9]のか、株式譲渡の事実の証明で足る[10]のか、見解は一致していなかった[11]。

なお、禁止されていたいわゆる権利株の譲渡も実際には盛んに行われていた[12]。

2. 昭和13年改正法

昭和13年改正商法では、記名株券の指図証券性が原則として認められるとともに（205条1項「記名株式ノ譲渡ハ株券ノ裏書ニ依リテ之ヲ為スコトヲ得但シ定款ニ別段ノ定アルトキハ此ノ限ニ在ラズ」）、株券の裏書による株式譲渡の会社に対する対抗要件は株主名簿の名義書換とされた（206条1項「株券ノ裏書ニ依ル記名株式ノ移転ハ取得者ノ氏名及住所ヲ株主名簿ニ記載スルニ非ザレバ之ヲ以テ会社ニ対抗スルコトヲ得ズ」）。そして、裏書以外の方法による株式移転については、株主名簿および株券の名義書換が会社その他の第三者への対抗要件とされた（206条

---

(4)　「所謂権利株ノ売買ニヨリテ暴利ヲ得ンカ為メニ会社ヲ濫設シ又ハ濫リニ資本増加ヲ為シ或ハ自己ノ株金払込ノ資力ニ相応セサル株式ヲ引受ヲ為シ払込前ニ之ヲ譲渡シテ利益ヲ得ントスルカ如キ投機的ノ行為ヲ防止セントスルニ在リ」（西本辰之助『会社法』（巌松堂書店、1924年版）311頁）。

(5)　昭和13年改正前商法149条「株式ハ定款ニ別段ノ定ナキトキハ会社ノ承諾ナクシテ之ヲ他人ニ譲渡スコトヲ得但第百四十一条第一項ノ規定ニ従ヒ本店ノ所在地ニ於テ登記ヲヲスマテハ之ヲ譲渡シ又ハ其譲渡ノ予約ヲ為スコトヲ得ス」（設立後に発行される新株式につき同様〔明治44年改正前商法217条2項、同年改正昭和13年改正前商法217条3項〕）。

(6)　設立登記・増資登記後株券発行までの間の株式譲渡を規制する規定は存しなかった。

(7)　登記後であれば株式を譲渡できるのであり、その後の株券発行によって株式の譲渡方法が影響を受けるか否かが問題とされていた。

(8)　松本烝治「商法判例批評・株券発行前ノ株式ノ譲渡」法協34巻1号（1916年）121-122頁（ただし、第三者対抗要件についてのみ）。

(9)　大判大正4年6月18日民録21輯982頁（未だ株券の発行なくしたがって株券番号の記載を要件とする株主名簿も未だ存在し得ざる場合）。

(10)　竹田省「記名株ノ譲渡ニ付テ」法学新報22巻8号（1912年）6頁・18頁、西本（辰）・前掲（注4）318-319頁。

(11)　150条の適用関係（株券の名義書換を要するか否か）が問題とされていたことになる。

(12)　松本烝治『日本会社法論』（巌松堂書店、1929年）217頁。

250 第2編　企業組織法　第2章　株式会社の資金調達・計算・企業再編

2項)。

　このような対抗要件との関係で[13][14]、株券発行[15]前の株式譲渡は会社との関係で効力を生じないと定められた[16](204条2項「株券ノ発行前ニ為シタル株式ノ譲渡ハ会社ニ対シ其ノ効力ヲ生ゼズ」)。204条2項の反対解釈として、株券発行前においては、譲渡当事者間では意思表示によって株式を譲渡しうると解された[17]。実質的には、204条2項によって、会社による株券発行あるいは株主による株券発行請求が促されることになったといえよう[18]。

　一方で、権利株譲渡の禁止は緩和された(190条1項「株式ノ引受ニ因ル権利ノ譲渡ハ会社ニ対シ其ノ効力ヲ生ゼズ」[19]、370条1項〔新株発行における190条1項の準用〕)。「実際問題としては公然これが売買の行はれていたのは勿論、公定相場の発表さへあつた」からである[20]。ただし、発起人による権利株の譲渡は極めて弊害が多いから[21]、これは禁止された(190条2項。同条項は370条2項

---

(13)　松本烝治『注釈株式会社法』(有斐閣、1948年) 78頁では次のように説明されている。株券発行前の株式譲渡が会社との関係でも効力を有すると、この譲渡は裏書譲渡ではないので206条2項が適用され、株券の名義書換を要することになるが、株券は発行されていないので別に対抗要件を定める必要がある。そこで、会社に対する効力はないこととした。

(14)　対抗問題として整理されなかった理由は定かではない(龍田節「株券発行前の株式譲渡(一)」民商41巻6号(1960年) 8頁)。本稿本文後述の権利株譲渡の効力と平仄をとったとの指摘がある(弥永真生「株券発行前の株式譲渡」奥島孝康＝宮島司編『商法の判例と論理』(日本評論社、1994年) 99-100頁。ただし、理由は不明とされている)。

(15)　昭和13年改正商法は、会社成立時を設立登記時とし(57条)、会社成立後でなければ株券を発行できないこととした(226条1項)。新株発行につき同様(358条1項〔増資登記〕・370条3項〔226条準用〕)。

(16)　昭和13年改正前においては、株券の発行前にも株式を譲渡できることが前提とされ、会社に対する対抗要件が問題とされていた。これが株式譲渡の会社に対する効力の問題として整理された。したがって、「会社に対抗することを得ず」で足りるのではないか、との批判が改正当時からなされていた(烏賀陽然良＝大橋光雄＝大森忠夫＝八木弘「商法改正法案を評す(一〇)」論叢35巻5号(1936年) 125頁)。

(17)　西本寛一『改正商法解説』(大同書院、1938年) 167頁は「言ふまでもない」とされる。

(18)　烏賀陽ほか・前掲(注16) 125頁、西本(寛)・前掲(注17) 167頁、田中耕太郎『改正会社法概論』(岩波書店、1939年) 480頁、大森忠夫＝矢沢惇編集代表『注釈会社法(3)』(有斐閣、1967年) 58頁〔大塚市助〕。

(19)　なお、烏賀陽然良＝大橋光雄＝大森忠夫＝八木弘「商法改正法案を評す(九)」法学論叢35巻4号(1936年) 148頁は、「対抗スルコトヲ得ズ」と明言するを可とするとされる。

(20)　西本(寛)・前掲(注17) 157頁。権利株の譲渡が当事者間でも無効だとすると、著しく取引の安全を害することになる(田中耕太郎『改正商法及有限会社法概説』(有斐閣、1939年) 145頁)。

(21)　西本(寛)・前掲(注17) 157頁。

によって取締役および監査役に準用された)。

株券発行前の株式譲渡に関して、昭和13年改正商法施行の前後を問わず、(第一回)[22]株式払込金領収証の流通が広く認められていた[23]。通常、株式払込金領収証と引き換えに株券を交付することとされていたからである。後述するが、株券発行前においても、少なくとも当事者間においては実務上株式譲渡の効力を認めなければならない下地を発券会社自身が作り出していたのである。したがって、会社はこのような株式譲渡に対応せざるをえなかったといえよう（204条2項との調整を要することになる）。

3. 昭和25年改正

昭和25年改正商法205条1項には「記名株式ノ譲渡ハ株券ノ裏書ニ依リ又ハ株券及之ニ株主トシテ表示セラレタル者ノ署名アル譲渡ヲ証スル書面ノ交付ニ依リテ之ヲ為ス」と定められた。どちらにしても株式の譲渡には株券の交付を要すると解された。そこで、同年改正商法には、上述のように、株券を遅滞なく発行する義務を会社に課す定めが新設された（226条1項）。また、移転方法の如何を問わず、株主名簿の名義書換のみが株式の移転の会社への対抗要件とされた（206条1項「記名株式ノ移転ハ取得者ノ氏名及住所ヲ株主名簿ニ記載スルニ非ザレバ之ヲ以テ会社ニ対抗スルコトヲ得ズ」）。

株券発行前の株式譲渡の効力を会社との関係でのみ否定する昭和13年改正商法204条2項は維持された[24][25][26]。昭和25年改正法の下では、株券は

---

(22) 昭和23年改正前商法では株金の分割払込が認められていた（170条1項・171条2項・177条1項3項・350条4号・351条）。

(23) 長谷川安兵衛『株式会社の常識』（千倉書房、1939年）75-76頁。

(24) 石井照久編『法律学演習講座　商法上巻』（青林書院、1954年）309頁では、「発券前には通常株主名簿の整備もできていない関係上、株式の譲渡を会社に対抗するために必要な名義書換の手続をとりがたいという技術的理由」が規制の趣旨だと説明されている。

(25) 昭和25年改正当初においても、204条2項は削除して民法の指名債権譲渡の対抗要件の方法によればよいとの立法論が提唱されていた（石井照久『商法（総則・会社法(1)）』（勁草書房、1951年）232-233頁）。大隅健一郎『全訂会社法論上巻』（有斐閣、1954年）290-291頁も、204条2項は失当であり、株主資格（名義書換未了株主）の問題として処理すれば足る（ただし、株券発行前の株式譲受人は会社から株券の交付を受けることはできるが、株券発行まではそれ以外の権利は主張できない旨の立法が適当だとされる〔同書292頁〕）、と主張された。

遅滞なく発行されなければならない。そこで、改正当時から、204 条 2 項の「株券ノ発行前」とは会社が通常株券を発行しうる時期以前を意味するとの解釈論が主張された[27]。会社自体が遅滞のない株券発行を怠っている場合には、株式譲渡の効力を信義則上否認できないとも説かれた[28]。緩和説である。

昭和 25 年当時は、終戦後の印刷事情その他により一般に株券の発行がかなり遅れており[29]、株式払込金領収証（株式申込証拠金領収証〔払込金額[30]と同額の申込金額を徴収した領収証であり払込期日後は株式払込金領収証になる旨の記載がある〕）による株式[31]の譲渡[32]が頻繁に行われていた[33]（このような領収証による株式譲渡は上場銘柄か店頭銘柄の新株発行の場合に限られていた[34]）。しかし、商法に定められた方法ではなく、その法的性質につき見解が分かれており、株式払込金領収証を所持人が紛失した場合など、対応せざるをえない会社にとって取扱いに窮する場合もあった[35]。204 条 2 項の解釈との調整も問題であった。ところが、昭和 28 年秋以降、株式申込証拠金領収証に替えて譲渡禁止の旨が記載された申込受付票が交付されるようになり、株券も払込期日後数日間で株主宛に送付されるようになった[36]。領収証問題は実務上消滅したのである[37]。

---

(26) 権利株譲渡に関する 190 条 1 項（改正 190 条）も維持された（新株発行につき同様〔改正 280 条の 14 による 190 条準用〕。なお、新株の効力発生時は払込期日とされた〔改正 280 条の 9〕）。ただし、発起人による権利株譲渡を禁止する昭和 13 年改正商法 190 条 2 項は削除された。

(27) 松田二郎 = 鈴木忠一『条解株式会社法（上）』（弘文堂、1951 年）119 頁。

(28) 大隅・前掲（注 25）292 頁。

(29) 龍田・前掲（注 14）4 頁参照。

(30) 昭和 23 年改正商法は全額払込制度を採用した（170 条 1 項・177 条 1 項・351 条。昭和 25 年改正商法 170 条 1 項・177 条 1 項・280 条の 7）。

(31) 権利株の譲渡に当たる場合もあった（松田 = 鈴木・前掲（注 27）74 頁）。

(32) 株式申込証拠金領収証の株券受領欄に受領印を押印するか同領収証に株券受領白紙委任状を添えて、さらに譲渡証書を添付して交付する方法であり、新株払込期日から株券引渡開始後 15 日を経過するまでの間は、店頭で相当活発に取引されていた（石井照久 = 三戸岡道夫『株式』（青林書院、1954 年）377 頁）。

(33) 大隅健一郎 = 大森忠夫『逐条改正会社法解説』（有斐閣、1951 年）119 頁。

(34) 石井編・前掲（注 24）320-321 頁。

(35) 石井 = 三戸岡・前掲（注 32）377-382 頁、石井編・前掲（注 24）321-324 頁、三戸岡道夫 = 竹内敏夫 = 打田晙一編『会社法ハンドブック』（同文館、1958 年）160-161 頁〔小山田正春〕参照。

(36) 龍田・前掲（注 14）5 頁。

Ⅳ．昭和28年当時における商法204条2項の解釈

1．204条2項の趣旨

「株券ノ発行前ニ為シタル株式ノ譲渡ハ会社ニ対シ其ノ効力ヲ生ゼズ」なのであり、譲渡当事者間では効力を有すると解されてきた。昭和13年改正までは株券発行前の株式譲渡の効力を規制する規定はなかったこと、同年改正商法204条2項は対抗要件との関係で新設されたと解されること、同年改正の前後を問わず株式払込金領収証が広く流通していたこと、同年改正前には禁止されていた権利株譲渡が同年改正で会社との関係で譲渡の効力を生じないこととされたこと（譲渡当事者間の取引の安全保護が理由とされた）、以上の理由で譲渡当事者間での効力を認める解釈は妥当である[38]。

204条2項の沿革の検討から、同条項新設には「株券発行前の譲渡方式に一定されたものがないことによる法律関係の不安定を除去しようとする考慮」が働いたといえよう（同時に、株券発行を促す機能が期待された）。昭和25年商法改正で遅滞のない株券発行義務の規定（226条1項）が新設されたことによって緩和説が唱えられた。もっとも、株券の発行に要する時期は会社設立・新株発行の状況によるから、いつから遅滞になるかは明確には把握できない。特に、株券発行に要する合理的時期経過によって、株券未発行の状態で会社との関係でも効力を有する株式譲渡ができるとすると、上場株式の場合（株主の頻繁な交替に会社は対処しなければならない）、混乱が生じないとは言えないように思われる[39]。

---

(37) 昭和42年の文献である大塚・前掲（注18）81頁・83頁では「領収証は今日ほとんど姿を消した」とされる。

(38) 204条2項において反対解釈を行うことの妥当性の根拠。なお、江頭憲治郎『株式会社法〔第9版〕』（有斐閣、2024年）233頁は、株券発行会社における株式譲渡には株券の交付を要する（会128条1項本文）から、株券発行前の株式譲渡は当事者間の債権的効力しか発生させないとされる。しかしながら、立法の経緯からはこのような解釈は導けないと思われる。

(39) 北村良一「昭和33年最判・解説」法曹会編『最高裁判所判例解説民事篇昭和三十三年度』（1966年）285頁参照。

このような法律関係の不安定除去という事前予防が204条2項の立法趣旨だったとしても、少なくとも会社の遅滞ない株券発行義務が明定された昭和25年改正法以降は、発行が遅滞している場合に株主の利益（会社との関係でも効力が認められる株式譲渡）を優先する解釈（緩和説）には一定の合理性が認められよう。ただし、昭和28年当時においては、株式払込金領収証が流通しており、緩和説は非上場会社の場合にこそ相応しいといえよう[40]。そして、上場会社における領収証問題はその後消滅する。

そこで、対象を非上場会社に限定すると、株式の流通が多いとは言えないので、制度的に一律に扱う画一的解釈よりも[41]、事実関係の分析による結論の妥当性が重視されよう。

2．昭和33年最判および昭和47年最判の事案

昭和33年最判は、事実関係は必ずしも明白ではないが、昭和24年10月に設立されたA社の全株式を有する代表取締役が昭和28年4月に当該全株式を譲渡したと譲受人が主張し、その後に行われた当該譲受人によるA社の株主総会決議に対して、譲渡人の相続人が当該譲渡はなかったと主張して決議の瑕疵を主張した事案のようである（設立以来、株券は発行されていない）。

昭和47年最判の事案は概略次のようである。昭和24年2月に有限会社から株式会社に組織変更された被上告会社の発行済株式の80％を有するBは、昭和28年5月、当該株式全部を上告人に意思表示によって譲渡した。被上告会社は、この譲渡を承認して株主台帳に登載し、同年6月、上告人に株券を交付した。昭和31年になって、Bが裁判所の許可を得て被上告会社の株主総会を招集・開催して決議をなしたので、上告人は当該決議の瑕疵を主張した。

昭和47年最判の事案では、支配株が会社の了承のもとで譲渡され、譲受人に会社から株券が交付されてもいる。「法律関係の不安定」も「株券発行事務の渋滞の防止」も実質的に問題にならない。このような場合に、会社との関係

---

(40) 小堀勇「昭和47年最判・解説」法曹会編『最高裁判所判例解説民事篇昭和四十七年度』（1974年）576頁参照。
(41) 龍田・前掲（注14）8頁は、商法204条2項が本来前提とするのは、多数の株主を抱えて発券事務が繁忙を極める大規模会社だとされる。

では譲渡人が株主であり、総会決議の瑕疵は認められないとする結論を採ることは妥当ではなかろう[42]。

一方で、昭和33年最判の事案は、第1審判決が「事実の存否は一応差し置き、参加人等の主張に基いて便宜先ず同株式取得の効力について判断する」とし、株式譲渡の有無の判断を避ける方法が最後まで維持されている[43]。仮に代表取締役が保有するA社全株式を譲渡していたならば、総会決議の瑕疵を認めた結論の妥当性が問われようが、昭和33年最判はやむを得ないとする立場のようである。

V. 現行会社法における株券発行前の株式譲渡

1. 原則としての株券不発行

平成16年改正（法律88号）商法は、株式上場会社を除いて、株式会社に株券不発行会社になる選択肢を認め（227条1項「会社ハ定款ヲ以テ株券ヲ発行セザル旨ヲ定ムルコトヲ得」）、同時に、譲渡制限株式のみを発行する会社では株主の請求に応じて株券を発行すれば足りることとした（226条1項「会社ハ成立後又ハ新株ノ払込期日以後遅滞ナク株券ヲ発行スルコトヲ要ス但シ株式ノ譲渡ニ付取締役会ノ承認ヲ要スル旨ノ定款ノ定アル場合ニ於テ株主ヨリ株券発行ノ請求ナキトキハ此ノ限ニ在ラズ」）。平成17年会社法では、株券不発行会社が原則とされ、株券発行会社になる選択肢が認められた（214条）。株券発行会社では会社に遅滞なく株券を発行する義務が課せられたが（215条1項）、公開会社（2条5号）でない株式会社の場合には、株主の請求に応じて株券を発行すれば足ることとされた（215条4項）。そして、平成21年からは株式上場会社は株券不発行会社に移行され、

---

(42) 髙鳥正夫「昭和47年最判・批評」民商法雑誌68巻5号（1973年）103-104頁、竹内昭夫「昭和47年最判・評釈」（1974年）『判例商法 I』（弘文堂、1976年）46-47頁、鴻常夫「昭和47年最判・解説」鴻常夫＝竹内昭夫編『会社判例百選〔第4版〕』（有斐閣、1983年）43頁。

(43) 昭和47年最判の場合には、上告人はBが被上告会社の株主でない旨の確認をも請求していた。株券発行前の株式譲渡も当事者間では効力を有するから、譲渡の「事実の存否は一応差し置」くことはできなかった。

口座振替によって株式譲渡を行う株式振替制度が適用されている。

このように、現在では、上場会社は株券発行会社ではなく、非上場会社でも株券発行会社は例外と位置づけられている。もっとも、会社法施行時に、会社法施行前に設立された株式会社の定款に株券を発行しない旨の定めがない場合には、株券を発行する旨の定めが定款にあるものとみなされる（会整備76条4項）。したがって、株券発行会社は相当数存在するのではないかと推測される。そして、従来、株券発行会社でありながら、株券発行の実質的必要を感じず実際に株券を発行しない中小株式会社は数多く存在すると指摘されてきた[44][45]。そうだとすると、株券発行前の株式譲渡の効力が問題とされる事案は今後も生じよう（公開会社でない株券発行会社の場合および株券不所持制度を株主が利用している場合〔会217条6項前段〕には、株券発行遅滞の時期は株主の株券発行請求時から起算して判断される）。

2．従前に指摘されていた立法趣旨と効力を規制する文言

株券発行前の株式譲渡の効力規制の趣旨として、かつては「株券発行前の譲渡方式に一定されたものがないことによる法律関係の不安定の除去」が重視された。しかし、すでに検討したように、これは流通量が多い上場株式を念頭に、株式譲渡に株券交付を結合させようとする制度論上の考慮といえよう。現在では上場会社は株券を発行できない。しかも、会社法の下では、株式の譲渡は意思表示によるのが原則であるから、株券発行前の株式譲渡に関して、「法律関係の不安定の除去」というような一律的な事前予防は適切とは評しがたい。

---

(44) 竹内・前掲（注42）48頁。

(45) 会社法の下では、上場会社を含めて株券不発行が原則なので、より一層株券への関心が薄れている可能性がある。会社整備法によって株券発行会社である旨の定めが定款にあるものとみなされる会社で、その旨が書面あるいは電磁的記録としての定款に反映（実際に記載・記録）されていない場合には、当該定款を閲覧しただけでは株券発行会社であると把握できないから誤解が生じる可能性もあろう（なお、株券発行会社である旨の商業登記〔会911条3項10号〕は登記官の職権でなされた〔会整備113条4項・136条12項3号〕）。公開会社でない株券発行会社や全株主が株券不所持制度を利用している場合（なお、株券不所持制度においては、当該株式に係る株券を発行しない旨が株主名簿に記載・記録されなければならない〔会217条3項〕）には、適法に株券が全く発行されていない状態が長期間継続することもありなおさらであろう。

「株券発行事務の渋滞の防止」（株券の発行が円滑かつ正確に行われるようにするため）[46]はどうか。確かに、非常に多くの株券が発行されることが予定され、（株券発行前の）株式の流通が容易な場合には、「事務渋滞防止」は趣旨として理解しやすい。しかしながら、現在では、上場会社は株券不発行会社である。株式の移転が少ない中小会社においては、「株券発行事務の渋滞の防止」のために会社との関係で株式譲渡の効力を否定するまでの必要はないように思われる（後述、V. 3. 参照）。また、非上場会社が多数の株券を発行する稀な場合を念頭に、一律に株式譲渡の対会社関係での効力を否定する必要があるのかは疑わしい。「事務渋滞防止」規制は会社の株券発行事務の便宜のための制度に他ならないだろう。

　昭和13年商法改正によって株券発行前の株式譲渡の効力を規制する規定が新設された（204条2項）。これは当時の対抗要件との関係で定められたと考えられている。したがって、同年改正前から、「効力ヲ生ゼズ」ではなく「対抗スルコトヲ得ズ」とすべきだと主張されていた。「効力」が規制される文言が採用された理由は定かではない。（記名）株式の譲渡には株券の交付を要する制度に統一するという法政策的考慮が働いたのであろう[47]。この点については、昭和25年商法改正、昭和41年商法改正（205条1項「株式ヲ譲渡スニハ株券ヲ交付スルコトヲ要ス」）により達成された後、現行会社法の下では上述のように株券不発行が原則とされている。

3. 株券発行が遅滞になる時期

　株券発行が遅滞になる時期（合理的時期）についても考慮を要しよう。最近の文献によると、対象株主数や株券枚数に一定のボリュームがある場合には1〜2か月程度は必要だと指摘されている[48]。これは証券専門の印刷業者に依

---

(46) 株券発行事務の前提として株主名簿整備の渋滞防止が指摘されることもあった。しかし、平成16年商法改正（法律88号）によって株主名簿閉鎖制度が廃止されたことからも、現在は、株券発行前の株式譲渡によって株主名簿の株主確定が混乱するといえるような状況ではなかろう。

(47) 「対抗スルコトヲ得ズ」ではなく「効力ヲ生ゼズ」と規定されているから、株券発行前の株式譲渡は会社に対して効力がないのであって、会社から譲渡の効力を認めることはできない、との文理解釈が従来当然のように主張されていたのは、「効力」規制の文言が採用された理由が定かではないことと相まって、本文で指摘したような考慮が前提としてあったのであろう。

頼した場合であろう。専門印刷業者に依頼するのであれば、発行数が少ない場合でも1週間～1か月程度は要することになろう。もっとも、上質な用紙と印刷による精巧な株券[49]にこだわらなければ、手際よく用意すれば即日発行[50]も可能である[51]（パソコン、プリンター、株券用紙、株券印刷ソフト等。予備の株券を用意しておくべきだとの指摘もなされている[52]）。

公開会社でない株券発行会社の場合（株券不所持制度が適用されている株式も同様）には、株主が株券発行を請求した時から起算して遅滞になるか否か判断される。公開会社でない株券発行会社の事案である令和6年最判の原判決（東京高判令和4年2月10日民集78巻2号301頁。請求棄却判決）は、株主から株券発行が請求されたことはないから株券発行の不当遅滞はないと判示している。

4．令和6年最判の事案と結論の妥当性

令和6年最判の事案は次のようである。平成16年1月に設立されたA社は、公開会社でない株券発行会社であり、取締役会設置会社である。① 平成24年4月、A社の株主Y1は同社株式（株式1）をBに譲渡し、同社取締役会は当該譲渡を承認した。② Y2は、平成18年5月、A社の募集株式を引き受け、同年8月頃、その一部（株式2）をCに譲渡し、同社取締役会は当該譲渡を承認した。さらに、平成25年7月、CはDに株式2を譲渡し、同社取締役会は当該譲渡を承認した。③ 設立以来A社は株券を発行したことがなかった

---

(48) 江頭憲治郎＝中村直人編著『論点体系会社法2〔第2版〕』（第一法規、2021年）310頁〔牧野達也〕。

(49) 精巧な株券を作成する実質的な意義は偽造の防止であろう。株式の移転先が親族や知人に限られる場合には、コストをかけて精巧な株券を作成するまでもなかろう。「会社法216条所定の形式を具備した文書」を発行すれば株券である（令和6年最判）。龍田節＝前田雅弘『会社法大要〔第2版〕』（有斐閣、2017年）261頁（注10）も同旨。

(50) 株主に郵送する場合に郵送にかかる日数を含むか否かは、株券の効力発生時期における作成時説（どの株主の株券か特定した時点で株券の効力が発生するので、その時点から株式譲渡には株券を要する）と交付時説（株券が株主に到達するまでは株券発行前）とで異なろう（山本爲三郎『会社法の考え方〔第13版〕』（八千代出版、2024年）81頁参照）。

(51) なお、株券は印紙税法上の第4号文書であり、会社は印紙税を納付する義務を負う（印税2条・3条1項）。

(52) 酒巻俊雄＝龍田節編『逐条解説会社法第2巻』（中央経済社、2008年）245頁〔北村雅史〕、黒沼悦郎「昭和47年最判・解説」『会社法判例百選〔第2版〕』（有斐閣、2011年）33頁。

ので、Bは、平成29年10月、債権者代位権に基づきY1のA社に対する株券
発行請求権を行使するとして、同社に対し、株券の交付を自己に対してすること
とを求め、同社から株券（としての文書。株券1）を交付された。同月、Dも同
様にして同社から株券（としての文書。株券2）を交付された。④令和2年3月、
Bは株式1をXに株券1を交付して譲渡し、同年7月、Dは株式2をXに株
券2を交付して譲渡した。A社取締役会はいずれの譲渡も承認した。本件は、
Xが、Y1に対して株式1を、Y2に対して株式2を有する株主であることの
確認等を求める事案である。

　以上のような事実関係を前提にして令和6年最判は上掲（Ⅱ.）のように判
示し、原判決を破棄し原審に差し戻した。原判決は、本件各株式譲渡は株券発
行前の株式譲渡であり不当遅滞もないから効力はなく、さらに株券1・2は株
主に発行されたものではないから株券としての効力は発生しておらずXが株
式1・2を善意取得する余地もない、と判示して請求を棄却している。原判決
は、株券発行前の株式譲渡は当事者間でも効力を生じないと解しているよう
で、不当である。仮に株券1・2に株券としての効力が発生していなかったと
しても、B・X間、D・X間の株式譲渡は当事者間では効力を有する。Xが株
主であることの確認を求めているのはY1、Y2に対してであるから、原判決の
結論には反対せざるをえない。したがって、原判決を破棄した令和6年最判の
結論は妥当である。

Ⅵ. 若干の検討

1. 株券発行前の株式譲渡後における株券発行

　株券発行が遅滞している場合の株式譲渡は、意思表示のみによって行うこと
ができ、会社との関係でも効力を生じる（緩和説）。譲受人は、株主名簿の名義
書換を請求した上で[53]、会社に対して株主である自己への株券発行を請求し

---

(53) 名義書換請求の手続は、譲受人と譲渡人とが共同して行う（会133条）か、譲受人が譲渡の事
　　実を証明して行うことになる（北村（雅）・前掲（注52）244頁）。

うる[54]。

令和6年最判は、株券発行が遅滞していない場合の株式譲渡は会社との関係では効力を生じないが当事者間では効力を生じる[55]ことを前提に、譲受人による譲渡人の会社に対する株券発行請求権[56]の代位行使（譲受人に対する株券交付）ができると判示する[57]。この場合の代位行使における被保全債権は株式譲受人の株式譲渡人に対する株券交付請求権である。この要件は当事者間の関係であるから、当該株式譲渡の会社との関係での効力の影響を受けないと解してよかろう。また、譲受人が株券を交付されると、被代位権利である譲渡人の会社に対する株券発行請求権は消滅する（民423条の3後段参照）——会社は譲渡人に有効に株券を発行・交付したことになる。株式譲渡当事者間では譲渡人から譲受人に対して株券交付があったと解してよく[58]、この時点で会社との関係でも株式譲渡は効力を生じると解することになろう[59]。

株券発行前の株式譲渡は会社との関係では効力を生ぜず、会社からもその効力を認めることはできない、との立場を前提にして、株券発行前の株式譲渡は、株券の発行があるまで会社に対する関係においてその効力を停止されているのであり、後に株券の発行があればその時から会社に対しても効力を生じると解するのが適当だとの所説も主張されている[60]。そして、実際には、譲受

---

(54) なお、株券発行の実務では株券に株主名を記載することが多いようであるが、株主名は株券の記載事項（会216条）ではなく、株主名の記載の有無は株券の効力に影響しない。譲受人名義で株券を発行しても問題ない。

(55) 従来からの判例の立場である（最判昭和37年2月15日集民58号657頁）。令和6年最判は、その理由を丁寧に述べている点に意義がある。

(56) 厳格説の立場からも、昭和33年最判は「株主に株券発行交付の請求権があることは当然で、その他会社に対して損害賠償の請求権をも妨げない」としている。

(57) 令和6年最判は会社が譲受人に株券を交付した事案である。譲受人の代位行使によっても、会社が株券を交付しない場合もある。譲受人が代位行使した場合でも、譲渡人は会社に株券発行請求をなしうるし、会社から譲渡人に株券を発行することもできる（民423条の5）。譲受人が代位行使するのは、譲渡人の協力を得れないからであろう。株券の発行は会社も含めた当事者間の関係性に左右されよう。

(58) 笠原武朗「令和6年最判・解説」ジュリ1599号（2024年）3頁。

(59) 譲受人によって株券発行請求権の代位行使が適法になされたにもかかわらず、会社が譲受人に株券を交付せずかつ譲渡人に株券を発行しない場合には、会社は、信義則上、株券発行前の株式譲渡の効力を否定できないと解すべきであろう。

(60) 大隅健一郎＝今井宏『会社法論上巻〔第三版〕』（有斐閣、1991年）438-440頁。

人の請求により会社はいったん譲渡人名義の株券を発行し、名義書換のうえ直ちに譲受人に交付することになる、とされる[61]。もっとも、効力停止構成や効力停止中に譲受人の請求に応じる構成はかなり技巧的かつ便宜的なように思われる。要は、会社が株式譲渡を承認するから譲受人に株券を交付するということではなかろうか。

2. 株券発行前の株式譲渡に対する会社の承認

　上述のように、株券発行前の株式譲渡規制は実質的には会社の株券発行事務の便宜のための制度である。昭和13年商法204条2項新設時以降、平成17年会社法[62]においても、株券発行が遅滞する前の株式譲渡も当事者間で有効であり、会社もその効力を認めることができるとの解釈論あるいは立法論（「会社に対抗することができない」）が主張されてきた。この主張は、会社法の下では一層妥当しよう。

　権利株譲渡規制は、平成17年会社法によって「成立後の会社に対抗することができない」こととされた（35条・50条2項・63条2項・208条4項）。権利株譲渡規制の趣旨の捉え方にも変遷があり、設立事務・株式事務の円滑と解する立場が強くなっていた。これを受けて規制文言は「効力」から「対抗」に変更されたのである[63]。権利株譲渡規制（設立事務・株式事務の渋滞防止）においては会社が権利株譲渡を認めてもよく[64]、株券発行前の株式譲渡規制（株券発行事務の渋滞防止）では会社から当該譲渡を認めることはできないとする実質的理由（条文の文言の相違以外の根拠）は見当たらないように思われる[65]。もちろ

---

(61) 同様の見解ながら効力停止という概念を用いず、会社は株券発行時に譲受人を株主と認めてこれに株券を発行するという簡略化した手続を認めてよい、との主張もある（北村（雅）・前掲（注52）240頁）。

(62) 山下友信編『会社法コンメンタール3』（商事法務、2013年）317頁〔前田雅弘〕、前田庸『会社法入門〔第13版〕』（有斐閣、2018年）168頁。

(63) 神田秀樹編『会社法コンメンタール5』（商事法務、2013年）94-96頁〔川村正幸〕、山下友信編『会社法コンメンタール2』（商事法務、2014年）48頁・142-143頁〔鈴木千佳子〕。

(64) 川村・前掲（注63）95-96頁、鈴木・前掲（注63）52頁・143頁。

(65) 北村（雅）・前掲（注52）241頁は、株券発行前の株式譲渡は会社に対して効力を生じないにもかかわらず、権利株譲渡が会社に対して効力を有する（対抗関係）のは、論理が不整合だとされる。

ん、株券発行が遅滞すれば会社に対しても有効な株式譲渡をなしえる（緩和説）。だからと言って、遅滞前の譲渡の効力を会社から認めることはできないと硬直的に解釈すべき理由はないのではなかろうか[66]。株券発行前の株式譲渡規制は、会社の株券発行事務の便宜のための制度である。

---

[66] なお、高田晴仁「株券発行前にした株式譲渡の当事者間の効力」ジュリ1602号（2024年）113-114頁は、令和6年最判の評釈として、会社は株券発行前の株式譲渡が有効であると追認することができる、という立場を採ることが最も直截的であるとされる。

複数議決権株式を発行する会社の
上場をめぐる英国の状況

吉 川 信 將

Ⅰ. 序

　英国では、14 年にわたる保守党政権下で経済の地盤沈下が続き、先頃の総選挙で労働党政権が誕生するに至った。英国独自の政策展開により景気回復も可能になるという主張もあったブレグジットは、通商の混乱や EU 他国からの労働者の離英による労働者不足を招いてかえって経済を悪化させた。さらに近年は、新型コロナ禍、難民の流入増加やロシアによるウクライナ侵攻といった予期せぬ財政支出を必要とする要因も重なった。もっとも、政府はこうした状況を座視してきた訳ではない。経済活性化策の一つとして、金融行動監督庁（Financial Conduct Authority：以下「FCA」という。）[1]を中心に作業が続けられてきた上場制度改革もその一例である。2024 年 7 月、FCA は上場規則を改正したが、その中でもロンドン証券取引所（London Stock Exchange：以下「LSE」という。）のメイン・マーケットにおける従前のプレミアムとスタンダードの両市場を統合した形で単一の市場を設け、そこに議決権種類株式（Dual class share；以下「DCS」という。）を発行する株式会社が上場しやすくなるようにしたことが特筆される。紙幅の関係上、本稿ではこの点に焦点を当てて、改正に至る経緯、改正内容とその是非及び今後の課題等につき検討してみたい。長期にわたる経済低迷に悩み、市場を規制・維持する側からの企業に対する働きかけにより証券市場を活性化させようという動きが目立つ点で日英両国は類似し

---

(1)　FCA が 2013 年に誕生するまで、この役割は FSA（Financial Services Authority：金融サービス機構）が担っていた。

た環境下にあるようにも思われる。英国の状況の検討を通して日本における起業促進や証券市場の活性化への示唆を得ることができれば幸いである。

Ⅱ．前回（2021 年 12 月）の上場規則改正に至る経緯

(1) DCS 構造をとる企業の上場をめぐるかつての状況

DCS 構造とは、2 種類以上の株式を発行し、そのうち少なくとも 1 種類の株式は他の種類の株式に比べて 1 株あたりの議決権が多い株式とする構造である。2 種類の株式を発行する企業であれば、1 株あたり 1 議決権を付与される種類（クラス A）の株式（以下「普通株式」という。）と、1 株あたり 10 議決権や 20 議決権といった複数議決権を付与される種類（クラス B）の株式（以下「複数議決権株式」という）を発行するのがその例である。創業者や経営者にとっては、出資比率や持株比率があまり高くなくとも、複数議決権株式を保有できれば、① 普通株式を上場させて多額の資金を調達することが可能となり、② 普通株式を有する株主が多数存在することになっても、議決権の過半数を掌握して支配権を維持することが可能となるため、非常に魅力的な構造である。それゆえ、ベンチャー企業の創業者や経営者が支配権の剥奪や買収をおそれることなく自分達のビジョンを追求するのに適しているとされる[2]。株主平等原則を絶対不可侵のものとすれば、かかる構造は認めがたいものとなるが、現実には米国において DCS 構造をとるテクノロジー企業が続々と成功を収めて世界有数の企業と化すのを目の当たりにして[3]、世界でも DCS 構造をとる企業の上

---

(2) Bobby Reddy, *Up the Hill and down again: Constraining Dual-Class Shares* 80 (3) Cambridge Law Journal (2021) at 516, available at https://www.cambridge.org/core/services/aop-cambridge-core/content/view/9247F7EE2EE16CD93B32B4540EBE7B15/S000819732100101Xa.pdf/up-the-hill-and-down-again-constraining-dual-class-shares.pdf.

(3) 2004 年のグーグルを皮切りに、フェイスブック（現メタ）、リンクト・イン、グルーポンそしてリフトなどが IPO を実施した。米国における IPO（新規株式公開）に際して DCS 構造をとった企業は 2001 年に僅か 1%であったものが、2019 年には 19%と急増しており、テクノロジー産業では特にこうした傾向が強い（Bobby V. Reddy, Founders Without Limits : Dual-Class Stock and the Premium Tier of the London Stock Exchange (2021) at 17-18.）。

場を認める国や地域が増えている(4)。

　かつて DCS 構造をとる企業は LSE のメイン・マーケットに上場することが可能であったが、1960 年代に非公式にその新規上場が禁止された(5)。2010 年にはメイン・マーケットが上位のプレミアム市場と下位のスタンダード市場に区分され、その際の上場規則見直しにより、無議決権株式はプレミアム市場に上場することができなくなった(6)。さらに、2014 年に DCS 構造をとる企業は、プレミアム市場へ上場することが事実上禁止され(7)、DCS 構造をとる既上場の企業は上場していた低議決権の株式をプレミアム市場から移動するよう要求された(8)。これは、プレミアム市場こそが、最高のコーポレート・ガバナンス基準を擁するものとして設けられた、英国を代表する市場であり、株主

---

(4)　DCS 構造をとる企業の上場は、米国及びカナダのほか、オランダ、デンマーク、フィンランド、オランダ及びスウェーデンなどでも認められている（Institutional Shareholder Services, *Report on the Proportionality Principle in the European Union* (2016) at 27, available at https://ec. europa.eu/docsroom/documents/14881/attachments/2/translations/en/renditions/pdf）。日本でも 2008 年に東京証券取引所が「議決権種類株式に係る上場審査に関する有価証券上場規程及び上場審査等に関するガイドライン」の一部改正を行った結果可能になった。近年、シンガポール、香港、南アフリカでも認められるようになっている（SGX Rulebooks, Mainboard Rules 210 (10), available at https://rulebook.sgx.com/rulebook/210; Hong Kong Listing rule 8A.01 to 46, available at https://en-rules.hkex.com.hk/sites/default/files/net_file_store/HKEX4476_5103_VER 36025.pdf; JSE Limited, Listing Requirements 4.43 to 4.49, available at https://www.jse.co.za/sites/ default/files/media/documents/jse-listings-requirements-service-issue-31/JSE%20Listings%20 Requirements%20Service%20Issue%2031%20%28Jan%202024%29%20LexisNexis.pdf）。

(5)　Brian Cheffins, Corporate Ownership and Control: British Business Transformed (2008) at 317; Bobby Reddy, supra note 2 at 518.

(6)　FSA, *Policy statement 10/2, Listing Regime Review: Feedback on CP09/24 and CP09/28 with Final Rules* (Feb. 2010) at 13 to 14, available at https://www.fca.org.uk/publication/policy/ ps10_02.pdf.

(7)　FCA, *Policy Statement PS14/8, Response to CP13/15 - Enhancing the Effectiveness of the Listing Regime* (May 2014) at 31, available at https://www.fca.org.uk/publications/policy/ps14-8.pdf. ここで、FCA は、新設された「プレミアム上場原則 4」の精神について、支配権を少数の株主集団に委ねることを可能にするよう設計された、議決権種類株式を含む人為的な構造を防止することにある旨述べている（31 頁 Our Response）。それゆえ、当時の上場規則の文言だけからすれば、議決権種類株式を発行する企業でもプレミアム市場への上場が認められそうであるが、実務上は認められないものと理解されてきた（see, Bobby Reddy, supra note 2 at 518 note 16）。

(8)　この結果、DCS 構造をとる企業は、英国では LSE のメイン・マーケットで上位に位置するプレミアム市場には上場できないが、その他のスタンダード市場、ハイグロース市場、AIM 市場及びニューエコノミーの成長企業向けに設けられたアクイス（Acquis）証券取引所には上場可能ということになった。

を保護するうえでも 1 株 1 議決権が最適であるという自尊心の表れのようである。また、1 株 1 議決権でなければ、多額の投資をしても議決権の少数部分しか握れず、自分たちの投資先企業に対する監視・監督権限が弱まることを危惧する、それまで市場に大きな影響力を有してきた機関投資家の DCS 構造に対する批判的姿勢を反映したものでもあろう。

ところが、近年ハイテク分野で活躍する会社を中心とした大型 IPO が続いた米国や経済成長の著しい中国等に水をあけられていた英国は、さらにブレグジットを契機として EU の証券取引分野における主導的地位も失い、LSE と EU 諸国の証券取引所との競争も激化することになった [9]。当時のリシ・スナク財務大臣（前首相）は、ブレグジットにより独自の金融政策を採ることが可能となるとして、英国で企業が上場することを促進させて経済競争力回復をはかるために、2020 年 11 月にヒル卿を議長として上場制度の見直し作業を開始させた。ここでは DCS 構造をとる企業の LSE プレミアム・カテゴリーへの上場促進を企図する問いかけがなされている。

(2) 英国上場制度レビュー（UK Listing Review）等の公表

上場制度見直し作業の最終的な報告は英国上場制度レビュー（UK Listing Review）として 2021 年 3 月に公表された [10]。そこでは、2015 年から 2020 年の間にロンドンで行われた IPO の割合は世界の 5 ％に過ぎず、英国の上場企業数は 2008 年から約 40 ％減少したことが指摘され、国際的競争力を有する欧米やアジアのグローバル・センターと比べ LSE が遅れをとっていることから、まずはギャップを埋めなければならないという認識が念頭にあることが示されている [11]。英国上場制度レビューで推奨された事項は、スタンダード市場の

---

(9) 2021 年 1 月はアムステルダムの一日あたりの株式売買高が 92 億ユーロとロンドンの 86 億ユーロを上回るに至った（ロイター「ロンドン、株取引で欧州最大拠点から陥落 アムステルダムに明け渡す」(2021 年 2 月 12 日), available at https://jp.reuters.com/article/britain-eu-markets-idJPKBN2AB2SB）。また、2022 年 11 月には上場株式の時価総額でもパリが LSE を上回った（Faarea Masud, *London loses position as most valuable European stock market* (BBC, 15 November 2022), available at https://www.bbc.com/news/business-63623502）。

(10) GOV.UK, *UK Listing Review* (3 March 2021), available at https://assets.publishing.service.gov.uk/media/603e9f7ee90e077dd9e34807/UK_Listing_Review_3_March.pdf.

見直し、目論見書制度の再設計、公開流通株式比率要件の引き下げ及び特別買収目的会社の上場促進のための上場規則変更など広範に及んでいる。そのうち、DCS構造をとる企業のプレミアム市場上場を可能にすべく上場規則の改正が推奨された事項は次の通りである[12]。

① 複数議決権株式の存続期間についてIPO後5年というサンセット（効力消滅）期間を設定する。

② 複数議決権株式の保有者が企業に対して最小限の経済的利害関係を有することを確認するため、複数議決権株式と普通株式との最大の議決権比率を20：1に制限する。

③ 複数議決権株式の保有者を取締役に限定する。

④ 複数議決権株式として議決権を行使し得る事項を、複数議決権株式保有者である取締役の解任及び買収を阻止するものに限定する。

⑤ 相続計画及び慈善目的以外での複数議決権株式の譲渡を制限する。

また、同時期に政府は起業家のカリファ氏にフィンテック分野を支援するうえで優先分野を特定するための独立したレビューの実施を依頼し、英国上場制度レビューの公表に先立つ2021年2月に、カリファレビューが公表された[13]。同レビューは、英国のフィンテック分野の競争力は世界でも指折りであり、有望な企業も少ないことを確認した上で[14]、市場インフラの整備、暗号資産の規制、現行規制上の人工知能の位置付けの検討、決済規制の枠組の見直しなどデジタル・ファイナンスにかかわる広範囲の提言を行っている。そして上場制度についても、フィンテック企業の英国での上場を促進するため、新規株式公開後の一定期間に限り、プレミアム市場の公開流通株式比率要件を25％から10％に引き下げることと並んで、黄金株又はDCS構造を同市場においても認めることを推奨した[15]。すなわち、LSEのプレミアム市場ではDCS構造を選択できず、かつ、公開流通株式比率要件が高いと、創業者や

---

(11) Ibid, at 1 to 10.

(12) GOV.UK, supra note 10, at 21.

(13) GOV.UK, *Kalifa Review of UK Fintech* (26 February 2021), available at https://assets. publishing.service.gov.uk/media/607979c7d3bf7f400f5b3c65/KalifaReviewofUKFintech01.pdf.

(14) Ibid at 6.

経営者は支配権を維持したまま上場するのが難しくなる。それゆえ、米国で
DCS 構造をとる企業が成功しているのを目撃してきた合理的な創業者・経営
者は、上場先として LSE ではなくナスダック等への上場を選択する可能性が
高くなるからである[16]。

(3) コンサルテーション・ペーパー CP21/21（以下、「CP21/21」という。）の公表

2021 年 7 月に FCA は、CP21/21 を公表した[17]。ここでは、LSE の上場区
分に関してプレミアム市場とスタンダード市場の双方をそのまま維持する案や
双方を統一する案が示され、各場合の上場要件をどうすべきかについて問題提
起がなされている[18]。英国上場制度レビューにおいて DCS 構造をとる企業
のプレミアム市場への上場に関して推奨された前掲 ① 乃至 ⑤ の事項は、企業
に説明責任を負わせる能力を低減させ、スチュワードシップ責任を果たす能力
を損なうなどとして、機関投資家などからは反対があったものの[19]、ほぼそ
のまま維持されている。CP21/21 では、FCA が介入する理由として、① 企業
の評価を高めたい創業者が、解任や買収の脅威に敏感になることなく、プレミ
アム市場に上場しやすくするため DCS 構造をとる企業も同市場に上場可能と
すべきであること、② コーポレート・ガバナンスや株主保護が強化されたプ
レミアム市場に投資家を引きつけることが、それらの者の利益になるうえ、企
業としてもプレミアム市場で上場した方がスタンダード市場で上場するより多
くの資金を獲得できる可能性があること、③ さもなければ、企業が公開を諦
めるか、または海外市場を上場先に選択して投資家が国内で成長企業に投資す
る機会を減らすことなどを挙げている[20]。そして、これを裏付けるように、
企業が上場しない大きな理由として意思決定権の維持を挙げたという調査の結

---

(15) GOV.UK, supra note 13, at 65.

(16) ibid.

(17) FCA, Consultation Paper CP21/21 *Primary Markets Effectiveness Review* (July 2021), available at https://www.fca.org.uk/publication/consultation/cp21-21.pdf.

(18) Ibid, at 18 to 23 (3.17 to 3.41, Q10, Q11).

(19) See, e.g. Sophie Baker, *Debate over changes to listing rules roils U.K.* (19 April 2021), available at https://www.pionline.com/markets/debate-over-changes-listing-rules-roils-uk.

(20) FCA, supra note 17, at 31,32 (5.22 to 5.25).

果やサンプル企業の 4 分の 1 を上回る企業が IPO から 5 年以内に買収されているという米国における調査結果も紹介されている[21]。さらに、5 年というサンセット期間が提案された理由として、新たに DCS 構造をとる企業の上場が認められるようになった香港やシンガポールでは、最適な期間として 3 年乃至 5 年と 5 年乃至 10 年を選択する者が多かったというアンケート結果や DCS 構造の利点は最初の IPO から 6 年乃至 9 年の間に減少し始めるという調査結果が示されている[22]。

⑷ ポリシー・ステートメント PS21/22（以下、「PS21/22」という。）の公表と上場規則の改正

2021 年 12 月に FCA は、PS21/22 を公表するとともに[23]上場規則を改正した[24]。DCS 構造に関する CP21/21 の提案に対しては、賛成が多数であったとして、当該提案をそのまま取り入れたほか[25]、① 公開流動株比率要件を 25％から 10％へ引き下げる[26]、② スタンダード及びプレミアムの両市場における最低時価総額要件を 70 万ポンドから 3000 万ポンドへ引き上げる[27]といった改正を行っている。① で上場促進を図る一方で、② で上場制度濫用防止による株主保護を図るなどバランスを考慮した改正提案となっている。なお、② は両市場の統合の前段階での上場基準の統一という意味合いもあったと思われる。

---

(21) FCA, supra note 17, at 60（10.11）.

(22) FCA, supra note 17, at 62（19 to 22）.

(23) FCA, *Policy Statement PS21/22 Primary Markets Effectiveness Review: Feedback and final changes to the Listing Rul*es（December 2021）, available at https://www.fca.org.uk/publication/policy/ps21-22.pdf.

(24) FCA, *Listing Rules*（*Primary Market Effectiveness*）（*Dual Class Share Structure*）*Instrument 2021*, available at https://www.handbook.fca.org.uk/instrument/2021/FCA_2021_55.pdf.

(25) FCA, supra note 23 at 10,11（2.7, Our response）, note at 12,13（Our response）.

(26) FCA, supra note 23, at 21 to 23（4 Minimum number of shares in public hands－'free float'）CP21/21 の提案には回答者の大多数が賛成した。

(27) FCA, supra note 23, at 16 to 20（3 Minimum market capitalisation）. 濫用防止のため最低時価総額を引上げるという CP21/21 の提案の趣旨には賛成する回答者が多かったものの、5000 万ポンドは高すぎる、小規模企業の上場を阻害するといった批判も考慮して、引上げの効果が期待できる 3000 万ポンドへと下方修正した旨が説明されている。

270　第 2 編　企業組織法　第 2 章　株式会社の資金調達・計算・企業再編

Ⅲ. 今回（2024 年 7 月）の上場規則改正に至る経緯

1. ディスカッション・ペーパー DP22/2（以下「DP22/2」という。）の公表

　PS21/22 の公表及び上場規則の改正から早くも半年後の 2022 年 5 月に、FCA は、DP22/2 を公表した[28]。ここでは、英国上場制度レビューで提言され、2021 年 7 月に公表された CP21/21 で意見が求められた市場区分の見直しが再検討され、営利企業の株式についてプレミアムとスタンダードの両市場に代わる単一の市場創設が提案された[29]。これに併せて、プレミアム上場原則を新たな単一市場の全ての上場企業に適用すること[30]や DCS 構造をとる企業が PS21/2 で示された条件のもと新たな単一市場に上場するのを認めることの是非が問われている[31]。

2. コンサルテーション・ペーパー CP23/10（以下「CP23/10」という。）の公表

　2023 年 3 月に、英国ケンブリッジを本拠とする半導体設計大手のアームが、英国政府等の懇請にもかかわらず、上場先をナスダック単独とすることを公表した。世界中からハイテク企業が集まり、市場規模が大きく資金調達が容易なナスダックが有力だったとはいえ、このことは英国市場の低迷を浮き彫りにする結果となり[32]、上場制度改革を急がせる契機となった[33]。こうした中、同年 5 月に FCA は CP23/10 を公表した[34]。CP23/10 では、米国における成功分野であるテクノロジー分野へ新たに上場した企業は 2021 年に約 45％ が

---

(28) FCA, *Discussion Paper DP22/2 Primary Markets Effectiveness Review: Feedback to the discussion of the purpose of the listing regime and further discussion* (May 2022), available at https://www.fca.org.uk/publication/discussion/dp22-2.pdf. 制約が多いことから、2021 年上場規則改正による DCS 構造をとる企業の上場促進の効果は疑問視されていた（Bobby V. Reddy, *The UK and Dual-Class Stock-Lite――Is It Really Even Better Than the Real Thing?*) University of Cambridge Faculty of Law Legal Studies Research Paper Series No.18 /2023 (2023), available at https://papers.ssrn.com/sol3/abstract=4436612 at 16)。

(29) FCA, supra note 28, at 20 to 28 (3 The Structure of the listing regime).

(30) FCA, supra note 28, at 27, 28 (3.47 to 3.49, Q4).

(31) FCA, supra note 28, at 28, 29 (3.50 to 3.54, Q5).

DCS 構造をとっており、非テクノロジー企業の IPO でも約 25％が DCS 構造をとっていたことが紹介されており [35]、それを意識した提案がなされている。DCS 構造については、取締役のみが複数議決権株式を保有できるという点だけは変らないものの、次のように大胆な変更案が提起された [36]。

① 複数議決権株式のサンセット期間を IPO 後 10 年に延長する。

② 複数議決権株式と普通株式との間の最大議決権比率の制限を撤廃する。

③ 複数議決権株式の保有者が取締役でなくなったときは、当該複数議決権株式は普通株式に転換される。

④ 原則として、複数議決権株式の議決権行使が認められる事項をあらゆる事項に拡大する。例外的に、10％を超える割引率での新株発行を承認する場合は、複数議決権株式の議決権は 1 株 1 議決権に転換される。

① は、創業者がそのビジョンを追求するための時間を与えるため、すなわち、これまでの提案にあった 5 年という期間では短すぎて創業者がそのビジョンを達成し損なうことを危惧して上場を断念しないようにするためとされている [37]。② は、議決権比率を上場規則で制限せずに、当事者や市場に委ねる趣旨である [38]。③ は、取締役の遺産の受益者に対する譲渡を認めないものとして、複数議決権株式の譲渡制限を厳格化するものと説明されている [39]。

---

(32) 日本経済新聞 2023 年 3 月 4 日朝刊 2 頁「アーム、米で単独上場へ　英市場、地盤沈下浮き彫り」、Tom Jowitt, *ARM Disappoints UK With Decision To List Only In New York,* Silicon（March 6, 2023）, available at https://www.silicon.co.uk/e-enterprise/fund-raising/arm-disappoints-uk-with-decision-to-list-only-in-new-york-500307。

(33) Iain Withers, *London Stock Exchange urges rapid UK reforms after Arm's snub,* Reuters（4 March 2023）, available at https://www.reuters.com/markets/europe/london-stock-exchange-urges-rapid-uk-reforms-after-arms-snub-2023-03-03/.

(34) FCA, *Consultation Paper CP23/10 Primary Markets Effectiveness Review: Feedback to DP22/2 and proposed equity listing rule reforms*（May 2023）, available at https://www.fca.org.uk/publication/consultation/cp23-10.pdf.

(35) Ibid., at 33 (4.22); Jay R. Ritter, *Initial Public Offerings: Dual Class Structure of IPOs Through* 2023 (Table 23), available at https://site.warrington.ufl.edu/ritter/files/IPOs-Dual-Class.pdf.

(36) FCA, supra note 34 at 34, 35 (4.23).

(37) Ibid.

(38) Ibid.

(39) Ibid.

3．コンサルテーション・ペーパー CP23/31（以下、「CP23/31」という。）の公表

2023 年 12 月に、FCA は CP23/31 を公表した[40]。CP23/31 は DCS 構造について CP23/10 よりも一歩踏み込み次のような変更案を提起した。

① サンセット期間を強制しないものとする[41]。

② 複数議決権株式の発行を IPO 時に限定する[42]。

③ 複数議決権株式を保有できる者を、IPO を申請している会社の取締役、投資家または株主である自然人、従業員と、これらの者のみの利益のために設立されたか、これらの者によってのみ所有かつ支配される者とする[43]。

④ 複数議決権株式は上記③に挙げた「これらの者のみの利益のために設立されたか、これらの者によってのみ所有かつ支配される者」以外には譲渡できないものとする[44]。

⑤ 上場規則で株主による決議対象とされている事項のうち、複数議決権株主の議決権行使可能対象を逆買収の承認、支配株主がいる場合の独立取締役の選任又は再選へ限定する。

①は、CP23/10 で提案した 10 年間というサンセット期間は恣意的なものである可能性があり、学術的にも何年とすべきか決定的な証拠も出されていないこと、そして何よりもサンセット期間として 10 年を超える期間を欲する固有の事由がある企業の上場を思い止まらせるリスクがあることが理由とされている[45]。それゆえ、サンセット期間設定が必要か否か及びサンセット期間を設定するとした際のその長さについては、市場の慣行や業界の規範のもと企業と株主・将来の株主の交渉に委ねる形としている[46]。なお、具体的なサンセッ

---

(40) FCA, *Consultation Paper CP23/31 Primary Markets Effectiveness Review: Feedback to CP23/10 and detailed proposals for listing rules reforms*, available at https://www.fca.org.uk/ publication/consultation/cp23-31.pdf.

(41) Ibid, at 44, 45 (5.33 to 5.36).

(42) FCA, supra note 40 at 45 (5.37).

(43) FCA, supra note 40 at 45 (5.38).

(44) FCA, supra note 40 at 45 (5.39).

(45) FCA, supra note 40 at 44 (5.33).

(46) FCA, supra note 40 at 45 (5.36).

ト期間を設定しなくとも、複数議決権株式の保有者は上記 ③ に掲げた者に限定されるので、関係する自然人の「寿命」によって複数議決権は消滅することになる[47]。また上記 ② 乃至 ④ の通りとすることにより、会社の戦略的方向性に影響をあたえることができる者は誰かが可視化されるとともにかかる影響力が第三者に譲渡されるのを予防することが可能となる[48]。

4．ポリシー・ステートメント PS24/6（以下、「PS24/6」という。）の公表と上場規則の改正

2024 年 7 月に、FCA は PS24/6 を公表し[49]、上場規則を改正した（以下、改正後の上場規則を「新上場規則」という。)[50]。プレミアム市場とスタンダード市場を統合して、営利企業向けの単一市場とし、ここに DCS 構造をとる会社の上場を認める（新上場規則 1.5.1R(1)、5.4.5R）としたうえで、DCS 構造を以下のように改正したが、これは CP23/31 における提案内容を大きく変更したものとなっている。

① 複数議決権株式を保有することができる者に、従来から提案されてきた申請企業の取締役、自然人である投資家・株主又は従業員に加え、IPO 申請時に既に IPO 申請企業の投資者又は株主であった機関投資家も追加する（同 5.4.5R(1)(b)）。

② 法人が複数議決権株式を所有する場合、10 年間というサンセット期間を設ける（同 5.4.5R(2)(a)）。

③ 複数議決権株式は、原則として譲渡不可とする（同 5.4.5R(3)）。

① は、機関投資家が新規上場を目論む会社を IPO 前の資金調達段階から支援しやすくしたり、新規公開を目論む会社が英国での上場を回避しないようにしたりするため、法人である機関投資家も議決権強化株式を保有できるように

---

(47) FCA, supra note 40 at 44, 45 (5.41).

(48) Ibid.

(49) FCA, Policy Statement PS24/6 *Primary Markets Effectiveness Review: Feedback to CP23/31 and final UK listing rules*, available at https://www.fca.org.uk/publication/policy/ps24-6.pdf.

(50) FCA, *UKLR UK Listing Rules sourcebook*, available at https://www.handbook.fca.org.uk/handbook/UKLR/1/?view=chapter. なお新上場規則は 2024 年 7 月 29 日から施行されている。

するものと説明されている[51]。これは CP23/31 では触れられておらず、思い切った改正といえよう。ただし、複数議決権株式の保有者を自然人である個人に限り、その承継を認めない場合には、自然人は寿命があるため議決権強化株式にも永続性はないが、法人である機関投資家には寿命がなく、その保有する議決権強化株式にも永続性が生まれかねない。他方、法人株主が短期間しか複数議決権株式を保有し得ないとすると、その期間内に投資先の会社の事業を成功に導くことに不安を感じ、投資を避けかねない。そこで、②では、他の株主の将来の予測可能性を確保すべく、機関投資家については複数議決権を行使し得る期間は 10 年間に限られるものとされている[52]。

Ⅳ．DCS 構造をとる企業に関する新たな上場制度の検討

　当初から英国の機関投資家は DCS 構造自体に嫌悪感をあらわにしていた[53]。彼らは背後に控える資金拠出者のため、預かった資金を増やし、安定したリターンの提供に努める必要がある。投資先に要求を突き付けたり、それらの経営陣による会社・株主全体の利益に反する行為を牽制したりするには、取締役の選解任権を含む株主の議決権は大きな武器になる。機関投資家が株主保護に資する 1 株 1 議決権が原則であるとして、投資額に見合った議決権を得ることを主張し、少数株主である創業者や経営者が投資比率を大きく上回る議決権を手にして、株主総会を制することに反対するのは自然である。

　他方、非公開会社の創業者や経営者は、そのビジョンを追求するためには支配権を握り続ける必要があるため、1 株 1 議決権の株式を発行する IPO により新規株主に議決権の多数を占められて支配権を奪われることを懸念する。彼らは、誉れ高いプレミアム市場への上場が夢であるとしても、資金調達の必要がある場合には、1 株 1 議決権の株式発行を強制するプレミアム市場への上場を

---

(51) FCA, supra note 49, at 7 (1.7).

(52) Ibid.

(53) See, Sophie Baker, supra note 19.

断念して、DCS 構造をとる企業の上場も可能なスタンダード市場へ上場する
か[54]、または国外の市場等で上場するという選択を余儀なくされてきた。プ
レミアム市場における、株主平等の原則に基づく 1 株 1 議決権の原則が株主保
護に資するとしても、それを徹底させた結果、潜在的株主である投資家の投資
先を狭めたり[55]、国内の資金を国外に流出させたりする副作用の方が強かっ
たというのが英国の現実であろう。

　英国の機関投資家は国内の上場会社の株式への投資を減らしているうえ、英
国の投資家が国外の株式に投資する額は国内の株式に投資する額の 4 倍以上と
なっているという調査結果も報告されている[56]。見方によれば、国内では 1
株 1 議決権により出資額に応じた議決権を保有して、出資先のコーポレート・
ガバナンスに目を光らせ低リスクの投資とし、出資額に見合わない議決権しか
有しないことになる場合でも、国外では高成長による株価上場・高配当を狙っ
たハイリスク・ハイリターンの投資が可能となる。そうであれば、投資家に
とってはバランスのとれた出資となるのかもしれない。

　これに対して、米国では DCS 構造をとる会社が高度成長を続けてニュー
ヨーク証券取引所やナスダックの世界的シェアを高め[57]、世界各国の証券取
引所も続々と DCS 構造をとる会社の上場を認めるようになってきている[58]。
英国でも、2021 年の上場規則改正により、プレミアム市場でも DCS 構造をと
る企業の上場が認められることになった。しかし、スタンダード市場への上場
とは異なり、プレミアム市場への上場では、複数議決権株式に関して、5 年間

---

(54) 近年では 2020 年にオンライン小売のハット・グループ、そして 2021 年には料理宅配サービス
　のデリバルーという新興企業による大型 IPO に際して、両社とも創業者が複数議決権株式を保有
　できるようにするため、スタンダード市場への上場を選択した（Jessica Clark, *The Hut Group
　raises £1.88bn in biggest London stock market listing since 2015*, CITYAM. (16 Sep. 2020),
　available at https://www.cityam.com/the-hut-group-raises-1-88bn-in-biggest-london-stock-
　market-listing-since-2015/; LSE, *London Stock Exchange welcomes Deliveroo Holdings plc to the
　Main Market* (31 March 2021)), available at https://www.londonstockexchange.com/discover/
　news-and-insights/london-stock-exchange-welcomes-deliveroo-holdings-plc-main-market.

(55) この他、インデックス組み入れがプレミアム市場上場企業に限定され、スタンダード市場上場
　企業の資金調達や投資家の投資の妨げになっていた。

(56) UK Finance, *UK capital markets: Building on strong foundations* (May 2023), available at
　https://www.ukfinance.org.uk/system/files/2023-05/UK%20Capital%20Markets%20Building%20
　on%20Strong%20Foundations.pdf at 35.

のサンセット期間、普通株式に対する最大 20 対 1 という議決権比率、保有者の取締役への限定などが強制されており、そうした強制がない米国と比べ非常に使い勝手が悪かった[59]。英国政府、FCA はこうした状況下で LSE の最上位市場が頑なに DCS 構造をとる会社の株式上場を妨げるような規制をとり続けることは、さらなる LSE の地位低下、ひいては英国経済の低迷に帰着し望ましくないとの結論に至ったものと思われる。2024 年の新上場規則は、大胆なほど DCS 構造をとる企業の上場に関する規制を緩和したが、これによって、LSE がようやく米国の NYSE やナスダックと競争できる条件が整ったことになる。

　LSE では上場企業数が 2007 年の 3305 社から 2024 年には 1775 社とほぼ半減しており[60]、小型株を主な取扱い対象とする AIM 市場やアクイス市場とは棲み分け可能なため、メイン・マーケットにおける単一市場の創設は合理的であろう。新上場規則により複数議決権株式を保有可能な者の範囲が拡大され、最大議決権比率が撤廃され、サンセット期間も自然人には適用がなく、法

---

(57) 証券取引所別の時価総額では、ニューヨーク証券取引所及びナスダックはそれぞれ約 28 兆ドル及び約 25 兆ドル（2024 年 3 月時点）であったが（Statista, *NYSE and Nasdaq monthly market cap of listed companies comparison 2018-2024*, available at https://www.statista.com/statistics/1277195/nyse-nasdaq-comparison-market-capitalization-listed-companies/）、LSE は約 4 兆ドル（2023 年 12 月時点）と大きく差が開いている（Statista, *London Stock Exchange (UK): market capitalization of all companies monthly 2015-2023*, available at https://www.statista.com/statistics/324578/market-value-of-companies-on-the-london-stock-exchange/）。

(58) 前掲（注 4）参照。

(59) 英国上場制度レビューにそった改正がなされても、DCS 構造をとる企業の実質的な上場禁止は続くであろうと、2021 年の上場規則改正前から推測されていた（BOBBY REDDY, FOUNDERS WITHOUT LIMIT: DUAL-CLASS STOCK AND THE PREMIUM TIER OF THE LONDON STOCK EXCHANGE (2001) at 24; B. Cheffins-B. Reddy 'Will Listing Rule Reform Deliver Strong Public Markets for the UK' (2022) at 34, available at https://papers.ssrn.com/sol3/papers.cfm?abstract_id=4028930; Luca Enriques, *The Hill Review and the Long and Winding Road to Premium-Listed Dual Class Share Companie*s, OBLB（10 May 2021）, available at https://blogs.law.ox.ac.uk/business-law-blog/blog/2021/05/hill-review-and-long-and-winding-road-premium-listed-dual-class-share)。

(60) Statista, *Number of companies listed on the London Stock Exchange (LSE) from 1st quarter 2007 to 2nd quarter 2023*, available at https://www.statista.com/statistics/324606/number-of-companies-on-the-london-stock-exchange-uk-quarterly/; Statista, *Number of companies trading monthly on the London Stock Exchange (LSE) from January 2015 to May 2024*, available at https://www.statista.com/statistics/324547/uk-number-of-companies-lse/。

人である機関投資家であっても 10 年間とされており、創業者や経営者には魅力がかなり増したように思われる。その反面、普通株式の株主の保護が問題となるが、開示制度の整備、株主提案権による牽制、従前のプレミアム市場上場企業に課されていたコーポレート・ガバナンス・コードという高水準な基準の適用及びスチュワードシップ・コードの活用によって対処されるものと考えられている[61]。

Ⅴ．結びに代えて

　経済が長期間低迷し、主要な証券取引所の国際的シェアも低下し続けているという点と取引所の改革（例えば、上場区分の見直し）により市場を活性化させようとしている点で日英の状況には類似点があるものの、議決権種類株式の利用促進をめぐる状況には温度差がある。英国では従来から LSE のスタンダード市場等で上場されてきた DCS 構造をとる会社を、市場活性化の切り札として LSE のプレミアム市場にも上場可能とするための議論が一貫して続けられてきた。これに対し、日本ではようやく東証の「市場区分の見直しに関するフォローアップ」において、東証グロース市場の制度設計に関して DCS 議決権種類株式の上場が取り上げられたが[62]、そのことを歓迎する声は高まっていない。これは議決権に差のある株式を発行する企業の上場要件が厳しく[63]、実例がサイバーダイン社の 1 件しかないうえに、同社の株価が上場時の 1 割ほどにまで下落していることが影響しているようである[64]。複数議決権株式と普通株式との間には議決権比率に差こそあれ、1 株あたりの配当等は同額とされるのが通常であるから、DCS 構造をとる企業では普通株式の経済

---

(61) FCA, supra note 49, at 15 (1.29 to 1.34).

(62) 経済産業省経済産業政策局 2023 年 2 月 15 日付「グロース市場に関するフォローアップ会議にあたっての意見」https://www.jpx.co.jp/equities/follow-up/nlsgeu000006gevo-att/cg27su00000012ap.pdf 参照。

(63) 太田洋ほか「米国および我が国における複数議決権株式の設計と複数議決権株式発行会社に係る M&A（上）」金判 1509 号 2 頁以下参照。

(64) 日本経済新聞 2023 年 2 月 18 日朝刊 11 頁「議決権種類株　市場は冷ややか」。

的価値が重要となることを忘れてはなるまい。最近、日本では日経平均株価が史上最高値を更新するなどしたが、さらなる継続的かつ安定的上昇のためには米国のように将来の産業界を牽引するテクノロジー企業の生成・上場が盛んになることが肝要であろう。その意味で、テクノロジー企業の上場促進を狙った英国の上場制度改正及びその今後の見直しが功を奏し[65]、日本でもスタートアップ企業の経営者等が支配権を維持しながら成長資金を調達する手段としての議決権種類株式の利用を促す議論が盛んとなることを期待したい。

---

(65) FCA は、2024 年改正が完全なものではないことを自覚しており、5 年後にレビューを行う旨表明している（FCA, supra note 49, at 7.8（1.9, 1.12））。

第3編
企業取引法

第1章

企業取引と商法

定期傭船者と船舶衝突責任

──平成 30 年改正商法と最高裁平成 4 年 4 月 28 日判決[1]──

新　里　慶　一

Ⅰ．はじめに

　定期傭船された船舶が衝突した場合、その責任を負うのは船舶所有者か、それとも、定期傭船者であるか[2]。

　この問題については活発な議論が展開され、わが国の海商法上、最も多くの関心を集めた重要問題の一つであった[3]。

　平成 30 年商法改正前においては、定期傭船契約には、定義規定がなく、船舶賃貸借契約と異なり第三者に対する権利義務に関する規定、船長に対する指示権に関する規定がなかった。そのため、この衝突責任の問題については、従来、定期傭船契約を船舶賃貸借契約と労務供給契約の混合契約とした大審院昭和 3 年 6 月 28 日判決[4]をはじめとする一連の裁判例が法的性質論によるアプローチを採用し[5]、学説も定期傭船契約の法的性質論と関連させて論じてき

---

(1)　判時 1421 号 122 頁等。先行する判例研究としては、柳明昌・法学 57 巻 4 号（1993 年）148 頁、弥永真生・判時 1436 号（1993 年）213 頁、清河雅孝・民商 107 巻 6 号（1993 年）106 頁、落合誠一『商法（保険・海商）判例百選〔第 2 版〕』（有斐閣、1993 年）156 頁、重田麻紀子『商法判例百選』（有斐閣、2019 年）204 頁等がある。

(2)　定期傭船契約に関する詳細かつ緻密な論稿として、小林登「定期傭船契約論──英米法とドイツ法の比較法的研究──（1）～（5・完）」法協 105 巻 5 号 527 頁・105 巻 6 号 779 頁・105 巻 8 号 1021 頁・105 巻 9 号 1217 頁・105 巻 11 号 1524 頁（1988 年）、同「定期傭船契約の法的諸問題」法教 120 号（1990 年）105 頁、同『定期傭船契約論』（信山社、2019 年）、同「定期傭船契約法の進展と課題」上智法学 64 巻 1・2 号（2020 年）75 頁、谷川久「定期傭船契約の法的構成（1）・（2）」法協 72 巻 3 号 40 頁・6 号 41 頁（1955 年）等がある。

(3)　落合・前掲（注 1）156 頁、重田・前掲（注 1）205 頁。

(4)　民集 7 巻 519 頁。

た[6]。しかし、この法的性質論によるアプローチに対して、法的性質論からの形式的な帰結で決すべきではなく、個別事案ごとに契約内容とその運用状況を具体的に検討し、関連する実体法の規定の中で直接に判断する考え方が主張され、有力になりつつあった[7]。

このような裁判例・学説における議論の展開の中で、最高裁は、平成4年4月28日、定期傭船契約者の船舶衝突責任に関して、はじめて、その態度を明らかにした（以下、「平成4年最判」という。）。すなわち、平成4年最判は、定期傭船契約の法的性質論から演繹的に定期傭船者の衝突責任の結論を導き出すのではなく、当該定期傭船契約の約定および実体的条項を検討し、契約関係の実体を具体的に明らかにした上で、定期傭船者は船舶所有者と同様の企業主体としての経済的実体を有していたとして、旧商法704条1項を類推適用し、衝突責任を肯定した。

この平成4年最判には、否定的・消極的な批判があった[8]。しかし、少なくとも、平成4年最判は、上述した法的性質論アプローチから脱却し、契約内容に踏み込んで検討した点で積極的に評価され、当該問題に対する基本的な方向性を示した判決とされる[9]。もっとも、平成4年最判も、旧商法704条1項を介して商法690条を適用している点で、法的性質論から完全に脱却できていない感を否めない[10]。

他方、学説においても、定期傭船契約の法的性質論に基づき旧商法704条1項の適用・類推適用の可否を検討され、さらに、上述した新たな考え方の流れを交えて激しい議論が展開され、定説を見るに至っていない状況が続いてき

---

(5) 混合契約説を採用する裁判例としては、横浜地判昭49年5月10日判時752号87頁、東京地判昭49年6月17日判時748号77頁、大阪地判昭58年8月12日判タ519号189頁等がある。

(6) 定期傭船契約の法的性質論については、戸田修三『海商法〔新訂第5版〕』（文眞堂、1990年）110頁、重田晴生＝中元啓司＝志津田一彦＝伊藤敦司『海商法』（青林書院、1994年）124頁参照。なお、戸田教授は、運送契約説に立ち、「不法行為責任につき、航海企業の主体である船舶所有者が損害賠償責任を負担することは当然である。」と述べている。同124頁。

(7) 重田・前掲（注1）205頁。

(8) 落合・前掲（注1）157頁、柳・前掲（注1）152頁、弥永・前掲（注1）59頁等。

(9) 重田・前掲（注1）205頁。

(10) 増田史子「定期傭船者の対第三者責任──平成30年商法改正後の解釈論の展開」法時94巻12号（2022年）19頁。

た[11]。

このような議論の状況において、平成 30 年改正商法（以下、「商法」という。）[12]は、商法典第 3 編第 1 章第 3 節「船舶賃貸借」の後に、第 4 節「定期傭船」を置き、4 か条の規定を設けた（704 条〜707 条）。これは、商法が、定期傭船契約を、船舶賃貸借契約（701 条〜703 条）と同様に、船舶の利用に関する契約の一つとして位置づけたものであり[13]、それと同時に、定期傭船契約を運送契約とも船舶賃貸借契約とも異なる契約と位置付けたということを意味する[14]。ただし、この商法は、船舶賃貸借契約と異なり、定期傭船者の第三者に対する権利義務に関する規定を置かなかった。そのため、船舶衝突における責任に関して、解釈の余地を残すことになった[15]。

そこで、平成 30 年商法改正は、定期傭船契約における衝突責任に関する議論に対して、どのような影響を及ぼすのか、換言すれば、平成 30 年商法改正は、どのように、この議論を解決するのか、が問題となる[16]。本稿は、平成 4 年最判の法的構成を題材として、この問題を解明することをねらいとするものである。

---

(11) 重田・前掲（注 1）205 頁。

(12) 平成 30 年改正については、山下友信「商法（運送・海商関係）等の改正に関する要綱について」NBL1072 号（2016 年）4 頁、笹岡愛美「海上物品運送に関する特則」海法会誌復刊 61 号（2017 年）125 頁、松井信憲＝大野晃宏『一問一答・平成 30 年商法改正』（商事法務、2018 年）、山下和哉「商法（運送・海商関係）改正が企業実務に与える影響」ビジネス法務 17 巻 2 号（2017 年）102 頁、山口修司「傭船契約に関する総合的検討──実務的観点から」法時 90 巻 3 号（2018 年）39 頁、藤田友敬「海上運送・傭船契約」ジュリ 1524 号（2018 年）32 頁等がある。

(13) 山下（友）・前掲（注 12）11 頁。

(14) 松井＝大野・前掲書（注 12）73 頁。

(15) 重田・前掲（注 1）205 頁。

(16) 平成 30 年改正後における定期傭船者の船舶衝突責任の議論については、増田・前掲（注 10）18 頁、箱井崇史「改正商法海商編における定期傭船者の第三者に対する責任──船舶衝突責任を中心として」黒沼悦郎＝藤田友敬編『企業法の進路』（有斐閣、2017 年）739 頁、野口夕子「定期傭船契約と船舶衝突責任の帰属主体──最高裁平成 4 年 4 月 28 日判決を再考する」近大法学 67 巻 3・4 号（2020 年）1 頁、平泉貴士「定期傭船者の船舶衝突責任──平成 30 年改正商法における判例の位置づけを中心として」法学新報 130 巻 9・10 号（2024 年）447 頁がある。

Ⅱ. 定期傭船契約の概要

1. 定期傭船契約の位置づけ

商法は、① 実務上、定期傭船においては、船舶の利用期間に応じて傭船料が支払われること、② 定期傭船契約の利用目的には、海洋資源の開発など運送以外のものもあること等を踏まえて、定期傭船契約を船舶賃貸借とは別に、船舶の利用に関する契約の一つとして位置づけている(17)。

このような定期傭船契約の位置づけから、商法においては、昭和3年判例以降の判例の立場となっている定期傭船契約を船舶賃貸借契約と労務供給契約の混合契約とみる理解は先例としての意義が失われた、と解されている(18)。そして、従来のような、定期傭船契約が船舶賃貸借の要素を有することから、定期傭船者は旧商法704条1項の適用・類推適用により船舶賃借人と同じく不法行為責任を負う、という解釈論は成り立たなくなった、と解されている(19)。

2. 定期傭船契約の意義・要件

商法704条は、「定期傭船契約は、当事者の一方が艤装した船舶に船員を乗り組ませて当該船舶を一定の期間相手方の利用に供することを約し、相手方がこれに対してその傭船料を支払うことを約することによって、その効力を生ずる。」と規定する。商法704条は、一定の定期傭船契約をモデルに、定期傭船

---

(17) 松井=大野・前掲書（注12）73頁。

(18) 箱井教授は、「改正要綱は定期傭船契約に関して新たに典型契約としての規定を設けるとしているが、これについては、船舶賃貸借とは異なる契約類型であると確認されている。すなわち、定期傭船規定の新設は、少なくとも定期傭船契約が当然に船舶賃貸借と評価されるべきものでないということを明らかにしようという明確な意思に基づく立案の結果であるといえる。それゆえ、改正要綱は従来の議論に明文により終止符を打つものではないが、昭和3年判例以降の判例の立場となっている定期傭船契約を船舶賃貸借契約と労務供給契約の混合契約とみる理解は、このように前提が変化することにより先例としての意義が失われるものとみるべきではないか。また、この点こそが今回の定期傭船契約立法の主要な眼目であったように思う。」と述べている。黒沼=藤田編・前掲書（注16）755-756頁。

(19) 山下（友）・前掲（注12）10-11頁。

契約と他の典型契約とを区別するために必要となる定義規定となっている[20]。

この定義規定によれば、典型契約としての定期傭船の要素は、① 当事者の一方（船舶所有者または船舶賃借人）が、船舶の艤装および当該船舶への船員の配乗を行うこと、② 一定期間、当該船舶を相手方に使用させること、③ 当該使用に対して対価を受け取ること、にある[21]。① の点で船舶賃貸借と区別され、②③ の点で航海傭船と区別される[22]。

さらに、実務上、定期傭船契約とは、船舶所有者等が船員を配乗した特定の船舶を一定の期間、定期傭船者に利用させる契約のうち、「船舶貸借約款」「船舶使用約款」「船員使用約款」「不満約款」「純傭船約款」を含む契約書式を用いて締結されるものをいう、とされている[23]。これによれば、実務上の「定期傭船」は、商法704条所定の定期傭船契約をいうことができ、また、同705条の定期傭船者の指示権に関する規律や、同706条の船舶の利用に係る費用負担に関する規律とも整合的であって、基本的に、商法上の定期傭船契約に該当するということができると考えられる、とされている[24]。

さらに、実務上の「ワントリップ定期傭船」は、特定の航海のために、定期傭船契約書式を用いて締結された傭船契約であり、その傭船料は、当該航海に要した実際の期間に応じて支払われる、といわれている[25]。当事者が定期傭船契約の契約書式を用いていること、傭船料が運送の完了による対価としてではなく、船舶の利用期間に応じて支払われることを踏まえると、ワントリップ定期傭船は、商法上の定期傭船契約に該当するということができる、とされている[26]。

---

(20) 平泉・前掲（注16）453頁。
(21) 笹岡・前掲（注12）141頁。
(22) 笹岡・前掲（注12）141頁。
(23) 松井＝大野・前掲書（注12）74頁。
(24) 松井＝大野・前掲書（注12）74頁。
(25) 松井＝大野・前掲書（注12）75頁。
(26) 松井＝大野・前掲書（注12）75頁。

3．定期傭船者の船長に対する指示権

商法705条本文は、「定期傭船者は、船長に対し、航路の決定その他の船舶の利用に関し必要な事項を指示することができる。」として、定期傭船者の指示権を定めている。これは、定期傭船者の船舶利用権限は、現実には、当該船舶の船長に対する指示権として具体化され、この指示権は、定期傭船契約の本質から導かれる基本的な権利であるためである、とされている[27]。

他方で、同条但書は、「発行前の検査その他の航海の安全に関する事項については、この限りではない。」として、航海の安全に関する事項については、定期傭船者の指示権は及ばない旨を定めている。これは、定期傭船においても、具体的な船舶の運航の安全に責任を負うのは船長で、航海の安全に関する事項にまで定期傭船者の指示権を認めるのは相当ではないためである、とされている[28]。

商法705条は、定期傭船者の船長指示権について、商事事項と海技事項とを区別し、前者には指示権が及ぶが後者には及ばないという立場を採用している[29]。そして、船舶の衝突は海技事項に関する事柄であることから、定期傭船された船舶の衝突による損害に関しては、定期傭船者が負うのではなく船舶所有者がその責任（商690条）を負うべきである、と解されている[30]。

4．運送および船舶賃貸借に関する規定の準用

商法707条は、運送および船舶賃借人の先取特権に関する規定の準用規定である。すなわち、定期傭船契約は船舶の利用契約であり運送契約ではないが、船舶による運送の安全を確保する必要があることは同様であるので、船舶所有者と定期傭船契約者との関係について、運送契約に関する規律のうち、運送の安全確保に関する規定を準用している[31]。

---

(27) 松井＝大野・前掲書（注12）77頁。
(28) 松井＝大野・前掲書（注12）77頁。
(29) 小林登『新海商法』（信山社、2021年）94頁、箱井崇史『基本講義　現代海商法〔第3版〕』（成文堂、2021年）48頁、平泉・前掲（注16）454頁。
(30) 小林・前掲書（注29）98頁、箱井・前掲書（注29）52頁、平泉・前掲（注16）454頁。
(31) 平泉・前掲（注16）455頁。

また、定期傭船契約は船舶賃貸借契約ではないが、船舶賃借人の船舶利用について生じた先取特権が船舶所有者に対しても効力を生ずる旨の規定（商703条2項）を定期傭船契約に準用している。その趣旨は、債権者を保護するという商法703条2項の趣旨を踏まえると、定期傭船者の取引相手方についても同様に保護すべきと考えられたためである[32]。

これに対して、商法707条は、船舶賃貸借契約における船舶賃借人の第三者に対する権利義務に関する商法703条1項を準用していない。定期傭船者の船舶衝突責任を考察するにあたっては、商法707条により、船舶賃貸借契約が締結されている場合には船舶賃借人が海上企業主体として責任を負う旨を定める商法703条1項が準用されていないことが、重要である[33]。なぜなら、商法707条により商法703条1項が準用されていないため、原則として、定期傭船者が船舶賃借人のように衝突責任を負うことはない、という解釈が導かれるからである[34]。

Ⅲ．商法と平成4年最判

1．事案の概要

昭和54年1月13日以来、海上運送等を業とする被告Y社は、第五神山丸（航行区域を沿海区域とする汽船）、および、第三泉丸（航行区域を平水区域とする内水船）の所有者との間で定期傭船契約を締結していた。昭和55年4月30日、第五神山丸が第三泉丸を曳き、その後に無気力運貨船（バージ）を曳いて、神戸港の東神戸航路の沖合から同航路に進入した。その際、第五神山丸および第三泉丸の船長の過失により、バージが海上自衛隊阪神基地隊東岸壁に係留されていた原告X（国）所有の掃海艇に衝突し掃海艇を損傷させた。

Xは、第五神山丸および第三泉丸の船長に対して民法709条・719条によ

---

(32) 平泉・前掲（注16）455-456頁。
(33) 平泉・前掲（注16）456頁。
(34) 藤田・前掲（注12）37頁注（48）、増田・前掲（注10）18頁、平泉・前掲（注16）456頁。

り、Y社に対して旧商法704条1項（商703条1項）の準用により損害賠償責任を求めて訴えを提起した。

2. 第1審[35]

(1) 定期傭船契約の性質決定

① 定期傭船契約の成立

「被告Y社とA及びBとの間で、それぞれX主張のごとき合意内容を記載したいずれも昭和54年1月13日付の定期傭船契約書と題する書面が作成されており、これに被告Y社代表者C、A、Bが記名捺印していることが認められるので、……、右同日Y社とA・B両名との間にいわゆる定期傭船契約が締結されたものといわなければならない。」

② 典型的な定期傭船契約の否定

「Y社は、右契約書は形だけのものであつて、Y社とA・Bとの間の契約は定期傭船契約ではなく運送委託契約であると主張するので検討するに、……、第五神山丸及び第三泉丸の運航のための燃料費は、Y社ではなく、船主であるA及びBにおいて負担していたこと、定期傭船契約書に記載されている月額50万円（第五神山丸）、52万円（第三泉丸）という定額の傭船料が実際に支払われたことはなく、船主に支払われる対価はすべて運航時間に応じて算出される金額であつたこと、Y社が船長の任免をしたことはなく、その権限をなかったこと、Y社が第五神山丸、第三泉丸を自己の占有下においていたわけではないことがそれぞれ認められ、これらの事実からすると、右契約が船舶賃貸借契約と労務供給契約との混合契約たる性質を有するものと解される典型的な定期傭船契約とみることは困難といわざるを得ないかのごとくである。」

(2) 契約関係の実体的側面の分析

「第五神山丸及び第三泉丸は、本件事故当時、専属的にY社の仕事に従事し、それ以外の仕事に従事することは全くなかつたこと、右各船の煙突にはY社のマークがペンキで表示され、あたかもY社所有であるかのごとき外観を呈

---

(35) 大阪地判昭和61年3月25日判タ618号139頁。

290　第3編　企業取引法　第1章　企業取引と商法

していたこと、右各船の運航については、Y社が日常的に具体的な指示命令を発し、各船はその指示命令に従ってY社の海上運送事業に従事していたことが認められるので、Y社としては、右各船をその企業組織の一部として、本件契約期間中日常的に指揮監督しながら、継続的かつ排他的・独占的に使用していたものといわなければならない。」

(3)　旧商法704条1項の趣旨

「商法704条1項は、船舶を賃借して継続的かつ排他的・独占的に自己の支配下におき、これを使用して収益をあげる者は、船舶所有者と同様の企業主体としての経済的実体を有するものとみることができるから、当該船舶を商行為目的で航海の用に供したときは、その利用に関する事項につき第三者に対して船舶所有者と同一の責任を負わせるのが妥当であるとの趣旨に出たものと解するのを相当とする」

(4)　船舶所有者と同様の企業主体としての経済的実体

「Y社が本件各船舶を日常的に指揮監督しながら継続的かつ排他的・独占的に使用してY社の事業に従事させていたことは前記認定のとおりであり、船舶所有者と同様の企業主体としての経済的実体を有していたものということができるから」

(5)　結論

「その限りにおいて、Y社は、前記契約関係をどのように命名するかにかかわらず、商法704条1項の類推適用により、第五神山丸及び第三泉丸の航行に関し……第三者に対し、船舶所有者と同一の責任を負うべきものと解するのが相当である。」

3．原審[36]

原審は、基本的に第一審判決を支持して、Y社の控訴を棄却した。大阪高裁

---

(36) 大阪高判昭和63年10月4日判タ693号187頁。

も定期傭船契約が船舶賃貸借契約と労務供給契約との混合契約であることを認めている[37]。

4．平成4年最判

(1) 問題解決の方向性

「定期傭船者の衝突責任などの権利義務の範囲については、商法を始めとする海商法の分野での成文法には依拠すべき明文の規定がないので、専ら当該契約の約定及び契約関係の実体的側面に即して検討されなければならない……」

(2) 契約の約定の検討

「前記の各契約書はそれぞれ本文一枚の極めて簡略なものであって、そこには、『船舶の使用に関する一切の命令指示等の権限はY社に属する。』、『傭船料は1か月50万円（第五神山丸分）、52万円（第三泉丸分）とし、Y社は、航海数に応じ、船長らに対し繁忙手当を支給する。』、『本契約の有効期間は向こう1年とし、契約当事者から解約の申出がない場合は、自動的に更新される。』などの約定の記載があるにとどまっている。」

(3) 契約関係の実体的側面の検討

「その契約関係の実体についてみるのに、原審の確定したところによると、右約定に係る定額の傭船料は実際には支払われたことがなく、対価はすべて運航時間に応じて算出されており、燃料費は船舶所有者において負担し、Y社には船長の任免権があるともいえず、また、Y社が各船舶を直接自己の占有下に置いてはいなかった、というのである。しかしながら他方、各船舶は、専属的にY社営業の運送に従事し、その煙突には、Y社のマークが表示されており、その運航については、Y社が日常的に具体的な指示命令を発していたのであって、Y社としては、各船舶をY社の企業組織の一部として、右契約の期間中日常的に指揮監督しながら、継続的かつ排他的、独占的に使用して、Y社の事業に従事させていたというのも、また原審の確定した事実である。」

---

(37) 平泉・前掲（注16）463頁。

292　第3編　企業取引法　第1章　企業取引と商法

⑷　**結論**

「原審は、これらの事実関係の下において、Y社は、船舶所有者と同様の企業主体としての経済的実体を有していたものであるから、右各船舶の航行の過失によってX所有の掃海艇に与えた損害について、商法704条1項の類推適用により、同法690条による船舶所有者と同一の損害賠償義務を負担すべきであるとしたが、この判断は、正当として是認することができる。」

5．平成4年最判の分析・検討

⑴　混合契約説の採用の可否

①　問題点

第一審・原審は、典型的な定期傭船契約の法的性質について、「船舶賃貸借契約と労務供給契約との混合契約たる性質を有するものと解される」としている。この判示から、第一審・原審は、典型的な定期傭船契約を船舶賃貸借と労務供給契約との混合契約であると考えている。これに対して、平成4年最判は、典型的な定期傭船契約の法的性質に何ら言及していない。ただ、平成4年最判が、原審判断を是認していることからみれば、平成4年最判も、この混合契約説を採用していると捉えることもできる。それでは、商法においても、混合契約説は採用されうるであろうか。

②　平成30年改正前における混合契約説

定期傭船契約に関する規定が存在しない平成30年商法改正前においては、混合契約説は成り立ちえたものと理解されていた。したがって、平成4年最判は混合契約説に立つと解することも可能であった。

③　商法における混合契約説

商法においては、混合契約説を採用することは困難である。なぜなら、商法は、定期傭船契約を船舶賃貸借契約に並べて船舶利用契約の一類型と位置付けた結果、混合契約説は先例としての意義が失われた、解されている[38]からである。

---

(38) 箱井・前掲（注16）756頁。

(2) 「非典型的な定期傭船契約」[39]なる概念の認否

① 問題点

第一審・原審は、当該定期傭船契約に関して、「典型的な定期傭船契約」とみることはできない、としている。すなわち、第一審・原審は、当該定期傭船契約を「典型的な定期傭船契約」ではない、いわば「非典型的な定期傭船契約」と見ていると捉えることができる。そして、平成4年最判は、原審判断を是認している。したがって、平成4年最判も、当該定期傭船契約を非典型的な定期傭船契約と認識していると捉えることができる。それでは、商法において、非典型的な定期傭船契約なる概念を認めることができるのであろうか。

② 平成30年改正前における平成4年最判の評価

平成30年改正前においては、平成4年最判の定期傭船契約について、定期傭船契約性を認めない見解がある。すなわち、「定期傭船契約」とは、船舶所有者または船舶賃借人が船員を配乗した特定の船舶を一定期間相手方に利用させる契約のうち、「船舶貸借条項」、「純傭船条項」、「傭船料支払条項」、「雇用・補償条項」、「責任・免責条項」等の特有の条項を含む標準契約書式を用いて締結されるものをいうとし、平成4年最判は「ここにいう定期傭船契約の事案ではない」とする見解である[40]。

③ 商法における平成4年最判の評価

ⅰ) 肯定的評価

第1に、平成4年最判の「事案はいわば非典型的な定期傭船契約に関するものであり、特殊なもの」とみる見解である[41]。

第2に、平成4年最判は、「定期傭船契約」という表題の契約書が用いられていたが、「その実態は典型的な定期傭船契約とは相当異なっており」、例外的なケースであるとする見解である[42]。

---

(39) 箱井・前掲（注16）762頁。箱井教授は、部会の審議においては、「便宜置籍船が問題となったフルムーン号事件判決や、標準書式によらない『定期傭船契約書』による傭船が問題になった平成4年判例の事案を念頭に、商法が規定しようとする『典型的な定期傭船契約』ではない『定期傭船契約』がありうることが共通の認識になっていたといえる」と述べている。箱井・前掲（注16）755頁。

(40) 江頭憲治郎『商取引法〔第7版〕』（弘文堂、2013年）337頁注（2）。

(41) 箱井・前掲（注16）762頁。

第3に、「標準書式によらない『定期傭船契約書』による傭船が問題になった平成4年判例の事案を念頭に、商法に規定しようとする『典型的な定期傭船契約』ではない『定期傭船契約』がありうることが共通の認識となっていたといえる。定期傭船契約は実に柔軟であり、連続航海傭船契約から切り替えた定期傭船契約のように実態は明らかに運送契約（定期傭船者の実態は荷主）であるものから、定期傭船契約主導で造船段階から『自船』としての利用を見込んで『起用船主』を立てたり、いわゆるペーパーカンパニーを利用したりといった、船舶賃貸借ないし実質的な自己所有といういうるものまでを包含している」とする見解である[43]。

ⅱ）否定的評価

第1に、特有の条項を含む標準契約書式を用いて締結されるものが定期傭船契約であると理解されており、船舶所有者が船員を配乗した特定の船舶を一定期間相手方に利用させる契約であっても、当該条項を含まないもの（例えば、最判平成4年4月28日の契約）は、定期傭船契約ではないとする見解である[44]。

第2に、平成4年最判における定期傭船契約は、「ボール・タイム書式やNY・プロデュース書式のような典型的な書式ではなく、実際には運航委託契約が締結されていたと認められるものである」とする見解である[45]。

第3に、「形式が定期傭船であったとしても、実体が船舶賃貸借に近いよう

---

(42) 藤田・前掲（注12）37頁注（48）。藤田教授は、平成4年最判の事案について、「このような例外的なケースについては、703条1項を類推適用して定期傭船者に責任を負わせても、改正法の趣旨に反しないと思われる。」と述べている。同旨、山下（和）・前掲（注12）108頁。

(43) 箱井・前掲（注16）755頁。

(44) 江頭憲治郎『商取引法〔第9版〕』（弘文堂、2022年）358頁。ただし、江頭教授は、「平成30年商法改正により、定期傭船契約には商法703条1項が準用されない旨が明示され（商707条）、かつ定期傭船者に海事事項の指示権がないことも明示されたので（商705条但書）、定期傭船者は、船舶衝突に関する責任を負わないことが明らかになったように見える。しかし、商法改正前の判例は、混合契約説とは必ずしも関係なく、定期傭船者が当該船舶を企業組織の一部として継続的・排他的・独占的に使用してきた場合（便宜置籍船の事実上のオーナーが定期傭船者であるケースが少なくない）には船舶衝突に関する責任を認めてきたとも解されるので（最判平成4年4月28日）、改正後も、その判例法理が適用されて定期傭船者が衝突責任を負担することになる可能性は否定できない。」とする。358-359頁注（4）。

(45) 小林・前掲（注2）〔上智〕78頁。小林教授は、「①定額の傭船料ではなく、船舶の実際の運航時間に応じた料金が支払われていたこと、②燃料費が船主の負担とされていたこと等の点で、通常の定期傭船契約とは異なっていたことが認められている。」と述べている。同78頁注（2）。

な場合には、傭船契約を船舶賃貸借と性質決定することにより、船舶賃貸借の規定を適用することは考えられる」とする見解である[46]。

第4に、「標準的な定期傭船書式が使用される場合や、当事者間で『定期傭船契約書』が締結される場合であっても、合意の内容によっては、商法上は、船舶賃貸借や運送契約のほか、いずれにも該当しない無名契約と性質決定されることもありうる」とする見解である[47]。

④　「非典型的な定期傭船契約」なる概念の認否

では、商法において、商法上の定期傭船契約のほか、「非典型的な定期傭船契約」なる概念は認められるであろうか。

私見としては、非典型的な定期傭船契約なる概念を認めることができないと考える。理由は以下のとおりである。

第1に、商法は定期傭船契約の定義を定め、定期傭船契約の法的要素を明確にしたからである。すなわち、商法においては、定期傭船契約の要素は、① 当事者の一方が、当該船舶の艤装および当該船舶への船員の配乗を行うこと、② 一定期間、当該船舶を相手方に使用させること、③ 当該使用に対して対価を受け取ることにある、とされる[48]。したがって、これらの要素が含まれている契約のみが定期傭船契約であると考えるべきだからである。

第2に、非典型的な定期傭船契約なる概念を構成する法的要素が不明確であるからである。例えば、船舶の利用実態より定期傭船者の使用者責任を肯定する前提として、定期傭船契約の多様性を認め、非典型的な定期傭船契約なる概念に言及する見解[49]があるが、非典型的な定期傭船契約なる概念を構成する法的要素が明確にされていない。考え方としては、上述の要素①②③に、何らかの法的な要素が加わったものということになろう。しかし、仮に定期傭船契約に他の法的要素が加わったとすれば、当該契約は定期傭船契約といえるのであろうか。

以上のとおり、商法上認められている定期傭船契約以外に、非典型的な定期

---

(46) 山口・前掲（注12）41頁。
(47) 笹岡・前掲（注12）141-142頁。
(48) 笹岡・前掲（注12）141頁。
(49) 箱井・前掲（注16）762頁。

備船契約なる概念を認めるべきではなく、定期備船契約以外の船舶利用契約
は、船舶賃貸借、または、無名契約と性質決定されるべきである[50]。

(3) 商事事項・海技事項に関する指示命令権について

① 問題点

第一審・原審は、「各船の運航については、Y社が日常的に具体的な指示命
令を発し、各船はその指示命令に従ってY社の海上運送事業に従事していた」
と判示している。これに対して、平成4年最判は、船舶の「運航については、
Y社が日常的に具体的な指示命令を発していた」と判示している。しかし、い
ずれも「日常的に具体的な指示命令」の内容を明示していない。ここで問題に
なるのは、定期備船者の指示命令権の及ぶ範囲、すなわち、商事事項と海技事
項の内容である[51]。

② 平成30年改正前における平成4年最判の評価[52]

ⅰ) 肯定的評価

定期備船契約において、「衝突責任との関連で最も重要な意味を有するのは、
船舶の運航に関し、船舶所有者と定期備船者の何れが船長・船員を実質的に指
揮監督していたという点である」が、平成4年最判は、契約内容の実体から
も、「海技事項に関して、定期備船者であるY社が船長・船員を実質的に指揮
監督していたと認められると解したものと思われる」との見解がある[53]。

ⅱ) 否定的評価

第1に、定期備船された船舶のスケジュールを定期備船者が指示・決定でき
るのは当然であり、しかも「運航」の意味が当該船舶のスケジュールの指示・

---

(50) 笹岡・前掲（注12）142頁。

(51) この商事事項・海技事項の問題は、定期備船者の衝突責任の帰趨にとって核心になるものであ
る。なぜなら、学説の中には、定期備船者の海技事項に関する指示命令権の存否が、定期備船者
の衝突責任の成否にかかわると考える立場があるからである。

(52) 本文以外の評価として、清河雅孝教授は、平成4年最判は、定期備船者に旧商法704条1項の
類推適用を認めるための海上企業主体性の判断基準として、「船長等に対して海技事項についての
指揮命令権を有しているか否かに求めるのではなく、一般的に海上企業の経営としての運送業務
遂行についての指揮命令権を有している点に基づいている」と述べている。前掲（注1）110頁。

(53) 小林・前掲書（注2）24頁。

決定にとどまるのであれば、定期傭船者の衝突責任を基礎づけることができないとの見解である[54]。

第2に、定期傭船契約中の雇用・補償条項「に基づき定期傭船者が船長を指図できる範囲には、船舶のスケジュールは入るが、船長・海員に対する海技事項は含まれない。すなわち操船（の過失による船舶衝突）といった海技事項については、定期傭船者は全く指揮監督関係に立たない」との見解である[55]。

第3に、「船舶所有者と同視しうるというためには、海技事項に及ぶ指示権が原則として必要であり、そうでない場合には少なくとも実効性ある船長・船員の交替請求権の存在がなければならない」。平成4年最判の場合には、「海技事項についての指示権があったか否かが認定されていないが、定期傭船契約であってもそのような指示権を有しないのが原則である以上」、平成4年最判のような「契約の場合には、なおさらY社は有していなかったと考えられる」。また、平成4年最判では「契約上、Y社に船長の任免権ないし任免請求権はなく、しかも船主と船長が同一人あるいは親族関係を有していたことを考えると、船長の任免は契約の存続終了にかかわるものであるという関係にあったとみるのが妥当であり、Y社が『日常的に指揮監督し』ていたと法的に評価した点には疑問が残る」との見解である[56]。

③　商法における平成4年最判の評価[57]

平成4年最判がいう「『各船舶をY社の企業組織の一部として、右契約期間日常的に指揮監督しながら、継続的かつ排他的、独占的に使用して、Y社の事業に従事させていた』との原審の確定した事実からは、裁判所が、本件において強度の経済的従属関係を認定していることがわかる。本件が内航船の事案であり、内航海運の実態（元請制度）に鑑みれば、判旨には説得力がある。この場合には、定期傭船者が、本来は船舶所有者側にある船長に対する海技事項に関する指揮監督権を有するものと考えられる」とする見解である[58]。

---

(54) 落合・前掲書（注1）157頁。
(55) 落合・前掲書（注1）157頁。
(56) 弥永・前掲（注1）217頁。

④　定期傭船者の海技事項に関する指示命令権の認否

平成4年最判における定期傭船者の指示命令権の及ぶ範囲に関する捉え方については、対立が見られる。

では、商法において、定期傭船者の指示命令権は海技事項に及ぶと考えるべきであろう。

私見としては、商法においては、定期傭船者の海技事項に関する指示命令権は否定されるべきであると考える。なぜなら、商法705条は、定期傭船者の船長に対する指示命令権について、商事事項と海技事項とを区別し、前者には指示命令権が及ぶが、後者には及ばないという立場を明確に述べているからである。これは、定期傭船契約においても、具体的な船舶の安全に責任を負うのは船長で、航海の安全に関する事項まで定期傭船者に指示命令権を認めるのは、相当ではないためである。

---

(57)　本文以外に、黒沼＝藤田・前掲書（注16）の清河教授の見解を賛同するものとして、野口・前掲（注16）27頁がある。また、箱井教授は、「商法に規定する定期傭船契約に該当するかどうかの基準（指揮が海技事項に及ぶか否か）とは関係なく、定期傭船者の衝突責任が認められる場合は」ありうる、とする。黒沼＝藤田編・前掲書（注16）763頁。そして、箱井教授は、船舶の利用実態から「まず船長その他船員を雇用する船主こそが商法690条に基づく責任を負い、さらに当該船舶の利用実態により定期傭船者の使用者責任が別途検討される場合がある」とする。同765-766頁。

　　　ところで、定期傭船者に民法715条の使用者責任を肯定する考え方は成り立つのであろうか。使用者責任が成立するためには、直接の加害者（船長）と責任負担者（定期傭船者）との間に使用関係が存在することが要件となっている（中原太郎『新注釈民法（16）』（有斐閣、2022年）91頁）。ただし、使用関係は必ずしも雇用関係に基づくことを要せず、「事実上の・実質的な」指揮監督関係でよい、とされている（同92頁）。そうすると、船長と定期傭船者との間に「事実上の・実質的な」指揮監督関係があれば、定期傭船者は責任を負うことになる。ここで、定期傭船者の船長に対する指示命令権が及ぶ事項、すなわち、商事事項と海技事項が問題になる。商法においては、定期傭船者に使用者責任を肯定することはできないのではなかろうか。なぜなら、船舶の衝突責任は海技事項に起因するものであり、商法は、定期傭船者の海技事項の指示命令権を否定しているからである。

(58)　平泉・前掲（注16）470頁。

Ⅳ．むすびに代えて

　わが国の海商法において、定期傭船者の船舶衝突による責任は、定期傭船契約の法的性質論と密接に関連させられ、激しく議論が展開されてきた。それは、平成 30 年商法改正前においては、定期傭船契約に関する規定が存在しなかったことが大きな原因だったと考える。

　しかし、商法は、定期傭船契約の内容を明確にし（商 704 条）、定期傭船者の指示命令権を規定し（商 705 条）、船舶賃貸借の第三者に対する権利義務に関する規定の準用を否定した（商 707 条）。商法は、これらの規定によって、定期傭船者の衝突責任を否定するという結論を導き、この定期傭船者の衝突責任の問題に対して、大きな影響を及ぼしたといえる。

　問題は、非典型的な定期傭船契約なる概念が認められるかである。なぜなら、この概念のもとに定期傭船者が衝突責任を負うとの考え方があるからである。私見としては、非典型的な定期傭船契約なる概念は存在しないと考える。なぜなら、商法 704 条が定期傭船契約の要素・要件を明確にしたためである。

　【追記】　福原紀彦先生の古稀記念論文集に執筆の機会を頂戴し、大変、光栄に思う。福原先生には、濱田惟道先生、戸田修三先生より、ご指導いただいていた中央大学のときから今日に至るまで、公私にわたり、大変、お世話になり、また、多くのご指導をいただいた。ここに、感謝の意を表したい。

第2章

企業取引法の現代的諸相

中国電子商取引法における消費者保護の実践

韓 露[1]

I. 序 節

越境 E コマースの規模は世界的に拡大傾向にあり、中国の越境 E コマースと国内の電子商取引もまた極めて急速に成長した。しかし、こうした急速な発展にともない、中国では消費者トラブルが急増している。例えば、個人情報の違法収集、取引情報の漏洩、支払決済するときの偽アクセス、商品紛失など配送段階に関する問題、返品・交換に関する問題、クレームが適切に処理されないといった問題などが頻繁に起きている。このような背景のもと、中国では 4 回の審議と 3 回のパブリックコメントの実施を経て、2018 年 8 月 31 日に新たな「電子商取引法」が公布され、2019 年 1 月 1 日から施行された。

中国の電子商取引法は、消費者保護に関する規定を数多く取り入れた。今後中国における同法の運用や同法の解釈をめぐる議論に着目するとともに、同法の制定と施行によって、実際にどの程度消費者保護を実現することができたのかを分析していくことが必要となろう。

II. 中国電子商取引法の立法経緯と特色

1. 中国電子商取引法の立法経緯

中国では、2000 年 12 月に全国人民大会常務委員会（以下、常務委員会と称す

---

(1) 韓露（カン・ロ）、博士（法学・中央大学）、（中国・曲阜）済寧学院経済管理学院准教授、電子商取引及び法律教研室主任。日本比較法研究所嘱託研究所員。

る。）が「インターネットの安全保護に関する決定」を審議し可決し、2004年
8月には「電子署名法」が可決された。その後、2012年12月には「インター
ネット情報保護の強化に関する決定」が通過し、2013年12月7日に、常務委
員会は「電子商取引法」第1回起草グループの会議を開催し、立法のプロセス
が正式に始まった[2]。起草グループは、より広範な意見を取り入れるために
さまざまな調査を行い、座談会やシンポジウムも開催した。国際機関や他国の
経験に理解を深めるために、2度にわたり国際シンポジウムを開催し、国際連
合国際商取引法委員会（UNCITRAL）やアメリカ、EU、日本、シンガポール
などの専門家を招いて電子商取引に関する議論を行った。2年半にわたる期間
を経て、初期の14の調査研究項目に基づき、4つの立法要綱と北京版、地方
版（主に上海、江蘇省、浙江省）の2つの立法建議稿が形成された。これらの建
議稿を巡る討議を経て、最終的な草案が作成された。

　2016年12月27日から2017年1月26日まで、パブリックコメントが実施
され、法律委員会と法制工作委員会は意見を検討し、財政経済委員会、国務院
法制事務室、中央サイバーセキュリティ・情報化指導チーム事務室、商務部、
国家工商行政管理総局などと協議した。2017年11月7日から11月26日にか
けて実施されたパブリックコメントの結果を受けて、第二草案に関する逐条審
議が行われ、2018年6月12日には再度審議が行われ、第三草案が完成した。
2018年6月29日から7月28日までパブリックコメントが実施され、法律委
員会では7月25日の会議で関係者が出席し、第三草案に関する逐条審議が行
われ、8月20日に再度審議が行われた。これらの結果を受けて、第三草案が
修正され、第四草案が完成した。第四草案に対する共通見解が示されたが、一
部の意見があり、それを受けて2018年8月29日に憲法・法律委員会が最終草
案を常務委員会に提出した。2018年8月31日には、これらの意見を反映させ
た最終草案が常務委員会で議論された[3]。

---

(2)　電子商取引・決済法研究会、代表福原紀彦「電子商取引における消費者保護ルールの新展開」
　　比較法雑誌第50巻3号（2016年）453頁参照。
(3)　池田真朗＝朱大明＝金安妮編著『中国電子商取引法の研究』（商事法務、2022年）17-26頁参
　　照。

2．中国電子商取引法の特色

中国の電子商取引法は、電子商取引プラットフォーム経営者を含むすべての電子商取引経営者に対して、人の身体と財産の安全の保障、消費者の知る権利と選ぶ権利の保護、虚偽宣伝の禁止、個人的特徴に基づく検索結果の提供の禁止、抱き合わせ販売に関する注意喚起の実施等を義務付けている。加えて、電子商取引プラットフォーム経営者を対象として、自営業務に関する区別表記、消費者による評価の削除の禁止、検索連動型広告における「広告」の明示、消費者権益の保護に向けた積極的な協力等を義務付けるなど、電子商取引プラットフォーム経営者をはじめとする電子商取引経営者に対する種々の規制を通して、消費者保護の実現を図っている。また、こうした規制の実効性を担保するために、電子商取引経営者が電子商取引法の規定する各種義務に違反した場合の法的責任として、民事責任に加えて、市場監督管理部門による是正命令や罰金も定められている[4]。

世界の電子商取引の急速な発展に応えるため、中国「電子商取引法」はついに公布、施行された。消費者に対する権益保護の内容は主に第2章電子商取引事業者に対する規制を通して現れる。第15条から第17条[5]は消費者の知る権利を保護し、第18条から第21条[6]は消費者の公正な取引権を保護し、第23条から第25条[7]は消費者のプライバシー権を保護することを目的としている。第5章は電子商取引の促進において、越境Eコマースプラットフォームで取引する消費者保護を明確にしていないが、別の方面から消費者に便利を

---

(4) 池田＝朱＝金編著・前掲（注3）30-31頁。

(5) 「電子商取引法」第15条：電子商取引経営者は、そのトップページの顕著な位置に、営業許可証情報、及びその経営業務に関連する行政許可情報、この法律の第10条に規定する市場主体登記を必要としない場合に該当する等の情報、又は上記情報のハイパーリンクを継続的に公示しなければならない。前項に規定する情報に変更が生じた場合、電子商取引経営者は、直ちに公示情報を更新しなければならない。

　第16条：電子商取引経営者は、自ら電子商取引を終了する場合、30日前からトップページの顕著な位置に関連情報を継続的に公示しなければならない。

　第17条：電子商取引経営者は、商品又はサービス情報を全面的、切実、確実、適時に開示し、消費者の知る権利と選択権を保障しなければならない。電子商取引経営者は取引の虚構、ユーザー評価の捏造等の方式によって虚偽又は誤解を招く商業宣伝をして、消費者を欺瞞し、誤解させてはならない。

提供した。例えば、第71条は越境Eコマースの特徴によって、税関、税収、検査検疫、支払い監督管理などに関する制度を確立することを規定している。第72条は総合サービスと監督管理システムの建設を強化し、効率を高め、手続きを簡略化することを規定する。第73条では、異なる国と地域との電子商取引の交流と協力の確立、国境を越えた電子商取引の紛争解決メカニズムの整備を推進することを規定している。以上の規定は国家関連の制度を整備することによって越境Eコマースにおける消費者の通関の手続きを簡略化し、支払決済の安全性を高めるとともに、紛争解決のために切実な提案と措置を提出した。

---

(6) 「電子商取引法」第18条：電子商取引経営者は消費者の趣味や嗜好、消費習慣等の特徴によって消費者に商品又はサービスの検索結果を提供する場合、当該消費者にその個人の特徴に応じていない選択を同時に提供し、消費者の合法的権益を尊重し、平等的に保護しなければならない。電子商取引経営者は消費者に広告を配信する場合、「中華人民共和国広告法」の関連規定を遵守しなければならない。
　　第19条：電子商取引経営者は、商品又はサービスを抱き合わせ販売するにあたって、顕著な方式で消費者に注意喚起をしなければならず、商品又はサービスの抱き合わせ販売をデフォルトの選択肢としてはならない。
　　第20条：電子商取引経営者は、承諾又は消費者と約した方式、期限に従い、消費者に商品又はサービスを交付し、かつ商品輸送中におけるリスクと責任を負わなければならない。ただし、消費者が他の宅配物流サービスプロバイダを選択した場合は、この限りでない。
　　第21条：電子商取引経営者は、約定に従って消費者から保証金を受け取る場合、保証金返還の方式、手続を明示しなければならず、保証金返還について不合理な条件を付してはならない。消費者が保証金返還を申請し、保証金返還の条件を満たす場合、電子商取引経営者は直ちに返還しなければならない。
(7) 「電子商取引法」第23条：電子商取引経営者は、そのユーザーの個人情報を収集、使用する場合には、法律、行政法規の個人情報保護に関する規定を遵守しなければならない。
　　第24条：電子商取引経営者は、ユーザー情報の閲覧、訂正、削除及びユーザー登録の削除の方式、手続を明示しなければならず、ユーザー情報の閲覧、訂正、削除及びユーザー登録の削除について不合理な条件を付してはならない。電子商取引経営者は、ユーザー情報の閲覧又は訂正、削除の申請を受け取った場合には、本人確認を行った後直ちにユーザー情報の閲覧の提供又は訂正、削除を行わなければならない。ユーザーが登録の削除を行った場合、電子商取引経営者は、直ちに当該ユーザーの情報を削除しなければならない。法律、行政法規の規定又は双方の約定に従い保存する場合は、その規定に従う。
　　第25条：関係主管部門が法律、行政法規の規定に従い、電子商取引経営者に関係する電子商取引のデータ情報の提供を要求した場合、電子商取引経営者は、これを提供しなければならない。関係主管部門は、必要な措置を講じて電子商取引経営者が提供したデータ情報の安全を保護し、その中の個人情報、プライバシー及び営業秘密を厳格に保持しなければならず、これを漏洩、売却又は不法に他人に提供してはならない。

306 第3編 企業取引法 第2章 企業取引法の現代的諸相

Ⅲ．中国電子商取引法における消費者保護の実践

1．消費者の知る権利

　知る権利は各国の消費者権益保護に関する法律に規定された最も基本的な権利であり、消費者の合法的権益を実現するための重要な基礎であり、消費者が商品を選び、注文する際に当然に要求することができる権利である。中国「消費者権益保護法」第8条[8]の規定によると、消費者の知る権利とは、消費者がその購入、使用した商品または受け取ったサービスの真実の情報を当然に要求することができるという権利である。

　そのため、電子商取引において、電子商取引経営者は商品やサービス情報を正確に、全面的に開示することは、消費者の知る権利、選択権、電子商取引の取引秩序を保つ重要な基礎である。つまり、電子商取引経営者が商品やサービス情報を全面的に、切実に、確実に開示する義務を負う必要がある。

(1)　経営者の情報開示の義務

　商品やサービス情報は、消費者の選択や購入決定に直接関係があるだけでなく、消費者が商品を正しく使用し、サービスを受けることに大きく関わる。中国「消費者権益保護法」第28条[9]は、電子商取引経営者が情報開示の義務を負うべきことを規定している。開示されている情報には主に2種類が含まれている。一つは経営者自身の情報である。もう一つは、経営者が提供した商品や

---

(8)　中国「消費者権益保護法」第8条：消費者はその購入、使用した商品または受け取ったサービスの真実を知る権利を有する。消費者は商品またはサービスの状況に応じて、経営者に、商品の価格、産地、生産者、用途、性能、規格、等級、主要成分、生産日、有効期限、検査合格証明書、使用方法説明書、アフターサービス、またはサービスの内容、規格、費用などの情報を提供させる権利を有する。

(9)　中国「消費者権益保護法」第28条：ネットワーク、テレビ、電話、郵送などの方法で商品またはサービスを提供する経営者、および証券、保険、銀行などの金融サービスを提供する経営者は、消費者に経営住所、連絡先、商品またはサービスの数量と品質、代金または費用、履行期限と方法、安全上の注意事項とリスク警告、アフターサービス、民事責任などの情報を提供しなければならない。

サービスの情報である。これらの情報は一般的に電子商取引経営者が一方向で提供するため、これらの情報を誠実かつ全面的に開示することを規定している。

このように「消費者権益保護法」は経営者の情報開示義務を規定しているが、実際の越境Eコマースプラットフォームでは、経営者が開示した情報は不完全なことが多い。例えば、経営者が法律によって開示が要求されている情報を開示しないか、曖昧な表現を使用するなどのこともある。特に、製品の生産日、有効期間、生産地などの情報が不完全あるいは虚偽であることがある。例えば越境Eコマースプラットフォームのアマゾンは、ブランドサプライヤーと消費者の架け橋として機能しているが、サプライヤーへの監督管理が不十分なために、情報が不十分で、切実ではなく、確実ではない現象がある。

中国「電子商取引法」第17条には4つの重要な文言がある。

第一は「全面的」という文言である。本条に規定された「全面的」には、主に3つの方面が含まれる。① 消費者が商品を購入したり、サービスを受けたりする際に正確な判断を下すために、すべての必要な情報を提供することである。これには、商品の基本的な技術データ、成分、性能、効果、特徴、適用しない使用者、有害成分またはサービス範囲、限定事項、除外事項などの情報を含む。② 消費者が商品を正しく使用したり、サービスを受けたりする際に知っておくべき情報を提供することである。これには、商品の使用方法、注意事項及びサービスを受ける際の注意事項などの情報を含む。③ 取引に関するその他の情報である。例えば、支払い方法、交付方法、アフターサービス、「七日間無理由」で返品できるかどうかの規定などの情報を含む。

第二は「切実」という文言である。本条に規定された「切実」には、2つの意味が含まれる。① 開示された情報に歪曲、虚偽、または誤解を招くなどの内容があってはならないことである。② 開示された情報は客観的な事実と一致し、商品やサービスの客観的、実際的な状況を反映しなければならないことである。

第三は「確実」という文言である。本条に規定された「確実」には、2つの意味が含まれる。① 表現の範囲が正確であり、商品やサービスの客観的な範囲を超えてはならず、縮小することも、誇張することもならず、性能、効能、

効果なども架空してはならない。② 表現の言語が適切であり、一般消費者が正しく理解できる言語を使用し、曖昧な言語や誤解、曖昧な意味を生じやすい言語を使用してはならない。

最後は「適時」という文言である。本条に規定された「適時」には、電子商取引経営者が商品またはサービス情報を開示する時間の要求である。「適時」には、電子商取引経営者が商品やサービスを販売する際に、商品やサービスの成分、機能、使用方法、存在する可能性のあるリスクなどの情報を同時にウェブサイトで開示しなければならない。商品またはサービスの情報が変化した場合は、直ちに遅延なく関連情報を補足または変更しなければならない。商品やサービスの品質問題が発生したり、消費者の人身と財産の安全に危害を及ぼしたりした場合、ウェブサイトの公告、電話、メールなどの形式を通じて、上述の事実とその危険を軽減また除去する措置などを消費者に適時に知らせなければならない。

(2) 虚偽の広告の禁止

一部の事業者は消費者との間での情報の非対称性を悪用し、商品やサービスの内容について虚偽の説明や画像加工技術を駆使した実物とは大きくかけ離れた商品画像を掲載するなどして消費者を騙そうとする。このような虚構の取引や商品を使用したり、サービスを受けたりする効果、およびその他の虚偽または誤解を招く内容で消費者を騙し、誤解させる行為は、典型的な虚偽の宣伝行為である。

プラットフォーム経営者は、虚偽の商品説明や商品画像、さらには商品レビューを作成し、消費者を購入へ誘導し、売り上げを伸ばそうとする。一部の消費者はこれらの虚偽の情報を信用して商品を購入し、商品が手元に届いた後で経営者の言うことと一致していないことに気づく。

中国「広告法」[10]は虚偽の宣伝などの問題に対してすでに規定している。例えば、広告に虚偽や誤解を招く内容を含んではならず、消費者が騙されたり、誤解されたりしてはいけない。しかし、国内の電子商取引や国境を越えた

---

(10) 中国「広告法」2015年4月24日に改正案が可決され、2015年9月1日から施行。

電子商取引においては、新たな虚偽の宣伝方法が頻繁に出現しており、それらが違法であるかどうかは議論が生じやすく、消費者の権益保護を強化するために、中国「電子商取引法」第17条はその中の2つの典型的な問題に対して規定する。

① 第17条に規定する「取引の虚構」とは、電子商取引の参加者が実際の取引をしていない目的を指し、事前に相談を経て、双方が真に履行する必要のない電子商取引契約を締結したことである。経営者はこれによって販売量の増加、信頼性の向上、ランキングの向上などの目的を達成する。

② 第17条に規定する「ユーザー評価の捏造」とは、取引事実がない、または事実に反して行われたユーザー評価を指す。故意に事実を捏造し、歪曲し、行われていない取引の評価を含む。

2．支払決済による問題とセキュリティ管理
(1) 電子決済セキュリティ管理の必要性
　デジタル技術は電子決済サービスプロバイダと利用者との接続費用を大幅に低下させ、高い効率と低いコストを実現すると同時に、リスクの隠蔽性、突発性、伝播性といった特徴を変えることはできず、むしろリスクの伝播をより速く、より広範囲に広げることになる。金融、デジタル技術とネットワークの組み合わせはリスクを高めることとなり、特に技術的リスク、操作のリスクとシステムのリスクなどの面で際立つ。中国「電子商取引法」第54条では、電子決済サービスプロバイダは、自己の提供した電子決済サービスが国の支払安全管理に関連する要求に適合せず、ユーザーに損失を与えた場合には、賠償責任を負わなければならないと規定している。

(2) 支払いプラットフォームのアカウントリスク
① 不正な資金調達問題
　不正な資金調達とは、悪意のある非資金所有者が銀行のセキュリティプログラムを通過して電子資金調達を行うことである。不正な資金調達問題が発生する要因は以下の3点である。
　第一に、電子決済システムに脆弱性があり、ハッカーウイルスの攻撃により

消費者の財産が失われる可能性がある。一般的には、銀行は資金保有者の資金安全を保障するため、安全システムを設置する。これは資金の安全を保障する最初の障壁である。資金保有者は銀行に登録した取引パスワードを正しく入力してこそコマンドを成功させることができる。しかし、銀行のセキュリティシステムは万全ではなく、電子決済システムの脆弱性を突いたハッキングによって消費者の口座情報や口座のパスワードが盗まれ、銀行口座内の資金を引き出されて、失う可能性がある。

　第二に、法律制度の規制が少なく、政府の監督管理が不十分である。電子商取引の普及に伴い、消費者の支払い方法に大きな変化が生じ、現金支払いからオンライン電子決済へと変わり、人々はますます非銀行の電子決済サービス機構に依存している。しかしながら、非銀行の電子サービス機構に関する規制が法律ではあまり多く定められていない。そしてこれに対する監督管理も十分ではない。法律の不備や政府の監督管理の不備により、一旦不正な資金調達問題が発生すると、消費者の権益は有効的に保障できない。

　第三に、消費者自身の防犯意識は低い。消費者は悪意のある第三者にだまされた時、自分の銀行カードの口座とパスワードを漏らし、最終的に自分の財産を失ったことになる[11]。中国「電子商取引法」が公布される前に、電子決済における消費者権益保護に関する法律は中国「民法典第三編契約」[12]、「消費者権益保護法」、「非銀行決済機構支払サービス管理方法」、「電子署名法」及び「製品品質法」などがあった。これらの法律は悪意のある第三者による資金調達問題が発生した場合の責任について規定していなかった。「電子商取引法」第 53 条[13]と第 57 条[14]は、電子決済サービスプロバイダが不正な資金調達が発生した場合に義務と責任を負うべきことを規定している。

　② 顧客の準備金の管理問題

---

(11) 杨松＝郭金良「第三方支付机构跨境电子支付服务监管的法律问题」法学（3）（2015 年）95-105 頁。

(12)「中華人民共和国民法典」（以下「民法典」と称する。）の契約編は 2020 年に採択され、2021 年 1 月 1 日より施行されているとともに、1999 年に制定された「中華人民共和国契約法」（以下「契約法」と称する。）は 2021 年 1 月 1 日に廃止された。

　本論文では、中国「民法典契約編」条文の仮訳はすべて：白出博之「中国民法典の制定について（2）」ICD NEWS 第 86 号（2021 年）65-117 頁を参照する。

中国「電子商取引法」では、顧客の準備金の具体的な管理規則は規定されていない。顧客準備金とは、主に電子決済等代行業者が顧客から委託された支払業務を行うために実際に受け取った前払通貨資金のことを指す[15]。越境Eコマースにおいて、国際輸送する時間が長いため、この間に消費者がネットで支払った金額は、受け取る前に越境Eコマースプラットフォームで一時的に保管することになる。電子商取引の発展に伴い顧客準備金の数は日増しに増加し、大幅に増加する傾向がある。そこからみれば、顧客準備金の法的性質の認定と管理が消費者権益に大きな影響を与えることが明らかになった。

中国「非銀行支払機関の顧客準備金の保管管理方法」によると、電子決済等代行業者は顧客の準備金の所有権を有していない。しかし、「非銀行支払機関の顧客の準備金の保管管理方法」は顧客準備金の法的性質を明確にしておらず、中国「電子商取引法」もこれについてさらに明確に定義していない。顧客準備金の法的性質について学界では、顧客準備金は信託物と保管物と考えられる2つの学説がある[16]。顧客準備金の法的性質の不明確により、消費者は顧

---

(13) 「電子商取引法」第53条：電子商取引当事者は、電子決済方式によって代金を支払うことを約することができる。電子決済サービスプロバイダは、電子商取引に電子決済サービスを提供する場合には、国の規定を遵守し、ユーザーに電子決済サービスの機能、使用方法、注意事項、関連リスク及び料金基準等の事項を告知しなければならず、不合理な取引条件を付してはならない。電子決済サービスプロバイダは電子決済指令の完全性、一致性、追跡照合可能性及び改竄不可能性を確保しなければならない。電子決済サービスプロバイダは、ユーザーに対して照合サービス及び過去3年間の取引記録を無償で提供しなければならない。

(14) 「電子商取引法」第57条：ユーザーは、取引のパスワード、電子署名データ等のセキュリティツールを適切に保管しなければならない。ユーザーがセキュリティツールの紛失、盗用又は許可のない支払いを発見したときは、直ちに電子決済サービスプロバイダに通知しなければならない。許可のない支払いによる損失は、電子決済サービスプロバイダが負担する。電子決済サービスプロバイダは、許可のない支払いがユーザーの過失に起因することを証明できた場合は、責任を負わない。電子決済サービスプロバイダは、支払指示が許可されていないことを発見したか、又はユーザーによる支払指示が許可されていない旨の通知を受け取った場合には、直ちに措置を講じて損失の拡大を防止しなければならず、電子決済サービスプロバイダが直ちに措置を講じなかったことによって損失が拡大した場合には、損失の拡大部分について責任を負う。

(15) 中国人民銀行令［2021］第1号「非銀行支付机构客户备付金存管办法」第3条：顧客準備金とは、非銀行支払機関が顧客から委託された支払業務を行うために実際に受け取った前払通貨資金のことを指す。準備金集中預金管理口座とは、非銀行支払機構が中国人民銀行に開設した顧客準備金を保管するための口座を指す。

(16) 唐瓊瓊「第三方支付中的消費者権益保護問題」河北法学第33（4）号（2015年）115-124頁。

客準備金に関わる権利も取得できない。顧客準備金の所有権が消費者に属している場合、その発生した利息はどのように分配されるか。顧客準備金の性質のほか、顧客準備金による利息の帰属もある。「非金融機関支払サービス管理方法」[17]によると、代行業者は顧客準備金の所有権および顧客準備金に対して発生する利息について所有権を有していない。顧客準備金の法的性質が消費者の信託財産に帰属するか、または保管物に帰属するかにかかわらず、その顧客準備金の所有権は消費者に帰属しなければならない。

　また、顧客準備金の監督管理問題も無視できない。第三者支払ライセンスを保有する上海暢購有限会社は、顧客準備金の不正な資金調達による資金チェーンの断裂で 2016 年に中国国内で初めて倒産した電子決済等代行業者であった。これは、顧客準備金の監督管理が適切でなければ、倒産のリスクすらあることを示している。そのため、越境 E コマースにおける顧客準備金の管理には多くの問題が出てきたので、専門的な法律制度が早急に解決する必要がある。引当金口座は支払機構の未清算資金の全部または大部分を集めているため、一旦この口座が凍結または控除されると、支払機構の正常な運営と他のユーザーの合法的な権益に直接影響し、電子商取引の正常な運営にも必然的に影響する。そのため、いかなる会社や個人も電子決済サービス提供者が準備金を保管している口座に対する照会、凍結または控除をしてはならないことを明確にする[18]。

3．物流における損害賠償責任

　越境 E コマースには複数の参加主体が複雑であるために、注文から配送までの間に、商品に何らかの問題が発生する場合、消費者は具体的な責任主体を

---

(17)　中国人民銀行令［2020］第 2 号「非金融機構支付服務管理辦法」。
(18)　中国人民銀行令［2021］第 1 号「非銀行支付機構客户備付金存管辦法」第 5 条：顧客準備金は、顧客から委託された支払業務と本規定により規定された状況の処理にのみ使用することができる。いかなる会社と個人が顧客準備金を流用、占用、借用してはならず、顧客準備金に保障することはできない。
　　中国人民銀行令［2021］第 1 号「非銀行支付機構客户備付金存管辦法」第 7 条：非銀行支付機構、清算機構及び準備金銀行は法律法規、本規定及び両方の合意に従って、顧客準備金の保管管理業務を展開し、顧客準備金の安全完備を保障し、顧客の合法的な権益を守らなければならない。

中国電子商取引法における消費者保護の実践　　313

認定しにくく、経営者と物流業者は責任を転嫁することさえある。

(1)　物流業者の賠償責任の区別

越境Ｅコマース小売輸入モデルでは、海外販売業者が物流サービス業者に委託して商品の発送を完了させる。この場合、両者の間に委託契約関係があり、物流業者が商品を消費者のところに運送する途中、商品が破損し、滅失するなどの状況が発生すると、物流業者は消費者に債務不履行責任を負わなければならない。中国法では債務不履行責任と不法行為責任を区別しているため、物流業者の賠償責任を異なる状況で区別して分析する。

① 物流サービス業者の債務不履行責任

売主がその品物が物流サービス業者によって輸送された時に破損したことを証明した場合、品物の破損程度によって賠償責任の範囲と割合を確定する[19]。中国「民法典契約編」第592条[20]から見ると、過失推定責任の適用前提は契約の双方の当事者にはいずれも過失が存在し、つまり海外販売業者と物流輸送側の過失程度によって認定される。

中国「電子商取引法」第51条[21]に規定された電子商取引における契約リスクの移転タイミングは受取人が署名した瞬間であり、つまり消費者が署名する前の時点では、品物の所有者は海外販売業者であり、物流業者との間に物流サービス契約の関係が存在する。中国「民法典契約編」第832条[22]に規定された運送人責任の免責事由は、その賠償責任の多少を確定するのではなく、賠

---

(19) Gomez Herrera Estrella, Martens Bertin, Turlea Geomina, The drivers and impediments for cross-border e-commerce in the EU, *Information Economics and Policy* (2014) pp.83-96.

(20) 中国「民法典契約編」第592条：当事者がいずれも契約に違反した場合、各自が相応する責任を負わなければならない。当事者の一方の違約が相手方に損害を与え、損害の発生について相手方に過失がある場合、相応する損害賠償額を減額することができる。

(21) 「電子商取引法」第51条：契約の目的が商品の交付であり、かつ宅配物流方式によって交付される場合は、荷受人の受け取り時間を交付時間とする。契約の目的がサービスの提供である場合は、発行された電子証明書又は実物証明書に記載された時間を交付時間とする。前記証明書に時間が記載されていない、又は記載時間が実際のサービス提供時間と一致しない場合には、実際のサービス提供時間を交付時間とする。契約の目的がオンラインの伝達方式で交付される場合、契約の目的が相手方の指定した特定システムに入り、かつ検索識別できるようになった時間を交付時間とする。契約当事者は、交付方式、交付時間について別段の約定がある場合には、その約定に従う。

314 第3編 企業取引法 第2章 企業取引法の現代的諸相

償責任の有無に対して適用される。そのため、「民法典契約編」第611条[23]は無過失責任[24]に適用する可能性がある。物流業者はその債務不履行責任に対して無過失責任に関する賠償責任を負うべきだと考えられる。

② 物流サービス業者の不法行為責任[25]

物流輸送中に保存環境の複雑さによってさまざまな要素、例えば毒害などに関わる可能性がある場合、それが消費者の健康を侵害するので、物流サービス業者は権利侵害の責任を負うべきである。物流サービス業者は郵送物を慎重に検査する義務がある。

物流サービス業者は輸送される品物情報の理解度がより高く、保管と輸送の一環の管理もより重要な基礎であるため、物流業者が自分に過ちがないことを証明する責任を負うことは消費者の権利を守るためのより良い選択である。

③ 越境Eコマースプラットフォーム内経営者との連帯責任

商品の問題が発生するとき、消費者はほぼ直接に越境Eコマースプラット

---

(22) 中国「民法典契約編」第832条：運送人は運送過程における物品の毀損滅失に対して損害賠償責任を負う。但し、物品の毀損、滅失が不可抗力、物品自体の自然的性質又は合理的な損耗及び荷送人、荷受人の過失によるものであることを運送人が証明した場合には、賠償責任を負わない。

(23) 中国「民法典契約編」第611条：目的物が毀損、滅失する危険を買主が負う場合、売主による義務の履行が約定に適合しないことは、買主が違約責任の負担を請求する権利に影響しない。

(24) 無過失責任とは、不法行為において損害が生じた場合、加害者がその行為について故意・過失が無くても、損害賠償の責任を負うということである。最初に「フランス民法典」では、第二次世界大戦後、責任保険などの制度の発展に伴い、損害賠償は個人から社会分担に移り、過失のない責任が普遍的に採用され、一部の分野では過失責任に代わる傾向があった。

(25) 「中華人民共和国民法典」（以下「民法典」と称する。）の権利侵害責任編は2020年に採択され、2021年1月1日より施行されているとともに、2009年に制定され、2010年に施行された「中華人民共和国権利侵害責任法」（以下「権利侵害責任法」と称する。）は2021年1月1日に廃止された。

本論文では、中国「権利侵害責任法」と中国「民法典権利侵害責任編」条文の仮訳はすべて：長友昭「中華人民共和国民法典権利侵害責任編の試訳－2009年制定の中華人民共和国権利侵害責任法からの改正点・対照資料として」政治行政研究第12巻（2021年）29-51頁を参照する。

「民法典権利侵害責任編」第1165条：行為者が過失によって他人の民事の権利利益を侵害し損害を与えた場合、権利侵害責任を負わなければならない。

② 法律の規定に照らして行為者に過失があったと推定されながら、自己に過失がないことを証明できない場合は、権利侵害責任を負わなければならない。

「民法典権利侵害責任編」第1166条：行為者が他人の民事の権利利益に損害を与えた際に、行為者の過失の有無を問わず、法律において権利侵害責任を負わなければならないと規定されている場合は、その規定に従う。

フォーム内経営者に連絡する。それによって物流業者は責任転嫁し、結果として責任主体が不明で、消費者の権利保護に問題が出てくる。この問題を解決するために、一定の条件下、物流業者の連帯賠償責任を追及すべきであると考えられる。

　事業者が物流サービス業者を選択し、委託を行うので、資格の審査に関して、相応の責任を負うべきである。経営者が物流サービス業者の資質に対して慎重な審査を行わなければ、物流サービス業者の包装が不適当であるか、商品の保存が不適当であることによる変質などが発生した場合、物流サービス業者と経営者各自が連帯してその損害を賠償する責任を負うべきである[26]。この状況で、消費者が賠償責任主体を自由に選んで、賠償が完了した後、経営者と物流サービス業者はそれぞれの責任の分担について内部的な協議と調停を行う。

4．消費者の個人情報とプライバシー権の保護

(1)　個人情報の保護

　個人情報保護の問題では、中国「電子商取引法」第23条には、電子商取引事業者が個人情報を保護することが明記されているが、どのような情報が個人情報であるかは明確にされていない。例えば、越境Eコマースプラットフォーム内経営者やプラットフォーム内経営者が商品の広告を推薦するため、消費者の好みや消費習慣を取得するのは個人情報の侵害ではないであろうか。越境Eコマースプラットフォームが取得したこのような個人情報は保護する必要があるか。法律はまだ具体的に明確化されていない。

　電子商取引経営者がユーザーの個人情報を収集及び使用するに当たっては、より厳格な制限が必要である。電子商取引経営者は、取引を成立させ、商品、

---

(26)　中国「民法典権利侵害責任編」第1171条：2人以上がそれぞれ別に権利侵害行為を行って同一の損害が生じ、各人の権利侵害行為がいずれも全部の損害を生じさせるに足る場合、行為者は連帯責任を負うものとする。
　　　「民法典権利侵害責任編」第1172条：2人以上がそれぞれ別に権利侵害行為を行って同一の損害が生じ、責任の割合を確定できる場合は、各自が相応の責任を負うが、責任の割合を確定することが難しいときは、賠償責任を平均して負担する（平均承担）。

316 第3編 企業取引法 第2章 企業取引法の現代的諸相

サービスを提供するために必要最低限の個人情報しか収集してはならず、そして個人情報を取引の締結と履行以外に使用することは厳しく禁じられなくてはならない。ここ数年、個人情報の流出事件がしばしば発生している。立法は問題の方向性を堅持し、現在の実務に存在する電子商取引の安全問題、特に個人情報の安全性について規定しなければならない。特に消費者のプライバシー権が侵害された場合に、消費者の権利保護、提訴、損害賠償などの面での法制度については、より明確で具体的な規定が必要である[27]。

(2) プライバシー権の保護

プライバシー権は一般的に人格権の一種に属すると考えられているが、情報社会が発展しつつある今日、プライバシーはますます財産権の属性を持つようになった。消費者のプライバシー権の意識は薄く、プラットフォームの信頼性を過信し、常に海外サイトの広告を受け取り、退却できなくなる。ビッグデータ時代の国境を越えた買い物、経営の利便性のため、消費者の個人情報は経営者に保存されることが多く、プライバシー情報の交換は不平等な地位にあり、消費者のプライバシー権をはじめとする権益も確実に保護されない。

ポイントからライン、メッシュ構造へと発展し、複雑な取引過程の中で異なる国からの情報の流れ、資金の流れ、速達物流に関連している。取引の各段階で自分の情報をプラットフォームに公開した。消費者が越境Eコマース活動に記入して提出したショッピングユーザー情報、身分情報、金融ユーザー情報、およびショッピング選好や消費習慣などは、経営者によってビッグデータ手段と技術を利用し、収集・識別され、さらに分析・運用され、第三者と共有されている。さらに、クレジットカードの海外での不正利用、クレジットカードの詐欺許可、ハッカーウイルス攻撃などの問題が起きている。そのため、特定の越境Eコマースにおいて、消費者のプライバシー権の保護には、個人情報の保護に対する制御権へのより高い要求が必要である[28]。

---

(27) 全国人民代表大会「全国人大常委会委员审议电子商务法草案时指出不能因过度保护电商而损害消费者权益」http://www.npc.gov.cn/zgrdw/npc/xinwen/2016-12/27/content_2005249.htm 最終閲覧日:2023年11月15日。

(28) 王哲秀『信息社会个人隐私权的公法保护研究』(中国民主法制出版社、2017年) 31頁。

中国電子商取引法における消費者保護の実践　*317*

　企業による顧客の選別化とそのプロセスは、個人の選択の自由を奪うもので
あると考えている。個人の識別特定を伴わずとも、私生活への介入が起こりう
るのであれば、それはやはりプライバシーの問題となりうる。従って、そのよ
うな選別化の前提となる情報の非対称性は、プライバシーにとって潜在的なあ
るいは現実的な脅威となっている。問題というのは、プライバシーの権利が複
雑な内容を擁しており画一的・集団的処理になじまないうえ、顧客の情報の統
計や処理を禁じることなどできないということである。その意味で、プライバ
シー権利保護は、情報の非対称性に対する対抗軸とはなるであろうし、個別の
事件における救済基準とはなり得ても、立法論として解決策を生み出すだけの
理論的生産性に乏しいことは認めなければならない。

5．品質保証制度の確立 [(29)]

　一部の電子商取引プラットフォーム経営者は、自社のプラットフォームの実
際の状況に基づいて、関連する商品またはサービス品質保証責任制度を確立し
ている。実際の状況と結びつけて、電子商取引プラットフォーム経営者自身に
よる電子商取引の発展と消費者権益保護に有意義な品質保証責任メカニズムの
構築を奨励する必要性と意義については以下の通りである。
　第一は、電子商取引プラットフォーム経営者自身による商品またはサービス
品質保証メカニズムの構築を奨励する。
　第二は、電子商取引プラットフォーム経営者が構築した品質保証メカニズム
は、電子商取引の発展と消費者の権益保護に有意義でなければならない。
　第三は、この品質保証制度の保証人は電子商取引事業者に限らず、第三者ビ
ジネス機関の一方が単独でまたは複数の連合で行うこともできる。第三者ビジ
ネス機関とは、主に保険会社、保証会社、または独立して民事法的責任を負う

---

(29)　中国「電子商取引法」第58条：国は、電子商取引プラットフォーム経営者が電子商取引の発展
　　及び消費者権益の保護に資する商品、サービスの品質担保メカニズムを構築することを奨励する。
　　電子商取引プラットフォーム経営者及びプラットフォーム内経営者が消費者権益保証金の設定に
　　ついて協議する場合、双方は、消費者権益保証金の金額、管理、使用及び返還方法等を明確に定
　　めなければならない。消費者が電子商取引プラットフォーム経営者に対して先行賠償責任の負担
　　を要求する場合、及び電子商取引プラットフォーム経営者が賠償後にプラットフォーム内経営者
　　に対して求償をする場合には、中華人民共和国消費者権益保護法の関連規定を適用する。

318 第3編 企業取引法 第2章 企業取引法の現代的諸相

ことができるその他の第三者機関を指す。

　第四は、品質保証人が行った内容は法定また取引契約に約定された基準に相応しい。

　電子商取引活動では、消費者は取引の安全性の観点から保障性がより高いプラットフォームを選んで購入することが多い。電子商取引法において提唱的な規定を設け、電子商取引プラットフォーム経営者が自ら品質保証メカニズムを構築することを奨励し、消費者の選択を通じて偽造品や粗悪品、不正を行う事業者の淘汰を実現することを促進することができ、それによって商品及びサービスの品質を向上させることができる。

Ⅳ. 結　論

　契約を規制する法は民法や商法が中心であるが、これらの規定の多くは当事者間の特約が優先するという任意法規であり、契約を締結するかどうかを含めその法律関係形成については当事者の意思が尊重される（私的自治の原則）。民法や商法は、当事者間でそれと異なる意思が示されていない場合や当事者の意思が不明な場合にはじめて規範として機能する。しかし、民法は企業や一般消費者の行う取引の一般規定であり、商法は企業間取引の一般規定といってよく、特殊な方法による取引や、消費者取引といった当事者の特性を考慮した規定は設けられていない。私的自治に委ねることが妥当しないところは、新たな立法で対応するほかない。このようなところから、電子消費者取引についても、民法や商法の補充を要する部分を補充し、修正を要する部分を修正する特別法が制定される[30]。

　消費者保護法や公的規制が国によって異なる現状は、全世界を相手に販売を行おうとする事業者にとっては、調査コストや法遵守コストが非常に高いものになる。情報技術・金融技術の進展により、世界の各国と各地域では、従来型の取引や決済を想定する一般的な法規律では対応しきれない電子商取引・電子

---

(30) 根田正樹＝矢内一好＝青木武典ほか『電子商取引の法務と税務』（ぎょうせい、2002年）38頁。

支払決済のための法制度整備を課題として、国際的協調を図りながら、さまざまな取組を急激に進める傾向がみられる[31]。

　福原紀彦先生の長年にわたる中央大学と社会への多大なるご貢献、数々のご業績を想起し、先生の薫陶を受けてきた私は、先生の最後の博士課程の生徒として寄稿をもって先生への深甚なる感謝の念を表します。福原先生におかれましては、今後、一層のご健康とご健勝を心からお祈りします。

---

(31) 福原紀彦「Fintech による電子商取引・決済法の生成と展開」『中央大学学術シンポジウム研究叢書』11 巻（2017 年）249 頁。

メタバース・ワールドのアバターは死亡するか？
──メタバースにおける保険契約の在り方の法的可能性を探って──

肥　塚　肇　雄

Ⅰ．はじめに

　先端科学技術が発展し、わが国の政府は Society5.0 [1] の構築に向けての政策を展開している。Society5.0 は科学技術と関連性がある。わが国においては、科学技術政策にも力を入れ、第 6 期「科学技術・イノベーション基本計画」[2] を策定し、遂行に向けて取り組んでいる。たとえば、ムーンショット型研究開発制度を創設し、目標 1 から目標 9 を掲げ推進している [3]。その中でも、目標 1 は「身体、脳、空間、時間の制約からの解放」であり、「2050 年までに、人が身体、脳、空間、時間の制約から解放された社会を実現するため、サイボーグやアバターとして知られる一連の技術を高度に活用し、人の身体的能力、認知能力及び知覚能力を拡張するサイバネティック・アバター技術を、社会通念を踏まえながら研究開発」を推進するという [4]。メタバースを活用し

---

(1)　Society5.0 は、データ駆動型社会でもあると思われる。データ駆動型社会とは、サイバー・フィジカル・システム（CPS：Cyber Physical System）が IoT（Internet of Things）によるモノのデジタル化・ネットワーク化によって様々な産業社会に適用され、デジタル化されたデータが、インテリジェンスへと変換されて現実世界に適用されることによって、データが付加価値を獲得して現実世界を動かす社会をいう。経済産業省産業構造審議会商務流通情報分科会情報経済小委員会「中間とりまとめ〜CPS によるデータ駆動型社会の到来を見据えた変革〜」（2015 年）5 頁。

(2)　第 6 期「科学技術・イノベーション基本計画」2021 年 3 月 26 日閣議決定。本計画は 2021 年度から 2025 年度までの 5 年間を対象とする。なお、2020 年 6 月の法改正により、科学技術基本法が「科学技術・イノベーション基本法」と改正され、2021 年度からの基本計画については、「科学技術・イノベーション基本計画」として策定されることになった。https://www.mext.go.jp/a_menu/kagaku/kihon/main5_a4.htm

(3)　内閣府「ムーンショット型研究開発制度」。https://www8.cao.go.jp/cstp/moonshot/index.html

て、物理的な制約から解放されることも目標1に含まれると考えられる。

　もちろん、この研究は始まったばかりであり、ましてメタバース・ワールドにおける権利義務関係について法令が定められている訳ではない。

　さらには、メタバース・ワールドにおいてどのようなリスクがあるかそれは誰のリスクであるかどのようにして対処するのかについては全くの手つかずの状態といてもよいだろう。メタバース・ワールドにおいて、土地の値段が上がったということが一時話題になったことがあるが、そもそもメタバース・ワールドにおいて土地がそもそもあるのかないのか、ないとしたらメタバース・ワールドの土地とは何かが問題となる。土地があるならば、その土地の値段が上がるとすると誰かの所有になっているはずである。メタバース・ワールドにおける土地の値段が上がるという法的な意味は土地の所有権の値段が取引市場において従前より高い価格で取引されることを意味するはずであるから、釈然としない。

　メタバース・ワールド内で活動するために、アバターに扮する。着ぐるみは「中の人」が着ぐるみを操作する。これと同じように、アバターを操作するのは「中の人」である。メタバース・ワールドにおいてアバターが活動するとき、リアル・ワールドにおける「中の人」との法的な関係はどのように考えれば適切なのであろうか、着ぐるみの場合、「中の人」も着ぐるみもリアル・ワールドに存在するが、アバター・ワールドにはアバターが、リアル・ワールドには「中の人」が存在して、それぞれの存在の場所が異なるのであるから、「中の人」とアバターの法的関係の究明は容易ではない。

　他方、メタバース・ワールドにおいて、たとえばアバターが活動する場合またはアバターを通して「中の人」が活動する場合において、アバター又は「中の人」が何からかリスクにさらされるように思われる。リアル・ワールドにおいても、人々が生活し法人が経済活動を行う場合、様々なリスクにさらされる。そこで、リアル・ワールドにおいては保険会社が設立され各種保険商品が販売されており [5]、保険契約に対しては保険法が、保険会社に対しては保険業法が定められ規律している。これに対し、後述するリアル・ワールドとメタ

（4）　https://www.jst.go.jp/moonshot/program/goal1/index.html

322 第3編　企業取引法　第2章　企業取引法の現代的諸相

バース・ワールドとの関係の捉え方が影響を与え得ると思われるが、そもそも
メタバース・ワールドにおいてはどのようなリスクが認められるのだろうか、
はたしてアバター・ワールドにおいて、保険会社が設立され保険商品の販売活
動を行うことは可能だろうか[6]、メタバース・ワールドにおいて、保険契約
を締結することはできるのであろうか、これらが肯定されたとき、保険業法や
保険法により規律することは可能であろうか等々についての問題が横たわる
が、十分な研究はなされていない。

　そこで、本稿は、メタバース・ワールドとリアル・ワールドとの関係性を分
析し、メタバース・ワールドのアバターが「死亡」するかについて考察し、そ
れとともに、メタバース・ワールドにおける保険契約は考え得るか、考えられ
るとした場合、アバターの「死亡」を保険事故とするメタバースにおける保険
契約は成り立ちうるかについて考察することを目的とする。

II.　メタバースとは何か

1.　メタバースの定義

　メタバース（Metaverse）の「Meta」とは、英和辞典では、一般に、（超越、
一段と高い階段型の）と訳が示され、「verse」とは、（宇宙、領域）を意味する
「Universe」の一部である。つまり、メタバース（Metaverse）とは、「Meta」
と「Universe」を組み合わせた造語である。すなわち、メタバースとは、着
ぐるみのようであり、「中の人」が着ぐるみをかぶるようにアバターの姿に
なって自己の視覚から、リアル・ワールドと相似形で又は超越する形で構築さ
れたワールドである。メタバース・ワールドにおいて、アバターを通して様々

---

(5)　先端科学技術が社会に実装化されるためには、ELSI（Ethical, Legal and Social Issues. 倫理的、
　　法的、社会的課題）を解決することが重要であると指摘されている。しかし、むしろ先端科学技
　　術が社会に実装化される際の倫理的、法的課題を解決し、かつ、リスクに対する措置を講じるこ
　　とによって、先端科学技術の社会受容性を高めることが必要であるように思われる。Social
　　Acceptability＞Ethical and Legal Issues, and Risk
(6)　本稿ではこれについては論じない。

な体験及び他のアバターとコミュニケーションを行うことができる。

このようなメタバースについては法律上確立した定義は未だ存在しない[7]。

PC又はスマートフォン上においても、メタバース・ワールドに入ることはできるが、HMD（Head Mounted Display. 以下「VRゴーグル」という）を装着することによって没入感及び臨場感が著しく高まり、リアル・ワールドと切り離されたワールドに自己が存在していることを実感できることから、本稿においては、VRゴーグルを装着してメタバース・ワールドを体感している状態を前提に議論を進める。

2．リアル・ワールドとメタバース・ワールドの関係

リアル・ワールドとメタバース・ワールドとの関係をどのように捉えるかは重要な問題である。

リアル・ワールドに存在する「自然人」がメタバース・ワールドにおけるアバター、建物、風景又は映像を観察した場合、「中の人」に軸足をおいて主観的にメタバース・ワールドを理解することになる。VRゴーグルを装着してメタバース・ワールドに入った場合、自分以外のアバターを発見しそれが存在していると観察するとき、「中の人」はリアル・ワールドの風景ではなく、メタバース・ワールドの風景を「中の人」の視覚を通して目の当たりにしその中に他のアバターの存在を認識するのである。このような認識に立って、リアル・ワールドとメタバース・ワールドとの関係を捉える立場を本稿においては延長説という。

これに対し、「中の人」の視点からやや離れてメタバース・ワールドに存在するアバターから他のアバター、建物、風景又は映像を観察し認識する立場がある。とりわけ第三者視点から自分のアバターやその周囲、そしてメタバース・ワールドを観察するときは、視界に映る自己の象徴としてのアバターから、メタバース・ワールドの様々な状態を認識することになる。このことは、

---

(7)　古谷英恵「メタバースにおけるアバターによる行為に対する責任——アバターに対する同意なき性的行為の被侵害利益の考察を中心として——」新美育文＝浦川道太郎＝古谷英恵『不法行為法研究会④』（成文堂、2023年）61頁は、「コミュニケーション及び経済活動が行われるオンラインの三次元仮想空間」と定義する。

324 第3編 企業取引法 第2章 企業取引法の現代的諸相

夢を見ているとき、夢の主人公である「わたし」は夢の世界を見て音を聞いてその場から何かを感じとっているのであって、決して「中の人」が夢の世界を見て音を聞いてその場から何かを感じとっている訳ではない状況に類似する。このような認識に立って、メタバース・ワールドを捉える立場を本稿においては独立説という。

このように認識の違いから導かれる延長説と独立説の違いは、どの世界から外界を観察しているかという点にある。延長説は、リアル・ワールドの「中の人」の目からメタバース・ワールドを見るのである。これに対し、独立説は、メタバース・ワールドのアバターの目からメタバース・ワールドを見るのである。延長説によれば、メタバース・ワールドはリアル・ワールドの延長でしか過ぎない。しかし、独立説によれば、メタバース・ワールドはリアル・ワールドから独立性がありリアル・ワールドとは異次元の世界となる。すなわち、独立説によれば、メタバース・ワールドはリアル・ワールドから解き放たれた自由な世界として多様な価値観に基づいて構築されることが可能であるということをそのままアバターをめぐる権利関係に活かすことができる。つまり、メタバース・ワールドをリアル・ワールドとの関係において相対化させることが可能となる。

これに対し、延長説においては、リアル・ワールドの拡張したものがメタバース・ワールドであると理解することになるから、リアル・ワールドを座標軸にしてメタバース・ワールドを捉えるため、リアル・ワールドとの関係においては、メタバース・ワールドを相対化することは困難である。

Ⅲ．アバターの本質とアバターの「死亡」

1．アバターの本質

アバター（avatar）とは、サンスクリット語のavatāraを語源とし、ヒンドゥー教にいう（この世に現れた神の）権化、化身を意味するとされる[8]。アバ

---

(8) 古谷・前掲（注7）62頁。

ターについての法律上確立した定義は存在しない。メタバース・ワールドにおいては、「中の人の分身」としてアバターが使われることから、「メタバースにおける自らの分身」を意味するとされている[9]。

「自然人」を分析すれば、「自然人」は多細胞生物であるから、「自然人」は細胞で成り立っていると言える。そこで、「自然人」の本質は細胞であると認めることは間違いではない。さらに、「自然人」はDNA的存在であると指摘しても間違いではない。しかし、このように「自然人」の本質を捉えててもそれだけでは法的な意味をなさない。

リアル・ワールドの素粒子の世界に目を転じれば、物質を細分化していくことができる。たとえば「物」について、「分子（molecule）→原子（atom）→原子核（nucleus）→核子（nucleon）→クォーク（quark）」のレベルまで細分化することが可能とされる。

このような意味において、アバターの本質はデータ的存在であると表現し得る。アバターはメタバース・ワールドにおいてデータとして構築されたものであり、「自然人」の肉体のように赤い血が通うわけではないし、他方、有体物のように物理的な力を加えその形を変化させることができるような存在でもない。すなわち、アバターはメタバース・ワールドのデジタル化されたデータによって生み出されたものであると捉えることは間違いではない。

しかし、アバターの本質は単なるデータであると指摘したところで、個人情報及びデータの取り扱いについての法規制との関係を除いては、法的な意味を持たないであろう。

ただ、リアル・ワールドの「中の人」との関係で、メタバース・ワールドのアバターを捉えたとき[10]、アバターに新しい法的意味が生まれてくる。すなわち、一つは、アバターは「中の人」の延長ではないかという見解（以下「延

---

(9)　AMTメタバース法務研究会「メタバースと法（第5回）メタバースと税務」NBL1231号（2022年）76頁。

(10)　リアル・ワールドとメタバース・ワールドとの関係をどのように捉えるかという点がそもそも大きな課題である。これについては、別稿（肥塚肇雄「メタバース・ワールドにおけるアバターの法的地位と法創造──保険契約の法的可能性の研究──」保険学雑誌667号（2024年）9頁以下。なお、同・前掲3頁注(3)参照）において考察したので、本稿においては詳しく取り上げない。

長説」という）である。他方、アバターは「中の人」の延長ではなく、「中の人」の象徴ではないかという見解（以下「独立説」という。）も考えられる[11]。延長説は、メタバース・ワールドもリアル・ワールドの延長であると位置づけ、そこから、アバターも「中の人」の延長であると捉えることになる。これに対し、独立説は、メタバース・ワールドはリアル・ワールドと独立した異次元ワールドであると位置づけ、アバターは「中の人」から独立しているが、アバターは「中の人」を象徴する存在であると捉える。ただ、注意しなければならないのは、メタバース・ワールドのリアル・ワールドからの独立性及びアバターの「中の人」からの独立性は程度の問題であって、必ずしもメタバース・ワールドやアバターがリアル・ワールドや「中の人」から完全な独立性が認められる訳ではない。

2．自然人の「死亡」の法的意義と「中の人」の死亡

　リアル・ワールドにおいては、血が通っている「自然人」の「死亡」[12]についての法律上の定義は定められていない。しかし、一般に、「出生」（民3条）の法的概念は、自然人の権利能力の始期をいうのでるから、「死亡」の法的概念は、一般に、自然人の権利能力の終期をいう。「死亡」も「出生」も、「自然人」の権利能力と密接に関わる概念である。

　「自然人」以外の「人」である法人も法人格を有する。法人を「物」的存在である[13]と捉えれば、原則的に「物」（民85条）には権利能力が認められないが、法人は例外的に法人格が認められると理解することになるであろう。これに対し、法人を「自然人」の集合的存在であり[14]、「自然人」が意思決定して法律行為を行うものであると捉えると、アバターは「中の人」が「自然

---

(11)「中の人」とアバターとの関係の捉え方に関する延長説と独立説の詳細については、別稿（肥塚・前掲注(10) 14頁以下。同・前掲注(10) 3頁注(3)参照）において考察したので、本稿においては詳しく取り上げない。

(12) 山野目章夫編集『新注釈民法(1) 総則(1)』〔山野目章夫〕（有斐閣、2018年）296-298頁。

(13) この例外は社団法人（一般社団法人、公益社団法人、特例民法法人〔特例社団法人〕等）となる。

(14) この例外は財団法人（一般財団法人、公益財団法人、特例民法法人〔特例財団法人〕等）となる。

人」が操作しているのであるから、法人と同じようにアバターに対して権利能力を認めることができると考える見解も成り立つように思われる。

　理論上は、このように、アバターを有形ではない存在である法人に準えて、アバターに法人格を付与しようという見解が成り立つとしても、実際は、アバターの本質はデータであることから、このような見解を支持する者はほとんどいないのではないかと思われる。

　リアル・ワールドにおいては、「自然人」も「物」も物理的に形が存在する[15]。これに対し、アバターはデータ的存在であるから、厳密には、「自然人」でもなければ、「物」でもない。つまり、アバターは形があるように見えても、実態はデータであるから形がないので、アバターを法的な存在として認めるためには、特別法の制定をまつことになるように思われる。

　延長説によれば、「中の人」が「死亡」すれば、アバターも「死亡」することになるのはないか。アバターはいわば、新しい身体の一部であり身体拡張したものであるとするのであるから、「中の人」の心臓が停止し医師の診断の下に「死亡」が確認されたならば、たとえば、手足だけが生きることはないように、アバターも「死亡」しなければならないはずである[16]。延長説によれば、「中の人」の死亡＝アバターの「死亡」と定義できそうである。なお、「死亡」という概念と権利能力との関係は検討する必要がある。「中の人」の一部であるアバターだけを切り取って、権利能力の有無を論じることは、「自然人」の手足だけを捉えて、権利能力があるか否かを議論するのと同様に、意味がない[17]。アバターは「中の人」の一部であり、「中の人」が権利能力を有することから、アバターそれ自体に権利能力の有無を検討する必要はないことになる。

　ところで、アバターの本質はデータであるということが、問題の解決の糸口

---

(15) 法人格が与えられている法人（民33条以下）には例外的に形が存在せず、観念的な存在である。無形財産も不動産のような典型的な「物」と異なり形が存在しない。

(16) 脳死した「自然人」から他の「自然人」に移植された臓器は生きているという例外はある。

(17) しかし、思考実験ではあるが、将来においては、『攻殻機動隊』（Ghost in the Shell. 士郎正宗による漫画作品）のように、「脳」（正確には脳の細胞）だけが生命活動を行っており、視覚や聴覚等を外部の感覚器と結びつけて、精神活動の結果を外部に表現できる場合に、はたしてそのような「脳」だけで「自然人」といえるか、権利能力があるのかという問題が生じるかもしれない。

につながるのであろうか。アバターの本質はデータであるというのは、「自然人」の本質は細胞であるといっているのと同じである。細胞で成り立っているのは「自然人」だけではない。「物」に分類される犬や猫等の動物も細胞から成り立っている。さらに、「自然人」もアバターと同じくデータ的存在であるともいえるのである。すなわち、「自然人」も細胞の中にある DNA（デオキシリボ核酸）という生命の設計図というデータ（ゲノム）から成り立っており[18]、同様に、「物」である犬や猫等の動物も DNA というデータ（ゲノム）から成り立っているのである。このように、情報面から捉えると、「自然人」の本質もデータであるともいえる[19]。

　そうだとすれば、「自然人」もアバターもデータ的存在である点においては共通するところ、トートロジー（tautology）に陥っているようではあるが、「自然人」とアバターの法的な差異は「権利能力」の有無にあるとしかいいようがない。

　むしろ、リアル・ワールドとメタバース・ワールドとを切り離されていると見る独立説の立場からは、メタバース・ワールド[20]の内部において利用規約

---

[18] 個人情報保護法、「要配慮個人情報」、さらに、良質かつ適切なゲノム医療を国民が安心して受けられるようにするための施策の総合的かつ計画的な推進に関する法律（令和 5 年法律第 57 号）（いわゆるゲノム医療推進法）2 条 2 項において、「ゲノム情報」とは「人の細胞の核酸を構成する塩基の配列若しくはその特性又は当該核酸の機能の発揮の特性に関する情報」と定義され（2 条 2 項）、ゲノム医療施策が、次の事項を基本理念として行われなければならないことが定められている。「ゲノム医療の研究開発及び提供には、子孫に受け継がれ得る遺伝子の操作を伴うものその他の人の尊厳の保持に重大な影響を与える可能性があるものが含まれることに鑑み、その研究開発及び提供の各段階において生命倫理への適切な配慮がなされるようにすること」（3 条 2 号）、「生まれながらに固有で子孫に受け継がれ得る個人のゲノム情報には、それによって当該個人はもとよりその家族についても将来の健康状態を予測し得る等の特性があることに鑑み、ゲノム医療の研究開発及び提供において得られた当該ゲノム情報の保護が十分に図られるようにするとともに、当該ゲノム情報による不当な差別が行われることのないようにすること」（同条 3 号）である。そのほか、「生まれながらに固有で子孫に受け継がれ得る個人のゲノム情報」については、その適正な取り扱いの確保（15 条）、その適正な対応の確保（16 条）に定める。
[19] 雇用や保険加入において、米国遺伝子情報差別禁止法（GINA：Generic Information Non-discrimination Act of 2008）、カナダ遺伝情報差別禁止法（GNDA：Genetic Non-Discrimination Act of 2017）及び英国人体組織法（Human Tissue Act of 2004）等により遺伝情報の取得制限がなされ、遺伝情報に基づく不利な取り扱いも禁止されている点は、「自然人」が情報的存在の側面があることのあらわれである。
[20] 利用規約を制定する主体や利用規約の適用対象には、メタバース・ワールドの運営事業者のほか、アバターの集まり又は集合であるクラスター（cluster）がある。

を制定、又はその内部で適用される利用規約において、アバターの「死亡」を定義することができるように思われる。すなわち、独立説によれば、メタバース・ワールドはリアル・ワールドに対して切り離された独自のワールドを展開し得ることから、リアル・ワールドとの関係では、メタバース・ワールドを相対化しやすくなり、したがって、メタバース・ワールドにおいて、「死亡」の概念をリアル・ワールドに代えて新しく定義し直すことも可能であるように思われるのである[21]。

しかし、利用規約において、アバターの「死亡」を法的に定義したとしても、アバターに権利能力が認められない場合、はたして法的に「死亡」といえるのか、逆に、アバターは法的に「出生」して生存しているのか、すなわち、アバターの法的意味の生存とは何か、アバターが法的に生きているとはなにかが問題となってくる。

3．アバターの「死亡」

リアル・ワールドにおいては、形ある物は、熱、光、放射線、機械的摩擦、反復使用、化学薬品及び微生物等の様々な作用から影響を受けて、物の色が変わったり物が変形したり亀裂が生じたり強度が低下したり、さらには軟化しもろくなり最終的には形が崩れてしまう。これは経年劣化といわれる。形ある物は物理的法則の支配を受けるのである。いわば「物」の「死亡」であるが、「物」には権利能力がもちろん認められないことから、「物」に対しては「死亡」という概念は存在しない。ただ、将来的には、人型ロボットに自立的な[22]汎用型 AI が搭載されたとき、特別法が制定され、法人格を付与する可能性が全くないとは言い切れない[23]。

---

(21) 仮に当該メタバース・ワールドに複数の集まり又は集団ないしグループであるクラスターが存在した場合、全てのクラスターに特定の定義規定が組み込まれたルール又は規約が適用されることが合理性を欠くときは、当該クラスターが自主的に当該クラスターに限定して適用される特定の定義規定のあるルール又は規約を制定することは法的に可能であろう。

(22) 人型ロボットは法的には「物」でしか過ぎないが、汎用型 AI が自立的に判断するホスト・コンピューターに紐付けられてホスト・コンピューターにコントロールされている場合、当該 AI には自立性は認められないので、この場合は、ホスト・コンピューターに自立性を認めることになる。

「自然人」もリアル・ワールドにおいて肉体をまとって生存している以上、肉体も経年劣化と同じく老化しいずれは「死亡」する。

メタバース・ワールドにおいては、リアル・ワールドにおける物理法則が適用されない。経験則上「形のあるものはすべて壊れる」という点はリアル・ワールドにおいては一般的に誰しもが受け入れられるであろう。これに対し、データは形がないことからこのような経験則が成り立たない。したがって、アバターを構成するデータが消滅した結果、アバターが「壊れる」ことはあっても、アバターにリアル・ワールドを基準にした生命は存在していないから生きているとは言えず、それゆえ「死亡」することは考えられない。

リアル・ワールドにおいて、「自然人」の「死亡」は一般的に心臓死であった。① 呼吸停止、② 心拍停止及び ③ 瞳孔の対光反射消失が認められる心肺機能の不可逆性があるので、死の兆候とされている。ある「自然人」にこれらの3つの兆候が認められた場合、誰が「死亡」を判定するのかについては、医師が「死亡」と診断して法律上「自然人」はやっと「死亡」するのが原則である（医師法20条）。一般人がある「自然人」の心肺が停止していることを確認していても、当該「自然人」は法律上まだ「死亡」していないのである。

ところが、いわゆる臓器移植法（平成9年法律第104号）が制定・施行され、新しい死の概念である「脳死」が法律上認められた[24]。

このようにリアル・ワールドにおいて、法律上「死亡」の定義を変えれば、新しい「死亡」の概念を導くことができる。もちろん ELSI（倫理的法的社会的課題）を解決する必要がある。

特に立法による新しい定義の創造は、日本国法として、日本の主権が及ぶ領

---

(23) 能見善久『法の世界における人と物の区別』（信山社、2022年）58頁以降、特に65-71頁。斉藤邦史「人工知能に対する法人格付与」情報通信学会誌35巻3号（2017年）19頁。

(24) 1980年に、心臓が停止した死後の角膜と腎臓の提供を可能とする「角膜と腎臓の移植に関する法律」（昭和54年12月18日法律第63号）が施行されたが、他国において腎臓以外の臓器不全の患者も救われている移植医療の実情をみて日本国内でも脳死下の臓器移植の必要性が高まり、1997年10月16日に、脳死下の臓器提供を可能にする「臓器の移植に関する法律」（いわゆる臓器移植法）（平成9年法律第104号）が施行され、「脳死」した者の身体も「死」体に含まれることが明記された（6条2項）。すなわち、「死脳幹を含む全脳の機能が不可逆的に停止するに至ったと判定され」る状態が「脳死」である（6条2項）。

土に普遍的に適用される。

　ところが、メタバース・ワールドにおいて、利用規約にアバターの「死亡」の定義を創設したり、クラスターにおける一定数のアバターによってアバターの「死亡」について合意したりすることにより、アバターの「死亡」を法的に意味付けることができるかが問題となる。

　延長説によれば、メタバース・ワールドはリアル・ワールドの延長であり、メタバース・ワールドはリアル・ワールドと連続性があると捉えるので、基本的には、メタバース・ワールドの性質に反しない限り、リアル・ワールドの法令又は法規制はメタバース・ワールドに及ぶことになる。したがって、リアル・ワールドにおける「死亡」概念は権利能力の終期であるが、メタバース・ワールドにおけるアバターには権利能力を有していないことから、アバターの「死亡」は考えられないことになる。もちろんそもそもアバターはリアル・ワールドから観察すれば、その本質はデータであるから、むしろ無体財産と同じように「物」として扱われることになるであろう[25]。

　独立説によれば、メタバース・ワールドはリアル・ワールドから解き放たれた世界であり、程度の問題はあるが、リアル・ワールドから独立した世界であるから、メタバース・ワールドにおいては、リアル・ワールドにいう「人」及び「物」は存在しないし、物理的「原因→結果」の因果の流れは存在しない。したがって、リアル・ワールドから切り離してメタバース・ワールドを構築することができるし、メタバース事業者が制定する利用規約又はクラスターにおける合意により新しい法的意味を創造して新しいワールドを創り出すことができる。したがって、特定のメタバース・ワールドだけに適用される利用規約において又はクラスターにおける複数のアバターたちの合意によってアバターの「死亡」を定義することもできる。ただ、その「死亡」から導かれる法的効果がなければ無意味であるから、「死亡」の定義をする実益がない。

　実益があるか否かについては、実益の一つにアバターの「死亡」を要件として法的効果が発生する保険契約、この場合は、メタバース保険契約を考案することができるのではないかと考えられる。

---

(25) 能見・前掲（注23）46頁、47頁、53頁以下。

332　第3編　企業取引法　第2章　企業取引法の現代的諸相

Ⅳ．メタバース・ワールドにおける保険契約

1．近代私法の原則の前提

　近代私法の原則は、「人」の支配又はコントロールという隠れた前提がある。リアル・ワールドにおいて、有形か無形かはほとんど議論されないが、「人」の支配又はコントロールという概念と結びつく有形が近代私法の原則の前提である。無形に対しては、まず「人」の基本的な物理的支配又はコントロールは及ばない。有形であれば、事実上、「人」の物理的な支配又はコントロールを「人」又は「物」に及ぼすことができる。しかし、「人」は基本的人権を享受しているがゆえに、物理的な支配又はコントロールに一方的に服することは認められない。したがって、有形のうち「人」と「物」[26]を峻別する必要があり、「物」だけが物理的な支配又はコントロールに直接に服することになる（所有権絶対の原則）。他方、基本的に、「人」に対しては、物理的な支配又はコントロールに直接服することは認められない（暴行罪又は逮捕罪・監禁罪を構成する）。契約という合意の下、「人」が「人」を支配又はコントロールすることができる（契約自由の原則）。これに対し、これを前提に、有形の「自然人」が形を有する「物」をコントロールする[27]。言い換えれば、有形の「自然人」が自由に特定の「物」をコントロールすることが認められる。すなわち、違法性を帯びないで当該「自然人」が特定の「物」に対して直接的にコントロール（支配）できる権利を所有権と法的に表現している[28]。この所有権に基づいて、所有

---

(26) 能見・前掲（注23）7頁以下、41頁以下。

(27) 「法人」は「自然人」のように物理的な形を有さないことを捉えて、法技術の観点から、権利義務の帰属の法主体性を擬制し法主体性を認めると考えるか（法人擬制説）、物理的な形を有していないが、社会総意として実体があることを認め、特別に法の世界の登場人物として法的に承認されていると考えるか（法人実在説）、いずれにしても「法人」には物理的な形を有していないため、それに法主体性を認めるためには法的承認が必要である。

(28) もちろん、近代私法の原則の一つである私的自治の原則に基づき、当該所有物の非所有権者は、当該所有物の所有者との間で契約を通して、利用権を設定することによっても、当該所有物を利用することができる。

権者は所有「物」を自由に支配すること（使用・収益・処分）ができる（所有権絶対の原則）。

　したがって、「自然人」は出生とともに権利能力を付与されるので、所有権の対象である「物」になることはない。仮に「自然人」が「物」なることがあれば、それは奴隷であり、基本的人権を保障する近代国家において、「自然人」が「物」として売買契約の客体になることは基本的人権の侵害であり認められない。

　このようにして、リアル・ワールドにおいては、「人」と「物」との峻別がなされている。これを前提にして、保険契約においては、「物」保険契約と「人」保険契約に分かれる。「物」保険契約とは　保険事故の対象が「物」である保険であり、これに対して、「人」保険契約とは、保険事故の対象が「人」である保険をいう[29]。

　ところで、保険事故発生後の支払うべき保険金額の算定の方法を基準として保険契約を分類すると、損害保険契約と定額保険契約がある。損害保険契約は、保険契約のうち、保険者が一定の偶然の事故によって生ずることのある損害をてん補することを約するものであり（保険2条6号）、損害に応じて支払われるべき保険金額が算定される。これに対し、定額保険契約は、保険法上定義規定はおかれていないが、損害の発生の有無にかかわらず、約定された一定の金額が支払われるべき保険金額とされるものをいう[30]。支払うべき保険金額の算定方法という基準からは、「物」保険契約は損害保険契約に属することが多く、「人」保険契約においては、定額保険契約に属することが多いが、そのうちの一部は、例外的に、傷害疾病損害保険契約（保険2条7号）であり、損害保険契約に属する。

　このように保険契約を有形の有無にしたがって分類すると、「物」保険契約と「人」保険契約は有形を対象とする保険契約であり、これに対し、得べかりし利益等を含む無体財産を保険事故とする財産保険契約は無形を対象とする保

---

(29) 倉澤康一郎『保険法通論』（三嶺書房、1982年）15頁。保険事故の対象が無体財産である場合を財産保険という。倉澤・前掲書15頁。なお、山下友信『保険法上』（有斐閣、2018年）46頁。
(30) 大森忠夫『保険法〔補訂版〕』（有斐閣、1985年）11頁。

険契約である。

2．「人」と「物」の融合

　先端科学技術が進歩するにしたがって、近代私法の原則が前提とする「人」と「物」の峻別は相対化してきた。リアル・ワールドにおいても、筋電義手が開発され軽量化とともに、装着した人の脳波を AI が読み取って筋電義手がその人が思ったようにスムーズに動くことに向けた余念のない開発・研究が続けられている。このような筋電義手は完全な「物」でもなければ、腕のように「人」の一部でもなく、いわば「人」（の一部）と「物」が融合した中間形態である[31]。また、移植のための臓器不足を背景として、アメリカにおいては、ブタの臓器を「人」に移植する異種移植の試みが相次いで行われている[32]。ブタの臓器は「物」であり、それを「人」に移植した場合、当該「人」が「物」に転換することにはならない。しかし、遠い将来、「人」が弱り機能低下している臓器を次々とブタ等の機能性が高い臓器に移植したり、筋電義手に置き換えたりしてサイボーグになって[33]生き永らえることが考えられるが、それでもその「人」は「物」に置き換わることはないであろう[34]。

　これらは一例にしか過ぎないが、リアル・ワールドにおいては、先端科学技術の発達によって「人」と「物」との融合はますます進んでいく。

3．「人」保険契約と「物」保険契約の相対化

　リアル・ワールドにおいて、「人」と「物」の融合が進んでいくと、それに

---

(31) 肥塚肇雄「新しい技術と保険法の課題」ジュリ 1522 号（2018 年）58 頁以下。

(32) https://www3.nhk.or.jp/news/html/20240630/k10014497391000.html　わが国内においても、「ポッター症候群」という重い腎臓病の胎児が母親のおなかの中にいるうちにブタの胎児の腎臓を移植する計画が進められているという。

(33) 実際に、イギリス人のピーター・スコット‐モーガン氏は、全身の筋肉が徐々に動かなくなる難病 ALS と診断され、余命 2 年と告げられた後、自己の身体を次々と機械に置き換え、全身をサイボーグ化することで難病を克服する道を選んだ。https://www.nhk.or.jp/gendai/articles/4611/ 例えば、ピーター・スコット・モーガン著／藤田美菜子訳『ネオ・ヒューマン──究極の自由を得る未来』（東洋経済社、2021 年）360 頁。

(34) リアル・ワールドにおいて、「人」とは何かという問題が横たわる。法律上「人」の定義は定められていない。

呼応して、「人」保険契約と「物」保険契約の相対化が進むと思われる。

　その典型が筋電義手である。筋電義手はいずれ「人」に装着されて当該「人」の脳波も読み取り AI がディープ・ラーニングを通して当該「人」に最適な動きができるようになる。そのようになったとき、次のような問題が生じ得る。すなわち、筋電義手は当該「人」にとっては完全に身体にだけでなく心とも一体化していたところ、交通事故により破損してしまった場合、当該筋電義手は電動車椅子と同じように「物」と扱うのか「人」（の一部）として扱うのかが問題である。とりわけ、ある者が交通事故に遭って、「一上肢をひじ関節以上で失った場合」は、後遺障害等級4級4号（自動車損害賠償保障法施行令〔昭和30年政令286号〕2条3号ヘ・別表二）と認定され、その後、上記の筋電義手を装着したが、2回目の交通事故に遭い、筋電義手が破壊され使用できなくなった場合、新たに後遺障害等級4級4号と認定できるかという問題である。

　後遺障害とは、「傷害が治ったとき身体に存する障害」（自動車損害賠償保障法施行令2条1項2号二）という。すなわち、後遺障害というためには、障害が回復しないという永久残存することが必要であるから[35]、同一部位について後遺障害を負った場合は、最初の後遺障害の程度が加重された場合に限り認定される（自動車損害賠償保障法施行令2条2項）。仮に筋電義手が身体の一部であると評価できると考えると、最初の後遺障害は、「一上肢をひじ関節以上で失った場合」であるから、このとき、一上肢を肘関節以上で失ったことについては、これ以上の加重は考えられないので、後遺障害による損害について、「人」損は認められず被害者は損害をてん補されないことになる。これに対し、筋電義手は身体の一部ではないと考えると、「物」損として、全損に相当する金額がてん補されることになる。

　以上は、リアル・ワールドにおいて起き得る「人」と「物」の融合に係る問題である。

　メタバース・ワールドのアバターの一上肢のひじ関節以上が失われたとしても、延長説においては、リアル・ワールドの「中の人」は無傷であるし、メタ

---

(35) 高野真人編『改訂版後遺障害等級認定と裁判実務——訴訟上の争点と実務の視点——』〔高野真人〕（新日本法規、2017年）3頁。

バース・ワールドのアバターの一上肢のひじ関節以上が失われた場合は、その部分のデータが消失したことになるから、後遺障害にはならない。

これに対し、独立説によれば、メタバース・ワールドはリアル・ワールドから切り離された空間であるから、メタバース・ワールドにおける利用規約上の定義又はクラスターにおける合意次第で、アバターの一部のデータの消失であっても、アバターの一上肢のひじ関節以上が失われたことをどのように定義又は合意をするかによって定まる。

4．メタバース保険契約

リアル・ワールドとメタバース・ワールドの関係を巡って、どのワールドの主体が保険対象をどのワールドにするかによってなされた類型化された分類がすでに研究の成果として発表されている[36]。この成果は容易に理解し得る有益な分類であるように思われる。

その成果を、本稿に当てはめると、リアル・ワールドにおいて保険契約の手続がなされ、リアル・ワールドにある存在を保険の対象とするⅠ類型、リアル・ワールドにおいて保険契約の手続がなされ、保険の対象をメタバース・ワールドの内部にある存在に絞るⅡ類型、メタバース・ワールド内部において保険契約手続がなされ、保険の対象をメタバース・ワールドの内部の存在に絞るⅢ類型及びメタバース・ワールドにおいて保険契約の手続がなされ、保険の対象がリアル・リワールドの存在に絞るⅣ類型が示されている。

この類型からは、「保険契約に関する一連の手続」が「リアル・ワールド」でなされる場合と「メタバース・ワールド」でなされる場合とに分けられている[37]が、延長説によれば、「中の人」が「メタバース・ワールド」で「保険契約に関する一連の手続」を行った場合でも、実際は「リアル・ワールド」の延長である「メタバース・ワールド」でなされたというに等しいように思われる。独立説に依拠したとき、メタバース・ワールドはリアル・ワールドと切り

---

(36) 吉澤卓哉「現実空間におけるメタバース（仮想空間）向け保険に関する法的論点」損害保険研究 85 号 3 号（2023 年）50 頁。同「メタバース保険に関する法適用上の論点」保険学雑誌 667 号（2024 年）110 頁以下も参照。

(37) 吉澤・前掲（注 36）51 頁。

離された別次元のワールドと捉え得るので、メタバース・ワールドにおいて「保険契約に関する一連の手続」を行ったと認められるように思われる。

独立説に依拠した場合、「中の人」がメタバース・ワールドにおいてアバターに扮して保険契約者となり、自己（のアバター）もしくは他のアバターを被保険者として「保険契約に関する一連の手続」を行う保険契約又は AI アバターが自己もしくは他のアバターを被保険者として「保険契約に関する一連の手続」を行う保険契約を、メタバース保険契約というべきであろう[38]。

メタバース保険契約の保険の対象は、メタバース・ワールドの内部にあるアバター、アイテム又は建物等になる。この場合のメタバース保険契約が生命保険契約に属するか損害保険契約に属すかという問題は意味をなさない。なぜならば、メタバース・ワールドにおいては原則として「人」が「物」を支配又はコントロールする存在であるとされているわけではないからである。すなわち、典型的に、「中の人」が扮するアバターを例にとると、アバターは前述したとおりデータ的存在であると考えることになるであろうが、この場合、独立説によれば、当該アバターはメタバース・ワールドにおける事実上の「人」と見ることになる。たとえ、当該アバターが石であったりビール瓶であったり無機質な存在を使って自己を表現したとしてもメタバース・ワールドにおける事実上の「人」である。もっとも、メタバース事業者（又は、メタバース・プラットフォーマー。以下同じ）が利用規定に一定のアバターは当該メタバース・ワールド又はメタバース・クラスターにおいて法人格を付与すると規定しそれを内容とする利用契約が締結されたり、アバター等による合意に基づいて、一定のアバターに法人格が付与されることに合意したり等した場合、メタバースの法創造機能が発揮され、これらの合意に基づき、一定のアバターは法的に「人」として扱われることになる。なお、当該アバターが事実上の「人」であるという意味は、リアル・ワールドにおいて、ある「人」が生前に墓を建立した場合に、無機質な当該墓が当該「人」の象徴であるのと同じことである。

---

(38) 独立説によれば、リアル・ワールドとメタバース・ワールドとを切り離して考えることから、リアル・ワールドの「人」又は「物」に係るリスクをメタバース保険契約の内容とすることは考えにくいということになる。

338　第3編　企業取引法　第2章　企業取引法の現代的諸相

　したがって、独立説に依拠した場合、メタバース保険契約は、メタバース・ワールドにおいて、メタバース保険会社がメタバース保険約款を作成し、その中でアバターの「死亡」の定義を定め[39]、特定のアバターを被保険者とし当該被保険者が「死亡」した場合には、被保険者の「死亡」を条件として何らかの給付がなされる契約ということになる。保険契約締結手続については、メタバース・ワールドにおいて、メタバース保険会社又はメタバース保険代理店等とアバターとの間でメタバース保険契約が締結されることになる。

　このようなメタバース保険契約を捉えて、メタバース保険契約はリアル・ワールドにおける「生命保険契約」（保険2条8号）の一種であるとはいえない。なぜなら、「生命保険契約」は「人」の生存又は死亡に関し一定の保険給付を行うこと（2条8号）が必要であるところ、生存又は死亡という概念は権利能力が存続中又はその終期を意味するのに、被保険者とされたアバターには権利能力を有しておらず、かつ、当該アバターは「人」（自然人）ではないからである。このような意味においては、メタバース保険契約は「生命保険契約」に該当しない。

　そうだとしても、独立説に依拠する限り、前述のとおり、メタバース事業者における利用規約等又はメタバース保険会社が販売するメタバース保険約款においてアバターの「死亡」の定義を定め、その定義にしたがったアバターの「死亡」により保険給付がなされるメタバース保険契約を開発することは可能であろう。メタバース・ワールドにおいて、これが生命保険契約であるとするか否かはメタバース・ワールドにおける定義の問題である。

---

(39) アバターの中でも、典型例として「中の人」が扮するアバターが消失する場合を「死亡」と定めることが考えられる。独立説によれば、リアル・ワールドにおいて、「中の人」が実際に死亡しても、メタバース・ワールドにおけるアバターは連動して死亡しない。「中の人」の死亡と連動してアバターも死亡したとするためには、メタバース事業会社との間での利用規約上そのように定める必要があるであろう。その場合、「中の人」の死亡診断書等の提出等の手続が必要になる。しかし、死亡した「中の人」の相続人が死亡した「中の人」のIDとPWによりログインしてしまえば、アバターは動作する。この場合、当該アバターは相続人にとっての象徴的存在になるに過ぎない。

V．結びにかえて

　以上をもって、「メタバース・ワールドのアバターは死亡するか？―メタバースにおける保険契約の在り方の法的可能性を探って―」の考察を了える。

　この考察結果から、メタバース・ワールドにおけるアバターに関するルールをどのように考えるかについては、メタバース・ワールドとリアル・ワールドとの関係を延長説で考えるか独立説で考えるかによって異なることが示された。すなわち、前者では、メタバース・ワールドはリアル・ワールドの延長線上に位置づけられることから、基本的にリアル・ワールドの法令を基礎に又はそれに準拠して検討することになると思われるが、後者では、メタバース・ワールドはリアル・ワールドから切り離された異次元の空間であると理解するから、メタバース事業者による利用規約の定め方によって又はアバター等の合意によって自由な法的創造を行いやすいように思われる(40)。

　また、延長説と独立説の考え方の違いはアバターの法的地位の捉え方の違いとしてにも反映される。延長説では、リアル・ワールドの「中の人」の身体の拡張線上にメタバース・ワールドのアバターがあると捉えることになる。これに対し、独立説では、リアル・ワールドの「中の人」がアバターを操作するという点では延長説と同じであるが、アバターはメタバース・ワールドの中でリアル・ワールドから独立して存在し活動する存在であると捉えることになる。とりわけ、利用規約やアバター間の合意により法創造機能を発揮させリアル・ワールドの「中の人」から独立した法的存在と定義することも可能となる。

　このように考えると、特に独立説によれば、たとえば、当該アバターのデータが完全に消滅したとき又は仮にAIで動くアバターの場合にAIが不可逆的に機能停止したとき、当該アバターに権利能力が付与されていなくても、メタ

---

(40)　独立説に依拠しながら、リアル・ワールドにおけるメタバース事業者が作成した利用規約を内容として、メタバース利用者との間で締結された利用契約がメタバース・ワールドをリアル・ワールドと異なった自由な世界を創造するという点は、一種の矛盾を抱え込んでいるかもしれない。

バース・ワールドが有する法創造機能から、メタバース事業者の定める利用規約又はアバター間の合意等に基づいて、このようなアバターが「死亡」を定義し新しい「死亡」の概念を創造することができる。

そのとき、リアル・ワールドにおける「中の人」が「死亡」した当該アバターに愛着をもっていた等によりアバターを復元させたいとき、メタバース保険契約の需要が高まる。すなわち、この場合、メタバース保険契約によって「死亡」した当該アバターを復元させる費用がてん補されることが考えられるのである。

メタバース・ワールドにおいては「人」と「物」との峻別は意味をなさず、利用規約上又はアバター間の合意上アバターをどのように定義するかということが法創造機能として問題になるに過ぎないから、一定のアバターを「人」と定義しその「死亡」までも定義すれば、「人」として「死亡」することがあり得るのである。さらに、メタバース・ワールドにおける「人」と「物」との峻別の相対化は、メタバースにおける保険契約が損害保険契約か生命保険契約かも意味をなさないように思われるのである。

【附記】本稿は、2022 年「損害保険研究費助成制度」（公益財団法人損害保険事業総合研究所）による研究成果の一部である。

企業価値担保権の将来性と課題
──乗り越えるべき課題と最適な利用方法を考える──

杉　浦　宣　彦

Ⅰ．はじめに

　「事業性融資の推進等に関する法律」が本年2024年6月に成立した。本法は、事業者が、不動産担保や経営者保証等によらず、事業の実態や将来性に着目した融資を受けやすくなるよう、事業性融資の推進に関し、「基本理念」、「国の責務」、「事業性融資推進本部」、「企業価値担保権」、「認定事業性融資推進支援機関」等について定められたものである。その中心的な目的は、企業価値担保権の創設にあり、有形資産に乏しいスタートアップや、経営者保証により事業承継や思い切った事業展開を躊躇している事業者等の資金調達を円滑化するため、無形資産を含む事業全体を担保とする制度（企業価値担保権）を創設することにある。本稿では、この新たに登場した企業価値担保権についてあらためて、その内容となにができるようになるのかについて検証するとともに、法的側面も含め、残された課題、さらには実際にビジネス上で期待されていることが本当に可能なのか、制度をどのように有効活用するのか、実務的な側面を意識した検討を行うことを目的とする。

Ⅱ．事業成長担保権誕生の背景

　2000年代初頭よりわが国の（とりわけ銀行）融資に関しては、不動産担保や経営者保証に過度に依存しているという指摘がなされてきた[1]。不動産価値に依存した融資はとりわけ、戦後の復興に合わせて、不動産の価値があがって

342　第3編　企業取引法　第2章　企業取引法の現代的諸相

いったという端的な現象に依拠しており、2000年代に入りバブル経済が崩壊し、不動産価格が下落し始めた結果、不動産担保融資の限界が見え、また、企業側も技術、ノウハウ、顧客基盤等、さらには、財務面もキャッシュフローに重きをおいた経営スタイルへと変化してきている。そのような状況を背景に、不動産担保ではなく、事業そのものの価値をベースに融資を行う、事業性融資に関して、過去20年あまりにわたって様々な制度的な枠組みについての議論がなされてきた[2]。また、グローバルな側面からも不動産価格の乱高下を経験するなかで、不動産担保融資の限界から、諸外国においては、プロジェクトファイナンスやベンチャーデッド等、様々な局面で、事業性融資がむしろ中心となってきている。

　このような流れのなか、2022年6月に閣議決定された「新しい資本主義のグランドデザイン及び実行計画」で「事業全体を担保に金融機関からの成長資金を調達できる制度を創設するため、関連法案を早期に国会に提出することを目指す」とされ、それを受けて、同年9月に金融審議会において「事業性に着目した融資実務を支える制度のあり方等に関するワーキング・グループ」が設置され、その報告書を受けて、さらに、同年12月「事業性に着目した融資の推進に関する業務の基本方針について」が閣議決定され、法案については、基本方針の策定、事業性融資に関する司令塔機能の強化、事業全体に対する担保制度の創設等が主な内容とされた。その後、法制審議会担保法制部会での議論と整合性を合わせながら法案がまとめられ、「事業性融資の指針等に関する法律案」が2024年3月に国会に提出され、最終的に同年6月7日に成立している。(以降、本法律を「本法」という。)

---

(1)　金融審議会金融分科会第二部会報告書『リレーションシップバンキングの機能強化に向けて (2003年)。

(2)　企業法制研究会(担保制度研究会)報告書　2003年1月では、動産・債権担保法制の見直しならびに全資産担保制度など新たな担保法制のあり方を提唱している。

企業価値担保権の将来性と課題　　*343*

表1　企業価値担保権創設に至るまでの経緯

年月	
2020 年 11 月	事業者を支える融資・再生実務のあり方に関する研究会設置 https://www.fsa.go.jp/policy/jigyou_tanpo/index.html
2021 年 11 月	「事業者を支える融資・再生実務のあり方に関する研究会　論点整理 2.0」 「事業全体に対する包括的な担保権も選択肢に」 https://www.fsa.go.jp/singi/arikataken/rontenseiri2.pdf
2022 年 8 月	「2022 事務年度　金融行政方針」 「(4) 事業全体に対する担保権の早期制度化」 https://www.fsa.go.jp/news/r4/20220831/220831_main.pdf
2022 年 11 月	金融審議会「事業性に着目した融資実務を支える制度のあり方等に関するワーキング・グループ」設置 https://www.fsa.go.jp/policy/jigyou_tanpo/index.html
2023 年 9 月	「2023 事務年度金融行政方針」 「事業全体に対する担保権の早期制度化」 https://www.fsa.go.jp/common/conference/danwa/commissioner/230922.pdf
2024 年 3 月	第 213 回国会における金融庁関連法律案 https://www.fsa.go.jp/common/diet/213/index.html 「事業性融資の推進等に関する法律案　概要」 https://www.fsa.go.jp/common/diet/213/02/gaiyou.pdf 「事業性融資の推進等に関する法律案　説明資料」 https://www.fsa.go.jp/common/diet/213/02/setsumei.pdf

Ⅲ．事業成長性融資推進法の概要と期待される効果

　事業成長性融資推進法の中で、最重要な部分は何といっても「企業価値担保権」[3]というあらたな権利が創設されたことであろう。この権利が浮上してきた背景には、従来の制度下で、担保になるような十分な資産がない事業者が融

---

(3)　ここでややこしいのは、それまで金融庁が言ってきた「事業成長担保権」との言葉の違いだ。基本、現在の企業価値担保権の現在名称と考えていいわけだが、担保権として確立させるため、また、事業の成長のためだけでなく維持のためにも使える権利として考えた場合、確かに「企業価値」とする方が法の内容から考えても適切だろう。また、企業の無形資産に着目する点では、知的資産経営も同様の考え方だ。経済産業省から「知的資産経営の開示ガイドライン」が公表されたのが 2005 年 10 月、「中小企業のための知的資産経営マニュアル」が公表されたのが 2007 年 3 月であることからすれば、本法にたどりつくまで相当な年数がかかっていることになる。

資をうけることが難しいということ、また、事業に対する貸し手の関心が限定的で、経営支援・改善のための支援が遅れがちになるという問題がある。企業価値担保権という担保制度がつくられることにより、ビジネスモデル（ノウハウや顧客基盤も含めて）が担保の対象となり、事業性融資の拡大につながることが期待されている。

1．企業価値担保権とは

　この新たな権利のユニークな特徴としては、その権利が、新たな信託制度により支えられていることであろう。金融審議会等に出された金融庁などの説明資料によると企業価値担保権の設定に伴う権利義務に対する理解や、一般債権者の保護、並びに適切な担保権の活用ために、新たに設定する信託業者が担保権者になれるとしている。そして、そもそもこの制度に基づいた企業価値担保権を設定しようとすると、本法8条1項にあるように、企業価値担保権信託契約を結び、それに従わなければならないとされている。信託契約なので、債務者を委託者とし、企業価値担保信託会社を受託者とする信託契約になり（本法6条3項）、当該企業価値担保信託会社は、本条32条により内閣総理大臣の免許を受けたものとなっている。

　そこで、まず、企業価値担保権とは何か探ってみると、本法7条から「借り手となる株式会社等の総財産（事業活動から生まれる将来キャッシュフローも含む）を一体としてその目的とし、その実行する続きを他の債務者に先立って配当を受ける権利を有するもの」としている。また、この場合の債務者とは、会社法上の株式会社や持ち分会社のことで（本法7条1項など）あることから、営利法人がこの制度を活用することを前提にしている。また、この新たな権利の設定は、商業登記簿に登記しなければ効力が生じない（本法15条）としており、高い高位性を保つことで、他の担保権との優先順位の問題が発生した場合への対処も考えられている（対抗要件具備の前後で優先順位が決まる〔本法18条〕）。特徴的なのは、債務財産の処分権限について、通常の事業活動の範囲内であれば制限がなく、企業価値担保権設定後も担保目的財産の資産・収益の処分もできることになっているところだろう。ただし、事業譲渡などにより大きく事業内が変化した場合など、担保の価値に大きな変化が生ずる場合や、担保価値の毀損

につながるようなそれまでの事業とは大きく違いが発生するような通常業務との活動範囲を逸脱するような行為をする場合は、当然のことながら、担保権者の同意が必要となっている（本法20条）。

また、この権利の設定方法については、

① 企業への融資、とりわけ、新興・成長企業などの場合、既存金融機関だけでなく、幅広くファンドなどからもその目利き力を活かした融資・投資を期待したいところであり、この企業価値担保権の利用においても、与信者（被担保債権者）について限定を行うべきではないこと

② 個人や一般的な事業会社、無登録で貸金業を行う者などが事業に不当な影響を及ぼすために、企業価値担保権を取得する可能性が否定できないことから担保権者に業規制を課し金融庁による監督に服させること

などの目的からあえて信託制度（信託会社）の規制の枠組みにいれる形にしており、適切な制度運営が図られることが期待されているのが分かる。

表2 「企業価値担保権」の概要

担保目的財産	総財産（将来キャッシュフローを含む）
借り手（債務者・設定者）	株式会社・持分会社 （自己の債務を担保するためにのみ設定可）
担保権者	企業価値担保権信託会社（新設） （※）銀行等は簡易な手続きで免許を交付
貸し手 （被担保債権者）	制限なし （※）銀行以外に、投資ファンド等も利用可
対抗要件	商業登記簿へ登記
借り手の制限	担保目的財産の処分は基本的に自由 借り手の制限 貸し手の制限制約 （※）事業譲渡等、担保価値の毀損につながりうる通常の事業活動外の行為は、担保権者の同意が必要
貸し手の制限制約	粉飾等があった場合を除き、経営者保証の利用を制限

（資料）金融庁「事業性融資の推進等に関する法律案説明資料」をもとに作成。

そのうえで、実際に企業価値担保権が実行される場合の手続きについても、本法61条、84条3項、93条2項、109条1項、113条1項さらには、129条や157条1項などで以下のようなプロセスが定められている[4]。

346　第3編　企業取引法　第2章　企業取引法の現代的諸相

①担保権の実行手続きの開始（事業継続しながら可能な限りや高い企業価値を維持）

債務の弁済が滞った際、担保権を実行する場合には、担保権者が裁判所に申立てを行う。

②管財人の選任

裁判所が事業の経営等を担う管財人を選任する。管財人は、事業の継続等に必要な商取引債権や労働債権等を優先して弁済する。

③管財人による事業譲渡

裁判所の監督の下、管財人は、事業の経営等をしながら、スポンサーへ事業譲渡する。管財人としては、事業を解体せずに、事業を譲渡し、原則、譲受人は事業を一体として承継する。なお、事業譲渡の際には、裁判所の許可を得る。

④配当（貸し手…金融機関等）は、事業譲渡の対価から融資を回収する。

管財人が事業譲渡の対価から、貸し手の金銭債権に充当する。なお、一般債権者等のために、事業譲渡の対価の一部を確保する。

また、事業者や金融機関による企業価値担保権の利用を促進するため、認定事業性融資推進支援機関制度が導入されることになっている。加えて、事業性融資の促進のため、金融庁に事業性融資推進本部が設置される点もこの法律が単に新しい権利・制度を確立させるためだけでなく、むしろ、事業性融資を推進していこうという政策論の中から生まれてきたことを物語っている。

2．企業価値担保権の当事者

企業価値担保権の当事者は、借り手（債務者・設定者）、貸し手（被担保債権者）、担保権者（企業価値担保権信託会社）の三者であり、借り手は株式会社または持分会社に限られ、貸し手については、特段の制限は設けられていない。担

---

(4)　ここで重要なのは、実行手続きと倒産手続きとの関連かもしれない。本法227条、228条並びに229条1項などによると、企業価値担保権は倒産手続きにおいては抵当権とみなすことができるとされているので、実際に破産手続き・民事再生手続きでは別除権として、また、更生手続では、企業価値担保権の被担保債権は、更生担保権として取り扱われることになる。

図1 信託契約による企業価値担保権の設定（新法第8条第1項等）

（資料）金融庁「事業性融資の推進等に関する法律案 説明資料」(2024年3月) より。
https://www.fsa.go.jp/common/diet/213/02/setsumei.pdf

保権者は、新法で新設された「企業価値担保権信託会社」のみである。この制度が信託制度を活用している以上、最重要なプレーヤーは、受託者である「企業価値担保権信託会社」となる。現段階では信託会社の具体像が明らかでないが、図1の金融庁の説明でも明らかなように、貸し手と信託会社が同じになることもあるとしていることから、既存の金融機関やその信託子会社がこの新しいタイプの信託会社になることが想定される。

3．期待される効果

　部分的に繰り返しになるが、企業価値担保権は、企業が持つ無形資産（例えば知的財産やブランド価値、顧客基盤など）を担保として設定することで、資金調達を行う仕組みである。これにより、スタートアップ企業など、不動産や動産といった有形資産が乏しい企業でも、自社の成長可能性や市場での評価を活用

して融資を受けることが可能となり、後継者難で事業承継や事業譲渡を行う企業にとっても、資金調達がしやすくなる可能性があるとされている。

　具体的には、以下のメリットがあるとされている。

① 資金調達の幅が広がる

　　企業価値担保権を活用することで、従来の担保では調達が難しいとされる企業も、新たな資金調達の道が開かれる可能性がある。特に、IT企業やスタートアップなど、有形資産が少なく、知的財産に依存するビジネスモデルを持つ企業にとっては大きなメリットとなる。

② 企業の成長をサポート

　　企業価値担保権を利用することで、資金繰りの改善や新たな投資の実現が可能となり、企業の成長を加速させることができる。資金調達が円滑になることで、事業拡大や新商品開発への投資が進む可能性がある。

③ 経営の自由度が高まる

　　従来の担保物権とは大きく異なり、企業価値担保権は無形資産を担保とすることから、企業の運営に柔軟性が生まる。これにより、必要なタイミングでの資金調達が可能となる。

　これまで企業価値という無形なものをどのように法的に差し押さえるのか、その手段がなかった（ないしは明確でなかった）ために、金融機関側としても、その企業のビジネスモデルに価値があると分かっていても融資・投資するかどうかの判断が難しいことが多かった。これまでの状況を本法の施行を通じて大きく変えていくことができ、特に成長産業と目される企業への融資の増加が期待される[5]。

---

(5)　なお、事業・企業価値を担保にした融資という意味では、既存の株式担保を活用しての融資も考えられるだろう。ただ、株式担保は担保目的財産が事業者の株式であり、その価値はあくまでも株式価値ということになる。また、設定者は株主なので、多くの株主が存在する場合には設定が困難となるし、また、株価が事業者による資産売却などの詐害的行為を含む何らかの行為により下落した場合、担保権者としての物権的な効力の主張はできず、倒産した場合、事業者の財産に担保権を有しているわけではなく、その時点では企業価値が清算価値を大きく下回っていることが想定されることから回収不能となる可能性がある。

図2　企業価値担保権の活用による事業性融資の推進

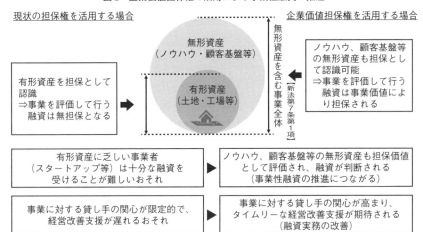

(資料) 前掲 (図1)。

Ⅳ. 残されている課題

　企業価値担保権の活用は、上述の通りこれまで様々な障害があった融資や再生の実務の改善につながることが期待されているが、いくつかの懸念点も現段階では残っている。

1. 現状のビジネスモデル・融資の側面から

　事業展開がここまでスピードアップし、企業のビジネス内容が多様化し、数年で大きく変化するなか、ある事業を評価すること自体がそもそも難しいのではないかという懸念がある。また、無担保あるいは不動産などの有形資産を担保にしてすでに必要資金の調達をしているところには全く利用できない制度ともいえ、その場合、この仕組みにはメリットがないことから、あくまでも有形

資産等で担保提供できない企業のためにこの権利は実行されるものと考えるべきだろう。さらに、ビジネスモデルの価値評価をする、また、継続的にモニタリングすることはこれまでの金融機関の融資実務ではあまり有効に実施されてきてはこなかったことであり、実際に絶えず、変化していく事業価値の評価を行うことは難しい。令和3年銀行法等改正により業務範囲・出資規制の緩和に伴う地域銀行における投資専門子会社の設立が相次ぎ、事業価値の評価を行える人材の増加が期待されているところであるが、実際はそれらの専門会社で価値評価を行っているのは共同で会社を設立したファンド系からの出向者が大半であり、また、地域に十分な利益がともなう投資案件が少ないことも相まって、量質ともに十分な人材育成にはまだ至っていないことから、一般にも広く納得感のある価値評価をどのように行うかが、とりわけ担保権者である信託会社の大きなタスクとなるだろう。

　加えて、仮に権利が活用できたとしても、今度は継続的に価値が維持されているか等のモニタリングが重要となる。モニタリングに関しても、財務状況の把握はできていても、実施されているビジネスの実態がどのようなものか、また、今後どのように展開していくのかという点についてのモデル分析・予測ができる人材やノウハウは限られており、そのための調査が必要であることを考えると、モニタリングコストは一部で指摘されているようなさほど上昇しない[6]どころか、データベース作りも含めて、当初は相当なコストがかかることは間違いない。

　また、この問題は、モニタリングがしっかりできていないと、この担保権を設定して融資しても融資額が事業価値を大きく下回る場合に過剰担保となると懸念する。企業向け金融の場合、とかく担保価値の範囲内での融資を考えがちだが、実際には、事業の成長・維持のためにどの程度の融資や投資が必要かを考えることが重要となる。従来の担保権は個別資産の価値と事業が連動しておらず、金融機関はあくまでもその資産価値の範囲での融資が可能かを中心的に考えてきた。その一方で、企業価値担保権の場合、事業と担保価値がそのまま

---

(6)　富川諒＝小宮俊「企業価値担保権はどのように議論されてきたか」金法2237・2238号（2024年）7・8月合併号、21頁。

連動する、しかも、それは、現在の企業価値だけでなく、将来の事業価値を織り込んだ形で価値を推しはかる必要があり、融資を行うにしても、担保価値が過剰なのか過小なのかは重要な問題となるだけに、価値評価とモニタリングの手法の確立はこの担保権の普及の大きな肝となるだろう[7]。

2. 商取引先や労働者の保護に関して

　企業価値担保権の目的そのものは、価値ある事業を支え、成長を支援することではあるが、担保権が実際に行使されるような側面が発生する、つまり、事業価値が毀損し担保権が行使される（＝別会社等へ事業が移管される等）場合、取引先やその事業で働く労働者への影響を考える必要がある。確かに、本法では担保権実行時に企業価値を毀損することがないように、事業継続に欠かすことができない商取引債権や労働債権などについては、優先的に弁済することになっているが、それはあくまでも金銭的な問題に限られ、実際にその事業を縮小したり、効率化するために、労働者を解雇したりすることを防げるわけではない。また、その事業が企業価値担保権で支えられている場合、担保権が行使されれば、当然、事業譲渡などが行われ、労働者の別企業の移籍の問題が発生する。同様の問題は、2007年信託法改正時に導入された事業を丸ごと信託できる事業信託の制度を導入した際にも議論されたことであり、実際に導入後も労働者を受託者会社へ移籍させることの困難さなどからなかなか事業信託の実施事例が見られないことからも実際にそれを行うことが容易ではないことが分かる。

---

(7)　その視点からすると、この担保権を使った融資や投資に現段階でもっとも、近いところにいるのは農業法人など農業関係かもしれない。というのも、農業関連に関しては、過去のビジネスモデルとしてのトラックレコード、例えば収穫量や販売高などの記録がJAや各農業法人に蓄積されており、（地球温暖化や天災など影響を考慮する必要はあるものの、市場を通じて農産物の市場価格を通じてその価値もわかるようになっている。さらに、一部の産物に関しては、その農産物を生産する前に生産計画を各農家が出し、それをベースに農産物生産に必要なコストや予想収益もある程度事前に分かる仕組みができており、また、破綻リスクも少ないという点でもこの担保権を利用したビジネスモデルの展開がありうると思われる。しかし、借り手は株式会社または持分会社に限られる点（この場合だと株式会社の形を取っている農業法人でないといけない。）、また、そもそも受託者が農業を理解できる信託会社であるかなど、少なからず課題は存在する。

3．保全（倒産法）との問題

　上述のように企業価値担保権の担保価値と事業価値は連動することから、この担保権は保全の機能が乏しいのではないかという倒産法上の懸念も検討する必要がある。実際、債務者である事業者が破産する局面で、事業価値が採算価値を下回る場合、企業価値担保権で保全することはできない。ただ、価値そのものが変動することから、事業の一部が急回復するなどの局面が発生するかもしれないことを考えると、そもそもどのタイミングで倒産させるのか、そもそもさせないのかなどそのタイミングを推し量るのが難しい。

　反面、この担保権では、仕組み上、金融機関と企業との一定のコミュニケーションが維持されることが期待でき、そのモニタリング機能がきちんと働いた場合、事業価値が大幅に下落する局面でも、早めの対策措置をとることができるはずである。また、そのようなことが発生したとしても、経営改善を進める大きな動機になるだろう。財務状況の悪化という実際に発生していてもなかなかわかりにくいケースとは違い、ビジネスそのものをモニタリングすることで、オペレーショナルリスクを分析しながら、その企業の危険度を分析することでデフォルトが発生する可能性をむしろ抑止できる可能性も期待できると考えられる。

4．企業価値担保権信託会社をめぐる問題

　今回の企業価値担保権のキーになるのはやはり受託者である企業価値担保権信託会社となる。現段階（2024年9月）の段階ではこれをめぐる政省令の内容がまだ明らかにされていないが、既存の信託法理から、この信託会社に適用される法的責任について考えてみる。

　信託の定義[8]から考えれば、「信託は、……財産にかかわる信認的な関係を意味し……この信認的関係は、……ひとり、もしくは、複数の者……の利益を図る目的のために当該財産を扱う義務を負わせるものである」とされており、もともと、受託者の信任義務は、厳格なものとなっている。信託における忠実義務に関しても、受益者の利益のためにのみ忠実であることを義務化する厳格

---

(8)　Restatement (Third) of Trusts 2 (An Law Inst 2002).

な専念義務であり、この義務そのものは、会社法上の経営判断の原則によって
も軽減されることはないとされている。ただ、この信託をめぐる厳格性につい
て、とりわけ注意義務や忠実義務の部分については、信託法や信託業法を見て
も、明確に定義づけされた通常の法令上の義務とは異なり漠然としたものに
なっている。そのため、例えば、投資信託などで、受託者的な役割を果たす投
資顧問業者の行動には多くの禁止事項が定められ、さらに細かいガイドライン
などが、信託法ではなく、投資顧問業法などで定める形で明確化されている。
また、信託業法でも、信託会社は大きく2つの類型になっており、運用型と管
理型があるが、信託財産を信託会社の判断で運用する場合、免許が必要なだけ
でなく、管理型より厳しい規制が課せられているが、これも、運用型信託会社
が信託目的の範囲内ではあるとはいえ信託財産の運用・処分を自分の判断でで
きることに対する十分な信託会社としての態勢ができていることが要請されて
いることを示している。

　企業価値担保権信託会社についても、事業そのものを受託財産として受けて
おり、その信託会社自身がその事業をどのような方向にもっていくかを決める
ポジションにいることから、単に受託者としての善管注意義務や忠実義務だけ
でなく、そもそも信託財産である事業を経営・管理・譲渡等の処分ができるだ
けの能力があるかがその免許取得のポイントとなると考えられる。単に財産的
基盤の問題だけでなく、経営能力というなかなか推し量りがたい指標をどのよ
うに政省令に入れ込むかは立法論から考えても難しい課題となると考えられ
る。また、当然のこと、このタイプの信託会社が何らかの理由で破綻した場
合、信託法62条等に基づき、新受託者の選任を行うことになるが、円滑に新
受託者を選任できる場合はよいが、見つからない場合の第4の選択肢である
「利害関係人が裁判所に申し立てることにより新受託者を選任する方法」をと
らざるを得ない場合、その選択は裁判所にとっても現在の信託会社の破綻ケー
ス以上に難しい判断を強いられざるを得ないと予想される。

V．企業価値担保権の近未来

　本法に関しては、これまでなかなか実現できなかったかつての「事業性融資」を実現させるための大きな一歩であると評価できる。不動産価値が上昇局面だけでなくなったバブル経済以降、わが国の金融機関の融資業務は何を担保にして貸し出すかという大きな課題に直面したまま、今日を迎えてきた。この新たな権利の確立で、欧米のように本来あるべき企業や事業の価値をベースにした資金調達の実現がこれまでより容易になることは事実だろう。ただ、政省令が出て制度が順調に動き始めたとしても、しばらくの間はなかなか当初の目的通りに企業融資などに利用されることは少ないかもしれない。というのも、上述のように、そもそも、事業性融資がなかなか成立しなかった最大の理由は企業価値の推し量る方法が難しかったことにあるからである。過去の戦争や国そのものの変遷により、歴史的に、不動産担保ベースでの融資が難しかった欧州やアジア諸国では、伝統的に、土地担保での融資は、その時点での不動産価値の５割程度しか評価しないというところが多くなっており、伝統的に企業の価値評価を定期的に行って、キャッシュフローに着目してトータルで各企業の価値を推し量り、それをベースに金融機関が貸付を行ってきた[9]。さらにそ

---

(9)　金融庁が、2024年4月に公表した「事業性に着目した融資実務の影響に対する文献調査及び有識者へのインタビュー調査」の報告（野村総合研究所に委託）では、米国における財務コベナンツの重要性を強調しており、①多くの融資で財務コベナンツの設定が行われていること、②財務コベナンツへの抵触は、金融機関と事業者の対話の契機として位置づけられ、抵触しても、必ずしも期限の利益を喪失させ担保権実行に移行するわけではない、との記述があるが、やや現実のオペレーションの考え方とは違うように思われる。コベナンツ設定時に金融機関は、それを現実的な経営目標として貸出企業に明示したことになっており、達成できていない場合、相当なケースで、担保権実行、融資の停止などが行われている。ただ、現実的な内容とするために、その内容の中身も経済状況や経営状況により柔軟に金融機関も変更を行っており、その点、金融機関と債務者との間のコミュニケーションツール、金融機関が業態をより知るきっかけ、データベースにともなっていることは事実だろう。したがって、これまであまり議論されてこなかったこのコベナンツをどのように企業価値担保権の契約の中に織り込んでいくのか、また、わが国の融資関連における法務でコベナンツを法的にどのように位置づけるか検討を進めていく必要がある。

の積み重ねがデータベース化されており、産業タイプ別の事業評価の方法がある程度確立している。それに対して、わが国はその部分がまだまだ発展途上にある。もっとも、「モノ言う投資家」が増えてきている中、わが国の企業の価値評価の手法のレベルアップも急速に進んでおり、数年の間に一定の手法が確立し、トラックレコードができていく中で、5-10年のスパンで考えればそのような状況が確立するかもしれない。この法律により設置される事業性融資推進本部がこの手法を検討していく役割を背負うことになるだろうが、事業性融資の推進の考え方の普及は同時並行的に、安定した企業や事業の価値評価の手法をどう確立させるかという話と両軸で検討することで初めて拡大していくと考えられる。まずは、最初は後者（事業評価方法）の確立が急速に進むことを期待したい。

わが国における企業のサステナビリティ
情報開示規制

髙 木 康 衣

I. はじめに

　日本のいわゆる上場企業は、会社法や金融商品取引法をはじめとする法律とともに、東京証券取引所が制定したコーポレートガバナンス・コード（以下「コード」と称する。）を遵守しなければならない。2021 年に改定された現行コードの補充原則 3-1 ③ は、「上場会社は、経営戦略の開示に当たって、自社のサステナビリティについての取組みを適切に開示すべきである。また、人的資本や知的財産への投資等についても、自社の経営戦略・経営課題との整合性を意識しつつ分かりやすく具体的に情報を開示・提供すべきである」とし、情報開示の充実という基本原則 3 の具体的な開示対象の中にサステナビリティ情報[1]を含むことを明示し、企業によるサステナビリティ情報開示の指針を示しているほか、その際の開示の質や量ついて、採用するべき枠組みについても言及する。これにより、サステナビリティ情報開示が、少なくとも日本の上場企業に求められることは明確にされたが、この時点で我が国の上場企業に対し開示を義務付ける具体的な根拠となる国内法規範は存在していなかった。上場企業の情報開示を義務付けるべく金融商品取引法上の情報開示に関する詳細を定めた「企業内容等の開示に関する内閣府令」も、当時はまだサステナビリティ情報を開示対象としていなかった。そのため、上場企業および上場企業を規制する立場にある証券取引所は、法規制の整備を待たず、有価証券報告書の

---

(1)　ここでのサステナビリティについて、コードの基本原則 2 に関する考え方の中では「ESG 要素を含む中長期的な持続可能性」と定義づけられている。

中で非財務情報の開示としてサステナビリティ情報開示を進めた。換言すれ
ば、この時点における我が国におけるサステナビリティ情報開示は、上場企業
が証券市場の要求に応える形で展開したものであり、投資家あるいは資本市場
による「責任投資」に応えるためのものである[2]。その後、企業内容等の開
示に関する内閣府令が 2023 年 1 月 31 日に改正され、サステナビリティ情報開
示が 2023 年 4 月 1 日から全ての有価証券報告書提出会社に適用されることに
なった。これにより我が国におけるサステナビリティ情報開示は金融商品取引
法上の情報開示に関する内閣府令をもって、ハードロー上においても展開され
ることとなった[3]。開示主体である上場企業の多くが、すでに任意でサステ
ナビリティ情報開示していたことから、実務に関する一定の事例の蓄積も認め
られている[4]。少なくとも日本の上場企業にとっては、サステナビリティ情
報開示を無視することはできず、また非上場企業といえども、上場企業である
親会社等との関係でサステナビリティ情報開示を考慮する必要も生じうる。逆
にいえば、これまでサステナビリティに対する関心を持たなかった企業であっ
ても、それを自社の事業の一つの機会として取り組むことで、新たな企業価値
を生む可能性もある。要するに、例えば日本の地方の零細企業であるからサス
テナビリティとは無縁であるという誤解をより早く捨て去り、むしろ先鞭をつ
けるよう取り組むことが、企業価値を高める機会となりうるとして国際的にも
国内的にも推奨されていると言えよう。

　本稿では、二つのサステナビリティ情報開示に関する国際基準について、そ

---

(2) この点、詳細はⅢ. 1. において述べることとなるが、金融審議会「ディスクロージャーワーキ
ング・グループ報告——中長期的な企業価値向上につながる資本市場の構築に向けて——」におい
ても、企業情報の開示を「投資家の投資判断の基礎となる情報の提供を通じ、資本市場において
効率的な資源配分が実現されるための基本的インフラ」と位置付け、「投資判断に必要とされる情
報を十分かつ正確に、また適時に分かりやすく提供する」必要があり、「投資家は開示された企業
の取組みを深く理解し、建設的な対話を通じて、企業価値の向上を促すことが期待される。」とい
う。

(3) 松元暢子「サステナビリティ情報開示をめぐる問題——金商法開示の視点から」ジュリ 1598 号
（2024 年）41 頁。

(4) 金融庁「サステナビリティ開示等の課題対応にあたって参考となる開示例集～令和 5 年度 有価
証券報告書レビューの審査結果及び審査結果を踏まえた留意すべき事項等別冊付録～」（https://
www.fsa.go.jp/news/r5/sonota/20240329-9/02.pdf、最終閲覧 2025 年 2 月 12 日）、座談会「サス
テナビリティ開示の実務・現状と今後の見通し」ジュリ 1598 号（2024 年）27 頁【井口発言】。

358 第3編 企業取引法 第2章 企業取引法の現代的諸相

の内容と制定の背景を概観した上で、現時点での日本におけるサステナビリティ情報開示規制や基準と比較し、今後のサステナビリティ情報開示に関して検討すべき事項を探ることとしたい。なお、本来であれば、国際的な基準の一つとして 2024 年 3 月 6 日にアメリカ証券取引委員会（Securities and Exchange Commission：SEC）が採択した気候関連情報の開示規則（The Enhancement and Standardization of Climate-Related Disclosures for Investors [5]、以下「SEC 気候関連開示規則」とする。）についても紹介する必要があるが、紙幅の都合により除外する [6]。

Ⅱ. 国際的なサステナビリティ情報開示基準の制定と現状

1．ISSB によるサステナビリティ情報開示基準概要

　2021 年 11 月 3 日にイギリスのグラスゴーで開催された国連気候変動枠組条約第 26 回締約国会議（COP26）の中で、IFRS 財団により公表された新たな国際サステナビリティ基準審議会（ISSB [7]）の設置をはじめとする気候変動およびその他のサステナブルな問題に対応するための取組みが公表され、サステナビリティ情報開示に対して国際的な協調路線が強まった [8]。2023 年 6 月には ISSB がサステナビリティ情報開示に関する最初の基準として S1 [9]（サステナビリティ関連財務情報の開示に関する全般的要求事項、以下「S1」と称する。）および S2 [10]（気候関連開示、以下「S2」と称する。）を公表した。

　S1 の目的は、投資家が意思決定を行うにあたり有用な当該企業のサステナ

---

(5)　https://www.sec.gov/files/rules/final/2024/33-11275.pdf（最終閲覧 2025 年 2 月 12 日）。

(6)　SEC 気候関連開示規則につき、安井桂大＝加藤由美子＝湊川智平「サステナビリティ情報開示と保証をめぐる国際動向——欧州 CSRD・ESRS と米国 SEC 気候関連開示規則等の動向——」商事法務 2360 号（2024 年）41-42 頁、板津直孝「気候関連開示規則を要請する米国の動向——SEC が公表した特徴的な規則案——」野村サステナビリティクォータリー（2022 年夏号）66-77 頁も参照。（http://www.nicmr.com/nicmr/report/repo/2022_stn/2022sum11.pdf、最終閲覧 2025 年 2 月 12 日）。

(7)　ISSB（International Sustainability Standards Board）に関する詳細は、IFRS 財団の HP より参照可能。（https://www.ifrs.org/groups/international-sustainability-standards-board/、最終閲覧 2025 年 2 月 12 日）。

ビリティ関連のリスク及び機会に関する情報開示を、当該企業に要求すること
にある[11]。S1 で開示請求されるのは、「短期、中期又は長期にわたり、企業
のキャッシュ・フロー、当該企業のファイナンスへのアクセス又は資本コスト
に影響を与えると合理的に見込み得る、すべてのサステナビリティ関連のリス
ク及び機会に関する情報」であるが[12]、その全ての開示が必要とされるので
はなく、「企業の見通しに影響を与えると合理的に見込み得る関連のリスク及
び機会に関して重要性がある（material）情報」につき開示が必要とされる[13]。
重要性の判断に関しては、サステナビリティ関連財務開示の中で情報の省略や
誤表示や不明瞭なものがあった場合に、「一般目的財務報告書の主要な利用者
が、財務諸表及びサステナビリティ関連財務開示を含む、特定の報告企業に関
する情報を提供する当該報告書に基づいて行う意思決定に、影響を与えると合
理的に見込み得る場合」に、当該情報に重要性がある（material）とされ
る[14]。これらから S1 における開示すべき情報は、一般目的財務報告書の主

---

(8) IFRS による 2021 年のスピーチ以前に、G20 の提言を受けて FSB（Financial Stability Board、
　　金融安定理事会）が設置した TCFD（Task Force on Climate-related Financial Disclosures、気
　　候関連財務情報開示タスクフォース）による 2017 年の提言や、アメリカの SASB（Sustainability
　　Accounting Standards Board）やイギリスの IIRC（International Integrated Reporting Council）
　　など非営利の民間団体による国際的な複数の異なる基準策定とそれらの団体の統合の動きがあり、
　　その後 ISSB への統一と S1・S2 等の策定へと発展している。詳細につき、浮田泉「サステナビリ
　　ティ会計基準の一考察：IFRS S1 号を中心として」関西国際大学研究紀要 24 号（2023 年）189-
　　198 頁、松井智予「サステナビリティ開示の現況」ジュリ 1598 号（2024 年）14-15 頁、松元・前
　　掲（注 3）37-39 頁。

(9) S1 原文（https://www.ifrs.org/content/dam/ifrs/publications/pdf-standards-issb/english/2023/
　　issued/part-a/issb-2023-a-ifrs-s1-general-requirements-for-disclosure-of-sustainability-related-
　　financial-information.pdf、最終閲覧 2025 年 2 月 12 日）、日本語訳（https://www.ifrs.org/content/
　　dam/ifrs/publications/pdf-standards-issb/japanese/2023/issued/part-a/ja-issb-2023-a-ifrs-s1-
　　general-requirements-for-disclosure-of-sustainability-related-financial-information.pdf、最終閲
　　覧 2025 年 2 月 12 日）。

(10) S2 原文（https://www.ifrs.org/content/dam/ifrs/publications/pdf-standards-issb/english/2023/
　　issued/part-a/issb-2023-a-ifrs-s2-climate-related-disclosures.pdf、最終閲覧 2025 年 2 月 12 日）、
　　日本語訳（https://www.ifrs.org/content/dam/ifrs/publications/pdf-standards-issb/japanese/2023/
　　issued/part-a/ja-issb-2023-a-ifrs-s2-climate-related-disclosures.pdf?bypass=on、最終閲覧 2025
　　年 2 月 12 日）。

(11) S1・前掲（注 9）1 項。

(12) S1・前掲（注 9）3 項。

(13) S1・前掲（注 9）17 項。

360　第3編　企業取引法　第2章　企業取引法の現代的諸相

要な利用者、すなわち株主や投資家などの投資判断に影響を及ぼすような財務
状況へのインパクトの有無で判断されると解される[15]。

　具体的な適用に関する注意事項について、S1 適用ガイダンス B3 項は、「例
えば、企業のビジネス・モデルが（水のような）天然資源に依存している場合、
企業は当該資源の品質、利用可能性及び入手可能性に影響を与えると同時に影
響を受ける可能性がある。具体的には、その資源の劣化又は減耗（企業自身の
活動及びその他の要因から生じるものを含む。）は、企業の事業に混乱をもたらすリ
スクを生み出し、企業のビジネス・モデル又は戦略に影響を与える可能性があ
り、また、究極的には企業の財務業績及び財政状態に不利な影響を与える可能
性がある。対照的に、その資源の再生及び維持（企業自身の活動及びその他の要
因から生じるものを含む。）は、企業に有利な影響を与える（positively affect）可
能性がある[16]」とする。B3 項では「水資源の利用」が具体例とされている
が、水に限らず天然資源に依存する事業活動を営む企業（とりわけ企業財務）が、
そうしたサステナビリティに関連する事項から受ける正負いずれの影響も、開
示すべき対象にあたるということである。

　S1 適用ガイダンスには、S1 と法令との関係についての見解も示されている。
B31 項によれば、法令により財務報告書へのサステナビリティ情報開示が要求
された場合、S1 において求められる開示情報の重要性の有無と関係なく、法
令の要求に応じてその情報を開示することは容認される（is permitted to）が、
そのような情報が重要性のある情報を不明瞭にしてはならない（shall not
obscure）。また B32 項は、法令が情報開示を要求しない場合でも、重要性があ
ればサステナビリティ情報を開示しなければならないとする。少なくとも日本
の現状ではサステナビリティ情報開示に関し法令の基準が S1 よりも厳格であ
ることはないと思われるので、B31 項 B32 項の定めにより企業に開示上の不
都合が生ずることはないと思われる。これらの規定ぶりからは、法令との関係
において S1 の優位性が示されているように見えるが、B33 項は「IFRS サス

---

　(14)　S1・前掲（注9）18項。
　(15)　松元・前掲（注3）40頁。
　(16)　S1・前掲（注9）B3項。

テナビリティ開示基準」で要求される情報が、法令により開示禁止となっている場合には開示の必要はなく、ただしその理由で重要性がある情報を省略する場合には、「制約の源泉」の説明を求める。現状、S1 は法令よりも詳細かつ広範なサステナビリティ情報開示を要求するものであることを前提に、企業がS1 基準ではなくサステナビリティ情報開示に関る法令（が存在する場合に）それに従うことを許容しつつ、その説明を求めるという意味では、コーポレートガバナンス・コードなどの「comply or explain」の姿勢が、法令という根拠があるとしても要求されているかのようである。S1 が今後も改訂され、最新の基準としての地位を持つのであれば、その限りにおいて法令は、サステナビリティ情報開示「基準」としての直接的な役割を S1 に委ねることが望ましく、ただそれを法的責任の問題とする際の妥当性、サステナビリティ情報開示を萎縮しない程度で責任の明確化や具体化の機能を果たすことが、この領域での法令の整備に望まれるものなのであろうか。責任投資の精度を高めるために開示基準が策定され、その統一化が進められている流れの中には、サステナビリティに関する評価機能は市場が果たすとの理解があるように見える。サステナビリティに関わる領域が極めて速いスピードでの変化を企業にも要求する[17]ことを考慮すれば、この領域での法令による基準の策定や評価は妥当ではないとの理解にも頷けるが、そのことが企業活動における法令の重みにどのような影響を与えるのかは注意が必要であろう[18]。

　また、IFRS 以外の一般に公正と認められる会計原則などの基準に従った財務諸表を作成する企業であっても、S1 を適用してサステナビリティ情報開示をすることができる[19]とされる。したがって、我が国の企業で IFRS を適用しないものが、サステナビリティ情報開示においては S1・S2 の基準に従うことも不可能ではない。

---

(17) 久禮由敬＝横田智広「サステナビリティ情報開示のための内部統制」企業会計 75 巻 6 号（2023 年）80 頁。

(18) これに関連して、勢一智子「企業の開示をめぐる問題──環境法の視点から」ジュリ 1598 号（2024 年）53 頁は、「企業による自主的なサステナビリティ情報開示が重要な役割を担ってきた経緯があり、法的規律の意義を改めて問う必要がある」と指摘する。

(19) S1・前掲（注 9）8 項。

その他に表示については「適切な表示」が要求されており、(a) 比較可能で、検証可能で、適時で、理解可能な情報を開示すること、(b) IFRS サステナビリティ開示基準において具体的に適用される要求事項に準拠するだけでは、一般目的財務報告書の利用者の理解にとって不十分な場合には、追加的な情報を開示することが要求されている[20]。

　もう一つの基準である S2 の目的は、投資家が企業への資源の提供に関する意思決定を行うにあたり有用な、当該企業の気候関連のリスク及び機会に関する情報を開示することを当該企業に要求することにある[21]。S2 の適用対象事項は、企業がさらされている気候関連のリスク（すなわち ① 気候関連の物理的リスク[22]、② 気候関連の移行リスク[23]）と、企業が利用可能な気候関連の機会に限定される[24]。気候関連のうち温室効果ガス排出に関する開示の指標として、温室効果ガス（GHG）プロトコル[25]で示されたスコープ 1・スコープ 2・スコープ 3 という 3 分類による GHG の総排出量の記載がされる。このような気候関連リスクに関する分類は、これまで日本企業が多く賛同してきた[26] TCFD の提言で用いられたものと整合的であるとされる[27]が、より詳細な説明が要求される部分も少なくない[28]。

---

(20) S1・前掲（注 9）15 項。

(21) S2・前掲（注 10）1 項。

(22) 「IFRS S2「気候関連開示」に関する結論の根拠（以下において「S2 結論の根拠」と称する。）」BC19 項によれば、気候変動物理的リスクは急性と慢性に分類され、このうち慢性的なリスク（例えば海面上昇など）は、企業にとってより長期的な財務的影響も有する可能性があるとされる。なお「S2 結論の根拠」は S2 に付属するが、その一部を構成するものではない。日本語訳（https://www.ifrs.org/content/dam/ifrs/publications/pdf-standards-issb/japanese/2023/issued/part-c/ja-issb-2023-c-basis-for-conclusions-on-ifrs-s2-climate-related-disclosures-part-c.pdf、最終閲覧 2025 年 2 月 12 日）。

(23) S2 結論の根拠・前掲（注 22）BC20 項によれば、低炭素経済への移行に関連した移行リスクのことを指す。

(24) S2・前掲（注 10）3 項。

(25) GHG プロトコル日本語仮訳（https://www.env.go.jp/council/06earth/y061-11/ref04.pdf、最終閲覧 2025 年 2 月 12 日）。

(26) TCFD コンソーシアムによれば、TCFD の活動終了前の 2023 年 11 月時点に TCFD への賛同を表明した日本の企業・機関数は 1488 であり、イギリス（534）・アメリカ（509）よりも多い（https://tcfd-consortium.jp/about、最終閲覧 2025 年 2 月 12 日）。

(27) S2 結論の根拠・前掲（注 22）BC19 項。

S1 および S2 の中で、「コア・コンテンツ」と呼ばれる原則必須の開示事項の枠組みは、S1・S2 オリジナルではなく、2017 年に公表され 2021 年に一部改訂された TCFD の最終報告書[29]の内容を引き継ぐものである[30]。また、我が国のコードの補充原則 3-1 ③ 後段は、プライム市場上場会社に対し、「気候変動に係るリスク及び収益機会が自社の事業活動や収益等に与える影響について、必要なデータの収集と分析を行い、国際的に確立された開示の枠組みである TCFD またはそれと同等の枠組みに基づく開示の質と量の充実を進めるべきである。」として、TCFD による提言をサステナビリティ情報開示の一定の基準とする。コードの中でも TCFD 提言だけではなく「それと同等の枠組みに基づく」との文言があることから、日本の上場企業が国内で行うサステナビリティ情報開示について、ISSB による S1・S2 などのサステナビリティ開示基準、後述する EU の CSRD による ESRS、本稿では触れていないがアメリカの SEC 気候変動関連規則、そして後述する日本国内での SSBJ による基準を用いることも認められるであろうが、将来的には開示の質と量の基準の筆頭に TCFD 提言が示されている現行コードの補充原則 3-1 ③ 後段は修正される可能性は否定できない[31]。サステナビリティ情報開示のための制度設計や基準策定は、急速に、しかも全世界的に展開しているものであり、我が国における対応もそのスピード感に合わせ、適宜内容を見直すことが不可欠であろう。

2．CSRD による欧州サステナビリティ報告基準（ESRS）

上記 1. で述べた IFRS によるサステナビリティ情報開示基準の策定とは別に、ヨーロッパでは欧州委員会が 2022 年に「企業持続可能性報告指令（Corpo-

---

(28) 「IFRS S2 気候関連開示とTCFD提言との比較」日本語訳は日本証券取引所グループのHPより閲覧可能。https://www.jpx.co.jp/corporate/sustainability/esgknowledgehub/disclosure-framework/issbseminar2ifrss2comparisontcfd.pdf（最終閲覧 2025 年 2 月 12 日）、IFRS 財団による原文は https://www.ifrs.org/content/dam/ifrs/supporting-implementation/ifrs-s2/ifrs-s2-comparison-tcfd-july2023.pdf（最終閲覧 2024 年 7 月 27 日）。

(29) https://assets.bbhub.io/company/sites/60/2021/10/FINAL-2017-TCFD-Report.pdf（最終閲覧 2025 年 2 月 12 日）。

(30) 松元・前掲（注3）39 頁、S1 25 項および TCFD 最終報告書 14 頁参照。

(31) これも後述するが、コードの改訂ではなく、金商法令の改訂に及ぶ可能性もある。

rate social responsibility directive：CSRD)」を発表し、同指令は2023年1月に発効した[32][33]。これを受けてEU加盟国ではCSRD5条に基づき国内法の整備が要求され、フランス、ルーマニア、チェコにおいて国内法化が完了[34][35]、ドイツでは2024年7月24日に政府草案が公表されている[36]。

　CSRDに基づく具体的な開示基準は、EFRAG（European Financial Reporting Advisory Group）によって検討されることとされ、欧州委員会は2023年7月31日、EFRAGにより策定された欧州サステナビリティ報告基準（European Sustainability Reporting Standards：ESRS[37]）の第一弾を承認した。ESRSは、今後段階的に適用対象企業が拡大される予定であり、非財務情報の開示指令（NFRD）の適用対象企業に2024年1月1日以後開始する事業年度分から、次いでNFRD適用外の大規模企業に2025年度分から、EU域内の中小企業（零細企業を除く）に2026年度分から（ただしさらに2年の報告義務免除が認められる）、そしてEU域外企業にも（一定の要件を満たすものに限り）2028年度分から適用される[38]。なお、中小企業や域外企業向けのESRSやセクター（業種）別の

---

(32) Directive (EU) 2022/2464 of the European Parliament and of the Council of 14 December 2022 amending Regulation (EU) No 537/2014, Directive 2004/109/EC, Directive 2006/43/EC and Directive 2013/34/EU, as regards corporate sustainability report. CSRDは、2014年の非財務情報の開示に関するEU指令（NFRD, Directive 2014/95/EU of the European Parliament and of the Council of 22 October 2014 amending Directive 2013/34/EU as regards disclosure of non-financial and diversity information by certain large undertakings and groups.）を拡大する形式で欧州全域において導入される。

(33) CSRDの概要につき安井桂大＝加藤由美子「欧州におけるサステナビリティ情報開示規制の動向――企業サステナビリティ報告指令（CSRD）の概要」商事法務2320号34頁、安井＝加藤＝湊川・前掲（注6）39頁、真鍋和博「欧州企業の持続可能性とEU・CSRD」北九州市立大学地域戦略研究所紀要9号7（2024年）3頁。

(34) 安井＝加藤＝湊川・前掲（注6）41頁。

(35) フランスにおける国内法化の詳細は、内田千秋「フランスにおけるCSRD司令の国内法化――サステナビリティ報告の保証の担い手（会計監査役、独立第三者機関、サステナビリティ情報監査人）に関する改正を中心に――」法政理論第57巻第1号（2024年）1-51頁参照。

(36) Entwurf eines Gesetzes zur Umsetzung der Richtlinie (EU) 2022/2464 des Europäischen Parlaments und des Rates vom 14. Dezember 2022 zur Änderung der Verordnung (EU) Nr. 537/2014 und der Richtlinien 2004/109/EG, 2006/43/EG und 2013/34/EU hinsichtlich der Nachhaltigkeitsberichterstattung von Unternehmen.

(37) https://eur-lex.europa.eu/resource.html?uri=cellar:a17f44bd-2f9c-11ee-9e98-01aa75ed71a1.0008.02/DOC_2&format=PDF&_ga=2.204884884.580280056.1722251314-1048978207.1722147746（最終閲覧2024年7月27日）。

ESRSについては、本来2024年6月に採択予定であったが、2026年6月に延期されている[39]。

ESRSは、EU域外企業への適用もある点も特徴的であるが、内容においてはダブルマテリアリティが採用されたことが特徴的とされる[40]。すなわちESRSを基準として作成されるサステナビリティ報告は、各企業において①サステナビリティ関連の課題が自社の企業価値・財務状況に及ぼす影響（financial materiality、財務マテリアリティ）、②自社の企業活動がサステナビリティ関連の課題に及ぼす影響（impact materiality、インパクトマテリアリティ）、という二つの異なる観点から、その重要性（マテリアリティ）を評価し、その結果に応じて重要性が認められる情報についての報告だけが求められる[41]。ESRSは一般的要件等に関するESRS1・ESRS2、気候変動に関するESRS E1、環境汚染に関するESRS E2、水資源に関するESRS E3、生物多様性に関するESRS E4、資源利用・環境経済に関するESRS 5、社会に関するESRS S1-S4、ガバナンスに関するESRS Gから構成される[42]。

これらの情報開示は、EU会社法上の経営報告書（management report）または年次報告書（annual report）においてなされる[43]。この点、例えばドイツにおいてはNFRDを踏まえてHGB§289bが状況報告書（Lagebericht）に非財務報告を追加する義務のある企業を定めていたが、政府草案では改正によりサステナビリティ報告書の作成も商法上に義務付けられることが提案されている[44]。

---

(38) 安井＝加藤・前掲（注33）34頁、欧州委員会によるESRSの適用に関するQ&AにもESRS適用のタイムテーブルが紹介されている。(https://ec.europa.eu/commission/presscorner/detail/en/qanda_23_4043、最終閲覧2024年7月24日)。

(39) Directive (EU) 2024/1306 of the European Parliament and of the Council of 29 April 2024 amending Directive 2013/34/EU as regards the time limits for the adoption of sustainability reporting standards for certain sectors and for certain third-country undertakings.

(40) 松元・前掲（注3）39頁、真鍋・前掲（注33）78頁、安井＝加藤＝湊川・前掲（注6）40-41頁、またESRSについての欧州委員会によるQ&Aも"double materiality"の採用に触れる。

(41) ESRS・前掲（注37）28項。

(42) ESRS・前掲（注37）Appendix F参照。

(43) CSRD・前掲（注32）30条1項。

(44) ドイツ政府草案・前掲（注36）参照。

366 第3編 企業取引法 第2章 企業取引法の現代的諸相

　また、CSRDでは企業のサステナビリティ報告に対し、第三者による保証[45]を義務付ける[46]点も特徴的である。財務諸表に対しては法定監査人の監査を通じて合理的な保証がされているのであるから、サステナビリティ情報開示に対しても、同様の保証を課すことが必要との理解であり[47]、先行モデルはフランス商法による検証制度とされる[48][49]。サステナビリティ報告への保証はひとまず限定的保証とされているが、将来的には合理的保証が要求される[50]。ただし、限定的保証についても合理的保証についてもいずれの基準も、2025年1月段階では未整備である[51]。

Ⅲ．我が国におけるサステナビリティ情報開示に関する法規制

1．内閣府令の改正とコーポレートガバナンス・コード

　金融審議会は、2021年6月にディスクロージャーワーキング・グループを設置し、①サステナビリティに関する企業の取組みの開示、②コーポレートガバナンスに関する開示、③四半期開示をはじめとする情報開示の頻度・タイミング、④その他の開示に係る個別課題、につき9回の審議を行った。その結果は、2022年6月13日に公表された金融審議会「ディスクロージャーワーキング・グループ報告——中長期的な企業価値向上につながる資本市場の構築に向けて——（以下「DWG報告」と称する。）」に示されている。これを受けて有価証券報告書及び有価証券届出書（以下「有価証券報告書等」と称する。）の

---

(45) ドイツ法の改正案ではHGB324bの持続可能性（サステナビリティ）報告書の監査人となるための要件も定められている。ドイツ政府草案・前掲（注36）参照。

(46) CSRD・前掲（注32）30条1項。

(47) 上妻京子「合理的保証に向かうサステナビリティ報告の保証」會計第203巻第5号（2023年）55頁。

(48) 上妻・前掲（注47）59頁。

(49) フランスにおけるCSRDの国内法化によるサステナビリティ情報開示の保証（証明）につき、内田・前掲（注35）12頁参照。

(50) CSRD・前掲（注32）前文（60）参照。

(51) CSRD・前掲（注32）前文（69）参照、ドイツ政府草案・前掲（注36）参照、それぞれの基準の採択時期について、安井＝加藤＝湊川・前掲（注6）41頁参照。

記載事項に関し、既述の通り、2023 年に「企業内容等の開示に関する内閣府令（以下「内閣府令」と称する。）」の改正が行われた[52]。

改正された内閣府令の中では、有価証券届出書における事業の状況の記載欄に、「サステナビリティに関する考え方及び取組」が加えられ、これに関する記載上の注意として、①ガバナンス（サステナビリティ関連のリスク及び機会を監視し、及び管理するためのガバナンスの過程、統制、手続）及びリスク管理（サステナビリティ関連のリスク及び機会を識別、評価、管理するための過程）について記載すること、②短期、中期及び長期にわたり連結会社の経営方針・経営戦略等に影響を与える可能性があるサステナビリティ関連のリスク及び機会に対処するための取組（戦略）、指標、目標（サステナビリティ関連のリスク及び機会に関する連結会社の実績を長期的に評価し、管理し、及び監視するために用いられる情報）のうち、重要なものについて記載すること、③人材の多様性を含む人的資本に関する戦略並びに指標及び目標について、(a) 人材の多様性の確保を含む人材の育成に関する方針及び社内環境整備に関する方針（例えば、人材の採用及び維持並びに従業員の安全及び健康に関する方針等）を戦略において記載すること、(b) (a)で記載した方針に関する指標の内容並びに当該指標を用いた目標及び実績を指標及び目標において記載すること、が新たに加えられた。これらは、先述した S1・S2 の「コア・コンテンツ」や、TCFD の提言で示されたディスクロージャーの 4 要素「ガバナンス」「戦略」「リスク管理」「指標及び目標」に基づく内容となる。ただし、内閣府令ではガバナンスとリスク管理については記載が必須とされているものの、「戦略」「指標及び目標」については開示が望ましいものの、「重要なものについてのみ」の記載となっている点で、やや緩やかになったようにも見える。もっとも、「戦略」「指標及び目標」についても、重要なものを記載する必要がある上、人材の多様性を含む人的資本に関する部分に関しては「戦略」「指標及び目標」においても記載が必須とされる。この点、前述の DWG 報告では、岸田内閣の主要政策であった「新しい資本主義」の実現に向け、「人への投資の重要性が強調されている」ことを示し、人

---

(52) 上利悟史＝河西和佳子＝森岡聖貴「企業内容等の開示に関する内閣府令等の改正」商事法務 2320 号（2023 年）4-15 頁参照。

件費を単なるコストと捉えるのではなく、人的資産と捉え、「人的投資が持続的な価値創造の基盤となる」ことを企業と投資家の共通認識とすることを目指すという。さらに DWG 報告は、SEC やイギリス財務報告評議会（Financial Reporting Council：FRC）の例を挙げ、国際的にも人的資本に関する開示の充実が図られていることを示し、我が国においても「投資家の投資判断に必要な情報を提供する観点から」人的資本や多様性に関する情報についてのあるべき開示方法として、内閣府令で採用された内容を示している。

　その他、記載上の注意の中で、従業員の状況についての記載中、女性労働者の割合、男性の育児休暇取得率、男女間賃金差異などについて記載することなどが新たに加えられた。これらの女性活躍推進法や育児・介護休業法などによって公表する事項については、有価証券報告書にも「従業員の状況」に記載するものとしたものであるから、同法などによる公表義務を負わない企業に関しては、有価証券報告書への記載も免除される。近年、労働に関する情報開示を条文化する動きが増加していることについては、一定の行為の是正を、義務付けや罰則規定を通じて強制的に実現することが妥当ではない場合に、情報公開を通じて求職者の評判に影響を及ぼすという間接的なプレッシャーを通じて企業のあり方を変化させる有効な手段として[53]評価されているところであり、これらの事項について有価証券報告書への記載を要求すべきでないとは言えない。しかし、従業員の状況などを人的資本に関する事項として有価証券報告書上での強制開示に服させる[54]とすれば、その効果は求職者の評判に影響を及ぼすに留まらない。有価証券報告書への記載によって投資家の動向が左右されることが企業経営へのプレッシャーとなり、結果として人的資本を構成する労働環境などへの配慮がなされるとすれば、その効果は望ましいものの、いわゆるシングルマテリアリティ的理解から乖離する——この点、我が国における有価証券報告書上のサステナビリティ情報開示においても、シングルマテリ

---

(53) 小畑史子「サステナビリティ情報開示の現在——労働法の視点から」ジュリ 1598 号（2024 年）46 頁、山川隆一「労働政策の実現手法の動向と課題——個別的労働関係分野を中心に」和田肇先生古稀記念論集『労働法の正義を求めて』（日本評論社、2023 年）40 頁。
(54) 人的資本についての情報を強制開示にする場合の懸念について、原郁代「人的資本の強制開示に対する課題」法学新報 130 巻 9・10 号（2024 年）419 頁参照。

アリティ的な理解から乖離することを厭わないのであれば問題はないのである
が——ようにも思われる。

　内閣府令の改正を経て、2021年に改訂された現行のコーポレートガバナン
ス・コードの改訂が直ちに行われるのかは定かではない。金融庁の「スチュ
ワードシップ・コード及びコーポレートガバナンス・コードのフォローアップ
会議」は、2024年6月7日に「コーポレートガバナンス改革の実践に向けた
アクション・プログラム2024[55]」を取りまとめて公表し、サステナビリティ
情報開示に留まらず、「サステナビリティを意識した経営」の実現に向け、「中
長期的な企業価値の向上に向けたサステナビリティを巡る課題への対応にあ
たっては、財務情報と非財務情報とのつながりや企業価値向上というアウトカ
ムを意識すること、取締役会による監督の役割、コーポレート・カルチャーを
意識した経営や対話が重要」であり、「国際的な比較可能性を確保したサステ
ナビリティ情報の開示・保証のあり方を検討するとともに、サステナビリティ
を意識した経営に関する具体的な事例を関係者間において共有すべき」との見
解を示した。アクション・プログラム2024は、コーポレートガバナンス改革
の「実践」に向けた提言を示すものであって、コードの改訂に即時につながる
ものではなく、むしろこれまで実施されてきた定期的なコードの改訂を見直す
ものではあるが、コードの目的を理解した上で企業（の経営者）にその実践を
促し、サステナビリティ関連事項については情報開示を通じたサステナビリ
ティ経営への意識づけへ誘導するものとなっており、国際的な流れに沿うもの
となっているといえよう。

2．SSBJ の基準

　2022年7月に発足した財務会計基準機構（FASF）[56]が選任する委員から成

---

(55)　「スチュワードシップ・コード及びコーポレートガバナンス・コードのフォローアップ会議」意
　　　見書(7)、以下「アクション・プログラム2024」と称する。https://www.fsa.go.jp/singi/follow-
　　　up/statements_7.pdf（最終閲覧2025年1月2日）。
(56)　財務会計基準機構（FASF）は、経済団体連合会、日本公認会計士協会、全国証券取引所協議
　　　会、日本証券業協会、全国銀行協会、生命保険協会、日本損害保険協会、日本商工会議所、日本
　　　証券アナリスト協会、企業財務制度研究会という民間10団体によって2001年に設立された公益
　　　財団法人である。

370 第3編 企業取引法 第2章 企業取引法の現代的諸相

るサステナビリティ基準委員会（SSBJ）は、2024年3月29日に、国内でのサ
ステナビリティ開示基準の公開草案（以下「SSBJ基準案」と称する。）を公表し
た[57]。SSBJによれば、ISSBによるサステナビリティ開示基準と整合性のあ
るものとすることが市場関係者にとって有用であると考えられたことから、
SSBJ基準案はS1・S2に相当する基準として検討された[58]。

　SSBJ基準案に関し、2024年5月14日に開催された「第2回金融審議会サ
ステナビリティ情報の開示と保証のあり方に関するワーキング・グループ」の
議事録[59]及び事務局説明資料[60]によれば、金融庁は、有価証券報告書での
サステナビリティ情報開示の基準として、将来的にSSBJ基準案をあてること
を検討している。また、現行の金融商品取引法193条は財務諸表の作成に際し
ては、一般に公正妥当であると認められるところに従って内閣府令で定める用
語、様式及び作成方法により作成しなければならないものと定めるが、有価証
券報告書上のサステナビリティ関連情報開示に関するSSBJ基準案について、
同様に金商法上認められるものとする（取り込む）ことも検討されている。

　SSBJ基準案は、基本的にはS1・S2を踏まえた内容であり、CSRD・ESRS
のようなダブルマテリアリティを前提とするものではない。企業の財務状況に
影響を与えないとしても環境や社会に対して影響を与えるサステナビリティ情
報の開示を要求するというダブルマテリアリティを前提とする対応は、投資家
保護のための財務状況に関わる情報開示を求める金商法上の情報開示の制度と
は相容れないとの理解は正鵠を射ていよう[61]。もっとも、サステナビリティ
情報開示が金商法上義務付けられるものではなく、商法・会社法において企業

---

(57) SSBJ基準案についての解説として、川西安喜「SSBJによるサステナビリティ開示基準案の概
　　要（上）（下）」商事法務2358号（2024年）42-48頁、2359号（2024年）47-54頁参照。
(58) SSBJ「サステナビリティ基準委員会がサステナビリティ開示基準の公開草案を公表」（https://
　　www.ssb-j.jp/jp/domestic_standards/exposure_draft/y2024/2024-0329.html、最終閲覧2025年
　　2月12日）。
(59) 金融審議会「サステナビリティ情報の開示と保証のあり方に関するワーキング・グループ」（第
　　2回）議事録」（https://www.fsa.go.jp/singi/singi_kinyu/sustainability_disclose_wg/gijiroku/2024
　　0514.html、最終閲覧2025年2月12日）。
(60) 金融審議会（https://www.fsa.go.jp/singi/singi_kinyu/sustainability_disclose_wg/shiryou/2024
　　0514/01.pdf、最終閲覧2025年2月12日）。
(61) 松元・前掲（注3）41頁。

に義務付けられるものだとすれば、その限りではない。

その他、サステナビリティ情報開示に関する保証についても導入が検討されているが、時期については、SSBJ 基準案の導入と同時期とすべきか、保証については若干遅れて導入とするかの議論がある。サステナビリティ情報に対する保証の担い手をどうするかの議論については、財務諸表の監査を行う公認会計士や監査法人に対し、公正な監査を行うのに必要な要件として課されているのと同等の厳しい質保証要件が必要になるため、サステナビリティ情報の保証業務提供者による自主規制団体が設立されるようにならなければ難しいとの意見も見られる[62]。サステナビリティ報告への保証を要求する CSRD においても、当然のように保証の担い手である独立保証業務提供者に対し、サステナビリティ報告の保証に必要な専門知識を確保するための研修及び試験等の各種の要件を定めている[63]。サステナブルファイナンスが広がる中で、ESG 評価機関に対する信頼やグリーンウォッシングが社会的な注目を集めている[64]ことからも、企業によるサステナビリティ報告について信頼できる監査・保証が実現できなければ、サステナビリティ報告の信用性は失われるという EU の考え方は妥当である。サステナビリティ情報を監査するための研修や資格の創設などを含め、保証制度の質を確保するための方法を、日本国内においてこれから検討しなければならないとすれば、SSBJ 基準案の採択と同時に保証制度を導入することは難しいようにも思われる。

Ⅳ. おわりに

日本のサステナビリティ情報開示は、確かにこれまでも少なからぬ上場企業が任意で取り組み、経験を積み上げてきたものであるとしても、大多数の非上

---

(62) 弥永真生「サステナビリティ情報に対する保証の担い手」會計 203 巻 3 号（2024 年）236 頁。

(63) CSRD34 条 4 項、弥永・前掲（注 61）230-231 頁参照。

(64) ESG やグリーンウォッシングについて、髙橋真弓「ESG 評価機関の法的規律——企業情報仲介者としての特性と規律のアプローチ——」一橋法学第 23 巻第 1 号（2024 年）59-106 頁、野田博「グリーンウォッシングへの対応と課題」法学新報 130 巻第 9・10 号（2024 年）365-393 頁参照。

場中小企業にとっては当事者意識の薄弱な事項にとどまるのが実情であろう。しかしながら、気候変動を中心として、大企業から中小零細企業までいずれの企業はもとより世界それ自体の存続を危ぶませる事態がすでに発生し進行しつつある状況に対し、各企業が自らの主体性を持って、これに取り組む必要があることに異論はない。Ⅲ.2. において述べたように、今後、SSBJ 基準案が確定し、採用されるとしても、保証をどのように実現するのかといった問題が残る。また、それ以上に注意すべきは、日本の場合、サステナビリティ情報開示の要請は金融商品取引法上のものであり、上場企業に対して適用されるにすぎないため、非上場の中小零細企業に対しては今後もこの問題に積極的に取り組ませることが難しい点である。

　しかしながら気候変動への取り組みを含むサステナビリティへの対応は、むしろ組織の小さな非上場の中小零細企業こそが着手しやすい側面もあり、かつそうした企業がこれらに取り組むことは、まさに新しい企業価値を生み出すことにつながる可能性を大いに含んでいる。世界中で取り組むべき課題に答えるための方法は様々であり、その方法を日本の地方の中小零細企業が提案したとして、それが世界各国の多様な企業に対しても利用可能なものになる可能性もある。上場企業に対し、喫緊で取り組むべき課題として紹介し、対策を講ずることももちろん重要であるが、そこからこぼれ落ちた中小零細企業に向けてもその必要性を説き、実践へと繋げる必要があるのではなかろうか。

再保険契約における受再者の
運命共同体原則・追随義務
──メキシコ湾原油流出事件を参照して──

武 田 典 浩

Ⅰ. はじめに

再保険とは、保険者が自己の負担する保険責任の一部または全部を、他の保険者に転嫁する経済活動であり、保険者は再保険を通して、自らの引受能力を補完するとともに引き受けた危険の分散と平準化を図っており、再保険は保険事業経営の安定と強化を実現していくうえで非常に重要な手段となっている[1]。日本における再保険の議論は、その制度概要を紹介する程度にとどまり[2]、当事者間における法律関係の分析については、わずかな例外を除き[3]、それほど議論が進展していない状況であった。しかし、近時、日本においても再保険契約関係における保険金の支払いに関する事件が現れるようになり[4]、その流れを受けて、いわゆる運命共同体原則が再保険契約において

---

(1) 大谷光彦監修(トーア再保険株式会社編)『再保険その理論と実務〔改訂版〕』(日経 BP コンサルティング、2011 年) 1 頁。

(2) 近時刊行された石井隆『再保険の基礎とチャレンジ』(保険毎日新聞社、2024 年) も同様である。

(3) 例えば、烏賀陽然良「再保険の意義竝に性質」『商法研究第四巻』(有斐閣、1936 年) 1 頁、同「再保険契約関係より生ずる特殊の義務に就て」同 71 頁、松木太郎『再保険法の理論』(有斐閣、1957 年)。

(4) 東京地判平成 31 年 1 月 25 日金判 1576 号 20 頁では、再保険契約における Follow the Settlements 条項と請求協力条項の関係が問題となった。とりわけ、後者については、後述する、Claim Co-operation 条項として認定できるのかが問題となった。本件については、拙稿「再保険契約の構造とその約款について──企業保険における約款解釈に関する一事例──」保険学雑誌 654 号 (2021 年) 23 頁も参照。

明記されていない場合においても、これを商慣習（法）として認めることができるかについて、裁判所が初めてその判断を行った事件（メキシコ湾原油流出再保険金請求事件：以下、「本件」という。）(5)が現れた。

　本稿は、本件の判断を参照し、そこでとりわけ議論がなされている運命共同体原則と追随義務の内容について若干の検討を加える。以下、Ⅱ．では本件における事案の概要と判示を紹介し、Ⅲ．ではそこで現れた議論を検討し、Ⅳ．では簡単なまとめを行う。

Ⅱ．メキシコ湾原油流出再保険金請求事件

1．本件事案の概要

　本件は、いわゆるメキシコ湾原油流出事故（以下、「本件事故」という。）に関し、出再者である原告 X 社が元受保険契約に基づき、元受被保険者に対して保険金を支払ったとして、受再者である被告 Y1 社、Y2 社（両者を「Y1 社ら」と総称する。）に対し、再保険契約に基づき再保険金の支払を求める事案である。

　2008 年 6 月 1 日から 10 年間、A 社は米国政府からルイジアナ州のメキシコ湾内の連邦大陸棚の水面下の土地（「マコンド炭鉱鉱区」）を賃借し、石油・ガス資源を掘削・開発する権利を付与された。2009 年 10 月 1 日、B 社は A 社がマコンド炭鉱鉱区から受ける権益の 10％を譲り受け、同日を効力発生日とし A 社との間で「操業協定」を締結した。A 社がオペレーター、B 社がノン・オペレーターとして、マコンド炭鉱鉱区内において油田の開発事業（「マコンド炭鉱鉱区開発事業」）を行うことになった。同「操業協定」には、本契約に基づく活動に関係する損失、損害で共同勘定のために付保されている保険の対象ではないあるいは当該保険の限度額を超えるものに係る責任は、各当事者の参加権利割合に比例して各当事者が負担するが、当該責任がいずれかの当事者の重過失又は故意によるものである場合は当該当事者が単独で責任を負う、との規定が

---

(5)　東京高判令和 3 年 4 月 28 日判時 2496 号 9 頁。原審は東京地判令和 2 年 2 月 14 日判時 2446 号 41 頁。

存在した。なお、C 社は A 社からマコンド炭鉱鉱区の権益の 25％を譲り受け、ノン・オペレーターとしてマコンド炭鉱鉱区開発事業に参加していた。A 社のグループ会社は D 社の子会社との間で業務委託契約を締結し、D グループの所有する石油掘削リグを用いて、マコンド炭鉱鉱区内の坑井の掘削作業を行っていた。

X 社（三井住友海上火災保険）は、2009 年 9 月 30 日、E 社との間でアンブレラ保険契約を締結した。その内容は、保険者：X 社、被保険者：E 社及び同社の子会社である F 社、F 社の完全子会社である G 社、G 社の完全子会社である B 社、保険期間：2009 年 10 月 1 日から 2010 年 9 月 30 日、支払限度額：本件汚染損害賠償特約条項の汚染危険の場合には 1 事故につき 1 億米国ドル、準拠法：日本法、である。

X 社は、2009 年 9 月下旬ころ、被告 2 社（Y1 社、Y2 社）を含む保険会社 5 社との間で、本件アンブレラ保険契約を元受保険契約として、再保険契約を締結した。その内容は、保険期間：2009 年 10 月 1 日から 2010 年 10 月 1 日、引受割合：Y1 社：40％、Y2 社：4.5％、他 3 社合計：25.5％、支払限度額：1 事故につき 1 億米国ドルまで、準拠法：日本法、である。

2009 年 11 月 9 日、X 社 は、G 社、F 社 及 び B 社 等 を 被 保 険 者 として、ENERGY PACKAGE POLICY（エネルギー包括保険契約）を引き受けた。その内容は、保険期間：2009 年 11 月 9 日から対象となる掘削井の廃坑又は坑井仕上げの作業が完了するまで、補償対象：① 坑井の管理、再掘削・臨時費用、漏出・汚濁、浄化及び汚染等に関する臨時費用、② 被保険者の業務及び／又は規定された請求から生じた、あらゆる内容の法律上の第三者賠償責任及び契約上の責任、支払限度額：次の各金額に 10％（B 社が有するマコンド炭鉱鉱区の権益の割合）を乗じた金額：補償対象 ① については、1 事故につき 3 億米国ドル、補償対象 ② については、1 事故につき 1 億 5000 万米国ドル、である。

A 社は本件石油掘削リグを用いて、マコンド坑井を掘削していたが、2010 年 4 月 9 日、海水面から約 1 万 8360 フィートまで掘削し、掘削作業を終了させた。4 月 18 日より、A 社は仮廃坑作業に進み、坑井の底を塞ぎ、炭化水素等の流体の浸入を防ぐため、ケーシング内からセメントを注入し、ケーシングの底からケーシングと地層との間にセメントを流れ込ませて固める作業を実施

した。A 社は炭化水素等の流体が坑井内に浸入することがないかを判断するため、負圧テストを実施し、これに成功したものと判断したが、このテストの結果の判断について、陸上の A 社の技師チームに一切相談していなかった。

2010 年 4 月 20 日、ライザーパイプ内に残る泥水を海水に置き換える作業中、午後 9 時ごろよりドリルパイプ内の圧力が上昇し始め、原因調査のためにポンプを停止させたところ、午後 9 時 39 分、ドリルパイプの圧力が下降に転じ、同 40 分ごろ、暴噴が発生し、同 49 分ごろ、本件石油リグ上で引火、爆発、炎上し、本件事故が発生した。

2010 年 12 月 15 日、米国政府は、B 社、A 社、C 社らに対し、水質汚濁防止法に基づく民事制裁金、並びに米国油濁防止法に基づく清掃費用及び損害についての支払義務の確認を求める訴訟を提起した。

2011 年 5 月 20 日、F 社、G 社及び B 社（以下、この 3 社を総称して「B 社ら」という。）は、A 社との間で、本件事故に関し、和解契約（以下、「本件和解」という。）を締結した。その内容としては、G 社が A 社に対し和解金として 10 億 6500 万米国ドルを支払い、B 社らと A 社は、それぞれ相手方に対する請求権を放棄し、A 社は、第三者からの B 社らに対する請求（将来分を含む。）について B 社らを防御及び補償するというものであった。同日、A 社は本件和解をしたことを自社のホームページ上に記載した。

X は、NY 州の法律事務所の意見書を踏まえ、2012 年 3 月 16 日、本件アンブレラ保険契約に基づき、保険金 1 億米国ドルを支払うことを決定し、同 27 日、これを、G 社を介して B 社に支払った。しかし、X 社及び Y1 社らは、いずれも、B 社に対し、B 社が本件和解をすることについて事前同意をしていない。

X 社は Y1 社らに対し、再保険契約に基づき、Y1 社に対しては再保険金 4000 万米国ドル及び遅延損害金、Y2 社に対しては再保険金 450 万米国ドル及び遅延損害金の支払を求めた。

第一審（東京地判令和 2 年 2 月 14 日判時 2446 号 41 頁）は請求を棄却した。X 社が控訴した。

2．判旨

控訴棄却

⑴　本件再保険契約における運命共同体原則の適用の有無について

（ア）　原審判決引用部分（以下、下線部分は控訴審で修正された部分）

運命共同体原則は、元受保険者にとっては、保険金支払責任が生じた場合に支払請求に関する負担を軽くすることでメリットとなる一方、再保険者にとっては、再保険金支払請求を調査判断する負担を不要とする点でメリットがないとはいえないが、元受保険金支払の判断が信用できない場合には元受保険金支払を調査判断するという大きな負担がかかることで、必ずしもメリットとはならないものである。「したがって……再保険契約の性質から、運命共同体原則が商慣習として受け入れやすいものとは考えにくい。」

「大審院昭和 15 年 2 月 21 日判決（民集 19 巻 273 頁）の原審……Ｘの指摘する「追随の義務なるもの」は、ローン・フォームを商慣習であると判示するに当たって言及されたものにすぎず、「追随の義務なるもの」を商慣習であるとは述べていない……運命共同体原則が商慣習であるということはできない。

烏賀陽然良の論文は……昭和 3 年に発表されたものであって、現在の商慣習をいうものではない……。

……英国において、再保険契約に follow the settlement 条項が挿入されていない場合には、元受保険者は、元受保険契約上の要件を充足していることを主張立証しなければならないとされていることが認められる。そうすると、英国において運命共同体原則が商慣習となっているとはいえない……英国においては、19 世紀後半、元受保険者が、再保険契約の条項に pay as may be paid thereon の文言を入れることで、元受保険者が支払った金額の全額について再保険金が支払われることを目指したが、上記文言が規定されている再保険契約においても元受保険者が元受保険契約において保険金支払義務があったことを主張立証することを求められるようになり、その後、20 世紀に入り、上記文言を follow the settlement と改めたところ、当該文言が規定されている場合には、再保険者において、元受保険者が誠実かつビジネスライクに行動したことを怠ったことを証明しない限り、再保険者は元受保険者の保険金支払に追随すべきであるとされたのである……元受保険者が元受保険契約上の要件充足性の

主張立証を免れようとして契約上に規定を設けても、再保険者が当然にはこれを受け入れていない様子が顕れているといえるのであって、このことからも、再保険契約の性質をもって、運命共同体原則が商慣習となっているということはできない。

　他に、日本法において、運命共同体原則が一般に受入れられて定着し、慣習法となるまでに具体的に成熟したものとなっていると認めるに足りる証拠はない。」

　「……本件再保険契約には、「運命共同体原則」(follow the settlement あるいは follow the fortune) を明記した条項は存在しない……から、本件再保険契約につき、運命共同体原則が適用されるとはいえない。したがって、Ｘは、本件保険金の支払が、本件アンブレラ保険契約における保険金支払要件を満たすことを主張立証しなければならない。」

　(イ)　控訴審における追加的主張に対する判断

　「Ｘ社に意見を求められて作成された……「意見書」と題する書面には、フォローザフォーチュンは、再保険契約における基本原理として言及され、再保険契約においては、再保険者は元受保険者の運命に寄り添うといった基本的な考え方として理解されることが多く、法理ともいうべき重要な考え方が含まれており、フォローザセトルメントは、支払という具体的処理における追随を意味する文言として、又はそれを合意する条項の名称として利用されることが多い旨が記載されている。

　しかしながら、同意見書においても、フォローザフォーチュンの意味内容、射程範囲が必ずしも明らかでなく、国際的に共通の考え方が定まっていない、法的に意味内容が確立したものとはなっていないとも記載しており、この意見書からフォローザフォーチュンが一般的に認められた商慣習とはいい難い。」

　「Ｘ社は、再保険の性質から、再保険金の支払義務の有無は元受保険の支払時点の事実に基づいて判断しなければならず、元受保険において保険金の支払義務を負う場合は、再保険者の所在する法律や法制度にかかわらず、再保険者が再保険金の支払義務を負うことになる、再保険金の支払義務の有無は、元受保険の準拠法の法律や法制度、実務に従って判断されなければならない旨を主張する……本件アンブレラ保険契約の準拠法も本件再保険契約の準拠法も日本

法であり……、再保険金請求の可否の判断は、日本法上、元受保険金支払判断時の事実ではなく、事実審の口頭弁論終結時における事実により判断され、この民事事件における裁判所の判断の基準時が事実審の口頭弁論終結時であることは、日本法上の基本的な原則である。」

(2) 「汚染事故」に起因する「人身障害」、「物的損害」又は「清掃費用」を理由として被保険者が法的に損害賠償義務を負う損害該当性について

「……本件アンブレラ保険契約は、本件アンブレラ保険契約が適用される事故によって生じた損害を理由として、保険期間中に被保険者に対してなされた請求に関して、被保険者が損害に対する支払義務を負う最終正味損失を被保険者に代わって支払う旨を定めている……最終正味損失とは、「判決若しくは当社の書面による同意に基づく和解により、被保険者が負うべき損害の示談、若しくは賠償として現金で実際に支払われ若しくは支払うべき額……という……本件アンブレラ保険契約において、保険者（X社）が保険金支払義務を負うには、被保険者（B社）が法的に損害賠償義務を負うことに加え、当該義務に基づいて被保険者が支払うべき額が定まっていることが必要であるというべきである。」

「……本件和解それ自体は、B社がA社から受けた請求についてA社との間で締結した和解であって、A社以外の第三者にその効力が及ぶものではないから、本件和解により、B社とA社以外の第三者との間の法的支払義務の有無及びその額について確定したということはできない。また、A社以外の第三者は、本件和解の後、B社に対する訴えを取り下げているところ、そのことには、B社が上記条項を含む本件和解をしたことが影響したことが窺われるものの、こうしてB社がA社以外の第三者からの請求を免れたのは、事実上の影響にすぎない。」

「本件事故は、マコンド坑井の底に設置したプロダクション・ケーシングのセメント作業が失敗したために、マコンド坑井内部に炭化水素が浸入して暴噴が発生したことにより生じた……セメント作業が成功したか否かを確認するテストは負圧テストのみであった」が、「セメント作業が成功したか否かの判断をより慎重にすべき事情があった……」過去に用いられたことのない方法を用

いられて行われた「ドリルパイプでの負圧テストは、3回とも不合格と判断すべき結果であった……キル・ラインでの負圧テストも合格とは判断できないものであった……リグ上のA社の従業員は、負圧テストの結果判断について、専門知識と経験を有している陸上のA社の技師チームに相談することができたにもかかわらず、それもしなかった。」

「したがって、B社が本件和解をする前に入手可能であった資料に基づいて見ても、B社は、無謀にも負圧テストを合格と判断して仮廃坑作業を進めたことが認められるから、A社には重過失があったというべきである。」

「……X社は、本件判決(6)はA社の行為が米国水質汚濁防止法の重過失及び故意に該当するかを判断した判決であり、重過失に関する法的基準は様々であるから、本件判決の判断をもって、A社に本件操業規定22.5条の重過失又は故意があったということはできないと主張するが、本判決は、以上の認定事実に基づき、A社に重過失があったと判断しているのであり、本件判決の判断に基づいてA社の重過失を認定しているわけではないので、その批判は失当である。」

「A社には重過失が認められ、本件事故によって生じた損害を賠償する責任はA社のみが負い、B社は本件事故によって生じた損害を賠償する責任を負わないから、B社は、A社の本件操業協定に基づく分担金の請求に対し、法的支払義務を負うとはいえない。」

「なお、念のため述べると、本件では、B社がA社に対して法的支払義務を負うか否かは裁判所の審理対象であり……本件再保険契約には運命共同体原則が適用されないのであるから、A社の重過失の有無の判断時点は本件訴訟の事実審の口頭弁論終結時であるところ、同時点においてA社に重過失があったと認められることは既に説示したとおりである。」

---

(6)　米国ルイジアナ東部地区地方裁判所における2014年9月4日判決であり、本件事故に関して、A社が負圧テストに合格すると判断したことが誤りであり、仮廃坑作業に移行すべきではなかったなどとして、同社に米国水質汚濁防止法上の重過失又は故意があったと判断した。判時2446号61頁、中出・後掲（注7）67頁（注8）。

Ⅲ．研究

1．総説

本件 [7] の論点は、大きく分けて 2 つある。第 1 点は、いわゆる運命共同体原則（Follow the Fortune）が再保険契約において商慣習（法）化するか否かであり、第 2 点は、本件における元受保険者である X 社は、B 社に対して元受保険について補償する義務があるかどうかである。本件ではその両者とも否定し、その結果、X 社による Y 社に対する再保険金支払請求は棄却されている。

なお、以下の説明では、元受保険契約における保険者＝再保険契約における保険契約者を出再者、再保険契約における保険者を受再者と、文言を統一する。また、一般に運命共同体原則のことを Follow the Fortune 原則というがここでは FF 原則と称し、また追随義務の根拠となる Follow the Settlements 条項を FS 条項と称す。

2．FF 原則の商慣習（法）性について

(1) 基礎となる概念について

不明確かつ不統一な現状にある再保険契約法につき、明確で統一的な契約ルールを確立する国際プロジェクトである「再保険契約原則 PRICL」[8] において、FS 条項は、出再者がその被保険者と行った元受保険の処理に受再者が追随するという考えであり、FF 原則は、出再者がコントロールできない状況と運命を受再者も共にするという考えであるとされている [9]。とりわけ、FF 原則については、元受保険における保険金請求訴訟の結果や、為替レートの変

---

(7) 本件に対する評釈としては、榊素寛・損害保険研究 84 巻 2 号（2022 年）129 頁、中出哲・金融商事判例 1661 号（2023 年）62 頁。

(8) 中出哲＝小塚荘一郎「再保険契約のグローバルな準則——再保険契約原則（PRICL）の策定について——」損害保険研究 82 巻 1 号（2020 年）261 頁、265 頁。

(9) 中出＝小塚・前掲（注 8）284 頁。

動、元受保険契約における法の変更などを、受再者が受け入れることを意味する[10]。ただ、両概念についてはその内容を明確に区別することができるかについては議論が分かれている状況である[11]。

　本件は原審・控訴審を通して、FF原則を問題としているのか、それともFS条項を問題としているのか、判決文を読んでも非常に分かりにくい。たとえば、原審判示においては、争点提示の箇所で「follow the fortune（運命共同体原則）とは、再保険契約において、再保険者は、元受保険契約上の保険金の支払が合理的に行われている限り、被再保険者（元受保険者）に対し再保険金を支払わなければならず、元受保険契約上の保険金支払義務に関して被再保険者（元受保険者）の判断を争うことはできない、とするものである」と定義づけを行っており[12]、これは明らかにFS条項の定義を意味しているにもかかわらず、裁判所はこれをFF原則の定義として言及していることに、定義の混乱が生じており、この点を踏まえて、本件原審は、FS条項が商慣習法化していないと判示したにすぎず、FF原則が否定されたわけではないとの批判がなされている[13]（なお、該当部分は控訴審判断において削除されており[14]、それに代わるFF原則の定義を明記した部分が付加されてもいない。）。

　本件においてFS条項（あるいはFF原則とされているもの）の適用が問題となった局面は、A社とB社との間でなされた和解により支払われた和解金についての元受保険金の支払い、そしてその後の再保険金の支払いである（これも当然に、FS条項の存在が認められたわけではないので、Xによる再保険支払いについての立証が要求されることになるが）。これは、元受保険者のコントロールを超えるリスクや、為替レートの変動、法の変動が問題となる局面ではなく、出再者による元受保険金の支払いに対する受再者の追随が問題となる、FS条項の適用の場面であろう[15]。

---

(10)　中出＝小塚・前掲（注8）285頁。

(11)　たとえば、COLIN EDELMAN＝ANDREW BURNS, THE LAW OF REINSURANCE, 3rd ed., 2021, 4.51においては、両者を混同するアメリカの議論を紹介している。

(12)　判時2446号45頁。この争点提示の部分は、Xの主張に対応しているようであり、そうすると、X自身がこのような定義を主張したと推察される。

(13)　中出・前掲（注7）65頁。

(14)　判時2496号13頁。

イギリス再保険法において、FS 条項によって、それに追随するように拘束されている「支払い」について問題となる概念として、「任意支払い Ex Gratia Payment」が存在する。これは、元受保険契約の下において被保険者に対し保険金を支払う責任がない場合に、保険者による被保険者に対する金銭支払いが存在することをいう[16]。この場合、保険者（出再者）は、おそらく商業的な理由に基づいて、保険を支払うことがあり得るとされている。問題は、このような支払いについて、受再者が再保険金の支払を行うべきかにあるが、これが再保険のカバーに入る旨の明示的な規定が存在しない限り、受再者は再保険金の支払いを行う必要はないと解されている[17]。出再者が元受保険金を支払うときに、誠実に行動し、かつ適切かつビジネスライクな（ビジネスとして求められる）[18]処置をとっていたことを条件に、受再者は出再者の支払に追随して再保険金を支払うことになるため、上記のような明示的条項がある場合においてのみ、出再者は誠実・適切な措置を採っていたと評価し得るからだとされている。

本件においても、本件和解が X や Y1 らの事前の同意を得ない状況でなされた点において、上記任意支払いに該当する可能性もあったかと思われる。しか

---

(15) 榊・前掲（注7）149 頁。

(16) 拙稿「イギリス再保険法における Follow the Settlements 条項──近時の裁判例を参照して──」損害保険研究 84 巻 4 号（2023 年）35 頁、中出哲「Ex Gratia Payment（法的義務のない保険金支払い）の位置づけ──マスリスクの保険と非マスリスクの保険の違い──」損害保険研究 85 巻 3 号（2023 年）17 頁。

(17) これに関する代表的な事件としては、Hiscox v. Outhwaite（No.3）[1991] Lloyd's Rep 524 を挙げることができる。この事件では、アスベスト被害補償のために形成された Wellington Agreement と称する合意の存在が問題となった。これは、アスベスト被害があまりにも広範であり、莫大な額の賠償請求が見込まれるため、アスベストに関連する請求はすべて Wellington Facility により取り扱われ、これら賠償請求に応じて個別被害者に支払われた額は、Agreement に参加した生産者全員により比例配分され、参加した保険者は保険契約を締結した生産者に付保割合に応じて支払いを行う責任があり、さらに，参加した保険者は、たとい特定の保険者がその保険ポリシーの下でさらなる支払いを行う責任がないときでも、その被保険者たる生産者の責任についての金額についてさらに支払いを引き受けさせられるというものである。この Agreement に基づく出再者による保険金の支払いが、再保険の支払い対象になるのか問題となった事案である。本文で示した通り、それに対して再保険金を支払う旨の明示的条項がない限り、受再者は再保険金を支払う必要はないと、裁判所は判示した。拙稿・前掲（注16）9 頁参照。

(18) 中出＝小塚・前掲（注8）285 頁。

し、本件和解そのものを問題としたよりもむしろ、本件和解によっても損害賠償額が確定していないことに関心を有しているようである。本件和解により、B社らはA社に対する請求権を放棄し、その代わりにB社らに対する第三者からの請求への防御を行うことを宣明したのであるから、本件和解は単なる任意支払いには該当しないと評価し得る[19]ので、その点で、損害賠償額の確定の議論へとつなげたと評価できるかもしれない。

なお、本件において、FF原則の適用場面でありうる点について敢えて推察すると、注6で既述のように、2014年9月4日に、A社に米国水質汚濁法上の重過失又は故意があったとの判断がなされ、原審・控訴審はそれを踏まえてA社の重過失を認定した。そこで、本件元受保険金の支払い時点においてはそのような判決は出ておらず、それゆえ重過失がない状況での和解金支払いであり、Xもそれを前提として元受保険金を支払ったのであるから、その判断にY1らも従うべきであるという、元受保険金の支払い後に生じた事情変更についても、Y1らは影響を受けるべきではないとの点で、FF原則の適用を問題とする余地はあったものと思われる[20]が、Xの主張も、これに対応した裁判所の判断も、そのような理解を明確に示しているようには思えない。

(2) 本件判示

本件判示において、FF原則（既述のように、実際にはFS条項の適用が問題となるはずであるが）が商慣習とはならないと判断した理由として、① 再保険契約の性質、② 大判昭和15年2月21日における「追随の義務なるもの」、③ 昭和3年の烏賀陽論文、④ 英国における状況、を挙げており、さらに、本件控訴審判示においては、⑤ 日本法においてはFF原則が慣習法になるまで具体的に成熟したとはいえない、⑥ 本件再保険契約にはFF原則を明記した条項がない、⑦ FF原則とFS条項の意味内容、射程範囲に国際的に共通な考え方が定まっていない、⑧ 再保険金請求の可否の判断は、元受保険金支払判断時ではなく、事実審の口頭弁論終結時であること、を挙げている。

---

(19) 榊・前掲（注7）155頁。
(20) 中出・前掲（注7）66頁は恐らく本文に述べたような理解を前提としている。

①②③④⑥⑦は商慣習としての慣行の事実の存否の問題であろうし、⑤⑧は商慣習法の存否の問題となろう。

①については、商慣習成立のためには慣習の両当事者にとってメリットになることが必要となるべきであるが、元受保険金支払の判断が信用できない場合に、元受保険金支払を調査判断することには大きな負担がかかり、その結果再保険者にとってはメリットにならない可能性もあることを指摘する。当事者間における慣行となるためには、双方にとってメリットとなる必要があろう。なお実際には、このような判断のためにClaim Control条項や、Claim Co-operation条項が再保険契約に挿入されることがある。これは、出再者が損害の発生を認識した場合において、前者では受再者が出再者のクレームの処理に関与できる旨の、後者ではその損害に関する利用可能な情報を受再者に伝えるなど、クレームの解決に協力しなければならない旨の条項である[21]。この条項を挿入するにも、明示的規定が必要とされている。②については、たしかに、大判昭和15年2月21日民集19巻273頁[22]において、受再者の出再者に対する「追随の義務」なる文言が用いられてはいるが、これは、再保険金が支払われても、元受保険者が代位により取得した請求権を行使し、それにより得られた金銭を再保険者へ分配するという点で「追随」という言葉を使ったに過ぎず[23]、本件のように出再者の支払に受再者が追随するとの文脈で用いたのではない。③④については、昭和3年当時の烏賀陽論文は、FS条項の発生根拠を商慣習に求める、当時のドイツの見解にほぼ準拠して書かれている。

---

(21) 稲田行祐『英国再保険法の基礎知識一問一答』（保険毎日新聞社、2015年）85頁。

(22) 被保険者たる船舶衝突被害者に出再者（原告）が保険金を支払い、請求権代位により取得した損害賠償請求権を船舶衝突加害者（被告）に行使した事例。受再者が出再者に再保険金を支払ったため、受再者が請求権代位により損害賠償請求権を取得し、受再者たちが同請求権を行使すべきだったと争われたが、原告は、出再者と受再者との間には、受再者が当該債権をその全額について行使しうべき受託関係が商慣習法上認められると主張した。これに対し大審院は、「元受保険者に於て自己の名に於て之を行使し得べく依て回収したる金員を再保険者に交付する商慣習法の存在することを判定し得ざるにあらず」として、商慣習法の存在を認めた。このような商慣習法が発生する理由としては、人数も、国籍も多数となる再保険者が、自ら代位取得した権利を行使することが大変に煩雑・不便であるという、再保険契約の特質に由来すると、指摘されている。石井照久「判批」法協58巻7号（1940年）1114頁、竹濵修「判批」神作裕之＝藤田友敬編『商法判例百選』（有斐閣、2019年）5頁。

(23) 民集19巻282頁。

しかし、現在のドイツにおいても、現在の国際的再保険市場の背景の前においては、国境を越える再保険契約の締結においては、商慣習の発生要件となる、商取引領域における取引の認識と、その受容が存在するとは到底いえないとの見解が有力となっているようであり[24]、やはりイギリス再保険法のように契約の明示的条項が中心とならざるを得ない。⑥は、③④で述べた議論がFF原則にも妥当しよう。⑦については、既述のように明確かつ統一的な再保険契約ルールが存在しないからこそ、再保険契約原則の策定作業が進んでいる状況である。

　FF原則が商慣習化していると認定するための慣行の事実の存否そのものを認定することは恐らく不可能であろう。ただ、もしも当事者間においてFSないしFFを挿入したいのなら、明示的条項に委ねざるを得ず、それらが挿入されていない以上は、それらはないものと判断すべきであり、それに反するような条項を商慣習というかたちで挿入することは妥当ではない[25][26]、というかたちで推認する以外になかろう。

　⑤については、Xの主張から察するに、商法1条2項に規定される「商慣習（法）」該当性が問題となろう。ただ、上記③④を踏まえると、Xの主張の前提となっている文献では、FS条項の「商慣習」該当性が問題となっており、これを踏まえると、本件においてもFF原則の「商慣習」該当性が問題となることになろうが、本件においては、商法1条2項における「商慣習（法）」該当性が問題となっているようである。

　同条同項は、商事に関する法源として、商法、商慣習、民法の適用順位を定

---

(24) Katharina Bressler, *Die Grenzen der Folgepflicht des Rückversicherers*, in: ROBERTS KOCH (HRSG), AKTUELLE PROBLEME DES VERSICHERUNGSVERTRAGS-, VERSICHERUNGSAUFSICHTS-, UND VERMITTLERRECHTS, 2019, 95, 103.

(25) 再保険契約はプロ同士が当事者となって締結される保険契約であるため、そこには契約自由原則が適用されることになる（落合誠一「商人間取引の特色と解釈」中山信弘編集代表（神田秀樹編）『ソフトロー研修叢書第2巻市場取引とソフトロー』（有斐閣、2009年）113頁）。よって、明示的条項として挿入されていない事柄について契約当事者を規律することは考え難いし、それが契約の合理的解釈からの帰結である。中出・前掲（注7）64頁、中出哲＝嶋寺基編著『企業損害保険の理論と実務』（成文堂、2021年）59頁〔中出哲〕、113頁〔嶋寺基〕。

(26) 榊・前掲（注7）148頁においても、商慣習法自体の合理性を認定することは無理なので、合理性がないものは商慣習としては受け入れられないと判断することは説得的であるという。

めるものである。平成 17 年商法改正前においては「商慣習法」と規定されていたが、法適用通則法 3 条において「慣習法」を意味するものとして「慣習」という文言が用いられた[27]ことと平仄をあわせて、平成 17 年商法改正において「商慣習」という文言に改められたため、その実質は「商慣習法」を意味するものと解されている[28]。さて、商法 1 条 2 項における「商慣習法」に該当するためには、慣行の事実と、法的確信が要求されており、慣行性のみをその該当性とする事実たる慣習（民 92 条）とは異なる。また、前者は法である以上は、元来は裁判所が職権でこれを適用すべきであるが、商慣習法の性質上必ずしも制定法のようにその存在が明瞭ではないから、商慣習法が民事訴訟の場において適用される場合には、当事者が説明し、裁判所が職権調査をなし、その有無および内容を判断することになる[29]。この点を踏まえて、商慣習法の主張立証の構造について本件判旨は明確にしてはいないが、約款解釈の前に商慣習法の存否の判断をしているために職権探知主義を採用しているような書きぶりにも見えるが、決め手とはならない[30]。

⑧ については、既述のように、X 社の主張としては、FF 原則が存在するがゆえに元受保険者と同じ立場で（元受保険金支払い判断の事情変更を考慮せずに）、再保険金の支払責任を検討すべきで、そうなると、元受保険金支払い判断時をもって再保険金の支払いを検討すべき[31]ということになろうが、民事事件における裁判所の判断の基準時が事実審の口頭弁論終結時であることが日本法の原則であるとして、これを認めなかった。これは、FF 原則が存在しない状況においては、裁判所の判断の基準時を事実審の口頭弁論終結時であるから、判断の基準時だけではなく、それに基づき判断する事実の基準時も、同時点であると解すべきであると述べているのであろう。ただ、仮に FF 原則が明示的条

---

(27) 裁判の決定規準としての慣習（法）を意味し、民法 92 条に規定される事実認定の資料としての慣習とは異なる。石田穣『民法大系 (1) 民法総則』（信山社、2014 年）42 頁。

(28) 青竹正一『商法総則・商行為法〔第 4 版〕』（信山社、2024 年）22 頁。これに対し、平成 17 年改正商法により、商慣習と商慣習法とを区別する必要がなくなったとの見解も存在する（関俊彦『商法総論総則〔第 2 版〕』（有斐閣、2006 年）83 頁）。

(29) 鴻常夫『商法総則〔新訂第 5 版〕』（弘文堂、1999 年）60 頁（注 1）。

(30) 榊・前掲（注 7）146 頁。

(31) 中出・前掲（注 7）66 頁。

388　第3編　企業取引法　第2章　企業取引法の現代的諸相

項として存在していたならば、裁判所の判断の基準時は事実審の口頭弁論終結時であるとしても、同時点で元受保険金支払時点における事実に立脚して判断すべき[32]であり、同時点以降の事情変更をも加味して判断することは許されないとの帰結になりうるかどうかは、本件原審・控訴審判示からは明らかではない（FF原則が存在すると仮定するならば、このような帰結になろう）。

　以上からして、FF原則については、「商慣習」としての慣行の事実が存在することを認定することが難しいだけではなく、本件において裁判規範としての「商慣習（法）」としての適用があると認定することも難しいと判断したことについては、妥当であろう。

3．元受保険金の補償の可否

　本件判示において、元受保険金について、本件アンブレラ保険契約が適用される事故により生じた損害であることを理由に、X社は支払義務を負っていたかどうかが問題となる。これについては、X社がB社に法的に損害賠償義務を負うことに加え、当該義務に基づいて被保険者が支払うべき額が定まっていることが必要であるとしている。この点については、本件アンブレラ保険契約の原文を解釈し、当事者間で和解するだけではなく、その支払義務が法律に基づいて発生していることが必要である、というところまで定義規定に含まれていると解するのが、文言上自然であると指摘がなされている[33]。

　また、重過失の認定についても、セメント作業が成功したか否かを確認するテストは負圧テストであったが、本件における負圧テストについて3回とも不合格と判断すべきであったにもかかわらず、陸上の技師チームにも相談することをしなかったとの点で、重過失を認めたことは恐らく正当であろう。

　控訴審において付加された、重過失は、本件における認定事実に基づいて認定したのであり、本件判決の判断に基づいて認定したわけではないとの点は、既述のとおりFF原則の不適用につき改めて言及したものであるように思

（32）会社法における経営判断の原則の適用がイメージできる。取締役の善管注意・忠実義務の違反の判断時点は事実審の口頭弁論終結時であるが、その判断に立脚すべき事実は経営判断時のそれであろうし、さもなければ後知恵の危険が生じるからである。

（33）榊・前掲（注7）152頁。

える。

Ⅳ. おわりに

　商人間取引においては、契約文言の形式的解釈が中心となるべきではあるが、これは、個々の商人間取引の種類・取引市場構造等の実情・場合によって異なり得る問題であるため、商慣習をも加味して実質的に解釈するとの方法の可能性も否定されないとされている[34]。本件は再保険契約というプロ同士の保険契約において、明示的条項が存在しないゆえに FF 原則が適用されないと判示したことにより、商慣習を加味することなく契約解釈を行った実例として理解することが可能であろう。ただ、文中でも言及した通り、FF 原則・FS 条項の認定は、明示的条項としてかそれとも商慣習としてか、との問題設定については、どうもそれを採用している各国（イギリスとドイツ）の背景事情が存在しているように思える。それらの検討については今後の課題としたい[35]。

---

(34) 落合・前掲（注25）123 頁。
(35) 筆者は、本稿脱稿後に、日本保険学会令和 6 年度大会（於、中央大学）において本文に述べたような比較法的考察を踏まえた個別報告を行った。これについては、別稿を予定している。

大量保有報告義務違反と議決権行使の可否
――令和6年金商法改正で見送られた論点――

中曽根　玲　子

Ｉ．はじめに

　新株発行を行うには、会社法の手続規定（会199条1項以下）が当然に遵守されていなければならないが、これらの手続規制に違反した場合の新株発行の効力については、学説上の争いがあった。会社法違反である以上、原則無効が大前提であるが、その無効を絶対無効であるとする発想は、利害関係人が少ない閉鎖的な会社を前提とするものである。とくに株式譲渡制限が掛かっているような閉鎖的な会社の場合は、会社の意向を無視して株式を譲渡するという状況自体が想定されないが、株式譲渡制限について定款規定がない会社については、株式発行の効力を原則有効としつつ、相手方が当該手続違反について悪意である場合のみ、当該者に対して発行の無効を主張できるとする見解が有力である。しかし、株式市場で株式が公開されている会社（あるいは有価証券報告書提出会社）が公募で新株を発行する場合には、あるいは第三者割当増資によって特定の者（株主）に株式を割り当てるも、流通市場の存在により株式を輾転流通させることが容易な場合には、取引ないし投資家（株主）を将来にわたって特定することが困難な場合が常態である以上、個々の取引ないし引受け株主ごとに「会社法の手続違反についての」善意・悪意を問題にすることは不可能である。もっとも、会社法上の譲渡制限が掛かっているか、あるいは金融商品取引法（以下、「金商法」）上の私募に転売制限が掛かっていて、その制限に実効性がある場合には、取引に対する悪意者を特定することは可能といえるが、そうした制限も遵守されていない状況であれば、譲渡制限があることのみを理由に善意の第三取得者の権利を否定することもできない。そうすると、公開性の

株式会社が公募を行った場合には、流通市場での自由な転売可能性を大前提とした構成を想定し、そもそも手続違反の株式発行も全体として原則有効とした上で、可能な限りで利害調整（支配株主についての特別の取扱い）を検討するという姿勢をとらざるをえないのではないかという問題が生じる[1]。しかし、会社法的にはそこまでしか言えないとしても、公開性の株式会社では、根底に重大な手続上の瑕疵を有する取引、ないしそうした取引によって株主とされる者が現に多数存在する以上は、単に会社法上当該取引を有効としただけで、その後の法律関係（会社と株主）をそのまま放置しておくことが適切な対応であるとは言えないという大きな問題に直面する。

このような問題意識は、金商法に違反する取引全般に関わる内容でもあるが、本稿は、平成26年改正会社法（以下、「改正会社法」）時に問題提起され、令和6年改正金商法（以下、「改正金商法」）時でも検討課題となりながら、結局は見送られるに至った大量保有報告制度の論点について取り上げる。とくに、金融審議会公開買付制度・大量保有報告制度等ワーキング・グループ（以下、「WG」）において審議された論点のうち、大量保有報告義務違反に対する実効性確保の方策として当該違反行為により取得した株式に係る株主の議決権行使の可否について焦点を当て、あるべき問題意識について論じたい。

Ⅱ. 令和6年金商法改正の概観

1. 改正の概要

2023（令和5）年3月2日に、「近時の資本市場における環境変化を踏まえ、市場の透明性・公正性の確保や、企業と投資家との間の建設的な対話の促進等の観点から、公開買付制度・大量保有報告制度等のあり方に関する検討」が金融審議会に諮問され[2]、同年6月5日にWGが発足した。同年12月19日ま

---

(1) 詳細については、中曽根玲子「新株発行無効の訴え・不存在確認の訴えと株式の効力」早稲田法学94巻3号（2019年）123-170頁参照。

(2) 第51回金融審議会総会・第39回金融分科会合同会合（2023〔令和5〕年3月2日）「諮問事項」。https://www.fsa.go.jp/singi/singi_kinyu/soukai/siryou/20230302/7.pdf 参照。

で計 6 回の検討が行われ、同月 25 日には、金融審議会に「公開買付制度・大量保有報告制度等ワーキング・グループ報告」（以下、「WG 報告」）が答申された[3]。金融庁は、これを受けて改正作業に入り、2024（令和 6）年 3 月 15 日に改正法案が第 213 回国会に提出され、同年 5 月 15 日に改正金商法として成立した[4]。詳細は、今後の政府令において検討される予定であり、本稿は WG 報告と改正金商法の概要を対象とする。

2．公開買付制度の改正概要[5]

　第一に、強制公開買付けの適用対象の見直しである。市場内取引等を通じた最近の非友好的企業買収事例の増加[6]や、M&A の多様化といった環境変化を踏まえ、会社支配権等に影響を及ぼすような取引の透明性と公正性を確保する観点から、強制公開買付規定（現行金商 27 条の 2 第 1 号〜3 号）が整理された[7]。

　①3 分の 1 ルールの閾値の引き下げ

　　　公開買付けの実施が義務づけられている諸外国の水準やわが国の上場会社における議決権行使割合を踏まえ、会社支配権に重大な影響を与えるか否かの閾値を現行法の「3 分の 1」から「30％」に引き下げる（いわゆる「30％ルール」）。

　②市場内（立会内）取引への規制の拡張

---

(3)　https://www.fsa.go.jp/singi/singi_kinyu/tosin/20231225/01.pdf 参照。野崎彰＝谷口達哉＝松井章＝上久保知優＝小出成泰「金融審議会「公開買付制度・大量保有報告制度等ワーキング・グループ」報告の概要」商事法務 2351 号（2024 年）4-11 頁参照。

(4)　公開買付制度・大量保有報告制度の改正を含む「金融商品取引法及び投資信託及び投資法人に関する法律の一部を改正する法律（令和 6 年法律第 32 号）」として成立した。施行期日は、公布の日（2024 年 5 月 22 日）から起算して 2 年を超えない範囲内とされた（改正法附則 1 条 3 号）。

(5)　詳細については、野崎彰＝谷口達哉＝松井章＝上久保知優＝小出成泰「公開買付制度に係る金融商品取引法等の改正」商事法務 2363 号（2024 年）11-17 頁参照。

(6)　WG で取り上げられたのは、東京機械製作所事件（最決令和 3 年 11 月 18 日資料版・商事法務 453 号（2021 年）94-130 頁）である。野崎ほか・前掲（注 3）5 頁。

(7)　市場内（立会内）取引が 30％ルールの適用対象となることに伴い、「急速な買付け等」の規制（現行金商 27 条の 2 第 1 項 4 号）及び「他者の公開買付期間中における買付等」（現行金商 27 条の 2 第 1 項 5 号）は削除された。野崎ほか・前掲（注 5）14-15 頁。第 1 回 WG 資料 4 参考資料 10 頁。https://www.fsa.go.jp/singi/singi_kinyu/tob_wg/shiryou/20230605/04.pdf 参照。

競争売買の手法によって価格形成がされる市場内（立会内）取引であっても、会社支配権に重大な影響を及ぼす場合には、投資判断に必要な情報と時間が十分に与えられているとはいえないとして適用対象となる。

第二に、公開買付説明書（現行金商 27 条の 9 第 2 項）の簡素化である。近時のインターネット上での公開買付届出書等の閲覧が可能なことから、公開買付届出書の記載事項のうち一定の事項については、公開買付説明書への記載を省略して、公開買付届出書を参照とする旨の記載で代替させることができるものとした[8]。

3．大量保有報告制度の改正概要[9]

企業と投資家との建設的な対話を促進することによる中長期的な企業価値向上を促すためには、投資家側には、個別企業に対する深い理解に基づき、企業と対話（エンゲージメント）[10]することが求められるが、量的・質的なリソース不足を補う上で、複数の投資家が協調して個別の投資先企業に対して特定のテーマについて対話を行うこと（いわゆる協働エンゲージメント）は重要であるとの理解から、大量保有報告制度の見直しが行われた[11]。具体的には、スチュワードシップ・コード[12]策定時に定められた「共同保有者」及び「重要提案行為」の範囲の更なる明確化である。

「共同保有者」については、複数の投資家が共同して株主として議決権その他の権利を行使することを合意[13]している相手方であって、以下の①〜③の

---

(8) その場合、公開買付届出書の虚偽記載等については、公開買付説明書の虚偽記載等として扱い、使用者の賠償責任が生じることとした（改正金商 27 条の 19）。野崎ほか・前掲（注5）16 頁。

(9) 詳細については、野崎彰＝谷口達哉＝松井章＝上久保知優＝小出成泰「大量保有報告制度に係る金融商品取引法等の改正」商事法務 2364 号（2024 年）10-15 頁参照。

(10) エンゲージメントとは、もともと従業員の会社に対する忠誠や関与のことを意味するものであり、「株主との対話」というのであれば、投資家一般との平等で公平な情報開示によって行われるべきであり、特定の株主（機関投資家）との対話を取り上げ、ことさら重要視する発想自体には疑問を感じる。

(11) 第 5 回 WG 資料 1 事務局説明資料（39-41 頁）によると、パッシブ投資の増加や協働エンゲージメントの広がり、企業と投資家の建設的な対話の重要性の高まりといった市場環境の変化に対応するものとして検討された。https://www.fsa.go.jp/singi/singi_kinyu/tob_wg/shiryou/20231101/01.pdf 参照。野崎ほか・前掲（注3）8-9 頁。

要件を充足する者については、共同保有者の実質的概念から除外された（改正金商 27 条の 23 第 5 項 1 号～3 号）。

① 保有者と他の保有者がいずれも金融商品取引業者等であること[14]
② 共同して重要提案行為等を行うことを目的としないこと
③ 共同して株主としての議決権その他の権利を行使することの合意のうち、経営に対して重大な影響力等を増幅させるような合意に当たらないこと[15]

ただし、②③ の要件を充たす場合であっても、共同して株券等の取得または処分を行うことの合意を伴う場合は、市場の需給に関する重要な情報として位置づけ、共同保有者とするとした。また本規定の実効性を確保する上で、共同保有者の認定に係る立証の困難性の問題を解決するため、一定の外形的事実が存在する場合（役員兼任関係や資金提供関係等）には、「みなし共同保有者」とする旨の規定を拡充すること[16]、さらに公開買付届出書の提出後に大量保有報告制度の違反が発覚した場合には、訂正報告書の提出命令等の是正措置を行

---

(12) 金融庁は、2014（平成 26）年 2 月 26 日に「『責任ある機関投資家』の諸原則《日本版スチュワードシップ・コード》」を策定した。このコードの目的は、機関投資家が、投資先企業やその事業環境等に関する深い理解のほか運用戦略に応じたサステナビリティの考慮に基づく建設的な「目的を持った対話」（エンゲージメント）等を通じて企業価値の向上や持続的成長を促す一方、企業側では、適切なガバナンス機能を発揮することにより企業価値の向上を図る責務があるとする。企業側の責務と機関投資家の責務は、いわば「車の両輪」であり、両者が適切に相まって質の高いコーポレートガバナンスが実現され、企業の持続的な成長と顧客・受益者の中長期的な投資リターンの確保が図られるとしている。https://www.fsa.go.jp/news/r1/singi/20200324/01.pdf 参照。

(13) 合意は、明示的なものに限定されず、口頭や黙示の場合も含むと解されている。金融庁企画市場局「株券等の大量保有に関する Q&A 問 20」（2012 年）。https://www.fsa.go.jp/news/r2/sonota/20201106/62.pdf 参照。野崎ほか・前掲（注 9）11 頁。

(14) 協働エンゲージメントを行う機関投資家には、大量保有報告書の提出を確認するために、取引の都度各自の保有状況を伝達し合うなどの事務負担が過大になることや相互の投資戦略が明らかになりかねないというデメリットがあることが指摘された。野崎ほか・前掲（注 9）11 頁。

(15) 詳細は、今後政令に委ねられるが、配当方針や資本政策の変更といった、企業支配権に直接関係しない提案を共同して行う場合等を想定するとしている。

(16) 一方で近時の家族関係の変化等を踏まえ、親族関係があることのみをもって共同して議決権行使等を行う蓋然性が高いとは評価できないとし、「みなし共同保有者」の基礎となる関係性から「親族関係」（現行金商 27 条の 23 第 6 項、施行令 14 条の 7 第 1 項 1 号）を削除した。公開買付制度においても同様である（現行金商 27 条の 2 第 7 項 1 号、施行令 9 条 1 項 1 号）。

うことができるような枠組みの整備[17]について、政府令での検討に委ねるとされた[18]。

つぎに、「重要提案行為」の範囲については、上記 ③ の「経営に対する影響力等を増幅させるような合意でない場合」を除外した。どのような場合が「個別の権利行使ごとの合意」に該当するのか、また「株主としての一般的な行動についての合意」に該当するかについては、政府令で定められる[19]。

Ⅲ. 大量保有報告義務違反に対する法的措置の議論

今般の金商法改正は、公開買付制度・大量保有報告制度の実効性確保という観点での議論があったものの、金商法違反の行為の会社法上の効果、すなわち、金商法違反によって取得された株式の議決権行使に対していかなる影響を与えるかという根源的な議論にまで及ばなかった。

個別論点としては、公開買付制度については事前・事後の救済制度の導入の可否が論じられ[20]、大量保有報告制度についても、報告義務違反がなされた状況下における株式取得の効力と当該株式に基づく議決権行使停止制度の導入の是非が議論の対象となった。これらの論点は、いずれも金商法違反行為を原

---

(17) 少なくとも訂正報告書の提出命令が発出するまでの期間、また発出されても義務の履行がされるまでの期間（場合によっては提出後一定の期間）につき議決権の差止めの容認は有効であるといえる。この点のアメリカの判例については、加藤貴仁「大量保有報告制度に関する制度設計上の課題」総合ディスクロージャー研究会編『金融商品取引法上のディスクロージャー制度に関する課題』別冊商事法務 369 号（2012 年）132-134 頁。

(18) 野崎ほか・前掲（注9）14-15 頁。

(19) WG では、企業支配等に直接関係しない提案行為を目的とする場合には、その採決を企業の経営陣に委ねないような態様による提案行為を目的とする限り重要提案行為から除外する旨の提言がされている。野崎ほか・前掲（注3）8 頁。

(20) 公開買付制度の事前の救済制度としては、対象会社及び当該会社の株主への公開買付差止請求権の付与であり、事後の救済制度としては、公開買付制度に違反して取得した株式に係る議決権行使の停止制度や売却命令を賦課する制度の導入である。これに対しては、監督機関による訂正命令の発出（現行金商27条の8第3・4項）や緊急停止命令の申立てといった是正措置の活用に期待するとの意見（野崎ほか・前掲（注3）7-8 頁）があるが、両者は、いずれかではなく、当然に両立する。

因とする会社法上の効果に関するものである点で、共通の問題意識である。た
とえば、公開買付差止請求権の問題は、会社法上の組織再編制度に存在する事
前差止請求制度（会784条の2等）を公開買付けという株式取得にも及ぼすとい
う、会社法的にはなじみのある問題意識である。また議決権行使停止の問題
は、もとより会社法上重要な問題であるが、いずれも明文規定の導入は見送ら
れた。

　以下では、金商法違反における議決権行使の可否について、平成26年会社
法改正時における議論の経緯を振り返り、つぎに、当時は十分な議論がなされ
なかった大量保有報告義務違反に関するWGでの議論を取り上げる。

1．平成26年会社法改正時の議論[21]

　(1)　金融庁は、会社法制部会第3回会議（2010〔平成22〕年6月23日）にお
いて、金商法規定（公開買付規制・大量保有報告規制、委任状勧誘制度、第三者割当
増資等）に違反した者による議決権行使の停止に関する問題提起を行った。当
時の金融庁の認識によれば、これらの規定に違反して取得した株式について、
私法の一般原則により、譲渡の効力、株主名簿の名義書換、議決権行使等を否
定することができるのかは明確ではないが、当該株式につき議決権が行使され
ることにより、他の株主の共益権が害される可能性があるのではないかという
視点が提示された。そして、会社支配の公正さを確保するためとして、金融庁
は、金商法違反の対象となる株式の議決権行使の取扱いに関し提案を行っ
た[22][23]。

　会社法制部会第8回会議（2010〔平成22〕年12月22日）では、本来は金融庁

---

(21)　詳細は、中曽根玲子「違法な公開買付けと議決権行使の可否——平成26年改正会社法での審議
　　を題材として——」野田博＝大杉謙一＝小宮靖毅編『丸山秀平先生古稀記念論文集　商事立法にお
　　ける近時の発展と展望』（中央経済社、2021年）363-418頁参照。
(22)　第3回会社法制部会参考資料14によると、①いかなる規制違反を議決権停止の対象とするか、
　　②効力をどうするか（議決権行使を否定するか、あるいは譲渡の効力や名義書換まで否定する
　　か）、③議決権停止の対象（実質的に議決権を保有し、または関係者が保有している場合の取扱
　　い）や議決権停止の期間をどうするか、④取引の安全への配慮（違反者が参加した決議の効力、
　　違反者から株式を譲り受けた者の権利等の取扱い）、⑤申立権者の範囲等の論点が提示されてい
　　る。http://www.moj.go.jp/content/000049415.pdf 参照。

が緊急停止命令を裁判所に申し立てるべき問題（現行金商192条）であるとする意見[24]が出される一方で、経済界からは、会社支配の公正さを確保する観点から金商法上の規制違反の対象となる株式について議決権行使を否定する仕組みを一定の条件の下で検討することに反対はしないとの意見[25]があり、公開買付規制違反の行為について議決権行使差止請求権そのものを導入する方向性に対しては大きな異論はなかった。これに対して、大量保有報告義務違反については議決権行使を認めないものとすべき株式の特定が難しいこと、大量保有報告書の開示規制違反にも情報の軽重があり、それほど重大ではない場合もある等の否定的な意見が出された[26]。

　会社法制部会第12回会議（2011〔平成23〕年8月31日）では、公開買付規制、大量保有報告書規制及び委任状勧誘規制について個別に検討が行われた[27]。公開買付規制のうち、会社支配関係に大きな変動を生じる規制（株券等所有割合が3分の1を超えることとなるような株券等の買付等について公開買付けを強制する規制や、公開買付者に全部買付義務及び強制的全部勧誘義務を課す規制）に違反して

---

(23) 金商法違反の問題を会社法上の支配の問題として捉える金融庁の提案に対しては、上村達男委員から、金商法に違反する行為の効力全般について金商法上明確にすべきことこそが最優先事項ではないかとの意見が出された。その上で、1934年米国証券取引所法のように、金商法に違反行為を無効と定めることの可能性と、金融庁による緊急停止命令の運用の問題、そして同条による差止めができなかった場合に、本来差し止められるべき不当な行為を行った者による議決権行使の効力の問題を全体として検討する必要があると主張された。第3回会社法制部会議事録での上村委員の発言50頁。http://www.moj.go.jp/content/000052523.pdf 参照。

(24) 第8回会社法制部会議事録での荒谷裕子委員の発言22頁。田中亘幹事からは、「何らかの違反が行われたときに原状回復に近いことをさせるとすれば、金融庁の持っている権限を拡大して、場合によっては違法に取得した株式の処分を命じるとか、それの言わば準備的な段階として、処分するまでの議決権行使を停止するというようなことが考えられるのではないか」との発言があった。この発言は、独禁法上の排除措置に等しい権限行使を監督機関に期待しようというものであり、金商法を資本市場法制とみて独禁法の特別法であるとされる上村委員の見解と符号する立場と見えなくはない。上村委員からは、「金融庁の緊急差止命令ができなかった場合、少なくとも市場にとって間接的な影響という観点から、金融庁または東証が議決権行使禁止の仮処分の申請主体になりうるのではないか」との指摘がなされている。同議事録での田中幹事の発言22頁、上村委員の発言24頁。http://ww.moj.go.jp/content/000068174.pdf 参照。

(25) 第8回会社法制部会議事録・前掲（注24）での八丁地隆委員の発言21頁。

(26) 第8回会社法制部会議事録・前掲（注24）での内田修平関係官、八丁地委員、田中幹事、前田雅弘委員、神作裕之幹事の各発言21-23頁、25頁。

(27) 第12回会社法制部会資料13 1-5頁。http://www.moj.go.jp/content/000078902.pdf 参照。

株式が取得・買付けされた場合には、残存株主は、金商法上認められている株式売却の機会を失うことから、違反者による会社支配の取得（議決権行使）を防ぐことは、残存株主の利益保護に直接に結びつくものとされた。そして公開買付けにおける情報開示規制違反については、不利な買付条件による公開買付けに応募した株主はすでに株主ではないため、開示規制違反をした公開買付者の議決権行使を認めないとしても意味はなく、金商法上の公開買付者等の損害賠償責任（現行金商27条の16～27条の20、27条の22の4）によって図る方が応募株主にとって直截的な保護に資するとの説明がされた。

これに対して、大量保有報告義務違反と委任状勧誘規制違反の問題は、検討の対象から外された[28]。その理由は、前者が会社の支配関係に大きな変動が生じる場合に限定されておらず、公開買付規制に比べると株主の私的利益との関係が薄いことから[29]、議決権行使を認めないとする仕組みの実効性が乏しいこと[30]、後者については、委任の撤回が可能であること、書面による議決権行使の場合に参考書類に虚偽の記載があっても、決議取消しの訴え（会831条1項1号）の対象にとどまることとの平仄を検討する必要性があること、さらに金商法上の罰則規定（現行金商205条の2の3第2号）の適用で足りるとの指摘を受けたためである。

(2)　以上の議論を経て、「会社法制の見直しに関する中間試案」[31]では、強

---

(28)　第12回会社法制部会議事録での内田関係官の発言53-55頁。http://www.moj.go.jp/content/000080186.pdf 参照。

(29)　上村委員からは、大量保有報告規制の本質は、資本市場の機能を確保するための制度であることと、大量保有報告制度は資本市場での「かたまり」の発生・移転・増減・消滅情報の開示制度であり、不完全競争市場における「かたまり」の把握という市場構造規制であることから、支配権の移転が問題となるような状況で大量保有報告の虚偽記載が存在する場合には、会社法の問題として議決権停止はありうるとの意見が出された。第12回会社法制部会議事録での上村委員の発言・前掲（注28）57頁。

(30)　飯田秀総教授は、会社支配権の移動があったにも関わらず大量保有報告が行われなかった場合に、そのことによって支配権の取得以外の他の選択肢を考える機会を奪われ、非流動的な市場に直面させられるという不利益が他の株主に発生したとしても、違反者の議決権行使差止めによって回復すべき不利益とは評価できないとする。飯田秀総「大量保有報告規制違反者の議決権行使差止に関する立法論の検討」商事法務2001号（2013年）19-30頁。しかし、上村委員（前掲〔注29〕）の発言のように、市場規制の観点からすると、流通市場に提供すべき情報を歪曲化した違反者に資本市場を活用する資格、ひいては正当な議決権行使権者としての資格を認めるべきではないと考える余地は十分に存在しうる。

制公開買付規制、全部買付義務規制等の場合につき、違反株主以外の株主による請求により当該違反株主の議決権の行使を差し止めることの方向性が示された[32]。その後、会社法制部会第20回会議（2012〔平成24〕年5月16日）および同第22回会議（同年7月4日）での審議を経て、同第24回会議（同年8月1日）において要綱案が取りまとめられた。法制審議会第167回総会（同年9月7日）では、当該要綱案が原案通り採択された。

「会社法制の見直しに係る要綱」[33]の「第3部　第1金融商品取引法上の規制に違反した者による議決権行使の差止請求」の概要は、以下の通りである。

株主は、他の株主が以下の①～③に掲げる規制に違反した場合において、その違反する事実が重大であるときは、当該他の株主に対し、これにより取得した株式について議決権の行使をやめることを請求することができるものとする。

① 公開買付けを強制する規制のうち株券等の所有割合が3分の1を超えることとなる株券等の買付け等に係るもの（現行金商27条の2第1項2号～6号）、

② 公開買付者に全部買付義務（応募株券等の全部について買付け等に係る受渡しその他の決済を行う義務）を課す規制（同第27条の13第4項）、

③ 公開買付者に強制的全部勧誘義務（買付け等をする株券等の発行者が発行するすべての株券等について買付け等の申込み又は売付け等の申込みの勧誘を行う義務）を課す規制（同第27条の2第5項、施行令第8条第5項第3号参照）。

〔3〕 上記要綱は、2012（平成24）年12月16日の衆議院議員選挙による政権交代後の自民党の閣議決定において、上記第3部第1の部分を除き、採択された。当該部分の削除理由は、「金融商品取引法における公開買い付け規制の違反があったからといって、株式売却の機会を奪われた株主に対して損害賠償請

---

(31) 会社法制部会第16回会議（2011〔平成23〕年12月7日）において採択された。http://www.moj.go.jp/content/000082647.pdf 参照。

(32) 強制的全部勧誘義務については、その具体的条件・方法すべてが政令に定められていること（現行金商27条の2第5項、施行令8条5項3号）から法技術的な点が指摘されていたが、会社法制部会第20回会議において適用対象とすることが確認された。同議事録2-4頁。http://www.moj.go.jp/content/000099708.pdf 参照。

(33) http://www.moj.go.jp/content/000102013.pdf 参照。

求等による損害の回復という方法を超えて、他の株主の基本的な株主の権利である議決権行使の差しとめ請求権まで認めるのが相当かは疑問であるという強い御指摘」[34]があったとのことである。

2. 令和6年金商法改正時の議論

平成26年会社法改正時には、大量保有報告義務違反に対する議決権行使差止制度導入の緊急性が問われることがなかったが、その後、故意性が疑われる大量保有報告書の不提出や著しい提出遅延等、資本市場の公正性を脅かしかねないような重大な諸事例[35]が発生したことから、金融庁は、改めて当該論点を取り上げるに至った。もっとも、こうした緊急性は、平成26年会社法改正時にも、当然に想定できたことだと思われる。

第4回WG会合（2023〔令和5〕年10月2日）では、エンフォースメント強化の方向性は賛同されたが、金融庁による摘発と課徴金納付命令（現行金商172条の7、172条の8）の実行を強く求める意見が多かった。一方で、罰則を強化し、特例報告の遅延についてはペナルティーとして遅延期間の3倍の期間は一般報告を義務付けることとし、一般報告の遅延には、違反して取得した株式を売却するまで議決権停止といった方法を提案する意見[36]や、違法に取得された株式の売却命令までは行き過ぎとしても議決権の停止・制限の制度を導入すべきであるとする意見[37]があった。

---

(34) 2014（平成26）年4月23日の第186回衆議院法務委員会での階猛委員の質問に対する谷垣禎一法務大臣答弁。階委員からは、法制審議会での十分な議論の結果が答申であるので、2年後の見直しの規定にしたがって、その際には検討いただきたいとの発言があった。第186回衆議院法務委員会議事録14号での階委員及び谷垣法務大臣の発言。https://www.shugiin.go.jp/internet/itdb_kaigirokua.nsf/html/kaigirokua/000418620140423014.htm 参照。坂本三郎編著『一問一答平成26年改正会社法〔第2版〕』（商事法務、2015年）378頁。

(35) 近時の事例として、①前掲（注6）の東京機械製作所事件、②三ツ星事件（最決令和4年7月28日資料版・商事法務461号（2022年）143-175頁、③SPR事件（東京地決平成26年6月25日LEX/DB文献番号25504899）がある。①と②は、買収者（申立人）が対象会社の支配権を争う（新株予約権無償割当てを用いた買収防衛策の発動の適法性）過程で当該買収者に大量保有報告義務違反行為（提出の遅滞等）があった事例である。③は、大量保有報告義務違反を理由に議決権行使禁止の仮処分命令が申立てられた事例である。

(36) 第4回WG議事録での三瓶裕喜委員の発言。https://www.fsa.go.jp/singi/singi_kinyu/tob_wg/gijiroku/20231002.html 参照。

第5回 WG 会合（同年11月1日）では、大量保有報告義務違反は、事後的にしかその事実が判明しないことが多く、その場合には、違反して取得した部分について公的なエンフォースメントに加え、売却しない限り議決権行使停止措置といった私的なエンフォースメントが有用であるという重要な事実認識に基づく見解[38]が出された。

第6回 WG 会合（同年12月19日）では、WG 報告案が提示された。大量保有報告制度の実効性確保については、すべての大量保有報告制度違反の摘発が現実的でないとしても、公正性が疑われる不提出や著しい提出遅延等、市場の公正性を脅かしかねない事例については、監督機関による積極的な対応（訂正報告書の提出命令〔現行金商27条の29第1項〕の発出、課徴金納付命令の決定等）が講じられていくべきとされた[39]。また積極的な対応を促し強化する観点から、みなし共同保有者の規定を拡充することとしたが、違反者の議決権行使の停止については、引き続き検討を重ねていくこととされた[40]。

Ⅳ. 大量保有報告義務違反と議決権行使の可否の理論的問題

1. 不特定多数の投資家から構成される資本市場では、不特定多数の「買い」と不特定多数の「売り」が大量に取引されるのが常態であるという特性ゆえに、金商法規制に違反した株式取得行為自体を個別に、または一体として無効

---

(37) 第4回 WG 議事録・前掲（注36）での角田慎介委員の発言。

(38) 第5回 WG 議事録での田中亘委員の発言。武井一浩委員の発言同旨、その上で立法措置がなくとも議決権停止は解釈論としてありうるとしている。https://www.fsa.go.jp/singi/singi_kinyu/tob_wg/gijiroku/20231101.html 参照。

(39) 第4回 WG では、大量保有報告義務違反の件数に比べ課徴金納付命令の発出件数が少なすぎることが報告され（提出遅延の発生件数年間約1500件に対して課徴金納付命令の発出件数は合計8件）、適切な執行が行われていないことを問題視する発言があった。その結果、金融庁の対応強化が優先事項とされた。同議事録前掲（注36）参照。野崎ほか・前掲（注3）9-10頁。

(40) 第6回 WG 議事録での野崎企業開示課長の発言。同 WG では、会社法の役割と金商法の役割を保守的かつ厳格に考えすぎていると適切な法制度を用意することができなくなるとの懸念が石綿学委員から示された。田中委員の発言も同旨。https://www.fsa.go.jp/singi/singi_kinyu/tob_wg/gijiroku/20231219.html 参照。野崎ほか・前掲（注3）10頁。

とすることが難しい場合があると述べたが、その反射効として金商法違反行為が何らかの形で明らかな場合に、違反行為と当該行為の関係者による議決権行使の可否という問題が生じる。この点について、平成26年会社法改正時には、公開買付制度に違反する株式取得行為に関し議決権行使差止請求の枠組みを導入する方向性が示された。しかし、今般の金商法改正時のWGでは、意図的な提出遅延等の事態に対する問題意識は委員間で共有されたにもかかわらず、監督機関の適切な対応[41]や公開買付制度での対応に委ねることとし、必ずしも違反者の議決権行使の可否に関する議論が十分に行われたとはいえないようである。

公開買付制度及び大量保有報告制度に違反する行為が金商法ないし会社法上どのような効果を有するかは、個別の議論としてだけではなく、金商法規制の一般論としても、非常に重要な論点である。とくに、こうした問題意識は、株式の「かたまり」としての取引が公正な価格形成に影響を与える度合いが大きければ大きいほど、金商法規制に違反して取得された株式を保有する者による議決権行使の影響も大きいという点である。単に、市場構造に影響を与えるだけでなく、株式会社の経営に対しても大きな影響を与える点に着目しなければならない。その意味においても、この問題は、先送りされる問題ではなく、改正項目として金商法と会社法の交錯する本質的かつ重要で緊急性のある論点であったと思われる。

株券等の大量保有に係る情報（大量保有情報）は、その後の公開買付けに連動し支配権の取得に繋がるきっかけとなる重要な市場（構造）情報となる局面と、それほどまでの大きな株式保有割合でなくとも、市場の透明性・公平性と

---

(41) 証券取引等監視委員会は、中期活動方針（第11期：2023年～2025年）において市場の公正性を脅かしかねない潜脱的な大量保有・買付けを含む非定型・新類型の事案等について積極的に対応するとしている。https://www.fsa.go.jp/sesc/news/c_2023/2023/20230127-1.html 参照。

なお、2024（令和6）年8月27日付で、金融庁は、三ツ星事件（前掲〔注35〕②の事例）に関し、大量保有報告書等不提出を理由にした課徴金命令を3件発出した。https://www.fsa.go.jp/news/r6/shouken/20240828-2.html、https://www.fsa.go.jp/news/r6/shouken/20240828-3.html、https://www.fsa.go.jp/news/r6/shouken/20240828-4.html 参照。また、同年9月10日に、証券取引等監視委員会は、サカイホールディングス株式会社の株式に係る大量保有報告書等の不提出及び変更報告書の虚偽記載等を単独の理由とする課徴金納付命令を勧告した。https://www.fsa.go.jp/sesc/news/c_2024/2024/20240910-1.html 参照。

いう観点からすると、一般の投資家（最小単位の投資家）にとっては、公正な価格形成に対する信頼度に影響を与えるような株式の取引に関する情報であることを踏まえ、以下、議決権行使の可否について若干の考察を加えたい。

2. 多数の引受人を前提とした大規模な株式発行では、投資家ごとに善意・悪意を確認することは不可能であり、仮に確認できたとしても自由な転売が可能な状況下であっては、一体として株式発行による取得行為の無効を主張することは難しいことについては、前述した。このことは、多数の投資家に対して自己株式を処分する（会199条1項）[42]場合においても、また市場を経由して自己株式を取得する場合（自社株TOB：会165条1項、金商27条の22の2第1項以下）においても、多くの投資家（前者は引受人、後者は譲渡人）ごとに手続の瑕疵につき善意・悪意を確認することは困難であり、新たな取引関係が構築されていくため、一体としての無効は考えにくい。

ところが、流通市場を活用する株式会社が大規模な株式発行を行う場合であっても、第三者割当増資のような相対取引的状況で相手方を特定できる場合[43]、あるいは当該株式の移動が行われないような特別の事情[44]がある場合には、悪意の譲受人の下に留まるケースと評価して、一体として無効を主張できると解することが可能である。このことは、特定の者からの自己株式取得の場合も同様である。もっとも、この場合も、特定の第三者が当該株式を転売してしまえば、あるいは発行会社が取得した自己株式の一部でも転売してしまえば、やはり、その時点でその後の取引に対して追跡可能性がないゆえに取引の無効を貫くことは不可能となる[45]。

こうした議論を突き詰めると、手続違反は無効でも、多数の投資家が存在

---

(42) 自己株式の処分（会199条1項）は、金商法上、「取得勧誘類似行為」として「募集」の扱いを受ける（現行金商2条3項柱書、定義府令9条1項）。

(43) 上場会社が行う第三者割当ては、流通性が高い有価証券であるため、金商法上、少人数私募には該当せず募集の扱いとなる（施行令1条の7第2号イ）。

(44) 譲渡制限株式（会107条1項1号、108条1項4号）でない以上、当事者間での譲渡制限の約束は絶対的ではないことから、「特別の事情」と表した。

(45) 特定の投資家（第三者）について当該取得行為の有効性を前提とする場合であっても、状況により一般悪意の抗弁を主張することで取引の無効と同様の効果を求めることは考えられる。

し、取得者の個性が問題にならない場合には、一体として違法な行為も無効とすることが難しいという事実である。そうすると、会社法上の手続違反行為は原則無効であるにもかかわらず、取得行為を有効にせざるを得ないこととなる結果として、本来は無効であるべき取引が技術的な理由で有効とされることにより、市場の価格形成に反映してはならない投資判断が市場価格に反映されてしまうという本質的な問題が生じる。他方で、違反者が正当な株主として扱われることとなることから、議決権行使も原則として正当なものとして容認されることにより、会社のガバナンスを歪めるという深刻な問題が生ずる[46]。ここに、資本市場固有の問題と会社法上のガバナンスのあり方の双方について重大な疑義が生ずることとなる[47]が、この問題は、もともと違法な取引を有効とするという矛盾がもたらしたものである。平成26年会社法改正時に金商法違反行為と議決権行使の問題が提起された背景には、このような本質的な理由があったといえる[48]。

　3.　大量保有報告制度の趣旨は、多様な投資家から構成される市場での公正で透明性のある価格形成のプロセスを担保することである。「株式保有のかたまり」の大きさは、5%（国によっては3%）[49]と設定されているが、どのような数値が適切であるかは、問題設定のあり方によって異なると思われる[50]。

---

(46) 流通性の高い株式市場を活用する株式会社の問題を株式会社法の基本問題と考える発想によれば、両者の問題を一体として理解し、とくに強行法規性がより強い金融法の規定が株式会社法の規定に優先されることとなる。たとえば、会社法上、金商法の規定が準用され、金商法の適用を優先する定めが複数存在する（会165条、201条5項、298条、444条3項等）。

(47) 買収ルールとしての開示制度の実効性を確保するためには、会社法（私法）上の義務、すなわち十分な開示をすることなく取得した株式に関する議決権行使につきこれを認めない点を示唆する見解もある。松田和也「支配権変動に関する開示（2・完）──米国の大量保有報告制度における支配目的の開示と法の強制を中心として──」同志社法学61巻1号（2009年）135-136頁。

(48) この論点については、中曽根・前掲（注21）363-418頁参照。

(49) 英国とドイツは、3%以上を大量保有報告義務の閾値とし、保有目的や取得資金の記載は不要としている。第1回WG資料4・前掲（注7）7頁。

(50) 大量保有報告制度を市場構造開示の性質を持つ制度として非常に示唆に富んだ論文として、上村達男「証券取引法における『かたまり取引』──不完全証券市場規制のための覚書──」平出慶道＝小島康裕＝庄子良男編『菅原菊志先生古稀記念　現代企業法の理論』（信山社、1998年）157-168頁参照。

すなわち、大量保有報告制度を投資家保護のための制度とみる立場では、主として個人株主を想定した議論となるが、この場合の大株主にとっての大量保有報告制度の意義は不明である。これに対し、当該制度を株式の「かたまり」の発生・移転・増減・消滅に係る情報として市場の透明性という市場構造の性格を明らかにするための情報と解するならば、当該制度はすべての投資家にとって平等の価値を有し、市場の成立条件の整備に係る制度と解される。さらなる問題は、現実的には、こうした中立的な制度の主たる受け手である一般投資家にとっての意義と情報の出し手である大株主にとっての意義が大きく異なることである。

　大量保有情報は、大量保有株式という「かたまり」の存在の性格がどのようなものかによって、価格形成が左右されるという意味において重要情報である。当該「かたまり」の保有者がどのような性格の株主か、売却または買増しの意図はあるのかという情報次第で、株価形成が大きく左右されることを意味する。他方で、当該情報は、その時点での公正な価格であるかの判断材料でもある。その意味では、大量保有情報はすべての投資家、とりわけ個人株主のような最小単位の投資家にとっては重要な情報であり、しかも当該投資家は、大量保有情報の出し手になることはなく、もっぱら受け手であるため、当該情報の開示が懈怠される場合に想定される被害者集団となる。個人投資家の投資額は小さいために、一見すると損害額が小さいかもしれないが、同じ市場の構成員として、投資額が大きな機関投資家とその利益保護に軽重はなく、むしろ個人投資家の被る損害はより切実である。多くの個人投資家から構成される市場であればあるほど、大量保有報告義務の懈怠により、無数の個人投資家から成る被害者が想定される。このような最小単位の株主にとっての大量保有情報開示の意義を第一に考えることこそが、大量保有報告制度を議論する際の出発点でなければならないと思われる。

　以上のように、大量保有情報の開示の懈怠に内在する重要性に鑑みると、大量保有報告義務を懈怠した者、あるいはその共同行為者ないし協力者は、資本市場の重要な前提条件を欠落させた者として、その反公益性により議決権行使をなしうる正当な株主として評価されるべきではない。一般投資家にとってこの立証は決して容易ではないが、金融庁による緊急停止命令は、こうした者に

406 第3編 企業取引法 第2章 企業取引法の現代的諸相

よる議決権行使にも当然に及ぶべきであり、かつ一般株主に対しても議決権行
使差止請求権が与えられるべきと言えよう。

他方、大量保有報告義務者である大株主は、報告遅滞だけで、多くの個人投
資家に対し、市場での売買取引における情報面での優越的地位を享受すること
となる。こうした情報格差の存在は、不完全競争市場の温存を意味する。わが
国における株式の保有状況を鑑みると、大量保有の閾値が5%では、情報格差
を温存する市場と言われても仕方ないだろう。情報格差を最小のものとするた
めには、大量保有の閾値を1%程度とし、情報開示時期も最大限迅速なものと
する必要があると思われる[51]が、少なくとも大量保有報告を提出した大株主
は、当該情報が市場に浸透するまでの間、株式の取引を自粛すべきである。

また大量保有報告義務者が企業買収を予定している場合や、公開買付直前の
大量保有情報の開示である場合には、その後の企業買収や公開買付けの正当性
を左右するようなものとして一体として評価される必要がある。その場合の大
量保有報告義務違反は、「企業買収情報」という重大情報と「大量保有情報」
という重要情報の両面において情報格差が生じる局面である。しかも、買収者
の一般投資家に対する情報の優位性は最大化し、当該懈怠行為の悪質性・重大
性は極大化すると考えられる。さらに、企業買収の準備段階での株式買入（大
量保有）情報の開示は、買収情報の開示の一環としての意味と適時開示の意義
を有することにもなる。それゆえ、大量保有情報の開示を懈怠ないし遅滞する
者が開示義務者である場合には、当該義務者による議決権行使が基本的に否定
されるべきは当然であると考える。

4. 最近では、大量保有報告書の提出遅延、または虚偽記載（共同保有関係等
の不記載等）によって大量保有者であることを隠したまま、上場会社の株式買
増しが行なわれている[52]。現行法の下では、金商法上の罰金または課徴金を
支払えば、当該違反行為による株式取得行為自体の効力は全く問題となること
はなく、会社側は当該違反者による議決権行使を認めざるをえないとされてい

---

(51) 英国では、発行会社への通知期限（2営業日）の翌営業日の公表が求められている。
(52) 前掲（注35）の①②参照。

るが、これは重大な問題である。また報告義務違反の株主としての地位の適法性に疑義がないとされるのであれば、当該会社も他の株主も総会決議の取消し（会831条1項1号）、または瑕疵の程度によって不存在確認の訴提起（会830条1項）すらもできないことになる。

今般の改正金商法は、株主と企業との建設的で深度のある対話の促進という名目の下で、大量保有報告制度における共同保有者と重要提案行為の範囲を緩和したが、むしろそのことにより市場機能を大きく阻害する可能性を拡大したとみる余地もある。この点は、WGにおいて示された欧州の例に倣い[53]、議決権停止制度の創設が最も効果的とする意見は傾聴に値する[54]。また大量保有報告制度の実効性をより高めるには、大量保有報告義務違反者と会社法上の株主名簿によって決定される株主とを一致させる必要があり、名目株主の背景にいる実質株主の属性や株式取得等の本質的な目的に関する動向の開示制度も重要である[55]。大量保有報告制度の趣旨を踏まえ、資本市場の公正性・透明性を確保するためには、金商法や取引所ルールによる公的なエンフォースメントだけでなく、すべてのルールが一致してその実現のために対応すべきである。その観点からすれば、大量保有報告義務違反者ひいては金商法違反者に対して株主としての議決権行使を一定期間差し止める措置は極めて有効なエンフォースメントの一つと思われる。

こうした喫緊の、かつ肝心な論点が今般の金商法改正時においても先送りとなり、引き続き検討課題とされたことは大変遺憾である。今後の改正動向を注

---

(53) 英国、ドイツ、フランスは、EU透明性指令（2004/109/EC）28条1項に準拠し、大量保有報告義務の違反者に対する議決権行使禁止の制裁措置を国内法化している。第1回WG資料4・前掲（注7）30-33頁。

　　ドイツ法については、神作裕之「金融商品取引法の規定に違反した者による議決権行使の制限」小出篤＝小塚壮一郎＝後藤元＝潘阿憲編『企業法・金融法の新潮流』（商事法務、2013年）3-37頁参照。フランス法については、鳥山恭一「フランスにおける株主の株式大量保有義務違反による議決権の停止」早稲田法学94巻4号（2019年）331-378頁参照。

(54) 考え方の方向性としては、前掲（注40）参照。なお、脱稿後の参照文献として、高橋陽一「公開買付制度・大量保有報告制度のエンフォースメント」ジュリスト1604号（2024年）34-39頁、松元暢子「アクティビズムに関連する法的検討課題」商事法務2367号（2024年）67-68頁参照。

(55) 実質株主に関するWG報告については、野崎ほか・前掲（注3）10頁参照。なお、2025（令和7）年2月10日には、実質株主確認制度の創設等が法制審議会に諮問されたとの報道があった。

視したい。

※本稿は、國學院大學令和4年度国内派遣研究員としての研究成果の一部である。

人権情報の法定開示と
デュー・ディリジェンスの法制化

原　　郁　代

Ⅰ．はじめに

　近年、企業活動の社会に対する影響が重視され、人権の尊重を企業に求める
機運が国際的に高まっており、EU を中心に人権情報に対する開示規制、開示
に対する第三者保証、デュー・ディリジェンス（以下、「デュー・ディリジェンス」
を「DD」という。）の法制化がなされている。EU の制度は、一定の要件を満た
せば域外で設立された企業に対しても適用されるため、グローバル企業は制度
が求める体制の構築と実行が求められている。

　現在我が国では、コーポレートガバナンス・コードやスチュワードシップ・
コードで人権の尊重が求められてはいるものの、法によって開示すべき人権情
報が明確化されておらず、DD の法制化はなされていない。企業は人権の尊重
をし、国際的に求められている人権尊重の体制を構築しなければ、国際的な取
引から排除され、ビジネスに重大な影響を与える虞があるので、人権尊重につ
いて国際社会が求めるレベルで企業に求める制度の構築が必要となる。

　本稿では、先行する EU の制度を検討し、我が国において人権情報について
の法定開示及び人権 DD の法制化を行うべきか、行うとしたらどこまで行うべ
きかについて検討することを目的としている。なお、人権情報に対する第三者
保証と企業の民事責任の問題は本稿では検討の対象とはしていない。

II. 「ビジネスと人権」に対する議論の高まり

1.「ビジネスと人権」に関する国際的な要請の高まり

　企業活動が社会に与える影響が大きくなり、企業に対して責任ある行動が求められるようになった。1976 年に「OECD（経済協力開発機構）多国籍企業行動指針（OECD Guidelines for Multinational Enterprises）」[(1)]、1977 年に「ILO（国際労働機関）多国籍企業及社会政策に関する原則の三者宣言（Tripartite Declaration of Principles concerning Multinational Enterprises and Social Policy）」が策定された[(2)]。また、2011 年に「ビジネスと人権に関する指導原則：国連「保護、尊重及び救済」枠組みの実施（Guiding Principles on Business and Human Rights: Implementing the United Nations "Protect, Respect and Remedy" Framework）（以下「指導原則」という。）」を策定した[(3)]。指導原則は、国際的に広く支持され、「ビジネスと人権」の理念に関する意識が高まることとなった。こうした流れの中で、人権尊重の実効性を担保するための法制度を EU 諸国を中心に導入する動きが広がることとなった。人権尊重の機運が高まる中、機関投資家は企業に対して人権に関する情報開示を強く求めることとなった。国連責任投資原則（Principles for Responsible Investment）[(4)] は、ESG（環境：environment、社会：social、ガバナンス：governance）の課題と投資慣行との関連性が増大していることを考慮し、機関投資家の国際的なグループにより 2006 年に策定された。

---

(1)　OECD 多国籍企業行動指針は、1976 年に策定後、6 回（1979 年、1984 年、1991 年、2000 年、2011 年、2023 年）改訂されている。英語版及び 2023 年改訂版（仮訳）が経済産業省のホームページより入手可能である。なお、下記 URL より人権に関して国際的なフレームワークとして様々な国際機関等が発行したガイドラインや関連文書が掲載されている。https://www.meti.go.jp/policy/economy/business-jinken/overseas.html（2024 年 8 月 31 日）。

(2)　ILO 多国籍企業及社会政策に関する原則の三者宣言は、1977 年に策定後、3 回（2000 年、2006 年、2022 年）改訂されている。英語版及び仮訳の入手方法は、注 1 参照。

(3)　「ビジネスと人権に関する指導原則：国連「保護、尊重及び救済」枠組みの実施」の英語版及び仮訳の入手方法は、注 1 参照。

(4)　国連責任投資原則（Principles for Responsible Investment）の英語版は、注 1 で示した URL より入手可能である。

ESG の課題を組み込んだ 6 つの投資原則から構成されている。国連責任投資原則において、責任投資は ESG の要因を投資決定やアクティブ・オーナーシップに組み込むための戦略および慣行と定義され、人権は社会に位置づけられている。

2．指導原則

（1）　概要

指導原則では、① 企業活動による人権への悪影響の惹起またはその助長を回避し、惹起した際には対処すること、② 企業活動と直接関連する、または取引関係による製品もしくはサービスに直接関連する人権への悪影響については、企業がその惹起に寄与していなくても、回避又は軽減に努めることが求められている（基本原則 13）。また企業は人権を尊重する責任を果たすため、その規模と状況に応じ、① 人権を尊重する責任を果たすという企業方針によるコミットメント、② 人権への影響を特定し、予防し、軽減し、対処方法を説明するための人権 DD 手続、③ 企業が惹起させまたは寄与したあらゆる人権への悪影響からの救済を可能とする手続が求められている（基本原則 15）。

（2）　人権 DD

人権 DD 手続は、現実及び潜在的な人権への影響の評価、調査結果の統合と対処、対応の追跡調査、対処方法の周知を含むべきであるとされ、手続には、企業がその活動を通じ惹起または助長するおそれのある人権への悪影響、または取引関係による、企業活動、製品もしくはサービスに直接関連し得る人権への悪影響を含むこととされている（基本原則 17）。DD の範囲には、取引関係による、企業活動、製品もしくはサービスに直接関連し得る人権への悪影響が含まれており、広範囲にわたっている。また、人権への悪影響について対処されているか検証するため、企業はその対応の実効性を追跡調査すべきであるとされ（基本原則 20）、企業が人権への悪影響の惹起または助長を確認した場合、企業は正当な手続を通じた救済を提供しまたはそれに協力すべきであるとされている（基本原則 22）。

Ⅲ．EU における制度

1．非財務情報開示指令（Non-Financial Reporting Directive）

(1) 概略

　2014 年から適用された非財務情報開示指令（Non-Financial Reporting Directive〔2014/95/EU〕、以下「NFRD」という。）に基づき、サステナビリティ情報の開示が貸借対照表日を基準とした会計年度の平均従業員 500 人超の上場会社に対して要請されてきた（NFRD 19a 条 1 項）。NFRD では、環境保護、社会的責任、従業員待遇、人権尊重、取締役会の多様性等の情報として、① ビジネスモデルの概要（同法 19a 条 1 項〔a〕）、② 実施された DD プロセスを含む会社の方針の説明と結果（同項〔b〕〔c〕）、③ リスク、④ 特定のビジネスに関連する非財務的主要業績指標 KPI（non-financial Key Performance Indicator）の開示が求められていた。2017 年 6 月に、企業が NFRD に基づく開示をする際に、有益で比較可能な情報を開示できるように、非財務情報ガイドライン（〔Guidelines on non-financial reporting〕、以下「ガイドライン」という。）が公表された。ガイドラインには法的な拘束力はなく、各企業が任意で参考とするものという位置づけであった。

(2) 開示すべき人権情報と DD

　ガイドラインは、子ども、女性、先住民族、障害者、零細農家、人身売買の被害者、派遣労働者、サプライチェーンや下請け企業で働く労働者、移民労働者とその家族を含む労働者の権利が対象であり、人権や人権侵害を防止するために実施したプロセス及び手筈といった重要な人権 DD に関する事項の開示を検討しなければならないとしている。関連があり、重要な場合にはサプライヤー及び下請けチェーンに関するものも含まれるとし、重要な事項の開示には、特に指導原則、多国籍企業のための OECD ガイドライン、多国籍企業と社会政策に関する ILO 原則に対する三者宣言を反映しうるとしている。

2．企業サステナビリティ報告指令
（Corporate Sustainability Reporting Directive）

(1)　概略

NFRD の枠組みでは、開示対象企業も限定的であり、開示企業においても、情報量が不十分、あるいは、信頼性や比較可能性が問題視されていた。こうした課題に対処するため、2021 年 4 月に欧州委員会（EC）は、NFRD に代わる企業サステナビリティ報告指令（Corporate Sustainability Reporting Directive〔Directive 2022/246〕、以下「CSRD」という。）についての議案を提出した。CSRDでは NFRD と比較し、広範囲の企業に詳細な情報の開示が求められ、第三者保証も必要とされている。CSRD に基づいて、企業は自社の事業がサステナビリティに及ぼす影響を理解するために必要な情報、およびサステナビリティが自社の発展、業績、立場にどのような影響を与えるかを理解するために必要な情報を開示しなければならないとされた。国際サステナビリティ基準審議会（International Sustainability Standards Board、以下「ISSB」という。）の基準や我が国の企業内容の開示に関する内閣府令との大きな違いは、サステナビリティリスクが企業に与える影響のみを考慮する（シングルマテリアリティ）のではなく、それに加えて自社がサステナビリティに与える影響も考慮する（ダブルマテリアリティ）ということである。CSRD は、2023 年 1 月 5 日発効し、2024 年以降、企業規模により 4 段階で適用が開始される[(5)]。

CSRD では、大企業及び EU の規制市場に上場している企業の全てを適用対象としている。大企業の定義は、① 純売上高 4000 万ユーロ超、② 貸借対照表の合計が 2000 万ユーロ超、③ 会計年度中の平均従業員数 250 人超という 3条件の内 2 つ以上を満たす企業である。EU 圏外の企業であっても、適用対象の基準に該当する場合には、当規則に従わなければならない。したがって、EU 域外の企業も、① EU の規制市場に子会社が株式等を上場している場合や② EU に拠点を置く子会社が大企業に該当する場合には、適用対象となりうる。

---

(5)　最も早く適用されるのは、NFRD の適用企業であり、2024 年 1 月 1 日より開始する事業年度から適用開始されている。

サステナビリティ情報の開示箇所については、NFRD では、マネジメント
レポート(6)の中での開示を原則としつつ、開示箇所をマネジメントレポート
の中で示す場合には、マネジメントレポート以外で開示することも認められて
いた。CSRD では、サステナビリティ情報は、マネジメントレポートの中で開
示することを義務化した。こうした変更の背景には、マネジメントレポート以
外で開示する場合、財務情報とサステナビリティ情報の結合性が不明確となる
こと、サステナビリティ情報が財務情報に比べて重要性が低いような印象を与
える可能性が指摘されたことが挙げられる。

　CSRD では、欧州財務報告諮問グループ（European financial Reporting Advi-
sory Group、以下「EFRAG」という。）による欧州サステナビリティ報告基準
（Europe Sustainability Reporting Standards、以下「ESRS」という。）に従い非財務
情報の開示を行うことを指令対象企業に義務づけている。ESRS は、2023 年 7
月 31 日、欧州委員会に採択され、2024 年 1 月より CSRD の規定に従った適用
区分により順次適用される。ESRS は、横断的基準とトピック別基準に大別さ
れる。ESRS の特徴としてあげられているのが、サステナビリティが企業に与
える影響のみを考慮するのではなく、自社が環境や社会のサステナビリティに
与える影響も考慮するということである。サステナビリティ情報に対して、信
頼性を確保するために、法定監査人又は監査法人（以下「監査人等」という。）に
よる保証の提供を義務付けている。NFRD では、監査人等が非財務情報の開
示を確認することを求める程度で、保証までは求めていなかった。しかしなが
ら、このような状況は、サステナビリティ情報の信頼性が脅かされ、利用者の
ニーズを満たさない可能性があるとされた。ただし、サステナビリティ開示
の保証に関しては、特に将来の見通しや定性的な開示に関する合理的な保証の
実施方法について、現時点では合意された基準がない。そこで、サステナビリ
ティ情報に求める保証レベルは、最初は限定的保証にとどめ、保証のレベルを
合理的保証へ段階的に高めることとされた。

---

(6)　EU におけるマネジメントレポートとは、財務報告書と共に財務年次報告書による法定開示の
　　構成要素となっている報告書である（Directive 2013/34/EU 第 19 条第 3 項、第 22 条）。

(2) 開示内容

ESRS は、横断的基準、トピック別基準（環境、社会、ガバナンス）の各項目に関する開示項目を定める全部で 12 の基準書で構成されている。また、それぞれのトピックには、より細分化したサブトピックが設定されている。横断的基準では、ESRS1（全般的要求事項）及び ESRS2（全般的開示事項）についての開示項目を定めている。環境に関する開示項目は、ESRS E1（気候変動）、ESRS E2（汚染）、ESRS E3（水と海洋資源）、ESRS E4（生物多様性と生態系）、ESRS E5（資源利用とサーキュラーエコノミー）についての開示基準を定めている。社会では、ESRS S1（自社の労働者）、ESRS S2（バリューチェーンの労働者）、ESRS S3（影響を受けるコミュニティ）、ESRS S4（消費者とエンドユーザー）についての開示基準を定めている。ガバナンスでは、ESRS G1（事業活動）についての開示基準を定めている。

各開示項目の構成は、「ガバナンス」「戦略」「影響、リスク、機会の管理」、「指標と目標」で構成される。企業は重要性評価を行い、開示すべき影響、リスク、機会を特定する。重要性評価の結果、重要でないと判断した情報は開示を省略することができる。重要性には、影響の可能性や規模、範囲などが考慮される「影響の重要性」と「財務上の重要性」がある。

ESRS S1 には、企業は国連グローバル・コンパクトの原則[7]又は OECD 多国籍企業行動指針遵守を監視するための方針を含む人権に対する方針を表明しなければならないという人権の尊重についての規定がある（ESRS S1 18 条）[8]。

---

(7) 国連グローバル・コンパクトの原則は、1999 年 1 月に開催された世界経済フォーラムにおいて、国連事務総長であったコフィ・アナン氏が企業が守るべき原則として提唱した世界的な枠組みである。企業に対し、人権、労働、環境、腐敗防止の 4 分野に関する 10 の原則の順守と実践を要請する原則である。日本語版と英語版が注 1 に記載した URL から入手可能である。

(8) 2022 年 4 月の草案段階のものであるが、ESRS S1 のドラフトが下記 URL で入手可能である。https://www.efrag.org/sites/default/files/sites/webpublishing/SiteAssets/ED_ESRS_S1.pdf （2024 年 8 月 31 日）。

3. 企業持続可能性 DD 指令
(Directive on Corporate Sustainability Due Diligence)

(1) 概略

　企業持続可能性 DD 指令案が 2024 年 4 月に欧州議会で、5 月に EU 理事会で採択され、7 月に発効した。適用対象企業と適用年度は、下記(2)に記載している。リスクベースの人権 DD を実施する義務がある（DD 法 5 条 1 項）。DD プロセスは、「責任ある企業行動のためのガイダンス（the Guidance for Responsible Business Conduct）[9]」で定義されている 6 つのステップを網羅するものでなければならないとし（DD 法前文〔20〕）、具体的には、① DD を自社の方針と管理システムに統合すること（同項〔a〕、同法 7 条）、② 実際又は潜在的な悪影響を特定し、評価すること（同項〔b〕、同法 8 条）、③ 潜在的な悪影響を防止・軽減し、実際の悪影響を終了・最小化させること（同項〔c〕、同法 10・11 条）、④ 実際の悪影響を改善すること（同項〔d〕、同法 12 条）、⑤ 利害関係者との有効な対話の実行（同項〔e〕、同法 13 条）、⑥ 通知メカニズム及び苦情処理手続を確立し、維持すること（同項〔f〕、同法 14 条）、⑦ DD 方針と措置の有効性を監視すること（同項〔g〕、同法 15 条）、⑧ DD についての公的な報告（同項〔h〕、同法 16 条）が義務付けられている。DD を自社の方針とリスク管理システムに統合することを求められており、実在している又は潜在的な人権に対する悪影響の特定と評価を行い、必要に応じて優先順位をつける必要があるとしている。悪影響を最小化するために利害関係者との有効な対話を実行し、通知メカニズム及び苦情処理手続きの確立・維持が必要とされている。

---

(9) 責任ある企業行動のための OECD デュー・ディリジェンス・ガイダンス（OECD Due Diligence Guidance for Responsible Business Conduct）https://mneguidelines.oecd.org/due-diligence-guidance-for-responsible-business-conduct.htm（2024 年 8 月 31 日）。
　ガイダンスは、政府から多国籍企業への法的拘束力のない勧告という意味を持つ。ガイダンスは、① 責任ある企業行動を企業方針および経営システムに組み込む、② 企業の事業、製品またはサービスに関連する実際のおよび潜在的な負の影響を特定し、評価する、③ 負の影響を停止する、防止するおよび軽減する、④ 実施状況および結果を追跡調査する、⑤ 影響にどのような対処をしたかを伝える、⑥ 適切な是正措置を行う、または是正のために協力するという 6 つの DD プロセスがあるとしている（OECD〔2018〕, OECD Due Diligence Guidance for Responsible Business Conduct, p. 21 参照。なお、日本語訳はガイドラインの日本語版を採用している。）。なお、② は、自社の事業のみならずサプライチェーンも対象となる。

(2) 適用対象と適用年度

DD 実施義務の対象となるのは、EU の加盟国法に基づいて設立された企業（EU 企業）については、(a) 全世界での年間純売上高が 4 億 5000 万ユーロ超、かつ (b) 平均従業員数が 1000 人超の企業である。日本を含む域外国法に基づいて設立された企業（域外企業）については、EU 域内での年間純売上高が 4 億 5000 万ユーロ超の企業であり、域外企業については、従業員数基準は課されない。なお、企業が単独で上記の基準を満たさない場合でも、グループ全体で上記の基準を満たす場合、最終親会社は DD 実施義務の対象となる。

(a) EU 域内で設立された企業

① ～ ③ のいずれかに基準を満たした企業が適用対象となる。

① 直近事業年度において平均従業員数が 1000 人を超え、かつ全世界での純売上高が 4 億 5000 万ユーロを超える会社（DD 法 2 条 1 項〔a〕）。

② ① の基準を満たさないが、連結財務諸表が採用された、または採用されるべきであった最後の会計年度において閾値に達したグループの最終親会社（DD 法 2 条 1 項〔b〕）。

③ EU 域内のフランチャイズ契約又はライセンス契約を締結している企業グループ又はグループの最終親会社であり、これらのロイヤルティが直近事業年度で年間 2250 万ユーロ超かつ当該企業又はグループの最終親会社の年間純売上高が 8000 万ユーロ超である場合（DD 法 2 条 1 項〔c〕）。

(b) EU 域外で設立された企業

EU 域内での年間純売上高が 4 億 5000 万ユーロ超など上記 ① の平均従業員数以外の要件を満たした場合に EU 域外で設立した企業にも DD 法が適用される（DD 法 2 条 2 項）。指令は、上記を満たす EU 企業と、EU 域内で同じ売上高基準を満たす域外企業に対し、大規模企業から段階的に適用開始される。2027 年以降は売上高 15 億ユーロ超かつ従業員 5000 人超、2028 年以降は 9 億ユーロ超かつ 3000 人超、2029 年以降は指令の対象となるすべての企業に適用される。

(3) DD 法が適用される事業の範囲

企業の事業、子会社の事業および自社及び子会社のバリューチェーンにおい

てビジネスパートナーが実施する事業に DD 法が適用される（DD 法 1 条 1 項〔a〕）。ビジネスパートナーとは、① 事業、製品またはサービスに関連した商取引契約を結んでいる企業又はバリューチェーンの活動に従ってサービスを提供している会社（直接のビジネスパートナー）又は ② 直接のビジネスパートナーではないが、企業の事業、製品またはサービスに関連する事業を行う取引先（間接的なビジネスパートナー）をいう（DD 法 3 条 1 項〔f〕）。バリューチェーンとは、① 商品の製造やサービスの提供に関連した上流のビジネスパートナーの活動及び ② 企業の製品の流通、輸送、保管に関連する会社の川下ビジネスパートナーの活動をいう（同項〔f〕）。

(4) 罰則

EU 加盟国は、本指令に従って採択された国内法の規定の違反に適用される金銭的罰則を含む罰則に関する規則を定め、その履行を保証するために必要なすべての措置を講じるものとする（DD 法 27 条 1 項）。そして EU 加盟国は、少なくとも ① 金銭的罰則、② 企業が、金銭的罰則が適用される期限内に罰則を課す決定に従わなかった場合の違反に対する企業の責任と違反の性質を示す公式声明を行う必要がある（同条 3 項）。金銭的罰則についての上限設定は、罰金を科すことが決定された直前の会計年度における当該企業の全世界の純売上高の 5％以上であることが求められている（同条 4 項）。

Ⅳ. 我が国における制度

Ⅲ. で検討したように EU では、人権情報に対する法定開示、DD の法制化がなされている。先行する EU の制度を踏まえ、我が国の人権情報に対する開示及び DD 制度について検討することとする。

1. 有価証券報告書において開示が要求される事項

2023 年 1 月 31 日、企業内容等の開示に関する内閣府令等の改正により、有価証券報告書において、「サステナビリティに関する考え方及び取組」の記載

欄を新設し、サステナビリティ情報の開示が求められることとなった。2023年3月31日以降に終了する事業年度から適用されている。

「サステナビリティに関する考え方及び取組」では、① ガバナンス、② 戦略、③ 人的資本（人材の多様性を含む。）に関する戦略並びに指針及び目標の記載が求められており、③ について、(a) 人材の多様性の確保を含む人材の育成に関する方針及び社内環境整備に関する方針（例えば、人材の採用及び維持並びに従業員の安全及び健康に関する方針等）を戦略において記載すること、(b) (a) で記載した方針に関する指標の内容並びに当該指標を用いた目標及び実績を指標及び目標において記載することが求められている[10]。TCFD（気候関連財務情報開示タスクフォース：Task Force on Climate-related Financial Disclosures）提言の4つの要素が「サステナビリティに関する考え方及び取組」において採用されている。サステナビリティ情報のガバナンスとリスク管理は全ての企業に開示が義務付けられるが、「戦略」と「指標と目標」は、各企業が重要性を判断して開示することとされている。適用が義務付けられている開示に関する基準はない。

2．コーポレートガバナンス・コード

東京証券取引所「コーポレートガバナンス・コード」では、「原則2−3．社会・環境問題をはじめとするサステナビリティを巡る課題」において「上場会社は、社会・環境問題をはじめとするサステナビリティを巡る課題について、適切な対応を行うべきである。」としている。同補充原則2−3① では、「人権の尊重」について、「取締役会は、気候変動などの地球環境問題への配慮、人権の尊重、従業員の健康・労働環境への配慮や公正・適切な処遇、取引先との公正・適正な取引、自然災害等への危機管理など、サステナビリティを巡る課題への対応は、リスクの減少のみならず収益機会にもつながる重要な経営課題であると認識し、中長期的な企業価値の向上の観点から、これらの課題に積極的・能動的に取り組むよう検討を深めるべきである。」としている。

---

(10) 企業内容等の開示に関する内閣府令2号様式（記載上の注意）30-2、同3号様式 17-2 参照。

3．ビジネスと人権に関する行動計画

　2022 年 10 月、ビジネスと人権に関する行動計画に係る関係府省庁連絡会議より「ビジネスと人権」に関する行動計画が公表された。行動計画の目的は、「企業に対しては、行動計画を広く周知することで、「ビジネスと人権」に関する一層の理解の促進と意識の向上を図るとともに、企業及び企業間での取組の連携強化を促す。これらを通じ、責任ある企業活動の促進を図ることにより、国際社会を含む社会全体の人権の保護・促進に貢献し、日本企業の信頼・評価を高め、国際的な競争力及び持続可能性の確保・向上に寄与すること」であるとしている。具体的な人権 DD の方法については、「責任ある企業行動のための OECD デュー・ディリジェンス・ガイダンス」を採用している[11]。

4．責任あるサプライチェーン等における人権尊重のためのガイドライン

　ビジネスと人権に関する行動計画に係る関係府省庁連絡会議は、企業における人権尊重の取組を後押しするため、2022 年 9 月「責任あるサプライチェーン等における人権尊重のためのガイドライン」[12]を公表した。人権尊重の枠組みは上記 3．と同じであるが、実際に企業が取り組む指針となるように、国連指導原則、OECD 多国籍企業行動指針及び ILO 多国籍企業宣言等の国際スタンダード等の内容を踏まえ、具体的な内容となっている。例えば、「負の影響」については、① 企業がその活動を通じて負の影響を引き起こす場合、② 企業がその活動を通じて直接に、又は外部機関（政府、企業その他）を通じて負の影響を助長する場合、③ 企業は、負の影響を引き起こさず、助長もしていないものの、取引関係によって事業・製品・サービスが人権への負の影響に直接関連する場合の 3 類型に分類できるとしている。すなわち、企業は、自ら引き起こしたり、又は、直接・間接に助長したりした負の影響にとどまらず、自社の事業・製品・サービスと直接関連する人権への負の影響についてまでを、人権 DD の対象とする必要があるとしている。多くの企業にとって、人

---

(11)「責任ある企業行動のための OECD デュー・ディリジェンス・ガイダンス」については、前掲
　　（注 9）参照。

(12) https://www.meti.go.jp/press/2022/09/20220913003/20220913003-a.pdf（2024 年 8 月 31 日）。

的・経済的リソースの制約等を踏まえると、全ての取組を直ちに行うことは困難であり、負の影響を正確に特定するためには、ステイクホルダーとの対話や苦情処理メカニズムが有用であるとしている。企業は、人権尊重の取組の最終目標を認識しながら、まず、より深刻度の高い人権への負の影響から優先して取り組むべきであるとしている[13]。

5. 開示及び DD の現状

　人権情報に対する開示及び DD については、我が国ではまだ法制化されていないが、多くの上場企業で何らかの開示が行われている[14]。現在、開示内容についての法制化が行われていないため、開示内容には企業間で差がある。上記 3. 及び 4. で述べたように、「ビジネスと人権」についての行動計画及びガイドサインが策定され、法的強制力はないものの EU の制度と同様の人権情報の開示及び DD について企業にその遵守が求められているので、「サステナビリティに関する考え方及び取組」の中で「人権尊重に関する取組」といった独立の項目を設けて EU の開示規制及び DD 法に準拠した人権情報について詳細に開示している企業も少なくない。しかしながら、「人権尊重」について「戦略」の中で一応の記述があるが、具体的な内容の記述がない企業も少なくないのが実情である。

V. 今後の課題

　これまで企業に人権尊重を遵守させるための人権情報の開示と人権 DD について検討してきた。企業の自主性に任せると情報開示のレベルと人権 DD の実施状況について企業間で大きな差が生じるという問題があることから、人権尊重の実効性を担保するため、EU では人権情報の開示や人権 DD について

---

(13)「責任あるサプライチェーン等における人権尊重のためのガイドライン」前掲（注 12）11 頁。

(14) 有価証券報告書のデータベース eol で「人権」、決算日を 2024 年 3 月 1 日から 8 月 31 日に設定して検索すると 1889 件ヒットした。

法制化し、情報開示の内容について遵守する基準が法定されている。

　一方、我が国では、人的資本については一定事項の開示を有価証券報告書上で行われていることが法定されているが、人権情報については、具体的な法定開示事項が示されているわけではない。また、人権DDについては、コーポレートガバナンス・コードで人権の尊重が求められており、EUのDD法を踏まえた行動計画及びガイダンスが策定され、企業に遵守が求められているが、法制化されていない。企業の自主的な取組に委ねられている。

　人権情報の法定開示、実効性確保のための実体的規制（DDの法制化）のEUを中心とする国際的な流れは避けられないと思われる。EUで法人の設立をしていなくても一定の要件を満たせば域外適用され、重要な事項について法の遵守が行われていないとみなされた場合には、取引ができなくなるリスクが生じるからである。我が国でも人権情報の開示、人権DDについての法制化は避けられないと思われる。

　人権情報の開示の法制化については、法制化する根拠と範囲、任意開示との関係について明確化すべきであると思われる。有価証券の発行市場及び流通市場において、情報開示に対して法的義務を課す根拠としては、情報の非対称性を緩和し、投資家が適切な投資判断を行うためであると説明されている。会社の自主的な開示に任せていると都合の悪い情報開示がなされず、投資家の投資判断に資する有用な情報提供がなされない可能性があるので、重要な情報は法によって強制的に開示する義務を負わせているのである。重要な情報と述べたが、情報開示にはコストが伴うので、開示すべき義務を負わせる情報の範囲を限定しないと企業に過大な負担を負わせてしまうことになる。法定開示には、コストベネフィットの判断が重要であるといえる。

　人権DDの法制化について、EUのDD法では、DDを自社の方針とリスク管理システムに統合し、実在している又は潜在的な人権に対する悪影響の特定と評価が求められている。人権DDの範囲は、自社のみならずサプライチェーン全体の取引等に亘っており、範囲が広範囲である。全てを網羅することは難しく、リスクベースのDDが求められている。DDプロセスは、サステナビリティ課題に対する自社方針をガバナンス体制や全社的リスクマネジメントの要諦となり、内部統制を包摂する全社的リスクマネジメントの概念その厳格な実

行手段としての DD と密接に結びついていると考えられ[15]、金融商品取引法で定められている内部統制制度との関係を整理する必要がある。上場会社は、内閣府令[16]で定めるところにより、事業年度ごとに、当該会社の属する企業集団及び当該会社に係る財務計算に関する書類その他の情報の適性性を確保するために必要なものとして内閣府令で定める体制[17]について、内閣府令で定めるところにより評価した報告書（内部統制報告書）を内閣総理大臣に提出しなければならない（金商24条の4の4）。内閣府令において定めのない事項については、一般に公正妥当と認められる財務報告に係る内部統制の評価の基準及び一般に公正妥当と認められる財務報告に係る内部統制の監査に関する基準に従うものとすると規定されており（内閣府令1条1項・4項、以下「基準」という。）、企業会計審議会により公表された財務報告に係る内部統制の評価及び監査に関する基準が該当すると規定されている（同条5項）。財務報告に係る内部統制の評価及び監査に関する基準において、内部統制とは、基本的に、業務の有効性及び効率性、報告の信頼性、事業活動に関わる法令等の遵守並びに資産の保全の4つの目的が達成されているとの合理的な保証を得るために、業務に組み込まれ、組織内の全ての者によって遂行されるプロセスであると定義されており、報告の信頼性には、非財務情報を含むと規定されている（基準Ⅰ1）。リスクの評価と対応が必要とされている。「リスクの評価と対応」とは、組織目標の達成に影響を与える事象について、組織目標の達成を阻害する要因をリスクとして識別、分析及び評価し、当該リスクへの適切な対応を行う一連のプロセスをいう。人権 DD は、実在している又は潜在的な人権に対する悪影響の特定と評価をリスクベースで行うことが求められており、財務報告に関する内部統

---

(15) 上妻京子「人権・環境デューディリジェンス規制とサステナビリティ報告の合理的保証」現代監査32巻（2022年）76-77頁。

(16) 財務計算に関する書類その他の情報の適正性を確保するための体制に関する内閣府令である。本稿では、「内閣府令」という。）

(17) 「財務計算に関する書類その他の情報の適性性を確保するために必要なものとして内閣府令で定める体制」を内部統制という。会社法でも取締役の職務の執行が法令及び定款に適合することを確保するための体制その他株式会社の業務並びに当該株式会社及びその子会社から成る企業集団の業務の適性性を確保するために必要なものとして法省令で定める体制（内部統制）の整備が取締役の義務として規定されている（会348条2項4号、会施規98条）。会社法の内部統制は財務に限定されていないが、金融商品取引法上の内部統制は、財務に限定されている。

制制度の枠組みと共通する部分が多い。

このように考えると、人権 DD の法制化の方法としては現行の内部統制制度の中に組み込んでいくことが考えられる。法制化には、コストベネフィットの観点から、企業に過大な負担とならないような措置が必要であり、EU のように基準を設けて段階的に実施していくべきであると思われる。

本稿では、情報の信頼性を確保するための第三者保証、人権尊重の体制の構築がなされない場合の取締役の善管注意義務違反及び不実の開示に対する民事責任の問題は検討の対象外とした。第三者保証には、財務諸表監査と同程度の保証を求めるのか、限定的な保証にとどめるのかといった保証のレベル設定の問題がある。人権尊重の体制の構築に対する義務を取締役の善管注意義務に位置づける場合[18]には、人権に対する悪影響を特定する範囲が広範であるので、義務違反に対して結果責任を問うことは酷であると思われ、経営判断の原則と同様の法の運用が必要であると思われる。

---

(18) 弥永真生「〈論説〉企業に対する人権デューデリジェンスの要求」筑波ロー・ジャーナル（2022年）266-268 頁。

「問題のない」金融機関による「問題のある」 金融商品の販売と組織的対応の必要性

宮 下 修 一

I. はじめに

　「銀行」や「証券会社」ときくと、社会的には、信頼に足る、安心できる、そして「問題のない」金融機関であるというイメージが強いであろう。

　しかしながら、金融自由化の進展に伴い、銀行や証券会社の業態は大きく変わりつつある。例えば、銀行の窓口における金融商品の販売（銀行窓販）[1]、または、証券会社（銀行の系列会社であることも多い）と提携した金融商品の販売なども当然のように行われるようになってきた。

　近時においては、いわゆる「仕組債」等の金融商品について、銀行と証券会社がいわばタイアップする形で販売することが増えてきている。ところが、「仕組債」等の金融商品は、きわめて複雑でハイリスク・ハイリターンなもので、かつ、実際の運用も複雑であることが少なくない。その意味では、本来は、証券取引の知識や経験がない、または乏しいのであれば、こうした金融商品の取引を行うべきではなく、また、銀行や証券会社もそのような取引をすべきではないであろう。しかしながら、実際には、このような取引は行われており、かつ、その際にその取引に適合しない顧客を勧誘する適合性原則違反[2]、または、取引の仕組みやリスク等について十分な説明をしないまま勧誘を行う説明義務違反[3]等の問題も少なからず生じている[4]。

---

(1)　銀行窓販が開始された頃の状況を検討するものとして、宮下修一「『銀行窓販』の勧誘をめぐるトラブルと金融機関の責任——「保険窓販」を中心にして」国民生活研究 49 巻 4 号（2010 年）1-30 頁。

このようなトラブルが生じる背景には、金融機関が短期的な利益の追求を試みるあまりに、顧客が本来は想定していない「損失」が発生していることがあるように思われる。そのため、Ⅲ．で後述するように、金融庁による監督や規制が強化されてきている。本来であれば、そうした監督や規制を受けるまでもなく、金融取引が持続可能な形で行われるためには、長期的視野に立った長期的利益の追求を前提とする投資への転換という視点をもつことが重要であろう。

その際には、個別の顧客が取引に適合しているか否かを個別に判断するにとどまらず、むしろそのような顧客を取引に勧誘しないようにする組織的対応が求められているといえる。実際に、以下で検討するように、近時の金融庁を中心とする金融機関に対する対応は、そうした組織的対応を行うことを強く求めているものと考えられる。

そこで本稿では、銀行や証券会社等の「問題のない」金融機関によって行われる仕組債等の「問題のある」商品の販売に関して、現状ではどのような対応がなされているのかをまずは確認したうえで、今後の販売方法のあるべき方向性について検討することとしたい。

具体的には、まずⅡ．で近時公表された「資産運用業高度化プログレスレポート2023」において、金融商品の販売に際して「顧客本位の業務運営」を行うことが強調されていることを確認したうえで、Ⅲ．で金融庁等を中心に、特に顧客に適合した取引を行うという観点から上記の「顧客本位の業務運営」の実現を意識した対応がなされている状況について概観する。そして、Ⅳ．で裁判例においても、金融商品の販売勧誘の場面で金融機関の組織的対応を意識

---

(2) 適合性原則違反については、王冷然『適合性原則と私法秩序』（信山社、2010年）、角田美穂子『適合性原則と私法理論の交錯』（商事法務、2014年）を参照。また、その議論状況については、宮下修一「適合性原則と民事責任（1）・（2・完）」国民生活研究52巻1号1-19頁、2号（以上、2012年）34-55頁、同「わが国の金融サービス取引・消費者取引での適合性原則に関する学説・裁判例の状況」現代消費者法28号（2015年）15-25頁、等を参照。

(3) 説明義務違反に関する論文は枚挙に暇がないが、金融商品の販売に関わるものとして、金融法務研究会編『金融商品の販売における金融機関の説明義務等』（金融法務研究会事務局、2014年）等。

(4) 適合性原則と説明義務の双方の展開を俯瞰的に整理する近時の文献として、櫻井健夫「説明義務と適合性原則の系譜」現代法学（東京経済大学）45号（2023年）61-112頁。

した判示がなされていることを確認したうえで、V．で今後の金融商品販売における金融機関の対応のあり方について検討することにしたい。

Ⅱ．「資産運用業高度化プログレスレポート 2023」に見る販売業者の信頼向上の必要性

1．「資産運用業高度化プログレスレポート」について

　金融庁は、毎年、資産運用業に関係する有識者からの意見をふまえて、「資産運用業高度化プログレスレポート」を公表してきた（もっとも、2024 年については、公表が見送られたと報じられている[5]）。

　2023 年 4 月 21 日に公表された「資産運用業高度化プログレスレポート2023」[6]（以下「レポート」という。）では、大きく「Ⅰ　資産運用業の高度化に向けた課題」、「Ⅱ　アセットオーナーの運用高度化に向けた課題」、「Ⅲ　確定拠出年金（DC）を活用した資産形成の課題」の 3 つのテーマについて分析がなされている。

　上記のうちⅠについては、「①資産運用会社の信頼向上のために」、「②販売会社の信頼向上のために」、「③運用の付加価値の向上のために」、「④資産運用業界の効率性を改善するために」という 4 つの項目に分けて論じられている。

　さらに、本稿で取り上げる金融商品販売に関連する業者の行動に直接関連する②では、「⑴顧客資産の持続的拡大」、「⑵アドバイスの付加価値の提供」、「⑶ファンドラップの付加価値の明確化」、「⑷投資信託の手数料の明確化」、「⑸販売チャネルの多様化」の 5 つの小項目について、それぞれ検討がなされ

---

(5)　政府が目指す資産運用立国の関連施策が実行段階に入ったため一度休止するというのが理由とのことであるが、今後発行されない可能性もあるとも報じられている（日本経済新聞 2024 年 5 月2 日朝刊 8 頁）。

(6)　「資産運用業高度化プログレスレポート 2023」は、本文・概要ともに、金融庁のウェブサイトで閲覧可能である（https://www.fsa.go.jp/news/r4/sonota/20230421.html）。なお、本文は PDF形式で掲載されている（https://www.fsa.go.jp/news/r4/sonota/20230421/20230421_1.pdf〔以下を含め、引用したウェブサイトの URL は、いずれも 2024 年 9 月 30 日現在のものである〕）。

428 第3編 企業取引法 第2章 企業取引法の現代的諸相

ている。

そこで以下では、上記の(1)〜(5)について、その内容を順に紹介することとしたい。

2．販売会社の信頼向上の必要性

(1) 顧客資産の持続的拡大

レポートでは、次のように述べて日本における投資商品の販売手法の問題性に着目する。「わが国に投資信託が多数存在している要因として、わが国の運用商品の販売現場が、販売手数料獲得型の営業を主流としており、その時々で話題性があり、顧客に販売し易い新規商品の提供を優先してきたこと」が挙げられる。ところが、「当初設定額が歴代上位 20 位の公募投資信託の純資産額の推移を見ると、その多くは設定以降、数カ月から1年半以内に純資産額のピークを迎え、その後急速に減少しており、顧客の最善の利益に適う販売方法や運用商品の選定が行われていなかったことが伺える」という。

そこで、こうした状況を打破するためには、「販売会社は、過去の実績のみならず、運用商品の投資哲学、運用体制、顧客対応を併せて評価した上で、顧客にとって最善の投資信託を選定し、顧客資産の持続的拡大が販売現場の評価に繋がるような人事・評価制度を構築する必要がある」とする[7]。

以上のように、レポートは、投資信託において、「顧客の最善の利益に適う販売方法や運用商品の選定」が行われて来なかった現状を指摘し、そうしたことを行うために金融機関が社内体制を整備することを求めている。

(2) アドバイスの付加価値の提供

次に、レポートは、投資取引における顧客に対するアドバイスの重要性について次のように指摘する。

本来であれば、フィナンシャル・アドバイザーが顧客に対して「資産運用の目的の実現に向けた資産運用計画の策定と実行の継続的な支援を行うことにアドバイスの付加価値」があり、また、「フィナンシャル・アドバイザーにとっ

---

(7) 以上については、レポート 18-19 頁。

「問題のない」金融機関による「問題のある」金融商品の販売と組織的対応の必要性　*429*

ても、そのようなアドバイスに対して顧客から継続的な報酬を得ることで、販売手数料獲得を目的とした商品提供のインセンティブを抑制し、顧客の最善の利益を図る」ことが可能となる。ところが、日本における「販売会社の営業現場では、顧客の資産運用計画に対する継続的なアドバイスの提供を手助けするツールも十分に普及していない」うえ、「定期的な異動や転勤があり、長期間、同じ顧客に寄り添うことが難しい状況にある」という。

　そこで、「わが国の販売会社が、アドバイスに対して対価を得るビジネスモデルへの転換を目指すのであれば、顧客の資産運用の目的の実現を支援するアドバイス提供のための人材育成やツール開発に取り組むとともに、営業現場が長期的な視点で顧客へのアドバイスを提供できる人事・評価制度となっているか検証する必要がある」という[8]。

　このように、レポートは、(1)で述べたような短期的な視点での投資勧誘ではなく、長期的な視点での継続的なアドバイスの提供が顧客の最善の利益を図るばかりではなく、金融機関の利益につながることを指摘し、そのための社内体制の構築を求めている。

(3)　ファンドラップの付加価値の明確化

　レポートは、次のように述べ、さらに進んで顧客に対するアドバイスが適切に行われることが、金融機関にとってもプラスになることを前提に体制整備をする必要性を説く。「貯蓄から資産形成への移行をサステナブルな形で進めるには、金融機関が顧客の資産形成に資するアドバイスを適切に提供し、顧客資産の持続的な成長によって金融機関の収入も増える、という仕組みを構築する必要がある」。

　レポートは、そのための取組みとして、顧客が金融機関に一定の資産を預け、金融機関が顧客の意向に沿ってそれを運用する「ファンドラップ」に着目する。もっとも、現状のファンドラップには、商品や手数料の内容に関する説明が不足し、また、情報が開示されていない等の問題がある。そこで、これをふまえて、金融機関がファンドラップの普及・拡大を目指すのであれば、「バ

---

(8)　以上については、レポート19-20頁。

ランス型の投資信託との付加価値の相違を含むサービスの具体的内容を明確化するとともに、運用体制やコース別のコスト控除後のパフォーマンス、顧客が負担するコストの定義・構成等に関する情報開示の充実に取り組むことが期待される」という[9]。

上記のように、ファンドラップの普及・拡大を図ることを前提とした議論ではあるが、レポートでは、顧客を投資に誘うためには、取引にとって重要な事項の開示が必要であると示唆されている。

(4) 投資信託の手数料の明確化

金融庁では、国民の安定的な資産形成のためには、すべての金融機関等がインベストメント・チェーン（顧客・受益者から投資先企業へ投資がなされ、その価値向上に伴う配当等が家計に還元される一連の流れ）の役割を認識し、顧客本位の業務運営を行うことが必要であるとの認識のもと、「顧客本位の業務運営に関する原則」を策定している[10]。その「原則 4」では、「金融事業者は、名目を問わず、顧客が負担する手数料その他の費用の詳細を、当該手数料等がどのようなサービスの対価に関するものかを含め、顧客が理解できるよう情報提供すべきである」と定められている[11]。

レポートは、この「原則 4」を引用したうえで、「販売会社及び資産運用会社は、当該原則に沿って、代行手数料の位置づけを明確化することが望ましい」とする[12]。

---

(9) 以上については、レポート 21-23 頁。

(10) 「顧客本位の業務運営に関する原則」が策定された経緯については、金融庁のウェブサイトを参照（https://www.fsa.go.jp/policy/kokyakuhoni/kokyakuhoni.html）。なお、同原則は、金融審議会市場ワーキング・グループの提言に基づき 2017 年 3 月に策定され、2021 年 1 月に改訂された。その後、「成長と分配の好循環」の実現を目指して策定された「資産運用立国実現プラン」や「金融審議会市場制度ワーキング・グループ報告書——プロダクトガバナンスの確立等に向けて」（2024年 7 月〔https://www.fsa.go.jp/singi/singi_kinyu/tosin/20240702.html〕）等をふまえて、2024 年 9 月に再度改訂された。改訂後の本文は、PDF 形式で掲載されている（https://www.fsa.go.jp/news/r6/20240926/02.pdf）。

(11) 前掲（注 10）「顧客本位の業務運営に関する原則」本文 5 頁。なお、この原則 4 は、2024 年 9 月の再改訂では変更されておらず、レポート公表時と同じものである。

(12) レポート 25 頁。なお、代行手数料とは、「購入後の運用報告書等各種書類の送付や口座内でのファンドの管理、購入後の情報提供等の対価」を指すものである（レポート 24 頁）。

このように、レポートでは、顧客本位の業務運営を念頭に、手数料の明確化を求めている。

(5) 販売チャネルの多様化

最後に、レポートは、次のように述べて、顧客を資産形成に誘導するためには、投資商品の販売チャネルの多様化とサービスの質の競争が必要であると説く。「貯蓄から資産形成の流れを促すには、投資信託等の販売チャネルが多様化し、国民が金融サービスをより身近に感じられるようになること、また、様々な販売チャネルでアドバイス等のサービスの質を競い合うことが重要である」。

また、金融商品仲介業者については、次のように述べて一定の制約があると指摘する。「しかしながら、金融商品仲介業者等のサービスは、販売会社の金融商品の品揃えや方針に左右され、自社の意向に沿ったサービスを自由に提供できるとは限らない。今後の販売チャネルの多様化に向けて、金融商品仲介業者等と提携する販売会社の選択肢が増えること（中略）が期待される。」[13]。

もっとも、このように販売チャネルが増えることによって、金融機関に求められる顧客本位の考え方を複数の業種をまたいで実現する必要性がさらに高まるといえよう。

3．若干の検討

以上で見てきたように、レポートでは、従来の金融機関の販売姿勢が「目先」の利益に関心が集中してきたことを指摘しつつ、長期的視野から見た顧客の最善の利益を図るための組織的対応の必要性・重要性を説いている。具体的には、顧客に寄り添うアドバイス、さらに顧客に提供する商品・サービスに関する明確な説明・提示の必要性・重要性である。

なにより、レポートで強調されているのは、これらのことを個々の従業員等に求めるのではなく金融機関が販売方法の仕組みを構築する、すなわち組織的対応の必要性を説く点である。

---

(13) 以上については、レポート 27 頁。

432　第3編　企業取引法　第2章　企業取引法の現代的諸相

　この点をふまえれば、最後に指摘されているように、サービスを競い合うための販売チャネルの多様化が進む場合には、正当なサービス競争を行うための監督を含む環境整備が必要であるといえよう。

Ⅲ．仕組債をめぐる金融庁の一連の対応と今後の方向性

1．仕組債をめぐる金融庁の対応の変化

　Ⅱ．の検討により、レポートが金融機関に対して顧客本位の業務運営という観点から組織的対応を求めていることが明らかとなった。金融庁が近時進めている仕組債をめぐる対応の変化は、まさにそのことを念頭に置いて展開されているといえる。

　そこで、以下では、仕組債をめぐる金融庁の一連の対応について、時系列に沿って確認をすることにしたい。

2．「投資信託等の販売会社による顧客本位の業務運営のモニタリング結果」における仕組債の取扱い

　金融庁は、2022（令和4）年6月30日に公表した「投資信託等の販売会社による顧客本位の業務運営のモニタリング結果について（令和3事務年度）」において、「一部の金融機関グループでは、銀行からの紹介顧客に対し、仕組債など長期投資に適さない商品を大量に販売している事例も見受けられた」として、仕組債を販売すること自体の問題性について指摘している。具体的には、「リスクに見合ったリターンが確保されていないという商品性の問題」と「コスト等の開示や比較説明が必ずしも十分ではない形で提案・販売されているという販売体制の問題」があり、「顧客本位の業務運営の観点に適さない商品が販売されている可能性は否めない」と指摘されている[14]。

---

(14)　「投資信託等の販売会社による顧客本位の業務運営のモニタリング結果について」は、金融庁のウェブサイトで閲覧可能である（https://www.fsa.go.jp/news/r3/kokyakuhoni/202206/fd_202206.html）。本文は、PDF形式で掲載されている（https://www.fsa.go.jp/news/r3/kokyakuhoni/202206/02.pdf）。引用は18頁、27頁。

3.「証券モニタリング基本方針」における仕組債の取扱い

　証券取引等監視委員会が2022（令和4）年8月2日に公表した「令和4事務年度　証券モニタリング基本方針」では、前年度のモニタリング結果をふまえて「適合性原則を踏まえた内部管理態勢の整備が不十分であり、経済合理性の観点から不適切な投資信託の乗換え勧誘を行っている業者が認められた」としたうえで、特に「仕組債の販売においては、真に顧客ニーズを反映したとは認められない販売状況が見られ、その中には、金融商品仲介業者や他の金融機関への業務委託を通じて販売されている事例も認められた」との指摘がなされた。

　これをふまえて、「仕組債のように複雑なリスク構造をもつ商品の販売については、販売対象顧客の設定や顧客説明に関する社内ルールを整備し適切に実施しているか、顧客本位の業務運営に関する原則に基づいた取組方針の内容と販売実態が整合しているか等について検証を行う」という方針が示された[15]。

　なお、2023（令和5）年8月1日に公表された「令和5事務年度　証券モニタリング基本方針」では、仕組債について若干の言及はあるが、9. で後述するように仕組債の取引を事実上制約する措置をとったこともあってか、令和4事務年度版にくらべると、仕組債に関する記述は激減している[16]。また、2024（令和6）年8月2日に公表された「令和6事務年度　証券モニタリング基本方針」では、仕組債に直接言及した記述は存在しない[17]。

---

(15)「令和4事務年度　証券モニタリング基本方針」は、金融庁のウェブサイトで閲覧可能である（https://www.fsa.go.jp/sesc/news/c_2022/2022/20220802.html）。本文は、PDF形式で掲載されている（https://www.fsa.go.jp/sesc/news/c_2022/2022/20220802/01.pdf）。引用は2頁、4頁。

(16)「令和5事務年度　証券モニタリング基本方針」は、金融庁のウェブサイトで閲覧可能である（https://www.fsa.go.jp/sesc/news/c_2023/2023/20230801-2.html）。本文は、PDF形式で掲載されている（https://www.fsa.go.jp/sesc/news/c_2023/2023/20230801-2/01.pdf）。該当箇所は4頁。

(17)「令和6事務年度　証券モニタリング基本方針」は、金融庁のウェブサイトで閲覧可能である（https://www.fsa.go.jp/sesc/news/c_2024/2024/20240802-2.html）。本文は、PDF形式で掲載されている（https://www.fsa.go.jp/sesc/news/c_2024/2024/20240802-2/01.pdf）。

434 第3編　企業取引法　第2章　企業取引法の現代的諸相

4．「金融行政方針」における仕組債の取扱い

　金融庁が2022（令和4）年8月31日に公表した「2022事務年度　金融行政方針〜直面する課題を克服し、持続的な成長を支える金融システムの構築へ〜」では、業態横断的なモニタリング方針として、次のような方向性が示されている[18]。

　「金融機関において顧客の資産形成に資する商品組成・販売・管理等を行う態勢が構築されているかについてモニタリングを行う。特に、仕組債は複雑な商品性を有しているため、顧客によっては理解が困難な上、実際にはリスクやコストに見合う利益が得られない場合がある点を踏まえる必要がある。このため、仕組債を取り扱う金融機関に対しては、経営陣において、こうした点を踏まえた上で取扱いを継続すべきか否かを検討しているか、継続する場合にはどのような顧客を対象にどのような説明をすれば顧客の真のニーズを踏まえた販売となるのかを検討しているかといった点についてモニタリングを行う」。

　なお、2023（令和5）年8月29日に公表された「2023事務年度　金融行政方針」では、証券会社に関し、「仕組債等の高リスクの金融商品の組成・販売勧誘態勢等について、法令や自主規制規則等に則っているかモニタリングを行う」とされているが、前事務年度にくらべるとそのトーンは下がっている[19]。また、2024（令和6）年8月30日に公表された「2024事務年度　金融行政方針」では、「外貨建一時払保険や仕組債の販売勧誘・顧客管理等に係る業界規則等への金融機関の対応状況を確認する」とされているが、他の商品と同様の取扱いとなっている[20]。

---

(18)「金融行政方針」については、金融庁のウェブサイトで2015（平成27）年度以降のものが閲覧可能である（https://www.fsa.go.jp/policy/summry.html）。「2022事務年度　金融行政方針」の本文は、PDF形式で掲載されている（https://www.fsa.go.jp/news/r4/20220831/220831_main.pdf）。引用は5頁。

(19)「2023事務年度　金融行政方針」の本文は、PDF形式で掲載されている（https://www.fsa.go.jp/news/r5/20230829/230829_main.pdf）。引用は21頁。

(20)「2024事務年度　金融行政方針」の本文は、PDF形式で掲載されている（https://www.fsa.go.jp/news/r6/20240830/20240830_main.pdf）。引用は17頁。

「問題のない」金融機関による「問題のある」金融商品の販売と組織的対応の必要性　*435*

5．「顧客本位タスクフォース中間報告」における仕組債の取扱い

　金融審議会市場制度ワーキング・グループが2022（令和4）年12月9日にとりまとめて公表した「顧客本位タスクフォース中間報告」では、Ⅱ．2.（4）で述べた「顧客本位の業務運営に関する原則」において、顧客に対する情報提供の具体的な内容の記載が求められている「重要情報シート」の導入状況につき、「各販売会社による差異が見られ、中でも仕組債・ファンドラップにおける導入割合が低い傾向が確認された」との指摘がなされた。

　この点については、以下のように早急な対応が求められている。「例えば、仕組債の重要情報シートは導入割合が低いことが指摘されているが、内容についても、顧客にとって重要な情報である販売会社への提供価格と時価・公正価値との差額、いわゆる組成コストを情報提供している販売会社は一部に留まっている。仕組債の組成コストが顧客の購入判断に与える影響の重要性に鑑みれば、販売会社が組成会社に対して組成コストを開示するよう働きかけるとともに、組成会社においては開示に対応できる体制を整備すべきであり、こうした取組みを担保するための制度面での対応が求められる」[21]。

6．「協会員の投資勧誘、顧客管理等に関する規則」における仕組債の取扱い

　日本証券業協会では、協会員である証券会社向けの自主規制として、1975（昭和50）年に「協会員の投資勧誘、顧客管理等に関する規則」を制定した[22]。その後、随時改定がされているが、2023（令和5）年4月18日には、「複雑な仕組債等の販売勧誘に係る『協会員の投資勧誘、顧客管理等に関する規則』等の一部改正」を行い、複雑な仕組債と投資信託については、1年以内に同種の有価証券を販売する場合でも、契約を締結しようとする都度、注意喚起文書を交付することを義務づけた（同規則6条の2第4・5号）[23]。

---

(21)「顧客本位タスクフォース中間報告」は、金融庁のウェブサイトで閲覧可能である（https://www.fsa.go.jp/singi/singi_kinyu/tosin/20221209.html）。本文は、PDF形式で掲載されている（https://www.fsa.go.jp/singi/singi_kinyu/tosin/20221209/01.pdf）。引用は3-4頁。

(22)「協会員の投資勧誘、顧客管理等に関する規則」については、日本証券業協会のWebサイトで閲覧可能である（https://www.jsda.or.jp/shijyo/seido/jishukisei/web-handbook/101_kanri/index.html）。本文は、PDF形式で掲載されている（https://www.jsda.or.jp/about/kisoku/files/240401_toushikanyuu.pdf）。

436 第3編　企業取引法　第2章　企業取引法の現代的諸相

　また、同規則3条3項では、「協会員は、当該協会員にとって新たな有価証券等（有価証券、有価証券関連デリバティブ取引等、特定店頭デリバティブ取引等及び商品関連市場デリバティブ取引等〔中略〕をいう。以下同じ。）の販売を行うに当たっては、当該有価証券等の特性やリスクを十分に把握し、当該有価証券等に適合する顧客が想定できないものは、販売してはならない」と定められている。

　これに関連して、同日付で改正された「協会員の投資勧誘、顧客管理等に関する規則第3条第3項の考え方」（合理的根拠適合性ガイドライン）では、複雑な仕組債等を始めとする複雑でリスクが高い商品については、経営陣（代表取締役又は代表執行役）が適切に関与することが必要であるとしたうえで、複雑な仕組債等については、組成者における想定顧客属性を商品供給元業者等に確認したうえで、自社の顧客に照らし、当該複雑な仕組債等に適合する顧客が想定されるかを十分に検証する必要がある等とされた。特に、販売方法については、「『販売対象顧客』に適合しないことが明らかな顧客に対しては勧誘を行わない」ことが明記されている[24]。

　さらに、同規則3条4項では、「協会員は、有価証券の売買その他の取引等に関し、重要な事項について、顧客に十分な説明を行うとともに、理解を得るよう努めなければならない」と定められている。また、5条の2では、勧誘の要請をしていない個人の顧客に対して複雑な仕組債や投資信託に係る販売を行うに当たり、販売ごとに勧誘開始基準を定め、その基準に適合した者でなければ当該販売の勧誘を行ってはならないとされている。これに関連して、同日付で改正された「協会員の投資勧誘、顧客管理等に関する規則第5条の2の考え方」（勧誘開始基準に係るガイドライン）の記述が注目される[25]。

---

(23) 「複雑な仕組債等の販売勧誘に係る『協会員の投資勧誘、顧客管理等に関する規則』等の一部改正について」については、日本証券業協会の Web サイトで閲覧可能である（https://www.jsda.or.jp/about/public/kekka/files/230418_PCsankou_tousikanyuu.pdf）。

(24) 「協会員の投資勧誘、顧客管理等に関する規則第3条第3項の考え方」については、日本証券業協会の Web サイトで閲覧可能である（https://www.jsda.or.jp/shijyo/seido/jishukisei/web-handbook/101_kanri/files/toushikanyu3-3guideline_230701.pdf）。該当箇所は3頁、6頁、8頁（引用は8頁）。

(25) 「協会員の投資勧誘、顧客管理等に関する規則第5条の2の考え方」については、日本証券業協会の Web サイトで閲覧可能である（https://www.jsda.or.jp/shijyo/seido/jishukisei/web-handbook/101_kanri/files/toushikanyu5-2guideline_230701.pdf）。以下の該当箇所は3-4頁、6-7頁。

まず、複雑な仕組債等につき、①一定の投資経験がない顧客や②大きな損失が発生した際には想定していた生活の維持又はライフプランの実現が困難となるような顧客を勧誘対象とせず、③投資目的のみではなく顧客の理解力やリスクの許容度等も考慮して勧誘開始基準を設定し、④「投資者の年齢・取引経験」や「投資者の財産の状況」及びその他事項を総合的に勘案することを求めている。

次に、実際に仕組債を販売する際には、①勧誘開始基準に適合していても、当該顧客に当該商品の販売を行うことが適当であるか慎重な検討が必要なケースがあること、②複雑な仕組債等については「販売対象顧客」に適合しないことが明らかな顧客は勧誘対象として適切な顧客とは言えないこと、③複雑な仕組債等の参照指標の動向に関する見通しが分からない、または持ち合わせていない顧客は、販売対象として適切な顧客とは言えないことに留意するよう求めている。

以上のように、日本証券業協会の規則やガイドラインでは、複雑な仕組債の販売に際しては、顧客がその購入に適合しているか否かを、証券会社が組織的に把握する体制を整備することが求められているといえよう。

7.「リスク性金融商品の販売・組成会社による顧客本位の業務運営のモニタリング結果」における仕組債の取扱い

金融庁が2023（令和5）年7月5日に公表した「リスク性金融商品の販売・組成会社による顧客本位の業務運営に関するモニタリング結果等について（2023事業年度）」では、「個人向けの仕組債について、一部の販売会社は、顧客によっては理解が困難であるほか、リスクに見合うリターンが得られない場合があるとして、取扱停止や販売態勢の見直しを行っている。こうしたこともあり、公募による仕組債の販売額等は減少している」と指摘されている。これは、上記1.～6.で指摘した一連の金融庁の施策によるものと評価できよう。もっとも、それに続き、「一方、特に法人等を対象にした私募による販売額は一定の水準にあることもあり、金融庁としては、引き続き、『本原則』等を踏まえたモニタリングを通じて、販売会社における顧客本位の業務運営の取組みを促していくことが重要と考える」と指摘されている点にも留意する必要が

438　第3編　企業取引法　第2章　企業取引法の現代的諸相

ある(26)。

8．「金融商品取引業者等向けの総合的な監督指針」における仕組債の取扱い

　金融庁は、2023（令和5）年8月に改訂した「金融商品取引業者等向けの総合的な監督指針」の「Ⅳ-3-3 店頭デリバティブ取引業に係る業務の適切性」のうち「Ⅳ-3-3-2 勧誘・説明態勢」において、仕組債に関する金融機関の勧誘・説明態勢の整備につき、次のような基準を公表している(27)。

　Ⅳ-3-3-2(2)では、金融商品取引業者が市場デリバティブ取引又は店頭デリバティブ取引に類する複雑な仕組債・投資信託の販売を行う際の留意事項として、「①不招請勧誘規制の適用関係、②リスクに関する注意喚起、③トラブルが生じた場合の指定 ADR 機関等の連絡先等を分かりやすく大きな文字で記載した簡明な文書（注意喚起文書）を配布し、顧客属性等に応じた説明を行うことにより、顧客に対する注意喚起を適切に行っているか」という点が挙げられている。

　また、Ⅳ-3-3-2(6)②では、金融商品取引業者が店頭デリバティブ取引に類する複雑な仕組債・投資信託の販売を行う場合の留意事項として、中途売却及び中途売却に伴う損失見込額について「具体的に分かりやすい形で解説した書面を交付する等の方法により、適切かつ十分な説明をしているか」という点が挙げられている。

　以上のように、「監督指針」では、仕組債のようなデリバティブ取引（仕組債の場合には、店頭のみならず市場デリバティブ取引も含む）について、勧誘に際して、その取引のリスクを含めて組織的な説明態勢を構築することを求めている。

---

(26)「リスク性金融商品の販売・組成会社による顧客本位の業務運営に関するモニタリング結果等について（2023事業年度）」は、金融庁のウェブサイトで閲覧可能である（https://www.fsa.go.jp/news/r6/kokyakuhoni/fdreport/fdreport_2024.html）。本文は、PDF 形式で掲載されている（https://www.fsa.go.jp/news/r6/kokyakuhoni/fdreport/02.pdf）。引用は14-15頁。

(27)「金融商品取引業者等向けの総合的な監督指針」については、金融庁のウェブサイトで閲覧可能である（https://www.fsa.go.jp/common/law/guide/kinyushohin/04a.html#04-03〔本文引用部分〕）。

9．金融庁による仕組債に対する行政処分強化の動き

　以上のように、仕組債の販売については、「顧客本位の業務運営」という観点から金融庁を中心に次第に規制が強化されてきた。それが現実の行政処分にも、直結することになった。

　金融庁は、2023 年 6 月 23 日に、ちばぎん証券、千葉銀行（ちばぎん証券の親会社）、武蔵野銀行（ちばぎん証券とアライアンス契約を締結）に対し、それぞれ行政処分として業務改善命令を行った[(28)]。

　ちばぎん証券については、仕組債の販売につき、① 適合性原則に抵触する勧誘が長期的・継続的に発生している状況と ② 適合性原則を遵守するための態勢が不十分な状況が認められるというのが、その理由である[(29)]。具体的には、① については、顧客の投資方針や投資経験等の顧客属性を適時適切に把握しないまま、多数の顧客に対し、複雑な仕組債の勧誘を長期的・継続的に行っている状況が認められたことが指摘されている。② については、「適合性原則に対する理解やその遵守の重要性に対する意識の希薄さ等により、真の顧客利益を考えた投資勧誘ではなく、手数料収益を上げるためのツールとして仕組債の販売がなされ、適合性原則を遵守するための態勢整備も不十分であったため、適合性原則に抵触する不適切な勧誘販売を防ぐことができなかった」という指摘がなされている。

　また、千葉銀行については、① 顧客属性を確認及び検討しないまま、顧客を仕組債購入へ誘引している状況と ② 内部管理態勢が不十分な状況が認められるというのが、業務改善命令が下された理由である[(30)]。具体的には、① については、千葉銀行がちばぎん証券に紹介する場合には、顧客に対し、同証券が扱う商品概要の説明のみを行うこととしているところ、これに反し、仕組債に誘引している事例が認められたと指摘されている。また、② につい

---

(28) 行政処分の内容については、金融庁のウェブサイトで閲覧可能である（https://www.fsa.go.jp/news/r4/shouken/20230623.html）。

(29) ちばぎん証券に関する行政処分の本文については、PDF 形式で掲載されている（https://lfb.mof.go.jp/kantou/kinyuu/pagekthp20230623114.html）。

(30) 千葉銀行に関する行政処分の本文については、PDF 形式で掲載されている（https://lfb.mof.go.jp/kantou/kinyuu/pagekthp2023062339.html）。

ては、千葉銀行が紹介した顧客に関する苦情がちばぎん証券に対して継続的に多数寄せられていること等を把握していたにもかかわらず、苦情の発生原因分析や改善策の立案等に十分に取り組んでおらず、苦情処理に関する内部管理態勢が不十分であること等が指摘されている。

最後に武蔵野銀行についても、千葉銀行と同様の理由が業務改善命令を下す理由として挙げられている[31]。

10. 仕組債をめぐる金融庁の一連の対応から見た留意点

以上の1.～9.では、仕組債に対する金融庁及び日本証券業協会の対応について概観してきた。これらの対応を見ると、金融庁は、仕組債等の複雑な金融商品の販売・勧誘をする際には、単に個々の取引において顧客の商品や取引の適合性を考慮するというだけではなく、そうした考慮をするための内部体制の構築等、組織的な対応を行うことを求めているといえよう。

Ⅳ. 金融商品販売に関する裁判例に見る組織的対応の必要性

1. 緒論

以上では、複雑な金融商品の販売に際しては、取引ごとに個別に顧客の適合性を判断するのではなく、そのような判断を行う組織的な体制整備を求める方向に、金融行政がシフトしている状況を確認した。

近時の裁判例に目を転じると、実は、そのような視点からの分析が必要となる裁判例が散見される。そこで以下では、そのような裁判例を順に検討していくことにしたい。

---

(31) 武蔵野銀行に関する行政処分の本文については、PDF 形式で掲載されている（https://lfb.mof.go.jp/kantou/kinyuu/pagekthp2023062338.html）。

2. 仕組債をめぐる裁判例

(1) 事案

最初に、仕組債をめぐる裁判例として、東京地方裁判所令和5年5月29日判決を検討する[32]。

X（原告）は、1953（昭和28）年生の無職の専業主婦であり、取引当時は61歳であった。収入はないが、預金を3000万円、投資信託を700万円有しており、米ドル建てMMF、ハイパー・ベアの取引経験が複数回あった。

Xは、証券会社Yからその従業員A及びBの勧誘を受けて2つの仕組債（公募の為替連動債〔仕組債1〕と私募のEB債〔他社株転換可能債券・仕組債2〕）を購入したが、Yの①適合性原則違反、②説明義務違反、③途中売却等の指導助言義務違反により合計約2250万円の損失が生じたとして、債務不履行または使用者責任に基づき損害賠償を請求した。

(2) 判旨

裁判所は、仕組債1については①～③のいずれも否定したが、仕組債2については①を肯定したうえで、請求を一部認容した[33]。

仕組債1については、商品がさほど複雑ではないことや、それに見合う投資経験や知識、理解能力もあり、財産状態に照らしても過大な危険を引き受けたとはいえず、投資以降も有していたとされた。

これに対して、仕組債2については、仕組債1よりも複雑な商品であるとして、それを取引するための投資経験や知識、さらに十分な資産もなく、それに見合う投資意向や目的もないという点が指摘されている。それに加えて、Yの内部基準への適合性について、次のような判示がなされている。

「Y内部においては、本件仕組債2のような私募の仕組債を勧誘する場合に

---

(32) 東京地判令和5年5月29日金判1678号26頁、消費者法ニュース137号111頁、証券取引被害判例セレクト60巻200頁。

(33) なお、過失相殺については、次のように述べて否定した。「適合性を欠く顧客に対してはそもそも本件仕組債2の買付勧誘をしてはならないのであるから、適合性原則の趣旨に反して取引を行わされた顧客の過失については、当該顧客が積極的に虚偽の陳述をしたなどの特段の事情がない限り、これを斟酌することは許されない」。

は、原則として、Ｙにおける預り資産額が１億円以上である必要があると取り決めされていた。同取り決めは、私募の仕組債は、買付額面単位が公募債よりも大きいため、その分損失が発生した場合の損失額が大きくなるという意味で公募債よりもリスクが高いことから導入されているものであり、適合性原則を内部基準として具体化したものであると解される。そして、ＸはＹにおける預り資産額が１億円未満であったことから、本件仕組債２の買付けを勧誘するためには、管理職が面談した上で問題ないと判断することが必要であったところ、Ａは、管理職であるＢ部長とともに、Ｘと面談しておきながら、適合性原則の重要な要素であり上記内部基準でまさに問題としているＸの保有金融資産の金額・内容を確認することなく、Ｘが保有金融資産が『１億円以上５億円未満』であると申告した旨の虚偽の記録をしている。Ａが敢えてこのような虚偽の記録を行ったのは、Ｙの上記内部基準において原則としてＹにおける預り資産額が１億円以上であることが求められていることや、本件仕組債２のリスク等に鑑みて、他の会社におけるものも含めてＸの保有金融資産額が１億円以上でなければ、Ｘに対する本件仕組債２の買付けの勧誘が不適切であると判断される可能性があると考えたためであると推認され、それ以外にＡがかかる行為に及ぶ動機は見出し難い。このように、Ａらの上記行為は、不適切な勧誘である可能性を認識しながら、適合性原則を具体化したＹの内部基準を形骸化し、不適切な買付勧誘を未然に防止する機会を失わせるものである上、Ｘが本件仕組債２に適合する虚偽の外観を積極的に作出するものであって、悪質な行為といわざるを得ない」。

⑶　若干の検討

⑵で指摘されているように、Ｙの内部基準は適合性原則を具体化したものであるが、従業員がそれを形骸化する行為をしていることが適合性原則違反の判断要素となっている。

判決では、従業員の具体的な勧誘行為自体が問題とされているが、裏を返して言えば、証券会社であるＹがそのような行為を防止するために組織的な対応を行っているか否かが考慮されていると評価することもできよう。

3. 投資信託をめぐる裁判例

(1) 事案

次に、投資信託をめぐる裁判例として、東京地方裁判所令和4年3月16日判決を検討する[34]。

X(取引開始時78歳・終了時82歳)は、証券会社Yの担当者Aらの勧誘により、Yの口座内で保有する有価証券を担保とする「証券担保ローン」を利用して借入れを行い、それを原資として投資信託等を購入し、さらに購入した投資信託を担保として借入れを行う取引を継続した。

Xは、Yの①適合性原則違反、②勧誘態様に関する金融商品取引法44条の2第1項1号(金融商品の貸付けその他信用の供与を条件として有価証券の売買の受託をする行為の禁止)及び社内規則違反、③過当取引、④説明義務違反、⑤指導助言義務違反により約3億2800万円の損失を被ったとして、不法行為に基づく損害賠償を請求した。

(2) 判旨

裁判所は、①〜④についてはいずれも否定した。具体的には、①については、AらがXの取引を相当程度主導していたとしつつ、Xが自らの投資判断に基づき意見を述べることができる状態にあったとした。②については、金銭の借入れを不可欠の前提として勧誘したものではなく、③についても、「本件取引の特性、Xの認知判断能力、投資経験、投資意向、財産状況等に照らすと、かかる規模の取引が、その規模ゆえにXにとって特に過当なものであったとまではいえない」と判示した。また、④については、Xの投資経験、知識、理解等に照らせば個々の投資信託に関する説明義務はないとした。

これに対して、⑤については、以下のように述べて肯定した。

「投資信託等の投資取引は、本来、投資家自身の責任と判断により行うべきものであり、投資取引を受託する金融商品取引業者の従業員は、原則として、投資家に対して指導助言を行い、その投資判断に介入することが求められるも

---

(34) 東京地判令和4年3月16日消費者法ニュース133号167頁、証券取引被害判例セレクト60巻1頁。

のではない。

　しかし、他方で、一般の投資家は、金融商品取引業者の専門性、情報の偏在等から、専門家である金融商品取引業者を信頼し、その従業員の勧誘、助言又は指導に依存して投資取引を行うことが通例であり、購入銘柄、数量、価格、時期等の決定のみならず、購入後の売却時期、乗換先、取引の規模の拡大縮小等の決定に当たって、金融商品取引業者の従業員による勧誘、助言又は指導に大きな影響を受けるのが通常である。かかる投資家と金融商品取引業者との間における一種の信任関係に鑑みれば、金融商品取引業者の従業員は、顧客である投資家が、その投資意向等に照らし、これと整合しない高度のリスクを有する取引を行っているにもかかわらず、そのリスクを十分に理解していないこと等を認識した場合には、同信任関係に基づき、信義則上、顧客に対し、その内容を説明し、必要に応じて当該取引を終了させる等の指導助言を行う義務を負うと解するのが相当である。」

　「平成 28 年 1 月 15 日時点においては本件取引による B（X）（B：Y の証券担保ローンの利用条件が 20 歳以上 80 歳未満であったことから、Y の担当者の勧めで X が設立した資産管理会社——筆者注）が現実化する危険が高まっていたというべきであること、X は上記危険を適切に認識していたものとはいい難く、そのことを A らは十分に認識していたというべきであること、しかも、A らが X の意向に必ずしも沿わない形で取引を勧誘した結果、B の借入残高が高水準のまま推移し、これが上記危険の要因の一つであるといえること、X の上記認識も、A が X に対し繰り返しアラームを軽視するような説明を続けた結果でもあるといえることからすると、同日時点において、A らは、X に対し、投資信託等を売却して借入残高を減少させ、当初の X の投資意向に沿った本件取引の終了に向けた指導助言をすべき義務があったというべきである」。「しかるに、同日、X が A らに対して本件取引を終了したい旨を述べたにもかかわらず、A らは、これを説得して本件取引の終了を妨げ、X をして本件取引を継続させたものであって、かかる A らの行為は、X に対する上記指導助言義務に違反するものであるというべきである」[35]。

(3) 若干の検討

　裁判所は、Xの投資経験や知識等から、取引の内容やリスクについては理解しているものと推認し、①～④の責任については否定した。

　しかしながら、Xに投資経験や知識があるとしても、Yの従業員Bが当初の投資意向に沿わない勧誘を継続したことを理由として⑤の指導助言義務違反を肯定した。ここでは、単なる抽象的な投資意向の有無だけではなく、具体的な取引における投資意向の内容を考慮しているといえる。換言すれば、仮に投資が可能な状況であったとしても、顧客の具体的な取引に関する投資意向を確認する体制を作ることが、証券会社には求められているといえよう。

V．結　語

　以上で検討してきたように、現在では、金融機関が金融商品を販売する際には、顧客の商品や取引の適合性の有無に関する判断につき、顧客に対する個別的な対応をするのはもちろんのこと、そのような対応をすることを組織的に担保する仕組み作りが求められているといえる。具体的には、金融機関には以下の3点について取り組むことが求められていると考えられる。

　第一に、顧客のニーズに合った形で金融商品を販売することが必要であるという点である。従来は、勧誘というと個別の顧客を念頭に置いた対応が想定されてきたが、現在は、金融商品の販売基準や開示体制の整備など、金融機関の組織的対応が必要であるといえる。換言すれば、今後は組織的対応が不十分であれば、そもそも商品販売自体の正当性が問われると考えられる。いわば、金融商品自体の顧客への適合性を個別の顧客ごとに適切に判断するというだけではなく、そのような判断ができる仕組みを金融機関が組織的に構築する必要がある。

　第二に、銀行が顧客を証券会社に紹介する等のいわゆる「銀証連携」が行わ

---

(35) なお、Xについても過失があるとして5割の過失相殺がなされており、弁護士費用を含む認容額は合計約6115万円である。

446 第3編 企業取引法 第2章 企業取引法の現代的諸相

れている場合には、双方の販売管理体制の構築の必要性があるという点である。今後は、証券会社のみならず、銀行等も含めて相互にそうした体制を構築していなければ、そもそも商品販売自体の正当性が問われるのではないかと考えられる。

第三に、金融商品の性質に鑑みて、当該金融商品を販売する対象となる顧客を精査する体制を整備する必要があるという点である。換言すれば、販売対象となる顧客ではない者への販売をしないような体制を整備しなければならない。

また、勧誘を開始する基準を満たしていても販売をする対象となる顧客であるか否かを慎重に検証する体制を整備する必要がある。すなわち、単に顧客が財産を有している、あるいは投資目的を有しているというだけではなく、そもそも顧客が取引の内容やリスクに関する理解力や判断力を有しているか否かを考慮しなければならず、それを担当者任せにするのではなく、金融機関が組織的に判断するための体制を整備する必要があるといえよう。

【付記】

本稿は、2023年9月15日に、兵庫県弁護士会消費者保護委員会・消費者被害救済センター夏期合同研修会における筆者の講演をもとにしたものである。講演の機会を与えてくださった重村禎昭弁護士をはじめとする兵庫県弁護士会のみなさまに、この場を借りて心からの謝意を表する次第である。

なお、本稿は、科学研究費助成事業（学術研究助成基金助成金）基盤研究（C）（課題番号：20K01404）の研究成果の一部である。

生命共済契約における共済金受取人の変更

山 下 典 孝

I．本稿の目的

　2010 年 4 月 1 日に施行された保険法（平成 20 年 6 月 6 日法律第 56 号）では、保険契約の定義として、「保険契約、共済契約その他いかなる名称であるかを問わず、当事者の一方が一定の事由が生じたことを条件として財産上の給付（生命保険契約及び傷害疾病定額保険契約にあっては、金銭の支払に限る。以下「保険給付」という。）を行うことを約し、相手方がこれに対して当該一定の事由の発生の可能性に応じたものとして保険料（共済掛金を含む。以下同じ。）を支払うことを約する契約をいう。」と定め、共済契約も保険法の適用対象となることとした。

　共済制度はその引受を行う共済組合の組合員を加入者とし、組合員の相互扶助として営利を目的とせず、当該組合員の福利厚生の一環として共済事業が行われている[1]。

　生命共済契約に適用される規約においては、共済制度の上記の特色を踏まえて、保険法とは異なる内容の規定が設けられている場合がある。保険法の各条の解釈において、共済の特色を考慮し、結果的に保険会社の保険とは異なる解釈が導かれる可能性は排除されないことも指摘されている[2]。

　本稿では、共済金受取人の変更をめぐって問題となった近時の裁判例も踏まえながら、保険金受取人の変更及び遺言による保険金受取人の変更に関する保

---

(1)　山下友信『保険法〔上〕』（有斐閣、2018 年）14-15 頁、山下友信ほか『保険法〔第 4 版〕』〔洲崎博史〕（有斐閣、2019 年）23-25 頁参照。

(2)　山下友信＝永沢徹編著『論点体系保険法 1〔第 2 版〕』〔山下友信〕（第一法規、2022 年）4 頁。

448 第3編 企業取引法 第2章 企業取引法の現代的諸相

険法の規定との関係について検討を行うことを目的とするものである。

Ⅱ．共済金受取人の指定・変更に係る規約の概要

1．共済規約における共済受取人の範囲

保険法2条5号では、保険金受取人とは、「保険給付を受ける者として生命保険契約又は傷害疾病定額保険契約で定めるものをいう」と定義するが、保険金受取人を誰とするかに関し制限を設けていない[3]。

生命共済契約に適用される規約には、共済金受取人の範囲に関して細かな規定が設けられている場合がある。共済契約の相互扶助性や組合員の福利厚生を目的とする点を考慮して、このような制限が設けられているものと考えられる[4]。

組合員が共済契約者となることから、原則、共済受取人は共済契約者となっている。ただし、共済契約者と被共済者と同一人であり、当該共済契約者が死亡した場合における死亡共済金受取人は、共済契約者の死亡当時における次の順序とされている。

---

(3) 保険法において保険金受取人の定義が設けられた意義や、保険金受取人の範囲に関して保険法の各条文の趣旨に沿って決められるべきとする点に関し、嶋寺基「保険法の下での保険金受取人の地位——保険法による規律の変更と解釈論への影響——」立命館法学405・406号（2023年）302-304頁参照。

(4) 法制審議会保険法部会第5回会議議事録36頁参照。なお、近時、一部の生命保険会社において、例えば、甲社の葬儀費用の準備として生命保険契約を利用している商品に適用される約款において、「会社の定める範囲内の者に限り、被保険者の同意を得た上で、会社に対する通知により、死亡保険金受取人を変更することができます」とする条項を設けているところがある。また、保険契約者および死亡保険金受取人の範囲を、①被保険者の戸籍上の配偶者、②被保険者の2親等内の血族、③その他、受取人として指定すべき相当の関係があると会社が認めた者、を指定する旨を定めた上で（乙社定期死亡保険〔無配当・無解約返戻金型〕普通保険約款1条〔被保険者と受取人〕2項）、同約款15条〔受取人、指定代理請求人の変更〕1項で「契約者は、保険金の支払事由が発生するまでは、必要書類（別表2）を会社に提出することにより、第1条（被保険者と受取人）第2項に定める範囲内で死亡保険金の受取人を変更することができます」とし、さらに同約款16条〔遺言による受取人の変更〕1項では、「前条に定めるほか、契約者は、保険金の支払事由が発生するまでは、法律上有効な遺言により、第1条（被保険者と受取人）第2項に定める範囲内で死亡保険金の受取人を変更することができます」と定める保険会社もある。

(1)　共済契約者の配偶者

　(2)　共済契約者の死亡の当時、共済契約者と同居していた、共済契約者の子、父母、孫、祖父母および兄弟姉妹の順序

　(3)　共済契約者の死亡の当時、共済契約者と同居していた、共済契約者の配偶者の子、父母、孫、祖父母および兄弟姉妹の順序

　(4)　第2号に該当しない共済契約者の子、父母、孫、祖父母および兄弟姉妹の順序

　(5)　第3号に該当しない共済契約者の配偶者の子、父母、孫、祖父母および兄弟姉妹の順序

　第一順位の共済契約者の配偶者に関しては、① 共済契約者の婚姻届出のある配偶者とするものと、② 内縁関係にある者を含みとして、ただし、共済契約者または内縁関係にある者に婚姻の届出をしている配偶者がいる場合を除くとするもの、とに分かれている。

2．死亡共済金受取人の指定・変更と共済組合の承認

　保険法においては、契約成立時には誰かが保険金受取人となっていることを前提に、それ以降は保険金受取人の変更を意味するとして、平成20年改正（平成20年6月6日法律第57号による改正）前商法時代に使用されていた、指定という概念は用いられていない[5]。

　他方、共済規約においては、共済金受取人の指定・変更という文言が継続して使用されている。

　規約上は、(1) から (5) の者が順位に従い死亡共済金受取人となるが、死亡共済金に限定して、共済契約者は、被共済者が死亡するまでは、次の者のうちいずれか1人を死亡共済金の受取人に指定または変更することができることとされている。

　(1)　共済契約者の配偶者を婚姻届出のある配偶者とする規約においては、① 共済契約者に婚姻の届出のある配偶者がいない場合において、共済契約者と内縁関係にある者、② 共済契約者に婚姻の届出のある配偶者がいない場合

---

(5)　萩本修編著『一問一答　保険法』（商事法務、2009年）177-178頁（注1）。

において、日常生活において同居もしくは世帯員と同様な生活状態にある者で、前号と類似の関係と認められる者、③ 先述の (1) から (5) に掲げられた者、④ ③ に該当する者がいない場合において、共済契約者の身辺の世話をしている者など日常生活において密接な関係にある者、等が示されている。

(2) 内縁の配偶者を含む者としている規約においては、① 共済契約者の親族、② その他細則に定める前号に準ずると認められる者が示されている。

共済契約者は、死亡共済金受取人の指定または変更について、被共済者の同意を得たうえで、共済組合に通知し、当該共済組合の承認を受けなければならないとされている。共済組合への通知に関しては、当該共済組合の定める所定の書面で通知しなければならない旨を定めるところもある。

3. 遺言による死亡共済金受取人の指定・変更

遺言による死亡共済金受取人の指定または変更を規約上認めないとする規約を設けているところと、先述の死亡共済金受取人の指定・変更で説明した範囲に限り認めるところがある。

共済組合によって規約の内容は若干異なる内容となっており、これらの相違を踏まえたうえで、Ⅲ. では、生命共済契約における死亡共済金受取人の変更等が争点とされた札幌高判令和 4 年 10 月 14 日（令和 4 年（ネ）第 66 号、共済金請求控訴事件）LEX/DB 文献番号 25598707（以下、「札幌高判令和 4 年」と略する。）の概要を紹介することとする。

Ⅲ. 札幌高判令和 4 年の概要

1. 事実の概要

X（原告、控訴人、上告人）は、A と交際し、平成 31 年 3 月 27 日、住民票上、住所地を肩書地に移転し、A と同一世帯となった。

A は、平成 24 年 9 月 1 日、Y 協同組合連合会（被告、被控訴人、被上告人、以下「Y 組合」という。）との間で、A を共済契約者兼被共済者、Y 組合を共済者として、死亡共済金 410 万円（被共済者が交通事故又は不慮の事故によらずに死亡

した場合。以下「本件死亡共済金」という。）とする生命共済契約（本件共済契約。なお、期間満了により順次更新等された後の最新の契約内容である。）を締結した。

本件共済契約に適用される Y 組合の生命共済事業規約（以下「本件共済規約」という。）には、以下の内容の定めがあった。

① この共済契約による共済金受取人は、共済契約者とする。ただし、被共済者と同一人である共済契約者が死亡した場合における死亡共済金受取人は、共済契約者の死亡当時における次の順序（略）によるものとする（5条1項。なお、受取人となる者として、〔1〕共済契約者の配偶者、同一世帯に属する親族（〔2〕子、〔3〕孫、〔4〕父母、〔5〕祖父母、〔6〕兄弟姉妹）、同一世帯に属しない親族（〔7〕子、〔8〕孫、〔9〕父母、〔10〕祖父母、〔11〕兄弟姉妹）、〔12〕共済契約者の甥姪が上記丸数字の順序で定められている。）。

② 共済契約者は、被共済者が死亡するまでは、次の者を死亡共済金の受取人に指定又は変更することができる（同条5項）。

(a) 共済契約者に婚姻の届出のある配偶者がいない場合において、共済契約者と内縁関係にある者（同項1号）

(b) 共済契約者と同一の世帯に属する、共済契約者の子、孫又は父母で、特別な事情がある者（同項2号）

(c) 被告が前2号に準ずると認める者（同項3号）

③ 共済契約者は、死亡共済金受取人の指定又は変更について、被共済者の同意を得た上で、これを被告に通知し、被告の承認を受けなければならない（同条6項）。

④ 前記③の規定による通知が被告の承認を受けた場合には、死亡共済金受取人の指定又は変更は、共済契約者が当該通知を発したときにその効力を生じたものとする（同条7項本文）。

⑤ 共済契約者は、遺言により共済金受取人を指定又は変更することができないものとする（同条10項）。

⑥ 生命共済加入証書には、共済金受取人を特定するために必要な事項及び死亡共済金受取人の氏名（死亡共済金受取人が指定・変更された場合）を記載するものとする（8条の2第3号）。

⑦ この規約に定めるもののほか、共済事業の実施のための手続その他事業

452 第3編 企業取引法 第2章 企業取引法の現代的諸相

の執行について必要な事項は「実施規則」で定める（98条）。

本件共済契約に適用されるＹ組合の生命共済事業実施規則（以下「本件共済規則」という。）には、共済契約者が共済契約内容の変更を申請する方法につき、共済金受取人を指定又は変更する場合は、被告所定の「申請書」を被告に請求し、必要事項を記入のうえ、必要な添付書類とともに提出する旨の定めがあった（本件共済規則13条2項1号）。

Ｙ組合の「死亡共済金受取人の指定・変更申請書」の書式には、加入者の住所氏名等の記載欄、死亡共済金受取人の住所、氏名及び加入者との続柄又は関係等の記入欄のほか、死亡共済金受取人指定の条件を満たしていること、申請内容について事実に相違ないこと等を誓約する旨の記載があり、6か月以内に発行された各種証明書の添付が求められていた。

Ａが本件共済契約の締結時に使用した加入申込書と一体となったパンフレットには、「制度のご案内『5.　共済金の受取人』」として、「生命共済の死亡共済金受取人は、ご加入者が当組合の承認を受けて次の方（略）に限って指定又は変更することができます。」「※遺言による受取人の指定・変更はできません。」との記載があった。

Ａを遺言者とする平成31年3月29日札幌法務局所属公証人Ｂ作成同年第91号遺言公正証書（以下「本件遺言」という。）には、Ａの遺言として、「遺言者は、遺言者が共済加入者（共済契約者兼被共済者）となっている本件共済契約に係る死亡共済金の受取人については、内妻・Ｘでも可能であるとのことであったので、死亡共済金の受取人を内妻・Ｘにしてもらいたい。」旨の記載がある（第3条〔付言〕2項）。

Ａは、令和元年5月18日、肝内胆管癌により死亡した。Ｘは、死亡共済金の受取人がＸに指定されている旨主張して、Ｙ組合に対し、死亡共済金410万円等の支払を求めた（主位的請求）。

第1審（札幌地判令和4年1月18日〔令和2年（ワ）第1404号、共済金請求事件〕LEX/DB文献番号25598706）では、①遺言による受取人変更の成否、②口頭の連絡による受取人変更の成否、③Ｙ組合が受取人変更の効力を認めないことが信義則違反に当たるか、④不法行為の成否、が争点とされたが、いずれもＸの主張は認められず、Ｘの請求棄却となった。そこでＸが控訴した。控訴

審では、控訴理由との関係で、口頭の連絡による受取人変更の成否と不法行為の成否が主たる争点とされた。本稿の目的から不法行為の成否に関しては省略する。

2. 判旨（控訴棄却、上告申立後不受理決定[6]）

(1) 遺言による受取人変更の成否について

遺言による受取人変更の成否に関しては、原審判旨部分が引用されているので、その箇所を引用する。

「(2) 原告は、当該規定により、〔1〕遺言による共済金受取人変更の自由が制約され、遺言者の遺志に沿った活動の継続が阻害され、〔2〕共済金受取人の変更で原告が紛争に巻き込まれることを懸念して本件遺言を作成したEの目的が達せられないこと、〔3〕Eは生前に遺言による受取人変更を行う意思を明確に表していたから、契約者の意思の明確性確保に問題は生じないことなどから、遺言による共済金受取人の変更ができない旨の規定は、不合理であり、消費者の利益を一方的に害するとして、消費者契約法10条により無効であると主張する。

(3) しかし、前記 (2) の〔1〕の点については、そもそも一般的に遺言による受取人変更を認めないことが不当である旨を主張するに等しく、保険法44条1項が任意規定とされていることに照らし直ちに採用し難い。また、同〔2〕、〔3〕の点についても、遺言作成時におけるAの主観的認識や内心の目的、遺言作成後の言動等、契約締結後相当期間経過後に生じた共済契約者個別の事情をいうものに過ぎず、これらをもって契約締結時の合意内容（いわゆる約款を含む。）の合理性に問題が生じるものとは考え難い上、本件共済契約において、遺言による共済金受取人変更ができないことは、生命共済加入証書（なお、同証書は本件遺言作成前である3月26日の電話での説明にも用いられている。）や加入申込書と一体のパンフレット、「ご加入のしおり」等でも明確に記載されており（前提事実 (4)、(7)、甲3、乙8）、E自身もそのことを容易に認識し得たといえ、

---

(6) 最二小決令和5年8月4日（令和5年（オ）第209号、令和5年（受）第260号）LEX/DB文献番号25598708。

原告主張の事情が、本件共済規約の規定を不合理と断ずる根拠になるとは解されない。かえって、当該条項の性質等をみても、遺言による共済金受取人の変更を認めないことには、遺言の有効性や文言解釈等に起因して受取人変更の効力に疑義が生じたり、遺言による受取人変更の通知前に共済金支払が行われたりすることを防止し、共済契約者の真意に沿った共済金支払の実現にも資する面があるなど、相応の合理性を有するものと認められ、後記Ⅳ．の3．のとおり、本件共済契約において、死亡共済金受取人の変更について被告の承諾を要するものとされていることとも整合的である。他方で、これにより共済契約者に生じ得る不利益は、遺言の方法による受取人変更ができないことにとどまり、受取人変更自体が制約されるものではなく、かつ、そのことは上記のとおり明確に示されており、共済契約者が想定外の不利益を被ることも考え難い。

　以上によれば、遺言による共済金受取人の変更を認めない旨の本件共済規約の規定が、その効力を否定すべき不合理なものであるとか、信義誠実の基本原則に反して消費者の利益を一方的に害するものとは認められない。」

(2)　口頭連絡による受取人変更の成否について

　控訴審において詳細に言及されていることもあるので、控訴審判決文の部分のみ引用する。

　「しかしながら、……保険法43条1項は任意規定であり、そもそも受取人変更権を認めないことを始め、変更ができるとした場合にその受取人変更の範囲を一定の者に限定することをもまた許容されるところである。そうすると、受取人変更の範囲を限定し（なお、共済契約の趣旨からして、共済契約者と一定の身分関係ないしこれに準じる関係にある者に受取人変更の範囲を限定する本件共済規約の合理性は認められ、共済契約者の利益を不当に侵害するとはいえない。）、その範囲・対象に該当する者か否かを確認するために保険者としての被控訴人の承認手続に係らしめることは、いわば承認が得られる場合にのみ受取人を変更できるとして受取人変更権の発生要件を定めるに等しいといえ、同項において許容されていると解される。他方、同条2項は、受取人変更権の行使の相手方を定めたものであり、その点につき強行法規であると解されるところ、本件共済規約においても受取人変更の意思表示の相手方が保険者である被控訴人であることは維

持されている。以上からすれば、本件共済規約5条6項が保険法43条2項に違反するものとはいえない。

ウ　次に、上記〔2〕については、前項イで説示したところを踏まえれば、本件共済規約11条及び同98条を受けた本件共済規則13条2項において受取人変更の意思表示を被控訴人所定の申請書及び必要書類の提出による旨定めることが本件共済規約による委任の範囲を超えると判断すべきことにはならず、その文言のとおり意思表示の方法を定めたものと解するほかはない。なお、本件共済規則13条では共済契約者等の姓名・住所等の変更をする場合を除き、共済契約内容の変更を求める場合の意思表示を「申請」と表記しているが、これが本件共済規約5条6項にいう「通知」に含まれることは明らかである。

また、受取人として変更する者が内縁関係にあることを確認できる資料として住民票や郵便物等の提出を共済契約者に対して求めたからといって特段の負担を課すことになるとはいえず、まして受取人変更について受益の意思表示を求めることになるわけでもない。受取人変更のために必要な添付書類の提出を定めた本件共済規則13条2項1号が共済金受取人に受益の意思表示を要しないとした保険法42条に違反するとはいえない。

さらに、受取人変更の意思表示に係る共済契約者の意思表示を明確にすべく所定の書面によってする旨定めたとしても、それをもって直ちに意思表示の相手方を定めた43条2項に違反することにはならない。受取人資格を有する者に該当するか否かを確認するために保険者の承認手続を設け、承認が得られる場合にのみ受取人を変更できる旨定めることが保険法43条2項に違反しないことは前記説示のとおりであって、受取人変更の意思表示をした時点でこれを承認するための資料として必要書類の提出を求めることは同項に違反するとはいえない。

エ　上記〔3〕については、本件では被控訴人指定の申請書による申請はされておらず、前記説示したとおり受取人変更について必要な被控訴人の承認がない以上、本件共済金受取人を控訴人へ変更する法律上の効果は生じておらず、控訴人の主張は採用することができない。」

(3) **被控訴人が受取人変更の効力を認めないことが信義則違反に当たるかについて**

「ア　控訴人は、要旨以下のとおり原判決には事実誤認及び判断の誤りがある旨主張する。

すなわち、3月29日頃到着のメモ（乙3）等からすると、Aは、共済金受取人変更を被控訴人に対して申請し、後は被控訴人の判断を待つ状況であり、受取人変更のための手続中である旨認識していたと推認すべきである。申請書を共済契約者である被控訴人に対して送付する段階で要件を具備するか否かを被控訴人が検討することは、本件共済規約や本件共済規則に定めはなく予定されていないから、Aの上記認識に基づく連絡を受けた被控訴人は、申請内容が本件共済規約に沿うものか否かにかかわらず、申請書を速やかに送付すべき義務があった。にもかかわらず、被控訴人が申請書を送付しなかったことはAによる受取人変更手続を妨げるものであり、被控訴人が受取人変更の効力を認めないのは信義則上許されない。

イ　しかしながら、上記メモを送った後の3月29日に道民共済職員との電話でのやりとりを受け、Aが共済金受取人変更にはなお資料を揃えて提出する必要があり、変更手続が完了していないことを認識していたと推認されることは、前記1で引用して説示したとおりである。Aが後は被控訴人の判断を待つ状況である旨認識していたと認めるに足りる証拠はなく、また、もっぱら被控訴人側からの連絡を待てば足りる旨認識していたと推認すべき事情の存在を窺わせるに足りる証拠もない。さらに、この時点でAが申請書を直ちに送付するよう求めた事実が窺えないことは前記1で引用して説示したとおりである。

また、本件共済契約においては、死亡共済金の受取人の範囲が限定され、その範囲内の者に該当することを被控訴人が確認して変更を承認する場合に初めて変更が認められるから、共済契約者から受取人変更を希望する旨の連絡があったとしても、本件のように連絡を受けた時点の資料では受取人資格を充たすと認められない状態では、まずは承認に必要な資料を揃えるよう教示して申請書を直ちに送付せず、再度の連絡があるまで被控訴人側から積極的に連絡や申請書の送付等をしなかったとしても不合理な対応ということはできない。

したがって、A から連絡を受けた時点で被控訴人において直ちに申請書を送付すべき本件共済契約ないし信義則上の義務があったということはできない。以上に加え、控訴人が主張するその他の事情を踏まえても、被控訴人が受取人変更の効力を認めないことが信義則に反するとはいえず、控訴人の主張は採用することができない。」

次のⅣ. では、札幌高判令和 4 年の判旨も踏まえながら、死亡共済金受取人の指定・変更に係る共済規約の内容を保険法の規律との関係も踏まえて検討することにする。

Ⅳ. 死亡共済金受取人の指定・変更に関する規約と保険法との関係

1. 死亡共済金受取人の範囲の制限

保険法では保険金受取人を誰とするかに関し制限は設けておらず、保険契約者は被保険者の同意を得れば、保険金受取人を自由に決めることができ、法人または自然人を死亡保険金受取人とすることも認められるとされている[7]。もっとも個人保険の実務においては、保険制度の濫用防止のため、保険契約の承認に際し、道徳危険（モラルリスク）の排除の観点も考慮し保険契約の引受判断がなされているとされている[8]。契約締結時に誰を保険金受取人とするかは契約内容の一部を構成することとなり、合意内容の一環として、保険金受取人の範囲について決定に関与することができ、場合によっては契約締結そのものを拒絶できると解されている[9]。

生命共済契約に適用される規約において死亡共済金受取人の範囲を共済契約者である組合員の一定の親族等に制限し、共済契約者の生活関係において近い者から順位付けがなされていることは、共済事業が組合員の相互扶助としての

---

(7) 日本生命保険生命保険研究会編著『生命保険の法務と実務〔第 4 版〕』〔平松莉奈〕（金融財政事情研究会、2023 年）89 頁。

(8) 日本生命・前掲（注 7）〔平松〕89 頁。

(9) 村田敏一「新保険法における保険金受取人に関する規律について」生保論集 166 号（2009 年）35 頁。

458 第3編 企業取引法 第2章 企業取引法の現代的諸相

福利厚生目的という観点から考えれば合理性が認められることになる[10]。

2. 死亡共済金受取人の変更に関する制限

(1) 死亡共済金受取人の変更の範囲の制限と共済組合の承認

保険法43条1項は、「保険契約者は、保険事故が発生するまでは、保険金受取人の変更をすることができる」と規定する。そして、保険契約の内容によっては、保険金受取人の変更権を一定の範囲の者への変更に限定することや、保険者の同意を要件とすることに合理性が認められる場合があることを踏まえ、当該規定は任意規定とされている[11]。

また保険金受取人の変更権を排除すること自体も一定の合理性が認められる場合もあり、保険法43条1項の任意規定性からも保険契約者に保険金受取人の変更権がないという解釈を可能にしていると解されている[12]。

他方、契約締結時とは異なり、保険法43条2項では保険金受取人の変更は保険者を相手方とする単独行為と位置付けられている。保険法43条2項は、意思表示の方法を定める規定であることから、強行規定と解されている[13]。もっとも学説においては、保険者への意思表示を通じた保険契約者の慎重な判断の確保が守られている限りで、保険法43条2項も任意規定と理解すればよく、それに反するような条項については消費者契約法10条や民法548の2以下の定型約款に関する規律に委ねれば足りるとする見解[14]も主張されている。

保険金受取人の変更の効力に関しては、保険契約者の意思を尊重する理由から、保険金受取人の変更の意思表示が保険者に到達することを前提とした上で、その効力発生時期を通知の発信時に遡らせることとしている（保険43条3項本文）[15]。保険法43条3項は、意思表示の効力発生時期を定める規定であ

---

(10) 山下友信『保険法〔下〕』（有斐閣、2022年）306頁、山下典孝「生命保険契約及び傷害疾病定額保険契約の課題——保険金受取人の変更と介入権を中心として——」保険学雑誌608号（2010年）47-48頁。

(11) 萩本・前掲（注5）179頁。

(12) 竹濵修「生命保険契約および傷害疾病保険契約特有の事項」ジュリ1364号（2008年）44頁。

(13) 萩本・前掲（注5）181頁。

(14) 得津晶「判批」保険事例研究会レポート323号（2019年）18頁。

ることを理由に、強行規定と解されている[16]。

　保険金受取人変更の意思表示が保険者に到達したと評価できるのはどのような場合かをめぐり議論がある。保険契約者が保険者のコールセンターに電話で保険金受取人の変更の内容を口頭で伝えた場合にも変更の意思表示の到達と評価できるかという点が問題となり得る[17]。札幌高判令和4年の事案でもY組合に対して共済契約者であるAが口頭で死亡共済金受取人の変更手続を進めたい旨の連絡を行っている点が争点となることになる。もっとも、規約でY組合の承認が求められていることから、Y組合の承認を得ることが死亡共済金受取人の変更の効力要件と解されることになると、この要件の充足が無い限りは変更の効力は認められないことになる。

　そのため、Y組合の承認を要する旨の規約の効力について検討する必要があることになる。

　この点に関して、保険法43条2項の強行規定性との関係で、保険金受取人の変更につき、保険者の同意（承認）を要する旨の条項の効力に関して議論がある[18]。学説において、同条項の強行規定性の意味について、意思表示の相手方や対抗要件、効力要件に関する強行規定の核心に抵触するものではなく、保険法43条1項の任意規定との総合的解釈も踏まえ、有効と解する見解が多数説となっている[19]。他方、保険者が保険金受取人の変更の可否についてまったく自由な裁量権を有することになれば、保険契約者が保険金受取人を変更できるという権利を生命保険契約制度の趣旨に鑑み保険契約者に保障したものであり、当事者間の特約によりこれを保険契約者の不利益に変更することは許されないとの従来の解釈を完全に覆すことと、保険金受取人を自由に変更できるとする権利を定めた保険法の趣旨にも反することを理由に、否定的に解す

---

(15)　萩本・前掲（注5）183頁。

(16)　萩本・前掲（注5）184頁。

(17)　山下（典）・前掲（注10）44-46頁参照。

(18)　山下友信＝永沢徹編著『論点体系保険法2〔第2版〕』〔白井正和〕（第一法規、2022年）78頁参照。

(19)　村田・前掲（注9）41-42頁、竹濱・前掲（注12）44頁、山本哲生「保険金受取人の指定・変更」甘利公人＝山本哲生編『保険法の論点と展望』（商事法務、2009年）271頁、山下友信＝米山高生編『保険法解説』〔山野嘉朗〕（有斐閣、2010年）306頁等。

る見解も主張されている[20]。

さらに、共済契約の相互扶助性や組合員の福利厚生目的という観点から共済組合の承認を求めることは許されるが、契約段階とは異なり、モラル・ハザードの防止という観点のみを理由に保険者が保険金受取人の変更の範囲を制限することや、保険者の承認を求めることは認められないとする見解も示されている[21]。

否定的に解する見解が共済契約を念頭において言及されているかは必ずしも明確ではなく、共済契約の規約においては、組合員である保険契約者の親族等一定の関係にあるものに限定した範囲で死亡共済金受取人の変更を認める趣旨で、死亡共済金受取人の変更の場合も共済組合の承認を得ることとしていることから、共済組合の承認権の濫用の問題も原則生じないと考えられる。そのことから否定的に解する必要はないと考えられる。

札幌高判令和4年の判旨においても、「保険法43条1項は任意規定であり、そもそも受取人変更権を認めないことを始め、変更ができるとした場合にその受取人変更の範囲を一定の者に限定することをもまた許容されるところである。そうすると、受取人変更の範囲を限定し（なお、共済契約の趣旨からして、共済契約者と一定の身分関係ないしこれに準じる関係にある者に受取人変更の範囲を限定する本件共済規約の合理性は認められ、共済契約者の利益を不当に侵害するとはいえない。）、その範囲・対象に該当する者か否かを確認するために保険者としての被控訴人の承認手続に係らしめることは、いわば承認が得られる場合にのみ受取人を変更できるとして受取人変更権の発生要件を定めるに等しいといえ、同項において許容されていると解される。他方、同条2項は、受取人変更権の行使の相手方を定めたものであり、その点につき強行法規であると解されるところ、本件共済規約においても受取人変更の意思表示の相手方が保険者である被控訴人であることは維持されている。以上からすれば、本件共済規約5条6項が保険法43条2項に違反するものとはいえない」として上記の多数説の立場によっている。

---

(20) 潘阿憲『保険法概説〔第2版〕』（中央経済社、2018年）230頁。

(21) 山下（友）・前掲（注10）306-307頁。

他方、札幌高判令和4年での判旨においては、共済者において、受取人として指定された者が契約上受取人となる要件を備えているか否か、いわゆるモラルリスクの問題の有無等を事前に確認する観点から、一定の合理性が認められることを述べていることから、契約引受段階以外に、保険金受取人の変更においても道徳危険の排除を念頭に一定の制約を設けることも認められ得る余地がある点を言及している。この点は先述のとおり学説においても評価が分かれているところである[22]。

(2) 共済組合の承認手続

次に共済組合の承認を得る手続において、共済組合の所定の書類に基づき行わなければならないとする規約と保険法43条2項の強行規定との関係が問題となる。

法律関係を明確化し、保険者の事務処理の便宜を図るという観点から考えれば有効と解されそうである[23]。

死亡共済金受取人の規約が定めた一定の範囲の者であるかを確認するため所定の書類による書面による変更通知を求めることは、保険法43条2項の強行規定の核心に反するものではなく、同条1項の任意規定との関係においても、死亡共済金受取人の範囲を確定することとの関係で、一定の合理性が認められることになる。

札幌高判令和4年の判旨においても、「本件共済契約においては、死亡共済金の受取人の範囲が限定され、その範囲内の者に該当することを被控訴人が確認して変更を承認する場合に初めて変更が認められるから、共済契約者から受取人変更を希望する旨の連絡があったとしても、本件のように連絡を受けた時点の資料では受取人資格を充たすと認められない状態では、まずは承認に必要な資料を揃えるよう教示して申請書を直ちに送付せず、再度の連絡があるまで被控訴人側から積極的に連絡や申請書の送付等をしなかったとしても不合理な対応ということはできない」とする。

---

(22) 山下（友）・前掲（注10）307頁参照。
(23) 山下（友）＝永沢・前掲（注18）〔白井〕77-78頁参照。

462 第3編 企業取引法 第2章 企業取引法の現代的諸相

札幌高判令和4年の事実関係においてはY組合への口頭による連絡内容のみでは承認を判断できるものとはなっていないことから、死亡共済受取人の変更は認められないものと解されることになる。

3. 遺言による保険金受取人の変更

保険法44条1項は、「保険金受取人の変更は、遺言によっても、することができる」として、遺言の効力として遺言による保険金受取人の変更を認める[24]。保険者の二重払いを回避する趣旨から、遺言によって保険金受取人の変更がされた場合は、保険契約者の相続人が保険者に通知しなければ、保険者に対抗できないこととされている（保険44条2項）[25]。

遺言の効力として保険金受取人変更を認めることから、遺言が無効となった場合には、保険金受取人の変更の効力も否定されることになる[26]。

遺言の記載文言から直接に保険金受取人の変更を意味することになるのか明確でない場合、どのような基準によりその内容を解釈すべきか、遺言の記載内容としてどのような記載があれば保険金受取人の変更と解すべきかに関して見解が分かれている[27]。遺言の記載が不明確な一定の場合には、保険者は債権者不確知の場合として保険金を供託することで対応できる余地が示されている[28]。

保険契約によっては、遺言による保険金受取人の変更を制限することに合理性が認められる場合もあることを踏まえ、同条項は任意規定とされている[29]。また保険契約の目的や種類に応じて、遺言による保険金受取人の変更を認めないことも可能と解されている[30]。

他方で、保険契約の内容によって保険金受取人が固定されている場合や、保険金受取人の範囲が限定されている場合において、そのような約定において、

---

(24) 萩本・前掲（注5）185頁。
(25) 萩本・前掲（注5）185頁。
(26) 竹濱・前掲（注12）45頁。
(27) 山下（友）＝永沢・前掲（注18）〔白井〕92-94頁参照。
(28) 萩本・前掲（注5）186頁（注3）。
(29) 萩本・前掲（注5）185頁。
(30) 竹濱・前掲（注12）45頁。

保険法において、保険金受取人の変更が原則可能とされ、遺言によって保険金受取人の変更を認めたこととの関係において、約款の規定ぶりも含めて許容される範囲を検討する必要性も指摘されていた[31]。

Ⅱ.の3.で言及したところであるが、共済組合においては遺言による死亡共済金受取人の変更を認めない規約を設けているところと、死亡保険金受取人の変更の場合に認められる範囲に限定した上で、遺言による死亡共済金受取人の変更を認める条項を設けるところもある。

札幌高判令和4年の事案で問題となった生命共済に適用される規約においては遺言による死亡共済金受取人の変更を認めない旨の条項が置かれていた。

①死亡共済金受取人の範囲の制限、②死亡共済金受取人の変更の制限、を規約上設けたとしても、遺言による死亡共済金受取人の変更を自由に認めることになれば、①②の規約を設けた意義がなくなることを踏まえれば、合理的な制約を設けることは否定されるべきではない。

札幌高判令和4年の原審判決引用部分で「遺言による共済金受取人の変更を認めないことには、遺言の有効性や文言解釈等に起因して受取人変更の効力に疑義が生じたり、遺言による受取人変更の通知前に共済金支払が行われたりすることを防止し、共済契約者の真意に沿った共済金支払の実現にも資する面があるなど、相応の合理性を有するものと認められ、後記3のとおり、本件共済契約において、死亡共済金受取人の変更について被告の承諾を要するものとされていることとも整合的である」と判示するとおり、遺言による保険金受取人の変更を認めることによるデメリットも踏まえたならば、遺言による死亡共済金受取人変更を認めないという選択も一定の合理性を持ち得ると考えられる。

---

(31) 矢野慎治郎「遺言による受取人変更」落合誠一＝山下典孝編『新しい保険法の理論と実務』（経済法令研究会、2008年）129頁。

Ⅴ．結語

　各共済組合において死亡共済金受取人の範囲の制限が微妙に異なっている。例えば、内縁の配偶者は死亡共済金受取人の範囲には当初含まれないこととし、死亡共済金受取人の指定・変更の手続を踏まえて死亡共済金受取人とできることとして、指定・変更手続を踏まえれば可能とされている。札幌高判令和4年の事案において、まさにこの手続が問題となってしまったものである。仮に、他の共済組合の規約と同様に、内縁の配偶者も死亡共済金受取人の範囲に含めることとされておれば、死亡共済金受取人の指定・変更手続なしに死亡共済金受取人となり得た可能性はある。また遺言による死亡共済金受取人の変更に関しても同様である。

　共済組合の規模、共済掛金の負担額、共済組合の事務処理等、それぞれの共済組合の特色等を踏まえれば、札幌高判令和4年における共済組合の規約の内容が合理性を有しないとまではいえないことになる。

〔追記〕

　本稿脱稿後に、札幌高判令和4年の判例研究報告として、山下徹哉教授（保険事例研究会〔大阪〕10月）と山本哲生教授（保険事例研究会〔東京〕11月）の各報告に接した。

第4編
関　連　法

企業法務としての ELSI 対応
——人権法と情報法の視点から——

岩 隈 道 洋

Ⅰ. はじめに

　ELSI（Ethical, Legal, and Social Implications or Issues）とは、科学技術の研究開発や応用に伴って生じる倫理的、法的、社会的な課題を指す概念である。ELSI という概念が唱えられたのは、DNA の二重螺旋構造の発見者の一人、ジェームズ・ワトソンが、1988 年にアメリカ政府の行うヒューマンゲノム研究計画において、倫理的・法的・社会的含意（ELSI: Ethical, Legal and Social Implications）の研究に特化した予算の確保を提案したことが初めとされる [1]。そのため、当初この概念は、特に生命科学やバイオテクノロジー、遺伝学の分野において重要視されるようになった。例えば、医学や生命科学分野では、ヒトゲノム解析やゲノム編集技術の進展により、個人の遺伝情報の取扱いや、それに関連するプライバシー、差別、アイデンティティに関する問題が ELSI のメインテリトリーと考えられている。

　ELSI の枠組みは、科学技術の進展が社会や個人に与える影響を多角的に捉え、責任ある技術開発を促進するために設けられている。具体的には、以下のような課題が含まれる。

　倫理的課題：科学研究における倫理的配慮、例えば動物実験やヒト対象研究の適切性、ゲノム編集が人間の本質にどのような影響を与えるのかといった

---

(1)　岸本充生「ELSI とは」大阪大学社会技術共創研究センター（2020 年）<https://elsi.osaka-u.ac.jp/what_elsi>（筆者最終アクセス 2024 年 10 月 2 日）。

468 第4編 関 連 法

問題。

　法的課題：知的財産権やプライバシー権の保護、遺伝情報の管理に関する法的な枠組みや、技術の悪用を防ぐための規制の整備。

　社会的課題：科学技術が引き起こす社会的不平等や、技術の恩恵がどのように社会全体に広がるか、特定の集団が不利益を被るリスクの評価。

　ELSI の概念は、単なる技術革新に留まらず、それが人間社会全体に与える影響を事前に評価し、適切な対策を講じるための重要な指針として機能する。例えば、ゲノム研究では、データの共有や個人識別のリスクを低減するためのガイドラインの策定、あるいは公正な研究の実施が求められている。このほか、医学・生命科学系の研究分野の ELSI 研究は、医療におけるインフォームド・コンセントの重視や、公害・薬害に対する関係企業の無過失責任、保険・損失補償制度の充実、研究開発に関わる倫理審査の制度化など、（時には貴重な犠牲を伴いながらも）社会における研究成果の実装のための条件整備を続けてきた[2]。

　AI（人工知能）に代表される、近時の情報技術の進化に伴い、ELSI の役割は上記のような医学生命科学分野を超え、ビジネスアリーナにおいても活用が著しい情報科学・情報工学とその社会的適用の分野にも拡大しつつあり、持続可能な未来社会の実現を目指すために欠かせない枠組みとして認識されてきている。

　ELSI を情報科学や情報工学の分野において考えるとき、代表的な問題群は次のようなものであろう。

　まず、プライバシーとデータ保護に関する問題である。情報技術の社会的応用の進展に伴い、個人情報や機密データの収集、保存、解析が大規模に行われるようになって久しく、またそのような営みは良く知られるようになってきている。このようなデータの利用は利便性を高める一方で、プライバシー侵害やデータ漏洩のリスクも伴う。憲法上のプライバシーや、個人情報保護法制に加

---

(2)　岩隈道洋「ELSI の現場——医学系研究の倫理審査に携わって」Chuo Opinion（2020 年）<https://yab.yomiuri.co.jp/adv/chuo/research/20201029.php>（筆者最終アクセス 2024 年 10 月2 日）。

え、諸法に規定された守秘義務や不正競争防止法といった法的枠組や、企業の内部統制のため導入されたコンプライアンスプログラムなど、ELSIを実践する枠組みを適用することで、データ保護の法的・倫理的基準を設け、個人のプライバシーを尊重しながら技術開発を進めることが可能となる。特に、AIやIoT（モノのインターネット）技術においては、膨大なデータが日常的に収集されるため、プライバシー保護の強化とその仕組みの安定的な恒常化が重要といえる。

　また、機械学習やAI技術の発展により、社会のあらゆる分野で意思決定が自動化される傾向が生まれている。しかし、これらのシステムに組み込まれたデータやアルゴリズムに人種、性別、社会経済的なバイアスが含まれると、それらサービスの利用者に対し、社会的に不公平・不公正な結果が生じるおそれがある。ELSIの観点からは、こうした技術の設計段階でバイアスを排除し、公平なアルゴリズムを実現するための取組みが求められる。

　更に、情報工学分野では、AIや自律システム、ブロックチェーンなどの新技術が従来の法制度による問題解決の道筋が確立していなかったり、依然として論争を行っている状態であったり、問題によっては法の欠缺が明らかになっていたりする。例えば、AIが自動運転車を制御している際の事故責任や、AIによる意思決定が不適切な結果を生んだ場合の責任の所在などが問題とされる。AIをはじめとした自律性の高いシステムの開発段階で、ELSIの視点を取り入れることで、こうした新技術に適した法的問題を早期に認識し、法的枠組みや事業体や研究コミュニティにおける倫理規範を整備し、技術開発者や利用者が法的責任を明確に理解できる環境を構築することが求められる。

　一方で、情報技術が社会に普及するためには、社会的な受容と信頼性の確保が不可欠である。ELSIの枠組みは、技術の利用に対する社会的な懸念や不安に対処し、透明性を高めることで、技術に対する信頼性を向上させる役割を果たす。AIによる雇用への影響や、監視技術が市民的自由に与える影響に関する懸念に対して、適切な倫理的・社会的配慮がなされていることを示すことが、市民、労働者、消費者といった立場の人の、技術活用の受容を促進する。

　本稿では、以上のような視点から、もともとは科学・医学・工学的研究の倫理・社会的指針として唱えられ実践されてきたELSIについて、企業における

470 第4編 関 連 法

法務やコンプライアンスにも、その行動指針や、組織的意思決定に関わる規範意識の中に取り込まれるべき対象につき、いくつかの考察や事例を紹介しながら、企業法務としての ELSI 対応について考えてみたい。なお、筆者の能力の限界もあり、特に人権法及び情報法の視点から、当該問題を取り上げることとなる。

Ⅱ. 日本における ELSI の嚆矢──法工学──

工学系の研究分野では、1970 年代から法工学という用語を用いた論文や記事が書かれるようになる。当初は機械や建築物の事故の検証や責任追及のための学問・方法論として捉えられる傾向があった。いわば、刑事事件の解明や公衆衛生行政の観点から死因や傷害の状況を証拠として評価する法医学（forensic medicine）と軌を一にする目的の、司法鑑定のための法工学（forensic engineering）として始まった営みといえる。

一方で、土木・建築関連法や労働安全衛生法、環境法など、科学的・工学的専門性の高い行政規制法分野の立法過程に関わる技術者・工学者の法学的な関心も、法工学の名称を用いるか否かと関わらず並行して存在していた。

1980 年代までの自動車事故・薬害・食品や化学物質による消費者問題の高まりを受けて、1994 年に製造物責任法が成立した。また、ISO・JIS・OHSASなどのマネジメントシステム構築に工学的知見は大きく寄与してきた。

また、こういった工学分野からの法分野への貢献の蓄積は、法工学や工学倫理として、主として理工系の学部において教育される内容を構築するようになった[3]。

このように、法工学とは、技術の発展に伴って生じる法的課題に対処するために、工学と法学を結びつけて新たな法制度やガバナンスの枠組みを構築する

---

(3) Michihiro Iwakuma, "LEGAL OR FORENSIC ENGINEERING AND ELSI－ENGINEERING ETHICS AND LEGAL NORMS REGARDING DATA UTILIZATION－", ICRES 2024 (July 29, 2024, Hiyoshi Campus, Keio University. This work was supported by JST Moonshot R&D Grant Number JPMJMS2215).

学際的な分野といえる。この分野では、テクノロジーの発展に対応した法的整備を目指すとともに、技術そのものを法制度の設計に活用することも検討され得る。現代では例えば、自動運転車、AIによる意思決定、サイバーセキュリティ、データ保護などの分野で、技術と法の両面からのアプローチが求められている。

　法工学は、本稿の立場からすると、ELSIの先行研究・先行事例であると同時に、その重要な構成要素であるとも考えられる。いずれも、技術の進展によって引き起こされる課題に対処し、技術が社会に与える影響を考慮した規範的枠組を提供することを目指すものといえる。以下、その共通の関心事について示すと、

　ａ．法的規制と倫理的配慮

ELSIでは、技術が生む法的課題と倫理的問題の解決が重視される。法工学も、これと同等の関心を以て技術の規制や法的枠組の整備を行うものである。例えば、AIや自律型システムの倫理的問題（偏見のある意思決定やプライバシー侵害など）を防ぐための倫理規範や法整備、プライバシー保護のための技術的解決策（技術的なプライバシー強化手段やセキュリティプロトコルの開発）を提供し、またこれによって事実上管理できるデータやシステムのふるまいを明らかにすることによって、倫理規範や法の整備を支援する役割を果たす。

　ｂ．技術と法の統合的アプローチ

　法工学では、技術と法を同時に考慮し、技術の特性に応じた柔軟な法制度の設計を目指す。この志向性は、ELSIの方法論として非常に強力なものとなる可能性を持っている。例えば、情報技術がもたらす社会的不平等や、技術の不正利用に対処するためには、技術的側面と法的側面の両方を考慮する必要がある。法工学のアプローチは、技術開発の初期段階から法的・倫理的問題をその視点に組み込み、技術の利用が安全かつ公平で、持続可能なものであることを志向する。

　ｃ．社会的受容と技術ガバナンス

　技術が広く社会に受け入れられ、社会を構成するシステムとして実装されるためには、その技術に関連する倫理的・法的問題点が十分に認識され、議論され、必要な規範が整備されることで、社会全体が安心して技術を利用できる環

境が必要である。法工学は、技術の特性がもたらすメリットとデメリットの開発時点での視点や、過去に発生した事故の原因と影響についての蓄積があり、対象技術を ELSI の観点から評価し、社会の構成員に受け入れられるためのガバナンス体制や規制の策定に不可欠な判断材料を提供する。

　この3点に集約できよう。

　その意味では、現代において法工学は、forensic engineering としての法工学に内容を限定するものではなく、立法や行政、そして企業実務の創造と統制の法工学として、ELSI の重要な方法論を提供するものとなっている。具体例として、工学部で使用される法工学の教科書を瞥見し、ELSI の視点からその得失についてコメントを付してみることで、その特徴を把握することを試みる。

　対象としたものは、ある機械工学研究者が著した、法工学の教科書にある法工学の全体像を表したダイアグラム（図1）(4)である。

　このように、広い範囲を「法工学の全体像」として捉えており、技術の進歩とともに学習内容が飛躍的に増加している大学の工学系学部や大学院のカリキュラムの中で、限られた時間や単位数の中でできるだけ多くの法的、社会的、倫理的問題についての理解を確保しようとしていることが伺える。狭い意味における法解釈学の分野だけに着目しても、憲法学・民法学・刑法学といった基本法もカヴァーすることになっている。但し、このダイアグラムは勿論、本書の本文の記述を分析しても、例えば憲法学がどのように法工学に関与するかはわからない。より細かい指摘をすれば、同様に民法についても、不法行為や PL の記述はあるが、契約の記述はない。

---

(4)　清水克彦『技術者倫理と法工学』（共立出版、2003 年）148-149 頁。

企業法務としての ELSI 対応   473

図1 法工学の全体像

全般に関係する諸学：憲法学、政治学、政策科学、民法学、国家賠償法学、刑法学、行政法学、国家行政組織法学、国際法学、国際条約学、スタンダード学、倫理学、専門家責任法学、リスクマネージメント学、危険管理学

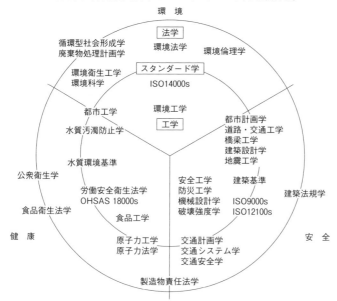

Ⅲ. 技術の法的統制に関する古典的理論——Lawrence Lessig の"CODE"——

インターネットの一般商業利用が可能となってからの、法やその他の人間の行動をコントロールする規範に関する理論的視座を提供しているのが、いささか古いものとはなるが、Lawrence Lessig による、人をコントロールするもの（規制）の分類（図2）[5]に関する"CODE"の議論である。

図2 人をコントロールするもの（規制）の分類

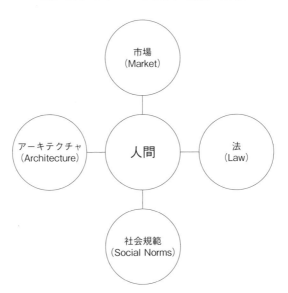

Lessig は現代のインターネットが普及している社会において、人間の行動をコントロールするものについて、法・市場・社会規範・アーキテクチャの4つを挙げる。法とは国家権力による行動規制、市場はコスト（経済性）による

---

(5) Lawrence Lessig, "CODE and other laws of cyberspace", Basic Books (1999) p.88. を参照し岩隈作成。

行動規制、社会規範は国家未満のコミュニティなどの常識・約束事による行動規制、そしてアーキテクチャは建造物の設計・構造やプログラムなどの技術的機構（CODE）による行動規制を指すという。

この CODE 論の視点の特徴は、特に技術やそれによって構築されたプロダクトの、人の行動に影響を与える構造（アーキテクチャ）が人の行動をコントロールするものであるから、技術による規制（コントロール）が利用者を苦しめないような、技術に対するコントロールが必要である、とする点にある。そして Lessig は、アーキテクチャが行き過ぎた人間の行動規制を行った場合、そのアーキテクチャのはたらきを統制するのは「法」の役割だと考えている。

インターネットの利用を前提とした社会活動や企業活動において、Lessig の CODE に関する議論は、情報技術やデータサイエンスの活用をその内部に既に含んでいる企業活動や、企業が市場に提供する商品・サービスに関わる ELSI 課題を考える際に、不可欠の方法となっているといえよう。

Ⅳ．CODE 論で読み解くリクナビ事件と ELSI

2018 年から 2019 年にかけて、リクルートキャリア社（当時）が提供していた就職情報サイト「リクナビ」の事例を、CODE 論をツールとした ELSI 課題として考えてみたい。

「リクナビ」はフォームやエントリーシートの形式で就活生に提供させた個人データを、リクルートキャリア社内では Cookie の利用やハッシュ化という操作によって匿名化した形で、個々の就活生の「内定辞退率」を割り出した。そして顧客である求人企業が、自社を受けた就活生本人を特定できるような仕様になっていることを知りながら、求人企業に対して「内定辞退率」を提供するサービス「リクナビ DMP フォロー」を実施した。

このような形で就活生の同意がないまま、求人企業に対してリクルートキャリア社が保有する就活生の個人データを提供した行為が、個人情報保護法第 27 条第 1 項（第三者提供の制限）違反とされ、同社は国の個人情報保護委員会による行政指導及び勧告を受けたものである[6]。これらの指導及び勧告を受

476 第4編 関 連 法

け、同社は「リクナビ DMP フォロー」サービスを停止した。

　では、同社は同法 27 条に基づく「同意」を取っていれば、「リクナビ DMP フォロー」サービスを継続してもよかったのであろうか？ まず、就活生が、「そういう個人情報の処理を好まない」から、「リクナビ」を使わないで就活に臨むという選択ができたかという点につき、疑問が残る。一方で、「リクナビ」運営者は、「顧客である求人企業が求めてやまない情報を割り出す技術があるのだから、それを顧客に提供して何が悪い？」と考えるのは自然なことともいえる。更に、そもそも、個人情報をコンピュータ処理して AI のような大量の情報と突合し、これまでにない新たな知見を作り上げるデータサイエンス活用において、顧客／利用者といった一般人に、本質的に「同意」が可能なのか、という点も、本件はともかく、これからのデータ駆動社会においては考慮すべき事項であろう。

　このような形で就活生の同意がないまま、求人企業に対してリクルートキャリア社が保有する就活生の個人データを提供した行為は、個人情報委員会が判断した通り、個人情報保護法第 27 条第 1 項（第三者提供の制限）違反となるわけだが、これを CODE の視点から分類すると「法」的な規制ということになる。これを遵守して、就活生の「同意」を取っていればよかったのか、という問いにおいては、就活生が、「そういう個人データの処理を好まない」から、「リクナビ」を使わないで就活に臨むという選択が非常にしづらい状況があるが、これは就活「市場」による就活生に働く行動規制として働いていることは明白である。そもそも、個人データをコンピュータ処理して AI のような大量の情報とマッチングして、これまでにない新たな知見を作り上げるデータ活用において、顧客／利用者／消費者といった一般人に、本質的に「同意」が可能なのかという点は、いずれは法的な問題となるであろうが、現時点においては、「社会規範」の問題であるといえよう。「リクナビ」運営者は、「顧客である求人企業が求めてやまない情報を割り出す技術があるのに、どうしてそれを提供できない？」と考えるのは自然なこととも言いうるが、一方で情報源とな

---

(6) 「個人情報の保護に関する法律に基づく行政上の対応について」個人情報保護委員会令和元年12月4日勧告。

る就活生の権利を無視する形で「リクナビ DMP フォロー」がシステマティックに特定学生の特定企業に対する内定辞退率を割り出してしまうという点は「アーキテクチャ」とその規制の問題ということになる。

　個人情報の利用目的や第三者提供に関する同意があれば、個人情報保護法上の義務は、リクナビは果たしたことになる。一見、法的な AI コンプライアンスはこれにより確保されるようにも見える。では、「同意」を取っていればよかったのか、と仮定しても、就活生が、「そういう個人情報の処理を好まない」から、「リクナビ」を使わないで就活に臨むという選択ができない現実があり、そこでは市場支配力による強制を考慮する必要性がある。本件の場合だと、就活生と「リクナビ」運営者は独禁法上の緊張関係にあるようにも考えられるが、その影響は一般的な市場支配の範疇(7)というよりは、入力データから再構成できる就活生のプライバシーすなわち人格権侵害を発生させる市場構造を創出してしまっているところが問題といえよう。そもそも、個人情報を利用した AI・データサイエンス活用において、顧客／利用者／消費者といった一般人は、その結果についても本質的に「同意」不能な場合がある点についての配慮も必要である。収集される個人データの性質や、データベースの利用目的や潜在的な利用可能性と、予測可能性や受容可能性を比較衡量した倫理指針や法整備と、これに伴う人権コンプライアンスが求められよう。「顧客である求人企業が求めてやまない情報を割り出す技術があるのに、どうしてそれを提供できない？」と考えた AI システムの開発者側の論理に対しては、システムが全ての利用者にもたらす行動統制や変容をもたらす要素すなわちアーキテクチャの性質についての理解が求められると同時に、アーキテクチャに対する開発者とその外部（国か、学的コミュニティか、同業者団体か、などいくつか選択肢はあり得る）双方からのコントロールの必要性があり、これを適切なコントロールとするためにはシステムを巡る全てのステイクホルダーとその利害の見極めが必要であろう。

---

(7)　就活生が入力する様々な個人データを売上に代わる「資源」と考えれば独禁法の問題としての構成も可能か。越知保見「デジタル経済と優越的地位の濫用（2）データ集中と市場法秩序：Facebook 事件・リクナビ事件・消費者優越ガイドラインの総合的検討（下）」国際商事法務 48（6）（2020 年）775-781 頁。

Ⅴ．CODE 論で読み解く VR 空間とアバター

　コロナ禍で外出に対する制約が社会的に強く求められていた 2020〜2022 年の間に、一世を風靡した米 Meta 社の VR 空間提供サービス「メタバース」については一頃の熱狂的な興奮は冷めたものの、同じような VR 空間提供サービスは一部の愛好家の間で引き続き好んで使用されており、また VR 空間を通じた非対面型のコミュニケーションが形成する社会的関係や、VR 空間を市場とした商業的利用などが、それらサービスの人気や社会的有用性・利便性が知られることによって、利用者が増加し、これに伴い、サービス提供者と利用者の間の特定の個別なサービスの契約で法的な問題点の処理が済まされなくなってきている点について、こちらも CODE 論をツールとした ELSI 課題として考察する。

　VR 空間は、そのシステムの設計者が技術的に「造りこんだ」空間である。Lessig の CODE におけるアーキテクチャと法の間の議論が、もっとも直接的な形で適用されうる社会空間であるともいえる。仮想空間では、提供されるサービスが全て何らかのアーキテクチャによって構成されるので、その設計によって利用者（アバター）を自由にさせることも、逆に現実世界では不可能なレベルで完全監視下に置くこともできる。

　VR 空間内で利用者が行動する際のキャラクター（化身）のことをアバター（Avatar）と呼ぶ。これまでも、ネットゲームなどでそれなりに使われてきた技術である。VR 空間提供サービスと、これまでのネットゲーム上のアバターとの大きな違いとして、今後注目される機能は、アバターのトランスポータビリティである。つまり、サービスを超えて同一のアバターを運用できるようになることが想定されている。一方で、アバターは仮想キャラクターなので、アーキテクチャの許す範囲で一人のリアルな人間が、複数のアバターを運用でき、かつそれがトランスポータブルになる。アバターのトランスポータビリティは、サービス運営者（プラットフォーム）ごとに利用者とアバターを個別のアーキテクチャと個別契約で自社サービス内に封じ込めてきたこれまでのネッ

トゲームと異なり、より普遍的な法律その他の規範による規制や権利付与が必要になる。しかも、その法規制と権利付与は、リアルの人間が代替不可能な一人の人格であることを前提とした、現行の法律ではすぐには実現できない。

　複数のアバターが、実際には一人の人間に操作されていても、仮想空間上では複数の「人格」としてふるまうことが可能であり、そして開放的にサービスを渡り歩く複数の「人格」が現れた場合、その「人格」を法的に定義していくアバター人格権法の議論が始まっており[8]、そういった自然人の人格とは別の法人格を、アバターごとに認めてゆくことを可能にすることで、アバターの行う VR 空間上の経済活動の促進や取引の安全の確保が期待され、また犯罪や不法行為に関する責任を明確にすることが求められる。

　更に、アバターが身に着ける衣服やアイテム、あるいはアバターの姿そのものは、売買され得る。現行法上は、それらはコピー可能な「著作物」であり、その売買契約は厳密にいうと著作物の利用許諾契約となる。しかし、VR 空間上では、既に存在する別のアーキテクチャであるブロックチェーン・NFT 技術を適用することで、創作性のある情報でありながら、コピー不可能なリアルな物体に近い財産（物権的な情報財産権？）としての扱いも可能となりうるということも指摘されてきた[9]。現行の民法や著作権法は、そのようなタイプの財産を厳密に定義しづらい。一方でアーキテクチャはこういった物権的な情報財産権を厳密に定義し実装し得るのであり、法整備がもっと考えられてもよいように思われる。NFT の利用可能性については、現時点では少し世上からは飽きられた状況にもある。それは投資・投機的な利用可能性が低下し、NFTに対する市場の関心が低下していることとも関係していよう。しかし、NFTの利用価値は、複製可能な情報財産（すなわち著作権）とは異なる情報財の個別性・独自性を保証する仕組みであり、アバターに関する人格権と、そのアバターに付随する容姿データやアイテムデータを個性あるものとして人格権に付着させる際には、有用な仕組みであり、VR 空間の活動がより多くの利用者に

---

(8)　原田伸一朗「アバターを用いて活動する者に対する人格権侵害の成否：VTuber 誹謗中傷裁判レビュー」情報法制研究⑭（2023 年）68-79 頁。

(9)　金勇一「メタバースの種類に基づく NFT 機能の分類」グローバル地域研究⑶（2023 年）238-247 頁。

開放され、その空間が公共性を帯びる際には法整備とアーキテクチャを合わせた制度としての実装が実現しよう。

　VR空間を提供するサービスプラットフォームの内部で完結する問題については、プラットフォーム事業者が構築するコード・アーキテクチャと、事業者が定める利用規約である程度は私的自治の範疇で解決できる。しかし、メタバース以前のインターネット上と共通の問題として、国籍・国境を越えてユーザーを集められるプラットフォーム上では、「何が法的な問題か？」ということについてユーザー間・プラットフォーム事業者間・そして国家間で自発的に一致をみられるとは限らない。宗教的・文化的表象の問題（鍵十字を身に着けたアバター・服飾や食文化の相違・「神様」などが問題となり得る）[10]や、アバター間の「身体的」接触の感じ方（なりすましやアバター痴漢行為やPlayer Killと人格権などが問題となり得る）。

　NFT等を用いた物権的な情報財産権の問題についても、その財産がメタバース空間にしか存在しない（metaverse-native）な財産なのか、あるいは有価証券のようにリアル世界の物体や財産に対応した（non-native）財産なのかによって、事業者の内部ルール処理で足りる部分と、国家法の積極的な関与を要する部分が分かれてくる。伝統的な「抵触法」は、国境を越えた法律問題が発生した時に、世界各国にそれぞれの法があることを前提として「どこの国の法律」に準拠して問題を解決するかを考えるルールであったが、VR空間の法的問題を考えるときには、［プラットフォームのアーキテクチャ］［メタバース共通アーキテクチャ］［事業者の利用規約］［関係国の法律］［国際的な合意］など、これまでよりも多数の規範（ルール）の適用可能性があり、それらの抵触を考えざるを得ない。その際に、参照されるべき基準として提唱されているものの一つは、「現実世界の優位」[11]である。

---

(10) 岩隈道洋「人文社会系研究と産業界との連携──比較法学とELSIの視点から」第7回人文・社会科学研究推進フォーラム（2022年3月7日・中央大学市ヶ谷田町キャンパス）。

(11) 小塚荘一郎「仮想空間の法律問題に対する基本的な視点──現実世界との「抵触法」的アプローチ」情報通信政策研究第6巻1号（2022年）75-87頁。

VI. 結びに変えて――ELSI の諸方法と企業法務――

　Lessig が指摘する「コードによる規制」とは、デジタル空間において技術自体が人々の行動を制限することを意味する。例えば、ソフトウェアその他のプロダクトのアーキテクチャが利用者のプライバシー保護やデータの利用に関する規制を強制する場合、コードそのものが規制として存在する。こういったプロダクトの開発や市場への提供に関わる企業の法務においては、上記に述べてきた事例のように、技術的そして法的な手段を通じたコンプライアンスの確保が重要な課題となる。ここで CODE（アーキテクチャ）が法的義務を直接的に果たす役割を果たすため、法務担当者は技術者と連携し、技術的なコンプライアンス手段が適切に実装されているかを確認する必要がある。可能であれば、技術者の設計・開発の段階から法務担当者もそのチームに加わり、建設的なアーキテクチャに関する議論を行うことが望ましい。
　また、企業が提供するプログラムやシステムが不備や欠陥を持つ場合、それが法的リスクとなる可能性がある。企業法務においては、製品やサービスのアーキテクチャが法の求める基準を満たしているかどうか、またリスクを最小化するための措置が講じられているかをチェックする役割が求められる。また、リクナビ事件でも現れたように、企業がユーザーのデータを収集して市場競争力を高めようとする際には、そのデータの扱い方が法的に適正であるかどうかが企業法務の大きな関心事とならなければならない。個人情報保護法上は合法的に同意を利用者から取った場合であっても、その同意が古典的な企業と消費者や労働者の経済的力関係の格差や情報の非対称性といった市場によるコントロールに動かされ、「同意しないと損だから仕方なく同意した」という利用者がいた場合、果たしてそれは同意として妥当なのか？といった社会規範の視点からの検討や、個人情報保護法上保護される個人データとは、別個に個人の人格権としてのプライバシー権は成立するのであって、個人情報保護法上の同意を取った個人データの利用であっても、憲法上のプライバシー権は侵害したことになる場合もあり得るという点にも配慮が必要である。

482　第4編　関　連　法

　このように、これまで企業法務の観点からは企業の採用すべきアクションが明示されている個人情報保護法のような個別規制法に対しては、企業内コンプライアンスのための学習も実務も熱心に行われてきたが、ともすると、プライバシー権の問題となると、判例法理もやや抽象的であり、「同意」モデルで同意書のような証跡も簡単に確保できる個人情報保護法上の義務を果たす手順をマニュアル化することで事足れりとし、それを超えたデータ本人の不満は、社会的受容性の問題として法的思考の枠外に持っていく傾向もみられた。しかし、多くの企業でデータ・ドリブンの事業活動を遂行する時代においては、個人情報保護法上のデータ保護の義務を果たすと同時に、データの取り扱いによってはデータ本人の選択（自由）を封じたり、過大な損失を生みだして苦痛や生存困難をもたらす可能性があることに留意し、憲法上の権利としてのプライバシーや自由権についての実務的関心を高める必要があろう。

　最後に、Lessig の CODE 論では、法律と技術は相互に影響を与え合うものとして捉えられている。企業法務の視点からは、法律が技術に影響を与えるだけでなく、技術が新たな法的課題を生むことへの関心は現在でも決して低くはない。VR 空間におけるアバターや NFT に関する問題はその典型例といえる。企業の法務担当者は、技術と法の相互作用を理解し、企業が技術革新を進める中で生じる法的リスクに対処するだけでなく、技術の進化に応じて法的な枠組みを柔軟に適用し、必要があれば立法的な解決を提案する役割を担うことも必要となろう[12]。

　本稿では、ELSI 課題への対応のための方法として、法工学と CODE 論を紹介し、特に企業と関わる情報法制の課題例としてリクナビ事件と VR 空間提供サービスの問題を、CODE 論の視点から分析するという形で、企業法務が ELSI 課題に取り組む際のヒントとなるような情報の提供を試みた。情報技術の社会的適用の場面において、ELSI 課題が取りざたされるようになってまだそれほど時間は経過していないが、これからは個人データや創作物データ、ネットワーク技術を活用するビジネスアリーナにおいては ELSI 思考が当然のリスクマネジメント手法となる。CODE 論だけではなく、憲法上の人権思考

---

(12)　別所直哉『ビジネスパーソンのための法律を変える教科書』（Discover21、2017 年）。

や、法工学的な技術のリスク管理、立法過程へのコミットメントなど、これまで企業法務担当者の関心から遠かった分野が、新たな沃野として開かれてきていることを述べて擱筆したい。

企業の持続的発展と職務発明保護について
——近時の改正法と諸判例の動向も含めて——

小 川 晶 露

Ⅰ. はじめに

　2014 年に赤﨑勇教授、天野浩教授と共にノーベル物理学賞を受賞した中村修二教授[1]は、今世紀（20 世紀）中はまず不可能であろうとされていた高精度青色発光ダイオードの実用的な生成方法を見事に開発し、これによって技術分野における我々の日常生活に劇的な変化をもたらした[2]。

　リーガルの分野では、中村修二教授のいわゆる青色発光ダイオード[3]訴訟（東京地裁平成 15 年 10 月 24 日〔同庁平成 13 年（ワ）第 17772 号〕）において、東京地方裁判所は、404 特許[4]の職務発明の相当の対価として、被告である日亜化学工業株式会社（以下「日亜化学工業」という。）に 200 億円[5]の支払いを命じたのに対し、同事件の控訴審である東京高等裁判所は原審とは大きく異なる相当対価の額を提示して和解勧告し、平成 17 年 1 月 11 日、404 特許を含む全関連特許の対価などとして、日亜化学工業が遅延損害金も含めて約 8 億 4300 万

---

(1)　カリフォルニア大学サンタバーバラ校材料物性工学科教授。

(2)　それまで赤色 LED、黄色 LED の各生成方法は存在していたが、青色 LED の高精度生成方法が開発されたことにより白色 LED を生成することが可能となって、その結果、全色 LED の生成が可能となった。

(3)　青色発光ダイオード（blue light-emitting diode）。本稿では発光ダイオードを「LED」と略すことがある。

(4)　窒化物半導体結晶膜の成長方法に関する日本の特許（第 2628404 号）。下三桁をとって 404 特許と言われる。

(5)　東京地裁の認定額としては、原告である中村修二教授の貢献度を 50% として発明の相当対価を 604 億円と認定したが、訴訟の請求額が 200 億円であったため同額の範囲で請求が認容された（一部請求）。

円を中村修二教授に支払うことで両者に和解が成立した[6][7]。これら一連の原審と控訴審の訴訟経緯に関して、当時、世界の技術者と産業界が、深い関心と大きな危機感をもって注視していたことは改めて申し述べるまでもない。

特許法は、「この法律は、発明の保護及び利用を図ることにより、発明を奨励し、もつて産業の発達に寄与することを目的とする。」(特許1条)と規定する[8]。

企業とは、継続的な意図をもって計画的に営利行為を実現する独立の経済主体をいう[9]。企業が産業社会において持続的・継続的に営利活動を行うためには、知的財産権との関わりは不可欠である。企業の知的財産には、我が国においても特許権その他の各種無体財産権が規定されているが、持続的に営利活動を行う各企業が、一定の投資を行い、市場において消費者から評価される優れた創作や標識を開発し、これら開発した商品やブランドにより収益を獲得すること等は、企業として、ごく当たり前の経済活動となっている。

本稿は、その中でも創作法における従業者[10]による職務発明を取り上げて、知的財産権法のフィロソフィー(後述)が企業の持続的・安定的な発展という観点から、主要各国(アメリカ、イギリス、ドイツ、フランス、ロシア)においてどのように展開されているかを概観しつつ、我が国における職務発明規定の近時の諸判例と実務的運用について再検証する次第である。

II. 知的財産権法保護の根拠論(フィロソフィー[11])

知的財産権保護の根拠論については、古くはドイツ観念論哲学に淵源を有す

---

(6) 原審である東京地裁と控訴審である東京高裁の違いは、前者では中村修二教授の発明貢献度を50%と認定したのに対し、後者では発明貢献度を5%と認定したことに起因する。

(7) なお、相当の対価額の計算方法＝独占の利益×対象特許発明の寄与度×従業者貢献度(1－使用者等の貢献度)。そして、独占の利益＝対象製品の売上げ×超過売上げの割合×仮想実施料率、を計算式としている。

(8) なお、実用新案法、意匠法、著作権法のそれぞれ第1条も参照。

(9) 福原総論2頁、福原現代2頁。

(10) 職務発明規定との関係では、従業者だけでなく役員その他も適用の対象となるため「従業者等」と規定されているが(特許35条1項)、本稿では「従業者」と記述する。

486　第4編　関　連　法

る等、種々の学説が対立するが、そのうち創作法を分類すると、大きくは、投資回収論（インセンティブ論）と知的所産（自然権）論に分かれる。具体的には、次のとおりである。

1．投資回収（インセンティブ）論

　莫大な投資を行って、新しい発明や芸術的活動といった人間の知的創作活動の成果物が創り出されたというのに、これが容易に第三者により剽窃されてしまうのでは、誰もそのような創作活動を行わなくなり、ひいては産業社会や文化の発展が停滞してしまう。そこで、このような知的成果物に対しても、国家政策として一定の独占権を与えて投資回収の機会を与え、これによって個人の知的創作活動を促し（インセンティブ）、ひいては国家社会の発展に寄与させるとするのが知的財産権保護の目的である[12]。このような考え方は、アメリカ合衆国、イギリス国のようにコモンロー法制を中心とする国々に多くみられる[13]。

2．知的所産（自然権）論

　人間が自らの労働を第三者に提供して賃金という対価を得るのと同様に、自らの知的・精神的活動の成果である発明や考案を第三者に提供することによって対価を得るのは当然のことである。元来、人間の知的・精神的活動は、それ自体、人格の深奥に関わる極めて高い価値を内包している。知的財産権とは創作者の人格の深奥から生み出された自然権にもとづく本質的な権利であって、いわば人権と同じように、その者の人格的利益の当然の延長ないし分身として、当然に保護される。このような論は、ドイツ、フランス等の大陸法制で強く、とくに特許法や著作権法の分野においては有力な根拠となっている[14][15]。

---

(11)　ここで言う「フィロソフィー」とは、法哲学論・社会哲学論だけではなく、広く知的財産権保護の根拠をどこに求めるかという目的や価値観等の全体を含む概念である。

(12)　田村知財7頁。

(13)　後掲の Art. I, Sec. 8, Clause 8 (Intellectual Property) of the United States Constitution.

(14)　半田著作14-19頁。

(15)　なお、これら歴史的淵源は中山特許27-34頁。

以上のとおり、知的財産権保護の根拠論（フィロソフィー）については、創作法において、大きくは、投資回収論（インセンティブ論）と知的所産（自然権）論に分かれている。これら根拠論（フィロソフィー）に関する両者の違いは、中村修二教授の青色発光ダイオード事件を含め、従業者による職務発明規定の解釈と適用においても、以下のとおり、色濃く反映される。

Ⅲ．2つのフィロソフィーと職務発明の取り扱い

まず、知的財産権とは創作者の人格の深奥から生み出された自然権にもとづく本質的な権利であって、いわば人権と同じように、その者の人格的利益の当然の延長ないし分身として、当然に保護されるとする知的所産（自然権）論を重視するならば、従業者による職務発明は、当該発明を行った正に発明者である従業者に原始帰属するのは当然の帰結である。そして、仮に、これを使用者である企業に承継させるというのであれば、相当な対価を従業者に支払わせるのは当然のことであるし、当該対価額が低廉であってはならないことになる。今世紀（20世紀）中の開発はまず不可能であろうと言われた青色 LED の高精度生成方法を見事に開発できたのは、正に、中村修二教授という類まれなる才能の持ち主がその努力と研鑽によって生み出した驚くべき成果であって、万人が成し遂げられる成果ではない。

それにも拘わらず、中村修二教授が使用者である日亜化学工業から支給された報奨金は僅か2万円でしかなかった事実は、知的財産権保護のフィロソフィーを知的所産（自然権）論であると理解する立場からは、誠に不当な取り扱いであったとの論になるであろう。この知的所産（自然権）論は、発明者である従業者の貢献度を 50%（＝使用者である日亜化学工業の貢献度を 50%）と認定した前記の東京地裁（原審）判決の結論と一定の親和性を有するものである。

他方で、発明を行った従業者が如何に優れた才能の持ち主であっても、当該発明を開発するに至るまでに必要となるインフラ（実験器具、検査装置、研究文献等）や人的資源（助手、同僚等）、さらには、開発に従事する当該従業者の家族を含めた継続的な生活保障がなければ、発明を成し遂げることは不可能であ

る。中村修二教授が青色発光ダイオードの高精度生成方法を開発するに至るまでに、企業である日亜化学工業は莫大な投資を行っているが、開発できずこれら投資が全て水泡に帰することのリスクを背負ったのはすべて日亜化学工業である。

　企業とは、継続的な意図をもって計画的に営利行為を実現する独立の経済主体をいうところ、持続的に営利活動を行う企業が、一定の投資を行い、市場において消費者から評価される優れた創作や標識を開発したにも拘わらず、当該投資を回収する機会が十分に与えられないのでは、どの企業もそのような投資や開発活動を行わなくなり、ひいては産業社会や文化の発展が停滞してしまう。日亜化学工業が青色発光ダイオードの生成方法の開発に着手した1988年当時、中小企業であった同社の年間売上高は200億円に満たない程度であったにも関わらず、当時としては破格の約3億円の開発費用の使用を許したのは同社の先代社長であったとされる[16]。そのような事実は、国家政策として一定の独占権を与えて投資回収の機会を与え、これによって個人の知的創作活動を促し（インセンティブ）、ひいては国家社会の発展に寄与させるとするのが知的財産権保護の根拠であるとする投資回収（インセンティブ）論からすれば、リスクを背負った企業の側にこそ職務発明の成果が帰属させられるべきであり、相当対価額は決して過大になってはならず、むしろ、相当対価の規定すら本来は必要ないとの論になる。この投資回収（インセンティブ）論は、中村修二教授の発明者貢献度を5％＝日亜化学工業の貢献度を95％と認定する東京高等裁判所（控訴審）の和解勧告案と一定の親和性を有するものである[17]。

Ⅳ．各国の職務発明制度

　以上のとおり、知的財産権保護の根拠論（フィロソフィー）には2つの大きな

---

(16) 武田先端知財団「中村修二──青色発光ダイオード・半導体レーザの実用化」（2006年）。

(17) 和解勧告書は「職務発明の対価を受ける権利の譲渡の相当の対価は、……、企業等が厳しい経済情勢および国際的な競争の中で、これに打ち勝ち、発展していくことを可能とするものであるべきであり、様々なリスクを負担する企業の共同事業者が公共時に受ける利益の額とは自ら性質が異なるものと考えるのが相当である。」としている。

潮流があるところ、投資回収（インセンティブ）論からすれば、職務発明における当該発明は使用者に帰属し、従業者に対する相当対価の支払いの有無及び範囲は制限的に解されるのに対し、知的所産（自然権）論からすれば、職務発明における当該発明は従業者に帰属し、従業者に対して当該発明を承継させる場合ないし法定実施権を設定する場合には、相当対価の支払いは幅広く認められるべきということになりそうである。

　この点は、各国（アメリカ、イギリス、ドイツ、フランス、ロシア）の職務発明制度においても、それぞれの知的財産権保護の根拠論（フィロソフィー）に応じた伝統的理解と議論が展開されているが、同時に、企業の持続的・安定的発展という観点から、企業を取り巻くステークホルダーの１人である発明者である従業者と当該企業との間の利害を、どのように再調整するのか、また、法がどの範囲で私的自治の原則に介入することが適切であるか、との文脈から論じられている。

1．アメリカ合衆国

　まず、アメリカ合衆国憲法は、「To promote the Progress of Science and useful Arts, by securing for limited Times to Authors and Inventors the exclusive Right to their respective Writings and Discoveries」（著者和訳：「著作者及び発明者に、一定期間それぞれの著作及び発明に対し独占的権利を保障することによって、学術及び技芸の進歩を促進する」）と定めており[18]、同国の知的財産権保護は、国家政策として一定の独占権を与えて投資回収の機会を与え、これによって個人の知的創作活動を促し（インセンティブ）、ひいては国家社会の発展に寄与させることを目的とする。そこには、ドイツ、フランスにおけるような知的所産（自然権）論に由来する発明者保護という概念は登場しない。

　米国の特許法[19]には、そもそも、職務発明に関する規定自体が存在せず、従業者に対して予定承継や相当対価等の職務発明に関する規定も存在しない。これらは、すべて使用者と従業者の契約自由の原則にゆだねられている[20]。

---

(18)　Art. I, Sec. 8, Clause 8 (Intellectual Property) of the United States Constitution.

(19)　35 U.S.C. Title 35 of the United States Code.

490 第4編 関 連 法

例えば、企業内で、従業者が、その職務上一定の発明を行った場合、発明の特許を受ける権利は発明者である従業者に帰属するとしても、アメリカ合衆国における職務発明制度の基本理念は、高度な流動性を有する労働市場において対等な交渉力を有する使用者と従業者の均衡に求められている[21]。

職務発明制度は、特許を受ける権利の移転に際し給与や待遇を含めた発明の補償を使用者と対等に交渉する機会を通して、投資を行う使用者と発明を行う従業者の双方に発明インセンティブを確保し、有用な技術発展の奨励[22]という上記の合衆国憲法における特許制度の趣旨が遂行されるものである。

従って、発明の特許を受ける権利は当該発明を行った従業者に原始帰属し、法制度としてはそれ以上に私的自治の原則には立ち入らない。

私的自治の原則により、発明者が明示的に権利を移転することに合意しない限り、使用者に移転させる義務が生じることは無いことがアメリカ合衆国における基本ルールとなっている[23]。

2．イギリス

イギリスにおいては、アメリカ合衆国憲法におけるような知的財産権規定は存在しないが[24]、知的財産権保護の根拠論（フィロソフィー）は、企業や投資家に対して投資回収の機会を与えることにより創作インセンティブを高めて、産業の発展に寄与することを目的とする点で、アメリカ合衆国により近い立場にある。そこには、ドイツ、フランスにおけるような発明者に対する自然権を保証するという概念はない。

---

(20) 但し、州法で定められる労働法の観点から、予定承継が制限される場合がある（田村＝山本266頁）。

(21) そのため、米国において、技術者や研究者を対象とする雇用契約書には、発明に関する権利帰属や報奨金・補償金等に関する取り決めが規定されるのが、契約実務となっている。

(22) 前掲（注18）。

(23) 判例法は、発明者が「特定の発明をすることを約束する雇用契約」を締結したときには、黙示的にその特定の発明の譲渡に合意したとして特許を受ける権利を使用者に移転する義務を発明者に課する場合があるとするが（Standard Parts Co. V. Peck, 264 U.S. 52 (1924)）、非常に限定的に解釈されている（竹中俊子「欧米・アジア主要国の職務発明制度」知財管理 Vol.67 No.5（2017年）648頁）。

(24) 前掲（注18）。

イギリスにおいては、1977年の特許法改正前の同法は職務発明に関する規定を置いておらず、雇用関係の一般理論（Master and Servant）[25]に関する判例法によって職務発明の帰属が決められていた[26]。これら雇用規制は、当時、労働者による契約の履行を刑罰によって強制することにあったこと、そして、その後、コモン・ローによって展開された雇用契約法も、労働時間をすべて雇い主に委ねる家内奉公人を中心に展開されていた側面がある点に留意する必要がある[27]。

イギリスでは、アメリカ同様に、発明の特許を受ける権利は発明者に原始帰属することを原則とするが、使用者と従業者との間の契約自由の原則が維持されつつも決して対等な力関係の中で実現されることはなく、雇用に関する前記の判例法により著しく使用者の側に偏って再構成されていた時期が伝統的に長く続いていた。即ち、イギリスの職務発明制度は、不均衡な労使関係という文脈の中で、使用者である投資家の利益擁護のため機能する投資回収（インセンティブ）論として、展開されてきた点に特徴がある[28]。

そして、1977年の特許法改正により、現行の職務発明規定が導入されたが、職務発明の帰属については特許法の規定により使用者に原始帰属することが明記されるに至り[29]、しかも、同改正法は使用者の規模及び性質に照らし発明が使用者に顕著な（Outstanding）利益をもたらした場合を除き、従業者に相当対価等の補償金請求権を与えないことが原則とされたことが注目される[30]。

さらに、イギリスの裁判所は、上記の「顕著な（Outstanding）利益」をもたらしたと言えるためには、発明に付与された特許が重大な（Substantial）又は相当な（Good）利益よりさらに大きな利益をもたらしたことを立証するよう従業者の側に課しており、この結果、補償金請求権が認められる場合は非常に稀であると説明される[31]。

---

(25) 石田眞『近代雇用契約法の成立』（日本評論社、1994年）18-21頁。
(26) 竹中・前掲（注23）649頁。
(27) 鎌田耕一「労働者概念の生成」日本労働研究雑誌 No. 624（July 2012）。
(28) 私見であるが、その意味で、同じコモン・ロー法制であっても、アメリカの投資回収（インセンティブ）論とは相当に性質を異にすると理解される。
(29) The U.K. Patent Act of 1977, § 39 (1).
(30) 同上 § 41 (4).

492　第4編　関 連 法

　その点で、イギリスにおいては、1977年改正法により、従来の著しく使用者の側に偏った使用者と従業者の間の契約自由の原則に介入し、古くから伝統的な投資回収（インセンティブ）論との親和性を維持しつつ、現在も、使用者の側の投資回収機会の確保をより重視する法制度となっていると評価することが出来る。

3．ドイツ

　ドイツでは、知的財産権保護のフィロソフィーである知的所産（自然権）論が、職務発明の場面でも色濃く反映されている。発明者の知的所産は発明者の自然権の一つとして保護されるものである以上、発明の特許を受ける権利が発明を行った従業者に帰属することは当然のコロラリーである。

　加えて、ドイツでは、使用者と従業者の交渉力の不均衡を前提に、「従業者発明法」という特許法とは別の法律を施行して発明の帰属及び使用者の補償金支払い義務を詳細に規定している[32]。

　従業者発明法は、使用者である企業に法律によって特許を受ける権利の承継請求権を確保させつつ[33]、他方で、補償金請求により従業者である発明者の権利保護を図る点で、私的自治を重視するアメリカ及びイギリスの制度とは思想的に対極をなす[34]。

　従業者発明法の規定は、労働法上の重要な政策を反映するための強行法規であって、従業者に不利な使用者との契約は無効であることを明記しており[35]、使用者と従業者の関係において、契約自由の原則を大幅に制限している。

　他方で、従業者発明法は2009年に改正され、発明者による発明の開示から4か月以内に、特許を受ける権利の承継請求権が行使されず、かつ権利を放棄

---

(31) 1977年改正法以降、初めて認められた裁判例として、Kelly and Another v. GE Healthcare, 2009 EWHC 181 (Pat) 17-25、竹中・前掲（注23）649頁。
(32) Arbeitnehmererfindunggesetz (2007).
(33) Arbeitnehmererfindunggesetz Sec 6.
(34) 竹中・前掲（注23）650頁。
(35) Arbeitnehmererfindunggesetz Sec 22.

する宣言が発明者に送達されない限り、請求権は行使されたものとする推定規定が導入されて、私的自治の原則に対する一定の修正が施された[36]。

上記の私的自治の原則に対する修正は、企業の持続的・安定的な発展という観点から、より使用者側の利益を重視する方向にバランスバックした上、権利移転メカニズムによる使用者の権利保護の方向へと再構成されている。

他方で、従業者発明法は承継請求権の行使により使用者が特許を受ける権利を承継することにより、発明者の利益を保護する様々な権利を発生させるための複数の義務を使用者側に発生させる。従業者である発明者の利益を守る最も重要な権利は補償金請求権である[37]。同法は、使用者に対して、補償金請求権計算のためのガイドラインを参酌して計算するよう指示している[38]。

このように、ドイツでは、知的財産権保護のフィロソフィーである知的所産（自然権）論を重視する法制度が伝統的に採られつつ、企業の持続的・安定的な発展という観点から、同論に一定の妥協と軌道修正が図られている点は重要である。

4. フランス

フランスにおいても、特許を受ける権利は原則的に発明者に帰属するという基本原則は変わらない[39]。しかしながら、知的財産権保護のフィロソフィーを知的所産（自然権）論に求めるフランスの知的財産法制においても、同国の職務発明規定は、企業の持続的・安定的な発展という要請から、大幅な修正を余儀なくされているように見受けられる。

フランス知的財産法（Code de la propriété intellectuelle）は、雇用期間中に従業者がした発明を、① 発明任務発明、② 発明任務外発明、③ 自由発明、以上の3つのカテゴリーに分けている。

---

(36) Arbeitnehmererfindunggesetz Sec 6(2).
(37) Arbeitnehmererfindunggesetz Sec 9(1).
(38) ガイドラインによると、補償金は原則としてライセンス料を決める時と同様の方法（License Analogy）で計算される。(Richtlinien für die Vergütung von Arbeitnehmererfindungen im privaten Dienst.)
(39) フランス知的財産法典 Article L. 611-6.

494 第4編 関 連 法

　このうち、①発明任務発明とは、a）従業者の実際の職務に対応する雇用契約に書かれた発明任務の遂行によって完成された発明、又は b）使用者が明示的に従業者の任務として委託した研究・調査において完成された発明をいう[40]。これら何れかの条件を充たす発明の特許を受ける権利は使用者に原始的に帰属するとされており[41][42]、企業の持続的・安定的な発展という要請から、知的所産（自然権）論に対して大幅な修正が施されている。

　次に、②発明任務外発明であっても、a）雇用契約の職務遂行から生まれた発明、b）使用者の業務活動の範囲に属する発明又は c）使用者の知識によって生まれた又は使用者の技術や施設、データの使用により従業者により発明がなされた場合も、使用者は、フランス国務院布告によって定められた条件及び期限に従うことを条件として、従業者の発明に関する特許権について、その権利の全部若しくは一部の享受を受ける権限を有するとされている。発明任務外発明であっても使用者の権利承継又は実施許諾が認められる権限を認めており[43]、企業の持続的発展という観点から、前記の知的所産（自然権）論に対して一定の修正が施されていると理解される。

　他方で、①発明任務発明と、②発明任務外発明の何れにも該当しない発明は、③従業者の自由発明として、特許を受ける権利は従業者に原始的に帰属する[44]。

　相当対価ないし補償金の支払いに関しては、①発明任務発明の場合は、法が私的自治の原則に介入し、発明者である従業者は、通常の給与とは別に、発明に対する追加の補償金（Additional Remuneration）を受ける権限を有するとされ、追加の報酬を受ける条件については団体協約、就業規則及び個人的雇用契約によって決定されると規定される[45][46]。

---

(40) 同上 Article L. 611-7 (1).

(41) 同上 Article L. 611-7 (1).

(42) アメリカ合衆国における「特定の発明のための雇用」と同様に理解する見解もあるが（竹中・前掲〔注23〕652頁）、アメリカ合衆国における対等な交渉力を前提とする私的自治の原則が当事者間に妥当しているかについては、慎重な検討を要する。

(43) 前掲（注39）Article L. 611-7 (2).

(44) 同上 Article L. 611-7 (2).

(45) 同上 Article L. 611-7 (1).

これに対して、②発明任務外発明に関しては、特許を受ける権利の承継請求権又は実施権許諾請求権を使用者が行使し、権利を取得した場合に、発明者は相当の対価（Fair Price）を受ける権利を取得する[(47)(48)]。

以上のように、フランスの職務発明規定は、使用者に権利帰属ないし実施権設定の機会を与えることで伝統的な知的所産（自然権）論に対して相当の軌道修正を加えつつも、従業者に対する追加報酬ないし公正な対価の取得を保証することで、伝統的な知的所産（自然権）論に基づく発明者保護との再調整を図っている。

5．ロシア

ロシアにおける知的財産法制は、旧ソビエト連邦時代から、特許権は、投資回収（インセンティブ）論や知的所産（自然権）論ではなく、知的財産も国家・社会の共同体に帰属する財産の一つとして、国家の発展に寄与したことの栄誉ないし勲章として発明者に与えられる性格が強かったが、市場経済の導入と外資誘致の要請から、一定の軌道修正が図られている。

ロシアの知的財産権法は、ロシア連邦民法（Гражданский кодекс Российской Федерации）の中で定められており、使用者のための労務または特定の仕事を遂行する過程でなされた従業者の発明に関する権利は、従業者と使用者の間の労働契約等の契約に別の定めがない限り、使用者に帰属することが規定されている[(49)(50)]。

従業者は、両者間の合意により別段の定めがある場合を除き、職務発明を発案したことを書面で使用者に通知しなければならない[(51)]。

---

(46) 使用者が団体協約に拘束されていない場合には、同上 L. 615 条 21 によって設立される調停委員会又は第 1 審裁判所によって決定される。

(47) 同上 Article L. 611-7(2).

(48) 公正な対価について当事者間で合意が成立しない場合は、同上 L. 615 条 21 によって設立される調停委員会又は第 1 審裁判所によって決定される。

(49) 連邦民法第 4 法典 1370 条 3 項。

(50) この他、従業者が、雇用者の財政的又は技術的手段その他の資産を利用して発明しているものの、自己の雇用義務の遂行に関連せず、又は特定の職務の遂行の結果ではない場合、発明に関する権利は従業者に帰属する（連邦民法第 4 法典 1370 条 5 項）。業務発明とも呼ばれる（黒瀬雅志ほか『ロシア知的財産制度と実務』（現代産業調査会、2013 年）47 頁）。

496 第4編 関 連 法

従業者が使用者に通知した日から6か月以内に[52]、使用者が当該発明について ロシア特許庁に特許出願を行わず、情報についての秘密保持の要件を従業者に通知しなかった場合、当該発明について特許を受ける権利は、従業者に返還される。この場合、使用者は、報酬を特許権者に支払うことを条件に、自己の事業で職務発明を使用する通常実施権を有すると規定される[53]。

ロシアにおいては、発明は国家・社会の全員で共有する財産であるとする伝統的な考えが修正されつつも、職務発明において発明者である従業者の権利保護については限定的な範囲にとどまっており、使用者の利益が優先されている。

V. 我が国の状況（改正経緯等）

我が国の職務発明制度は、特許法35条に規定されているが、従業者・会社双方の貢献によってなされた職務発明である故の「利害調整」規定であると説明されることが多い。

しかしながら、上記の「利害調整」規定の中身は必ずしも一貫したものではなく、各時代によって大きな変容を遂げてきた。

1．平成16年改正前

我が国において最初に職務発明について規定が設けられたのは明治42年の特許法であり、職務発明は別段の定めなき限り使用者に帰属するとされていた。当時の労使関係を勘案するならば、職務発明が原則として使用者に帰属するという規定は当然と考えられていたのであろう[54]。

その後、大正10年の特許法では、任務発明[55]につき、使用者は無償の実

---

(51) 連邦民法第4法典1370条第4項。
(52) N 456- 2020.12.22 N456-Ф3.
(53) 連邦民法第4法典1370条4項。
(54) 中山特許59頁。
(55) 現行法の職務発明に相当する。

施権を有するとし、あらかじめ定めた場合は特許権の譲渡を受けることができ、その場合、従業者は「相当の対価」を請求できることが規定されて[56]、現行の特許法35条の原型が形作られた。

上記の明治42年特許法、大正10年特許法において、職務発明規定が実務でどのように運用されていたかについては、確たる文献、資料もなく知見を得ることはできないが、おそらく、事実上、資本家ないし使用者に優位な下に処理されていたと想像されるとされる[57][58]。

2．昭和34年特許法

第二次世界大戦後の民主化政策の一環として、我が国における一般私法も再編成されたが、知的財産権の分野でも、「発明の保護及び利用を図ることにより、発明を奨励し、もって産業の発達に寄与することを目的とする」[59]昭和34年特許法が制定されて[60]、現行の職務発明規定である特許法35条が規定された。

当時の特許法35条は、職務発明は従業者に帰属することを原則としつつ、使用者にも通常実施権の取得を認めていた（同1項）。そして、職務発明はあらかじめ勤務規則等の定め[61]がない場合には使用者への承継は認めないとしつつ（同2項）、勤務規則等の定めがあって使用者への承継が認められる場合には、従業者に対して貢献度を考慮した「相当の対価」を支払わなければならないことを規定しており（同3、4項）、非常にシンプルな条文となっていた。

上記は、原則として従業者に対して発明に関する権利帰属を認める発明者主義を採りつつ、私的自治の原則により使用者への予定承継を認める場合であっても、使用者に対して貢献度を考慮した「相当の対価」の支払義務を規定するものであって、我が国の職務発明規定は使用者と従業者との間の利害調整を行

---

(56) 大正10年特許法14条。
(57) 中山特許60頁。
(58) 当時の判例の蓄積はないが、資本家ないし使用者との間の力関係に大きく影響された時代であったことは、イギリスに通じるところがある。
(59) 特許法1条。
(60) 昭和34年法律第121号。
(61) いわゆる「予定承継」である。

498　第4編　関 連 法

う中では、ドイツ、フランスの知的財産保護のフィロソフィーである自然権思想や発明者主義により近いものとして理解されていた。

しかしながら、この理解は、平成に入ってから大きく変容することになる。

3．平成16年改正法

平成16年改正前の特許法35条には、勤務規則等において対価の定めの効力に関する規定が存在しなかったため、勤務規則等に基づいて既に支払がされた場合に、さらに、これを上回る相当の対価を請求することができるのかが争点となっていた。

この点について、最高裁判所は、オリンパスピックアップ装置事件判決（最高裁平成15年4月22日第三小法廷判決）において、勤務規則に対価を定める条項がある場合でも、これによる額が同条4項に従って定められる額に満たないときは、同条3項に基づき、不足する額に相当する対価の支払いをしなければならないことを判示した。

また、前記のとおり、中村修二教授の青色発光ダイオード事件においては、東京地方裁判所から、使用者である日亜化学工業に対して200億円の支払いを命じる判決が言い渡されて、産業界に激震が走った。

これらを機に、職務発明に係る相当対価請求訴訟において高額の支払いを求める裁判が多く提起されるようになった。このままでは、企業は、開発のため投資した資金を回収（インセンティブ）するどころか、常に、莫大な簿外債務を負担するに等しい潜在リスクに晒されることになり、企業の持続的・安定的な運営などおよそ不可能であるとの声が上がった。

以上のような当時の情勢を背景に、産業界の強い要望により平成16年改正がなされるに至った。

即ち、平成16年の特許法改正では、特許法35条4項が改正された上で同5項が追加され、対価に対して従業者の同意がない場合など不合理と認められる場合にのみ、裁判所が対価を算出できることが規定された。

これによって、従業者の側は、手続的要素を含めて不合理性の立証が求められるようになり[62]、前記のオリンパスピックアップ事件の最高裁判旨の一部は立法によって覆されるに至った。

改正の検討作業においては、職務発明の対価を全面的に私的自治の原則に委ねる案が主に企業関係者から強く主張された一方、学識経験者などの間では従業者の権利を守るために平成16年改正前の規定を維持するべきであるとの主張も根強く、結局、両者の折衷案的な規定として平成16年改正の特許法35条に落ち着いたものである[63]。

その意味で、平成16年改正は、使用者と従業者の利害調整において、より使用者の側の利益を保護する方向で職務発明規定を再構成したものであり、我が国の職務発明規定は、企業の持続的・安定的な発展という産業界の要請から、知的財産権保護における投資回収（インセンティブ）論の側にバランスバックしたものと理解される[64]。

4．平成27年改正法

上記の平成16年改正によって、産業界では社内規定等が尊重されて訴訟が減ることを期待する声がある一方、結局は、裁判所が対価を算定する制度自体は変わらず残っており、改正前と実質的な差異は少ないと見る理解もあった。

そのため、企業関係者などから再度特許法35条を改正して対価について全面的に契約に委ねるべきとの論が、根強く主張されていた。

そこで、産業構造審議会知的財産分科会特許制度小委員会で検討を行い、閣議決定を経て、職務発明制度の見直しを含む平成27年改正法[65]が成立した[66]。

この平成27年改正法では、契約、勤務規則その他の定めにおいてあらかじめ使用者等に特許を受ける権利を取得させることを定めたとき、その特許を受ける権利は原始的に使用者等に帰属することとされた点で、従来の発明者主義

---

(62) 逆に言えば、4項に定められた手続的要素に沿っている限り、企業は、勤務規則等の定めに基づいて相当の対価の支払いをすればよくなったことを意味する。

(63) 特許庁総務部総務課制度改正審議会「特許審査の迅速化等のための特許法等の一部を改正する法律」（ジュリスト1276号（2004年）99-101頁参照）。

(64) この他、5項は、「相当の対価」を算定にするにあたり、平成16年改正前より多くの考慮要素を規定するに至っている。

(65) 「特許法等の一部を改正する法律」（平成27年法律第55号）。

(66) 2015年7月10日に公布され、2016年4月1日に施行された。

を大きく変革させる結果となった。

また、「相当の対価」を決定する手続については、経済産業大臣が手続指針を定めることとされ、2016年4月22日に「特許法第35条第6項に基づく発明を奨励するための相当の金銭その他の経済上の利益について定める場合に考慮すべき使用者等と従業者との間で行われる協議の状況等に関する指針」が経済産業省告示として公表されている[67]。

さらに、平成27年改正により、相当の「対価」請求権は、相当の「利益」請求権へと改正された（改正後の4項）。

これにより、従業者が受けるのは、例えばストックオプションの付与、昇進、留学の機会の付与といった金銭以外の経済的価値あるものも含まれることが明確になり、これらは営業部や総務部といった別部門の一般従業員に対する取り扱いと何ら変わらない状況となった。

以上のとおり、平成27年改正は、企業の持続的・安定的発展という観点から、使用者と従業者の利害調整においてさらに使用者の側の利益を保護する方向で職務発明規定を再構成したと評価される。

これにより、我が国の職務発明規定は、発明者主義から使用者主義へ、また、ドイツ型の知的所産（自然権）論からアメリカ型の投資回収（インセンティブ）論の側に、さらに近づいたことが指摘される[68]。

VI. 近時の諸判例

以上のような改正経緯を踏まえた上で、職務発明に関する近時の裁判例に関して、ウェストロージャパン及びTKCローライブラリの範囲ではあるが、著者にて従業者より相当対価（利益）請求がなされた事案について調査、追跡してみたところ、本稿別表「近時の裁判例（平成30年〜）」に纏められるとおり、非常に興味深い結果となった[69]。

---

(67) ガイドラインについては、経済産業省の以下URLを参照。https://www.jpo.go.jp/system/patent/shutugan/shokumu/shokumu_guideline.html
(68) 西口博之「職務発明と「相当の対価」」パテント Vol. 70 No. 6（2017年）58頁。

本稿別表によると、平成 30 年から現時点[70]までの間、従業者より相当対価（利益）請求訴訟が提起された件数は合計 31 件あるところ、そのうち従業者の請求が棄却された件数は 21 件、他方で、従業者の同請求が認容された件数は 10 件であり、そのうちの 2 件は 100 万円に満たず、他の 2 件も 200 万円前後しか認められていない。この表のとおり、平成 30 年以降の職務発明対価請求事件については、2 億円を求めて 4728 万 4116 円が認められた A 社の事件が最高額である。

もとより、上記表では、そもそも発明者性を否定されたものや消滅時効にかかったと判示されたものもあるため一概には言えないが、この調査結果からは、我が国の司法判断において、従業者の側にとって相当（利益）対価請求が認められることが如何に困難なことであるか、顕著に理解されるところである。

その中でも特筆すべき事項としては、上記のとおり、相当対価請求事件において、それら認容された上記 10 件の判決において相当対価額の認定が非常に少額にとどまっているのは、同対価額の計算過程[71]において発明に対する使用者側の貢献度のほぼ全てがいわば硬直的に 95％とされるのに対し、同時に、従業者の貢献度がやはり硬直的に 5％に過ぎないと認定されている点を指摘することができる。

それにも拘わらず、これら判旨を読む限り、使用者の貢献度が 95％、従業者の貢献度が 5％と算定されることの計算根拠が具体的に示されたことは何れの判旨でも一切ない[72]。加えて、従業者の貢献度が勤務規定等の中で予め定

---

(69) 同様の調査、研究結果として、判明している過去 5 年間の職務発明対価請求事件で出された 22 件の判例を分析された苗村博子「日本の職務発明制度は、健全に機能しているのか？」《WLJ 判例コラム》第 277 号（ウェストロージャパン）がある。https://www.westlawjapan.com/pdf/column_law/%E3%80%90%E5%88%A5%E8%A1%A8%E3%80%91%E8%A3%81%E5%88%A4%E4%BE%8B.pdf

(70) 令和 6 年 7 月 31 日時点までに、ウェストロージャパン及び TKC ローライブラリで検索・判明している裁判例。

(71) 相当の対価額の計算方法＝独占の利益×対象特許発明の寄与度×従業者貢献度（1－使用者等の貢献度）。そして、独占の利益＝対象製品の売上げ×超過売上げの割合×仮想実施料率、を計算式としている。

(72) 青色発光ダイオード事件の控訴審の和解勧告書において、使用者の貢献度が 95％、従業者の貢献度が 5％と認定されたことが同庁の想定を超えて独り歩きしているように思われる。

502　第4編　関　連　法

【別表】　近時の裁判例（平成 30 年〜）

項番	年度	審級	判決日付	事件番号	被告	発明にかかる特許
1	平成30年	東京地裁	平成30年2月28日	平成29年（ワ）第38795号	N社	半導体装置
2		知財高裁	平成30年3月19日	平成25年（ワ）第25017号	E社	光拡散レンズ「LE-Cap」
3		東京地裁	平成30年4月26日	平成28年（ワ）第25537号	H社	「シールド電線およびその製造方法」、「ダブルツイストの撚り」
4		知財高裁	平成30年5月14日	平成29年（ネ）第10099号	O社	ネットワークリアルタイムオークション方法
5		東京地裁	平成30年5月29日	平成27年（ワ）第1190号	S社	非接触式ICチップ
6		知財高裁	平成30年6月5日	平成30年（ネ）第10004号	S社	非公開（喫水検査業務に関連）
7	令和4年	東京地裁	令和4年8月9日	令和3年（ワ）第4655号令和3年（ワ）第26910号	K社	ホスカビル（アルツハイマー病の治療）
8		東京地裁	平成30年9月14日	平成29年（ワ）第17070号	F社	キヌクリジン誘導体及びその組成物
9		大阪地裁	平成30年10月4日	平成28年（ワ）第4107号	A社	デプシペプチド誘導体、その製法およびその用途等
10		知財高裁	平成30年10月23日	平成29年（ネ）第10097号	C社	電池、二次電池、リチウム二次電池又はリチウムイオン二次電池に関する複数の発明
11		大阪地裁	平成30年11月26日	平成29年（ワ）第6494号	S社	器質的障害に起因する高次脳機能の低下に対する改善作用を有する組成物
12		東京地裁	平成30年12月20日	平成27年（ワ）第11651号	S社	光ディスクにおけるエラー訂正技術
13	平成31年・令和元年	大阪地裁	平成31年1月17日	平成29年（ワ）第3572号	T社	塩素化塩化ビニル系樹脂の洗浄方法及びその装置
14		大阪地裁	令和元年7月18日	平成30年（ワ）第7456号	I社	食品商品の開発等
15		東京地裁	令和元年9月11日	平成29年（ワ）第14685号	N社	連続気泡（セル）構造を有する多孔質架橋重合体フォームの一つであるFoamAbsorbentMaterial（FAM）の製造方法
16		東京地裁	令和元年11月6日	平成31年（ワ）第7788号	K社	球形で粒度分布の狭いマグネシウムアルコラートの合成方法
17		東京地裁	令和元年11月25日	平成30年（ワ）第40234号	T社	熱源機用ポンプの制御方法及び空調用熱源システム
18	令和2年	東京地裁	令和2年6月11日	平成30年（ワ）第36424号	S社	競争ゲームのベット制御方法
19		東京地裁	令和2年8月26日	平成28年（ワ）第29490号	S社	情報媒体であるディスクメディア、ディスク記録装置又はディスク記録再生装置に関するもの

〔令和6年7月31日現在〕

結果	請求額	認容額	被告の貢献度
×	1000万円		
○（1審H29.7.19も一部認容）	1億円（不足額請求）	1202万6841円	95％
×	3810万5187円		
×（1審H29.11.15同様消滅時効認容）（最高裁H30.5.14不受理）	1000万円（全体は9000万円）		
○（控訴審R2.6.30も一部2959万余り認容）	5億円（全体は296億以上）	3181万8836円	95％
×（1審H29.11.30も請求棄却）	1億円		
×	5万円（特許出願報奨金）		
×	2億円		
○	2億円	4728万4116円	92.5％
×（1審H29.10.27も請求棄却）	1億円（全体は62億以上）		
×（控訴審R1.5.28も棄却）	1億3500万		
○（控訴審R4.5.25は3204万円余りを認容）	30億円	833万6319円	95％
×（控訴審R1.7.24も棄却）	1億3500万円（原告1）、1500万（原告2）		
×	1084万円		
○（控訴審R2.3.30も同額認容）	5862万8568円	226万4061円	95％
×	300万円		
○	157万円（未払額請求）	87万円	実績補償規定に基づくため認定なし
○（控訴審R3.5.31は原判決維持）	4000万円	17万0625円	95％
○（控訴審R4.5.30は2557万円余りを認容）	3億円	1227万6603円	95％

504　第4編　関　連　法

項番	年度	審級	判決日付	事件番号	被告	発明にかかる特許
20	令和3年	大阪地裁	令和3年5月13日	令和1年(ワ)第5059号	M社	フィンチューブ型熱交換器及び冷凍サイクル装置
21		大阪地裁	令和3年12月27日	平成30年(ワ)第866号	F社	ハードバター製造などに有用な油脂を乾式分別により得る方法に関する発明等
22	令和4年	大阪地裁	令和4年3月24日	平成29年(ワ)第7391号 平成31年(ワ)第3587号	M社	送風機に関する発明等
23		東京地裁	令和4年5月27日	令和2年(ワ)第29897号	K社	寒栓形成用体内留置具等
24		東京地裁	令和4年9月16日	令和3年(ワ)第27536号	N社	船舶の両舷ドラフト差測定装置
25	令和5年	大阪地裁	令和5年1月12日	令和4年(ワ)第2695号	S社	光照射装置
26		東京地裁	令和5年3月16日	令和3年(ワ)第11653号	S社	スロットマシン他
27		東京地裁	令和5年5月11日	令和4年(ワ)第13408号	D社	スポーツ用吹矢用具
28		東京地裁	令和5年5月26日	令和3年(ワ)第31840号	Y社	建設機械用フィルタ（ストレーナ）
29		東京地裁	令和5年11月24日	令和3年(ワ)第9575号	T社	業務発明に伴う不当利得返還請求事件
30	令和6年	東京地裁	令和6年1月31日	令和4年(ワ)第12383号	Z組合	衝撃強さ評価方法、集合包装、包装用箱等8件
31		東京地裁	令和6年2月14日	令和5年(ワ)第70291号	Y社	半導体装置及びワイヤボンディング方法

　められてしまっている場合には、それが不合理であると言える場合を除いては、従業者の現実の貢献度に対する司法判断の途は、事実上、閉ざされてしまう[73]。このようなことで日本企業における技術者の発明意欲が今後も維持できるかどうかは、甚だ疑問である。

　これら相当対価請求に関する諸判例を見る限り、近時の職務発明規定の改正（平成16年改正、平成27年改正）が、使用者と従業者の利害調整において、企業

---

(73) そして、青色発光ダイオード事件控訴審を含めて、非常に多くの同種案件で、使用者貢献度が95％、従業者貢献度が5％と認定されてしまっている現状からすれば、これが不合理であると言える事案は殆ど存在しないように思われる。

結果	請求額	認容額	被告の貢献度
× （控訴審R3.11.17控訴棄却）	1000万円		
× （控訴審R6.2.8原判決維持）	1億0515万		
○ （控訴審R5.1.23一部変更）	6100万円	197万3393円	95％
×	2494万円		
× （控訴審R5.3.8原判決維持）	500万円		
×	360万円		
○	443万1319円	221万5657円	職務規定に基づくため認定なし
× （控訴審R6.2.1原判決維持）	5000万円		
×	4032万480円		
×	5000万円		
×	4820万円		
×	160万円		

の持続的・安定的発展という観点から知的財産権保護における投資回収（インセンティブ）論を重視して、より使用者の側の利益を保護する方向で再構成しようとした目的は、十分に達成されたと理解することが出来る。

Ⅶ．企業の持続的・継続的発展という観点からの一考

　以上のような我が国における職務発明規定の改正経緯とこれら改正を前提とした諸判例は、企業の持続的・継続的発展という観点から何を示唆するのであろうか。

506 第4編 関 連 法

企業は、継続的な意図をもって計画的に営利行為を実現する独立の経済主体をいう[74]。企業が産業社会において持続的・継続的に営利活動を行うためには、予測可能性を合理的範囲で確保し、企業が安定的且つ持続的に発展できる環境にふさわしい法制度が必要となる。日本国が技術大国であるとしても、企業が新商品を開発することにより莫大な簿外債務を負うに等しい潜在リスクを負担するのでは、計画的な営利行為を実現することはおよそ不可能であって、企業の持続的発展などあり得ない。

また、そもそも、企業は、技術部だけではなく、営業部、総務部、経理部等、多様な組織と人的資源による継続的な活動によって構成されている。企業の日々の活動は、多くの人々により運営されているのであり、技術者だけを特別に優遇すべき正当性は見出し難い。仮に、発明が完成して企業の収益に結び付いたとしても、企業の収益は発明者だけの功績ではなく、発明とは関係のない営業等の部署の従業者の貢献によるところも大きく、彼らはいかに発明品の売上を伸ばしても特許法35条のような相当の利益は、法的に保証されていない[75]。如何に立派な発明をしようとも、多くの場合にはその実施、商品化には多大な手間と資金が必要となるし、また、当該発明に至るまでの長年の間、総務や経理として組織を下支えしてきた他の従業者の存在や活躍も否定し難いところである。

他方で、企業に莫大な利益をもたらすのは技術部の従業者だけではない。例えば、営業部の従業者であっても、類まれなる顧客獲得力、市場分析力、マーケティング力、交渉力等により企業に莫大な利益をもたらす場合もあるが、これら従業者は、せいぜい年2回の賞与査定の範囲で処遇される場合があるだけで、特許法35条のような法律上の特別な恩典を受ける立場にはない。なぜ、技術部の従業者だけが、そのような特別の待遇を保証される必要があるのであろうか。

このような従業者間の平等や公平性という観点からすれば、特許法35条の適用・解釈において従業者の権利を大幅に認めることは適切ではなく、相当の

---

(74) 福原総論2頁、福原現代2頁。
(75) 中山特許58頁。

利益に対する不合理性の判断や金額の認定においても、司法の判断は相当に謙抑的にならざるを得ないことになる。

　そして、近時の改正法（平成16年改正、平成27年改正）により、我が国の職務発明規定が、ドイツ型の知的所産（自然権）論からアメリカ型の投資回収（インセンティブ）論の側に移行して、発明者主義から使用者主義への転換が図られてきたと理解されることは前記のとおりである。この転換は、我が国における企業の持続的・安定的な発展という観点からは誠に適切で、自然な潮流であると評価されることになる(76)。

　他方で、特許法35条は、従業者の職務発明に関して、使用者である企業と発明者である従業者との間の利益調整を図ることを目的とすると理解されるが、その利益調整は、果たして適切であると言えるのか。

　高度経済成長期に確立した終身雇用制が崩壊しつつあると言われつつも、我が国においてはアメリカにおけるような労働市場の流動化・高度化は未だ実現されているとは言い難い。職務発明に関しても企業である使用者と技術者である従業者が対等な立場で契約自由の原則を謳歌できる社会とは、現在もほど遠いと言わざるを得ない。

　中村修二教授が、今世紀中は不可能であると言われた青色発光ダイオードの高精度生成方法の開発に見事に成功し、我々の世界を一変させる世紀の大発明と称賛されたにも拘わらず、司法の世界では、最終的に同教授が得た相当対価額は和解金額である8億円程に過ぎなかった。同時期に提起された米国裁判を併せると訴訟コストにより同教授の手元には殆ど何も残らなかったとすら言われる。

　そして、中村修二教授は日亜化学工業を退職し、米国に移住し、日本国籍すら離脱して、現在は米国人になってしまった。

　職務発明規定に関する近時の改正（平成16年改正、平成27年改正）は、前記のとおり改正の目的を十分に達成し、企業の権利保護の側に傾くばかりであっ

---

(76) 知的財産権保護の根拠（フィロソフィー）を知的所産（自然権）論に求めるドイツ、フランスにおいても、職務発明規定に関しては相当な妥協と軌道修正を余儀なくされていることは、前記のとおりである。

508 第4編 関 連 法

て、この潮流は近時の諸判例を見る限り司法判断にも反映されているように見受けられるが、現状において、企業の側を優遇しすぎる不公平さはないであろうか。

前記のとおり、職務発明に関する近時の裁判例に関して、ウェストロージャパン及びTKCローライブラリで調査、判明している直近の職務発明対価請求事件で出された裁判例31件を分析する限り、不合理性その他の要件を充たさず棄却されているものが半数を超える（21件）。そして、幸運にも相当対価が一部でも認容された事案でも、発明を行った当該従業者の貢献度は5％でほぼ硬直化して低廉な金額にとどまっているのは前記のとおりであり、過去6年間で最高額となった1件ですら5000万円にも満たないという惨憺たる結果である。

上記のような訴訟の実態からすれば、従業者側にとって相当対価の請求が如何に困難なものであるか、顕著に理解できるところであり、従業者にとって、我が国における職務発明に関する司法的救済の途は、正に、「いばらの道」に他ならない。このようなことで日本企業における技術者の発明意欲が今後も維持できるかどうかは、甚だ疑問である。

投下資本の回収（インセンティブ）論は、一見すると、発明者側ではなく企業側を保護しようとする立場と親和性を有するようにも思えるが、仮にそうであっても、優秀な人材が散逸するというのでは、企業の持続的・安定的な発展は見込めない。投資回収（インセンティブ）論は、企業に対する投資還元のみならず企業に所属する個人（従業者）に対しても発明の成果が還元されることで、発明に対するインセンティブを高めようとするものであって、企業内で発明を行う優秀な人材はその主役である[77]。

企業にとってステークホルダーは誰であるのか、という議論は、これまで、主として株主、役員、債権者等との関係を中心として論じられており、他方で、発明を行う従業者の立場は労働法的視点からの分析に抑えられてきた感がある。

企業法は、商法、会社法、消費者法、労働法ばかりでなく、経済法[78]との

---

(77) その典型が、アメリカ型の投資回収（インセンティブ）論である。
(78) 企業法と経済法の関わりでは、従来は、独占禁止法との関わりが検討されることが多かった。

関係でも関わりを有していることは言うまでもない。企業にとってのステークホルダーが誰であるのかという点を、経済法との関わりの観点から再検討する必要がありそうである。

そもそも、優秀な人材が散逸するのを防止できるよう適切な待遇を与えるのは、企業自身の自己責任の問題であるところ、種々の理由から、企業自身が、優秀な技術者が海外に散逸するのを防止する施策を講じられないというのであれば、経済法の強行法規性の観点から当該経済法の目的趣旨にしたがって、もう一度、職務発明にかかる利益調整を使用者の側から従業者の側に引き戻すような改正を行う立法的措置を検討することが肝要である。

司法の世界では、ノーベル物理学賞を受賞した中村修二教授ですら発明者貢献度は5%しかないとした前例が、遺憾ながら、その後も、すべての判例に踏襲されてしまっている。前記のとおり、もはや、これを覆すことは困難である。

優れた技術者にとっては、判例上、発明者貢献度を5%しか認めないとして硬直化した司法的救済の途に、一抹の望みもなかろう。

《参考文献》
田村善之『著作権法概説〔第2版〕』有斐閣（2001年）　　　＝田村著作
田村善之『知的財産権法〔第5版〕』有斐閣（2010年）　　　＝田村知財
田村善之『知的財産法の理論』有斐閣（2019年）
田村善之＝山本敬三『職務発明』（2005年）　　　　　　　＝田村・山本
田村善之＝時井真＝酒迎明洋『プラクティス知的財産法Ⅰ特許法〔第2版〕』（共著）信山社（2024年）
中山信弘『特許法〔第5版〕』弘文堂（2016年）　　　　　　＝中山特許
半田正夫『著作権法概説〔第16版〕』法学書院（2015年）　　＝半田著作
福原紀彦『企業法総論・総則』文眞堂（2016年）　　　　　　＝福原・総論
福原紀彦（編著）『企業法務戦略』中央経済社（2007年）　　＝福原・戦略
福原紀彦（編著）『現代企業法のエッセンス』（2022年）　　＝福原現代

非上場中小会社の計算書類への信頼性付加

越　智　信　仁

I．はじめに

　数年前に実施された新型コロナウイルス感染特別貸付は、中小会社にとって、通常融資と別枠で借入可能、据置期間が5年まで設定可能（実際には数年程度が多い）、金額制限はあるものの一定期間は利子補給制度もあり実質無利子、コロナ特別対策貸付で既存融資も借り換えて1本化可能などの点が、コロナ禍で当面を切り抜けるために非常に使い勝手の良い制度となっていた。但し、コロナ対策融資は、原則的に通常融資とは別枠で審査をしてくれる一方で、通常融資の審査は別枠融資も含めて行うことになるので、特別融資の使い勝手の良さが将来的な重しとなり、数年後に特別融資の据置期間が経過し返済がきつくなり借り換えを検討しようとすると、通常枠での借り換えを制約する方向に作用しかねない面があった[1]。

　足許、コロナ対策融資の据置期間が順次経過する中、過去に特別貸付を受けた中小会社が借り換え審査申請を行うに際し、計算書類を通じて財務健全性を金融機関にアピールするうえで、財務内容の信頼性が大前提となる。情報利用者の信頼性が高まる要因として国際監査・保証基準審議会（IAASB）は、透明性が高い報告枠組み、報告プロセスに対する強力なガバナンス、広い範囲での一貫性ある情報、外部専門家サービスやその他のレポート等を挙げており[2]、信頼性付加に向けては多様な方策がある。本稿では、会社法上、公認会計士による監査が義務付けられていない非上場中小会社を対象に、その決算開示の透

---

(1)　越智（2021）26、28頁。

(2)　IAASB（2021）p.2.

明性・信頼性の向上に資する制度インフラの改善策を論じる[3]。

Ⅱ．非上場中小会社の決算開示を取巻く法制度

1．開示・監査を巡る法制度の未整備ないし形骸化

　わが国において中小会社の決算開示に関しては、会社法上の決算公告制度が存在するが、ほとんど遵守されていないのが実情のようであり、こうした背景には、懈怠に対して罰則規定（100万円以下の過料）の適用がほぼないというエンフォースメントの不存在が与える影響が大きいとされる[4]。EU各国では登記所等における計算書類の公開が要求されている結果、計算書類の公開懈怠に対して実効的に制裁を科すことができるが、日本においては登記所等における公開は要求されていないため、実効的（悉皆的）なエンフォースメントが行えない可能性も指摘されている[5]。登記所での決算書の公開制度については、過去に改正が検討された経緯はあるものの実現には至っておらず、現状は諸外国に比べても特異な状態にあり、この点に関しては改めて制度的改善が望まれる[6]。

　この間、1974年に制定された株式会社の監査等に関する特例に関する法律（商法特例法：2005年からは会社法）により、会社法上の大会社（資本金5億円以上ないし負債総額200億円以上）に対しては、非上場先といえども公認会計士又は

---

(3)　本稿は越智（2024c）を基礎とし、その後の状況を踏まえ加筆・修正したものである。

(4)　弥永（2024a）15-16頁。

(5)　弥永（2024a）16頁。

(6)　弥永（2024a）17頁において、制度化の可能性に関し以下の諸点が指摘されている。すなわち、登記所における公開が実現しなかった理由として、「① 登記所のキャパシティー不足、② 公開の必要性が乏しいこと、③ 信頼できる計算書類でないものを公開させても無意味であること、④ 中小企業の負担が重すぎることなどが挙げられたが、電磁的方法による提出および公開であれば ① は妥当しないように思われるし、③ に対しては公開を要求することによって計算書類の信頼性を高めるよう動機づけることができるのではないかという反論が可能であろう。④ についても、中小会社も法人税の申告との関係または剰余金の配当などとの関係で計算書類を作成しているはずであることに加え、電磁的方法による提出および公開の場合には国に支払うべき手数料を抑えることも十分に可能であるということができそうである」。

監査法人を会計監査人として設置することが義務付けられている。商法特例法に基づく監査は、1965年前後に山陽特殊製鋼などにおける粉飾決算の表面化・倒産が相次いだことを背景とし、1974年に至り特例法という形で商法に取り入れられたものである。もともと商法は債権者保護を理念とし証券（金融商品）取引法と峻別するのが通説的見解であり、商法監査と言えば監査役監査のことであったが、商法特例法の「大会社」については、その社会的影響の大きさに鑑み、会計監査人による監査を義務付けることで、会計監査の強化を企図したのである。

但し、例えばEU会計指令による監査の標準値である総資産4百万ユーロは1ユーロ＝150円換算として約6億円であり、わが国の会計監査人監査を義務付ける閾値（資本金5億円以上ないし負債総額200億円以上）は、諸外国に比べて非常に高いうえ、売上高、総資産、平均従業員数で決めることが多い諸外国に対して、資本金と負債総額で定めていることにも大きな特徴があるとされる(7)。実際、債務超過でない限り総資産200億円の会社でも負債基準200億円には達しないため、企業規模が相当程度大きい中堅企業であっても、資本金が5億円未満である限り会計監査人監査の対象とはならないので、そもそもの閾値の設定方法の見直し（売上高、総資産、平均従業員数等の考慮）を含め再検討の必要性が指摘されている(8)。

要するに、わが国においては、会計専門職による会計監査を義務付けられていない中小会社が、諸外国に比べて非常に多く存在していることになる。勿論、中小会社の計算書類への信頼性については、本来的には監査役が、「計算関係書類が当該株式会社の財産及び損益の状況を全ての重要な点において適正に表示しているかどうかについての意見」（会社規122条1項2号）を監査報告書に含めることで、確保されることが予定されている。しかし、会計や監査に必ずしも精通していない監査役を前提にすると、その制度的な危うさも指摘されている(9)。会社のガバナンスを担う既存の担い手・制度が戦後長らく抱え

---

(7)　関川（2024）39-40頁。

(8)　関川（2024）39-40頁。

(9)　弥永（2024a）26頁。

てきた最大の難点は、"器"（法規）が立派でも "魂"（実態）を伴わない点、即ち形骸化であろう[10]。

2. 計算書類の信頼性を巡る議論

　非上場中小会社の計算書類への会計専門職による信頼性付与に向けて、過去に（とりわけ法務省（1984）から法務省（1986）にかけて）、「会計調査人制度」の導入を巡り活発な議論があった。当時の中小会社監査に係る議論を商法監査問題研究会（1986）に依って整理すると、「正規監査拡大案」（A案）、「正規監査簡易化案・調査案」（B案）、「経理指導案」（C案）が俎上に載せられた。さらにB案の限定対象に応じて、B1案（手続を限定）、B2案（貸借対照表項目に限定）、B3案（検証の程度を限定）が立論された。最終的に法務省（1986）において、B3案を基礎にした「会計調査人制度」の構想が示されたが、関係先との調整が難航し結果的に立法化には至らなかった。

　中小企業会計の透明性や中小企業決算開示の信頼性を巡っては、その後も会計学／会計法分野を中心に、武田（2000）、河崎（2015）、坂本（2016）、浦崎（2017）、弥永（2022）、越智（2024a）などの先行研究がある。このうち弥永（2022）では、近年における監査保証の概念的浸透や実務的進展等を眺め、諸外国での先行事例を参照しつつ、限定的保証業務[11]（会計調査人〔仮称〕）を会社法に導入する立法的解決案を改めて提示している。

　弥永（2022）が指摘しているように、わが国においても会計調査人（仮称）の制度的議論を再び前に進めることが王道と考えられるが、実際問題として、立法化に向けて百年河清を待つ状態に陥ることも避けなければならず、上記の王道の議論を推進しながらも、既存の制度インフラを活用していく努力も必要となる。こうした文脈において、税理士の期中関与を基軸にして決算開示の透明性・信頼性を事実上高める手段として、書面添付制度等を活用していく方向性もプラグマティックな解決策の一つとなる。以下では必ずしも法制度論の枠

---

(10) 越智（2003）77頁。
(11) 限定的保証業務（レビュー等）で実施される手続（質問・分析的手続等）は、合理的保証業務（会計監査等）と比較して限定的であるため、限定的保証業務の保証水準は合理的保証業務に比べて相対的に低いが、比較的低コスト・短期間で実施可能という利点がある。

514 第4編 関 連 法

に議論を限定することなく、先述した商法改正時の過去の議論でいえばC案（経理指導案）と類似の問題意識から、税理士の期中関与等による事実上の信憑性醸成効果にもフォーカスしながら、計算書類の信頼性向上策について考察する。

Ⅲ. 書面添付制度のプラグマティックな活用

1. 信頼性に影響を及ぼす諸要因

冒頭で触れたように、国際監査・保証基準審議会（IAASB）による非財務情報の保証に向けた規範性のないガイダンス文書の関連サポート資料では、開示情報の信頼性に関し、監査保証以外にも、健全な開示フレームワーク、報告プロセスに対する強力なガバナンス、一貫性のある幅広い情報などによっても高められると指摘している。同様に、非上場中小会社の計算書類の信頼性に関する金融機関への質問票調査結果（越智ほか（2024））をみても、様々な要因（作成基準の明確化や税理士の関与等）により信頼性の付加価値の増分が観察されている。

表1の数字を越智ほか（2024）に基づいて敷衍すると、Q2・Q3は、税理

表1　非上場中小会社における決算書の信頼性に関する金融機関への質問票調査結果

（決算開示の信頼性に係る心証水準：0～100％）

設問番号	Q1	Q1 ①	Q1 ②	Q2	Q3
（有効回答数）	(707)	(669)	(668)	(706)	(705)
平均値（％）	37.3	51.9	57.6	69.5	77.6
中央値（％）	30	50	60	70	80
標 準 偏 差	23.5	23.4	23.1	18.9	16.7

Q1：社内作成した準拠基準不明の決算書

Q1 ①：社内作成の税法基準に準拠した決算書

Q1 ②：社内作成の中小会計要領ないし中小会計指針に準拠した決算書

Q2：税理士が単発の決算代行をした決算書

Q3：税理士から月次決算など期中も帳簿確認や経理指導等を受けている企業の決算書

（出所）越智ほか（2024）110頁より金融機関調査結果の一部を抜粋。

士関与の態様による信頼性の付加価値の増分を確かめる設問であるが、Q2の決算単発の税理士関与において70％と、Q1②（中小会計要領等準拠）の58％から有意に信頼水準が高まっている。次に、Q3の税理士関与（期中関与）により作成した決算書の信頼性の平均値は78％であり、Q2の決算代行の場合（70％）と比べて信頼性が有意に高まっている（中央値も有意に高まる〔70％→80％〕）。非上場中小会社への税理士期中関与によって、監査保証など信頼性付与の意見表明を得ているわけではないが、金融機関等が自発的に決算書に対する安心感を抱く結果として、信頼性を高める効果が発揮されていることがわかる。

　税理士の期中関与により8割近い信頼水準が確保可能であるとすると、監査保証の立法的・制度的建付け（「会計調査人調査」〈仮称〉）の検討を進める必要性と同時に、事実上の信頼性確保の手段である税理士関与を高める方策を検討する意義も大きく、そうした財務的内部統制の補完機能を強化する方向で書面添付制度を位置付けることも可能であろう[12]。なお、令和4年改正税理士法により、税理士法第33条の2第1項に規定する書面の名称が、「申告書の作成に関する計算事項等記載書面」となったが、本稿では便宜上、一般的な通称として浸透している「書面添付」の呼称を踏襲して用いている。

　税理士のアドバイザリー業務の提供という意味での期中関与に関する情報の提供は、税理士の関与によって、より正確な決算書の作成が図られていることを知らしめることによって、決算書に対する利用者の信頼の程度を高める効果を向上させる可能性があるほか、税理士の業務内容を添付書面で明らかにすれば、決算書の信頼性の一層の向上に寄与する可能性がある[13]。そうした信頼性の向上効果について保証業務とは別の理論的枠組みで理解しておくことが、書面添付制度の健全な普及につながると考えられ、「信頼性付与効果」と「信憑性醸成効果」は概念的に区別して論ずる必要があろう[14]。

　すなわち、保証業務においては、業務実施者が、確立された準拠基準と行為

---

(12) 越智（2021）26頁。
(13) 蟹江（2024）157-158頁。
(14) 越智（2021）25頁。

516 第4編 関 連 法

基準に基づく検証手続によって集積された証拠を基に、適正性に関する心証形成を行い、自らの確信度を意見表明という形で第三者に報告する（「信頼性付与効果」）。これに対し、財務諸表作成過程での税理士関与という事実（情報）が、事実上の信憑性醸成効果を生むのは、その事実（情報）から受け手が類推し信憑性に係る心証形成を自ら行うからであり（「信憑性醸成効果」）、こうした事情は、書面添付の記載等を通じて税理士の関与プロセスが明らかになる場合と基本的に同じと解される[15]。書面添付情報の開示によって、税理士が税務計算のみならず財務的内部統制機構の一翼を担っていることが明らかになり、そのことが金融機関等利害関係者の経済的意思決定において追加的な情報となり得るのである。

こうした信憑性醸成効果は、学術的な議論以前に、日頃の人間関係やビジネスにおいて日常茶飯事的に観察される現象である。書面添付制度の書面以外にも、会計参与制度や、中小会計指針／中小会計要領の適用に関するチェックリストのような外部専門家業務や報告等にも、中小会社における計算書類の信憑性を高める効果がみられる。但し、これらの専門家業務は、財務諸表その他の会計情報の信頼性等を保証することを目的とするものではなく、会計監査のように保証を伝達するための意見（結論）の表明も行われない[16]。

2．書面添付制度の活用可能性[17]

(1) 書面添付制度の普及状況

税理士法第33条の2に規定する書面添付とは、税務に関する申告書を作成した税理士が申告書類にプラスして、納税者から受けた相談内容、税理士が行った会計判断や税務判断、税理士として申告書内容についてどのような所見をもっているか等の内容を、所定の書面に記載して申告書に添付することである。そして課税当局は、当該書面を申告書に添付して提出した者に対する調査において、納税者に税務調査の日時・場所を予め通知するときには、その通知

---

(15) 越智（2021）22頁。

(16) 林（2024）168頁。

(17) 本稿のⅢ.2.は、越智（2024b）を基礎とし、その後に判明した計数をリバイスするとともに、必要に応じ修正・集約等を行ったものである。

前に税務代理を行う税理士又は税理士法人に対して、添付された書面の記載事項について意見を述べる機会を与えなければならない（税理士法第35条第1項）。

　平成20年6月に日本税理士会連合会と国税庁は、添付書面の様式変更や調査省略の在り方等について合意し、平成21年4月には書面添付制度の普及・定着に向けて、日本税理士会連合会は添付書面作成にあたっての留意点や作成基準となる「添付書面作成基準（指針）」を制定したほか、国税庁は「書面添付制度の運用に当たっての基本的な考え方及び事務手続等について（事務運営指針）」を新たに制定し、添付書面作成基準（指針）を参考にして作成された良好な書面に関して意見聴取を行った結果、税務調査の必要性が認められない場合には調査の省略もあるとした。さらに、令和4年度税制改正においては、制度普及に向け税理士の実務を踏まえて添付書面様式の簡明化等の見直し（令和6年4月1日以降の書面に適用）が行われた。

　この制度を通じた利害関係者（課税当局、依頼企業、税理士等）の効用を改めて整理しておくと、まず課税当局にとって、税理士に税務の専門家として計算した事項等を記載した書面を作成してもらい、当該書面を尊重することにより税務執行の円滑化、負担軽減等が図られることが、書面添付制度の第一義的な導入趣旨である。毎年、税務署には膨大な申告書が提出され、これらすべての申告を課税当局だけで精査するのは物理的に困難を伴うので、書面添付制度を通じて申告書の作成段階で税理士にある程度の調査を済ませてもらえれば、課税当局は調査先を効率的に判断できるようになる。

　税務調査の効率化の裏腹であるが、依頼企業にとっては、端的に税務調査の省略や省力化が期待できるのが、現実的な最大のメリットであろう。すなわち、仮に申告内容に疑問が生じたとしても、書面添付をした場合には、原則として税務調査の前に税理士に対して申告内容に関して意見聴取する必要があり、この意見聴取により疑問が解決した場合には調査が省略になり得るし、意見聴取は課税当局と税理士の間でのみ行われ依頼企業が同席する必要はないため、心理的・時間的にも余裕が生じる。また、仮に調査が省略にならなくても、既に添付書面を読み込み顧問税理士との面談も済ませているので、課税当局の調査範囲は限られるとともに疑義のあるポイントを理解している結果として、準備や対応にかかる時間が通常の税務調査と比べて短くなり得るメリット

518 第4編 関 連 法

がある⁽¹⁸⁾。

　税理士にとっても調査省略のメリットに加え、書面添付作業を通じて自身の作成した申告書を批判的に検証することは、課税当局だけでなく納税者に対する説明資料ともなり、税理士自身の思考過程についての記録的な効果も見込まれるため、東京税理士会が毎年実施しているアンケート項目にあるように（表2）、業務品質の向上にも役立つ。また当該書面は、申告書について税務の専門家の立場からどのように調製されたかを明らかにするものである⁽¹⁹⁾ことから、納税者に対する税理士の責任の範囲が明確化されることにもなる。さらに、依頼企業に深くコミットする契機ともなるため、関与先や金融機関へのアピール、信頼関係の強化に役立つ側面も挙げられ、ひいては税理士法第1条にある税理士の使命の完遂につながるとともに税理士の社会的信用及び地位の向上にも資する。

表2　東京税理士会の会員に対する書面添付アンケート

（複数回答可、単位：％）

		平成28年	平成30年	令和2年	令和4年	令和6年
添付する理由	調査の省略	61.5	60.3	63.0	72.8	70.0
	業務品質の向上	50.4	48.3	59.7	42.4	52.1
	関与先に対するアピール	31.0	36.9	39.5	37.7	36.8
	税理士の権利	35.2	35.8	37.8	30.5	35.8
	業務上の責任範囲を明確化	30.1	34.2	46.2	37.1	35.3
	金融機関に対するアピール	8.4	8.9	12.6	3.3	9.5
	その他	5.4	4.2	10.9	13.9	3.2

（出所）会員向け機関誌『東京税理士界』（各年12月発刊号）。

---

(18) さらに、通常の調査で申告内容に誤りが見つかり、追加の税額が生じた場合には、加算税（過少申告加算税、重加算税）と呼ばれるペナルティが税額に加算されるところ、書面添付制度の利用により税理士への意見聴取段階で指摘された誤りについては、課税当局と税理士が合意した場合は、自主申告扱いで修正申告できるので、その場合には2つの加算税が課されないというメリットがある（税務調査後では自主申告扱いとはならない）。

(19) 国税庁ホームページでは「書面添付の趣旨説明」の中で、「税理士が作成等した申告書について、計算事項等を記載した書面の添付及び事前通知前の意見陳述を通じて、税務の専門家の立場からどのように調製されたかを明らかにすること」と述べている。

このように書面添付の意義・効果や利害関係者のメリットが存在し、先述したように日本税理士会連合会や国税庁なども積極的に導入を推進している中、制度促進に向けた追加的な梃入れ策からも相応の時間が経過し、特に税理士にとって制度の存在自体は広く啓蒙されているとみられる。しかしながら、中小会社等に対する法人税について、国税庁実績評価書により毎年の利用実績を見ると、僅かにウエイトアップしているとはいえ1割程度の低調な推移であり、依然として満足すべき水準にはないのが現状である（表3）。

表3　税理士法第33条の2に規定する書面の添付割合（法人税）

（単位：%）

事務年度	平成26	平成28	平成30	令和2	令和4	令和5
法人税	8.4	8.8	9.5	9.8	10.0	10.0

（出所）財務省ホームページ・国税庁実績評価書（各事務年度）。

書面添付制度の普及が遅れている端的な原因としては、法人税の書面添付に関して言えば、要するに依頼企業・税理士双方の判断として、投入コストをカバーするだけのメリットを実感できていないということであろう。メリットが関係者に実感できていない背景として、東京税理士会の会員向けアンケートでは、時間や労力等の投入コスト負担が嵩む点を懸念する声が圧倒的に多く、調査省略のメリットについても懐疑的な見方が少なくない（表4）。他方で、課税当局への定量的アンケート結果は存在しないが、非常に簡素過ぎる記載にとどまる添付書面も少なくないようである[20]。このように現状では、制度が企図している便益の享受に向けて、課税当局・税理士・依頼企業間の誘因両立的な関係が未だ十分に確立されていないように観察される。

---

(20) 国税庁の事務運営指針によれば、ほとんどの欄に記載が全くないもののほか、各欄に記載があっても明らかな記載不備や具体性を欠くものもあるとされる。また、東京税理士会アンケート調査（令和4年12月号）の自由記述欄にも、「元国税ですが、法人の書面添付はテンプレを使いまわしたような形式的な記載も多かった印象です」との指摘がある。

520　第4編　関　連　法

表4　東京税理士会の会員に対する書面添付アンケート

（複数回答可、単位：%）

		平成28年	平成30年	令和2年	令和4年	令和6年
添付しない理由	時間や労力がかかり煩雑	51.6	56.2	45.1	48.9	56.1
	添付する効果が不明	49.2	48.2	29.8	34.6	44.8
	科目内訳書及概況書で十分	33.8	33.2	25.8	24.4	34.3
	報酬の請求が困難	29.3	31.0	28.5	31.4	33.6
	責任問題やリスクが心配	20.7	19.9	17.3	18.2	23.7
	記載方法が難しい	8.7	10.2	10.2	7.4	13.7
	関与先の理解が得られない	6.3	7.1	7.1	8.2	10.9
	税務調査があった方が良い	9.2	9.5	8.1	8.4	8.8
	関与先の選別化につながる	4.7	2.4	3.7	3.9	3.5
	その他	5.4	8.4	8.1	10.2	13.2

（出所）会員向け機関誌『東京税理士界』（各年12月発刊号）。

(2)　書面添付制度の普及に向けた方策

　書面添付制度は、意見聴取を通じて調査省略に繋がる可能性はあるが、必ず省略されるというわけではないため、結局調査が実施されることもある。TKC全国会事務局が毎年、開示請求している国税庁行政文書を基にまとめた資料によると（表5）、地域差を捨象して全体としてみれば、書面添付先に意見聴取が行われた案件のうち約半数が実地調査省略、換言すると約半数は実地調査に移行しているのが実情のようである。

表5　法人税書面添付先への意見聴取・実地調査省略割合の推移

事務年度	平成28	平成29	平成30	令和1	令和2	令和3	令和4
書面添付件数（千件）	224	234	246	254	262	269	281
うち意見聴取移行割合（%）	2.7	2.6	2.4	1.6	1.0	1.2	1.5
聴取後調査省略割合（%）	54.6	52.7	51.8	48.0	53.5	52.0	47.9

（出所）濱田（2024）64頁の図表から抜粋。

　また、そもそも書面添付の存否とは別に申告に対し疑義のない案件は、最初から税務調査の対象外という側面もある。つまり、まずは全案件をテーブルに乗せて申告審理を行うので、書面添付をしたから調査対象外にするということ

ではなくて、申告審理は書面添付の存否にかかわらず実施される。書面添付先のうち意見聴取が行われた割合は1〜3％程度に止まっているが（上掲表5）、調査選定の対象となっていないために意見聴取を行わない場合には、いくら良好な書面を作成していても、現状の取り扱いでは調査省略通知は行われない。このため、書面添付をしたから税務調査の対象外になったのか、そもそも税務調査をしても意味がないので対象外とされたのか、そのプロセスが不透明な中では、書面添付作成の意義に懐疑的にならざるを得ないマインドを関係者に醸成してしまう。

　こうした状況を踏まえると、地道な制度の啓蒙努力に加え、さらに関係者の導入に向けた経済的誘因を構造的に高める抜本的な制度インフラを、追加的に考案していくことも急務であろう。その際、重要なポイントとなるのは、書面添付制度のメリットが実感できない背景の一つに、記載内容が良好な添付書面であっても、そもそも調査選定の対象となっていないために、意見聴取が行われない場合も多数あるとみられる点である。先述したように調査省略通知は、あくまでも意見聴取を受けることが前提の合意内容であるから、意見聴取が行われない場合には、いくら良好な書面を作成していても調査省略通知[21]が行われないことになる。逆に、記載内容が良好でない添付書面であっても、意見聴取の結果、特に調査に着手する必要がないと判断されることもあり得る（この場合には、その書面の記載内容が良好でないことを理由に、たとえ調査省略はされても、調査省略通知は送られてこない[22]）。

　そこで追加的な制度インフラの試論として、良好な添付書面が作成されていた先には、そもそも調査に移行する可能性が少ない申告書に関し意見聴取を敢えて行わないまでも、（従来の調査省略通知書とは区別された形で）「調査を実施しない」旨の通知カテゴリーを新設する形で事務運営指針の改訂が行われれば、依頼企業・税理士双方の税務調査に対する不安軽減という誘因を高め、書面添

---

(21) ここでは便宜的に調査省略通知という用語を用いたが、実際には「意見聴取結果についてのお知らせ」という書面により、当該税理士に対して通知される。

(22) 事務運営指針によれば、その代わり口頭（電話）により連絡が行われるが、その際に書面通知が行われない理由の説明とともに、今後の書面の適切な記載等が図られるよう指導することになる。

522　第4編　関　連　法

付制度の普及促進につながるのではなかろうか。調査対象外と分かることは依頼企業を含めて大きな心理的安心材料となり得るので、課税当局側の人員制約を踏まえると調査省略を前提とするような先に意見聴取まで求めるのはコストが嵩むので流石に酷としても、調査選定の対象となっていない書面良好先への「調査を実施しない」旨の通知だけであれば、追加コストをミニマイズしながら、関係者による書面添付制度利用の誘因を効果的に引き出す起点になり得ると考えられる。

　上記の制度見直しと併行して、税理士側の記載内容の質的向上も不可欠である。書面添付制度は、税理士法第33条の2に規定する計算事項等を記載した書面と同法第35条に規定する事前通知前の意見聴取が密接に関係するものであり、同法第33条の2の書面の記載内容が不正確又は不十分だと事前通知前の意見聴取の機会が十分活かされないだけでなく、上記で提案した「調査を実施しない」旨の通知も発出できない。調査選定先に対して課税当局が積極的な意見聴取に努めることは当然のこととして、書面を作成する税理士も、税務の専門家として自ら行った業務の内容について、具体的な記載に努める必要がある。

　東京税理士会アンケートでは「税理士の資質向上に向けた指導、研修の必要性を感じる」といった声もあるが、研修・啓蒙活動などの取り組みだけでは不十分である。「添付書面のフォーマットが自由に近く、かえって書きにくい」との声もあるように、記載欄の簡明性向上 [23]（令和4年度税制改正）といった弥縫策に止まらず、より抜本的に、書面添付に係る作成準拠・確認基準の明確化が急務であろう。この点に関し、調製業務（コンピレーション）[24]に関する国際的な基準（ISRS4410）においては、品質管理に関わる項目が数多く記載されている。書面添付制度において、今後、検証業務基準の要件を満たした添付書

---

[23]　令和6年4月1日から、税理士法関係様式の「申告書の作成に関する計算事項等記載書面」や「申告書に関する審査事項等記載書面」において、従来は「その他」記載欄に記述可能としていた「所見」について、「総合所見」欄を独立して設けることにした。

[24]　会計の専門知識を活かして、決算情報の作成への関与によって、経営者を支援するが、調製業務は保証業務ではない一方、外部の利用者（融資者、保証会社、又は顧客など）は、会計情報の調製に会計専門職が関与することを評価することが多い（日本公認会計士協会ホームページ「正しいサービスの選択──監査、レビュー、調製、合意された手続のサービスの比較」6頁）。

面作成基準の改定や、国際的な調製基準（ISRS4410）に相当する業務基準に準拠した税理士事務所の品質管理の向上といった対応が行われることで、わが国固有の制度として、より一層中小会社の決算書の信頼性向上に寄与する可能性も指摘されている[25]。

こうした制度インフラ整備と併行して、書面添付の努力義務化を図るとともに、投入コストに見合うだけの便益（「調査を実施しない」旨の通知カテゴリー拡充、添付作業の有料化等）の実現も同時並行的に進め、関係者の誘因両立構造が確立するよう努める必要がある。そこでは、単に税理士の社会的使命に訴える啓蒙的アプローチに依存するだけではなく、複数の相互依存的な利害関係者が存在する場合、どのような誘因付与が制度の普及促進に資するかという機能的な視点から、書面添付のコスト・ベネフィット構造に留意した施策を講じていく必要があろう。

Ⅳ．おわりに

中小会社の計算書類の基礎となる財務的内部統制を巡り、武田（2000）56頁は、経営管理組織の面で内部統制機構が存在しないか、あるいは十分に機能しない組織体質をもっているという問題のほか、会計知識を備えたスタッフを十分雇用できないといった中小会社固有の問題を指摘するとともに、報酬圧力や監査コストの忌避にも配慮しつつ、中小会社に適する信頼性付与制度構築の必要性を標榜している。また、浦崎（2017）295頁においても、財務諸表への信頼性付与を検討するに際しては、経営者のニーズに適うように企業の成長過程に即した制度設計が求められるとしている。

書面添付制度を通じた税理士関与が、調製業務（コンピレーション）として一段と普及していくこと自体、今後望まれることであるが、これに安住せず更なる税理士業務の貢献を展望するのであれば、関与先への財務的内部統制機構への寄与が、有力な道筋となるのではなかろうか。とりわけ大企業に比べ内部統

---

[25] 松崎（2024）217-218頁。

制機構が十分でない中小会社においては、財務的内部統制機構を補完する外部関与者の役割は大きいであろうし、その担い手は広範な主体が想定されるとしても、中小会社と日常的な接点を有する税理士が最適であろう。保証業務の枠にとらわれず内部統制機能の強化に向けて様々な手段を講じ、そのことを会社側から金融機関等利害関係者に伝達することを通じて、事実上の信憑性醸成効果は一段と高まるであろうし、財務コンサルタントとしての税理士の社会的地位向上にも資すると考えられる。

　利害関係者にとっては、中小会社の財務的内部統制の一翼として税理士が関与し、プロセスに関する助言・指導を含む活動を通じて、アウトプットである計算書類等に事実上の信憑性醸成効果が生まれる。主に中小の株式会社の計算関係書類の記載の正確さに対する透明性を高める会計参与制度や、中小会計要領のチェックリスト添付なども同様の機能を有していると考えられる。

　勿論、それらは対外的に保証を提供するものではないし、法的安定性等の観点からは、書面添付制度が本来的な保証業務（会計調査人〈仮称〉による限定的保証）を法的に代替し得るものではないが[26]、本稿では、監査役の補完的機能を会計専門職の提供サービスに求める形で、書面添付を通じて税理士関与のプロセス情報の開示を促進することにより、透明性の向上を通して利害関係者の安心感（信憑性）を醸成し、計算書類の信頼性向上にも資することを論じた。こうしたプラグマティックな実務的改善策と併行して、非上場中小会社の計算公開（登録）制度や本来的保証業務を巡る法制度の議論（会計監査の閾値、会計調査人〈仮称〉による限定的保証の可能性）が、現代的な新しい視点で前に進み始めることを期待したい。

【参考文献】

浦崎直浩（編著）（2017）『中小企業の会計監査制度の探求—特別目的の財務諸表に対する保証業務』同文舘出版。

越智信仁（2003）「コーポレート・ガバナンスの形骸化を予防する基礎的インフラ—鍵となる『理念のビジネス化』と『制度補完性の構築』」『日本コーポレート・ガバナンス・フォーラム年報』第6集、75-90頁。

越智信仁（2021）「監査保証論に基づいた書面添付制度の考察」『會計』第200巻第2号、15-29頁。

---

(26) 弥永（2024b）222頁。

非上場中小会社の計算書類への信頼性付加　　525

越智信仁（編著）（2024a）『中小企業決算の透明性と信頼性―改善に向けた実証・理論・実務研究』同文舘出版。

越智信仁（2024b）「書面添付制度の利用状況と普及への課題」越智信仁（編著）『中小企業決算の透明性と信頼性』同文舘出版、77-91 頁。

越智信仁（2024c）「中小会社決算の信頼性向上に必要な制度インフラ再整備」『会計・監査ジャーナル』第 830 号、108-114 頁。

越智信仁・佐久間義浩・坂根純輝（2024）「中小企業決算開示の信頼性等に関する質問票調査」越智信仁（編著）『中小企業決算の透明性と信頼性』同文舘出版、95-132 頁。

蟹江章（2024）「内部監査の視点からみた税理士の期中関与による決算書の信頼性向上効果」越智信仁（編著）『中小企業決算の透明性と信頼性』同文舘出版、145-158 頁。

河﨑照行（編著）（2015）『中小企業の会計制度―日本・欧米・アジア・オセアニアの分析』中央経済社。

財務省（2014-2024）「国税庁実績評価書」（各事務年度）。

坂本孝司（主査）（2016）『「中小企業金融における会計の役割」に関する研究』中小企業会計学会・課題研究委員会最終報告。

商法監査問題研究会（1986）「商法監査問題研究会報告書」。

関川正（2024）「会社法監査の義務付け範囲と IAASB の『複雑性の低い事業体の監査』プロジェクト」越智信仁（編著）『中小企業決算の透明性と信頼性』同文舘出版、31-55 頁。

武田隆二（編著）（2000）『中小会社の計算公開と監査―各国制度と実践手法』清文社。

東京税理士会（2016-2024）『東京税理士界』「書面添付制度アンケート」12 月発行号。

濱田秀文（2024）「『TKC 方式の書面添付』を標準業務として定着させ、税理士の未来を切り拓こう！」『TKC』第 614 号、64-65 頁。

林隆敏（2024）「財務諸表の信頼性確保における専門家業務の位置づけ」越智信仁（編著）『中小企業決算の透明性と信頼性』同文舘出版、159-171 頁。

法務省（1984）「大小（公開・非公開）会社区分立法及び合併に関する問題点」。

法務省（1986）「商法・有限会社法改正試案」。

松﨑堅太朗（2024）「書面添付制度の実務的課題と活用の方策」越智信仁（編著）『中小企業決算の透明性と信頼性』同文舘出版、195-220 頁。

弥永真生（2022）『中小企業会計とその保証』中央経済社。

弥永真生（2024a）「中小会社の会計とその保証をめぐる会社法上の諸問題」越智信仁（編著）『中小企業決算の透明性と信頼性』同文舘出版、13-30 頁。

弥永真生（2024b）「諸外国における監査以外の中小企業の会計情報の信頼性確保策」越智信仁（編著）『中小企業決算の透明性と信頼性』同文舘出版、221-244 頁。

IAASB: International Auditing and Assurance Standards Board（2021）Credibility and Trust Model relating to Extended External Reporting（EER）, in: *Non-Authoritative Guidance on Applying ISAE 3000 (Revised) to Extended External Reporting (EER) Assurance Engagements.*

学校法人への寄付についての小論

小　宮　靖　毅

Ⅰ．はじめに

　寄付の語からわたしたちが思い起こすものはさまざまで、生活事実としての寄付一般を検討することは容易くない[1]。学校法人への寄付[2]を贈与とすれば、贈与者は公益性ある事業を営む学校法人を受贈者とし、財産をこれに譲り渡す、二者を契約当事者とした無償の契約となる。だが、この寄付を贈与としてよいだろうか。また、贈与であるとしても、無償の語が一切の見返りのないことを意味するとの即断は憚られる[3]。無償の譲渡を行う者の意思は、一定の法的効果を支えるべく法的に考慮されることもある一方、それに達しないとされて法外の事情に留められることもある[4][5]。

---

(1)　加藤永一（1962）は、公助に代わり「事実上強制される」負担金（14頁）、「特定の有形的利益をうける」期待のもとに行われる政治資金の寄付（15頁）など、寄付の多様を前に、「寄付の概念、その社会的性質・機能……の完全な解明は、結局、わが国における無償行為の構造そのものの解明なしには、期待しえない」とむすぶ。潮見佳男（2021）42頁は、寄付と「契約類型としての贈与」との不一致を慎重にみきわめるべきであるとする。

(2)　この小論では「あたえる、わたす」の意で「付」を用いる「給付」との共通性を重視した。

(3)　比較法学会（1958）（来栖三郎「日本の贈与法」〔特に44頁〕、田中英夫「英米における無償契約に対する法的保護（史的素描）」〔特に97頁〕、山田晟「ドイツにおける贈与の法的保護の歴史」〔特に107頁以下〕、倉田彪士「中国の贈与契約について——主として慣習に即して」〔特に205頁以下〕）。

(4)　贈与者が贈与契約を行う原因・意図・動機はさまざまであり、「有償契約における対価に相当する『原因』が契約上の債務の発生を基礎づけると考えるならば、そのような『原因』への配慮が、妥当な結論を導く鍵となる可能性がある」とされる（河上正二（2017）、81頁）。贈与者が受贈者から見返りを得る意図のある贈与契約、いわば対価性ある無償契約ないし自益的な贈与の類型があるとの指摘である。

(5)　贈与の語で切り取られる人間の営みは多様である。この小論で諸学における贈与の考察を活かすことはできない（すべてに代えて参照、佐久間寛（2023））。

そこでこの小論では、贈与契約とはなにかと問うことからはじめて汎く寄付の検討に及ぶのではなく、寄付と呼ばれる類型のひとつ、成立後の学校法人に対する財産の無償供与に視野を限りたい。

学校法人には、その事業の中核たる学びの現場があり、そこには在学生・教員がいる。寄付者が学校法人に譲渡した財産は学びの支援となるはずだが、受贈者である学校法人には「受益者」たる在学生・教員がおり、寄付には「他益性」が伴うという理路を経てはどうかと考える。寄付者は寄付の「目的」を設定することがあるが、一般的には当事者の意思として尊重されるべきだろう。しかし、寄付の見返りをもとめる自益的な寄付者をどう扱うのがよいか。この小論[6]は、寄付の「他益性」確保（互酬性の調節）に関心を向ける。

Ⅱ．学校法人への寄付

1．寄付は贈与契約

成立後の学校法人[7]に対する財産の無償供与[8]という意味での寄付は「普通の贈与とみてよい」とされてきた経緯がある[9]。そこで象られる寄付の類型は、一定の宗教団体・学校・学会・慈善施設など継続的に存在する相手方に対して特定の個人が出捐するものである。財産の出し手と受け手をあらわす語の選択は難しいが、この法的構成によれば、寄付者を贈与者、受容者を受贈者

---

(6)　引用は網羅的でなく、内容も素描にとどまる旨おことわり申し上げる。

(7)　学校法人設立のための寄付は贈与類似の法律行為となる。私立学校法は、「生前の処分で寄附行為」をするときは「その性質に反しない限り、民法の贈与に関する規定を準用する」（一般社団法人及び一般財団法人法第 158 条第 1 項〔私立学校法第 34 条（2025（令和 7）年 4 月 1 日施行の同法では 28 条（以下、本文でも「〈新 28 条〉」のように示す））の定める準用による読み替え後〕。「寄附財産」は学校法人成立のときから当該学校法人に帰属する（一般社団法人及び一般財団法人法第 164 条第 1 項〔私立学校法第 34 条〈新 28 条〉の定める準用による読み替え後〕）。参照、後掲（注 20）の本文。

(8)　金銭、株式や社債などの権利、その他の物（動産・不動産）の移転を念頭に置く。なお、寄付の語から、たとえば無償での役務・労務の提供、債権の放棄、債務の免除、債務の引受け、担保物件の設定、主たる債務者のための保証債務の負担などの無償の出捐をあらかじめ取り除くものではない（参照、潮見佳男（2021）37 頁）。

(9)　代表として我妻榮（1957）、〔三七七〕237 頁。

528　第4編　関　連　法

とよぶことになる。二当事者間の贈与契約である。

　一方、おなじく寄付と呼ばれるものにいわゆる募金・義援金の類型がある。その中心には特定の目的を掲げて募集活動を行う「発起人[10]」がおり、これに応ずる「寄付者」が発起人に財産を供与し、寄付者の意思の宛先である「受益者」が最終的にこの財産をうけとる。発起人は目的を掲げた団体活動を主宰し、寄付者から託された財産を管理する。寄付者は発起人に募集目的の実現を義務付け、これに対応する権利を受益者に認めるべく、［寄付者－発起人］間を「信託的譲渡」と説明する[11]。近時の見解[12]はこれを三者間贈与と呼び、信託と捉えている[13]。以下、発起人が寄付者と受益者の「間に立つ者」と捉えられていることを重視しつつ、それぞれの役割に鑑み、三者を［供与者－管理者－受益者］とよぶ[14]。

　学校法人への贈与（寄付）は二当事者間の贈与契約として受益者が観念されないのに対し、寄付と呼ばれる義援金の贈与契約（三者間贈与）はその性質を信託（的譲渡）と解して受益者を観念するかたちで整理されている。いずれにおいても、供与者は贈与者、管理者は受贈者と呼ばれることになる。

2．贈与と受益者──［供与者－管理者－受益者］の三者間贈与

　寄付者（供与者）が贈与契約を行う原因・意図・動機はさまざまであり、「有償契約における対価に相当する『原因』が契約上の債務の発生を基礎づけると考えるならば、そのような『原因』への配慮が、妥当な結論を導く鍵とな

---

(10)　我妻榮（1957）、〔三七八〕238頁。

(11)　石坂音四郎（1919）［寄附者－募集者］（信託行為とする）、中島玉吉（1922）［応募者－発起人］、我妻榮（1957）［寄付者－発起人］、加藤永一（1962）［寄付者－受寄者］。

(12)　金井憲一郎（2015）は公益信託類似の関係を看て取る（小出隼人（2020）も同旨か）。潮見佳男（2021）43頁は「寄付者を委託者、発起人や慈善団体を受託者とする『信託』とみるのが適切である場合も少なくない」として、加藤永一（1962）6頁、星野英一（1976）109頁、鈴木禄弥（2001）326頁、内田貴（2011）170頁、平野裕之（2018）131頁をその（注27）で引用する。小賀野晶一（1998）も信託への親近感を表明する。

(13)　いわゆる義援金類型が贈与契約として信託的譲渡か（負担付贈与か）、あるいは全体として信託かについては、この小論では扱わない。後掲（注16）参照。

(14)　金井憲一郎（2015）は三者を［寄付者－仲介者－受益者］、小出隼人（2020）は［寄付者－募集者－受益者］と称する。

る可能性がある[15]」とされる。供与者が受益者を観念した贈与を行う場合を信託的譲渡という構成にすれば、当事者を贈与者（供与者）と受贈者（管理者）に限定しながらも受益者を観念し、受益者に向けられた贈与者（供与者）の意思を尊重することができる[16]。

災害時の義援金の場合、供与者の意思が受益者の利益を害することは、抽象的には考えられない[17]。そこではむしろ、管理者が供与者＝受益者の利益に合致しない行動をとる可能性、つまり、管理者が自益的になり、管理者とならない懸念にこそ対応すべきだろう。

ただ、被災者の実情は複雑である。受益者とする一般化には、被災者の具体性を見失う危険が伴う。供与者が受益者の利益を直接実現できるとは限らない。事業の対象選定を要するとして、受益者となるべき者を効果的に選定できる保証はない。この寄付の意味を最大化するべく、管理者が受益者を選定すべき場合があるにちがいない。そのようなときにも、この寄付を信託的譲渡である贈与契約と整理するのが妥当だろうか。管理者の介入、管理者の裁量を確保することができるだろうか。

公益的な団体に財産を譲渡すれば、あとは、受贈者である団体が公益的活動に役立てる。そうした信頼を寄付者が抱いている場合にこれを二者間贈与と整理してきた。この構成には供与者の意思を後景に退ける効果がある。贈与契約は、贈与された財産を自己の財産として自由に使用できるようにするものであり、この自由が管理者の裁量的判断を可能とする。

二者間の贈与と考えられた寄付の類型は、「受贈者と受益者が一体で、一当事者とすべき」というよりは、寄付の時点で受益者を具体化しきれず、そこに管理者の介入を要するような類型を含んでいたということではないか。

そうしたとき供与者は、この寄付の意味を最大化できるのは管理者であると

---

(15) 河上正二（2017）81頁（前掲（注4）参照）。

(16) 負担付贈与（民553条）との性質決定をすれば、負担の履行先を寄付者ではない第三者とすることで受益者を観念し、贈与者（供与者）の意思を尊重することができる。信託とすれば寄付者の意思はさらに尊重し得るであろう。だが、この小論では、寄付者の意思を貫徹しない重要性に重点を置きたい（本文後述）。

(17)「戦略的贈与（潮見佳男（2021）42頁）」と考え、受益者の利益に反するとして贈与の撤回が制約を受けるべき場合はありうる。

いう旨の信頼を、契約のかたちにしなければならない。「渡す財産を有意義に利用せよ（管理者として寄付金を受益者のために利用せよ）」という供与者の意思に応え、裁量を受益者のために行使するのが管理者の責務である。それはまた供与者の意思の具体化でもある。

学校法人への寄付についても受益者は想定できる。学びの現場にある在学生・教員を受益者とし、学校法人を管理者とする三者間贈与と考えることはできる。だが、学校法人への寄付を信託的譲渡とすることで、学校法人の介入が斥けられ、受益者の利益を実現しづらくなるのであれば[18]、そうした性質決定は憚られる[19]。

三者間贈与の寄付において管理者の判断を介入させるべき場合はある。それは特に、受益者が代弁者を必要としており、その役割を管理者以上に適切に果たし得る者がない場合と言えよう。供与者（寄付者）の意図を重視することで、契約の解除なり給付の強制を基礎づけることはできるが、そのような［供与者－管理者］間に限定された均衡の回復はできても、受益者との関係で供与者の意思を吟味する機会を奪う硬直的なしくみとなるのではないか。災害義援金のような三者間贈与と、学校法人への寄付の三者間贈与とは、管理者に一定の裁量を認め、供与者（寄付者）の意思を貫徹しないこともあるという点で共通すると考えたい。

3．供与者と管理者の一体化（接近）──禁止されない

管理者が供与者の意思を阻むことがあるとすれば、供与者によってはその意思の貫徹を制度的に実現すべく尽力するものもあろう。たとえば供与者（寄付者）が理事ないし評議員となれば、管理者は供与者に制度的に接近ないし一体化し、管理者の裁量が供与者の意思を内在化する。管理者の判断を自らのそれ

---

(18) 受益者とされた者の受益が乏しいことは論外として、供与者の意思により直接の受益者から除かれる者との関係で妥当でないなどの結果も含まれる。教育の現場にふさわしい寄付とすることが欠かせない。本文後述 5. を参照。

(19) 大村敦志（2000）114-115 頁は寄付に関して「原則としては義務を伴わない贈与から出発しても、一定の範囲で『寄付』の目的による制約が生ずることはありうるし、逆に、義務を伴う信託的譲渡であっても、その義務の程度・内容はいろいろでありうる」として管理者の裁量を重視する。後掲（注37）を参照。

に限りなく近づけるため、供与者が特定の人物を、①理事に就けたい、②評議員としたい、という意思を有することはあるだろう。特定の人物というなかには、(a) 供与者自身や (b) 供与者の親族や子孫、あるいはたとえば (c) 供与者に代わる人物（肝胆相照らす者や使者の如き代弁者）が考えられる。この点につき、設立時と成立後とにわけて一般財団法人と学校法人を比較しながら若干の検討を行う。

(1) 設立者は特殊な贈与を行う供与者——寄附行為者の意思

学校法人の設立には、贈与類似の単独行為がある[20]。この寄附行為者を、私立学校法34条〈新28条〉の読み替えを踏まえれば「財産の拠出者」と呼ぶべきだが、私立学校法施行令第1条第1号には「設立者」の文言が見えるので、一般財団法人におけると同じく「設立者[21]」と呼ぶ。設立者は当該法人の始原にある供与者である。

一般財団法人において設立者が理事に就く（①a）という強制はない（遺言による設立[22]をみよ）かわり、それは禁じられてもいない。設立時理事、設立時評議員の選任に関する事項として定款に定められるのみである[23]。学校法人もこの点にかわりはない[24]。

成立後の評議員会の構成は、一般財団法人の場合、定款に「評議員の選任及び解任の方法」が記載（記録）され[25]、成立後の変更は（設立時に予定しておかない限り）できない[26][27]。

学校法人の評議員会の構成（評議員資格や選任方法の変更）については、原始寄附行為に「評議員会及び評議員に関する規定（私立学校法第30条第1項第7号

---

(20) 前掲（注7）参照。
(21) 一般社団法人及び一般財団法人に関する法律第152条
(22) 一般社団法人及び一般財団法人に関する法律第152条第2項
(23) 一般社団法人及び一般財団法人に関する法律第153条第1項第6号
(24) 私立学校法第30条〈新23条〉第2項が「設立当初の役員」を寄附行為で定めるとする。なお、学校法人設立のための遺言は遺贈類似の法律行為となる。私立学校法は、「遺言で寄附行為」をするときは「その性質に反しない限り、民法の遺贈に関する規定を準用する」（一般社団法人及び一般財団法人法第158条第2項〔読み替え後〕。「寄附財産」は遺言が効力を生じたときから当該学校法人に帰属する（一般社団法人及び一般財団法人法第164条第2項〔読み替え後〕）。
(25) 一般社団法人及び一般財団法人に関する法律第153条第8号

532　第4編　関　連　法

（「評議員の定数、任期、選任及び解任の方法その他評議員に関する事項」〈新23条第1項第8号〉）」として定められており、寄附行為変更の手続を要する。私立学校法は寄附行為の変更の効力発生を所轄庁（私立大学は文部科学大臣[28]）の認可に係らしめており[29]、この手続きを免れない[30]。

　これまでのところから、誰が理事となるか、評議員会に属するか、具体的な決定は定款ないし寄附行為に定められた「方法」次第であり、人選に関する設立者の意思の固定度合いは、定款または寄附行為の変更のし易さに連動すると言えよう。

　一般財団法人の定款変更は、自治を基本とするので、臨時に裁判所の介入を求める以外は、基本的に設立者の意思が貫かれる制度と言ってよい。「目的」についても同じ手続となる[31]。これに対比される学校法人の寄附行為の変更は、所轄庁による継続的な監督の下にある事業が重視され、設立者の意思の固定度合いは所轄庁とのやりとりを通じて調整するしくみと言えるだろう。

　このように、学校法人の設立者が特定の人物を介して管理者の判断に影響を及ぼす意思は、制度上、排除されず、固定が可能である。供与者が設立者であることを根拠に、理事に就かなければならない、評議員会に属さなければならないという結論が導かれないにとどまる。そうであるだけに同族性の調節が明文を以ても行われている[32]。創立者であるから学校法人の理事にならねばな

---

(26)　一般社団法人及び一般財団法人に関する法律第200条第1項但書、そして第200条第2項（予定しておけば評議員会の決議により変更可能）。

(27)　変更を予定しない（固定する）という設立者の意思は、裁判所により、覆されることがある（一般社団法人及び一般財団法人に関する法律第200条第3項）。

(28)　私立学校法第4条第1号

(29)　私立学校法第45条第1項〈新108条第3項〉、学校教育法第4条第1項（同法施行令第23条）

(30)　届出事項とされるものがある。参照、私立学校法施行規則第4条の3第1項第1号〈新施行規則（2025（令和7）年4月1日施行）第46条第1項第1号〉、学校教育法第4条第2項（同施行令第23条の2）。

(31)　寄附行為は変更されないという考え方（代表して我妻榮（1965）、〔二一〇〕182頁「財団法人は、設立者の決定した根本規則に基づいて理事が活動するだけであって、法人の活動を自主的に決定する機関をもたない。従って、財団法人の寄附行為は、これを変更することはできない。」、〔一四〇〕134頁「財団は、団体と違って、構成分子たる個人の集団をもたない。従って、自主的にその意思を構成して活動することができず、ただ設立者の意思によって与えられた、固定した目的と組織の下に、恒常不変の存在を持続しうるだけである。」、また下井＝松井（1991）215頁）からは転換している。

学校法人への寄付についての小論　　*533*

らないとは言えない[33]。

(2) 成立後の寄付者（供与者）

　成立後の学校法人に寄付をする者も同様である。行う法律行為は異なれど、設立者と寄付者は供与者としてその本質を同じくする。供与者である寄付者は理事になれない、評議員会に属せないという法的な禁止はない。供与者と管理者の一体化（接近）は、あらかじめ排除されるものとはされていない。

　ただし、成立後の学校法人に寄付を行う供与者は、事業開始から一定の期間が経過した状況を前提に、現に業務を執行する理事により評価される。財政に余裕のある学校法人は稀だろうから、この評価が緩む可能性はある。その当否というかたちで理事の義務違反が問題となる余地はあるだろう[34]。

4．供与者と管理者の一体化（接近）への対応──禁止でなく調節

　受益者が観念できるときに、受益者をよりよく代弁し得る者が理事となり、供与者に相対する管理者として、ときに、供与者の意思を覆すことができてしかるべきである。学校法人は、学びの現場を成立・維持・向上させる債務を受益者に対して負っており[35]、そのために財産をどう使うのがよいか、的確な判断をしつづけねばならない。誰からどのような寄付を受けるべきか、契約が

---

(32) 私立学校法第38条第7項（〈新31条第6項第7項、新施行規則第12条〉はこの規則を強化した）。なお、この規制は一般財団法人について行われていない。

(33) 小宮靖毅（2023）119頁。供与者であるから、出損した財産の利用につき、監督機関たる理事会（〈新39条第1項〉参照）に属する理事のひとりとなるにふさわしいという方針（支援と支配の正比例）はありうる。

(34) 私立学校法第32条の2および第40条の2〈新30条第4項および新38条〉。ここでの理事の判断の失当は学校法人の信用にかかわる不祥事につながるとすべきだろう。このような事象は、同第40条の5〈新40条〉が準用する一般社団法人法第85条（読み替えで、監事への理事の報告義務）で「損害」とされている（松坂浩史（2024）357頁）。

(35) 在学生との関係で裁判例に手がかりを求めるなら最判平成18年11月27日となろう。その判決要旨1は「大学と当該大学の学生との間で締結される在学契約は、大学が学生に対して、講義、実習及び実験等の教育活動を実施するという方法で、大学の目的にかなった教育役務を提供するとともに、これに必要な教育施設等を利用させる義務を負い、他方、学生が大学に対して、これらに対する対価を支払う義務を負うことを中核的な要素とするもの」とする（民集60巻9号190頁、199頁）。

自由である以上、的確な判断をするのは管理者（理事）である[36]。

学校法人への寄付の法律構成は、受益者があるものの、二者間贈与（単純な贈与契約）であろう。供与者（寄付者）と管理者（学校法人）との合意にもとづいて、受益者である在学生・教員のために、無償で財産を譲渡する契約とするのがよい[37]。

使途を限定する、受益者を特定することが供与者の意思に含まれる場合、管理者（受贈者）がその意思を違えていない証明を求める供与者がいないとは限らない。それでも、管理者の対応はグッドプラクティスの範疇にとどめるのがよい。強制履行や違約罰（返還請求）の如き法的保護をこの寄付に認めるのではなく、贈与した財産の行方にそこまで関心をもつ供与者であるならば、むしろ基金とし、供与者が自ら運営にあたるのが相当ではあるまいか。

5．供与者と受益者の一体化（接近）──対象を限定した寄付

供与者の意思に従い受益者の範囲を限定すると、受益者の利益と供与者のそれとに著しい一致があらわれる場合も考えられる。学校法人においてたとえば、寄付者が一定の学生とすでにちかしい関係にあり、その学生以外が対象とならないように指定する場合や、当該学生に特別な環境を整備するために用いよといった寄付が考えられる。これには極端な類型も含まれうる[38]。学校法人は、管理者としての裁量を確保する契約を締結しなければならない。

---

[36] 供与の規模が大きければ大きいほど、学校法人の事業である教育・研究に対する関わりかたが深いという一般的認識に従い、大口と小口とで処遇を改めることが考えられる一方、そうした認識と一線を画する判断もありうる（小宮靖毅（2023）114頁(3)寄付者〔資金提供者〕、また、118頁(8)評議員会）。

[37] 学校法人を受贈者としても、寄付された財産（とくに金銭）の管理、および、その使用・処分の経緯につき供与者に報告することになろうが、大村敦志（2000）116頁は、寄付を準委任契約として報告義務（民645条、656条）を提案する（財産の供与は費用の負担〔民法649条、650条、656条〕とする）。本小論は、委任契約によることで管理者（受任者）の裁量を確保する方向性を斥けるものではない。

[38] いわゆる企業版ふるさと納税制度における懸念に通じている（「認定地方公共団体は、まち・ひと・しごと創生寄附活用事業に関連する寄附を行う法人に対し、当該寄附を行うことの代償として経済的な利益を供与してはならない〔地域再生法施行規則第13条〕」）。匿名寄付を利用した実例として参照、国見町議会（2024）。

学校法人への寄付についての小論　535

Ⅲ．むすびに代えて——学校法人への寄付における他益性——

　学校法人に対する寄付について考えてくると、供与者の意思のうち、事業に
かかわるものを伴う寄付は、管理者の裁量を確保するため、三者間贈与であっ
ても、二者間の贈与と取り扱うのが相当と思われる。同様の理由で、ガバナン
スに関与しようとする意思を原因とする寄付は、二者間の贈与とするのが相当
である。

　学校法人への財産の提供は、受益者のある贈与契約として「他益性」を伴
う。学校法人は、贈与契約の当事者となることと受益者への影響（積極消極と
も）を、供与者の意思（寄付の原因）を把握したうえでみきわめる。管理者とし
ての自らの裁量を確保すべく、当該寄付を受容するか否かを判断しなくてはな
らない（互酬性の調節）。理事はいうまでもなく、評議員会が受益者をいかに代
弁するか、その真価が問われる[39]。

　近時、学校法人の執行機能担当者（理事など「役員」）の専断を防ぐという名
分が強調される。これに基づいたと思われる条文が、理事についても[40]、評
議員会についても[41]、見受けられる。専断を防ぐことに反対するものはな
い[42]。だが、外部性の強い者による「他益性」の軽視が、専断を防ぐとの名

---

(39) 評議員会を必置とする私立学校法第41条（2004（平成16）年改正）につき、評議員会と理事
　　との意見の相違が懸念された（松坂浩史（2016）301頁同（2024）〈新18条第1項〉にはこれに
　　あたる記述がない）。これについては、受益者である在学生・教員をどちらがより正しく代弁して
　　いるかを問うほかないと考える。いずれの機関においても、判断過程の実質化がもとめられる。
(40) 私立学校法第38条第5項（〈新31条第4項第2号〉）は、外部性のつよいものを理事又は監事
　　に選任する義務を課す（同条第6項〈新31条第5項〉でその外部性のつよさを調節する）。〈新
　　146条第1項〉にみられる通り、外部性の要求は強められている。
(41) 私立学校法〈新62条第4項および第5項第3号〉
(42) 近時、卒業生団体（同窓会組織）の代表理事と学校法人の理事長が同一人物であった学校法人
　　において、①学部入学試験において卒業生団体が推薦枠を有し、②学校法人の教員である卒業
　　生につき教授や准教授などへの採用・昇格と卒業生団体への寄付金額等の貢献が連動する学校法
　　人があった（東京女子医科大学第三者委員会2024、①96頁以下、②106頁以下）。①につき、
　　事業に関連して特別な利益を供与することを禁ずる条文の対象に「評議員」は含まれるが、卒業
　　生や卒業生団体の文言はない（私立学校法第26条の2〈新20条〉、同施行令第1条）。

分のもとに見逃されることがあってはならない。いずれかの目標が他に常に優るという関係にはそもそもない。

学校法人がその債務を履行する困難の度は、財務の面に視野を限っても、増すばかりである。寄付を集めるという視点（ファンドレイジング）も等閑にできない。寄付の市場への参加者の多くが他益性を忌避する情況があるならばそれに合わせようとする学校法人もあるだろう。他益性の稀薄な寄付の管理者（受贈者）になるのであれば、それが受益者のためになると判断したものと受けとめるほかない。学びの現場の成立・維持・向上に対する正の影響をみきわめる学校法人に、受益者に資する寄付が集まるのだと言い切る必要がある。

すべての財務が寄付でまかなわれ、在学生の学納金（なんらかの fee）を欠く学校法人があったとする。その学校法人においてすら供与者（寄付者）が最重要のステークホルダーになるものではない。そのような学校法人においても法人財産は学びの現場のために費やされるのであり、その判断は、第一義的に学校法人の理事に託されている。寄付をする供与者がみな寄付財産の最適な利用のすがたを知ると想定することはできない。寄付者の処遇は、管理者たる学校法人の執行機能を担う理事の責務である。

引用文献

石坂音四郎「寄附ノ性質」『民法研究　改纂　上巻』（有斐閣、1919 年）

内田貴『民法Ⅱ　債務各論〔第 3 版〕』（東京大学出版会、2011 年）

大村敦志「現代における委任契約―「契約と制度」をめぐる断章」中田裕康＝道垣内弘人（編）『金融取引と民法法理』（有斐閣、2000 年）

小賀野晶一「贈与の信託的構成―譲渡法理からの考察」『信託法と民法の交錯』（トラスト 60、1998 年）

加藤永一「寄付―一つの覚書―」契約法大系刊行委員会『契約法大系Ⅱ　贈与・売買』（松坂佐一＝西村信雄＝舟橋諄一＝柚木馨（石本雅男先生還暦記念））（有斐閣、1962 年）

金井憲一郎「三者間贈与の法的構造とその特質―英米法からみた寄付と公益信託に関する一考察」博士論文（中央大学大学院法学研究科、2015 年）

河上正二「贈与と無償契約・好意」法学セミナー 755 号（日本評論社、2017 年）

国見町議会　高規格救急自動車研究開発事業事務調査特別委員会　調査報告書（2024 年 7 月 10 日）https://www.town.kunimi.fukushima.jp/site/gikai/18217.html（2024 年 8 月 15 日閲覧）

小出隼人「寄付の法的構成に関する一考察―日独における寄付の法的構成に関する学説を手がかりに」(1) 法学 84 巻 1 号（2020 年 6 月）75 頁以下、(2)（完）法学 84 巻 2 号（2020 年 9 月）29 頁以下

小宮靖毅「学校法人とステークホルダー―ガバナンスの法的検討との関係」尾崎安央＝川島いづみ＝山本真知子＝尾形祥（編）『学校法人ガバナンスの現状と課題』（日本評論社、2023 年）

学校法人への寄付についての小論　　*537*

佐久間寛（編）『負債と信用の人類学―人間経済の現在』（以文社、2023 年）

潮見佳男『新契約各論 I』（信山社、2021 年）

下井＝松井、林良平・前田達明（編）『新版注釈民法（2）総則(2)法人・物』（有斐閣、1991 年）〔執筆、下井隆史＝松井宏興〕

鈴木禄弥『債券法講義〔4 訂版〕』（創文社、2001 年）

東京女子医科大学第三者委員会　調査報告書【公表版】（2024 年 8 月 2 日）

https://www.twmu.ac.jp/univ/news/detail.php?kbn=1&ym=202408&cd=1385（2024 年 8 月 15 日閲覧）

中島玉吉「公募義捐金」『續民法論文集』（金刺芳流堂、1922 年）226-262 頁

比較法学会編『贈与の研究』（有斐閣、1958 年）

平野裕之『債権各論 I　契約法』（日本評論社、2018 年）

星野英一『民法講義IV　契約』（良書普及会、1976 年）

松坂浩史『逐条解説私立学校法〔改訂版〕』（学校経理研究会、2016 年）、同〔四訂版（暫定版）〕2024 年）

我妻榮『債権各論　中巻一』（岩波書店、1957 年）

我妻榮『新訂　民法総則』（岩波書店、1965 年）

法人税法にいう公正処理基準と会社法・会計公準
──商法 19 条や会社法 431 条、614 条にいう「慣行」と会計公準──

酒 井 克 彦

Ⅰ．はじめに

　法人税法は企業会計準拠主義を採用しているが、その意味するところとしては、確定決算主義（法税 74 条 1 項）や一般に公正妥当と認められる会計処理の基準（以下「公正処理基準」ともいう。）に損益計算の多くを委ねている点（法税 22 条 4 項、22 条の 2 第 1 項 3 項）、損金経理要件（法税 31 条、32 条、33 条 2 項、50 条、52 条、旧法税 53 条、措法 65 条、65 条の 10、66 条の 10、67 条の 5、法令 69 条 19 項、72 条の 3、133 条、133 条の 2、134 条）などを挙げることができよう。

　このうち、公正処理基準がいかなる会計基準を指しているのかについては、旧来より多くの議論が展開されてきたが、租税法学説の通説としては、三重構造[1]ないし三層構造[2]と呼ばれるように、商法あるいは会社法を経由したところの「会計の慣行」ないし「企業会計の慣行」（商 19 条、会 341 条、614 条）を指すものと解されている。もっとも、かかる慣行がいかなるものを指すのかについては、これまでも多くの租税訴訟において議論されてきており、税務会計論の中心的テーマであるといっても過言ではあるまい[3]。

　いわゆるクラヴィス事件においては、企業会計原則が継続企業の公準を前提としているものであるから、破綻した法人に係る法人税法 22 条 4 項にいう公

---

(1)　金子宏『租税法〔第 24 版〕』（弘文堂、2021 年）357 頁。

(2)　酒井克彦『プログレッシブ税務会計論Ⅰ〔第 2 版〕』（中央経済社、2018 年）116 頁、同『プログレッシブ税務会計論Ⅱ〔第 2 版〕』（中央経済社、2018 年）6 頁。

(3)　末永英男「法人所得と課税所得」、「会計基準と公正処理基準の乖離──ビックカメラ事件を題材にして──」同『税務会計論の基本問題』（中央経済社、2024 年）41 頁、79 頁参照。

正処理基準とは、企業会計原則の考え方に沿うものである必要はない旨の主張が展開された。すなわち、同事件では、法人税法22条4項が示す公正処理基準が会社法会計を指すものであるとした場合、会社法431条が「株式会社の会計は、一般に公正妥当と認められる企業会計の慣行に従うものとする。」とするところの「企業会計の慣行」が、例えば、企業会計原則をはじめとする会計諸規則を指すものとすれば、果たして、かかる会計諸規則を考慮するに当たって、会計公準を斟酌すべきものであるのか否かという根源的な問題が突き付けられたといってもよかろう。

そこで、本稿では、公正処理基準とは会社法会計を指すものと解し、かかる会社法会計が企業会計原則等の会計諸規則を基礎とするとした場合に、会計公準が前提とされるものなのか、別言すれば、会計公準が適合しないようなケースにおいては企業会計原則等の会計諸規則は会社法会計と相容れないものとなるのか否かという点について、同事件を素材にして若干の検討を加えることとしたい。

Ⅱ．法人税法22条4項と会計公準論

1．クラヴィス事件

公正処理基準と会計公準の関係についての問題関心を提示する事例として、いわゆるクラヴィス事件（第一審大阪地判平成30年1月15日民集74巻4号1081頁、控訴審大阪高判平成30年10月19日民集74巻4号1121頁[4]、上告審最一小判令和2年7月2日民集74巻4号1030頁[5]）がある。

本件は、本件破産会社の破産管財人であるX（原告・控訴人・被上告人）が、過払金返還請求権に係る破産債権が貸金業者の破産手続により確定した場合に当該過払金の受領の日が属する事業年度の益金の額を遡及して減額する計算を

---

(4)　判例評釈として、川田剛・ジュリ1532号（2019年）111頁、田中治・判評734号（2020年）185頁、田中啓之・平成30年度重要判例解説〔ジュリ臨増〕（2019年）196頁、岩武一郎・税法583号（2020年）33頁、佐藤孝一・税務事例51巻8号（2019年）16頁、長島弘・税務事例52巻1号（2020）29頁など参照。

540 第4編 関 連 法

して行った更正の請求に対して、そのような処理が法人税法22条4項所定の「一般に公正妥当と認められる会計処理の基準」に従ったものとはいえないとしてなされた更正すべき理由のない旨の通知処分の取消しを求めて、国Y（被告・被控訴人・上告人）を相手取って提訴した事例である。

本件の争点は、①過払金返還請求権が破産債権者表に記載され、当該債権に係る不当利得返還義務が確定判決と同一の効力により確定したことをもって、本件各更正の請求が国税通則法23条《更正の請求》1項及び2項所定の要件を充足するか否かという点と、②Xが本件破産手続において配当を行ったことをもって、本件各更正の請求が国税通則法23条1項及び2項所定の要件を充足するか否かという点である。企業会計原則や過年度遡及会計基準を含む企業会計基準は、前期損益修正の処理、すなわち損失が確定した年度の会計処理によって是正をする旨を規定することから、過年度に遡及して更正の請求により是正をすることは、法人税法22条4項にいう公正処理基準に合致する処理ではないとするのがY側の主張であった。

第一審大阪地裁はXの請求を棄却したところ、控訴審大阪高裁は、「当裁判所は、Xが本件破産会社についてした本件会計処理は法人税法22条4項にいう『一般に公正妥当と認められる会計処理の基準』（公正処理基準）に合致するものであり是認されるべきであったから、結果的に、本件申告に係る納税申告書に記載した課税標準等若しくは税額等の計算が国税に関する法律の規定（法税22条4項）に従っておらず、同納税申告書の提出により納付すべき税額が過大であったことになり、通則法〔筆者注：国税通則法〕23条1項1号に該当するところ、本件破産手続において本件破産会社が本件過払金返還債権1に係る不当利得返還義務を負うことが確定判決と同一の効力を有する破産債権者表の記載により確定し、その結果、破産会社に生じていた経済的成果が失われたか又

---

(5) 判例評釈として、三宅知三郎・令和2年度最高裁判所判例解説〔民事篇〕〔下〕（2023年）337頁、渡辺徹也・ジュリ1552号（2020年）10頁、阿部雪子・ジュリ1559号（2021年）131頁、長島弘・判評762号（2022年）153頁、倉見智亮・租税判例百選〔第7版〕（2021年）130頁、山田麻未・令和2年度重要判例解説〔ジュリ臨増〕（2021年）162頁、片山直子・速報判例解説31号〔法セ増刊〕（2022年）253頁、酒井克彦・税務事例53巻8号（2021年）40頁など。なお、酒井克彦『裁判例からみる法人税法〔4訂版〕』（財経詳報社、2024年）166頁も参照。

はこれと同視できる状態に至ったと解されることにより、本件申告に係る課税標準等又は税額等の計算の基礎となった事実と異なることが確定したというべきである（通則法23条2項1号）から、同確定の日から2か月以内にされた本件各更正の請求は理由があり、これに理由がないとした本件各通知処分はいずれも違法であると判断する。」として、第一審の判断を取り消した。

　その理由の一つとして、同高裁は、「前期損益修正の処理を規定する企業会計原則や過年度遡及会計基準を含む企業会計基準は、企業の経済的活動が半永久的に営まれ、倒産しないとの仮定（継続企業の公準）が成り立つことを前提とする考え方に基づくものというべきである。企業会計基準が採用している取得原価主義（会社計算規則5条1項参照）等が合理性を持つのも、上記の仮定が成り立つことを前提とするものと解される……。しかし、破産会社は、破産手続による清算の目的の範囲内において、破産手続が終了するまで存続するに過ぎないから（破産法35条）、破産会社については上記仮定が成り立たず、継続企業の公準が妥当しないことが明らかである。そして、破産会社について継続企業の公準が妥当しない以上、破産会社の会計処理について、企業会計基準を全面的に適用すべき合理的な理由はないといわなければならない。したがって、前期損益修正が企業会計原則で定める会計基準であり、それ自体としては法人税法22条4項にいう公正処理基準に合致するとしても、当然にこれが破産会社に適用される唯一の会計基準と解する必然性はない。この理は、過年度遡及会計基準についても同様に当てはまる。〔下線筆者〕」とするのである。

　このように第一審と控訴審で判断が分かれていたところ、上告審最高裁は次のように説示し、原判決を破棄し、Xの控訴を棄却した。

　すなわち、「一般に、企業会計においては、会計期間ごとに、当期において生じた収益の額と当期において生じた費用及び損失の額とを対応させ、その差額として損益計算を行うべきものとされている。そして、企業会計原則は、過去の損益計算を修正する必要が生じても、過去の財務諸表を修正することなく、要修正額を前期損益修正として修正の必要が生じた当期の特別損益項目に計上する方法を用いることを定め（第二の六、同注解12）、『会計上の変更及び誤謬の訂正に関する会計基準』（平成21年12月4日企業会計基準第24号）も、過去の財務諸表における誤謬が発見された場合に行う会計処理としては、当該誤謬

に基づく過去の財務諸表の修正再表示の累積的影響額を当期の期首の残高に反映するにとどめることとし（21項）、同会計処理が認められる誤謬の範囲を当初の財務諸表作成時に入手可能な情報の不使用や誤用があった場合に限定している（4項（8））。企業会計原則等におけるこれらの定めは、法人の損益計算が法人の継続的な経済活動を人為的に区切った期間を単位として行われるべきものであることを前提としており、過去の損益計算を遡って修正することを予定していないものと解される。」とした上で、「当該制限超過利息等の受領の日が属する事業年度の益金の額を減額する計算をすることは、公正処理基準に従ったものということはできないと解するのが相当である。」とした。

2．問題関心

本件大阪高裁は、企業会計原則や過年度遡及会計基準を含む企業会計基準（以下「企業会計基準」という表現は、同高裁の使う用語法に従い、本稿においてもこのような意味で使うこととする。）は、継続企業の公準という仮定が成り立つことを前提とする考え方に基づくものであって、本件のような継続企業ではない破産会社の議論においては、もはや「上記仮定が成り立たず、継続企業の公準が妥当しない以上、破産会社の会計処理について、企業会計基準を全面的に適用すべき合理的な理由はない」とする。すなわち、継続企業の公準が成り立たない破産会社のような会社には、企業会計基準を適用する合理的理由はないと論じているのである。

ここでは、継続企業の公準につき「企業の経済的活動が半永久的に営まれ、倒産しないとの仮定」であるとしつつも、本件においては「上記仮定が成り立たず、継続企業の公準が妥当しない」と論じており、継続企業の公準を「倒産しないとの仮定」と位置付けているのか、「倒産しないとの仮定」が成立することが継続企業の公準の条件にでもなっていると考えているのか、文章が混雑していて判然としない。

おそらく、「企業の経済的活動が半永久的に営まれ、倒産しないとの仮定」のあとに括弧書きで「（継続企業の公準）」と記載していることから、継続企業の公準は企業がゴーイングコンサーンであり、倒産しないとの仮定であると捉えているのであろう。そして、この文脈からすれば、本件大阪高裁は、かかる

「仮定」をいわば「前提条件」という意味で用いているようである[6]。

　しかし、果たして会計公準は、企業会計基準の適用に関する前提条件なのであろうか。本件大阪高裁の考え方が正しいとすれば、本件のような遡及的処理を行うか否かとは別の論点においても、「破産会社の会計処理について、企業会計基準を全面的に適用すべき合理的な理由はない」ということになるのであろうか。

　本件大阪高裁が説示するように、会計公準は企業会計基準の前提条件なのであろうか。本件最高裁は、上記のとおり本件大阪高裁の判断を覆したものの、この点には触れず結論を示していないことから、解釈が確定しているとはいえない状況にあるといえよう。

Ⅲ．会計公準の意義

1．会計公準の沿革[7]

　ペイトン（William Andrew Paton, 1889-1991）[8]は、「近代会計は多くの点で見積と判断をふくんでいるだけでなく、その全構造が一連の一般的過程にもとづいている。いいかえれば現在価値、原価、利益等についての会計士の特殊な結論の基礎には一定の前提（premises）と公準（postulates）がある」とされ、会計公準は会計計算の限界を示すものとされていた。

　1930 年代末にはギルマン（Stephen Gilman, 1889-1959）[9]が、会計原則についての諸研究成果の一つとして、会計の三つの条件を提示した。すなわち、ギルマンは、ルール（rule）、ドクトリン（doctrine）、コンベンション（convention）

---

(6)　企業が将来にわたって事業活動を継続するとの前提を「継続企業の前提」ともいう（平野秀輔『財務会計──Nuts and Bolts とその応用』（白桃書房、2024 年）248 頁）。

(7)　会計公準の沿革については、植野郁太『財務諸表論』（国元書房、1977 年）35 頁に詳しい。本稿の記述も同書に拠っている。

(8)　古賀実「ペイトン会計学の基本問題〔一〕〔二〕〔三〕」商学討究〔小樽商科大学〕19 巻 1 号（1968 年）75 頁、同巻 2 号（1968 年）107 頁、同巻 4 号（1969 年）41 頁、酒井文雄「会計公準論の一考察：初期ペイトンの所説を中心として」關西大學經済論集 4 巻 6 号（1954 年）594 頁など参照。

を示し、ルールは会計処理について規定された指針、ドクトリンは会計の信義条項、コンベンションは会計についての一般的同意に基づく通則と説明したのである。このコンベンションは会計の土台とされ、典型的なコンベンションとして実体（entity）、評価（evaluation）、会計期間（accounting period）の三つを挙げることができるとした。

　我が国では、昭和44年（1969年）に会計基準研究委員会から発表された「『企業会計原則の基礎をなす会計公準』に関する意見書」」において、会計公準について次のように論じられている。すなわち、「一般に、会計公準は、現存する会計目的および会計慣習の中から、会計実践全般にわたりその基礎となるものを選び出したものとする見解が比較的多くとられているようである。会計公準をこのようにみるときは、それは同時に会計実践を解明する会計理論の形成要因ともなるものであって、これを企業会計の理論と実践の基礎となる基本的前提ということができる。」とするのである。

2．帰納的導出

　会計公準（accounting postulates）とは、会計が行われるための基礎的前提であり、これは、会計上の公理及び暗黙の同意事項として会計上の諸概念を規制し、かつ、会計上の原則や基準に関する理論体系を確立するための基礎構造となる[10]。飯野利夫博士によると、この会計公準は、一般に公正妥当と認められている現実の会計を観察して帰納的に抽出されたものであると説明されている[11]。すなわち、会計公準は本来会計慣行あるいはその環境等の観察を通じて帰納的に発見されるものであり、会計理論すなわち現実の会計行為を説明し指導することのできる首尾一貫した諸概念の体系の出発点をなすものでもある[12]。

　そうであるとすると、複数の事例から導出される共通項としての「経験的命

---

(9)　Stephen Gilman＝片野一郎『ギルマン会計学〔上巻〕〔中巻〕〔下巻〕』〔久野光朗訳〕（同文館、1965-1972年）、関口重之「S・ギルマンの会計公準論——特集・会計公準論の展開——」企業会計14巻5号（1962年）725頁、久野光朗「会計人，S・ギルマンのプロフィル，文献目録，および会計本質観」商学討究〔小樽商科大学〕12巻1＝2号（1961年）361頁参照。

(10)　飯野利夫『財務会計論〔第3版〕』（同文舘出版、2007年）1-14頁。

(11)　飯野・前掲（注10）1-14頁。

題」[13]であるといえよう。このように理論体系の確立のための基礎構造として会計公準を捉え、帰納的に導出されたものと捉える考え方は多くの学説が採用するところである。会計公準には、企業会計の構造的な枠組み又は土台たる会計構造を示す公準として、構造的又は機構的公準と、その基本的な目標又は根本命題たる会計目的を示す公準としての要請的又は目的的公準とがあり、いずれも帰納的な方法によって求められる。前者の公準は企業会計の慣行や伝統的な会計制度そのものの構造的分析（企業会計の内部構造分析）によって、また、後者の公準は社会的・経済的・法制的な環境分析（企業会計の外部環境分析）によって求められるといわれることがある[14]。このうちの構造的公準は、時に基本的会計コンベンション（basic accounting convention）と呼ばれ、企業会計の慣行又は慣習の中から最も基本的なものを抜き出したものにほかならないとされており、企業実体の公準、継続企業の公準、貨幣的測定の公準の三つが挙げられる[15]。

3．公準から演繹される会計基準

　その帰納的に導出された会計公準は、他方で、「知識体系化の唯一の典型的な形とも考えられる会計理論の演繹的体系化の基礎となるもの」でもある[16]。

　会計基準は、会計公準から演繹されたものであり、それを包括的にみて、帰納的な沿革を有すると説明されているのである。

　帰納的に会計公準が構築➡会計公準から演繹的に会計基準が構築

---

(12) 上村久雄「会計公準の意義と体系」黒澤清総編集＝山桝忠恕責任編集『会計学基礎理論〔体系近代会計学Ⅰ〕』（中央経済社、1980 年）177 頁。

(13) 上村・前掲（注 12）174 頁。

(14) 新井清光『新版財務会計論〔第 2 版〕』（中央経済社、1993 年）23 頁。

(15) 新井・前掲（注 14）24 頁。新井清光博士によると、それぞれ企業実体の公準は、企業会計の「場所的限定」を、会計期間の公準は「時間的限定」を、貨幣的測定の公準は「内容的限定」（貨幣的に測定できる企業活動及び関連事業のみが企業会計の内容を構成するという意味）をそれぞれ示しているとされる。

(16) 上村・前掲（注 12）175 頁。

企業会計原則は帰納的に構築されたものと解されているが、ここにいう帰納的に構築されたものの内部には、会計公準も内包されているとみてよかろう。別言すれば、会計公準も会計基準もいずれも帰納的に抽出されたものではあるが、他方で、内部的関係をみると、会計基準は会計公準から演繹されたものと説明されることもあるようである。

　このことをひとまとめにして、時に企業会計原則は帰納的に構築されたものと説明されているのではなかろうか。

Ⅳ．会計公準の規範性

1．商法 19 条や会社法 431 条、614 条にいう「慣行」

　他方で、商法 19 条や会社法 431 条、614 条は「会計の慣行」ないし「企業会計の慣行」と表現しており、この表現から明らかなとおり、商事行為[17]ないし商事性を前提とした会計処理として定着している処理方法等を帰納的に集約したものを会計の慣行と称しているものと解される。

　かような意味では、商法 19 条や会社法 431 条、614 条における「会計の慣行」ないし「企業会計の慣行」というものは、いわば会計公準を含んだところの「慣行」ということになるのであろう[18]。しかし、それは外形的に慣行とされたものを商法 19 条や会社法 431 条、614 条が指しているのであって、必ずしもその内部を明察して会計公準と会計基準との構造的関係にまで立ち入ってまでの理解を求めているものではないように思われる。換言すれば、あくまでも、ここにいう「会計の慣行」ないし「企業会計の慣行」とは、民法 92 条《任意規定と異なる慣習》が「法令中の公の秩序に関しない規定と異なる慣習がある場合において、法律行為の当事者がその慣習による意思を有しているも

---

(17) 商事行為ないし商事性と商人性の関係については、福原紀彦「『商人』『商行為』概念の機能とその外延」新報 114 巻 11＝12 号〔濱田惟道先生古希記念論文集〕（2008 年）673 頁。同『現代企業法のエッセンス』（文眞堂、2022 年）24 頁も参照。
(18) 慣習と慣行については、酒井克彦『プログレッシブ税務会計論Ⅲ』（中央経済社、2019 年）41 頁参照。

のと認められるときは、その慣習に従う。」とするところにおける「事実たる慣習」を指すものではないかと思われる[19]。すなわち、いわば「事実たる慣行」が観念されているだけであって、慣行形成過程の構造に対する考察のアプローチまでをも必要とするものではなく、「事実」としての「慣行」を指しているものと解されるのである。

　この点は、例えば、いわゆる長銀配当損害賠償事件東京地裁平成17年5月19日判決（判時1900号3頁）[20]が次のように論じているところからも判然としよう。すなわち、同地裁は、「『会計慣行』の意義・内容については、その文言に照らし、<u>民法92条における『事実たる慣習』と同義に解すべきであり、一般的に広く会計上のならわしとして相当の時間繰り返して行われている企業会計の処理に関する具体的な基準あるいは処理方法をいうと解すべきである</u>。言い換えると、企業会計の処理に関する具体的な基準あるいは処理方法が、少なくともわが国の特定の業種に属する企業において広く行われていることが必要であり、また、相当の時間繰り返して行われていることが必要と解すべきである……。そして、当該会計慣行が特定の業種に属する企業において広く行われ、しかも、相当の時間繰り返して行われているという事実があってはじめて、当該会計慣行が『公正なる会計慣行』となり、これによって当該会計慣行とされた会計処理の方法が、法改正等の手続を経ずに、商法32条2項を介して法的な強制力を持ち得ることになると解される。〔下線筆者〕」とするところである。そして、この事件において原告らは、「会計慣行」とは、既に行われている事実に限らず、新しい合理的な慣行が生まれようとしている場合には、それをも含むと解すべきであると主張したのであるが、この点について、同地裁は、「商法32条2項が『会計基準』という用語ではなく『会計慣行』という文言を用いて、企業会計の技術・実務の発展に伴い、立法作用によらないで企

---

(19)　この点については、酒井克彦「租税法律関係における慣習法の成立——法人税法22条4項に内包される『慣習』に対するスクリーン機能」アコード・タックス・レビュー5号（2013年）7頁参照。

(20)　判例評釈として、得津晶・ジュリ1369号（2008）114頁、弥永真生・会計・監査ジャーナル29巻1号（2017年）16頁、太田剛彦・平成17年度主要民事判例解説〔判タ臨増〕（2006年）178頁、片木晴彦・平成17年度重要判例解説〔ジュリ臨増〕（2006年）104頁など参照。

業会計の基準を変更し得ることを容認した趣旨からすると、企業会計の実務の実際の動向を考慮することが当然の前提になっていると解すべきである。」とする。これは注目すべき説示ではなかろうか。

すなわち、商法 19 条や会社法 431 条、614 条は、「会計基準」という表現を採用してはいないのである。そうであるとすると、会計基準を前提に商法会計ないし会社法会計が形成されていると考えることはできず、あくまでも、いわば習わしとしての「慣行」を前提にこれらの会計の基準が形成されていると解するべきであろう。さすれば、企業会計の形成過程や内部構造に拘泥せず、外形上現れた会計の慣行に従うという態度が重要であるように思えるのである[21]。

2．経験的命題としての会計公準

会計公準は、帰納的に導き出された経験的命題であるから、「しょせんそれは絶対的に確実な真理とか真実を示すものではなく、あくまでも仮説たる本質をもつもの」にすぎないのである[22]。公準は、個別具体的な会計処理に関する下位仮説ではなく、個別具体的な会計処理の根底にあって、上部構造としての会計機構を形成する各種の下位仮説を成り立たしめている基礎構造としての根源的な性格を有する基本的仮説にほかならない。ここにいう仮説性には暫定的命題という意味をも包蔵される。

上村久雄教授は、会計公準は会計命題演繹のための基本的前提となるものであって、それ自体は直接には検証されないため、これが妥当なものとしていったん公式的、意識的に受け入れられた暁には、そこから他の諸命題を演繹的に導き出すための推論の基礎としての基本的前提となるとされる[23]。そして、会計理論の演繹的アプローチは、こうした基本的前提から出発して論理演繹的

---

(21) 同地裁は、「一般論として考えてみても、……『慣行』という以上は、広く会計上のならわしとして相当の時間繰り返して行われていることが必要というべきであって、いかにその内容が合理的なものであっても、そのことだけで直ちに『会計慣行』になり得ると解することはできないというべきである。」とも説示するのである。

(22) 上村・前掲（注 12）174 頁。

(23) 上村・前掲（注 12）174 頁。

に会計上の諸問題領域を体系的に考察、整序し、また諸問題を合理的に解決しようとするものであって、「これによって、経験の蒸溜による素朴な現状記述的な知識の秩序付けともいうべき、いわゆる（会計理論ないし会計原則に関する）帰納的アプローチでは到底十分には果しえない、知識の組織化を図ろうとするもの」であると説明されている[24]。

また、上村教授は、会計公準について、「形式的命題における無矛盾性としての真理性はむろんのこと、多くの経験的命題についていわれる事態ないし事実との合致性としての真実性も、場合によっては、必ずしも要求されない。貨幣価値安定、継続企業等の公準が必ずしも現実の事態と合致しないにもかかわらず、今日、採られている理由もここに求められる。」とした上で[25]、ヘンドリクセン（E. S. Hendriksen, 1900–1982）[26]が「公準は真実でありまた現実的でさえあることを要しない。」とする学説を紹介される[27]。

このように検討を進めてくると、もはや会計公準に規範性を求める論拠の希薄性を発見できるのではなかろうか。

V. 結びに代えて

本稿では、法人税法 22 条 4 項にいう公正処理基準とは、商法会計ないし会社法会計を指すものとする租税法上の通説を前提とした上で、かかる商法会計ないし会社法会計が述べる「会計の慣行」ないし「企業会計の慣行」なる概念として会計公準とりわけ継続企業の公準がいかなる規範的な意味を帯有しているかについて、いわゆるクラヴィス事件を機縁として考察を加えた。

そこにいう「会計の慣行」ないし「企業会計の慣行」とは、あくまでも事実

---

(24) 上村・前掲（注 12）175 頁。
(25) 上村・前掲（注 12）176 頁。
(26) Eldon S. Hendriksen『ヘンドリクセン会計学〔上巻〕〔下巻〕』〔水田金一監訳〕（同文館、1970年）、榊原英夫「継続企業概念と歴史的原価主義」富大経済論集 22 巻 1 号（1976 年）87 頁、船本修三「会計理論の 3 類型——E. S. ヘンドリクセンの所説を中心として——」大阪学院大学商学論集 14 巻 2 号（1988 年）125 頁など参照。
(27) 上村・前掲（注 12）176 頁。

550 第4編 関 連 法

としてのそれを指すものであって、企業会計原則をダイレクトに指すものでは
ないし、会計基準の構造に踏み込んでその基礎と位置付けられる公準について
まで論じる必要性は乏しいという点を指摘した。

　今日的には既に三位一体ないしトライアングル体制は崩壊したともいわれる
中にあっても、依然として税務会計と商法・会社法会計、そして企業会計の関
係が論じられることは多いが、仮に、基礎的性質が会計公準にあるとしても、
その呪縛は商法・会社法には及ばないし、ましてや法人税法に及ぶものでもな
いという点を確認することができるのではなかろうか。

司法権の正当性についての一試論

佐　藤　修一郎

Ⅰ．はじめに

　憲法 76 条 1 項は、「すべて司法権は、最高裁判所及び法律の定めるところにより設置する下級裁判所に属する」と規定し、裁判所法 3 条 1 項は、「裁判所は、日本国憲法に特別の定のある場合を除いて一切の法律上の争訟を裁判し、その他法律において特に定める権限を有する」と定める。そして、裁判の結論如何により、たとえば刑事裁判においては人は生命を失い、もしくは身体的自由を制限され、または財産を奪われるという、重大な結果が導かれることとなる (刑 9 条)。まさに、国家による強大な権限の行使といえよう。

　司法権の行使、あるいは裁判作用が、かくも重大な結果に連なるものであればこそ、そこには十分な正当性が見出されなければならないはずである。それでは、司法権の行使あるいは裁判の正当性、端的にいえば「人はなぜ人を裁くことができるのか」という問には、いかに答え得るのであろうか。この問に明確に答えることは甚だ困難であるように思われ、答え得るとしても多くの解が示されるであろう。

　以下に、この小稿では、この極めて原初的かつ難解な問に対して些かでも答え得るべく、日本国憲法下の司法権の正当性、あるいは司法権を正当化する根拠について、若干の外国の事情とわが国の歴史的経緯に留意しながら、議論の整理を試みてみたい [(1)]。

---

(1)　この小稿においては、基本的には実定法を根拠にかかる疑問に答えるべく検討を試みるものであるが、もとより、裁判の正当性をめぐっては、実定法学のみならず、(法) 哲学をはじめ、倫理学、宗教学、場合によっては経済学といった種々の観点からのアプローチも重要であることは言を俟たない。

Ⅱ．司法権の正当性の与件としての「司法権の独立」

　司法権の行使[2]が正当性を獲得するために不可欠な要素としてしばしば指摘されるのは、「司法権の独立」である。「司法権の独立」は、「近代立憲主義の大原則として、諸外国の憲法において広く認められてきた」ものである[3]。

　もっとも、「司法権の独立」については二つの意味があることを、改めて確認しておく必要があろう[4]。第一に、司法権が立法権や行政権といった他の権力から独立し、権限の行使につき他の権力による圧力や干渉を排除すべきことである。第二に、裁判官が裁判をするにあたり、独立して職権を行使すべきことであり、裁判官の職権の独立とも称される[5]。

　いずれも、近代立憲主義において司法権に正当性を付与するに不可欠の要素と思われるが、はたして両者の関係はいかに理解すべきであろうか。もとより、「司法権の独立」といえども権力分立の具体的な形態や、それぞれの国あるいは時代による司法制度を含む政治制度の相違など、その実相は一括できるものではなかろう。それゆえ、前者を「司法権の独立」の権力に重点を置く理解、後者を司法＝裁判に力点を置く理解、ととらえる見解や[6]、後者の裁判官の職権の独立こそが司法権独立の核心であるとする見解が示されている[7]。

---

(2)　厳密には、「『司法権』の正当性」と「司法権の『行使』の正当性」とは区別されるべきであろうが、本稿においては、あくまでも「試論」ということで、さしあたりは両者を互換的に用いることにつきご寛恕を乞うものである。

(3)　芦部信喜（高橋和之補訂）『憲法〔第8版〕』（岩波書店、2013年）383頁など。

(4)　佐藤功は、両者を格別に分離することなく裁判官の職権の独立を司法権の独立と捉えたうえで、この原則が「およそ裁判が公正に行われなければならない……という司法権（裁判制度）の本質から要請される当然の帰結である」とする。佐藤功『ポケット註釈全書　憲法（下）〔新版〕』（有斐閣、1984年）966-967頁。いわゆる浦和事件についても、議院の国政調査権の行使が、目的において「裁判・判決の当否を調査・批判すること自体」となってはならず、方法についても「裁判官が独立に裁判を行うことに対して事実上においても何らかの圧力や影響を与えるおそれのあるような方法」によることは許されない、と述べる。

(5)　芦部・前掲書（注3）383-384頁、樋口陽一ほか『注解法律学全集4　憲法Ⅳ』〔浦部法穂執筆〕（青林書院、2004年）3頁、など。

(6)　清宮四郎＝佐藤功編『憲法講座　第4巻』〔長谷川正安執筆〕（有斐閣、1959年）21頁。

もとより、司法権が他の権力からの圧力や干渉を排除することが肝要であることは言を俟たない。とするならば、司法権あるいは裁判組織は、全体として個々の裁判官の適正かつ適切な職権行使が可能となるよう、配慮すべきである[8]。ここにおいて、司法権あるいは裁判組織は、他の権力と個々の裁判官との間の「中間団体」とも評せる存在となる。ただし、司法権あるいは裁判組織の内部において、個々の裁判官に対する圧力や干渉が排除されるべきこともまた、看過すべきではない[9]。そしてまた、司法権の具体的かつ実際の行使は個々の裁判官に委ねられていることから、裁判官の職権の独立をもってより重要な原則として理解することが適当のように思われる。裁判官の職権の独立が、上記の「二つの意味」を含む「司法権の独立」においてより重要な原則であるとするならば、およそ司法権の行使が正当化されるためには、まずは裁判官の職権の独立が確保されていることが必須といわざるを得ない。

Ⅲ. 司法権の正当性の根拠としての「権力分立論」

およそ権力の分立は、近代立憲主義におけるもっとも基本的かつ重要な要請であり、基本原理であることはすでに確認したとおりである。そして、このことを端的に示したのが 1789 年のフランス人権宣言（Déclaration des Droits de l'Homme et du Citoyen de 1789）の 16 条であり、端的に、「権利の保障が確保されず、権力の分立が定められていないすべての社会は、憲法をもつものではな

---

(7) 芦部・前掲書（注 3）384 頁。

(8) 宮沢俊義「大津事件の法哲学的意味」『憲法と裁判』所収（有斐閣、1967 年）204 頁は、「憲法が司法権の独立を定めているのは、……形式的な独立を裁判官に保障するだけの目的ではあるまい。それはむしろ裁判官が真に法にのみ従い、自主独立に裁判したならばかくかくの結論にならなくてはならぬというごとき判決を裁判官をして下さしめることを目的とし、その目的のためにそうした裁判の実現を妨げる恐れのある他からのあらゆる干渉を禁ずるのだと解しなくてはならぬ」とする。

(9) いわゆる「平賀書簡事件」はその典型例である。また、「大津事件」では、大審院長児島惟謙が政府による圧力から司法権の独立を守った点にとどまらず、事件を担当した裁判官に対する説得を行った点にも留意すべきである。宮沢俊義・前掲書（注 8）200-208 頁、樋口ほか・前掲書（注5）〔浦部法穂執筆〕4 頁。

554　第4編　関　連　法

い」と定めていた。

　ところで、ここにいう「権力」は、権力分立論の先駆者であるモンテス
キューによれば、「立法権力 (la puissance legislative)、万民法に属する事項の執
行権力および公民法に属する事項の執行権力」であり、そのうちの「第三の権
力によって、彼 (君公または役人—筆者注) は犯罪を罰し、あるいは、諸個人間
の紛争を裁く。この最後の権力を人は裁判権力 (la puissance de juger) と呼」
ぶ (10)。そして、「裁判権力が立法権力や執行権力と分離されていなければ、
自由はやはり存在しない。もしこの権力が立法権力と結合されれば、公民の生
命と自由に関する権力は恣意的なものとなろう。なぜなら、裁判役が立法者と
なるからである。もしこの権力が執行権力と結合されれば、裁判役は圧制者の
力をもちうるであろう」「もしも同一の人間、または、貴族もしくは人民の有
力者の同一の団体が、これら三つの権力、すなわち、法律を作る権力、公的な
決定を執行する権力、犯罪や個人間の紛争を裁判する権力を行使するならば、
すべては失われるであろう」とする (11)。

　なるほど、特定の個人やグループが国家の運営に不可欠な権限あるいは作用
を独占する国家、すなわち専制国家がいかなる末路を辿るかは、歴史が語ると
ころである (12)。なお、モンテスキューの権力分立論、そこにおける「裁判権
力」の位置づけには、若干の留意が必要であろう。すなわち、モンテスキュー
にとって裁判権力は、君公がみずから行使するものではなくそれを臣下に委ね
るものであるという事実を前提として、「ある身分や職業」に結びつくがゆえ
に「人々の間でひどく恐れられる」ものである。それゆえに「常設的な元老院
に与えられるべきではな」く、「必要とされる期間だけ存続する裁判所を構成
するために、人民の団体から、一年のある時期に、法律に規定された仕方で選
び出された人々によって行使されるべき」ことによって、いわば「目に見えず

---

(10)　野田良之ほか訳『法の精神　上』〔横田地弘訳〕（岩波文庫、1989 年）291 頁。なお、モンテス
　　キューに先んじて権力分立論を唱えたのはジョン・ロックであったが、彼は司法権に独立の地位
　　を与えてはいなかった。
(11)　野田ほか訳・前掲書（注 10）292 頁。
(12)　モンテスキューは、専制国家の目的を「君公の悦楽」と喝破した。野田ほか訳・前掲書（注
　　10）290 頁。

に無」となり、これによって裁判役を恐れなくなる、とするのである[13]。この指摘からは、裁判権力、司法権に対するモンテスキューの「恐れ」を看取し得る。

　他方で、モンテスキューは裁判権を、「政治的意味において、権力とは考えてはいない」との指摘もまた重要であろう[14]。アイゼンマンがいみじくも指摘したように[15]、モンテスキューにとって裁判とは「三段論法で機能する機械（machine à syllogisme）」であり、裁判官は、「法の言葉をはく口（bouche qui pronounce les paroles de la loi）」にすぎず、「まったく消極的な存在（des êtres inanimés）」であって、立法権あるいは執行権と同一の「権力」とみなすことはできない。すなわち、モンテスキューは裁判権を権力相互の抑制と均衡の担い手である「権力」として位置づけることは困難であると考えていたというのである。そこには、裁判作用に特有の「非政治性」への配慮が働いているとの理解である。

　とまれ、司法権に対して正当性を付与する一つの前提あるいは不可欠な仕組みとして、権力分立があることには首肯し得るものと思われる。もっとも、モンテスキューが想定する裁判官像を前提とすれば、上述のごとき、裁判官の職権の独立が司法権を正当化するというテーゼそのものが成立しないというジレンマに陥ってしまうことには留意すべきである。

Ⅳ．若干の諸外国の例——フランスの場合

　フランスにおける司法権については、先に述べたとおり、モンテスキューが「政治的意味において、権力とは考えてはいない」と論じたことがまず特徴的である。さらには、アンシャン・レジーム期の高等法院（Parlement）[16]にま

---

(13)　野田ほか訳・前掲書（注10）293-294頁。

(14)　清宮＝佐藤編・前掲書（注6）23頁。

(15)　Charles Eisenmann, 'La pensée constitutionnelle de Montesquieu' in "La Pensée politique et constitutionnelle de Montesquieu Bincentenaire de l'Esprit des lois 1748-1948", Recueil Sirey, 1952, p. 151.

で遡って、裁判官に対する不信感を完全には拭いきれないという国民感情もま
た、フランスに固有の特色であろう。第五共和制憲法では、第8章が司法権に
ついて定めるところであるが、第8章の標題は "De l'autorité judiciaire" であ
り、"Du pouvoir judiciaire" ではないことの背後には、こうした特殊フランス
的な事情もあるものと考えられる (17)。

第五共和制憲法8章のうち、まず64条1項は「大統領は、司法機関の独立
の保障者である」と規定し、司法権の独立を明らかにしている (18)。この条文
においては、司法権の独立が明らかにされていることと並んで、大統領が司法
権の独立の保障者として位置づけられていることが重要である。すなわち、フ
ランスにおける司法権の正当性の根拠は、憲法の条文の上では大統領というこ
とになる。

ところで、司法権の独立の保障者としての大統領は、国内的には「憲法の尊
重を監視」し、「その裁定により、公権力の適正な運営および国家の継続性を
確保する」(5条1項)。そしてまた、大統領は「直接普通選挙により」選出さ
れる(6条1項)ものであるが、もとより大統領を選出するのは主権の属する
国民である(3条1項前段)。ここにおいて、フランスにおける司法権の正当性
の淵源は、国民に求めることができるといえよう。

また、64条4項は、「裁判官は、罷免されない」と定め、裁判官 (19) の身分
保障を明確に定めている。司法権の独立において重要な裁判官の職権の独立を
保障するためには、裁判官の身分保障は不可欠の要素であり、フランスにおい
ても憲法においてこの点が確認されている。これに関連して、フランスでは第
三共和制以降、裁判官の身分保障を確固たるものとするために司法官職高等評

---

(16) 高等法院の概略につき、さしあたり、滝沢正『フランス法〔第5版〕』(三省堂、2018年)
40-41頁。

(17) 拙稿(2011年)、「2008年憲法改正と司法官職高等評議会」『比較法雑誌』45巻3号、242-245
頁。

(18) ここで、「司法権」ではなく「司法機関」の訳語を用いているのは、上述のごとく、第五共和制
憲法が司法に関しては "le pouvoir judiciaire" ではなく "l'autorité judiciaire" の語を用いているこ
とによる。

(19) フランスでは、司法裁判所における裁判官および検察官を「司法官(Magistrat)」と呼び、前
者は Magistrat du siège、後者は Magistrat du parquet と称される。

議会（Conseil supérieur de la magistrature）が設置され、第四共和制からは同評議会は憲法上の機関となっている（第四共和制憲法 9 章〔83〜84 条〕、第五共和制憲法 65 条）[20]。

　ここで、少しく司法官職高等評議会について概観しておくと、まず、憲法 65 条 1 項は同評議会が裁判官に関する権限を有する部会（formation compétente à l'égard des magistrats du siège、以下「裁判官部会」という。）と、検察官に関する権限を有する部会（formation compétente à l'égard des magistrats du parquet、以下「検察官部会」という。）とから構成される。前者は破毀院院長が、後者は破毀院付検事長が、それぞれ主宰する（同条 2 項、3 項）。ちなみに、第四共和制以来の、司法官職高等評議会は大統領が主宰するという伝統は、2008 年の憲法改正により終止符が打たれた[21]。このうち、裁判官部会は、破毀院院長に加え、5 名の裁判官、1 名の検察官、1 名のコンセイユ・デタ評定官、1 名の弁護士および国会、法曹界、行政組織のいずれにも属さない 6 名の有識者[22]により構成される（同条 2 項）[23]。

　司法官職高等評議会は、裁判官の任命につき権限を有する（憲 65 条 4 項、司法官職高等評議会に関する組織法律 15 条 2 項、3 項）。破毀院の裁判官、控訴院院長および大審裁判所所長について大統領に提案を行い、その他の裁判官については司法大臣に提案を行う[24]。

　また、司法官職高等評議会の裁判官部会は、検察官部会に属する 1 名の裁判官も参加しての懲戒評議会（conseil de discipline des magistrats du siège）として、裁判官に対する懲戒権を行使する（憲 65 条 6 項）。懲戒処分は、戒告から免職までの 7 段階である（司法官の地位に関する組織法律についての 1958 年 12 月

---

(20) フランスの司法官職高等評議会の歴史につき、拙稿「司法官職高等評議会小史——第 3 共和制から 2008 年憲法改正まで——」『白山法学』7 号（2011 年）69 頁以下。

(21) これについては、憲法改正に先立って示されたいわゆる「バラデュール報告書（Une Vᵉ République plus démocratique）」における第 69 提案が影響していると考えられる。拙稿・前掲（注 17）247 頁。

(22) かかる有識者ついては、大統領、国民議会議長および元老院議長がそれぞれ 2 名ずつを任命するが（65 条 2 項）、男女同数でなければならない。

(23) 検察官部会の構成は、主宰者が破毀院付検事長となり、検察官が 5 名、裁判官が 1 名となること以外は裁判官部会と同様である（憲 65 条 3 項）。

(24) 検察官部会は、検察官について意見を述べる（憲 65 条 5 項、組織法律 16 条）。

558 第 4 編 関 連 法

22 日のオルドナンス 45 条）。裁判官の懲戒手続は、司法大臣、控訴院院長または
上訴裁判所所長による告発に始まる（オルドナンス 50-1 条、50-2 条）。また、や
はり 2008 年の憲法改正により、訴訟当事者が直接司法官職高等評議会に対し
て司法官の懲戒を申し立てる制度が創設された[25]。申立てについては、評議
員による尋問および調査が行われる。告発を受けた裁判官は、弁護士を同席さ
せることも可能である（同 52 条 3 項）。尋問の結果、懲戒事由の存否に関する
評議員の意見が同数の場合には懲戒処分は行われない（同 57-1 条 1 項）。なお、
懲戒処分に不服がある場合にはコンセイユ・デタへの提訴（事実上の上訴）が
可能であると解される[26]。これは、司法官職高等評議会を「行政裁判所」と
理解することに由来する。また、オルドナンス 58 条 1 項が、告発を受けた裁
判官に対して「行政の形式における（en la forme administrative）」決定が宣告さ
れると規定することによる[27]。

　裁判官の職権の独立につき、司法官職高等評議会といった独立の機関が人事
および懲戒という、裁判官の身分に対する重要な判断を行うことについて、司
法権の正当性との関係ではいかに考えるべきであろうか。すでにみたように、
大統領は司法権の独立の保障者であるがゆえに司法権の独立に正当性を付与す
る存在であるが、同時に大統領は「司法官職高等評議会によって補佐される」
存在でもある（憲 64 条 2 項）。また、司法官職高等評議会の構成員は一部を除
いて民主的正当性に乏しいことは確かであるが、その大半は司法官で占められ
ており、これにより同評議会が政治的なバイアスから距離を置くことが可能と
なっているとも理解できよう。とするならば、フランスにおいては、大統領を
介した国民と、司法官という専門家集団からなる同評議会の二面から、司法権
の独立、とりわけ裁判官の職権の独立に正当性が付与されていると考えてよい
であろう。

---

(25) 拙稿「訴訟当事者からの司法官の懲戒申立制度についての一考察」長谷川憲ほか『プロヴァン
　　スからの憲法学』所収（敬文堂、2023 年）167 頁以下。
(26) Thierry S. Renoux et Michel de Villiers, "Code constitutionnel 2011", Litec, 2010, p. 689.
(27) 検察官部会は、検察官の懲戒について意見を述べる（憲 65 条 7 項）。

V．大日本帝国憲法における司法権の正当性

大日本帝国憲法においては、第1条において「大日本帝國ハ萬世一系ノ天皇之ヲ統治ス」として天皇の一身上の地位について定め、さらに第4条においては「天皇ハ國ノ元首ニシテ統治權ヲ總攬シ此ノ憲法ノ條規ニ依リ之ヲ行フ」として「天皇の君主として行はせらるる大權を掲げて居る[28]」。このことから、統治権の淵源が天皇に求められること、すなわち「總て國家の有する一切の權利は、國の元首として天皇の總攬したまふところたることを示すもの」と解される[29]。換言すれば、大日本帝国における司法権の正当性は、天皇によって担保されるといえよう。しかしながら、このことはすべての統治権が天皇によって担われることを意味するものではないこともまた明らかであり、立法権は議会の協賛により行使され（同5条）、行政権は国務大臣の輔弼によって行われ（同55条1項）、司法権は裁判所がこれを行う（同57条1項）のである。

ところで、大日本帝国憲法下においても司法権に正当性を付与する要素としてもう一点留意すべきは、やはり「司法権の独立」である。この点、同57条1項が「司法權ハ天皇ノ名ニ於テ法律ニ依リ裁判所之ヲ行フ」と規定しているところ、まず本条は明示的ではないものの「司法権の独立」の原則を示したものであると解される[30]。そして、同項における「天皇ノ名ニ於テ」とは、「司法権も本來天皇の大權に屬し、裁判所は天皇を代表して之を行ふ者であることを示すもの」とされる[31]。また、「法律ニ依リ」とは、裁判所による司法権の行使がもっぱら法律に依拠すべきことを示しているのみならず、裁判官は天皇によって任命される官吏であるとはいえ職権の行使として裁判を行う際には「不羈獨立、法規に從ふの外、他の何者に依つても命令せらる、ことは無い[32]」という、「裁判官の職権の独立」を定めたものと理解される。さらに、

---

(28) 美濃部達吉『逐條憲法精義』（有斐閣、1934年）121頁。

(29) 美濃部・前掲書（注28）124頁。

(30) 美濃部・前掲書（注28）565-566頁。

560 第4編 関 連 法

「裁判所之ヲ行フ」とは、司法権と行政権とが分離し、司法権が独立した機関により行使されることを意味するものである[33]。

また、大日本帝国憲法58条は、裁判官の地位についてその独立を定めたものである。とりわけその2項では、「裁判官ハ刑法ノ宣告又ハ懲戒の處分ニ由ルノ外其ノ職ヲ免セラルヽコトナシ」として、裁判官が終身官であることを明らかにしている。すなわち、裁判官は政府から免官されない権利とともに、みだりにその職を奪われない権利もまた有するものとされる。よって、自らの辞職、刑罰による失職または懲戒免職の場合を除き、裁判官としての地位を失うことはない[34]。

このように解する限り、大日本帝国憲法においては、少なくとも文言上は「司法権の独立」および「裁判官の職権の独立」の原則を看取することができる。しかしながら、実際には司法行政に対する司法大臣の監督権が強大であり、「裁判所の行政権からの独立は、この面ではまったく認められていなかった」こと、それゆえ大日本帝国憲法下での司法権の独立が「きわめて不完全なものであった」ことが指摘されている[35]。そもそも大日本帝国憲法が「大日本帝國ハ萬世一系ノ天皇之ヲ統治ス」と規定しているゆえんは、「日本の古來の歴史に基いて、日本の政體の根本原則を宣言したもので、それは決して從來の國法を改めて新な原則を打ちたてたものではなく、從來既に確立して居つた原則を嚴肅に宣明したものに外ならぬ[36]」のであり、大日本帝国における司

---

(31) 美濃部・前掲書（注28）571頁。cf. スペイン憲法117条1項は、「司法は国民に由来し、国王の名において（en nombre del Rey）、独立し、罷免されず、法律にのみ責任を負い、かつ従う司法権に属する裁判官がこれを行う」と規定する。しかしながら、スペインは国民主権国家であることからも（同前文1段、1条2項）、同条は「司法権の独立」および「司法権内部における裁判官の独立」を定めたものであると解され、もとより国王の権威に服することを規定するものではない。Antonio Jimenez-Blanco et al., "COMENTARIO A LA CONSTITUCION La jurisprudencia del Tribunal Constitucional", pp. 685–686, EDITORIAL CENTRO DE ESTUDIOS RAMON ARCES, S. A., 1995.

(32) 美濃部・前掲書（注28）572頁。

(33) 美濃部・前掲書（注28）574–575頁。

(34) 美濃部・前掲書（注28）599–600頁。もっとも、裁判官「職」としては、補欠の必要による転所、定年退職、心身の衰弱による退職の制度があり、刑事訴追もしくは懲戒手続中に停職を命じられることもある。

(35) 樋口ほか・前掲書（注5）〔浦部法穂執筆〕、4頁。

法権については、その正当性は当然に天皇に由来し、また、大日本帝国憲法が予定する制度による正当性の担保は、天皇主権という大日本帝国のかたちから自由になることはできなかったといえる。

VI. 日本国憲法における司法権の正当性

1. 司法権の正当性について

すでにⅠ.においてみたように、司法権の行使すなわち裁判が正当性を獲得するためには司法権の独立が確保されていなければならず、司法権の独立のためには裁判官の職権の独立が保障されていなければならない。日本国憲法は、上述のフランス第五共和制憲法とは異なり、「司法権」の独立について明文で言及するものではない。司法権の独立に関連しては、憲法76条3項が「すべて裁判官は、その良心に従ひ独立してその職権を行ひ、この憲法及び法律にのみ拘束される」と、「裁判官」の職権の独立を定めるものである。また、78条が定める裁判官の身分保障は、裁判官の職権の独立を確保するうえで不可欠の要請であり、79条6項および80条2項はそれぞれ、裁判官の身分保障につき、経済的な側面からこれを担保するものと考えられる。以上を勘案すると、日本国憲法もまた、司法権の正当性には十分な配慮がなされているものと、まずは評価が可能である。なお、77条が定める最高裁判所の規則制定権については、「裁判所の独立性・自律性を確保し司法権独立の保障を強化するため[37]」という趣旨に解することができ、そうすると同条は、間接的とはいえ「司法権の独立」に関する規定といえよう。

2. 司法権を正当化する諸要素

さて、上述のとおりフランスにおいては、大統領を介しての主権者としての国民と、司法官職高等評議会といった憲法上の制度とにより、裁判官の職権の

---

(36) 美濃部・前掲書（注28）66頁。
(37) 樋口ほか・前掲書（注5）〔浦部法穂執筆〕、35頁。

562 第4編 関連法

独立が確保され、ひいては司法権の行使に正当性が付与されていることが確認された。この点、日本国憲法の下においても類似の構図を看て取ることは可能であろうか。

まず、憲法76条1項は、「すべて司法権は、最高裁判所及び法律の定めるところにより設置する下級裁判所に属する」と規定していることにつき、司法権が「本来的に（傍点筆者）裁判所に属するものであることを明らかにする」趣旨として理解できる[38]。ところで、憲法は前文1項において、「そもそも国政は、国民の厳粛な信託によるものであつて、その権威は国民に由来し、その権力は国民の代表者がこれを行使し、その福利は国民がこれを享受する」と述べていることにつき、これが代表民主制の原理を宣言していることは間違いはない[39]。もっとも、「国政」といっても単に立法権の行使を意味するにとどまらず、その範囲はより広範であろうし、「権力」の行使は、もとより立法権の行使に限定されない。とするならば、ここにいう「国政」には裁判作用も当然に含まれ、「権力」の行使には裁判所による司法権の行使がやはり含まれると考えるのが自然である。それゆえ、憲法前文1項は、司法権の正当性の淵源は国民である旨を確認しているものと理解できる。

次に、フランスの司法官職高等評議会のように、司法権の正当性を担保していると考えられる憲法上の制度が、いくつか挙げられる。そうした制度は、① 国民が直接的に関わる制度、および ② 国民が間接的に関わる制度、の二つに分けて考えることができる。そして、① には最高裁判所裁判官の国民審査（79条2項ないし4項）および裁判の公開（82条）が、② には弾劾裁判所（64条）が、それぞれ該当する。

まず、① のうち最高裁判所裁判官の国民審査は、一般には、違憲審査権をも行使する最高裁判所の重要性ゆえに、裁判官の選任について民主的コントロールを及ぼすことが目的であると説明される[40]。もとより、国民審査制度の趣旨をこのように解することに疑義を挟む余地はない。すなわち、任命後に

---

(38) 樋口ほか・前掲書（注5）〔浦部法穂執筆〕、9頁。
(39) 芦部・前掲書（注3）36頁。
(40) 芦部・前掲書（注3）376頁、樋口ほか・前掲書（注5）〔浦部法穂執筆〕、63頁。

国民審査を実施し、罷免を行うことができるとすることにより、最高裁判所裁判官に対して国民のコントロールを及ぼすという、間接民主制を原則とした日本国憲法のもとでの例外的な直接民主制的な制度である。もっとも、すでに確認したとおり司法権の正当性の根拠が究極的には国民に求められるとするならば、ここにおいては「最高裁判所裁判官」への意思表明はもとより、最高裁判所裁判官の「選任」あるいは「選任手続」についての国民の意思表示、という意義もまた、あわせて国民審査は有していると解することも可能ではなかろうか。かかる理解に立てば、主権者たる国民（前文、1条）→国会（43条1項）→内閣（67条、68条）→最高裁判所（6条2項、79条1項）→国民と、最高裁判所裁判官の任命が、いわゆる民主制の連環の中に位置づけられていることがより明確になるものと思われる。ここにおいて、日本国憲法における直接民主制的な制度として位置づけられる国民審査は、その実、間接民主制的な制度として政治部門への掣肘にもなり得るのである。

　そしてまた、最高裁判所裁判官の国民審査の性格として、判例および通説である一種の国民解職（リコール）と理解する立場[41]との関係においても、最高裁判所裁判官自身への評価に加えて、審査の際に内閣による選任の適否という考慮要素が若干増すのみであり、大きな離齬が生じるとも考えにくい[42]。もっとも、現行の制度のように「罷免を可とする裁判官については投票用紙の当該裁判官に対する記載欄に自ら×の記号を記載し、罷免を可としない裁判官については投票用紙の当該裁判官に対する記載欄に何らの記載をしないで、これを投票箱に入れなければならない（最高裁判所裁判官国民審査法15条1項)」という具体的な投票方法およびそれにより生じる法的効果については、国民審査が最高裁判所裁判官の正当性の契機となることを勘案すれば、実質的に棄権の機会を奪う場合が生じること、審査人がみずからが意図しない効力が生じる可能性があること、などに鑑みて改善の余地はあるように思われる。

---

(41) 最大判昭和27年2月20日民集6巻2号122頁、芦部・前掲書（注3）376頁、樋口ほか・前掲書（注5）〔浦部法穂執筆〕、65頁。

(42) この点、現在までの最高裁判所裁判官の在任期間が最も長かったのは、入江俊郎裁判官の1952年8月30日から1971年1月9日までの18年であるが、かかるケースは極めて稀であり、任官から5年から7年ほどで退官を迎える事が多い。

564 第4編 関 連 法

また、①のうち裁判の公開については、公正な裁判を実現するために不可欠な「近代司法の基本的な原則の一つ[43]」である。本稿の冒頭に記したように、司法権は時として人の生命を奪うことにもつながる、極めて強大な権限であり、その行使の態様は主権者である国民に広く公開されることによって正当性を獲得できる。ここにおいて、裁判の公開もまた、司法権の正当性の根拠となり得るものと考えられる。

②の弾劾裁判所は、憲法64条1項の「国会は、罷免の訴追を受けた裁判官を裁判するため、両議院の議員で組織する弾劾裁判所を設ける」との規定により、国会に設置される。裁判官の弾劾が国会議員に委ねられた理由は、「公務員の選定罷免権を固有の権利として保持する国民を直接代表する国会議員で組織する、国会と異なる特別の裁判所による独立・公正な判定に委ねるのが適切だと考えたから」などと説明される[44]。裁判官の身分保障は、司法権の正当性を担保する極めて重要な与件であるところ、憲法78条は、「心身の故障のために職務を執ることができないと決定された場合を除いては、公の弾劾によらなければ罷免されない」と規定し、罷免の事由はきわめて限定されている。とするならば、まずもって弾劾裁判は、罷免事由に該当する裁判官を罷免するという点ではなく、罷免事由に該当しない限り罷免されない制度である点により重きをおいて理解されるべきである[45]。さらには、弾劾裁判所が国会議員によって構成されるという制度設計に鑑みれば、およそ司法権の淵源が国民に由来することから、弾劾裁判は司法権に対する民主的コントロールの一形態、あるいは民主的正当性を付与する手続としても理解されるべきと思われ、また、このように解しても制度の本来の趣旨・目的との間にさほどの径庭は生じないはずである。

なお、憲法上の制度ではないものの、司法権の正当性を担保するためのしく

---

(43) 樋口ほか・前掲書（注5）〔浦部法穂執筆〕、160頁。

(44) 野中俊彦ほか『憲法Ⅱ〔第5版〕』〔高見勝利執筆〕（有斐閣、2012年）141頁。

(45) これは、弾劾事由が「職務上の義務に著しく違反し、又は職務を甚だしく怠つたとき」（裁判官弾劾法2条1号）または「その他職務の内外を問わず、裁判官としての威信を著しく失うべき非行があつたとき」（同2号）と、きわめて限定的なものとして定められていることからも明らかである（傍点筆者）。

みとして、国民が直接的に関わる制度としては裁判員制度が、国民あるいは国民主権の原理とは距離がある非政治的な制度としては分限裁判が、それぞれ挙げられる。とりわけ後者は、裁判官の懲戒について他の国家機関の干渉を排除するものであり、司法権の独立を具現化し、司法権の正当性の根拠となり得る制度である。

Ⅶ．裁判官の属性

近年においては、最高裁判所裁判官の経験者が退官後に最高裁判所におけるみずからの経験を著すことも、決して珍しいことではない[46]。こうした著作を概観するに、およそ、憲法81条に定める「一切の法律、命令、規則又は処分が憲法に適合するかしないかを決定する終審裁判所」たる最高裁判所に身を置く裁判官について、従来、外部からはうかがい知ることが困難であった最高裁判所裁判官の職務の実態をはじめ、判決に向かう裁判官の意識や思考のプロセスが詳らかにされることは、司法に寄せられる国民の理解を深化させ、あるいは信頼感を醸成することに寄与するものであると思われる。

そして、こうした著作からもうかがい知ることができ、そしてまた重要と思われることは、最高裁判所裁判官をはじめ、裁判官が「超人」ではなく、きわめて普通の「凡人」あるいは「一般人」であるという事実であろう。もとより、「すべて裁判官は、その良心に従ひ独立してその職権を行ひ、この憲法及び法律にのみ拘束される」（憲76条3項）ものであり、その憲法及び法律の解釈及び適用に際しては細心の注意を以て職権を行使する責任と義務を負うものである。しかしながら、裁判官席に座るのは主権の淵源である「国民」と言葉を交わすことが可能であり、「常識」を備えた「凡人」あるいは「一般人」でなければならないはずである[47]。訴訟関係者をはじめ、「国民」と意思疎通

---

(46) かかる著作は近時非常に多く出版されている。こうした著作の嚆矢として、団藤重光『死刑廃止論』（有斐閣、1991年）、あるいは、伊藤正巳『裁判官と学者の間』（有斐閣、1993年）が挙げられよう。

566　第4編　関　連　法

が不可能な、あるいは著しく困難な「超人」による裁判が、訴訟関係者や「国民」の納得を得られるとは到底思えない。とするならば、裁判官の属性として、「凡人」あるいは「一般人」たることは、およそ司法権の正当性の根拠となり得ると考えられる。

Ⅷ．むすびにかえて

　司法権の正当性につき、角度を変えて若干の検討を加えてきたが、ことに日本国憲法のもとでの日本および第五共和制憲法下のフランスは、いずれも正当性が国民に由来するものであり、その正当性の契機の発露にも類似点が見出されたように思われる。もとより、この小稿が羊頭狗肉の誹りを免れない不十分な内容であることは明らかではあるが、今後の検討のために若干の整理は行えたように思われる。そして、司法権の正当性が、制度としては裁判官の独立によって担保され、その正当性の淵源は国民であるとするならば、繰り返しになるがやはり司法権の独立を保障するものは国民をおいて他にない。

　なお、司法権と国民との関係につき、本文において詳細に検討することはかなわなかったが、たとえばアメリカにおける連邦最高裁判所裁判官の任命が、連邦議会上院の承認を得て大統領が任命するという、いわゆる政治的任用であり（合衆国憲法2編2節2項）、そのため、時として連邦最高裁判所の判決が重

---

(47) ここにいう「常識」については、おそらく「社会通念」という語と互換性が認められよう。もっとも、ここで留意しなければならないのは、第一に、しばしば指摘されるような「一般国民の常識」と「裁判所の常識」との乖離である。この点は、判決後にメディアによって関係者の見解が報じられたり、判決についてのさまざまな見解が示されることが想起される。cf. 間川清『裁判官・非常識な判決48選』（幻冬舎新書、2016年）。第二に、「社会通念」という語の抽象性、さらにいえば曖昧さである。象徴的な事例として、いわゆる「津地鎮祭最高裁判決」（最大判昭和52年7月13日民集31巻4号533頁、判時855号24頁）が挙げられる。当該事件において、最高裁判所は違憲審査基準としていわゆる「目的効果基準」を採用したにもかかわらず、最終的には津市の行為の合憲性について「諸般の事情を考慮し、社会通念に従つて、客観的に判断しなければならない」とし、合憲の結論を導いた。ここで「社会通念」とは「一般人」の意識と同義であろうが、政教分離が問題となる事例において、「「一般人」の意識を基準のあてはめにあたって重視することは、政教分離の意味をまったく骨抜きにすることになる」との批判があることにも、留意すべきである。樋口陽一『憲法〔第3版〕』（創文社、2007年）226頁。

大な社会的な分断を惹き起こすといった点には、留意すべきである[48]。このことは、大統領と連邦議会上院という、ともに民主的正当性に支えられた機関による裁判官の任命であったとしても、国民がその判断に常に支持を与えるとは限らないことを物語っている。

関連して、憲法裁判所裁判官の任命に関する議論ではあるが、裁判官の政治化という問題について、すべての制度は政治化されており、むしろ政治化は必要である、これは民主主義の正当性の問題であって、憲法裁判官は国の主な政治勢力、すなわち議会の多数派と反対派とを代表するものであるがゆえに議会の意思に反対する正当性を有するのであって、憲法裁判官が政治権力によって政治的動機に基づいて任命されるならば、そこに正当性を見出すことはできない、といった見解も示唆的である[49]。ここでは、所与の「制度」あるいは「しくみ」がその趣旨に則って運用されているのか、さらには制度運用とそれに対する国民の受け止め方との間に乖離はないのか、といった問題が提起されているのである。

いずれにしても、強大な権限を行使する裁判所は、みずからその正当性を調達し、獲得しなければならない。その際、民主制の連環が正常に機能することがきわめて重要な要件となることに留意が必要である。国民主権国家において、民主制の連環が切断され、民主主義が機能不全に陥っている状況下では、いかなる裁判所にも正当性を見出すことはできまい。今後は、そのための具体的な方策についても検討を行っていくべきものと考える。

---

(48) 一例として、人工妊娠中絶の権利をめぐる、Dobbs v. Jackson Women's Health Org., 142 S. Ct. 2228 (2022).

(49) ルイ・ファヴォルー「憲法裁判」小島武司ほか編『フランスの裁判法制』（中央大学出版部、1991年）46頁。

企業統治における「ビジネスと人権」と
「宮本から君へ」事件

平　　裕　介

Ⅰ．はじめに

「企業統治（コーポレート・ガバナンス）」は、論者によりさまざまな意味で使われているが、広い意味では、企業の運営・管理のあり方をいう[1]。この企業統治に関し、2015年、5つの基本原則を定めたコーポレートガバナンス・コード（以下「CGコード」という。）が策定された。CGコードは、全体として、透明・公正かつ迅速・果断な意思決定を行うための仕組みとしてのガバナンスに関する原則であり、ガバナンスを通じた環境や社会への取組みに言及している[2]。そして、この環境及び社会への取組みに係るものとして、2021年のCGコードの改訂により、「株主以外のステークホルダーとの適切な協働」に関する基本原則2の「考え方」において「持続可能な開発目標」（SDGs）等への言及がなされ、中長期的な企業価値の向上との関係で「サステナビリティ（ESG要素を含む中長期的な持続可能性）」が重要な経営課題であるとされた。その上で、企業が同課題への「積極的・能動的な対応」をするに際して、「取締役会は、気候変動などの地球環境問題への配慮、人権の尊重、従業員の健康・労働環境への配慮や公正・適切な処遇、取引先との公正・適正な取引、自然災害等への危機管理など、サステナビリティを巡る課題への対応は、リスクの減少のみならず収益機会にもつながる重要な経営課題であると認識し、中長期的な企業価値の向上の観点から、これらの課題に積極的・能動的に取り組むよう

---

(1)　田中亘『会社法〔第4版〕』（東京大学出版会、2023年）158頁。
(2)　日本弁護士連合会国際人権問題委員会『詳説 ビジネスと人権』（現代人文社、2022年）116頁。

検討を深めるべきである。」（下線引用者）との原則（補充原則 2-3）が示された。これは、「上場会社は、社会・環境問題をはじめとするサステナビリティを巡る課題について、適切な対応を行うべきである、」という原則（原則 2-3）に関するものである[3]。

　また、2011 年に国連が策定（国連人権理事会が採択）した「ビジネスと人権に関する指導原則」は、① 人権尊重責任に関する約束の表明（人権方針）、② 人権デューディリジェンス（人権に対する負の影響の特定・評価、負の影響の防止・軽減等）、③ 負の影響から生じた被害への対応（救済）を要請しており、日本国内でも上場企業を中心に「人権保護方針」を策定する企業が増えている[4]。

　このように、公法の領域のみならず、私法の領域である企業統治においても、「人権の尊重」や「人権に対する負の影響」への配慮は近年特に重要な課題の１つであるところ、2023 年 11 月 17 日、人権の１つである「表現の自由」（憲 21 条 1 項）に関する重要な判決が下された。最高裁第二小法廷は、映画「宮本から君へ」助成金訴訟（以下「本件訴訟」という。）における表現助成の問題について、画期的な判例（判決）[5]を創出したのである（この判決は、「宮本から君へ」事件判決等と称されることがある。以下この判決を「本判決」という。）。本判決は、直接的には芸術表現行為への公的助成金の不交付処分について行政裁量の逸脱・濫用（行政事件訴訟法 30 条）の違法性が争点となったことや、その判決理由において「憲法 21 条 1 項による表現の自由の保障の趣旨」への言及があったことから、公法学（憲法学・行政法学）の領域で特に注目されている[6]が、会社法・企業法に関する領域すなわちビジネス法務や「ビジネスと人権」との関係でもホットな話題となっている[7]。

　筆者は、本件訴訟の原告（被控訴人・上告人）訴訟代理人の一人として第一審段階から最高裁まで訴訟活動を担当し、また、本件訴訟に関していくつかの小

---

(3)　株式会社東京証券取引所「コーポレートガバナンス・コード〜会社の持続的な成長と中長期的な企業価値の向上のために〜」（2021 年 6 月 11 日）8-9 頁。 https://www.jpx.co.jp/equities/listing/cg/tvdivq0000008jdy-att/nlsgeu000005lnul.pdf

(4)　笠原智恵「ビジネスと人権」エンターテインメント・ローヤーズ・ネットワーク編『エンターテインメント法務 Q&A〔第 4 版〕』（民事法研究会、2024 年）344 頁（345-346 頁）。

(5)　最判令和 5 年 11 月 17 日民集 77 巻 8 号 2070 頁。

570 第4編 関連法

論を公表しており⁽⁸⁾、福原紀彦先生のゼミ生 OB（第 15 期・2004 年卒業）でありながら、弁護士の実務との関係で行政訴訟・憲法訴訟に関心を持ち、行政法（公法）の研究を続けてきた⁽⁹⁾。そこで、本稿では、憲法判例・行政判例といわれる本件訴訟と、福原先生のご専門領域である商法・会社法・企業法とをいわば架橋すべく、企業統治における「ビジネスと人権」の問題と「宮本から君へ」事件判決との関係について論じることを試みたい。以下、本件訴訟と「ビジネスと人権」との関係について論じる前提として、本件訴訟の概要（事案と争点、第一審・第二審・最高裁判決の要点）を説明し（Ⅱ.）、その上で、本判決の

---

(6) 蟻川恒正「最高裁における弁論――『宮本から君へ』訴訟上告審判決を見る視点」法セ 830 号（2023 年）45 頁、同「『抽象的な概念』を名目とする芸術助成の拒否――『宮本から君へ』訴訟最高裁判決を読む」法時 96 巻 3 号（2024 年）56 頁、西村裕一「判批」法教 522 号（2024 年）113 頁、興津征雄「判批」法教 522 号（2024 年）114 頁、志田陽子「不適切表現の『封印』と『表現の自由』」ジュリ 1594 号（2024 年）75 頁（80 頁）、福井健策ほか「座談会 芸能活動と法」ジュリ 1594 号（2024 年）14 頁（28 頁、30 頁〔宍戸常寿〕）、横大道聡「判批」YOLJ-L2402009（2024 年）、深澤龍一郎「判批」YOLJ-L2402011（2024 年）、櫻井智章「憲法原理と行政法――憲法原理とその活かし方」法セ 831 号（2024 年）68 頁（75 頁）、神橋一彦ほか「[座談会] 連載を振り返って（上）」法セ 833 号（2024 年）64 頁（65 頁〔鵜澤剛発言〕）、神橋一彦ほか「[座談会] 連載を振り返って（下）」法セ 834 号（2024 年）57 頁（63 頁、68 頁〔神橋一彦発言〕、64 頁〔鵜澤剛発言〕、67 頁〔栗島智明〕）、金澤誠ほか「判例回顧と展望 2023 憲法」法時 96 巻 7 号（2024 年）3 頁（4 頁、9 頁）等。

(7) 松尾剛行「判批」WLJ 判例コラム臨時号 305 号（2023 年）文献番号 2023WLJCC027、福井健策ほか「座談会 芸能活動と法」ジュリ 1594 号（2024 年）14 頁（28 頁、32 頁〔福井健策〕）、武井一浩「サステナビリティ時代のガバナンス対応――『宮本から君へ』事件」ビジネス法務 24 巻 8 号（2024 年）48 頁、笠原・前掲（注 4）344 頁以下（348 頁）。

(8) 本件訴訟の第一審判決に関する拙稿として、① 平裕介「文化芸術助成に係る行政裁量の統制と裁量基準着目型判断過程審査」法セ 804 号（2022 年）2 頁。第二審判決に関する拙稿として、② 同「映画『宮本から君へ』助成金不交付裁判東京高裁判決の問題点と表現の自由の『将来』のための闘い」法学館憲法研究所 Law Journal 27 号（2023 年）135 頁、③ 同「文化芸術助成のための給付行政に係る行政裁量における『公益の観点』・『助成制度への国民の理解』の考慮――映画『宮本から君へ』助成金不給付取消訴訟を題材として――」日本大学法科大学院法務研究 20 号（2023 年）121 頁。最高裁判決（本判決）に関する拙稿として、④ 同「『宮本から君へ』事件――民法 34 条を起爆剤とする給付行政に係る行政裁量の壁の突破」法セ 830 号（2024 年）16 頁、⑤ 同「『宮本から君へ』事件と『裁量論と人権論』の新展開」判時 2582 号（2024 年）5 頁、⑥ 同「『宮本から君へ』事件と組織規範による行政裁量の統制」地方財務 842 号（2024 年）159 頁。

(9) 主な拙稿として、平裕介「行政不服審査法活用のための『不当』性の基準」公法研究 78 号（2016 年）239 頁、同「行政不服審査における不当裁決の類型と不当性審査基準」行政法研究 28 号（2019 年）167 頁、同「あいちトリエンナーレ 2019 と争訟手段――補助金不交付に対する行政争訟を中心に」法セ 786 号（2020 年）41 頁等。

判示等を企業統治における「ビジネスと人権」の問題においてどのように活用することができるのかについて論じることとする（Ⅲ.）。

Ⅱ．本件訴訟の概要

1．事案と争点

　本件訴訟は、文化庁が所管する独立行政法人日本芸術文化振興会（被告・控訴人・被上告人、以下「Y」という。）が、あらかじめ文化芸術の知見のある者で構成される専門組織に意見を聴いた上で、映画製作会社（株式会社スターサンズ、原告・控訴人・被上告人、以下「X」という。）に対し、X製作の映画「宮本から君へ」[10]（以下「本件映画」という。）についての文化芸術作品製作に関する文化芸術振典費補助金（以下「本件助成金」という。）を交付するという「内定」を出したが、その後、本件映画に脇役として出演していた俳優が薬物事犯で逮捕され有罪となったことから、「芸術的観点」とは別の「薬物乱用の防止」等の「公益」の観点を理由に本件助成金を不交付とする処分（以下「本件処分」という。）を行ったため、Xが本件処分は違法だと主張して提訴した本件処分の取消訴訟（行政事件訴訟法3条2項）である。

　本件訴訟の争点は、助成金を交付しないと決定した本件処分には裁量権の逸脱・濫用（行政事件訴訟法30条）があり、本件処分が「違法」か否かである。このように本件訴訟の形式的な争点は助成金不交付処分の違法性であるが、その背後にある、文化芸術に関する表現の自由（憲21条1項）の趣旨が裁量判断（司法審査）において重視される事項・要素とされるべきか、というのが実質的な争点であった。すなわち、本件訴訟は、裁量処分の違法性を争う行政訴訟であると同時に、表現の自由への萎縮効果に照らした行政裁量に対する司法審査の密度の向上に係る主張という憲法上の主張が展開されたという意味で憲法訴

---

(10) 映画『宮本から君へ』は、1990年から1994年の間に講談社発行の週刊漫画雑誌『モーニング』に掲載された漫画である新井英樹『宮本から君へ』を原作とする日本映画である（日本公開日2019年9月27日、エグゼクティブプロデューサー：河村光庸、岡本東郎、監督：真利子哲也、配給：スターサンズ、KADOKAWA）。

訟といえる[11]。

2．第一審判決（原告勝訴）

第一審判決（東京地判令和3年6月21日判時2511号5頁）は、本件助成金の交付・不交付についての芸文振理事長の行政裁量を認めつつも、助成金交付の内定を決定した場合には、芸術的観点からの専門的な判断を尊重する芸文振の要綱の定めや仕組みを踏まえてもなお助成金を交付しないことを相当とする「合理的理由」がある場合があるかどうかという判断枠組み（裁量審査の基準）を採った。「合理的理由」が認められれば適法だが、認められなければ違法となるという判断枠組みである。

その上で、芸文振の主張する「公益」について「合理的な理由」は認められず、本件処分には裁量権の逸脱・濫用の違法があると判断した。このように第一審判決は、原告の全面的な勝訴判決となった。

3．第二審判決（原告逆転敗訴）

第二審判決（東京高判令和4年3月3日判タ1505号41頁）は、第一審判決の判断枠組みを大幅に変更し、逆の結論を採った。

同判決は、日本芸術文化振興会法が「本件助成金の交付に関する具体的な要件を定めていない」ことや本件文化芸術振興費補助金による助成金交付要綱8条1項等の関係規定の内容などから、「控訴人理事長が行う本件助成金の交付又は不交付の判断は公益に合致したものであることを要するというべきである」とし、したがって、「控訴人理事長は、基金運営委員会における、助成の対象となる各分野における芸術の専門家による芸術的観点からの専門的知見に基づく採択を踏まえて交付内定を行った場合であっても、交付申請の審査の手続において、本件助成金は、公益性の観点（芸術的観点以外の観点）から本件助成金を交付することが不適当であると認めたときは、本件助成金の不交付決定

---

(11) 現に、本件訴訟は、代表的な憲法の教科書において紹介され（渡辺康行ほか『憲法Ⅰ　基本権〔第2版〕』〔宍戸常寿〕（日本評論社、2023年）249頁は、第二審判決を紹介する）、また、代表的な行政法の教科書でも紹介されている（大橋洋一『行政法Ⅰ　現代行政過程論〔第5版〕』（有斐閣、2023年）232頁は、第一審判決を紹介する）。

をすることができるものと解される」とし、「芸術的観点」と「公益性の観点」とを（素直に読めば）等価値的な考慮事項としうる旨の判断を示した。

その上で、次のような判断枠組みを提示した。すなわち、「上記のような公益性の観点から控訴人理事長が行う本件助成金の交付又は不交付の判断は、① 助成の交付の対象となる事業の内容、② 助成の対象となる経費及び助成金の額、③ 助成の必要性、④ 本件助成金を交付しない場合に内定者に生じ得る影響の内容及び程度等、⑤ 本件助成金を交付した場合に生じ得る影響の内容及び程度等の諸般の事情等を総合考慮した上でされる控訴人理事長の合理的な裁量に委ねられているというべきである。したがって、控訴人理事長の本件助成金の交付に係る裁量権の行使が逸脱濫用に当たるか否かの司法審査においては、その判断が裁量権の行使としてされたものであることを前提とした上で、その判断要素の選択や判断過程に合理性を欠くところがないかを検討し、その基礎とされた重要な事実に誤認があること等により重要な事実の基礎を欠くこととなる場合、又は、事実に対する評価が明らかに合理性を欠くこと、判断の過程において考慮すべき事情を考慮しないこと等によりその内容が社会通念に照らし著しく妥当性を欠くものと認められる場合に限り、裁量権の範囲を逸脱し、又はこれを濫用したものとして違法となり、裁判所は、上記判断に基づいて控訴人理事長がした処分を取り消すことができるもの（行政事件訴訟法30条）と解すべきである。」と判示した。

以上の判断枠組みを前提として、同判決は、「薬物乱用の防止という公益の観点」を考慮することは許される旨を述べ、また、本件助成金を原告（被控訴人）に交付すれば、「観客等に対し、『国は薬物犯罪に寛容である』、『違法薬物を使用した犯罪者であっても国は大目に見てくれる』という誤ったメッセージを控訴人が発したと受け取られ、薬物に対する許容的な態度が一般的に広まり、ひいては、控訴人が行う助成制度への国民の理解を損なうおそれがあるというべきである」と判示し、他方で、「本件助成金の額（1000万円）の本件映画製作の予算全体（助成対象と認定された経費は約7800万円）に占める割合を考慮しても、本件処分により本件映画の製作に重大な支障が生じたとは考え難い」などと述べ、したがって、本件処分には裁量権逸脱・濫用は認められず、適法というべきとの結論を導いた。

574　第 4 編　関　連　法

　同判決は、一見すると「判断過程審査」という従来の判例が採ってきた裁量判断のプロセスを審査するという判断枠組みを採用したが、この高裁の判断枠組みはいわば特殊な「判断過程審査」であり、芸術的観点と公益的観点の実質的な衡量を避けられるような内容になっていて、実際には従来の判例が採ってきた判断過程審査とは異なるものといえる審査手法であった。その結果、東京高裁は、芸術的観点を重視せず、これとは別の薬物乱用防止等の観点だけを過度に重視した不交付決定であっても適法だと判断したのである。そこで、被控訴人（原告）は、同判決が裁量権の逸脱濫用（行政事件訴訟法 30 条）の判断枠組みを誤ったものであるとして、上告及び上告受理申立てを行った。上告理由としては、憲法 14 条違反等を主張し [12]、また、上告受理申立理由としては、第二審判決の採った行政事件訴訟法 30 条の裁量権の逸脱・濫用に係る判断枠組みが誤っており、同判決には本件処分に関係する法令の解釈を誤った違法があることや、本件は「表現助成の問題」の今後の展開に対して最高裁が議論の指導的方向性を指し示すにふさわしい事案であることなどを主張した [13]。

4．最高裁判決（原告逆転勝訴、破棄自判）

　最高裁判所（第二小法廷）は、上告は棄却した [14] ものの、上告受理申立ての方は受理するとの決定をし [15]、口頭弁論期日を令和 5 年 10 月 13 日に指定した。最高裁は、同期日において尾島明裁判長による補充的な質問を両当事者（双方の訴訟代理人）に行った上で [16]、同年 11 月 17 日、次のとおり、裁判官 4 名全員一致の判断で（個別意見なし）、第二審判決を覆す判決を下した（破棄自

---

[12] なお、上告理由として憲法 21 条 1 項違反は主張していない。

[13] CALL4 のウェブサイト（https://www.call4.jp/info.php?type=items&id=I0000095）において上告受理申立理由や上告理由書等の主張書面、研究者（志田陽子教授、木村草太教授）の意見書、証拠（書証の一部）、判決等を公表している。なお、CALL4 は、「公共訴訟」すなわち「国や地方公共団体を相手にし、かつ、私権の実現というより社会課題を解決することを実質的な目的とする訴訟」（谷口太規「『法の使われ方』の変容をめぐって」法教 499 号（2022 年）27 頁（29 頁））を支援する NPO 法人である。

[14] 最決令和 5 年 7 月 19 日令和 4 年（行ツ）第 214 号。

[15] 最決令和 5 年 7 月 19 日令和 4 年（行ヒ）第 234 号。

[16] その内容に関しては、蟻川・前掲（注 6）「最高裁における弁論」45 頁以下、平・前掲（注 8）文献④ 18 頁参照。

判）。

　最高裁は、(A)「本件助成金については、振興会法や補助金等適正化法に具体的な交付の要件等を定める規定がないこと、芸術の創造又は普及を図るための活動に対する援助等により芸術その他の文化の向上に寄与するという本件助成金の趣旨ないしＹの目的（振興会法３条）を達成するために限られた財源によって賄われる給付であること、上記の趣旨ないし目的を達成するためにどのような活動を助成の対象とすべきかを適切に判断するには芸術等の実情に通じている必要があること等からすると、その交付に係る判断は、理事長の裁量に委ねられており、裁量権の範囲を逸脱し又はこれを濫用した場合に違法となるものというべきである」とし、裁量の根拠に言及した。

　そして、(B)「Ｙは、公共の利益の増進を推進することを目的とする独立行政法人であり（振興会法３条の２、独立行政法人通則法２条２項）、理事長は、本件助成金が法令及び予算で定めるところに従って公正かつ効率的に使用されるように努めなければならないこと（振興会法17条、補助金等適正化法３条）等に照らすと、芸術的な観点からは助成の対象とすることが相当といえる活動についても、本件助成金を交付すると一般的な公益が害されると認められるときは、そのことを、交付に係る判断において、消極的な事情として考慮することができるものと解される」とし、一般的な公益も裁量判断に係る考慮可能事項である旨の判断を示した。

　もっとも、(C)「本件助成金は、公演、展示等の表現行為に係る活動を対象とするものであるところ（振興会法14条１項１号）、芸術的な観点からは助成の対象とすることが相当といえる活動につき、本件助成金を交付すると当該活動に係る表現行為の内容に照らして一般的な公益が害されることを理由とする交付の拒否が広く行われるとすれば、公益がそもそも抽象的な概念であって助成対象活動の選別の基準が不明確にならざるを得ないことから、助成を必要とする者による交付の申請や助成を得ようとする者の表現行為の内容に萎縮的な影響が及ぶ可能性」があり、「このような事態は、本件助成金の趣旨ないし被上告人の目的を害するのみならず、芸術家等の自主性や創造性をも損なうものであり、憲法21条１項による表現の自由の保障の趣旨に照らしても、看過し難い」ことから、「本件助成金の交付に係る判断において、これを交付するとそ

の対象とする活動に係る表現行為の内容に照らして一般的な公益が害されると
いうことを消極的な考慮事情として重視し得るのは、① 当該公益が重要なも
のであり、かつ、② 当該公益が害される具体的な危険がある場合に限られる
ものと解するのが相当である」（①②は筆者）という判断枠組みを採った。

その上で、本件では、「薬物に対する許容的な態度が一般に広まるおそれ」
を防止するなどといった一般的な公益については、「薬物を使用する者等が増
加するという根拠」はないなどとして「具体的な危険」が認められないとし、
また、「本件助成金の在り方に対する国民の理解」については、「別個の公益と
みる余地があるとしても、このような抽象的な公益が薬物乱用の防止と同様に
重要なものであるということはできない」と判断した。つまり、このような2
つの公益について、前者については②の要件を満たさないとし（①の点も明
確には判断していない）、後者については①の要件を満たさないとしたのであ
る。

このようにして、本判決は、「本件処分は、重視すべきではない事情を重視
した結果、社会通念に照らし著しく妥当性を欠いたもの」であり、「理事長の
裁量権の範囲を逸脱し又はこれを濫用したものとして違法というべきである」
とした。

以上が本件訴訟の概要である。

Ⅲ．企業統治における「ビジネスと人権」への本判決の活用

1．人権への「負の影響」の調整問題に対する判断枠組みの必要性

次に、企業統治における「ビジネスと人権」に本判決をいかに活用すべきか
について検討する。

前記のとおり、企業統治においても、「人権の尊重」や「人権に対する負の
影響」への配慮が近年特に重要な課題の1つとなっている。ビジネスと人権に
関する指導原則において、企業は、人権への有害な影響の原因となったり、寄
与したりしていたことを確認した場合には、正当な手続を通じた救済を提供す
べきであるとされ（第22原則）、また、複数の現実の人権侵害やその可能性が

ある場合には、対応に優先順位をつける必要が生じるところ、そのような場合、人権への影響が「最も深刻であるもの」から対応すべきであるとされている（第24原則、その「深刻」さは人権侵害の規模、範囲、是正困難性により判断される〔第14原則〕）[17]。

このように、尊重されるべき「人権に対する負の影響」が複数生じるという場合に、企業は、すべての「負の影響」に完全な対応をすることはできないことから、いずれを優先させるかという決断を迫られるところ、どのように優先順位を付けるべきかの判断が困難な場合もある。例えば、企業が製作（制作）し、あるいはスポンサーとして支援をした映画に出演した俳優の一人が不祥事を起こし、当該俳優に有罪判決が下され、これが確定した場合に、当該映画の製作者側の企業は、当該映画の上演・配給を取りやめないことによる「負の影響」と、取りやめることによる別の「負の影響」をどのように調整すべきかという問題が生じるが、この調整は、容易なことではない。特に、出演俳優の犯罪について被害者（と主張する者）がいる場合には、映画の上演等を止めるか否かにつき、被害者の人格権ないし被害感情に係る利益等と、映画を公開した場合の映画出演者等の権利・利益等の調整を図る必要がある。

実際に、俳優らが、公開が予定されていた映画の監督から過去に性的関係を強要された旨のコメントが公表され、当該監督は「強要はなかった」と否定していたものの、当該映画の公開が直前になって中止されたという事例もある[18]。また、映画監督から出演俳優が性被害にあったなど特定の被害者がいないケース、例えば、映画に出演した俳優の一人が薬物事犯で逮捕され、有罪判決が確定したという不祥事があった場合においても、不祥事を起こした俳優が当該不祥事の発覚前に出演していた過去の映画作品等について、動画配信サービスによる配信停止や出荷停止・店頭からの作品回収がなされた事例[19]や、不祥事を起こした俳優の出演シーンを代役の俳優に差し替えて撮り直しを

---

(17) 日本弁護士連合会国際人権問題委員会・前掲（注2）73頁。

(18) 朝日新聞デジタル2020年4月13日19時30分「『監督から性被害』告発、映画公開中止に　業界内外から改善求める声」 https://digital.asahi.com/articles/ASQ4F62LYQ46UCVL05T.html

(19) 産経新聞ウェブ版2019年4月2日17時26分「ピエール瀧被告　出演作相次ぐ自粛に波紋」 https://www.sankei.com/article/20190402-D336DM4BDBLNTCAV4BDUFCDUYE/

したという事例もある[20]。

しかも、以上のように出演俳優が不祥事を起こした場合においては、非常に短い期間で、人権に対する「負の影響」同士の調整を図る必要がある[21]こともあり、企業としてその調整を図ることが非常に難しいことが多いといえる。

そこで、以上のような不祥事が起こる前の時点において、この調整を図る判断枠組みを用意しておく必要性が高いものといえ[22]、それが企業の運営・管理のあり方（企業統治）に対する重要な指針の1つとなりうる。

2．「ビジネスと人権」と私人間効力論

人権に対する「負の影響」同士の調整を図るための判断枠組みにつき、本判決を活用することを検討するに際しては、「ビジネスと人権」の憲法学上の位置付けを確認する必要がある。

「ビジネスと人権」は、憲法学においては「人権の私人間効力」の問題と位置付けられている。すなわち、憲法の人権規定は、公権力と国民の関係を規律するものと考えられてきたが、人権理念や社会契約論的発想からすれば、人権は私人の間でも尊重されるべきであるとの考えが生じるのはむしろ自然なこと

---

(20) 毎日新聞ウェブ版 2019 年 11 月 26 日 12 時 42 分（最終更新同日 20 時 01 分）「NHK 大河ドラマ 初回放送 2 週延期　沢尻容疑者逮捕で撮り直し」　https://mainichi.jp/articles/20191126/k00/00m/040/078000c

(21) 骨董通り法律事務所編『エンタテインメント法実務』〔福井健策〕（弘文堂、2021 年）59 頁は、「表現問題を論じた法律書は少なくない。その多くは、憲法上の『表現の自由』の視点から、憲法 21 条の保護の射程やその限界を論じ、立法その他政府の活動についての違憲性の判断基準を整理することを中心とするだろう。こうした憲法（および関連法規）の視点はむろん表現問題を考えるうえで重要で、（中略）いくつもの優れた憲法・情報法規に関わる文献が存在する。」とした上で、「とはいえ、これらの知識のみで必要な視野がすべて与えられ解決に至ることは、現場ではほとんどない。（中略）現実の表現問題は、前述のような実に多様なステークホルダー間の、非定型的で複雑な利害の調整の代名詞である。長い憲法訴訟の結果を待つような裁判の形はまずとらず、それよりはるかに短期間で、時には数日以内に内容の修正交渉、継続か中止かの判断、炎上する世論対策や現場の安全対策、必要な代替案や補填的な措置を考えて作品や関係する様々な立場の人々を守るための、調整に次ぐ調整のプロセスである。」とし、「ビジネスと人権」における複数の「負の影響」の調整を短期間で図る必要があることについて述べる。

(22) 武井・前掲（注7）51 頁も、「宮本から君へ」事件判決を参照しつつ、企業のガバナンスに関し、「いろいろな考慮要素を各種経営判断の早い段階から法務等が関与してテーブルに載せることがキモとなる」とする。

であり、また、現代社会では、大企業等の国家類似の「社会的権力」もまた基本権規定に服すると解すべきでないか、といった問題関心から、人権規定が私人間にも効力を有するか、効力を有するとしてどの程度の効力を有するかが、「人権の私人間効力」論として論じられ、「ビジネスと人権」の問題も、この論点の中に位置付けられるだろう[23]。そして、上記 1. の不祥事の事例（被害者のいる場合）では、私人間効力の問題として、映画作品の公開により害されうる被害者の人格権（憲 13 条参照）と映画が公開されることにより保護されうる表現の自由（憲 21 条 1 項）等との調整をいかに図るかが問われることになる[24]。

　このように人格権と表現の自由の価値が私人間において衝突する場合に、憲法判例は、これらの調整に際して、当価値的な利益衡量の判断枠組みを採用するか、あるいは表現の自由の保障を重視する方向の判断枠組みを採用しているといえる。すなわち、ある者の前科等に関わる事実を、実名を使用して著作物を公表したことが不法行為（民 709 条）を公正するかが争われ、人格権の一内容とされるプライバシー権と表現の自由が衝突・調整が問題となった事案において、ノンフィクション「逆転」事件判決[25]は、総合衡量の判断枠組みを採用した[26]。また、名誉毀損表現の差止請求の事案で、北方ジャーナル事件判決[27]は、人格権の一内容とされる名誉権と表現の自由との調整を、表現の自由の保障を原則とした上で類型的衡量の判断枠組みを採っている[28]。そして、北方ジャーナル事件判決においては、三菱樹脂事件判決[29]に言及せず、その意味で私人間効力論に関わり合うことなく、直接的に基本権法益の衡量を行っており[30]、これは、私人間の名誉毀損につき、萎縮効果論をはじめとす

---

(23) 渡辺ほか・前掲（注 11）〔宍戸常寿〕50-51 頁参照。なお、「ビジネスと人権に関する指導原則」が憲法の私人間効力論にどのような影響を与えるかにつき検討したものとして、岡田健一郎「『ビジネスと人権に関する指導原則』は日本の憲法論にどのような影響を与えるか」一橋法学 22 巻 3 号（2023 年）85 頁（94-97 頁）参照。

(24) 渡辺ほか・前掲（注 11）〔宍戸常寿〕55 頁参照。

(25) 最判平成 6 年 2 月 8 日民集 48 巻 2 号 149 頁。

(26) 渡辺ほか・前掲（注 11）〔渡辺康行〕108 頁参照。

(27) 最大判昭和 61 年 6 月 11 日民集 40 巻 4 号 872 頁。

(28) 渡辺ほか・前掲（注 11）〔渡辺康行〕111 頁参照。

(29) 最大判昭和 48 年 12 月 12 日民集 27 巻 11 号 1536 頁。

580 第4編 関 連 法

る表現の自由論が、国家と市民との関係だけでなく、私人間にも方向付けられることを前提にしているものと考えられる(31)。そうすると、憲法学の私人間効力論においても、表現の自由（の価値）は人格権に劣後するものではなく、両者が衝突する場合の調整は、少なくとも当価値的に衡量が行われる判断枠組みによるべきものといえよう。

3．「ビジネスと人権」が問題となる事例への本判決の活用

　以上に述べたことを前提として、「ビジネスと人権」の領域で人権に対する「負の影響」同士の調整が問題となる上記1.の具体的な事例において、本判決をいかに活用すべきかについて検討を加える。

(1)　出演俳優の不祥事が薬物事犯等である場合について

　まず、企業が製作（制作）した映画等の作品に出演した俳優の一人が不祥事を起こし、当該俳優への有罪判決が確定したが、その不祥事が薬物事犯であるときなど、被害者がいないような場合には、被害者の人格権が問題にならないことから、企業としては、映画を公開した場合の映画出演者の表現の自由の価値をできる限り保護する方向での対応をすべきであろう。すなわち、このような場合には、「『とりあえずやめておこう』といった萎縮的な選択肢」(32)をとるべきではなく、映画の公開に際して、薬物事犯という不祥事を許容する趣旨のものではなく、そのような犯罪は到底許されるべきものではないことや、他の出演俳優をはじめ当該文化芸術作品に携わる多くの者の表現の自由（私人間においても人格権と同等かそれ以上に重視される価値）を保護するための対応であることを丁寧に公式ウェブサイトや会見等で説明した上で、映画を公開すべきである。本判決も、「憲法21条1項による表現の自由の保障の趣旨」に照らし、「薬物に対する許容的な態度が一般に広まるおそれ」を防止するという公

---

(30)　渡辺ほか・前掲（注11）〔宍戸常寿〕55頁参照。

(31)　宍戸常寿「私人間効力の現在と未来」長谷部恭男編著『講座　人権論の再定位3　人権の射程』（法律文化社、2010年）25頁（43頁）参照。

(32)　武井・前掲（注7）51頁。なお、同頁は、このような萎縮的な選択肢が近年とられやすくなっていることについても指摘する。

益については、映画に出演した俳優の薬物事犯のニュースが広くメディアで報道されたとしても、そのような公益が害される「具体的な危険」はないとしていることから、企業統治における「ビジネスと人権」に係る対応としても、上記のような丁寧な説明をした上で、表現の自由の価値を優先すべく作品を公開すべきである。

　また、このような説明においては、他の出演俳優や関係者の表現の自由以外にも、公開を自粛してしまった場合の将来における「萎縮的な影響が及ぶ可能性」（本判決）(33)や、他の人権すなわち職業の自由や映画等を視聴する者（一般消費者）の知る（視る）自由、文化的な権利等の諸価値、さらには、不公開による「負の影響」については特に不祥事発生時には「外に明示に声を発しにくい者の利害が置き去りにされる事情」(34)にも言及しつつ、文化芸術作品としての映画等を公開する必要性が高いことを説明すべきであろう。

　なお、映画等の作品のスポンサー企業としても、このような説明が製作者側の企業や団体からあった場合には、適宜、同様の声明を出すなどして、不公開による重大な「負の影響」を防ぐようにすべきである。

---

(33) 山本拓「判解」ジュリ1600号（2024年）121頁（124頁）は、本判決のいう「萎縮的な影響」の意義に関し、「表現の自由の保障は、表現行為に対する萎縮効果の可及的な除去を要請するものと解される」とした上で、「不明確な基準の下で表現行為の内容に着目した交付の拒否が行われると、恣意的な選別が行われるのではないかとの疑念が生じ、助成を最も必要とする資金力の乏しい芸術家等が、助成金を当てにして負担した経費を賄えなくなること等をおそれて申請（ひいては製作等の活動自体）をためらい、また、助成を得ようとする芸術家等が、助成を得るために表現行為の内容を変容させる可能性があるものといえる。上記の『萎縮的な影響』とは、このような芸術家等一般に対する影響を念頭に置いたものであろう」とする。なお、このような「将来の『芸術家等』」の「表現行為に対する萎縮効果の可及的な除去」、「主観的権利としての『表現の自由』」ではなく「客観法としての『表現の自由』」（蟻川恒正・大阪弁護士会「憲法市民講座」（2024年7月27日）の講演レジュメ）であり、これは、憲法21条1項から導出される客観法・客観的法規範（渡辺ほか・前掲（注11）〔工藤達朗〕22-23頁）と解されるところ、私人間の権利・利益の調整問題でも、このような客観的な価値は一定程度重視されるべきである。

(34) 武井・前掲（注7）51頁。同頁のいう「外に明示に声を発しにくい者の利害」とは、具体的には、（憲法との関係でいえば、）当該映画に出演した他の俳優や映画製作関係者の表現の自由や職業の自由、映画等を視聴する者（一般消費者）の知る（視る）自由等のことを指すものと思われる。

582　第4編　関　連　法

(2)　出演俳優の不祥事が性犯罪等である場合について

　他方で、同様に俳優の一人が不祥事を起こしたが、その不祥事が薬物事犯等ではなく、当該俳優から別の俳優への性犯罪である場合や性的なハラスメント行為があった場合など被害者（と主張する者）が存在する場合に、「負の影響」同士の調整をいかに図るべきかは難問である。この場合、映画を公開したときには、被害者の人格権が害されうるからである。

　とはいえ、このような場合にも、上記(1)の映画等の作品を公開しないことによる表現の自由等の諸価値を踏まえた緻密な調整・衡量を図るべきである。

　まず、不祥事を起こしたとされる俳優が事実関係を争う姿勢を示すコメントを公表しているような場合には、本判決の事案が映画に出演した俳優の有罪判決が確定したことを大前提とするものであることも考慮すると、基本的には、映画等の不公開以外の方法による「負の影響」同士の調整を図るべきであり、補償や被害者の精神的なケアへの支援等による被害者の人格権に係る「負の影響」の緩和・救済をできる限り模索すべきではないかと思われる。加えて、映画等の公開に際して上記(1)と概ね同様に、映画等の上演・配給は、不祥事・犯罪を容認する趣旨の対応ではなく、他のステークホルダーの「負の影響」をも考慮した判断であり、他方で、不祥事における被害者の救済は上演等の取りやめ（キャンセル）以外の方法で対応していくことなどをプレスリリース等で適時に説明すべきだろう。

　他方で、不祥事を起こしたとされる俳優が事実関係を認めているか、あるいは有罪判決が確定した場合には、映画の内容等も踏まえ、映画等の不公開という選択肢もありうるだろう。特に、当該映画が性被害を描いたものである場合には、本判決のいう性犯罪に対する許容的態度が広まり、被害者の人格権が害される「具体的な危険」が生じうる場合もあると考える余地があるからである[35]。もっとも、このような場合でも、本判決は、組織規範のうちの目的規定や任務規定を重視したこと[36]に照らすと、企業としても、映画等の公開の判断に際して、法人・団体の目的等にも照らし、映画等の文化芸術表現の自由の価値を十分に考慮した対応を行う必要があろう。

(3) **本判決は会社法・企業法との関係でも重要な判例である**

　ネットやSNSが発達した「炎上」社会では、「ビジネスと人権」において「表現の自由」を十分に尊重する方向での企業統治は決して容易なことではないが、以上に述べたとおり、「負の影響」の調整問題において、本判決は適切な利益衡量のための有用な指針を企業にも提供するものといえ、公法の領域だけではなく、会社法・企業法との関係でも重要な判例といえる。

---

(35) 本判決は、不祥事を起こした映画出演者が助成金の交付により「直接利益を受ける立場にあるとはえいないこと等」から、当該「出演者の知名度や演ずる役の重要性」にかかわらず、「薬物乱用の防止という公益が害される具体的な危険があるとはいい難い」としているところ、本件映画の内容が薬物事犯の映画とは無関係のものであることを前提とした当てはめを行っているものとみる余地があると考えられる。このことから、映画等の作品の内容は、被害者の人格権に係る「負の影響」に関する「具体的危険」の認否の問題と無関係なものとまでは言い切れないように思われる。

(36) 平・前掲（注8）文献④16頁、文献⑥159頁参照。

国際私法における累積適用説の疑問

吉　田　　愛

Ⅰ．はじめに

　国際的な取引において、主に船舶先取特権や相殺の場面で複数の国が関与している場合に、どの国の法律を適用するか、いわゆる準拠法の問題がある。この問題に関して、準拠法について定める「法の適用に関する通則法」（以下「通則法」という。）には、明確な規定がない。すなわち、立法による解決が未だ試みられておらず、しがって、解釈に委ねられることとなる。この解釈については、後述するように様々な学説がある。その中でも、累積適用説──１つの事案に累積的に複数の国の法律を適用し、いずれの国の法律によっても認められる場合にいずれかの国の法律に定められた効果が生ずるとする説──がある。日本の地方裁判所では、近時、もっぱら累積適用説が通説であるとして当該説を採用し、事案を判断しているようである。しかしながら、このような下級審判例が積み重なる一方で、最高裁判所の判断が出ておらず、解釈が統一されるには至っていない。果たして、この累積適用説が是認されうるのか。法学的、実務的な観点から検討を試みようとするのが、本論文の主題である。

　ただし、問題が抽象論に尽きると、実務家として説得力に欠けると思料する。そこで、多少脱線気味になるかもしれないが、複数の事例や裁判例を紹介し、具体的に検討することとする。

Ⅱ．国際取引の場面での準拠法の決定

　準拠法の選択に関する基本理念として、当該法律関係と場所的に最も密接な

関係を有する地の法を準拠法として選択するという「最密接関係地法適用の原則」がある。通則法4条以下は、これを受けて個々の規定において、それぞれの単位法律関係ごとに最密接関係地法がいずれであるかの基準を示している。

通則法7条は「法律行為の成立及び効力は、当事者が当該法律行為の当時に選択した地の法による。」と規定している。これによれば、契約等の法律行為である国際取引の場面においては、どの国の法律を適用するかは基本的には当事者の合意によることになる。

具体的には、取引の相手方が外国企業である場合に、当事者間で何らかの契約を締結するに際して、契約書の中に一般条項として準拠法の規定が設けられているのが通常である。準拠法の規定は、契約書のひな形の中にさりげなく組み込まれているが、いざ紛争が起こった時に、どの国の法律を適用して解決を図るかによって結論が異なる可能性があり、重要な取り決めである。また、どの国の法律に従うかは、紛争が起こる前から当事者が契約を履行するための行動指針となるのであり、その意味でも明確にすることが必要である。したがって、当事者は、契約にあたっては、これを必ず確認しなければならない。

このように国際取引では準拠法の選択が非常に重要であることが認識されており、通常は契約書に準拠法の規定があるので、準拠法がどの国の法律かについて悩むことは稀である。

しかしながら、法定担保物権である船舶先取特権は、一定の要件を充足すれば当然に発生するのであるから、当事者の合意を考慮に入れることが出来ない。また、相殺は日本法では相手に対して同種の債権をもっている場合に、双方の債権を対当額だけ消滅させる行為（民505条以下）であるが、双方の債権の準拠法が異なる場合に、どちらの債権の準拠法に従って相殺を認めればよいのかが問題となる。日本法における相殺は、当事者の一方的意思表示によりその効果が生じるため、当事者の合意が存在せず、準拠法を合意で決定する余地がない。このように、当事者の取り決めの及ばないところとなり、準拠法決定の基準をどこに置いたらいいのか、一義的に明らかではない。

この点に関し、通則法13条第1項は、物権の準拠法について定め、「動産又は不動産に関する物権及びその他の登記をすべき権利は、その目的物の所在地法による。」とし、同条第2項は、「前項の規定にかかわらず、同項に規定する

586　第4編　関　連　法

権利の得喪は、その原因となる事実が完成した当時におけるその目的物の所在地法による。」と規定する。

　また、通則法8条第1項は、法律行為について、当事者による準拠法の選択がない場合、「法律行為の成立及び効力は、当該法律行為の当時において当該法律行為に最も密接な関係がある地の法による。」としている。但し、これは前述の国際私法の「最密接関係地法適用の原則」が繰り返されただけの規定と言われている。

　船舶先取特権の準拠法については、物権についての通則法13条2項を適用するのか、相殺の準拠法について法律行為一般についての通則法8条1項を適用するか、又はこれらの条文を適用出来ない、すなわち、通則法の規定の欠缺を認め条理により準拠法を決定するのかであるが、いずれにせよ、準拠法の選択すべき基準について明らかでない。

　また、通則法の立法過程においても、船舶先取特権や相殺の各場面における準拠法の決定については、具体的に明文化するか議論がなされた。しかしながら、結局、今後の裁判例の積み重ねによる解釈に委ねようということになり、明文化されなかった経緯がある。

Ⅲ．船舶先取特権の準拠法と累積適用説

1．前提――船舶先取特権とは何か

　船舶先取特権とは、船舶に関する特定の債権を有する者が、船舶、属具及び未収の運送賃上に、他の債権者に優先して弁済を受けることを認められた特別の担保物権である[1][2]。

(1)　船舶先取特権が法定担保物権であること

　かかる船舶先取特権は法定の担保物権である。すなわち、一定の要件が揃えば法律上当然に成立する担保物権である。抵当権や質権などとは異なり、当事者の合意では成立しない。

国際私法における累積適用説の疑問　　*587*

【事例1】

> 日本の水産会社がロシアの漁船の所有者に対して、当該漁船の修繕代名目でお金を300万円貸し付けた。その際、金銭消費貸借契約書を締結し、当該契約書に、借入金が支払われない場合には「当該漁船を差押えて競売できる」との条項を設けた。

　その後、ロシアの漁船の所有者からの返済がなく、水産会社は、当該金銭消費貸借契約書を根拠に当該漁船を差押えようとした。しかしながら、差押え自体は裁判所の手続きであり、執行できるかどうかは、民事執行法の定めによる。したがって、仮に、契約書（＝当事者の意思）で差押えの合意をしても、差押えは出来ない。差押えができるかについては、①船舶先取特権、②民法上の先取特権、③仮処分、④確定判決を検討すべきである。

　船舶先取特権は法定の担保物権であるから、たとえ金銭消費貸借契約書の中で船舶先取特権が行使出来ると合意しても成立しない。

　そこで、本事例について法定の要件を充足して船舶先取特権が発生するかを検討するに、この世のどこの国にも、貸金債権を被担保債権として船舶先取特権が発生する国は存在しない。また、貸金債権に基づいて先取特権が成立するかというと、そのような規定は民法になく、これもまた成立しない。したがって、船舶を差し押さえるには、訴えを提起することを条件に差押えの仮処分をする、または裁判をして判決を確定させ、すなわち債務名義を取って、強制執行をすることになる。本事例は、紛争が起こった場合の管轄及び準拠法の定めが契約書に記載されてなかった事案である。所有者の住所はシベリアになって

---

(1) 我が国の船舶先取特権が生じる債権：船舶の運航に直接関連して生じた人の生命又は身体の侵害による損害賠償請求権（商842条1号）、救助料に係る債権又は船舶の負担に属する共同海損の分担に基づく債権（同法2号）、国税徴収法（昭和34年法律第147号）若しくは国税徴収の例によって徴収することのできる請求権であって船舶の入港、港湾の利用その他船舶の航海に関して生じたもの又は水先料若しくは引き船料に係る債権（同法3号）、航海を継続するために必要な費用に係る債権（同法4号）、雇用契約によって生じた船長その他の船員の債権（同法5号）、船主責任制限法で定める債権（船主責任制限法95条1項）、船舶油濁等損害賠償保障法で定める債権（船舶油濁等損害賠償保障法40条1項）、国際海上物品運送法で定める債権（国際海運19条1項）。
(2) 船舶先取特権は、その発生後1年を経過したときは、消滅する（商846条）。債権者は1年以内に船舶先取特権を行使しなければならない。

いた。シベリアに管轄があることは間違いない。

　しかし、シベリアで判決を得て、日本で強制執行できるのかは外国判決の承認・執行（民訴118条）の問題となり、強制執行には日本で当該外国判決について執行判決も得なければならない。他方、日本の裁判所で争おうとする場合、日本に管轄があるかは、契約の準拠法が日本法であれば、持参債務として管轄が認められるであろう。しかし、日本法に準拠するか、まず、これを確定しなければならない。さらに、シベリアの会社が本当に存在するのか、その住所が正しいのかも分からない。日本の会社の登記簿謄本（履歴事項全部証明書）に相当するものを取り寄せることが出来るか。日本でロシアの会社を訴える場合、訴状の国際送達の手続きをしなければならない。国際送達は、（送達する国にもよるが）完了までにおおよそ3カ月から1年くらいの時間を要する。判決を得たときまたは仮処分命令を得たときに、日本の領海内に当該漁船がいて現実に差し押さえなければならない。判決や仮処分命令をとり、当該漁船を差し押さえるとなると、至難の業である。

　本事例の場合、相談者は回収見込みと費用、時間を検討して、結局差し押さえによる債権回収を諦めた。

(2)　船舶先取特権の効果

　船舶先取特権は通常の先取特権と異なり、目的物が第三者に転々譲渡されても、効力を有する（travel with vessel）。いわゆる追及効（商845条参照）がある。

　それゆえ、中古船を購入した買主は、船舶の引渡後すぐに船舶が差し押さえられる危険があり、差押えられて競売にかけられることを防ぐために、前船主ないし用船者の債務を立て替えて支払わなければならない。当然、船主は立て替えた金額を債務者である船主や傭船者に請求して回収する権利がある。しかし、現実にはこのような立替を前船主や傭船者から回収することは難しい場合がほとんどである。従って、船舶の売却においてはこのような未払いが残っていないか、よく調査しなければならない。

(3)　諸外国の船舶先取特権はどのようなものか

　ア　海上先取特権及び抵当権に関する条約による取扱いの平板化の試み

船舶、特に外航船は様々な国籍を有し、世界中を航行している。当該船舶に関連した債権を有している当事者は、債務者が任意で弁済しない場合、強制的に債権回収を図ることが極めて難しくなることがありうる。例えば、日本の港でパナマ籍船が他の船舶に衝突して立ち去った場合、被害に遭った船舶の所有者は、修繕代金等の損害の賠償を請求しようとするであろう。しかし、賠償責任を負うのは「どこの国」の「誰」なのかを特定するのも難しく、仮に特定できたとしても、被害船の所有者にとって縁もゆかりもない第三国で訴訟を起こすのは容易ではない。仮に、加害船の所有者がパナマ会社のような、実体がない、特に船舶以外は財産を有しない、いわゆる「ペーパー・カンパニー」(特定目的会社、SPC) である場合、パナマで当該会社を訴えて、確定判決を得たとしても、船舶以外は財産がないのだから金銭的支払を得ることが不可能である。

そこで、債権者が世界中を転々とする船舶を裁判等の手続を経ないで担保権の実行として、差し押さえ、その競売代金で債権回収をすることを可能にするのが船舶先取特権である。

それゆえ、債権者が世界中を航行する船舶に対して権利行使する場合が想定されることから、条約による取扱いの平板化が試みられている。すなわち、1926 年、1967 年及び 1993 年に海上先取特権及び抵当権に関する条約 (International Convention on Maritime Liens and Mortgages) が作成され発効している。

かかる三つの条約は、いかなる債権に対して船舶先取特権を認めるか、また、船舶先取特権と抵当権の優劣関係などが定められている。

しかし、各国それぞれの思惑があり、これを統一することは極めて困難である。結局、いずれの条約においても、批准した国は少なく、英国やアメリカ合衆国、日本をはじめとする海運大国は参加せず、それぞれが有する国内法で対応せざるを得なくなった。

そのため、船舶先取特権の制度は各国に存在するが、各国の事情や法制度(3)、政策等により、その現れ方は異なる。

イ　船舶差押条約 (「船舶アレスト条約」ともいう)──スタチュトリー・リーエン

一定の船舶に関連した債権を有する船舶債権者に、船舶先取特権を与える

590 第4編 関 連 法

ことについては否定的であっても、少なくとも、一般債権者とは区別して、当該船舶を差押える権利を与えること、それに関連して、差押の濫用を防止することを国際的に合意しようとする動きは、肯定的に受け入れられ、1952年5月10日にブラッセルにおいて「INTERNATIONAL CONVENTION FOR THE UNIFICATION OF CERTAIN RULES RELATING TO ARREST OF SEAGOING SHIPS」が採択された。その後、1985年改正案、や1999年条約などが採択されている。

英国は、1952年船舶差押条約を国内法化し、あるいは、これに準じて、船舶先取特権としては認めないが、当該船舶あるいは姉妹船に対する差押・競売権（ただし、抵当権よりも劣後する権利）を認める。

すなわち英国では船舶先取特権を極めて限定的に認め、後に言及する必要品の供給については、1952年の船舶差押条約を国内法化した1956年裁判所法に基づき、スタチュートリー・リーエン（statutory lien）の概念がある。

船舶先取特権（マリタイム・リーエン/maritime lien）とは、下表の通り、違いがあり、区別される。

		マリタイム・リーエン	スタチュートリー・リーエン
①	債務者と所有者の関係	債務者と所有者は同一である必要はない。	債務者は実質所有者と同一であること。
②	供給後の所有権の移転	影響を受けず、所有者が誰であれ行使できる。	債権発生後に実質的な所有者が変われば行使できない。
③	同一所有者の姉妹船に対して	当該船舶のみ行使でき、姉妹船には行使できない。	当該船舶のみならず、姉妹船に対しても行使できる。

(3) 例えば、主に英米法においては「action in rem」すなわち対物訴訟という概念がある。船舶自体が利益等を受けた場合についてはその船舶自体が弁済の責任を負うという考え方で、船舶自体が先取特権に関する手続きの当事者になる。例えば、船舶に船員が乗船することで、船舶は航行することができる。船員は、船員の給与債権について配乗された当該船舶に対して船舶先取特権を有することになる。大陸法を基本とする日本には船舶のような「物」が当事者となる訴訟は認められない。物に当事者能力を認めない日本では当然の結論である。英米法では所有者や債務者いかんにかかわらず、船舶自体が当事者になり船舶先取特権を負担するのであるから、船舶が誰に譲渡されても、船舶自体に船舶先取特権が付着するのは自然な考え方である（travel with vessel）。

日本では、このような考えがないので船舶自体を当事者とすることは出来ず、債務者や船主を相手方当事者として手続きをしなければならない。

船舶先取特権は、日本では船舶所有者が負担するが、米国などでは当該船舶自体が当事者として負担するのであり、大きな違いがある。

なお、日本はスタチュートリー・リーエンの制度を取り入れていない。

ウ　必要品（necessaries）の供給と船舶先取特権

「航海を継続するために必要な費用に係る債権」（日本では商法842条4号により船舶先取特権が認められる。）について船舶先取特権が生じるかであるが、各国の法律よって、以下のとおり、結論が異なる。

a　英国及び英国法系の国

英国では、船舶先取特権が生じる債権は以下の5つである。

① 海難救助に関する請求権（Salvage）

② 船舶によって生じた損害（Damage done by a ship）

③ 船員と船長の賃金（seaman's and master's wages）

④ 船長の立替金（master's disbursement）

⑤ 冒険貸借（bottomry bond）

したがって、英国では必要品の供給に関する債権については、船舶先取特権は認められない。船舶先取特権はスタチュートリー・リーエンを成立させることはある。

同じく、シンガポール、香港、マレーシア等も船舶先取特権は認められず、スタチュートリー・リーエンが認められる。

b　米国及びカナダ

認められるが、米国では船舶先取特権の成立要件について裁判例が分かれている場合がある。

c　リベリア共和国、バヌアツ共和国及びマーシャル諸島共和国

認められる。

米国の法律を取り入れており、その内容は概ね、米国と同様である。バヌアツ共和国及びマーシャル諸島も同様である。

d　パナマ共和国

認められる。

e　中国

認められない。

f　韓国

韓国の商法は日本の商法を由来にしていたが、その後の改正により必要

品の供給による債権については船舶先取特権を認めない。

2．船舶先取特権の準拠法についての諸説

ア　外国の船舶が日本に入港したときに、当該船舶に関連した債権を有する者は船舶先取特権を有しており、これに基づいて差押えをして債権回収を図れるかであるが、前述したように船舶先取特権は法定の担保物権であり、その成否を当事者の合意では定められない。そして、前述の必要品の供給にかかる債権については、どの国の法律に基づくかで成否に差が出てくることになり、船舶債権者と船主間で、どの国の法律に基づいて船舶先取特権の成否を判断すべきか激しく争われることとなる。そのため、準拠法決定の判断基準をどうすべきかが問題となる。

イ　以下は準拠法の決定についての諸説であるが、具体的に例を挙げてイメージしやすくした。

【事例2】

> 韓国のバンカー業者が、米国法に基づくバンカー供給契約を締結し、シンガポールでパナマ籍船にバンカー（燃料油）を供給したが、代金が支払われなかった。数か月後に、東京に入港することが分かり、船舶先取特権に基づいて当該船舶を差し押さえることとした。

a　旗国法説：成立・効力ともに旗国法とする。

上の事例では、旗国はパナマ共和国であるので、パナマ共和国法によって船舶先取特権の成否を判断する→「必要品」（necessaries）の供給として船舶先取特権が成立する。

b　法廷地法説：成立・効力ともに船舶の現実の所在地法（法廷地法）による。

差押え時に日本に船舶が停泊しているので、現実の所在地は日本である。常に日本法に準拠する。そして、日本法によれば「航海を継続するために必要な費用に係る債権」（商842条4号）として船舶先取特権が成立する。

c　被担保債権の準拠法説：成立・効力ともに被担保債権の準拠法による。

バンカー供給契約は米国法であるので、原則成立すると思われるが、米

国では、米国関連業者等でなければ成立しないとする裁判例があり、この要件が必要か否か、米国内で裁判例が分かれているようである。

従って、成立は、裁判所の米国法の解釈または判例法の蓄積次第となってしまう。

d　原因事実完成時の所在地法説：原因事実完成時の所在地法と被担保債権の準拠法の累積適用による。この説は、船舶先取特権は物権であるから、物権の準拠法について定める通則法13条2項が適用されることを前提とし、「その目的物の所在地法」、すなわち債権の原因事実発生時の目的物の所在地法が準拠法となるとする。

本説によれば、事例2では、シンガポールでバンカー供給をしており、給油したときにバンカー売買代金債権が発生しているとして、給油時の船舶の所在地であるシンガポールの法律が準拠法になると説く。英国系であるシンガポールの法律ではバンカー等の必要品の共有では船舶先取特権を生じない。

累積適用説を採る見解——上述の ① から ④ を組み合わせて、双方の国で船舶先取特権が成立する場合に船舶先取特権の効力を認める。

e　累積適用説（被担保債権の準拠法と旗国法）：成立・効力ともに被担保債権の準拠法と旗国法との累積的適用による。

被担保債権の準拠法である米国法について解釈が分かれる場合がある。

f　累積適用説（被担保債権の準拠法及び旗国法）：その成立と効力を区別し、成立については、被担保債権の準拠法と旗国法の累積的適用により双方の準拠法がともにその成立を認める場合に成立するとし、一旦成立した船舶先取特権の内容、効力、順位は旗国法による。

成立は、裁判所の解釈次第となってしまう。

g　累積適用説（被担保債権の準拠法と法廷地法）：成立については被担保債権の準拠法と船舶の現実の所在地法（法廷地法）との累積的適用により、効力については船舶の現実の所在地法（法廷地法）による。

成立は、裁判所の解釈次第となってしまう。

h　累積適用説（原因事実完成時の所在地法と被担保債権の準拠法）：原因事実完成時の所在地法では船舶先取特権は生じないので、この説によれば上記d

594 第4編 関 連 法

と同様に船舶先取特権は生じない。

ウ 下級審判例

前述のように未だ最高裁判例はないので準拠法について、どの説を採るかについては統一されておらず、それぞれ異なった判断がなされており、混乱気味である。

a 旗国法説：秋田地決昭46・1・23下民22巻1＝2号52頁。

b 法廷地法説：東京地決平3・8・19判タ764号286頁、判時1402号91頁、金法1299号30頁、東京地決平4・12・15判タ811号229頁。

c 被担保債権の準拠法説：成立・効力ともに被担保債権の準拠法による：見当たらない。

d 原因事実完成時の所在地法：見当たらない。

e 累積適用説（被担保債権の準拠法と旗国法）：山口地柳井支判昭42・6・26下民18巻5＝6号711頁、広島地呉支判昭下民21巻3＝4号607頁、東京地決昭51・1・29下民27巻1～4号23頁、高松高決昭60・4・30本誌561号150頁、広島高決昭62・3・9判タ633号219頁、判時1233号83頁、金法1172号42頁。

f 累積適用説（被担保債権の準拠法と旗国法）：東京地判昭51・1・29下民集第27巻1～4号23頁。

g 累積適用説（被担保債権の準拠と法廷地法）：成立については被担保債権の準拠法と船舶の現実の所在地法（法廷地法）との累積的適用により、効力については船舶の現実の所在地法（法廷地法）による。

h 累積適用説（原因事実完成時の所在地法と被担保債権の準拠法）：水戸地判平成26年3月20日判時2236号135頁。

3. 諸外国の準拠法の決定基準——海外の国際私法（抵触法＝conflict of laws）

(1) 米国

最重要関係地の法を適用するとして、各事案によって個別具体的に準拠法を決定している[4]。

この点につき、米国は古くは船舶先取特権（maritime lien）の成立について、

対象船舶が米国籍または供給地が米国である場合等は米国法、そうでない場合には供給地または旗国を準拠法の決定基準としていたようである。その後、1970年代以降で最重要関係地テストを通して準拠法を決定する流れとなった。多数の裁判例の中で、自由な交渉の末になされた国際的な合意は特段の事情の無い限り最大限の効果が与えられるべきであるとして契約準拠法を適用して船舶先取特権の成立を否定したものがある[5]。

このように「契約の準拠法＝船舶先取特権の準拠法」とすると、契約の準拠法は当事者自治の原則により自由に選択できることから、法定担保物権たる船舶先取特権の準拠法を、当事者が選択できるとする帰結となる。

しかし、裁判所が当事者の合意した準拠法の適用を認める事案は、いずれも船舶先取特権の成立を否定するものである。すなわち、当事者が契約締結時に、あらかじめ船舶先取特権が成立しない国の準拠法を選択している場合には、当事者が船舶先取特権をあらかじめ放棄したものと看做し、裁判所もそのような当事者の意思を尊重したものである。すなわち法定担保物権たる船舶先取特権は当事者の意思では創設出来ないが、当事者の意思で放棄は出来るとする根拠に基づくものである。

このような裁判例は1980年代から2000年くらいまで続いたが、その後、当事者が契約書の中で船舶先取特権の準拠法をあらかじめ合意していた場合に、その合意を尊重して船舶先取特権の成立を認める裁判例が出てきた。

ただ、これは、端的に当事者の法選択を許すのではなく、最重要関係地テストを通して契約に記載された船舶先取特権の準拠法を採用する場合があるにとどまるものと解されている[6]。

(2) そのほかの諸外国

韓国、リベリア、イタリアは旗国法、オーストラリア、アルゼンチンやフランスは法廷地法となっている。どれも日本のような累積適用説を採る国はない

---

(4)　Lauritzen v. Larsen, 345 U.S. 571 (1953).

(5)　Sembawang Shipyard, Ltd. v. Charger, Inc., 955 F. 2d 983 (5th Cir. 1992).

(6)　伊東洋平「マリタイムリーエンの成立に関する準拠法選択の有効性」早稲田大学法学会誌73巻1号（2022年）1-52頁参照。

ようである[7]。

Ⅳ. 相殺の準拠法と累積適用説

　国際社会において、国境を越えたボーダーレスな取引は常態化している。日本企業と外国企業で継続的な取引を通して、相互に債権債務を有するに至った場合、相殺の意思表示がされることがある。また、近時政情不安定となった国々では国際送金が出来なくなる場合もあり、日本企業はそうした国々にも取引先があり、簡易な決済として、相殺や相殺合意を選択する場合もあり得る。たしかに、相殺されるべき相対立する債権自体には準拠法が決まっているのであろう。しかし、相殺する場合には、相手方の合意を要しないので、相殺自体の準拠法は何か、先に述べた船舶先取特権と同様に、当事者の合意で準拠法が決定できない場面である。そこで、自働債権と受働債権の準拠法が異なっている場合、相殺の要件及び効果を検討するにあたってどの国の法律が適用されるのか。しかしながら、相殺の制度は日本と外国（特に英米法諸国）では異なっている場合があるため、相殺の準拠法が問題となる。以下、事例3に沿って準拠法を検討する。

【事例3】

> 日本企業A社はフランス企業B社に船舶の売買契約をし、頭金を支払った。
> しかし、当該契約は事情により解除された。B社はA社に対して頭金の返還請求権を有することとなった。その後A社はB社に対して別の船舶を売却したが、B社はA社に対して当該船舶の頭金を支払わなかった。
> A社が支払を請求すると、B社はA社に対して有する頭金返還請求権と今回の売買契約に基づく頭金請求権を相殺したと主張した。二つの売買契約を確認すると最初の売買契約が日本法に準拠し、次の売買契約は英国法に準拠していた。

---

(7)　馬木昇『パナマ便宜置籍船の法律事務──株式会社法・船舶登記登録法・船舶抵当法──』（青山堂、1993年）422-423頁参照。

1. 日本法上の相殺

相殺とは、債務者がその債権者に対して同種の債権を有する場合に、その債権を相互に対当額において消滅させる意思表示である（民506条1項前段、注釈民法12巻384頁）。相殺は単独行為であり、相殺の意思表示によって直ちに効果を生じる。この相殺には条件を付けることは出来ない（民506条1項後段）。

上記事例では日本法の相殺制度によれば、その他の要件等も充足していれば、相殺が認められそうである。

2. 諸外国の相殺制度及び英国法上の相殺

(1) 諸外国の相殺制度の概要

相殺の制度は諸外国において異なっている。

ア　ドイツ、スイス、オランダ

日本と同様に、相殺の意思表示という単独行為によって、対立する債権を対当額において消滅させる実体法上の法制度であるとする。

イ　フランス、イタリア

対立する二つの債権が相殺の要件を備えると、当事者の意思表示なくして両債権は対当額において当然に消滅する実体法上の法制度であるとする。

事例3では、相殺は認められることになるであろう。

ウ　英国、米国をはじめとする英米法諸国

手続法上の法制度である。訴訟法上の抗弁で「反対債権があるので支払わないことは違法でない」と言えるのみであり、実体法上の債権債務の消滅の効果は生じない。

訴訟上の制度として出発した相殺の制度であるが、英国の場合には、相殺（set-off）については、制定法上の相殺（statutory set-off）と衡平法上の相殺（equitable set-off）があり、衡平法上の相殺については、以下に述べるとおり、裁判外での行使が認められる。

(2) 制定法上の相殺（statutory set-off）と衡平法上の相殺（equitable set-off）——英国法上の相殺

上記分類で、実体法上の制度であるとする日本法と最も差異がみられるの

は、相殺の制度を訴訟法上の制度とする英米法上の相殺であろう。そして、国際的な取引においては、相手国が英国でない場合にも、準拠法を英国法とする契約書が多くみられる。典型的な契約書書式に英国法に準拠すると定型文言で印刷されている場合も多い。また、そもそも、訴訟上の制度として出発した相殺の制度であるが、英国の場合には、相殺 (set-off) については、制定法上の相殺 (statutory set-off) と衡平法上の相殺 (equitable set-off) があり、衡平法上の相殺については、以下に述べるとおり、裁判外での行使が認められる。衡平法上の相殺は裁判上でも裁判外でも相殺の行使が認められている。

　訴訟手続上で行使される制定法上の相殺では、両債権が履行期にあること及び金額が確定していることが必要であるが、衡平法上の相殺は、制定法上の相殺の要件の他、両方の債権が緊密な関連性を有しており、もう一方の債権を考慮にいれずに、当該債権の弁済をさせることが明らかに不正義 (unjust) であることが必要であるとされている。

　また、裁判所が相殺によって債権を消滅させるとする判決によるか、当事者が相殺による債権の消滅を合意しなければ、債権消滅の効果が生じないとされた[8]。つまり、衡平法上の相殺の場合、裁判外で行使される相殺は、相手方の同意がない限り、相互の権利義務を消滅させる効果を生じない。債権債務は依然消滅せず存在し、相手への支払を拒絶することが出来るとする効果が生じるのみである。

　イギリス法上の相殺は、一般的には、手続法上の問題、つまり、裁判上の攻撃防御方法として把握されてきた。イギリス法では、コモンロー裁判所とエクイティー裁判所の二つの系列ごとに相殺概念が発達してきた。コモンロー裁判所で発達した概念が、制定法上の相殺──であり、エクイティー裁判所で発達した衡平法上の相殺──である。前者は、契約による相殺とは、破産の際の相殺を除いて裁判手続きにおいてのみしか行使されないが、後者は裁判上でも裁判外でも相殺の行使を認めた。裁判上で相殺した場合に、制定法上の相殺でもあり衡平法上の相殺でもある場合も考えられ、両者は二者択一ではなく一部重

---

(8)　Fearns (t/a Autopaint International) v Anglo-Dutch Paint & Chemical Co Ltd (2010) EWHC2366 (Ch); 1W.L.R. 366 at [11].

なりあう概念といえる。

上記事案について衡平法上の相殺（equitable set-off）が認められるかであるが、最初の契約と次の契約は別の売買契約であるから、両方の債権が緊密な関連性（牽連関係）がない。したがって、そもそも衡平法上の相殺（equitable set-off）は認められない。

3．相殺の準拠法についての諸説

上述のように、相殺制度は各国によって異なっている。

英国法上、衡平法上の相殺は、訴訟外でも行使されることがあるため、日本法に準拠する債権と訴訟外で相殺をする場合があり得る。英国法に準拠すれば、たとえ相殺が認められても、ただちには債権消滅の効果を生じない。

一方、日本法に準拠すれば、対等額で債権債務が消滅することになる。従って、両当事者の意図する相殺の結果に大きな食い違いが生じ、争いとなることがある。このような場面では、相殺の準拠法の決定が非常に重要な問題となる。

前述したとおり、通則法は、7条において、当事者の合意により法律行為の準拠法を決定することを定め、当該合意がない場合には、同法第8条1項において、最密接関係地法と規定している。しかし、相殺の成立及び効力について当事者間で準拠法の合意がなされず、自働債権と受働債権の準拠法が異なっている場合について、同法は特段の規定を設けておらず、解釈に委ねられることとなる[9]。

英米法上の相殺のように、相殺を訴訟法上の抗弁として捉える場合、訴訟法上の権利行使なので民事訴訟法の規律することころとなり、手続法である以上、法廷地法が適用される。但し、前述の衡平法上の相殺においては裁判外で行使されうるため、準拠法の問題が生じ得る。

他方、日本その他のヨーロッパ諸国のように、債権消滅原因の一類型であることを重視して、相殺を実体法上の制度として捉える場合には債権自体の準拠

---

(9)　別冊 NBL 編集部編『法の適用に関する通則法関係資料と解説』別冊 NBL No.110（商事法務、2006 年）211-212 頁。

600　第4編　関　連　法

法に因るべきと考えられている。では、相対立する債権のどちらの債権の準拠法を選択すべきか。

学説上、相殺の準拠法の選択に関しては、大きく分けて以下の説がある。

(1)　累積適用説（通説）

自働債権の準拠法と受働債権の準拠法の双方がこれを同じく認める場合にのみ認められるとする[10]。

その根拠は、

ア　相殺は、自働債権及び受働債権の双方の債権の（対当額での）消滅に関する制度であり、債権の消滅は本来その債権の準拠法によるべきであるから、双方の債権の準拠法を適用すべきであること

イ　単一の法制度の下で、受働債権及び自働債権が規律される場合とは異なり、規律を異にする両債権が消滅するという特殊な状態においては、双方の準拠法によるとするのが適当であること

である。この累積適用説が通説とされている。

上記事例3の場合、日本法と英国法の両方が適用され、英国法では相殺の要件を充足しないから、累積適用説では相殺が認められないこととなる。

(2)　受働債権説（有力説）

受働債権の準拠法を適用する[11]。

その根拠は、

ア　相殺は反対債権を利用した受働債権の弁済のための法律行為であること

イ　取引実務上の相殺の担保的機能を重視し、受働債権を利用して自働債権の回収を図ることに着目すれば、経済的価値のある受働債権こそが法律関

---

(10)　木棚照一＝松岡博＝渡辺惺之『国際私法概論〔第5版〕』（有斐閣ブックス、2007年）184-185頁、溜池良夫『国際私法講義〔第3版〕』（有斐閣、2005年）413-414頁、山田鐐一『国際私法〔第3版〕』（有斐閣、2004年）380頁。

(11)　実方正夫『国際私法概論〔第2訂版〕』（有斐閣、1953年）214頁、澤木敬郎＝道垣内正人『国際私法入門〔第7版〕』（有斐閣、2012年）247頁、石黒一憲『国際私法〔第2版〕』（新世社、2007年）377頁、西谷祐子『国際商事仲裁における相殺の準拠法』商事法務 NBL No.977（2012年）28-29頁、横山潤『国際私法』（三省堂、2012年）233頁。

係の重心であること[12]

ウ　実質的にも債務者保護に資すること、受働債権が譲渡されたり、質権を設定されたりすることがあり、このような場合に問題となる第三者に対する効力が受働債権の準拠法説によれば、一つの法に照らして判断でき、通則法23条との整合的解決が得られること

エ　契約債務の準拠法に関するEU規則も受働債権説を採るなど、比較法的にみて受働債権準拠法説を採用する法域が相当数あり、日本が受働債権準拠法説を採ることによって、準拠法決定の国際的統一性を確保できることが挙げられる。

上記事例3では、受働債権である日本法により相殺が認められ、対当額で債権債務は消滅する。

(3)　配分適用説

自働債権に関する相殺の成立要件及び効果については自働債権の準拠法により、受働債権に関する相殺の成立要件及び効果については受働債権の準拠法によるとする[13]。しかし、配分適用説は、その配分の仕方は不明確で実用的でないと考えられている。

上記事例3についての適用はどうなるのか不明である。

4．諸外国の相殺の準拠法の決定基準

準拠法に関して、諸外国の立法例を見ても、相殺の準拠法について特段の規定を設けている国は少ない。フランス及びイタリアは累積適用説を採用しているとされる。EU規則、スイス等、ドイツ、オランダ等、多くの国がこの受働債権説を採用している[14]。

---

(12) 道垣内正人『ポイント国際私法各論』（有斐閣、2000年）269頁。

(13) 元永和彦「国際的な相殺に関する諸問題〔二〕」法協113巻6号（1996年）901頁以下。

(14) 小出邦夫編著『逐条解説・法の適用に関する通則法〔増補版〕』（商事法務、2014年）301頁、307頁。

V. 通説・判例とされている累積適用説の疑問

1. 船舶先取特権に関する累積適用説の弱点

(1) 船舶先取特権の累積適用説については、累積適用した準拠法選択の諸説の弱点が、そのまま当てはまること

ア 旗国法説：公海上で国籍の異なる船舶が衝突した場合に、準拠法が分からない。二重国籍（dual flag）の船舶においてはどちらの国の法律を適用すればいいのか不明である。

イ 法廷地法説：予測可能性に欠ける。

ウ 債権の準拠法説：法定担保物権であるにもかかわらず、当事者に準拠法の選択をすることを許すことになる。

エ 原因事実完成時の所在地法説：債権者が一つの契約に基づいて、世界中の港で複数回にわたって燃料油などの必要品の供給をした場合、供給地によって船舶先取特権の成否に差が出て、事案が複雑になり現実的ではない。

(2) 船舶先取特権の準拠法を累積適用することのへの不合理性

累積適用説を採用した場合、船舶先取特権の成立は限定的となるが、そもそも船舶先取特権は、債権者にとって極めて強力な債権回収手段であるが、国によって異なる場合もあるが、多くの国で1年間で消滅する（除斥期間）と定められており、そもそも限定的にしか行使できないとされている。そのような船舶先取特権の成立を、あえて累積適用説を採用して限定する必要は無いのではなかろうか。

2. 相殺における累積適用説の弱点と受働債権説の弱点

(1) 累積適用説の弱点

累積適用説を採る場合、相殺の成立が困難となり、相殺の簡易かつ実効的な清算方法が失われる[15]。また、相殺の担保的機能から考えれば債権者の保護

の観点から採用できない(16)。前述の事例3について、仮に英国法上でも要件を満たす場合、日本法によれば対当額で債権債務が消滅するが、英国法では、債権債務が実体法上消滅しないことになり、効果の点で相容れず、問題が解決しない。

　累積適用説をとれば、相殺が認められる場合が限定的になるであろう。しかし、相殺は、簡易かつ実質的な清算方法として極めて債権者に重要な制度であり、相手方からの弁済が期待できない場合に、債権者が自己の権利を保全する数少ない手段（いわゆる相殺の担保的機能）であることから、累積適用によってまで債権者の権利行使を制限するべきではない。

(2)　受働債権説の弱点

　累積的適用説も批判される一方、受働債権説についても以下の批判がある。

ア　イタリア、フランス等のような、当事者の意思表示等によらずに相対立する債権を消滅させてしまうような実体法の場合、自働債権と受働債権の区別をどのようにするか不明である(17)。

イ　この説は相殺の担保的機能を根拠としているが、相殺の担保的機能に着目するならば、むしろ、自働債権の弁済の確保という側面が重要となるのであり、自働債権にこそ力点があるというべきである。担保的機能は相殺の一機能に過ぎず、この点からのみ、相殺についての準拠法を決定することは出来ない。

ウ　受働債権の準拠法説によれば、自働債権が譲渡され、又は質権を設定された場合、通則法23条によれば債権譲受人や債権質権者との関係は自働債権の準拠法によるべきことになり、矛盾が生じる。

エ　どちらの当事者が最初に相殺を援用したのかを基準に相殺の準拠法を決定することになり、妥当性を欠く(18)。

---

(15)　櫻田嘉章＝道垣内正人編『注釈国際私法〔第1巻〕』（有斐閣、2011年）580頁。

(16)　出口耕自『論点講義国際私法』（法学書院、2015年）318-321頁。

(17)　神前禎＝早川吉尚＝元永和彦『国際私法〔第3版〕』（有斐閣アルマ、2012年）215頁参照。

(18)　法制審議会国際私法部会第16回議事録参照。

3．国際私法の基本原理との関係

準拠法の選択に関する基本理念である「最密接関係地法適用の原則」及びその原則を繰り返した通則法8条1項の「最密接関係地」であるが、字義通り、「最も」関連する地の法律であるから、複数の地ではなく一つの地を想定している。諸外国でも日本のように最密接関係地の解釈を通して、2国以上の法律を適用するところは見当たらない。

そもそも、法律に定められた要件が認められれば、その法律に定められた効果が生じるべきである。累積適用説は、例えばA国とB国の法律が適用されるとした場合、A国の法律を適用して権利が認められるのに、B国の法律を適用して権利が認められない場合に、A国の法律を適した結果生じる権利や効果が認められないことになる。法律に定めた要件が満たされれば、その効果が発生するべきであるのに、B国の法律要件を充足しないとA国の法律効果が認められないのか。

民法における債務不履行（民415条）と不法行為（民709条）の関係（請求権競合）であるが、一つの事案が、双方の要件を満たすときには両条の効果が生じる。どちらか一方、例えば不法行為が成立しないが債務不履行が認められる場合があった場合、債務不履行の要件が充足する以上は同条に定められた債務不履行責任の効果が認められる。累積適用説は、この請求権競合の考え方とは真逆である。

ところで、通則法22条は不法行為については、外国法が準拠法になる場合に、日本法を累積的に適用するとする規定が有り、「最密接関係地法適用の原則」からはずれて、準拠法の累積適用される場合があることを認めている。しかし、これは、日本法のみを累積適用するもので、日本法上違法とされない行為について不法行為を成立させない、「公序」に着目して制定された規定である。なお、同条は被害者保護の見地から、そもそも立法論として疑問視されており、累積適用を制限的に解釈すべきであると様々な試みがなされている[19]。

なお、国際的な養子縁組では、準拠法について配分的適用の条文があった

---

(19) 松岡博『国際関係私法入門〔第4版補訂〕』（有斐閣、2021年）139-140頁。

が、実際には日本と外国の双方で養子縁組が認められなければならないとする累積適用となってしまう場合があることから、平成元年に改正された。身分法ではあるが、累積適用は認めるべきではないとされた。

上記のような、不法行為法や身分法の変遷から鑑みるに、累積適用は、当事者の権利の成立を奪うものであるから、明文で、しかも、その適用は限定的とされるべきであろう。

したがって、明文無き限りは、「最密接関係地法適用の原則」から一つの国の法律を適用すべきである。

船舶先取特権や相殺は、取引行為の一環で出現するものであり、このような公序や福祉が問題となる場合ではなく、過度にその成立を阻む累積適用説を採るべきではない。

さらには相殺においては、双方の債権の準拠法の要件を充足した場合でも債権消滅の効果があるかないかが異なる場合があり、累積適用説を採用すると複雑な問題が生じ、紛争解決につながらない。

また、累積適用説で成立要件を検討して、どちらかの準拠法で成立要件を充たさなかったときは結局その当該準拠法を適用しただけではないだろうか、という疑問がある。

VI. 私見——国内裁判例の分析及び近時の米国における船舶先取特権についての変遷や仲裁手続の場合等を参考に——

1. 自説——国内裁判例の分析及び近時の米国における船舶先取特権についての変遷

船舶先取特権の準拠法の問題に関して、米国は、法廷地法、供給地の法または旗国法を採用していた。しかし、現在は事案によって最重要関係地を検討し、最重要関係地の法を適用している[20]。ある意味、当事者に準拠法の選択を許しているという評価がなされている。

---

(20) 伊東・前掲（注6）参照。

606 第 4 編 関 連 法

　日本は古くは旗国法説を採り、その後、法廷地法説を採るものが現れ、現在は累積適用説を採る裁判例がほとんどである。

　しかし、その裁判例は累積適用説とは言いながら、旗国法、法廷地法、債権の準拠法、原因事実完成時の所在地法、その他のいずれかの組み合わせであり、統一されていない。

　これをどう評価するのか。思うに米国とほぼ同じ経緯をたどり、実質的には準拠法の選択に関する基本理念である「最密接関係地法適用の原則」により、個別具体的に準拠法の決定をしたと評価しうる。

　「最密接関係地」とは、文字通り、その当該法律関係に最も密接に関係する地の法律であり、どの地が当該法律関係に最も密接に関係するかについては、当該法律関係を取り巻くあらゆる事情を考慮して定めることになる。その事情としては、当該法律関係の行為地や履行地、当事者の常居所地などの客観的事情に加え、当事者の意思といった主観的事情も考慮の対象となる[21]。

　また、船舶先取特権については、移動する船舶の性質上、通則法の定める動産についての通則法 13 条第 2 項の「常居所」の解釈のみから一定の結論を導くのはもはや困難であり、同条項を考慮に入れるとしても、準拠法の選択に関する基本理念である「最密接関係地法適用の原則」に立ち返って、準拠法の決定をすべきである。

　さらに、訴訟法的観点から見ても、外国法の調査立証は、国内法と異なり、裁判所の職権調査事項ではない。準拠の決定については通則法なので裁判所の職権調査事項ではあるが、当事者は、最密接関係地がどこかと、その法律の要件効果を立証し、それに基づいて裁判所が船舶先取特権の成立及び効果を判断するのが合理的であり、多くの裁判例の結論が異なっているのも、実際はこの作業をしているからではないかと考える。

　相殺においては二つの債権の準拠法が異なる場合に、どちらの債権の準拠法がより密接な関連を有するかは、判断が困難かもしれない。諸外国でも累積適用説を採用する国もあり、船舶先取特権の問題とは、やや場面を異にする。しかし、受働債権説を採用する国が多い現状から、やはり累積適用説は相殺を実

---

(21) 小出編著・前掲（注 14） 106 頁。

質上機能せしめなくする公平性を欠く見解と言えよう。しかし、その国の相殺・
の法制や個々の事案で、受働債権説を採ると解決できない問題やかえって当事
者の公平を損なう自体もありうる。そこで個々の事案で、最密接関係地の法を
模索するのが、合理的である。法的安定性という観点からは、裁判例の積み重
ねで一定の法則が期待し得る。

そして、船舶先取特権についても、相殺についても一律に各説を採った時の
弱点を克服でき、紛争の解決に資する。

2. 自説の補強──国際仲裁における準拠法の選択──仲裁法 36 条

なお、船舶先取特権は、裁判所の船舶差押の手続きに際して争われるので
もっぱら訴訟手続の中で争われる。これに対して、相殺の場合には、争われて
いる債権に関する契約に基づいて紛争解決が試みられることになる。国際取引
においては仲裁条項があるため、相殺の準拠法については、仲裁手続の中で争
われることになる。そして、私人による自主的紛争解決手段たる仲裁において
は、国際私法を適用する前提がないとされる[22]。

すなわち、仲裁においては、準拠法の決定について、法適用の通則法では
なく、仲裁法 36 条に規定が適用されることとなる。同条は、① 当事者の合意
(第 1 項)、② 最密接関係地法で事案に直接適用されるべきもの (第 2 項)、③ 当
事者双方の明示の求めがあるときは、衡平と善によって判断 (第 3 項)、④ 仲
裁廷に付された契約があればその準拠法、適用可能な慣習があれば慣習を考慮
に入れて決定する (第 4 項) と定めている。

仲裁の場合は、仲裁人の裁量の限度がやや強いものと思われるが、裁判所が
実際の事件の事情に応じて個別具体的に、最密接関係地を検討し相殺の準拠法
を決定することと矛盾しない。

---

(22) 中野俊一郎＝中林啓一「国際仲裁における実体判断基準の決定と国際私法」青山善充ほか編
『現代社会における民事手続法の展開・下巻〔石川明先生古稀祝賀〕』(商事法務、2002 年) 312 頁
参照。

608 第4編 関 連 法

Ⅶ．結び

　以上から、最密接関係地を具体的に検討し、個別具体的に準拠法の決定をすべきであるが、最密接関係地法は一つであるので、いたずらに成立要件や効果が異なる複数の法律を適用する累積適用説は、混乱を招き国際私法の基本理念と親和せず、疑問がある。

システム開発関係訴訟における責任割合の提言

——ベンダーとユーザーのリスクマネジメントの向上に向けて——

吉　田　祈　代

　本稿では、システム開発（ソフトウェア開発を含む）において紛争となり、裁判となった比較的最近の事例から責任分担の傾向を抽出した上、システム開発実務上のユーザーとベンダーの作業分担やマネジメント標準との乖離の有無を踏まえ、今後増えると思われるシステム開発におけるベンダーとユーザーのリスクマネジメントに資する、予見可能性のある原則的な責任割合と、それを実現するための法的構成を提言したい。

Ⅰ．システム開発を取り巻く環境

1．企業におけるシステム開発の近時の動向

　近時、企業のIT予算DI値[1]は上昇しており、その投資目的の上位には業務プロセスの効率化が挙げられている[2]。システム開発のQCD[3]については、満足という回答の割合が10年で減少傾向にある。

　また、2016年度から2021年度のソフトウェア開発に関するデータの傾向性を以前と比較すると、生産性の低下傾向は弱めながら継続し、工期が少し長くなっている他、信頼性の向上傾向が見られなくなったとされている[4]。

---

(1)　Diffusion Index（ディフュージョン・インデックス）の略で、企業の業況感や設備、雇用人員の過不足などの各種判断を指数化したもの。

(2)　一般社団法人日本情報システム・ユーザー協会『企業IT動向調査2024』（2024年）26頁。

(3)　Quality（品質）、Cost（コスト）、Delivery（納期）の略。

(4)　独立行政法人情報処理推進機構『ソフトウェア開発分析データ集2022』（2022年）78頁。

610 第4編 関 連 法

　システム開発の進め方には、大きくウォーターフォール型と非ウォーターフォール型といわれるアジャイル開発[5]がある。2018 年から 2019 年頃には、ウォーターフォール型[6]が 10 割弱を占めていたところ[7]、近時の裁判例を見る限り、ウォーターフォール型開発の事例が殆どである[8]。

　以下では、ウォーターフォール型開発における事案を念頭に検討する。

２．システム開発関係訴訟の特徴

　システム開発関係訴訟は複雑困難な事件の典型となっており、その要因として、二重の専門性、すなわちシステム開発上の専門的知見と、ユーザーの業務に関する専門的知見が必要となることが指摘されている[9]。

　システム開発関係訴訟を回避する手段として、従前、契約内容の一義的な策定が指摘されており[10]、実務上、標準的な契約書[11]が多く用いられていると思われるが、開発内容が事前に定まらないこともあり、契約書だけでは、訴訟になった場合のリスクを回避することは困難なのが実情である[12]。

---

(5)　アジャイル開発には複数のアプローチがあるが、代表的な手法であるスクラムを例にすると、プロダクトオーナー、スクラムマスター、開発チームといったメンバーでチームを組み、機能単位で要求、設計実装、テストのイテレーション（開発サイクルの単位）を繰り返し、プロダクトを完成させる。独立行政法人情報処理推進機構『アジャイル開発の進め方』（2020 年）アジャイル開発も、徐々に適用が広がっていることがうかがえるが、途中変更がしやすい反面、スケジュールやコスト管理が難しいなどの問題も指摘される。山下博之＝柏木雅之「非ウォーターフォール型（アジャイル）開発の動向と課題」SEC journal Vol.8 No.4（2012 年）164 頁。

(6)　主に要求定義、外部設計、内部設計、開発、テスト、運用という工程の順で、前工程が完了しないと次工程に進まない、滝のように一方向に流れる開発モデル。

(7)　独立行政法人情報処理推進機構『ソフトウェア開発データ白書 2018－2019』（2019 年）53 頁。

(8)　『ソフトウェア開発分析データ集 2022』前掲（注 4）18 頁の開発ライフサイクルモデルのプロファイルでは、約 97％がウォーターフォール型となっている。データを提供する組織のプロファイルの統計結果であり、開発方法の分布ではないものの、少なくとも近時も一定割合存在していることはうかがえる。

(9)　東京地方裁判所プラクティス委員会第二小委員会「ソフトウェア開発関係訴訟の手引」判タ 1349 号（2011 年）4 頁、東京高判平成 25 年 9 月 26 日（スルガ銀行対日本 IBM 損害賠償請求事件・同請負代金等請求反訴事件）金判 1428 号 16 頁、司法研修所編『民事訴訟における事実認定──契約分野別研究（製作及び開発に関する契約）』（法曹会、2014 年）11 頁。

(10)　滝澤孝臣「システム開発契約の裁判実務からみた問題点」判タ 1317 号（2010 年）5 頁、清水建成「システム開発における紛争」判タ 1335 号（2011 年）24 頁。

Ⅱ．システム開発関係訴訟から見る紛争要因と判断傾向

1．令和3年以降のシステム開発関係訴訟の概要

　令和3年以降のシステム開発関係の裁判例[13]を後掲表1のとおり整理した。

　裁判例の紛争要因として多いのは、上流工程での合意の有無あるいは内容の不明確、システム不具合や遅延に関する当事者の帰責性の前提となる役割分担である。

2．主張・立証責任の結論に及ぼす影響

　ベンダー側からの報酬・代金請求事案では、ベンダー側が債務の履行を行ったこと、その前提としての債務内容について主張・立証責任を負っている。

　ユーザー側からの債務不履行に基づく損害賠償請求事案では、ユーザー側が債務の履行を怠ったこと、その前提としての債務内容について主張・立証責任を負っている。

　個別具体的な事案での結論は概ね妥当と考えられるものの、別紙裁判例（後掲表1）での結論の傾向[14]から、これらの主張・立証責任の構造が、勝敗に与

---

(11) 最新のモデル契約書としては、独立行政法人情報処理推進機構「情報システム・モデル取引・契約書（第二版）」がある。最新のモデル契約書では、トラブル発生時における責任分界点を明確にする趣旨で、裁判例を踏まえて主に解説部分を見直している（https://www.ipa.go.jp/digital/model/model20201222.html）。

　　　第一版は2007年4月に公表されている。なお、「情報システム・モデル取引・契約書（アジャイル開発版）」も2020年に公表され、2024年に更新されており、準委任契約であることを前提としてる（https://www.ipa.go.jp/digital/model/agile20200331.html）。

(12) モデル契約では、工程に応じて契約類型を請負、準委任と区別する前提で作成されており、目安にはなり得るが、裁判例上では契約書の記載だけでなく事案毎の実体を踏まえて契約内容が判断されているのが実情である。

(13) D1-Lawの民事の令和3年以降の裁判例から、検索式（開発＊損害賠償＊委託＋請負－発信者情報－不正競争－著作権－商標権－交通）で検索を行った中から、令和6年6月26日時点で判決本文が掲載されているもののうち、開発紛争に関連し、かつ契約の成立を前提としている事例を抽出した。別紙の掲載欄のIDはD1-Law上のものである。

612 第4編 関 連 法

えている影響は少なくないものと推測される。また、請求が棄却される事案では、当然のことながら、双方の過失割合を考慮する余地はなく、リスクは請求者側が一方的に負うことになる。

Ⅲ．システム開発の実務における作業分担

1．プロジェクトマネジメントとは

プロジェクトマネジメントとは、業務上のプロジェクトを成功に導くための総合的な管理手法のことであり、スケジュール、人員、資金、物的資源などの管理を含むものと解されている。

2．プロジェクトマネジメントに関するドキュメント

プロジェクトを計画、実行、管理するためのベストプラクティスとして、PMI（Project Management Institute）が発行する『PMBOK（Project Management Body of Knowledge）ガイド』[15]、プロジェクトマネジメントに関する用語、コンセプト、プロセスの定義について、国際的な共通する理解を、基本ガイドラインとしてまとめた ISO（International Organization for Standardization）が発行するプロジェクト関連規格等 [16]がある。また、政府情報システムの整備及び管理についての手続・手順や、各種技術標準等に関する共通ルールや参考ドキュメントをまとめた、デジタル社会推進標準ガイドライン [17]がある。

PMBOK におけるプロジェクトマネジメント知識体系は、ステークホルダー、チーム、開発アプローチとライフサイクル、計画パフォーマンス、プロ

---

(14) 別紙裁判例中、立証責任を負う側の立証が奏功しなかった事案は3分の1程度を占める。

(15) 第6版まではウォーターフォール型開発を想定して手段やプロセスに力点を置き、成果物の完成を目的としていたが、第7版では、アジャイル型開発を主に想定し価値を実現することを目的としており、構成も大幅に変わっている（https://www.pmi-japan.org/）。

(16) 特定非営利活動法人日本プロジェクトマネジメント協会により、PMBOK や欧州の PM 能力体系ガイド ICB（IPMA Competence Baseline）の内容に配慮しつつ日本的なものを加えて検討された日本版 PM 体系として、「P2M」が 2001 年に発行されている（https://www.pmaj.or.jp/p2m/001.html）。

ジェクト作業、デリバリー、測定、不確かさの8つのパフォーマンス領域で構成されており、マネジメントの成功事例の共通点を概念レベルで表現したものであるとされる。また、プロジェクトマネージャーのみでなく、プロジェクトに関わるスタッフを含む全てのステークホルダーを対象読者としている[18]。

ユーザーとベンダーには、それぞれにプロジェクトマネージャーが存在し、それぞれがシステム開発において果たす役割を前提として、上記知識体系等を参考として効果的なマネジメントを行うことになる。上記知識体系は、プロジェクトマネジメント標準として普及している実態に鑑みると、成功例を集めたものとはいえ、注意義務の有無やその内容を考慮する上で参考とされることになろう。

3. ユーザーとベンダーの実務上の役割分担

それでは、ユーザーとベンダーの各プロジェクトマネジメントは、ベンダーが主たる責任を持つものと考えられているか、あるいは双方同等の重みを持つものと考えられているか。この点について、システム開発のうち、ウォーターフォール型の開発工程での当事者双方の関わりは、一般に以下の図1・2のとおり[19]、上流工程ではユーザーの関与割合が大きいといった割合的変化はあるが、いずれの段階においても共同で行うものと考えられている[20]。

---

(17) デジタル庁のサイト参照（https://www.digital.go.jp/resources/standard_guidelines）。おおまかには、政府情報システムの整備及び管理に関するルールとして順守する内容を定めたドキュメントであるデジタル・ガバメント推進標準ガイドライン、その下位文書であるデジタル・ガバメント推進標準ガイドライン解説書と、これらの下位文書でこれまで得られたノウハウや教訓等を盛り込んだ実践的な参考文書である実践ガイドブックがある。デジタル庁『デジタル・ガバメント推進標準ガイドライン実践ガイドブック』（2024 年）。
(18) 鈴木安而『図解入門　よくわかる　最新 PMBOK 第7版の活用』（秀和システム、2023 年）。
(19) デジタル庁・前掲（注 17）第7章設計・開発、31-32 頁より引用。
(20) なお、ウォーターフォール型開発とアジャイル開発のスクラムを対比すると、要件定義段階はスクラムのプロジェクト立上げ、要求に相当し、基本設計以下が細分化されイテレーション（開発サイクルの単位）の繰り返しに替わる（前掲〔注5〕、前掲・デジタル庁〔注19〕第7章 14 頁参照）。上流工程における当事者双方の関わりは、ウォーターフォール型開発もスクラムも変わらないであろう。他方、イテレーションにおける関わりは、各イテレーション毎に基本設計以下と同様の関与の度合いと考えることになりそうであるが、イテレーションの段階によっても異なる（初期段階ではユーザー、後半ではベンダーの関与度合いが大きい）可能性がある。

この考えはシステム開発の実務上の役割分担としての感覚に合致しているものと思われるが、Ⅱ.で指摘した訴訟の結果に見られる責任分担傾向とは必ずしも一致しない。

図1　ウォーターフォール型の開発プロセスのV字モデル

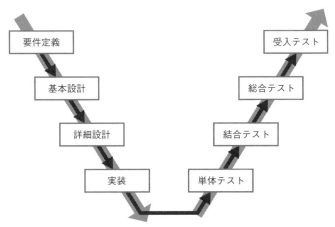

（出所）デジタル社会推進標準ガイドライン実践ガイドブック（注17）より。

図2　各工程における発注者と委託先の関わり度合いの変化

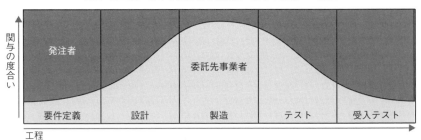

（出所）同上。

Ⅳ．システム開発関係訴訟における原則的責任割合の提言

1．目指すべき責任分担

　訴訟による責任分担傾向と実務上考えられている責任分担が一致すること、あるいは一致しないとしても留意すべき点が明確であることが、当事者の予見可能性に資すると思われる。そのためには、ユーザーとベンダーの責任分担は0か100ではなく、前掲Ⅲ．3．の図2のように、場面において割合的に負担すること、その割合は原則として同図の程度、特別な事情があればこれを修正する、との結論を導くことが妥当と思われる。

　このような考えを前提とすると、訴訟となった事案のうち、ユーザーのベンダーに対する債務不履行に基づく損害賠償請求事案では、債務内容の主張・立証責任をユーザーが負うことと実務上の責任分担は原則として一致し、請求が認容される場合でもユーザー側の責任割合を過失相殺で考慮することにより妥当な解決が可能である。

　他方、報酬・代金請求事案では、債務内容の主張・立証責任をベンダーが負うことと実務上の責任分担が乖離していることになる。

2．予見可能性のある責任割合を実現するための法的構成

　この乖離を解消する方法としては、債務内容についてのベンダーの主張・立証を容易にする、あるいは債務内容が立証しきれなかった場合に、そこまでのユーザーとの交渉経緯を基礎に契約締結上の過失による損害賠償請求を予備的に主張し、ユーザーに過失を認める方向が考えられる[(21)]。ベンダーの主張・立証を容易にすることは、個々の事案における事情と裁判体の自由心証によるため、ここでは後者の契約締結上の過失による方法を取り上げる。

---

(21) 後掲表1のシステム開発裁判例一覧表では、番号15（東京地判令和4年5月20日）及び番号24（東京地判令和3年8月3日）において、予備的請求原因として契約締結上の過失が主張されている。

契約締結上の過失は、単に交渉を拒絶しただけでは足りず、交渉した内容をもって契約が成立するとの期待を相手に抱かせたといえる事情が必要であると解されている[22]。この点、信義則に由来するため、要件事実が明確でないとの指摘もあろうが、契約締結に向けた第一から第三段階の類型化を踏まえると、システム開発で訴訟に至る事案では、ベンダーが一定の作業に入って、少なくとも第二段階まで進み当事者が契約締結に向けて緊密な関係に立つに至っていると評価される事情があり、信義則上の義務を基礎づけるに足りる事情があることが大半であろう。

また、報酬・代金請求では相殺の抗弁以外に過失相殺での調整は困難[23]な反面、契約締結上の過失に基づく損害賠償請求とすることで、損害の範囲が信頼利益に限定される[24]と共に、ベンダー側の責任割合を過失相殺で考慮でき、実務上の責任分担の考え方に即した妥当な解決が可能である。

V．結　語

システムトラブルの多くは、要件定義や基本設計といった上流工程に起因するとの認識は、既に普及している[25]。ユーザーとベンダーが相互に、それぞれの専門性への理解を深めると共に、PMBOK 第7版の目的にもなっているとおり、システムそのものというよりシステムにより創造する価値が何であるかを常に意識して臨むことが、トラブルを回避する最善の策であり、リスクが顕在化した場合にも事案毎に妥当な責任分担が図れるものと思われる。

---

(22) 淡路剛久ほか編『現代契約法大系　第1巻』（有斐閣、1983 年）193 頁。

(23) ただし、出来高分の報酬請求が認められる場合は、出来高評価において調整要素を考慮できる可能性はある。

(24) ユーザー側の債務不履行に基づく損害賠償請求によると、信頼利益を超える損害の発生が認められることとの均衡が問題となり得るが、ユーザー側が債務の内容を主張・立証できた場合と、ベンダーが債務の内容を主張・立証しきれなかった場合を前提とする以上、損害の範囲が異なることもやむを得ないものと考える。

(25) 独立行政法人情報処理推進機構『情報処理システム高信頼化教訓集（IT サービス編）』（2019 年）17 頁。

表1 システム開発裁判例一覧表

番号	裁判所	判決日	開発対象システム	当事者の関係	本訴請求	反訴請求	結論	責任に関する判断概要	掲載（ID）
1	東京地裁	R5.3.24	非生体検知学習機能を具備した学静脈認証ソフトウェア開発キット	被告（注文者）・原告間の請負契約	主位的に請負代金請求、予備的に被告の協力義務違反による債務不履行ないし債務不履行に基づく損害賠償請求、出来高報酬請求		一部認容	被告が原告に対しソースコードを交付し、原告がそのソースコードを解析することにより本件SDKの仕様が確定されるものと合理的に推認されるなどして、原告がサンプルソースコードの内容を反映していなかったため完成は認めなかった。被告の協力義務違反に基づく損害賠償請求に、既履行部分について、有益性があるとして出来高分に応じた報酬を認めた。	29077897
2	東京地裁	R5.2.27	健康支援サービスを提供することができるシステム、データベース及びウェブサイト	被告（委託者）・原告間の開発委託及び保守管理委託契約	保守管理委託契約の報酬請求及び債務不履行による損害賠償（違約金）請求		一部認容	保守管理委託契約の前提となる開発委託契約について、原告が被告にウェブサイトの修正を求め被告が修正を依頼し、原告が修正した経緯や報酬を支払っていることから、開発工程を完了し検収したとして完成を認めた。	29076749
3	東京地裁	R5.2.17	データセンターの移設及び構築設計、構築及び保守	原告（委託者）・被告間の移管の設計・構築及び保守委託契約	ファイアウォールの適正な設定による通信制限を行う注意義務違反の不履行による損害賠償請求	費用償還請求、予備的に商法512条の報酬請求	本訴一部認容、反訴一部認容	開発委託契約では、契約締結の前後に提案依頼書、提案書、要件定義書、基本設計書などをやり取りすることにより委託業務の内容を確定していくものであるが、これらを総合的に考慮して確定すべきところ、本件では原告主張の債務があったことを認めた。	28311064
4	東京地裁	R4.12.14	求人ウェブサイト	被告（発注者）・原告間の請負契約	被告の納品変更等で業務遂行が不可能になったこととして請負代金請求		一部認容	被告と原告でウェブサイト制作等を合意し、原告がトップ画面のサンプルを示した等の事実から、請負契約の成立を認め、ウェブサイトの出来高請負代金については開発段階ごとの請負評価を評価した。	29075154

618　第4編　関連法

番号	裁判所	判決日	開発対象システム	当事者の関係	本訴請求	反訴請求	結論	責任に関する判断概要	掲載(ID)
5	東京地裁	R4.10.25	ウェブサイト	原告（委託者）・被告間の請負契約	債務不履行に基づく損害賠償請求、予備的に不当利得返還請求		一部認容	契約の性質は準委任でなく請負契約であるとし、ウェブサイトは原告が完成しているなどとの認識を前提に完成していないとした。不当利得については、契約解除後のウェブサイトに被告制作と類似ないし同一部分があるとして、出来高を評価して控除の上、一部認容した。	29076313
6	東京高裁	R4.10.5	基幹システム	原告（発注者）・被告間の請負契約	請負契約の債務不履行を理由とする解除に伴う原状回復請求及び損害賠償請求		一部認容（原審維持）	原告が主張する夜間のバッジ処理性能になることが請負契約における合意内容になっていたことを認定し、同処理が正常に完了しない障害は容易に解消できるものであり、債務不履行があったと認められる。被告が原告の協力義務違反を主張したのに対しては、認めるに足りないとした。（原審東京地裁令和4年2月24日判決）	28311477
7	東京地裁	R4.9.8	保険管理ソフトウェア	原告（委託者）・被告間の開発委託契約	債務不履行を理由とする解除に伴う原状回復請求		認容	当初の契約で、ソフトウェアの仕様変更の合意をしたと認めた上、被告が変更後のソフトウェアの開発中止を一方的に通知したのは債務不履行である。	29074240
8	東京地裁	R4.8.25	暗号資産取引所システム	原告（委託者）・被告間の開発委託契約	不完全履行の債務不履行（予備的に不法行為）に基づく損害賠償請求		棄却	概要書に規定された各機能を具備したシステム・機能が開発が業務内容であるとした上で、機能の動作確認、残金の支払い等の事前に委託料の支払に係る開始等を終えて成果物を引渡し、開発に係る全工程を終えているものと認められる。	29074064
9	東京地裁	R4.8.24	デジタルデザイン作業自動化AI	原告（委託者）・被告間の開発委託契約	開発委託契約に基づく成果物引渡・予備的に債務不履行を理由とする解除に伴う原状回復請求		予備的請求一部認容	引渡しについては目的物の特定を欠いており不適法却下。また納期の延期が繰り返され、被告の訴訟上の主張（契約を解消するとの合意があった旨）から、開発完成不能として、契約の解除事由として該当する。	29074075

番号	裁判所	判決日	開発対象システム	当事者の関係	本訴請求	反訴請求	結論	責任に関する判断概要	掲載(ID)
10	東京地裁	R4.6.22	複数エアコンの遠隔操作をする装置（機器及びソフトウェア）	原告（委託者）・被告間の開発委託契約	報酬請求及び仕様の開示を遅延した損害賠償請求又は債務不履行を理由とする損害賠償請求	主位的に契約無効・予備的に債務不履行又は契約の解除に伴う損害回復請求	本訴請求一部認容 反訴棄却	原告の開発に係る契約の債務の履行を認め、被告からの仕様不適合、検収未了の反論はいずれも認めなかった。他方、原告の情報提供義務違反の主張や被告の反訴請求はいずれも認めなかった。	29073041
11	東京地裁	R4.6.17	販売管理システム	原告（委託者）・被告間の開発・構築支援業務委託	被告の責めに帰すべき事由による履行不能等で解除されたとして債務不履行又は不法行為に基づく損害賠償請求	ユーザー側のプロジェクト・マネジメント義務違反の不法行為に基づく損害賠償請求	本訴一部認容 反訴棄却	被告は、その開発手法を誤り、かつ、適時適切な修正、調整をしてシステム完成に向けたプロジェクト・マネジメントを適切に行うべき義務を履行することによって上記のような状態を招来したものといわざるを得ないとして、被告の帰責性を認めた。	28301789
12	東京地裁	R4.5.27	HTMLモックアップ	原告（委託者）・被告間の開発業務委託契約	債務不履行に基づく損害賠償請求		棄却	原告と被告の業務委託契約が原告に対して仮想通貨取引所開設のためのICO（イニシャルコインオファリング）支援業務を行う内容であるとした上で、被告はプロジェクトの役割分担や計画、仮想通貨取引の開発事業者と原告との打ち合わせの調整や同事業者に向けて原告の要求を履行していた等、業務を履行していたとした。	29071005
13	東京地裁	R4.5.27	物流システム	原告（委託者）・被告間の業務委託契約	履行不能又は不完全履行に基づく損害賠償請求	主位的に履行済み業務に対する業務委託料請求、予備的に民法512条、650条1項等に基づく請求、予備的に不当利得返還請求	本訴一部認容、反訴一部認容	被告によるデータ移行、入力未了等で流通に混乱を招いており、履行は極めてずさんであったため、不完全履行があったと認めるが、履行不能に陥ったとまでは認められない。原告と被告の過失相殺1割、反訴については、被告の業務履行率6割として商法512条、民法650条1項に基づく請求を認めた。	29071102

620　第4編　関　連　法

番号	裁判所	判決日	開発対象システム	当事者の関係	本訴請求	反訴請求	結論	責任に関する判断概要	掲載（ID）
14	東京地裁	R4.5.20	ECサイト	被告（委託者）・原告間の請負契約又は準委任契約	主位的に請負契約又は準委任契約の報酬、予備的に契約締結上の過失（不法行為）に基づく損害賠償		一部認容	被告と原告間で、オウンドメディア（ポータルサイト）とEサービスサイトの限りで契約があり、ECサイトの設計開発契約の成立は認めなかった。他方、予備的請求については、原告がECサイトに係る契約が締結されるとでもわち得ない事情があったとして、契約締結上の過失を認めた。	29070932
15	東京地裁	R4.3.17	ウェブサイト	原告（委託者）・被告間の開発委託契約	債務不履行に基づく解除に伴う原状回復請求		認容	被告の作業が合意・変更した履行期をしばしば徒過したことに起因し、原告が解除の意思表示をしており、他方で被告が主張する原告の仕様変更は履行期の相当以前であったことから、原告による解除は有効であるとした。	29069687
16	東京地裁	R4.3.15	計測ユニットのためのソフトウェア	原告（委託者）・被告間の開発委託契約	債務不履行に基づく損害賠償請求		一部認容	原告・被告間の契約は段階ごとの個別契約であり、成果物としてソースコードを引き渡す合意があったとし、当初開発の成果物の引渡しは認められるが、機能の追加の各段階の作業は終了していなかったとした。	29070187
17	東京地裁	R4.3.10	事業者がウェブ予約、顧客管理等をするプラットフォーム	原告（委託者）・被告間の請負契約	債務不履行に基づく解除に伴う原状回復請求		認容	原告・被告間の契約はアジャイル開発によるものではなく、明確に引渡期限を定めたものであり、引渡できなくなった原因が被告にあるとして、原告に引き渡すことは認められないとした。	29070283
18	東京地裁	R4.2.8	人事評価制度	被告（委託者）・原告間の業務委託契約	業務委託契約に基づく報酬請求		一部認容	契約内容である開発フェーズのうち、導入サポートまでの履行があったことを認めると共に、原告は、被告にノウハウの提供という損失を被る一方で、被告はノウハウを利用できる利益があるとして、履行済みの業務に対価する対価の支払い義務を認めた。	29069277

システム開発関係訴訟における責任割合の提言　*621*

番号	裁判所	判決日	開発対象システム	当事者の関係	本訴請求	反訴請求	結論	責任に関する判断概要	掲載(ID)
19	東京地裁	R4.1.31	ゲームソフト	被告(委託者)・原告間の業務委託契約	業務委託契約に基づく未払委託代金請求		棄却	ソフトウェア製作開始時点で仕様が概ね決まっており、業務遂行のため必要な程度に報酬総額について合意が成立していたと認め、請負契約であると評価し、納品した事実は認められないとした。	29068785
20	東京地裁	R4.1.26	顧客情報管理システム	被告(委託者)・原告間の準委任契約又は請負契約	システムを完成させたが被告が保守・運用契約を解除したため納品できなかったとして、旧民法648条3項又は536条2項に基づく残代金請求		棄却	CRMデータが消失し、納品義務は履行不能となったが、原告がデータバックアップを取ったうえで外部の記録媒体に保存して被告に交付し納品することは容易であるのに、それをしなかったことから、原告が必要な対応を行わなかったと評価し、被告の帰責性はないとした。	29066582
21	東京地裁	R3.9.30	ウェブサイト	原告(委託者)・被告間の開発委託契約	被告の債務不履行又は不法行為に基づく損害賠償請求		一部認容	原告と被告間に、ウェブサイトの機能や、開発言語についての合意、開発時期の黙示の合意があったことを認め、被告がサーバーバーに格納したウェブサイトは完成していないとした。またサーバーバーに格納したコードの秘密鍵を被告に引き渡さなかったことを推認し、原告利用可能な状態に置いたと認められないとした。	29066482
22	東京地裁	R3.8.11	ウェブサイト	被告(発注者)・原告間の請負契約	請負代金請求		棄却	被告が書籍の直販実績を向上させることを目的として旧ウェブサイトの機能を維持することを前提にリニューアルを発注したことから、旧ウェブサイトの横断的な検索機能の搭載がない以上、原告のウェブサイトは未完成である。	29066183

番号	裁判所	判決日	開発対象システム	当事者の関係	本訴請求	反訴請求	結論	責任に関する判断概要	掲載（ID）
23	東京地裁	R3.8.10	産業廃棄物処理事業に使用するための横型高温高圧機器	原告（発注者）・被告間の請負契約	被告が収めた機器が請求仕様又は法令上の要件を満たさずかつ引き渡しがない等として債務不履行解除に基づく原状回復請求		棄却	仕様通りの処理能力を備えていないとの原告の主張の根拠は示されておらず、納品後の実験結果からは、処理能力を備えていることがうかがえること、引渡期限を経過したのは原告の判断の遅れ等に起因する床工事や電気工事の遅れ等に起因するとして、被告に債務不履行責任は認められないとした。	29066265
24	東京地裁	R3.8.3	（被告のプロジェクト）取引に関する文書のペーパーレス化、次期基幹系システム構築（原告提供サービス）クラウドファイリングサービス	原告提供サービスについての利用契約	被告が契約を解約した債務不履行による損害賠償請求、予備的に契約締結上の過失又は不法行為に基づく損害賠償請求		棄却	原告の社内稟議がなく正式な見積書の送付があったといえないとして、また契約の経営会議の承認されたのは方分かではなく、契約の具体的な内容や利用条件について了承があったと認められず、原告に合理的期待を持たせるものといえないとした。	29066023
25	東京地裁	R3.5.28	自動車メーカーのシステムを別プログラミング言語に更新する作業	原告（発注者）・被告間の先行開発の請負契約	被告が移行ツールの作成義務を怠り、本開発を受注しなかったとして債務不履行又は信義則上の義務違反（不法行為）に基づく損害賠償請求	請負契約に基づく代金請求	本訴棄却反訴認容	移行ツールの内容、工作方法等が当事者間で定まっておらず、先行開発で移行ツールが必須までといえず、被告が移行ツールや作成義務を負っていたことを認めるに足りない。他方、被告は、受注した先行開発業務については、棚卸結果報告書、移行目標設計書、単体・結合試験仕様書及び成果物を各ソースコード一式等で納品しているとして、最後の工程まで終えて目的物を引き渡していること、受注されなかった業務について費用清算する合意があったことを認めた。	29064728

番号	裁判所	判決日	開発対象システム	当事者の関係	本訴請求	反訴請求	結論	責任に関する判断概要	掲載（ID）
26	東京地裁	R3.5.24	求人情報誌の求人の募集要項である文字情報を自動組版でWEBにも自動的に反映させるシステム	原告（委託者）・被告間の開発委託契約	納期遅延、システム稼動に支障があることとして約定解除権に基づく解除をしたことに伴う原状回復請求	未完成部分がわずかであり、未完成の原因が原告の協力義務違反にあるとし、信義則上完成したと評価することによる未払い報酬請求	本訴認容 反訴棄却	システムダウンがニューニューアルチェーンジ公開直後から発生し、被告が対応予定時期としていた期限から半年経過した後も発生原因が解明されておらず、1年経過した段階でも改修の見込み時期や方法が示されていなかったため、修理不能なバグであり瑕疵に当たる。また、システムダウンによる原告の営業上の信用に影響を与えるおそれが高く、瑕疵は重大である。	29064927
27	東京高裁	R3.4.21	SMAFW業務（投資一任運用）のためのコンピュータシステム	原告（委託者）・被告間の開発委託契約	債務不履行、不法行為に基づく損害賠償請求	未払い報酬請求	本訴棄却 反訴一部認容	本件システムを最終的に完成させることや、本件システムを平成25年1月4日にSTARのサブシステムの一つとしてSTARと同時に稼働開始させることが、契約当事者双方のビジネス上の目標であったといえるが、これらが契約上のIBMの債務として合意されたとまではいえないとした。品質不良、信頼関係崩壊等による履行不能の主張についても、システムに改善を要する点は双方に原因があり、下流工程に入ってからも大きな変更要求を繰り返した原因があるとした。	28292856 判タ1491号20頁
28	東京地裁	R3.3.30	スマートフォン用ゲーム	原告（委託者）・被告間の準委任契約	納期に納品しなかったことによる不法行為又は債務不履行、準委任契約の善管注意義務違反等に基づく損害賠償請求		棄却	原告が主張する義務は実質的に請負契約と変わらないため、前提として納品物が合意に沿うものかを具体的に判別し得る程度に特定されており、納品合意があることを要する。本件では、そのような合意は認められない。	29063723

番号	裁判所	判決日	開発対象システム	当事者の関係	本訴請求	反訴請求	結論	責任に関する判断概要	掲載(ID)
29	東京地裁	R3.3.26	出退勤システムを搭載したカードリーダーのソフトウェア	原告（発注者・元請）・被告間の請負契約	成果物に不具合があり検収が完了していないことによる債務不履行に基づく損害賠償請求	指摘された不具合に合理的理由がないことによる、検査期間の経過をもって検収完了とみなす代金請求	本訴棄却 反訴認容	契約上、結合試験・総合試験は原告が責任を分担し、処理速度に関する性能は被告が免責されると合意されたことを認め、これを前提に、原告からの不合格通知の不具合はいずれも合理的な理由が示されていないとして、検査期間の完了をもって検収完了と認めた。	29063496
30	東京地裁	R3.3.25	ネットワークシステム構築	原告（発注者）・被告間の請負契約	履行遅滞に陥ったとして債務不履行に基づく損害賠償請求		一部認容	被告が負う債務の内容や完成すべき仕事の内容を一義的かつ明確に記載した書面は作成されなかったことから、請負というより準委任契約の複合的な契約であるとし、一部の債務について履行されたと認め、不履行部分に対応する費用を損害と認定した。	29064207
31	東京地裁	R3.3.17	在庫管理システム	原告ら（委託者）・被告間の開発委託契約	納期遅滞による債務不履行に基づく損害賠償請求		棄却	開発遅延の主張については、被告が原告一社との最終納期にプログラムを事務所に持ち込み、運用テストが可能な状況に置いていたことは（運用テストが原告らが主体で行うべきであるから）弁済の提供に当たるとして、債務不履行責任はないと判断した。	29063689
32	東京地裁	R3.2.26	データベースサーバーの設計構築	被告（元請者）・原告間の業務委託契約	残代金請求		一部認容	被告が債務不履行であると主張する各業務について、原告は債務内容がWBSで定められた限度で反論したのに対し、個別に当事者の意思を認定して債務内容を判断した。他方で原告に被告が主張する債務不履行はなく相殺の抗弁は理由がないと判断した。	29062757

番号	裁判所	判決日	開発対象システム	当事者の関係	本訴請求	反訴請求	結論	責任に関する判断概要	掲載（ID）
33	東京地裁	R3.2.9	ECサイト開設・運用	原告（委託者）・被告間の業務委託契約	履行遅滞による解除に伴う原状回復請求及びプロジェクトマネジメント義務違反の債務不履行に基づく損害賠償請求		棄却	原告による解除は認められないこと、被告がモール連携を受注する際にシステム開発を予定していなかったことから、モール連携がCの仕様により影響を受けることを説明すべき義務の前提を欠くと判断した。	29062591

（出所）D1-Law の検索結果（注13）を基に筆者作成。

福原紀彦教授　履歴・業績目録

（2025 年 3 月 10 日現在）

福 原 紀 彦

履　歴

学　歴

1977年 3 月　中央大学法学部卒業

1981年 3 月　中央大学大学院法学研究科（民事法専攻）博士前期課程修了

1984年 3 月　中央大学大学院法学研究科（民事法専攻）博士後期課程単位取得
　　　　　　満期退学

学　位

法学修士（中央大学　1981年）

履歴・職歴

1984年 4 月〜1986年 9 月　杏林大学社会科学部助手

1986年 7 月〜1990年 3 月　　八戸大学商学部非常勤講師

1986年10月〜1991年 3 月　杏林大学社会科学部専任講師

1986年10月〜2004年 3 月　　中央大学経理研究所特別講座講師

1988年 4 月〜1990年 3 月　　中央大学商学部兼任講師

1990年 4 月〜1993年 3 月　　中央大学法学部兼任講師

1991年 4 月〜1993年 3 月　杏林大学社会科学部助教授

1993年 4 月〜1995年 3 月　中央大学法学部助教授

1993年 4 月〜1994年 3 月　　杏林大学社会科学部非常勤講師

1993年 4 月〜1995年 3 月　　東京都立短期大学非常勤講師

1995年 4 月〜2014年 3 月　中央大学法学部教授

1995年 4 月〜2022年 6 月　　中央大学大学院法学研究科博士課程前期・後期課
　　　　　　　　　　　　　　程担当

1998年 4 月〜2003年 3 月　　杏林大学社会科学部非常勤講師

1999年10月〜2007年 3 月　　杏林大学大学院国際協力研究科非常勤講師

履　歴　629

2001年4月〜2006年3月　　　新潟大学非常勤講師
2002年12月〜2004年3月　　　中央大学法科大学院開設準備室副室長
2004年4月〜2007年10月　　　中央大学大学院法科大学院法務研究科長補佐
2004年4月〜2022年6月　　中央大学大学院法科大学院（法務研究科）教授
2004年4月〜現在に至る　弁護士（東京弁護士会所属）
2005年4月〜2006年3月　　　新潟大学工学部情報工学科非常勤講師
2005年5月〜2014年11月　　　学校法人中央大学評議員
2005年10月〜2006年3月　　　放送大学主任講師
2006年4月〜2012年9月　　　放送大学客員教授
2006年8月〜2007年9月　　　北海道大学大学院非常勤講師
2007年11月〜2011年10月　中央大学大学院法科大学院（法務研究科）長
2008年6月〜2014年11月　　　学校法人中央大学理事
2011年11月〜2013年6月　学校法人中央大学総長
2011年11月〜2014年11月　中央大学学長
2018年5月〜2021年5月　中央大学学長
2018年5月〜2021年5月　　　学校法人中央大学理事
2022年7月〜現在に至る　日本私立学校振興・共済事業団理事長
2022年7月〜2024年3月　　　中央大学大学院法務研究科（法科大学院）客員教
　　　　　　　　　　　　　授
2022年7月〜現在に至る　中央大学名誉教授
2022年7月〜現在に至る　　　中央大学研究開発機構客員教授
2024年5月〜現在に至る　　　日本比較法研究所名誉所員

大学教員資格審査歴（文部科学省大学設置・学校法人審議会）
1986年8月　杏林大学社会科学部・専任講師（設立経過中昇格審査）
1992年8月　中央大学法学部・助教授（国際企業関係法学科・新設時審査）
1994年12月　中央大学法学部・教授（国際企業関係法学科・設立経過中昇格審
　　　　　　査）
2003年8月　中央大学大学院法科大学院・教授（商法・消費者法・IT法、法
　　　　　　科大学院設置教員資格審査）

その他の資格

2004年4月　弁護士（日本弁護士連合会・東京弁護士会）

所属学会

1981年10月〜　日本海法学会

1981年10月〜　日本私法学会

1983年10月〜　日本経済法学会

1984年4月〜　日米法学会

1984年4月〜　比較法学会

1984年4月〜　金融法学会

2001年10月〜　法とコンピュータ学会

2014年4月〜　日本消費者法学会

学内学友会部会長等

1997年4月〜1998年3月　中央大学学友会体育連盟剣道部部長

1997年12月〜2021年11月　中央大学学術研究団体連合会瑞法会会長

2001年4月〜2021年3月　中央大学学友会体育連盟硬式野球部部長

2011年11月〜2014年11月　中央大学学友会会長

2018年5月〜2021年5月　中央大学学友会会長

学会及び社会における活動等

1991年7月〜2000年3月　(社)日本クレジット産業協会クレジット研究所研究員

1996年9月〜1996年9月　クレジットカード電子決済問題米国調査団（ECOM・JCIA 共催）団長

1996年10月〜1997年3月　EC クレジット取引調査研究委員会（平成8年度通産省委託）委員長

1997年3月〜1997年3月　OECD パリ国際フォーラム「消費者と電子商取引」日本代表セッションスピーカー

1997年5月〜1998年9月　OECD 消費者政策委員会「消費者と電子商取引」

	プロジェクト専門委員、OECD 本部（パリ）、同上
	専門家会合（1997年 9 月、1998年 3 月）
1997年 6 月～2009年 3 月	（社）日本クレジット産業協会「クレジットカード・
	インフラ整備委員会」委員長
1997年 9 月～1997年 9 月	IC カード欧州調査団（JCIA）団長
1999年 2 月～1999年 7 月	通商産業省「電子商取引の環境整備に関する勉強
	会」委員
1999年 4 月～1999年 5 月	（財）道路新産業開発機構「ETC 決済クレジットカー
	ドシステム活用検討委員会」委員
1999年10月～2000年10月	（財）日本建設情報総合センター「公共調達電子認証
	局運営規定作成委員会」委員長
1999年11月～1999年11月	クレジットカード犯罪法規制欧州調査団（JCIA）
	団長
2000年 7 月～2001年 1 月	通商産業省割賦販売審議会臨時委員
2000年 7 月～2001年 3 月	日本学術振興会未来開拓学術研究推進事業研究評価
	協力者
2000年10月～2001年 3 月	C2C ビジネス研究会（平成12年度通産省委託）委
	員長
2001年 3 月～2001年 3 月	公正取引委員会経済取引局「B to C 問題勉強会」
	専門委員
2001年 3 月～2001年 4 月	経済産業省平成12年度委託「電子商取引におけるク
	レジットの書面交付等の在り方に関する調査研究委
	員会」委員
2001年 3 月～2001年 5 月	（財）日本建設情報総合センター「電子認証審査委員
	会」委員長
2001年 7 月～2001年10月	（財）道路システム高度化推進機構「ETC 決済クレ
	ジットカードシステム活用検討委員会」委員
2001年10月～2002年 3 月	経済産業省平成13年度委託「C2C ビジネス研究会
	（第 2 期)」委員長
2002年 4 月～2002年 4 月	公正取引委員会経済取引局「B to C 問題検討会」

委員

2002年12月〜2003年6月	(社)前払式証票発行協会「前払式電子決済インフラ整備検討委員会」副委員長・システム部会長
2002年12月〜2003年3月	国土交通省「電子契約推進検討会」委員・副座長
2003年4月〜2014年3月	東都大学野球連盟理事・常務委員
2003年6月〜2004年3月	日本学術振興会未開拓学術研究推進事業最終評価協力者
2003年12月〜2004年3月	社団法人前払式証票発行協会「前払式決済リスク管理研究委員会」委員長
2005年2月〜2006年3月	経済産業省「インターネット電子商取引とクレジット事業研究会」委員・副座長
2005年12月〜現在に至る	全国JAバンク相談所運営懇談会委員・座長
2006年2月〜2011年1月	財団法人日本学生野球協会評議員
2006年4月〜2010年3月	消費者信用情報保護協会評価委員長
2006年4月〜2015年3月	防衛省防衛施設中央審議会委員
2006年10月〜2009年3月	社団法人前払式証票発行協会「電子決済連絡協議会」委員長
2006年10月〜2011年9月	日弁連法務研究財団法科大学院認証評価事業評価員
2006年12月〜2011年1月	公認会計士試験 試験委員（内閣府・公認会計士監査法人審査会）
2009年4月〜2015年3月	防衛省防衛施設中央審議会会長
2009年7月〜現在に至る	一般社団法人投資信託協会理事
2009年9月〜2010年8月	社団法人日本クレジット協会インフラ整備部会長
2009年9月〜2011年3月	財団法人大学基準協会法科大学院基準委員会委員
2010年3月〜2010年8月	社団法人前払式証票発行協会理事
2010年4月〜2012年7月	社団法人日本資金決済業協会理事・会長
2010年6月〜2024年3月	内閣府非公開委員
2011年3月〜2012年3月	明治大学法科大学院外部評価委員・座長
2011年6月〜2012年3月	慶応義塾大学法科大学院外部監査委員
2011年6月〜2012年3月	法科大学院協会理事

2011年 6 月〜現在に至る	公益財団法人矢野恒太記念会評議員
2011年10月〜現在に至る	中野区特別職報酬等審議会会長
2011年11月〜2012年 3 月	財団法人大学基準協会評議員
2011年11月〜2012年 5 月	社団法人日本私立大学連盟理事
2012年 1 月〜2012年 5 月	社団法人日本私立大学連盟常務理事
2012年 3 月〜2014年11月	公益財団法人大学基準協会理事
2012年 4 月〜2016年 3 月	文部科学省大学設置・学校法人審議会（学校法人分科会）委員
2012年 6 月〜2013年 5 月	公益財団法人大学基準協会「知的財産専門職異議申立審査会」委員
2012年 6 月〜2014年11月	公益社団法人学術・文化・産業ネットワーク多摩理事
2012年 6 月〜2014年11月	大学コンソーシアム八王子理事
2012年 6 月〜2014年11月	一般社団法人日本私立大学連盟理事
2012年 7 月〜2014年11月	一般社団法人日本私立大学連盟常務理事
2012年 7 月〜現在に至る	一般社団法人日本資金決済業協会理事・会長
2013年 4 月〜2014年 3 月	東都大学野球連盟副理事長
2013年 6 月〜2013年 9 月	中野区「区役所新庁舎整備検討会」委員
2013年 6 月〜2014年11月	公益財団法人大学基準協会「法科大学院異議申立審査会」委員
2013年10月〜2014年11月	公益社団法人学術・文化・産業ネットワーク多摩将来構想委員会委員長
2014年 2 月〜2016年 2 月	公益財団法人全日本大学野球連盟評議員
2014年 7 月〜2014年11月	一般社団法人日本私立大学連盟経営倫理委員会委員
2015年 4 月〜2021年 2 月	一般財団法人東都大学野球連盟・理事
2016年 2 月〜2021年 5 月	公益財団法人全日本大学野球連盟・理事
2016年 2 月〜2022年 2 月	公益財団法人全日本学生野球協会評議員
2017年 4 月〜2021年 3 月	一般財団法人東都大学野球連盟・理事長
2017年 6 月〜2018年 3 月	一般財団法人公務人材開発協会「社会インフラ分野ビッグデータ利活用研究会」委員

2018年5月～2021年5月	大学コンソーシアム八王子理事
2018年6月～2021年5月	公益社団法人学術・文化・産業ネットワーク多摩理事
2018年6月～2021年5月	特定非営利活動法人 JAFSA 理事
2018年6月～2021年5月	公益財団法人大学基準協会評議員
2018年6月～2021年6月	一般社団法人日本私立大学連盟理事
2018年7月～2021年6月	一般社団法人日本私立大学連盟常務理事
2018年9月～2021年6月	日本私立大学団体連合会大学経営委員会委員
2018年9月～2021年6月	一般社団法人日本私立大学連盟経営倫理委員会委員
2019年6月～2021年6月	公益財団法人私立大学退職金財団理事
2020年4月～2022年3月	文部科学省大学設置・学校法人審議会（学校法人分科会）委員
2020年7月～2022年6月	一般財団法人私学研修福祉会（アルカディア市ヶ谷）理事長
2021年5月～現在に至る	一般社団法人大学スポーツ協会（UNIVAS）会長
2021年12月～2022年3月	文部科学省大学設置・学校法人審議会「学校法人制度改革特別委員会」委員・主査
2022年4月～現在に至る	文部科学省大学設置・学校法人審議会（学校法人分科会）特別委員・学生確保審査部会長
2022年8月～2023年3月	文部科学省「高等教育の修学支援新制度の在り方検討会議」座長
2023年4月～現在に至る	日本学術振興会「地域中核・特色のある研究大学の振興に係る事業推進委員会」委員
2023年5月～現在に至る	文部科学省中央教育審議会（大学分科会）臨時委員
2024年3月～現在に至る	文部科学省「高等教育の修学支援新制度の在り方検討会議」座長
2024年7月～現在に至る	文部科学省「国立大学法人等の機能強化に向けた検討会」委員
2025年3月～現在に至る	文部科学省「2040年を見据えて社会とともに歩む私立大学の在り方検討会議」委員

教育研究業績目録（著書・論文等）

《著　書》

単　著

2006年1月　『新商法総論・商行為法講義ノート』（単著）文眞堂

2007年7月　『新商法総則・商行為法講義ノート〔第2版〕』（単著）文眞堂

2007年8月　『会社法講義ノート』（単著）文眞堂

2009年12月　『会社法講義ノート〔補訂版〕』（単著）文眞堂

2011年3月　『新商法総則・商行為法講義ノート〔第3版〕』（単著）文眞堂

2015年3月　『企業法要綱1 企業法総論・総論──商法〔総論・総則〕・会社法総則等』（単著）文眞堂

2015年5月　『企業法要綱2 企業取引法──商法〔商行為等〕』（単著）文眞堂

2017年5月　『企業法要綱3 企業組織法──会社法等』（単著）文眞堂

2020年7月　『企業法要綱1 企業法総論・総則──商法〔総論・総則〕・会社法総則等〔第2版〕』（単著）文眞堂

2021年2月　『企業法要綱2 企業取引法──商法〔商行為・海商〕・保険法・金融取引・消費者取引・電子商取引と法〔第2版〕』（単著）文眞堂

2021年8月　『企業法要綱3 企業組織法〔追補〕：令和元年改正「会社法」等』（単著）文眞堂

2025年5月　（予定）

『企業法要綱4 支払決済法──貨幣・有価証券・手形小切手・電子記録債権・クレジットカード・電子マネー・暗号資産等と法』（単著）文眞堂

編　著

2003年5月　『戦略経営ハンドブック』（共編〔林昇一・高橋宏幸〕・第3部「戦略経営と法」編著）中央経済社

2007年4月　『企業法務戦略』（編著・編集代表）中央経済社

2022年5月　『現代企業法のエッセンス』（編著・単独編集）文眞堂

共 著

1981年3月	『専門科目別問題集商法』（代表・濱田惟道）実務教育出版
1988年10月	『商法の頻出問題』（共著者・濱田惟道）実務教育出版
1990年4月	『テキストブック専門試験編法律分野』（共著者・濱田惟道他）実務教育出版
1991年6月	『論文試験手形法小切手法』（編者・丸山秀平）学陽書房
1991年10月	『株主の権利』（編者・崎田直次、2編2章「株券保管振替制度と株主の権利」執筆）中央経済社
1992年3月	『現代法学双書9現代商法Ⅰ総則・商行為』（編者・関口雅夫）八千代出版
1992年4月	『現代企業法講義1商法総論・総則』（編者・濱田惟道）青林書院
1993年9月	『現代企業法講義2商行為法』（編者・森田邦夫）青林書院
1994年5月	『商法の要点整理』（共著者・濱田惟道）実務教育出版
1994年9月	『取締役会の権限と責任』（編者・加美和照、第3編第3章執筆）中央経済社
1996年4月	『現代企業法講義1商法総論・総則〔補訂版〕』（共著者・濱田惟道他）青林書院
1996年4月	『現代商法Ⅰ総則・商行為〔第2版・補正〕』（共著者・関口雅夫他）八千代出版
1997年4月	『商法の頻出問題〔改訂第2版・補正〕』（共著者・濱田惟道）実務教育出版
2002年5月	『商法：現代の企業と法』（共著者・濱田惟道）実務教育出版
2003年5月	『商法：現代の企業と法2003』（共著者・濱田惟道）実務教育出版
2003年8月	『企業行動と現代消費者法のシステム』（編著者・中村年春＝永田均、第2編「企業取引と消費者法」執筆）中央法規出版
2004年6月	『会社法』（共著者・鳥山恭一＝甘利公人＝山本爲三郎＝布井千博）学陽書房
2006年6月	『会社法〔新訂版〕』学陽書房
2007年3月	『企業の組織・取引と法』放送大学教育振興会（放送大学教材）
2008年2月	『企業の組織・取引と法〔追補〕』放送大学教育振興会（放送大学

教材）

2010年10月 『基本法コンメンタール会社法第2巻〔別冊法学セミナー〕』（360条・361条執筆）日本評論社

2015年5月 『会社法〔第2次改訂版〕』学陽書房

2016年3月 『逐条解説会社法〔第9巻〕』（編集代表・酒巻俊雄＝龍田節、編集・上村達男他、公告（電子公告）・939～959条、執筆）中央経済社

2016年7月 『新基本法コンメンタール会社法2〔第2版〕』日本評論社

《論文・論説》

1981年1月 「消費者信用取引に於ける手形抗弁の維持」修士論文

1982年3月 「消費者手形をめぐる法現象の性質」中央大学大学院研究年報11号Ⅰ（中央大学大学院）

1983年3月 「わが国における消費者手形抗弁論の諸相」中央大学大学院研究年報12号Ⅰ-2（中央大学大学院）

1984年4月 「消費者信用の社会的意義と法律問題」杏林社会科学研究、杏林大学社会科学学会1巻1号

1985年7月 「名板貸責任の基礎とその外延」杏林社会科学研究2巻2号

1990年7月 「オーストラリアにおける消費者信用法制改革」杏林社会科学研究7巻特別号

1991年3月 「消費者信用保険の意義と法規制の基礎」杏林社会科学研究7巻2号

1992年1月 「クレジット実務の動向と教育・研究の接点を求めて」クレジット研究7号（日本クレジット産業協会）

1992年9月 「消費者保護法と企業取引活動規制」杏林社会科学研究9巻1号

1993年3月 「保険の消費者信用補完機能と法的問題点(1)消費者信用保険の機能的特質と利用関係の特殊性（法規制の背景）」クレジット研究9号104頁（日本クレジット産業協会）

1993年12月 「株式流通の円滑化」『戦後株式会社改正の動向』（編者・濱田惟

道他）青林書院

1995年2月　「保険の消費者信用補完機能と法的問題点(2)消費者信用保険に対する法規制と消費者の救済」クレジット研究13号86頁（日本クレジット産業協会）

1995年2月　「割賦販売法における消費者保護の外延」クレジット研究13号102頁（日本クレジット産業協会）

1995年9月　「東京都消費生活条例および関連規則の改正とクレジット取引」クレジット研究14号82頁（日本クレジット産業協会）

1997年2月　「継続的役務提供取引でのクレジット利用をめぐる紛争」クレジット研究17号129頁（日本クレジット産業協会）

1998年3月　「バブル経済崩壊による消費者被害の発生と法の対応」比較法雑誌30巻臨時増刊号59頁

1998年4月　"Protecting Consumers Cross-border Fraud and Misleading Conduct——Gateways to the Global Market: Consumers and Electronic Commerce" OECD p.119

1998年4月　「電子商取引法の生成と消費者保護の課題」『現代企業法学の課題と展開』（編者・濱田惟道）文眞堂

1998年12月　「電子商取引における消費者保護の課題と諸原則」リーガルエイド研究4号1頁（法律扶助協会）

1999年2月　「電子商取引の展開と割賦販売法の射程(1)」クレジット研究21号207頁（日本クレジット産業協会）

1999年7月　「電子商取引の法的環境整備の動向」リーガルマインド184号31頁（医薬品企業法務研究会）

2001年1月　「高度情報化社会における企業法制の展開」法学教室244号29頁（有斐閣）

2001年7月　「ネット取引の拡大と消費者保護」CCB会報7号2頁（CCB）

2006年6月　「会社法制定に伴う商法改正の概要」白門　58巻6号（中央大学）

2008年4月　「「商人」「商行為」概念の機能とその外延」法学新報114号673頁（中央大学）

2008年9月　「FD活動報告　法科大学院創成期におけるFD活動——軌跡と今

教育研究業績目録（著書・論文等）　*639*

	後の展望」中央ロー・ジャーナル5巻2号153頁（中央大学）
2008年9月	「法科大学院教育と司法試験——日米韓最新事情の比較検討」中央ロー・ジャーナル5巻2号5頁
2008年11月	「中央大学法科大学院の現状（特集 法科大学院教育の現状）」法律のひろば61巻11号16頁
2010年10月	「取締役の報酬規制と責任軽減」『21世紀商法フォーラム第10回国際シンポジウム論文集』611頁（清華大学・北京）
2010年11月	「新しい保険法と不実申告免責条項」『両岸保険金融法制検討会2010年大会論文集』11頁（西北政法大学・西安）
2012年5月	「中央大学法科大学院における改革の現状と課題」ロースクール研究19号10頁（民事法研究会）
2014年9月	「改正学校教育法等の施行に向けて：大学の自治と私立大学の多様性を尊重した大学改革の進展を」大学時報63号358頁（日本私立大学連盟）
2016年12月	「電子商取引における消費者保護ルールの新展開」（編著）比較法雑誌50巻3号407頁
2017年3月	「電子支払決済法制の新潮流」（編著）比較法雑誌50巻4号189頁
2017年11月	「Fintecによる電子商取引・決済法の生成と展開』『法化社会のグローバル化と理論的実務的対応』（編者・伊藤寿英）中央大学出版部、249頁
2021年10月	「会社法と事業組織法の高度化：ガバナンス重視とDX法制への展開」『商事立法における近時の発展と展望』（編者・大杉謙一他）中央経済社、505頁
2024年1月	「少子高齢化社会における私学の価値・役割の再認識と再構築」学校法人46巻10号（2024年1月号）2頁
2024年4月	「新しい時代の学び方と人材育成——文理融合と文武両道」研究東洋14号9頁

640　福原紀彦教授　履歴・業績目録

《コラム・解説・意見書等》

1984年12月　用語解説「裏書」「運送営業」他73項目、『商経六法資料編昭和60
　　　　　　年版（〜62年版まで）』（編集代表・戸田修三）三省堂

1985年3月　意見書「大小（公開・非公開）会社区分立法及び合併に関する問
　　　　　　題点について（中央大学法学部商法研究会）」別冊商事法務77号
　　　　　　収録〔1984年12月法務省へ提出〕

1985年6月　事典項目解説「訪問販売法」「銀行法」「会社更生法」「会社整理」
　　　　　　「企業担保」他、『日本大百科全書ニッポニカ』小学館

1987年4月　意見書「商法・有限会社法改正試案について（中央大学法学部商
　　　　　　法研究会）別冊商事法務93号収録〔1986年11月法務省提出〕

1988年4月　コラム「消費者信用と手形」別冊法学セミナー87号（日本評論
　　　　　　社）

1989年11月　解説「補せん上になした共同振出は有効か」『手形小切手の実務』
　　　　　　（編者・高窪利一他）追録9号以降（新日本法規出版）

1990年3月　解説「支店長代理の肩書で振り出した手形は有効か」他2題『手
　　　　　　形小切手の実務』（編者・高窪利一他）追録10号以降（新日本法
　　　　　　規出版）

1993年10月　解説「手形抗弁」別冊法学セミナー121号（編者・加美和照）（日
　　　　　　本評論社）

1993年12月　意見書「自己株式の取得及び保有規制に関する問題点について
　　　　　　（中央大学法学部商法研究会）」別冊商事法務152号収録〔1993年
　　　　　　5月法務省提出〕

1994年1月　事典項目解説「プリペイドカード」他3項目、『日本大百科全書
　　　　　　ニッポニカ〔補遺版〕』小学館

1994年2月　意見書「自己株式の取得及び保有規制に関する問題点について
　　　　　　（中央大学法学部商法研究会）」法学新報99巻11・12号合併号
　　　　　　〔1993年5月法務省提出〕

1994年3月　事典項目解説「製造物責任」「株主代表訴訟」他2項目、『データ
　　　　　　パル最新情報用語事典』小学館

教育研究業績目録（著書・論文等）　*641*

1997年5月	用語解説「預合」「一人会社」ほか、『法律用語を学ぶ人のために』世界思想社
1998年6月	事典項目解説「電子商取引とクレジット決済」『消費者教育事典』有斐閣
2001年2月	事典項目解説「株主代表訴訟」ほか、『データパル最新情報用語事典』小学館
2002年2月	事典項目解説「株主代表訴訟」ほか、『データパル最新情報用語事典』小学館
2003年2月	事典項目解説「株主代表訴訟」ほか、『データパル最新情報用語事典』小学館
2003年3月	報告書（編著）『C to C 研究会報告書2002』C to C 研究会事務局
2005年3月	報告書（編著）『前払式決済の安全基準に関する調査報告書』前払式証票発行協会
2006年10月	実務事例解説「会社法実務と中小企業のガバナンス」ビジネスレポート2007年3月まで連載（ベンチャーリンク）
2007年4月	実務事例解説「企業法務戦略の諸相Ⅰ」ビジネスレポート2008年3月まで6回連載（ベンチャーリンク）
2007年10月	実務事例解説「企業法務戦略の諸相Ⅱ」ビジネスレポート2008年3月まで6回連載（ベンチャーリンク）
2008年4月	実務事例解説「企業法務戦略の諸相Ⅲ」ビジネスレポート2008年9月まで6回連載（ベンチャーリンク）
2008年10月	実務事例解説「企業法務戦略の諸相Ⅳ」ビジネスレポート2009年3月まで6回連載（ベンチャーリンク）
2008年11月	事典用語解説「会社」ほか、『japanknowledge.com』『日本大百科全書ニッポニカ』小学館〔2008年11月以降順次掲載〕
2012年4月	コラム「法学部・司法研修所との連携が求められる」大学ランキング2013年版収録（朝日新聞社）
2014年11月	巻頭言「資金決済サービス基盤整備の新展開」金融法務事情2005号（2006.11.10）巻頭（金融財政事情研究会）
2021年9月	巻頭言「志高く分野を融合するプロフェッショナルへ」TKC会

報2021年9月号巻頭（TKC）

《判例評釈・判例解説》

1983年3月　「B/Lと運送契約」（研究代表・戸田修三）比較法雑誌16巻4号（日本比較法研究所）

1988年4月　「満期の変造と時効の起算日」（編者・高窪利一）別冊法学セミナー8号（日本評論社）

1989年8月　「船荷証券が発行された後運送人の代理店が船荷証券と引換でなく保証渡をしたことにつき証券所持人に対する代理店の不法行為責任が認められた事例」（監修者・田中誠二）金融商事判例823号（経済法令研究会）

1996年6月　「損害額の不実申告による保険者の免責」損害保険判例百選第2版（有斐閣）

2001年4月　「判例回顧と展望（商法）2000」（共著者・布井千博他）法律時報2001年4月臨時増刊号（日本評論社）

2002年4月　「判例回顧と展望（商法）2001」（共著者・布井千博他）法律時報2002年4月臨時増刊号（日本評論社）

2003年5月　「判例回顧と展望（商法）2002」（共著者・布井千博他）法律時報2003年5月臨時増刊号（日本評論社）

2004年5月　「判例回顧と展望（商法）2003」（共著者・布井千博他）法律時報2004年5月臨時増刊号（日本評論社）

2004年10月　「悪意の抗弁の成立2」手形小切手判例百選第6版（有斐閣）

2008年12月　「特定継続的役務提供契約を解除した顧客の負担額」商法総則商行為判例百選第5版（有斐閣）

2010年12月　「損害の不実申告による保険者の免責（大阪地裁平成19年12月20日判決）」保険法判例百選（有斐閣）

2025年3月　同・保険法判例百選第2版（有斐閣）

《翻訳・監訳》

2000年9月 「電子商取引における消費者保護ガイドラインに関するOECD理事会勧告」比較法雑誌34巻2号123頁

2016年12月 「中華人民共和国電子商取引草案2016（監訳）」比較法雑誌50巻3号452頁

《学術講演・口頭発表等》

1992年10月 「消費者信用保険の意義と法規制」日本私法学会（1992年度大会個別・口頭報告）

1997年3月 「電子商取引と消費者」OECDパリ国際フォーラム日本代表セッションスピーカー

1999年7月 「電子商取引の法的環境整備の動向」医薬品企業法務研究会（リーガルマインド1999年7月号収録）

2009年6月 「割賦販売法の改正と資金決済法の制定：カード決済ビジネス飛躍への提言」VISAエクゼクティブフォーラム

2009年6月 「電子商取引法制の現況と電子契約法の基礎」防衛省

2010年8月 「現場主義の思考と実践：制度変革期の法科大学院生への提言」東洋大学法科大学院懇話会

2010年9月 「法学教育のグローバル化と法実務の国際化：東アジアの実践」中央大学・延世大学創立125周年記念国際シンポジウム（延世大学法学専門大学院・ソウル）

2010年10月 「取締役の報酬規制と責任軽減」21世紀商法フォーラム第10回国際シンポジウム（清華大学・北京）

2010年11月 「新しい保険法と不実申告免責条項」両岸保険金融法制検討会2010年大会（西北政法大学・西安）

2011年1月 「役員報酬ガバナンスの現状と課題」建国大学法学専門大学院国際学術大会（建国大学・ソウル）

2011年12月 「法科大学院制度の現状と課題」法科大学院協会総会

644 福原紀彦教授　履歴・業績目録

2013年9月　「法科大学院を中核とする法曹養成システムの成果と課題：リーガルサービス市場のグローバル化を視野に入れて」仁荷大学法学院（仁荷大学・仁川）

2013年9月　「超国家的高等教育政策の展望——日中韓の未来を築く人材の育成に向けて」仁川発展研究院国際会議（仁川）

2014年1月　「大学のグローバル化」国立台湾大学法学院（台北）

2014年3月　「わが国の法曹養成と法科大学院：法科大学院を中核とする法曹養成システム稼働10周年の節目における課題と展望」（創価大学法科大学院）

2015年10月　「証券などの電子登録制度：日本法における制度・立法上の課題について」ソウル国立大学金融法研究所シンポジウム『資本市場法制の懸案と課題』（ソウル、2015.10.24）

2016年6月　「取締役報酬規制とガバナンス——会社法・金商法・税法のトライアングルを紐解く」第二東京弁護士会研修（第二東京弁護士会、2016.6.22）

2016年6月　「日本における電子決済に関する立法動向」中華人民共和国全人代「電子商取引立法」国際シンポジウム（上海、2016.6.15）

2016年8月　「コーポレートガバナンスと会社法・金商法・税法のトライアングル」東京税理士会・東京地方税理士会認定研修（2016.8.18）

2016年11月　「FinTechと支払決済法制のグローバル化——アジア諸国の協調と日本の役割——総括」日本比較法研究所国際シンポジウム（2016.11.26）

2016年12月　「Fintechによる電子商取引・支払決済法制のグローバル化」中央大学学術シンポジウム・法化社会のグローバル化と理論的実務的対応（2016.12.17）

2018年10月　「超スマート社会に向けた大学の役割」上海理工大学訪問記念講演（上海）

2019年7月　「第5人類社会に向かう法律専門職の資質と能力」ミラコンフォーラム2019（東京）

2019年11月　「日本の会社法におけるIT化対応の現状」第2回商事法国際

フォーラム（上海大学法学院・東アジア比較法センター）報告

2019年12月　「日本における電子商取引・決済法制の現状と展望」第7回会社法金融法国際フォーラム（西南政法大学民商法学院）報告

2022年5月　「現代経営の指針と事業承継の秘訣〜近江商人の精神と中央大学の源流を辿りながら〜」（中央大学＆東京東信用金庫産学連携協定締結記念、2022.05.19）

2022年9月　「現代経営の指針とコーポレートガバナンス――「三方よし」の真髄と会社法制改革の要諦」（新潟経済同友会、2022.09.13）

2022年11月　「学校法人ガバナンスの本質と今次私立学校法改正の要諦〜「主査覚書」に込めたねらいと願いは叶うのか？」日本私立大学連盟令和4年度監事会議（2022.11.30）

2023年3月　「私立学校法今次改正法案（参考人意見）」第211回通常国会文部科学委員会（2023.3.17）

2023年6月　「新しい時代の学び方と人材育成――文理融合と文武両道――」学校法人昌平黌創立120周年記念講演（いわき芸術文化交流館、2023.06.22）

2023年7月　「事業組織法務における登記の現代的役割――DX推進と法人ガバナンス強化に向けて」商業登記倶楽部創設30周年記念講演（商業登記倶楽部、2023.07.15）

2023年9月　「私立大学の経営と私学助成」西日本私立大学振興協議会第55回例会（大阪、2023.09.11）

2023年11月　「日本からみる私立大学の未来と趨勢：少子高齢化社会における私学の価値・役割の再認識と再構築」台日私立高等教育フォーラム（台北・中国文化大学、2023.11.24）

2024年11月　「少子高齢化社会における私学の価値・役割の再構築」日韓私学振興のための政策共有フォーラム（韓国私学振興財団）

2024年11月　「現代社会における会社法の高度化〜中華人民共和国会社法改正法施行2024.7に寄せて」第10回会社法金融法国際フォーラム基調講演（西南政法大学民商法学院、重慶、2024.11.29）

2024年12月　「中国新会社法の比較法的検討」復旦大学法学部講演（上海、

2024.12.2)

2024年12月 「会社法の高度化と中国新会社法の位相」上海大学法学部セミナー講演（上海、2024.12.2）

2025年 1 月 「今、求められる教育と学修のあり方とは」第58回湯島聖堂文化講演会（斯文会、2025.01.13）

以上

福原紀彦先生古稀記念論文集編集委員会紹介

山 本 爲 三 郎 （慶應義塾大学名誉教授）

鳥 山 恭 一 （早稲田大学法学学術院教授）

松 嶋 隆 弘 （日本大学法学部教授）

酒 井 克 彦 （中央大学大学院法務研究科教授）

武 田 典 浩 （国士舘大学法学部教授）

現代企業法の新潮流

2025 年 3 月 31 日　初版第 1 刷発行		検印省略
編　者	福原紀彦先生古稀記念 論文集編集委員会	
発行者	前　野　　　隆	
発行所	株式 会社　文　眞　堂 東京都新宿区早稲田鶴巻町 533 電　話 03（3202）8480 ＦＡＸ 03（3203）2638 https://www.bunshin-do.co.jp/ 〒162-0041 振替00120-2-96437	

製作・モリモト印刷
©2025
定価は箱裏に表示してあります
ISBN978-4-8309-5284-5　C3032